Direito do Trabalho Contemporâneo
e suas Perspectivas

CRISTINA PARANHOS OLMOS
ELI ALVES DA SILVA

Coordenadores

DIREITO DO TRABALHO CONTEMPORÂNEO E SUAS PERSPECTIVAS

COMISSÃO DE DIREITO DO TRABALHO DA OAB-SP

EDITORA LTDA.
© Todos os direitos reservados

Rua Jaguaribe, 571
CEP 01224-001
São Paulo, SP — Brasil
Fone (11) 2167-1101
www.ltr.com.br

Produção Gráfica e Editoração Eletrônica: R. P. TIEZZI
Projeto de Capa: FABIO GIGLIO
Impressão: GRAPHIUM GRÁFICA
LTr 4543.2
Agosto, 2013

Dados Internacionais de Catalogação na Publicação (CIP)
(Câmara Brasileira do Livro, SP, Brasil)

Direito do trabalho contemporâneo e suas perspectivas / [coordenadores Cristina Paranhos Olmos, Eli Alves da Silva]. — São Paulo : LTr, 2013.

Vários autores.

Bibliografia

ISBN 978-85-361-2624-1

1. Direito do trabalho 2. Direito do trabalho — Brasil I. Olmos, Cristina Paranhos. II. Silva, Eli Alves da.

12-13169   CDU-34:331

Índice para catálogo sistemático:
1. Direito do trabalho   34:331

▶▶ Sumário

Apresentação 9

Prefácio 11

Nova Contribuição Financeira para os Sindicatos e a Necessária Reestruturação do Financiamento às Entidades Sindicais 13
Adriano Guedes Laimer

Reflexos dos Benefícios Acidentários no Contrato de Trabalho 22
Ana Júlia Brasi Pires Kachan

Aplicação do Instituto do Dano Moral no Processo do Trabalho 31
Aparecida Maria Prado

Empregado Vítima de Acidente de Trabalho e a Reabilitação Profissional 49
Aparecida Tokumi Hashimoto

Expatriação — Aplicação e Abrangência da Lei n. 11.962, de 3 de julho de 2009 65
Arnaldo Pipek

Aposentadoria por Invalidez: Extinção do Contrato ou Garantia do Trabalhador 73
Carlos Eduardo Faria Dantas

Aspectos da Responsabilidade Civil no Sistema Jurídico Contemporâneo e nas Relações Trabalhistas 84
Célia Mara Peres

O Desafio da Recuperação Judicial da Microempresa e Empresa de Pequeno Porte 113
César Augusto Pires

Empresa Pública e a Súmula n. 331/TST depois da ADC n. 16 131
Cíntia Liborio Fernandes Costa

Esclarecendo Temas Trabalhistas para Empresas Estrangeiras 142
Cintia Yazigi

ALCOOLISMO NO TRABALHO EM DEBATE 152
 CLAUDIA FERREIRA CRUZ

VALORIZAÇÃO DAS PROVAS TESTEMUNHAL X DOCUMENTAL 166
 CRISTIAN COLONHESE

AS CONSEQUÊNCIAS JURÍDICAS DO CONTRATO DE TRABALHO CELEBRADO COM PESSOA NO EXERCÍCIO DE
ATIVIDADE VEDADA PELO DIREITO 180
 CRISTINA PARANHOS OLMOS

AÇÃO RESCISÓRIA FUNDADA NA INCOMPETÊNCIA ABSOLUTA DA JUSTIÇA DO TRABALHO 193
 FABIANO CARVALHO

RESPONSABILIDADE OBJETIVA DO EMPREGADOR QUE ATUA EM ATIVIDADE DE RISCO 209
 IARA ALVES CORDEIRO PACHECO; CARLA LASCALA LOZANO

CONSIDERAÇÕES SOBRE A DIVERGÊNCIA PERICIAL NAS ESFERAS ACIDENTÁRIA E TRABALHISTA 223
 JOSÉ PAULO D'ANGELO

BREVES CONSIDERAÇÕES ACERCA DA EFICÁCIA, O EFEITO E A SOBREVIGÊNCIA DAS NORMAS COLETIVAS NO
CONTRATO DE TRABALHO. CRITÉRIOS DE APLICAÇÃO DA NORMA COLETIVA 232
 LUIZ EDUARDO AMARAL DE MENDONÇA

O SEGURO SAÚDE E O CONTRATO DE EMPREGO 253
 MARCEL CORDEIRO

A IMPOSSIBILIDADE DE INCIDÊNCIA DE CONTRIBUIÇÃO PREVIDENCIÁRIA NO AVISO-PRÉVIO INDENIZADO 270
 MARCEL DE LACERDA BORRO

NEXO TÉCNICO EPIDEMIOLÓGICO (NTEP) E A PRESUNÇÃO PROBATÓRIA NO PROCESSO DO TRABALHO 275
 MARCELO RICARDO GRÜNWALD

TRABALHO ANÁLOGO À CONDIÇÃO DE ESCRAVO "LISTA SUJA". INCONSTITUCIONALIDADE DA PORTARIA
N. 540, DE 15.10.2004 DO MINISTÉRIO DO TRABALHO E EMPREGO 282
 MÁRCIA REGINA POZELLI HERNANDEZ

ASPECTOS RELEVANTES DO REGIME JURÍDICO DO TRABALHO MÉDICO 289
 MARCOS CÉSAR AMADOR ALVES

LICENÇA-MATERNIDADE DA MÃE ADOTANTE 309
 MARIA CIBELE DE OLIVEIRA RAMOS VALENÇA

AS CONTRIBUIÇÕES FUNDIÁRIAS NAS TRANSFERÊNCIAS INTERNACIONAIS DE EMPREGADOS 320
 MARIA HELENA VILLELA AUTUORI

O Aviso-Prévio no Direito Espanhol 332
    Maria Hemília Fonseca

A Ampliação da Competência da Justiça do Trabalho e a Prescrição nas Ações de Reparação de Danos por Acidente de Trabalho 337
    Michel Olivier Giraudeau

Responsabilidade Trabalhista do Antigo Sócio 349
    Otavio Pinto e Silva

Inexistência de Antecedentes Criminais como Condição à Contratação de Emprego 356
    Raphael Jacob Brolio

Necessidade de Depósito Recursal nos Agravos de Instrumento - art. 899, § 7º, da CLT 363
    Rodrigo Silva Almeida

Dissídios Coletivos — Aspectos Objetivos 367
    Rogerio da Costa Strutz

A Sucessão de Empregadores e a Responsabilidade Trabalhista Decorrentes da Compra do Ponto Comercial 376
    Suely Ester Gitelman

A Despersonificação da Personalidade Jurídica e a Correlata Responsabilidade dos Herdeiros no Processo Sucessório 384
    Sylvio José do Amaral Gomes

Execução Trabalhista: Breves Comentários sobre o Sistema Processual Brasileiro e a Busca pela Efetividade 392
    Taissa Luizari Fontoura da Silva de Almeida; Andreia Cristiane Barbosa Bruno

Breves Considerações Acerca da Minirreforma Recursal Advinda da Nova Lei do Agravo de Instrumento 401
    Viviane Lícia Ribeiro

Imunidade Jurisdicional na Justiça do Trabalho 414
    Werner Keller

▶▶ Apresentação

Em 2010 foi publicada pela LTr Editora a obra intitulada *Direitos Fundamentais Aplicados ao Direito do Trabalho*, como resultado dos trabalhos de pesquisa dos doutorandos que cursaram, no segundo semestre de 2009, a disciplina "A efetividade dos direitos fundamentais sociais nas relações de trabalho", por mim oferecida, na condição de professor e coordenador do Núcleo de Pesquisa em Direito do Trabalho do Programa de Pós-Graduação *Stricto Sensu* em Direito da Pontifícia Universidade Católica de São Paulo.

No segundo semestre de 2010, a mesma disciplina foi oferecida para nova turma de doutorandos, que também a concluíram com a apresentação individualizada de pesquisa igualmente relacionada à aplicação dos direitos fundamentais nas relações de trabalhos, mas, evidentemente, com enfoques diferentes.

Ademais, outra diferença entre as linhas de pesquisa feitas pelos doutorandos das turmas de 2009 e 2010 reside no fato de que os doutorandos de 2010 analisaram mais detidamente a legislação portuguesa sobre a matéria, que, com a Constituição da República Portuguesa de 1974, e, sobretudo, com as edições do Código do Trabalho de 2003 e 2009, vem progressivamente dando passos importantes na aplicação dos direitos fundamentais nas relações do trabalho. Basta lembrar que os direitos da personalidade, como expressão dos direitos fundamentais de primeira geração ou dimensão — os assim chamados direitos inespecíficos dos trabalhadores —, encontram-se expressamente regulamentados no Código do Trabalho português, prevendo as hipóteses recorrentes de assédio moral, do uso pelo trabalhador dos meios de comunicação na empresa (e-mails ou correio eletrônico), da utilização pelo empregador dos meios de vigilância à distância no local de trabalho, etc., enquanto essas questões no direito brasileiro, embora tenham por fundamentos princípios normativos constitucionais, não possuem uma regulamentação infraconstitucional adequada à sua importância.

Sob essa ótica do estudo comparado das legislações brasileira e portuguesa, também os chamados direitos fundamentais específicos dos trabalhadores, como a questão da proteção da relação de emprego contra a despedida arbitrária ou sem justa causa, mereceram pesquisa e crítica que se encontram nesta publicação.

Espera-se, portanto, tal como ocorreu com a primeira publicação, que o presente estudo sobre a aplicação dos direitos fundamentais nas relações do trabalho possa contribuir com a discussão desse tema da atualidade do Direito do Trabalho no Brasil.

Professor Doutor Renato Rua de Almeida
Coordenador do Núcleo de Pesquisa em Direito do Trabalho do Programa de Pós-Graduação Stricto Sensu em Direito da Pontifícia Universidade Católica de São Paulo.

▶▶ Prefácio
Perspectivas Futuras do Direito do Trabalho

Parte da filosofia oriental preconiza que a expressão da existência de uma pessoa é o resultado de seu trabalho cotidiano, ou seja, é preciso trabalhar para existir. Diversas outras culturas têm suas formas de reconhecer e de promover a importância do trabalho para a vida dos indivíduos e da sociedade.

No Brasil, as relações trabalhistas passaram por grandes transformações, que resultaram nas atuais regras do ordenamento jurídico, que não cessam de evoluir. Tanto isso é verdade que, no primeiro semestre de 2013, registramos como marco a promulgação da PEC dos Trabalhadores Domésticos, regulando direitos trabalhistas de uma categoria que reúne milhões de cidadãos brasileiros.

O advogado trabalhista tem uma missão diferenciada, ao concretizar as garantias do trabalhador e estender as proteções sociais para as demandas de caráter alimentar. Também nessa Justiça especializada, a atuação do advogado busca a paz social na regulação das relações entre empregados e empregadores.

Ao se propor a dimensionar o *Direito do Trabalho Contemporâneo e suas Perspectivas*, esta obra presta um serviço relevante de reflexão sobre o futuro da legislação trabalhista brasileira no ano em que a CLT completa 70 anos, com seus quase mil artigos e centenas de alterações realizadas ao longo das últimas décadas. Pela frente, temos diante de nós um cenário em que o vínculo empregatício vem sofrendo mudanças; assim como as formas de trabalho introduzidas pelas tecnologias e a divisão do labor.

Diante de tantas mudanças, esta obra apresenta um mosaico plural de opiniões e interpretações, reunindo textos de dezenas de estudiosos da área, que tratam de assuntos e nichos diferentes, alicerçados por uma coordenação, que selecionou os trabalhos com reconhecido valor de pesquisa e lastro teórico. O resultado é uma contribuição significativa para todos os que buscam o avanço da jurisprudência trabalhista.

Marcos da Costa
Presidente da OAB-SP

➤➤ Nova Contribuição Financeira para os Sindicatos e a Necessária Reestruturação do Financiamento às Entidades Sindicais

Adriano Guedes Laimer[*]

O tema em análise toma por base a disposição legal que prevê a substituição da contribuição sindical por uma contribuição negocial. Tal propósito foi fixado por meio da Lei n. 11.648, de 31 de março de 2008, que, além de reconhecer as Centrais Sindicais, tratou de estender a essas entidades a possibilidade de se beneficiarem da contribuição sindical.

A alteração dos arts. 589, 590, 591 e 593 da Consolidação das Leis do Trabalho — CLT, aprovada pelo Decreto-lei n. 5.452, de 1º de maio de 1943, contemplou essa reivindicação das Centrais, que claramente se contrapõe ao pleito histórico de liberdade sindical, defendido até há poucos anos por um número significativo de entidades sindicais brasileiras e pela Organização Internacional do Trabalho. Em decorrência de dificuldades econômicas das Centrais e com a intenção de evitar inovações que pudessem provocar alterações na organização sindical e, consequentemente, nos pontos de poder do setor, a iniciativa foi desenvolvida para dar um novo fôlego às entidades, que sofrem com a fragmentação e redução da base de representação, à medida que o desemprego e as inovações tecnológicas avançam. A necessidade de manutenção do poder sindical nas mãos das diversas forças políticas e a necessidade de viabilizar economicamente as Centrais foram fatores importantes que, paradoxalmente, uniram o movimento em prol dessa mudança na legislação.

A par desses aspectos, não se pode deixar de salientar que essa tem sido a tendência do nosso movimento sindical, notoriamente a partir da última década. As iniciativas têm sido focadas demasiadamente na manutenção dos monopólios de representação nas mais diversas categorias, sejam elas econômicas ou profissionais; as alterações na legislação nunca colocaram em risco tal estrutura.

Todas as iniciativas têm buscado estabelecer mudanças graduais e controladas,

---

(*) Advogado. Professor da Universidade São Judas Tadeu. Mestre e Doutor pela PUC de São Paulo.

que, de alguma forma dessem algum fôlego ao menos às entidades de médio e grande porte[1]. É o que se pode perceber na atual Constituição, que manteve o modelo de unicidade sindical, o dissídio coletivo e a ausência de representações sindicais nos locais de trabalho. A greve, no entanto, passou a ter um tratamento mais adequado, embora sujeita à interferência ampla dos Tribunais do Trabalho, que poderiam, inclusive, julgar o objeto da controvérsia[2]. Um símbolo contundente do modelo corporativista de Vargas — os juízes classistas — foi extirpado da Constituição por questões meramente econômicas[3], pois custavam muito ao erário, não tendo contado essa mudança com a resistência de setores sindicais que sempre disputaram a oportunidade de indicar candidatos a magistrados classistas[4].

Mudanças, também, resultaram de pronunciamentos do Judiciário, como a restrição ao número de dirigentes sindicais estáveis das entidades profissionais de primeiro grau[5], a limitação da cobrança das contribuições confederativa e assistencial aos associados[6], restrições ao exercício do direito de greve em atividades essenciais. Outros pronunciamentos do Judiciário, embora favoráveis aos sindicatos, não provocaram mudança substancial na sua atuação, como é o caso do reconhecimento, pelo STF, da substituição processual ampla, decorrente da previsão do art. 8º, inciso III, da CF. A Emenda Constitucional n. 45 provocou diversas alterações que fortaleceram e consolidaram a Justiça do Trabalho. Mas o aspecto que mais influenciou a organização sindical foi a restrição ao poder normativo, que, para ser provocado em matéria econômica, deveria contar com o consenso das partes em conflito para a instauração da instância. Essa medida, diante de todas as que foram tomadas a partir da Constituição de 1988, foi a que mais efeitos gerou para os sindicatos, na medida em que passaram a ser pressionados a apostar mais na organização, mobilização e negociação coletiva, em detrimento da busca automática do poder normativo, como acontecia anteriormente.

Mas, mesmo com essa última mudança, os sindicatos não se renderam ao modelo de liberdade e autonomia, que é o modelo que efetivamente proporcionaria maiores garantias para a existência de entidades sólidas e com poder de barganha. Isso provavelmente se deve ao fato das Centrais Sindicais terem sido reconhecidas e passarem a ocupar, ao menos em parte, o papel anteriormente ocupado pelo estado corporativista, que deixou as tradicionais associações classistas à deriva, na

---

(1) Consideram-se como entidades de médio e grande porte as localizadas nas regiões metropolitanas de todo o Brasil, as quais, diante das demais, são as que mais possuem poder de barganha para influenciar negociações coletivas.
(2) É o que advém da Constituição Federal, alterada pela Emenda n. 45/2004, que em seu art. 114, §§ 2º e 3º, assim previu.
(3) Conforme Emenda Constitucional n. 24, de 9 de dezembro de 1999.
(4) A maior resistência quanto a essa mudança foi sustentada, principalmente, pelos próprios ocupantes das funções de juízes classistas, que ainda tentaram garantir alguma influência na nova forma de conciliação que surgiria mais tarde — as Comissões de Conciliação Prévia —, reguladas pela Lei n. 9.958, de 12.1.2000.
(5) É o que menciona a Súmula n. 369 do TST.
(6) A Súmula n. 666 do STF limita a cobrança da contribuição confederativa aos associados; e o Precedente Normativo n. 119 do TST faz a mesma restrição no que diz respeito à cobrança da contribuição assistencial.

medida em que deixou de suprir a tímida atuação operária por meio de regulamentação de direitos. As Centrais, nesse novo contexto, passaram a assumir a função de catalisadoras da fragmentada e esvaziada organização gerada pelo modelo de unicidade sindical e a tentar fomentar as negociações coletivas[7], que antes poderiam ser supridas pelos dissídios coletivos junto aos Tribunais do Trabalho; muito embora, a legislação não atribua às Centrais tal função regulamentar[8].

Essa tem sido a tônica em matéria de relações de trabalho. Os sindicatos não ambicionam grandes mudanças. Desejam manter, como reservas de poder, fatias das respectivas categoriais profissionais e econômicas, ao mesmo tempo em que buscam formas pouco ousadas para se adequarem às mudanças conjunturais e manterem alguma representatividade junto aos representados.

De acordo com essa concepção, todas as alterações legislativas que as entidades admitem não podem comprometer o projeto de manutenção do eixo baseado na unicidade sindical e no modelo da CLT, fruto da histórica e contundente interferência estatal na regulação dos direitos e do associativismo.

É nesse contexto que foi introduzida a mudança no rateio da contribuição sindical. Em princípio, fortaleceu-se a cobrança, que já se demonstra inadequada, na medida em que é compulsória, importa o repasse de parte dela ao Ministério do Trabalho e passou a contar com mais um beneficiado, no caso, as Centrais Sindicais.

A expectativa de alteração desse quadro, de tal forma que se criem condições para a adoção de um modelo o qual se identifique com a liberdade e com os direitos humanos, relaciona-se ao que constou no previsto pelo art. 7º da Lei n. 11.648, que menciona a possibilidade de revogação dos arts. 578 a 610 da Consolidação das Leis do Trabalho — CLT. Assim que uma nova lei vier a disciplinar a nova contribuição para as entidades sindicais deverá ser vinculada ao exercício efetivo da negociação coletiva e à aprovação em assembleia geral da categoria.

Obviamente, embora a lei tenha indicado a possibilidade da extinção da contribuição sindical; na realidade, poderá não acontecer. E isso é previsível, pois assim como as entidades têm zelado pela manutenção do modelo de organização sindical, certamente, resistirão à introdução de proposta de sustentação financeira baseada apenas na contribuição que dependa de êxito em negociações coletivas.

Uma mudança radical na forma de financiamento poderia desestruturar pelo menos oitenta por cento das entidades sindicais, que têm pouca ou nenhuma organização para dar sustentação a negociações coletivas exitosas.

---

(7) O papel de fomentar a negociação é o limite estipulado pela legislação às Centrais Sindicais, que não têm entre suas atribuições a função de regulamentar as relações de trabalho.
(8) Por função regulamentar, entende-se a atribuição de negociar com os empregadores questões eleitas pelos representados como de interesse da coletividade e que devem ser objetivo de tratativas e que justificam inclusive o uso de mecanismo de autodefesa.

De modo geral, negociações coletivas que atendam ao interesse da maioria dependem de convenção coletiva que mantenha os direitos existentes e agregue outros. Apenas se admitindo a flexibilização diante de situações sensíveis em determinados setores ou de compensações que atendam ao interesse da maioria.

Prevê-se, portanto, que a maioria das entidades sindicais não deseje substituir a contribuição sindical por outra fonte que, eventualmente, não poderá ser cobrada por conta da entidade sindical não ter obtido sucesso nas tratativas.

Tal possibilidade constitui um risco que pode desestabilizar o modelo sindical que vigora no Brasil no caso da aprovação de uma contribuição negocial a qual dependa de efetividade nas negociações. Caso essa situação de crise se verifique de forma difusa ao longo de vários anos, abarcando parcelas significativas das categorias profissionais, colocaria o modelo em xeque.

Mas o risco, para muitas entidades, tornar-se-ia crônico no caso de serem revogadas, concomitantemente com a sindical, as outras contribuições — confederativa e assistencial. É evidente que a possibilidade de contar com uma, dentre várias opções de contribuições, viabiliza uma regularidade na arrecadação das entidades. Em muitos casos, inclusive, cobram-se várias ao mesmo tempo, o que demonstra afronta à legislação e à jurisprudência. É o que estabelece a Súmula n. 666 do STF, que limita a cobrança da contribuição confederativa aos associados; também é o que menciona o Precedente Normativo n. 119 e Orientação Jurisprudencial n. 17, ambos da Seção de Dissídios Coletivos — SDC —, do TST, que restringem a cobrança das contribuições em favor de entidades sindicais aos associados, baseando-se, para tanto, na garantia constitucional do direito de livre associação e sindicalização. Essas uniformizações de jurisprudência preveem claramente que as cláusulas que contrariarem a disposição serão tidas como nulas, sendo passíveis de devolução dos valores irregularmente descontados.

Muito embora esse seja o entendimento do TST e do STF; em diversos Tribunais Regionais do Trabalho, tem sido admitido o desconto de não associado mediante o resguardo de formas de discordância, o que tem dado algum fôlego a muitas entidades, que ainda projetam manter a incrementação das finanças sindicais com base nessas problemáticas cobranças de contribuições junto aos não associados. Para enfrentar a restrição da jurisprudência dominante, foi difundido o chamado "direito de oposição" aos descontos, que, "caso não exercidos" pelos interessados, ocasionam o consequente desconto em folha de pagamento.

Nesse contexto debatem-se a instituição e a regulamentação da contribuição negocial, que podem ser integradas à legislação sindical e provocarem uma reestruturação no sistema de financiamento das entidades sindicais, ou podem ser introduzidas como mais uma contribuição, ao lado da confederativa, assistencial e sindical. Embora possa parecer contraditória essa última possibilidade, não se pode descartá-la, pois tem sido a tendência da nossa evolução legislativa. A primeira previsão de arrecadação, afora a mensalidade, que se destina aos associados, foi a contribuição assistencial, baseada no art. 513, e, da CLT, que atribui aos sindicatos a possibilidade de estabelecer contribuições a todos aqueles que participam das categorias econômicas ou profissionais ou das profissões liberais representadas.

A Constituição de 1988 criou a contribuição confederativa e manteve a sindical e a assistencial. O mesmo pode se dar em relação à negocial, caso não seja reestruturado o financiamento das entidades profissionais e econômicas. A manutenção de um conjunto de contribuições torna possível impor, a cada momento, aquela que seja mais tolerável à luz dos entendimentos dos Tribunais Regionais e do Ministério Público, podendo os entendimentos variar em cada região do país.

O próprio Ministério do Trabalho e Emprego chegou a sugerir uma proposta de regulamentação sobre a nova contribuição. Com o intuito de encaminhar uma proposta que seja o mais consensual possível entre as entidades sindicais de empregados e empregadores, foram encaminhadas propostas para discussão e consultas sobre várias questões envolvidas no tema.

A proposta foi adequada ao estabelecer a substituição das várias contribuições — sindical, assistencial e confederativa —, pela negocial, que dependeria de aprovação em assembleia. Essa possível exigência é fundamental para que seja respeitado o parâmetro democrático e que siga a razoabilidade; o que não ocorre com a contribuição sindical, a qual é compulsória.

O valor a ser estipulado a título de contribuição negocial deve se enquadrar na mencionada razoabilidade; não provocando descontos excessivos aos representados. Nesse aspecto, deve-se considerar um limite diferenciado da contribuição sindical, que, no caso dos empregados, corresponde a um dia de trabalho do mês de março. Estipular, por exemplo, até doze por cento ao ano, como constou da proposta do Ministério do Trabalho e Emprego, significa impor uma contribuição que mais se assemelha à mensalidade estipulada a associados[9]. Esse perfil deve ser afastado, pois a fonte deve se diferenciar da contribuição sindical e da mensalidade, bem como não pode corresponder à soma de todas as contribuições existentes, no caso, a sindical, confederativa e assistencial. Por decorrer de negociações coletivas, ela deve suprir os custos com essas tratativas, considerando-se as necessidades de uma entidade de porte médio e o fato de que poderá ser estipulada para sócios e não sócios das entidades.

A possibilidade dessa estipulação, em relação aos não associados, toma por base o fato de que se beneficiariam do resultado da negociação coletiva. Somente diante de tal hipótese é que se justificaria a cobrança de todos os integrantes da categoria.

---

(9) É o que constou do projeto: "Art. 1º Fica instituída a contribuição negocial, devida por todos que participem de uma categoria econômica ou profissional e servidores públicos, vinculada ao exercício efetivo da negociação coletiva e à aprovação em assembleia geral da categoria, recolhida em favor das entidades sindicais urbanas, rurais e centrais sindicais, e cobrada nos termos desta Lei. Art. 2º A contribuição negocial terá periodicidade anual e seu valor, que não poderá exceder, no caso dos trabalhadores, a 1% (um por cento) da remuneração anual, será deliberada e instituída em assembleia geral da categoria, especialmente convocada para deliberar sobre a negociação coletiva, sendo devida a cobrança ainda que frustrada a negociação".

A Organização Internacional do Trabalho não tem colocado objeção à cobrança de contribuições de não associados, em caso de celebração de contrato coletivo que também os beneficie. Esse entendimento pode ser constatado por meio do verbete 324 da recompilação de decisões do Comitê de Liberdade Sindical[10].

Também não pode existir a sanção contra os não associados para induzi-los à associação, pois os benefícios serão estendidos e isso tudo importa custos. A opção pela associação identifica-se com uma manifestação de consciência mínima sobre a importância de integrar uma associação civil, com direitos de voto, participação, manifestação e demais prerrogativas previstas no estatuto de cada entidade, que justifica a própria existência dos sindicatos.

As entidades, para continuarem existindo, precisam de adesões majoritariamente com esse perfil, pois, caso contrário, a adesão voltada unicamente para a finalidade econômica poderia arruinar qualquer estratégia organizativa de longo prazo, na medida em que a entidade não contaria com o apoio necessário em momentos difíceis, como em caso de sucessivas frustrações em tratativas negociais. O êxito em negociações é importante, mas isso nem sempre é possível, diante de conjuntura desfavorável. Nesse contexto, elas dependem da contribuição e apoio dos associados para se recriarem. Certamente, não encontrarão esse suporte em associados amealhados em uma circunstância meramente econômica.

Devem ser respeitadas as opções pela não associação. Trata-se inclusive de garantia constitucional, o que justifica o estabelecimento de limites para a contribuição negocial, que não poderia corresponder às mensalidades de um ano ou muito menos à receita que muitas entidades deixaram de arrecadar com a extinção das demais formas de contribuição, como constou do projeto do Ministério do Trabalho.

A criação dessa nova contribuição deve se identificar como uma oportunidade para a reestruturação do financiamento das entidades sindicais e para estabelecer um limite para o modelo corporativista de organização; assim como as normas constantes das convenções, seguirá os parâmetros da negociação coletiva, valorizando-se a livre manifestação das partes envolvidas no conflito. A estipulação de contribuição negocial não pode ser desvinculada dessas bases.

Por isso, contar com manifestação dos interessados é fundamental para esse novo momento em que passa a se inserir o movimento sindical. Muito embora ainda insista em manter o monopólio de representação, não pode deixar de estender aos representados conquistas que a sociedade brasileira busca implementar em

---

(10) 324. En un caso en que la ley disponía el cobro de una cotización de solidaridad, por el sistema del descuento en nómina, a unos trabajadores que no estaban afiliados a la organización sindical parte en un convenio colectivo, pero que deseaban acogerse a las disposiciones del mismo (cotización fijada en no más de dos tercios de las cotizaciones pagadas por los trabajadores sindicados de la misma categoría), el Comité estimó que este sistema, aunque no está cubierto por las normas internacionales del trabajo, no parece en sí mismo incompatible con los principios de libertad sindical.

todos os setores sociais: os valores da liberdade e da democracia. Isso se identifica mais propriamente, quando se fala de movimento sindical, do direito de se associar e desassociar e de votar em questões do seu interesse. No que diz respeito à celebração de convenções e acordos coletivos, bem como ao estabelecimento de contribuições negociais, por abranger toda a categoria, a participação dos não associados deveria ser garantida.

A natureza dessa contribuição negocial não poderia se identificar com a da contribuição sindical, tampouco com uma contribuição parafiscal. Deve ter natureza contratual, com previsão em convenções ou em acordos coletivos, devidamente aprovados em assembleia, os quais encontram amparo em lei ordinária para a sua estipulação para os associados e para os não associados; devendo, também, ser observados limites quanto aos valores de desconto, parcelas, época para a estipulação.

Essa forma de contribuição merece uma avaliação diversa da que é garantida pelo Estado, como é o caso da contribuição sindical, motivo pelo qual esta é condenável pela OIT, como destaca no verbete 467 da recompilação de decisões do Comitê de Liberdade Sindical, uma vez que as organizações sindicais colocam-se em uma situação de dependência financeira do Estado, que acaba por controlar as entidades sindicais, sendo por isso, de acordo com essa organização internacional, incompatível com os princípios da liberdade sindical[11]. Embora o Brasil não tenha ratificado a Convenção n. 87, está implicitamente comprometido com a sua implantação em decorrência da liberdade sindical estar inserida na Declaração de Princípios Fundamentais e Direitos no Trabalho e Seu Seguimento, instituída pela OIT e que vincula todos os seus membros.

A contribuição negocial não pode se configurar como compulsória, tal qual ocorre com a contribuição sindical, pois não significaria qualquer inovação em relação ao modelo existente. A possibilidade de não ser autorizada deve ser resguardada, pois somente assim poderia ser respeitado o interesse da maioria dos representados em uma negociação coletiva. Resguardada essa possibilidade, com a faculdade de sua estipulação constante de lei, mas não a sua imposição, estar-se-ia assegurando uma evolução do modelo sindical brasileiro, que passaria a conviver com o dissenso.

O caráter compulsório tem sido condenado pela OIT, como se percebe no verbete abaixo, da recompilação de decisões do Comitê de Liberdade Sindical: 473. Las cuestiones relativas a la financiación de las organizaciones sindicales y de empleadores, tanto por lo que respecta a sus propios presupuestos como a los de las federaciones y confederaciones, deberían regularse por los estatutos de los sindicatos, federaciones y confederaciones, por lo que la imposición de cotizaciones por medio

---

(11) 467. En lo que respecta a los sistemas de financiación del movimiento sindical que ponen a las organizaciones sindicales bajo la dependencia financiera de un organismo público, el Comité estimó que toda forma de control del Estado es incompatible con los principios de la libertad sindical y debía ser abolida puesto que permitía una injerencia de las autoridades en la administración financiera de los sindicatos. (*Véase Recopilación de 1996*, § 429.)

de la Constitución o por vía legal no es conforme con los principios de la libertad sindical[12].

Contrariamente ao que intenciona o movimento sindical, não é conveniente estipular em norma os critérios de rateio da contribuição negocial, como também consta do projeto do Ministério do Trabalho, pois significaria uma interferência excessiva do meio da regulação estatal. É o que também se constata por meio de manifestações da OIT, que não admite a possibilidade das quotas sindicais serem repartidas entre as entidades componentes da estrutura sindical, se não decorrer da vontade dos representados manifestada perante os sindicatos.

É o que advém do verbete da recompilação de decisões do Comitê de Liberdade Sindical: "474. El reparto de las cuotas sindicales entre las diversas estructuras sindicales es competencia exclusiva de los sindicatos interesados"[13].

Assim como a divisão do valor entre as várias entidades sindicais depende de decisão de assembleia sindical, o repasse não pode estar vinculado a órgãos públicos como o Ministério do Trabalho ou ser estipulado que o valor deva ser recolhido em instituição financeira para que esta faça a distribuição preestabelecida. Para que a contribuição negocial dependa de decisão assemblear, que avaliará o resultado das negociações, não se pode estabelecer condicionantes, sob pena de manter os parâmetros da contribuição sindical.

As mesmas regras a serem observadas para as entidades de empregados devem ser consideradas para as entidades patronais, por se tratar de uma mesma contribuição que deve resultar da vontade dos respetivos representados. Devem-se observar os mesmos parâmetros, pois não deve considerar apenas a vontade das entidades, tendo em vista que, quem contribui são as empresas e empregados, cada qual para suas organizações.

Como a justificativa para a estipulação da nova contribuição é o que se concretizar como resultado da negociação coletiva, deve ser admitida a hipótese de incidência da contribuição sobre ganhos contratados de participação nos lucros e resultados, pois muitas vezes essa poderá ser a única vantagem resultante do processo negocial.

No entanto, como essa verba não pode ser estipulada em dissídio coletivo, da mesma forma não poderá um Tribunal Trabalhista estipular a contribuição negocial nessa ação coletiva; ambos devem decorrer da vontade da assembleia sindical.

Assim como não convém manter o perfil da contribuição sindical para a nova contribuição, deve ser classificada como atentatório à liberdade e à autonomia sindical a estipulação de que os empregadores arcariam com as contribuições

---

(12) Véase Recopilación de 1996, § 434; 326 informe, caso n. 2090, § 237 y 327 informe, caso n. 2146, § 895.
(13) Véase 326 informe, caso n. 2090, § 237.

negociais atribuídas aos empregados. Lamentavelmente, essa é uma prática que se tem difundido no Brasil, que deve ser restringida pela nova regulamentação.

A Convenção n. 98[14] da OIT, ratificada pelo Brasil, é muito clara quanto a esse aspecto, ao prever, em seu art. 2º, que as entidades sindicais de empregados e empregadores deverão gozar de proteção adequada contra quaisquer atos de ingerência de umas em outras, seja na sua constituição, funcionamento ou administração[15].

O mesmo deve ser estipulado em relação ao Estado, que não poderá mais receber quaisquer valores dessa contribuição que se destina às entidades de empregados e empregadores, de acordo com decisão assemblear. O Ministério do Trabalho e Emprego deve atuar de forma autônoma e sem contar com recursos descontados diretamente dos trabalhadores ou empregadores, bem como não poderá conceder recursos a essas entidades. O projeto do Ministério contemplou essa necessidade, o que favorece a criação de uma contribuição em novos moldes.

Assim como não poderá o dissídio coletivo estipular critérios para a contribuição negocial, também a arbitragem não deverá enveredar por esse caminho, pois violaria o princípio fundamental de que a assembleia é que define os parâmetros.

A provável alegação de que um conjunto de limites poderia gerar prejuízos econômicos às entidades não se justifica, pois, assim como as entidades têm o direito legítimo de ter contribuições, inclusive, como é sustentado acima, dos não sócios, também devem ser preservadas outras garantias constitucionais, relativas ao direito de não se associar.

A combinação desses vários fatores, no contexto em que reformas legal e constitucional eliminam as outras contribuições, daria a segurança jurídica para a efetivação dos descontos considerando essas regras.

---

(14) Decreto n. 33.196, de 29 de junho de 1953.
(15) 1 — As organizações de trabalhadores e de empregadores deverão gozar de proteção adequada contra quaisquer atos de ingerência de umas em outras, quer diretamente, quer por meio de seus agentes ou membros, em sua formação, funcionante e administração. 2 — Serão particularmente identificadas a atos de ingerência, nos termos do presente artigo, medidas destinadas a provocar a criação de organizações de trabalhadores dominadas por um empregador ou uma organização de empregadores, ou a manter organizações de trabalhadores por meios financeiros ou outros, com o fim de colocar essas organizações sob o controle de um empregador ou de uma organização de empregadores.

►► REFLEXOS DOS BENEFÍCIOS ACIDENTÁRIOS NO CONTRATO DE TRABALHO

Ana Júlia Brasi Pires Kachan[*]

1. Acidente de trabalho

1.1. Considerações iniciais

A matéria relativa aos acidentes de trabalho está inserida no âmbito da Previdência Social, esta última parte integrante da seguridade social, que tem por finalidade promover ações que visem assegurar os direitos relativos à saúde, previdência e assistência social (art. 194, CF/1988).

Sergio Pinto Martins preleciona que "A Declaração Universal dos Direitos do Homem, de 1948", inscreveu, "entre outros direitos fundamentais da pessoa humana, a proteção previdenciária. O art. 85 da referida norma determina que 'todo homem tem direito a um padrão de vida capaz de assegurar a si e a sua família saúde e bem-estar, inclusive alimentação, vestuário, habitação, cuidados médicos e os serviços sociais indispensáveis, o direito à seguridade no caso de desemprego, doença, invalidez, viuvez, velhice, ou outros casos de perda dos meios de subsistência em circunstâncias fora de seu controle"[1].

No Brasil, o marco inicial da seguridade social foi a edição da Lei Elói Chaves (Decreto Legislativo n. 4.682, de 24 de janeiro de 1923). Segundo o Professor Aníbal Fernandes, o marco foi a Lei n. 3.724, de 15.1.1919, que disciplinava os acidentes do trabalho, consagrando a responsabilidade objetiva do empregador.

(*) Advogada, graduada pela Universidade Mackenzie, pós-graduada em Direito Processual Civil pela Universidade Mackenzie, pós-graduada em Direito Previdenciário pela Unisal, membro efetivo do Comitê Acidentário da Comissão de Direito do Trabalho da OAB/SP, sócia do escritório Kachan, Sinotti & Kachan Advogados. *E-mail:* apires@kachanadvogados.adv.br.

(1) MARTINS, Sergio Pinto. *Direito da seguridade social*. São Paulo: Atlas, 2003. p. 31.

Referida legislação, a primeira a disciplinar a infortunística, representou verdadeiro avanço no âmbito dos acidentes de trabalho, tendo em vista a dissociação do mesmo do direito comum.

Em 1944 foi editado o Decreto-lei n. 7.036, de 10 de novembro de 1944, diploma que adotava a teoria do risco profissional e que teve longa vigência.

Com a edição da Lei n. 5.316, de 14 de setembro de 1967, o seguro de acidentes de trabalho passou a integrar a Previdência Social e restou consagrado o monopólio estatal.

Adequando-se ao entendimento jurisprudencial, edita-se a Lei n. 6.367/1976, que mantém a estatização do seguro, mas traz inúmeros avanços, dentre eles os benefícios devidos por incapacidade, apurados de acordo com o grau de perda da capacidade laborativa.

A Carta Magna de 1988 inseriu no âmbito dos direitos dos trabalhadores urbanos e rurais "o seguro contra acidentes de trabalho, a cargo do empregador, sem excluir a indenização a que este está obrigado, quando incorrer em dolo ou culpa" (art. 7º, XXVIII, CF/1988).

Atendendo ao comando constitucional, foi editada a Lei n. 8.213/1991, que dispõe sobre os "Planos de Benefícios da Previdência Social", legislação onde estão previstos todos os benefícios acidentários a cargo da Previdência, devidos por força do seguro de acidentes do trabalho obrigatório.

Segundo Hertz Jacinto Costa "O quadro legislativo em vigor mostra que o País não tem uma lei de acidentes de trabalho, mas regras infortunísticas disseminadas nos benefícios da Previdência Social"[2].

Pois bem, não obstante as críticas constantes dos doutrinadores em virtude da ausência de legislação específica a regulamentar a matéria relativa aos acidentes de trabalho e da intenção dos legisladores de igualar os benefícios acidentários aos previdenciários comuns, certo se tem que a ocorrência de um acidente de trabalho traz reflexos no âmbito da Previdência Social e do contrato de trabalho, afetando não só os trabalhadores como também os empregadores.

Para estudo do tema, é necessário correlacionar a legislação previdenciária e a trabalhista.

1.2. Definição de acidente de trabalho

Conforme ressaltado, toda a matéria afeta aos acidentes de trabalho, no que diz respeito ao direito previdenciário, está regulamentada pela Lei n. 8.213 de 1991, com as alterações posteriores, dentre as quais cumpre destacar as Leis ns. 9.032/1995 e 9.528/1997.

---

(2) COSTA, Hertz Jacinto. *Manual de acidente do trabalho.* 4. ed. Curitiba: Juruá, 2009.

Dispõe o art. 19 da Lei n. 8.213/1991 que "Acidente do trabalho é o que ocorre pelo exercício do trabalho a serviço da empresa ou pelo exercício do trabalho dos segurados referidos no inciso VII do art. 11 desta Lei, provocando lesão corporal ou perturbação funcional que cause a morte ou a perda ou redução, permanente ou temporária, da capacidade para o trabalho".

O evento definido por lei deve ter as características de subtaneidade e violência, tendo uma causa exterior (com o que se exclui a autolesão dolosa) e deve haver nexo causal entre este fato (acidente) e a incapacidade verificada.

Segundo entendimento de Antonio Lopes Monteiro e Roberto Fleury de Souza Bertagni, o art. 19 da Lei n. 8.213 conceitua o acidente de trabalho em sentido estrito, ou seja, o acidente típico, cujas consequências se apresentam normalmente de forma imediata.

Mais adiante a legislação prevê, também como acidente de trabalho, as doenças profissionais e as doenças do trabalho (art. 20, I e II, da Lei n. 8.213/1991), excluindo expressamente aquelas degenerativas.

Entende-se por doença profissional ou tecnopatia, nos termos da lei, aquela "produzida ou desencadeada pelo exercício do trabalho peculiar a determinada atividade e constante da respectiva relação elaborada pelo Ministério do Trabalho e da Previdência Social" (art. 20, I, Lei n. 8.213/1991).

No entendimento de Hertz Jacinto da Costa, "são as moléstias de evolução lenta e progressiva, originárias de uma causa igualmente gradativa e durável, vinculadas às condições de trabalho"[3].

Podemos citar como exemplos de doenças profissionais os distúrbios osteomusculares relacionados ao trabalho (DORT), onde se incluem as tenossinovites, bursites, tendinites, etc.

As doenças do trabalho ou mesopatias, são aquelas adquiridas ou desencadeadas em função de condições especiais em que o trabalho é realizado e que com ele se relacionem, conforme relação constante da lista elaborada pela Previdência Social.

Dentre as mais comuns, podemos citar as perdas auditivas induzidas por ruído (PAIR), pneumoconioses, silicoses, asma profissional e etc.

A relação das doenças com o trabalho ou com o meio ambiente de trabalho consta do Anexo II do Decreto n. 3.048/1999, sendo certo que esse rol não é exaustivo, podendo haver prova do nexo causal por outros meios.

Nesse contexto, não há como não se considerar a figura do Nexo Técnico Epidemiológico (NTEP), previsto no art. 21-A da Lei n. 8.213/1991, segundo cujos termos "A perícia médica do INSS considerará caracterizada a natureza acidentária

---

(3) *Op. cit.*, p. 75.

da incapacidade quando constatar ocorrência de nexo técnico epidemiológico entre o trabalho e o agravo, decorrente da relação entre a atividade da empresa e a entidade mórbida motivadora da incapacidade elencada na Classificação Internacional de Doenças — CID, em conformidade com o que dispuser o regulamento".

Conforme entendimento de Juliana de Oliveira Xavier Ribeiro, "o cruzamento de dados propiciado pelo NTEP consiste em captar, através de um programa de computador, os dados da empresa através de seu CNPJ, e do número identificador de sua atividade (CNAE), e cruzá-los com o número identificador do trabalhador (NIT) e a patologia diagnosticada pelo médico do trabalho (CID-10). Havendo uma ligação entre esses dados, tem-se estabelecido o Nexo Técnico Epidemiológico Previdenciário"[4].

A figura do nexo presumido não desobriga a empresa de emitir a Comunicação de Acidente de Trabalho (CAT), providência que deve ser tomada imediatamente em caso de morte ou no primeiro dia útil seguinte à ocorrência (art. 22 da Lei n. 8.213/1991).

A legislação prevê, ainda, como acidente de trabalho, o acidente *in itinere* e outros por equiparação, conforme previsto no art. 21 da Lei n. 8.213/1991.

2. Dos benefícios acidentários e seus reflexos no contrato de trabalho

A Lei n. 8.213/1991 prevê, para o caso de acidentes de trabalho, abrangidas as doenças profissionais e do trabalho, o acidente de trajeto e as concausas e equiparações, os seguintes benefícios: auxílio-doença acidentário; auxílio-acidente, aposentadoria por invalidez acidentária e pensão por morte.

Em primeiro lugar deve-se ressaltar que, conforme previsto no art. 26 da Lei n. 8.213/1991, os benefícios acidentários são devidos independentemente de cumprimento de período de carência.

2.1. Auxílio-doença acidentário

O auxílio-doença acidentário é o benefício devido ao "segurado que, havendo cumprido, quando for o caso, o período de carência exigido nesta lei, ficar incapacitado para o seu trabalho ou para sua atividade habitual por mais de 15 (quinze) dias consecutivos" (art. 59, Lei n. 8.213/1991).

É destinado às chamadas incapacidades totais e temporárias para o exercício da função que desempenha o trabalhador acidentado.

O auxílio-doença previdenciário tem como finalidade substituir o rendimento do acidentado durante o período necessário à recuperação de sua capacidade

---
(4) RIBEIRO, Juliana de Oliveira Xavier. *Auxílio-doença acidentário*. Curitiba: Juruá, 2010.

laborativa e consiste numa renda mensal correspondente a 91% do salário de benefício (art. 61 da Lei n. 8.213/1991).

Pois bem, conforme definição legal, "durante os primeiros 15 (quinze) dias consecutivos ao do afastamento da atividade por motivo de doença, incumbirá à empresa pagar ao segurado empregado o seu salário integral" (redação da Lei n. 9.876/1999).

Isso significa dizer que, durante os primeiros 15 (quinze) dias de afastamento, o contrato de trabalho do empregado ficará interrompido e o empregador é responsável pelo pagamento de salários.

A partir do 16º (décimo sexto) dia, "o segurado empregado em gozo de auxílio--doença será considerado pela empresa como licenciado" (art. 63, Lei n. 8.213/1991) e o contrato de trabalho fica suspenso.

A regra repete-se no art. 476 da Consolidação das Leis do Trabalho, que estabelece que o empregado afastado por doença "é considerado em licença não remunerada".

O empregador que garantir ao segurado licença remunerada, ficará obrigado a pagar-lhe durante o período de afastamento eventual diferença entre o valor do benefício e aquele garantido para a licença.

Tratando-se, como efetivamente se trata, de incapacidade temporária para o trabalho, o auxílio-doença perdurará enquanto permanecer esta condição, podendo a autarquia, à luz do que dispõe os arts. 101 da Lei n. 8.213/1991 e 77 do Decreto n. 3.048/1999, convocar o acidentado para exame médico periódico, sob pena de suspensão do benefício.

De outra parte, o empregado em gozo de auxílio-doença, cuja recuperação para o exercício da função habitual não for possível, deve se submeter ao processo de reabilitação profissional para o exercício de outra atividade.

A reabilitação profissional deve proporcionar ao empregado a possibilidade de retorno ao mercado de trabalho e é procedimento obrigatório, conforme preceituam os arts. 89 e seguintes da Lei n. 8.213/1991.

O empregado em gozo de auxílio-doença acidentário tem garantida "pelo prazo mínimo de doze meses a manutenção do seu contrato de trabalho na empresa, após a cessação do auxílio-doença acidentário, independentemente de percepção de auxílio-acidente" (art. 118 da Lei n. 8.213/1991).

A estabilidade do acidentado, cuja constitucionalidade foi reconhecida pela OJ n. 105 da SDI-I do TST, pode ter seu prazo majorado pelas Convenções Coletivas da Categoria e não se aplica aos contratos de experiência, salvo pactuação expressa.

Se o empregado for dispensado de forma arbitrária durante o período de estabilidade, terá direito à reintegração pelo período correspondente, estabilidade esta que não poderá ser substituída de plano por indenização, já que o benefício, previsto em norma de ordem pública, visa assegurar a permanência do empregado em seu ambiente de trabalho.

Todavia, de acordo com entendimento da OJ n. 116 da SDI-I do TST, se o período estabilitário já tiver exaurido, a estabilidade poderá ser convertida em indenização.

De outra parte, "O empregador não necessita de autorização judicial para promover a rescisão contratual de empregado acidentado em gozo da garantia de emprego preconizada pelo art. 118 da Lei n. 8.213/1991" (TRT 15ªR., RO 1474-2006-109-15-00-6 1ª T., 1ª Câm., Rel. Juiz Antonio Lazarim, DOESP 18.1.2008).

Durante o período de afastamento para gozo de auxílio-doença acidentário, o empregador fica obrigado a promover o recolhimento do Fundo de Garantia do Tempo de Serviço (FGTS — Lei n. 8.036/1990).

O parágrafo único do art. 4º da CLT determina que "Computar-se-ão, na contagem de tempo de serviço, para efeito de indenização e estabilidade, os períodos em que o empregado estiver afastado do trabalho prestando serviço militar e por motivo de acidente do trabalho".

2.2. Auxílio-acidente

O auxílio-acidente é o benefício devido ao segurado quando, "após a consolidação das lesões decorrentes de acidente de qualquer natureza restarem sequelas que impliquem redução da capacidade para o trabalho que habitualmente exerça" (art. 86 da Lei n. 8.213/1991).

Nos termos da lei, para se fazer jus ao auxílio-acidente, deve ser verificada a condição de incapacidade parcial e definitiva para o trabalho, ou seja, deve haver incapacidade para o exercício da função habitual ou, ao menos, exigência de maior esforço para tanto.

O art. 104 do Decreto n. 3.048/1999 estabelece que o empregado que, após o processo de reabilitação profissional for considerado incapaz de exercer sua função e assim, for remanejado para outro cargo, fará jus ao auxílio-acidente.

Referido benefício tem caráter indenizatório, ou seja, tem por finalidade compensar a restrição do acidentado em relação ao mercado de trabalho.

Não é substituto de salário, representa renda de 50% do salário de benefício, e não impede a permanência do titular no mercado de trabalho.

Foi criado para ser vitalício, condição que lhe foi retirada pela Lei n. 9.528/1997, o que representou verdadeiro retrocesso no que diz respeito aos direitos e garantias do acidentado.

2.3. Aposentadoria por invalidez acidentária

Com previsão no art. 42 da Lei n. 8.213/1991, a aposentadoria por invalidez é devida ao segurado quando o mesmo for considerado "incapaz e insuscetível de reabilitação para o exercício de atividade que lhe garanta a subsistência, e ser-lhe--á paga enquanto permanecer esta condição".

A princípio, a incapacidade é total e irreversível, não obstante todas as previsões legais com possibilidade de reversão do quadro. O fato é que há prognóstico negativo quanto à cura ou reabilitação.

É devida a partir do dia imediato à cessação do auxílio-doença e a apuração da incapacidade fica a cargo da perícia médica previdenciária.

A renda mensal do benefício, substitutivo de salário, corresponde a 100% do salário de benefício, limitado ao teto previdenciário, sendo certo que o mesmo será cancelado no caso de retorno voluntário do aposentado à atividade profissional.

Dispõe o art. 475 da Consolidação das Leis do Trabalho que "O empregado que for aposentado por invalidez terá suspenso o seu contrato de trabalho durante o prazo fixado pelas leis de previdência social para a efetivação do benefício".

Resta claro, assim, que a aposentadoria por invalidez acidentária não constitui causa de extinção do contrato de trabalho, mas sim de suspensão, o que implica necessária conclusão no sentido de que o empregado deve reassumir seu posto de trabalho no caso de recuperação da capacidade laborativa com consequente cancelamento da aposentadoria.

Dispõe o art. 47 da Lei n. 8.213/1991 que:

"verificada a recuperação da capacidade de trabalho do aposentado por invalidez, será observado o seguinte procedimento:

I — quando a recuperação ocorrer dentro de 5 (cinco) anos, contados da data do início da aposentadoria por invalidez ou do auxílio-doença que a antecedeu sem interrupção, o benefício cessará:

a) de imediato, para o segurado empregado que tiver direito a retornar à função que desempenhava na empresa quando se aposentou, na forma da legislação trabalhista, valendo como documento, para tal fim, o certificado de capacidade fornecido pela Previdência Social."

O Tribunal Superior do Trabalho editou a Súmula n. 160, segundo a qual, "cancelada a aposentadoria por invalidez, mesmo após 5 (cinco) anos, o trabalhador terá direito de retornar ao emprego, facultado, porém, ao empregador, indenizá-lo na forma da lei".

Diante do quadro legislativo atual, resta evidente o cancelamento da Súmula n. 217 do Supremo Tribunal Federal, haja vista a possibilidade de recuperação do acidentado em período maior do que os 5 (cinco) anos anteriormente previstos.

Segundo entendimento jurisprudencial, "Nos termos do art. 475 da CLT, a aposentadoria por invalidez não é causa de extinção do contrato de trabalho, mas de mera suspensão. Ainda, conforme dispõe o art. 47, inciso I, da Lei n. 8.213/1991, tal suspensão perdura após a concessão da aposentadoria, desde que o empregado não seja reabilitado para o trabalho. Desse modo, como permanece íntegra a relação jurídica de emprego durante o período de suspensão do contrato, fica o empregador obrigado a manter o plano de saúde concedido ao empregado, nas condições em que foi ajustado, ainda que sua instituição tenha se dado por mera liberalidade. A supressão da referida vantagem, efetuada de forma unilateral pela empresa, constitui alteração contratual ilícita, a teor do que dispõe o art. 468 da CLT, por força da incorporação do benefício ao contrato celebrado entre as partes. Recurso ordinário apresentado pela reclamada a que se nega provimento" (TRT 15ª R., RO 761-2007-097-15-00-4, 5ª T., 10ª Câm., Rel. Fernando da Silva Borges. DOESP 22.2.2008).

Mesmo com o contrato de trabalho suspenso, permanecem os deveres recíprocos entre as partes, de modo que, verificada uma das hipóteses do art. 482 da CLT, é possível a rescisão contratual.

2.4. Pensão por morte

A pensão por morte é o benefício devido ao conjunto dos dependentes do segurado, quando este vier a falecer, no caso, em razão de um acidente ou doença do trabalho.

A hipótese não gera celeuma porquanto a morte é causa de extinção do contrato de trabalho.

Considerações finais

Faz-se oportuno ressaltar que os temas aqui debatidos trataram da matéria de forma geral, sem levar em conta eventual responsabilidade do empregador na ocorrência do acidente ou doença profissional ou do trabalho.

Como bem preleciona Hertz Jacinto Costa "O espírito que norteou a garantia no emprego se prende ao fato de que o segurado afastado de suas atividades, por acidente típico ou doença das condições de trabalho, não raro, permanece longo período ausente do mercado de trabalho, o que gera problemas de readaptação nas atividades desenvolvidas. Por outro lado, o afastamento em razão de acidente de trabalho por si só gera sofrimento, inquietação no espírito do trabalhador, não fossem suficientes as consequências do trauma ou da doença laborativa, não sendo justo o desamparo de quem assim se infortunou. Derradeiramente, nem sempre a reabilitação e readaptação profissional eventualmente concedida permite que o acidentado seja reabsorvido pelo mercado de trabalho"[5].

---

(5) *Op. cit.*, p. 105.

Bibliografia

BALERA, Wagner. *A seguridade social na constituição de 1988*. São Paulo: Revista dos Tribunais, 1989.

CAIRO JUNIOR, José. *O acidente do trabalho e a responsabilidade civil do empregador*. São Paulo: LTr, 2003.

CARRION, Valentin. *Comentários à consolidação das leis do trabalho*. São Paulo: Saraiva, 2008.

COIMBRA, J. R. Feijó. *Direito previdenciário brasileiro*. Rio de Janeiro: Edições Trabalhistas, 1999.

COSTA, Hertz Jacinto. *Manual de acidente do trabalho*. Curitiba: Juruá, 2009.

DINAMARCO, Cândido Rangel. *A instrumentalidade do processo*. São Paulo: Revista dos Tribunais, 1990.

GONÇALES, Odonel Urbano. *Manual de direito previdenciário. Acidentes do trabalho*. São Paulo: Atlas, 1993.

HORVATH JÚNIOR, Miguel. *Direito previdenciário brasileiro*. São Paulo: Quartier Latin, 2004.

MARTINEZ, Wladimir Novaes. *Princípios de direito previdenciário*. São Paulo: LTr, 2001.

MARTINS, Sergio Pinto. *Direito da seguridade social*. São Paulo: Atlas, 2003.

NASCIMENTO, Amauri Mascaro. *Curso de direito do trabalho*. São Paulo: Saraiva, 2007.

OLIVEIRA, Sebastião Geraldo de. *Proteção jurídica à saúde do trabalhador*. São Paulo: LTr, 2002.

RIBEIRO, Juliana de Oliveira Xavier. *Auxílio-doença acidentário*. Curitiba: Juruá, 2010.

ROCHA, Daniel Machado da; BALTAZAR JUNIOR, José Paulo. *Comentários à lei de benefícios da previdência social*. Porto Alegre: Livraria do Advogado, 2009.

SAAD, Eduardo Gabriel; SAAD, José Eduardo Duarte; BRANCO, Ana Maria Saad C. *CLT comentada*. São Paulo: LTr, 2009.

SALEM, Luciano Rossignoli; SALEM, Diná Aparecida Rossignolli. *Prática forense nos acidentes do trabalho*. São Paulo: J. H. Mizuno, 2007.

▶▶ APLICAÇÃO DO INSTITUTO DO DANO MORAL NO PROCESSO DO TRABALHO

Aparecida Maria Prado[*]

1. Considerações iniciais e históricas

O instituto do dano moral ou extrapatrimonial como a doutrina recente o denomina, teve sua forma definida a partir da Constituição de 1988, inserido no art. 5º, inciso V, " é assegurado o direito de resposta, proporcional ao agravo, além da indenização por dano material, moral ou à imagem", dentro de uma concepção abrangente, inseriu o dano moral como direito fundamental do homem, e neste compasso é dever do estado tutelar a garantia deste direito, criar os mecanismos desta garantia, amparando o cidadão violado nestes direitos.

No entanto, ainda que a magna carta tenha dado amparo maior às vitimas, ao buscar a justa reparação pecuniária, ainda que a aplicação do instituto a partir daquela data tenha crescido e construído uma jurisprudência heterogênea no âmbito civil, temos que, no âmbito trabalhista a aplicação do instituto tenha um longo caminho jurisprudencial a percorrer, para que a condenação decorrente de ato lesivo, tendo por consequência o dano extrapatrimonial, seja eficiente, eficaz, além de reparadora e compensadora, este o seu objetivo, contribuindo para a redução do volume de processos trabalhistas. Será este o foco deste trabalho.

Pretendemos não nos aprofundar em classificações do instituto ou percorrer as entranhas da responsabilidade civil e suas nuances, terreno este repisado por vários e renomados autores, que abastecem as livrarias e bibliotecas com farto material qual seja a necessidade do pesquisador.

(*) Advogada e jornalista. Membro efetiva da Comissão de Direito do Trabalho da OAB-SP. Membro efetiva da Comissão da Mulher Advogada da OAB-SP. Conselheira da AATSP — Associação dos Advogados Trabalhistas de São Paulo. Diretora da Comissão de História da AATSP. *E-mail:* cidaprado@terra.com.br.

Pretendemos nesta oportunidade, lançando mão de um pouco de necessária presunção, nos ater ao tema, suas causas e possíveis soluções, assim, discutir a aplicação do instituto do dano moral no processo do trabalho. Lançando em torno deste tema, fagulhas que possam acalorar a discussão e talvez levar aos profissionais do direito, advogados, magistrados e jurisdicionados, elementos para reflexão que os impulsionem a enveredar por novos rumos.

Ao advogado, que ao esbarrar com a necessidade de requerer de um lado, se depara com um revolto mar de informações desencontradas, de casos que numa primeira análise, poderia classificar seus resultados de injustos, inadequados, exagerados ou ínfimos; e por outro lado, ao magistrado, que se depara com outro mar, não menos revolto de processos mal construídos, de provas ineficazes, de autores que buscam reparação à raiva simplesmente.

Na sequência, temos os que buscam a justa reparação e sentam-se à mesa com rés de má-fé, prepostos sem escrúpulos, testemunhas que desconhecem os fatos ou rés de boa-fé, mas despreparadas para enfrentar a velocidade do crescimento tecnológico, da globalização, e etc., sem a necessária assessoria jurídica preventiva. Encontram ainda empresas que simplesmente permanecem no mercado, empregando pessoas, sem o devido respeito às leis trabalhistas, ou com total falta de cuidados, atenção, treinamento e investimentos que possam reduzir o passivo trabalhista. Estas tampouco agem com o intuito de impedir que situações oriundas do trato com pessoas, as quais poderiam ser evitadas, engordem os pedidos elencados nas exordiais.

Ainda que outras situações possam contribuir para este tipo de ação, quando empregados e empregadores, convivem com máquinas, com a fatalidade e uma infinidade de possibilidades de acidentes que também podem colocá-los frente a frente, com o dever de reparar por danos extrapatrimoniais inevitáveis e integrantes do risco do negócio.

Portanto, vimos em poucas linhas que a aplicação do dano moral ou extrapatrimonial, como será a nossa preferência, é consequente de inúmeras situações, várias evitáveis e outras nem tanto; mas, ambas podem trilhar caminhos modificativos no seu resultado final.

A doutrina contemporânea migrou para a expressão dano extrapatrimonial ao citar o instituto, pois este ao atualizar-se trouxe em seu bojo, um entendimento maior sobre o que deve ser considerado dano, além do patrimonial.

O dano patrimonial dispensa dúvidas, constitui em um ato lesivo que pode diminuir o patrimônio palpável, valorável, material de alguém, a ofensa ao um direito pré-constituído por um contrato ou a perda de um direito que possa ser quantificada economicamente.

Já o dano moral é aquele ato lesivo que consiste num prejuízo psíquico, que ofende a personalidade, a *integridade do seu bem sentir*, que não pode ser quantificado e valorado economicamente, mas que pode ser compensado, este é o objetivo da aplicação condenatória em um processo, onde se busca reparação pecuniária por danos extrapatrimoniais.

Milhares de ações tramitam no judiciário buscando reparações por dano extrapatrimonial, como se fosse possível ressarcir os danos causados por uma ofensa à alma da vítima; no entanto, esta dor pode ser *compensada* por um *quantum* indenizatório, cujo objetivo é senão lavar a alma da dor, ao menos minimizá-la, quanto esta compensação por condenação divulga a verdade a sociedade, quando esta compensação permite a vítima investir na sua diminuição ou possibilitar-lhe satisfação e por fim, tem como objetivo coibir a reincidência do ato lesivo por aquele que ofendeu, bem como, na publicidade do resultado, educar a sociedade, de forma que o cidadão reflita antes do ato lesivo ou tome atitudes que impeça o resultado danoso.

A definição de dano extrapatrimonial, no nosso entendimento, difere de dano moral, fornecendo a amplitude necessária ao seu fortalecimento como instituto, uma vez que até pela abrangência maior do termo, pode ser alvo do ato de repensar dos ofensores, nas suas atitudes, e, dos ofendidos nos seus requerimentos.

A justiça laboral à frente em muitos aspectos do âmbito civil, sendo aquela modelo para esta quanto aos procedimentos, quanto ao uso da informática na administração dos tribunais de todo o país, quando analisada sob a égide deste tema, verificamos que no âmbito trabalhista muito temos a estudar e aprender com os civilistas, ainda que o instituto no Brasil esteja muito distante da realidade norte americana e europeia.

A dificuldade encontrada pelos operadores do direito no âmbito trabalhista, resiste no requerimento ou no arbitramento do *quantum* indenizatório, nas ações que versam sobre dano extrapatrimonial. No entanto, os magistrados e doutos julgadores de nossos tribunais, igualmente encontram dificuldades conquanto o instituto do dano extrapatrimonial, presente em nossa legislação, discutido pela doutrina e pela jurisprudência, ainda assim, não faz parte da consciência cultural de forma responsável, ocasionando distorções quanto a análise do conceito, na aplicação do direito e na reparação indenizatória.

A reparação por ofensa a moral, encontra-se suas raízes na Mesopotâmia, no Código de Hamurabi, o qual se estima tenha sido concebido pelo rei Kamu Rabi, por volta do ano de 1700 a.C. Encontrado apenas no século XX, por uma expedição francesa ao Irã, hoje a peça entalhada na pedra encontra-se no Museu do Louvre, em Paris. Nos entalhes, do diorito, rocha vulcânica, na qual foi esculpido o código, na tradução feita pelos historiadores, descobriu-se que lá a reparação era feita na mesma medida da ofensa, "olho por olho, dente por dente". Conhecida como Lei do Talião (*lex talionis*: *lex*: lei e *talis*: tal, aparelho que reflete tudo), donde o ato ofensivo poderia ser refletido pelo ofendido ao ofensor na mesma forma e intensidade. Assim era a aplicação do instituto do dano moral, nos primórdios históricos que desbravaram a importância de apenar os ofensores. Desta época, não há registros de reparação pecuniária, a qual vamos encontrá-la na Grécia antiga e depois no direito romano, onde a ofensa ao dano moral, era extremamente analisada e julgada com a justa condenação.

2. As dificuldades e o arbitramento

No elo da história, encontramos desde há 2.000 anos atrás, a preocupação com a ofensa à *integridade do bem sentir*, numa busca constante a forma e intensidade ideais na reparação.

Antonio Jeová Santos, em *Dano Moral Indenizável*, escreve com muita propriedade sobre a quantificação do *decisum* condenatório em ações que requerem indenização por dano extrapatrimonial, chegando a máxima conhecida, na qual "a condenação deve doer no bolso do opressor, sem contudo enriquecer o ofendido". Se esta fosse a premissa norteadora das ações que tramitam na justiça trabalhista, estaríamos nós tratando de outro tema.

Nosso entendimento, não deve ser traduzido como partidário de um ou de outro lado da mesa de litigantes, apenas, consideramos que nas condenações por ato lesivo, tendo por consequência o dano extrapatrimonial, cujo conjunto probante, tenha sido esgotado e que para o convencimento do magistrado não lhe reste dúvidas, reconhecendo assim a existência do ato causador do dano, uma vez que a existência e intensidade da dor, que geraram danos a *integridade do bem sentir*, é peculiar a cada ofendido, bem como as consequências da ofensa, podem variar, de acordo com a atitude de cada um perante o grupo, quando vitimado, o rigor poderá desencadear atitudes que contenham parte das ações trabalhistas e maior responsabilidade social.

A questão é cultural, com relação a classificação e definição do dano como extrapatrimonial, quando deverá este ser reconhecido juridicamente como ato lesivo passível de reparação por indenização, de acordo com a cultura de nosso país, com a religião dos envolvidos e com a proporção entre a culpa do ofensor e o dano decorrente do ato ou omissão que contribiu para o fato danoso.

Corroborando e amparando este pensamento, Elias Farah, em *Advocacia no Novo Milênio*, apontando o art. 944 do Código Civil de 2002, alerta, "Podem fazer pressupor o prejuízo: a argumentação demais concisa ou genérica, a produção insuficiente de provas e a omissão de razões finais ou de recurso à instância superior. Mas, em qual extensão de gravidade? A decisão contrária do juízo teria sido causada pelas imperfeições dos serviços ou elas em nada alterariam as conclusões do órgão judicante? Tais características dos serviços advocatícios dificultam a medição da culpa, e impõem que, na apuração do seu grau de culpabilidade, as decisões estejam atentas às peculiaridades do caso".

Nesta sequência de reflexões sobre o instituto, chegamos a conclusão que há uma batalha inglória, não só para os litigantes, os que buscam uma justa reparação, e muitas vezes se decepcionam, por vezes até rompendo o processo cicatrizante causado pelo fato ofensivo, bem como, aos que se defendem, pois muitas vezes faltam-lhe elementos para esta defesa. A exemplo, quando a empresa é citada a defender-se de fatos ocorridos, entre seu preposto e um(a) funcionário(a) nos corredores sombrios e obscuros, sempre escolhidos pelo ofensor, e pelas supostas vítimas, que embuídas de revolta e vingança escolhem os mesmos corredores, para encobrir inverdades e auferir lucros, e entre estes, o estado , envolto pelas vestes talares ou ainda que não as use, representado pelo MM. Juiz Gabriel Lopes Coutinho, juiz da 2ª região, traduz o dilema do magistrado: "... assim, como a impunidade, a ausência de aplicação da lei é um vetor pedagógico negativo destinado à sociedade. Para que o instituto seja aplicado com maior rigor, é necessário que os pedidos sejam feitos com maior consistência nas petições e as provas sejam feitas com maior propriedade". Consideramos que é ponto de concordância quando conclui que "..., se as sentenças de primeira instância não forem adequadas, pode haver a chance de reforma nas instâncias superiores". Tratamos aqui dos extremos e nestes lamentávelmente há sentenças inadequadas.

O fato de haver uma possibilidade de reforma nas instâncias superiores, é imperativo para que sejam esgotados pelas vias judiciais, o direito disponível à todos, de se defender e a liberdade de discordar de uma primeira opinião.

Mas, prensados entre grandes batalhas judiciais, donde participam patronos irrepreensíveis e magistrados sacerdotais, sobem também as instâncias superiores, sentenças prejudicadas pelos patronos que navegam em mares bravios do dano extrapatrimonial, sem o devido preparo, e corroborando e incentivando a ideia de rentabilizar seus honorários; outras prejudicadas pela má-fé dos réus, pela culpa concorrente e pela boa-fé da confiança em seus subordinados, sentenças estas integrantes da rotina trabalhista.

No entanto, em meio a estas, pode-se pinçar sentenças, que serão marcadas pela tarifação de compensação nas condenações por dano extrapatrimonial, residindo nelas apenas um número, vago, com alguns dígitos, a ser aplicado a qualquer requerimento, independente da construção do processo, das provas apresentadas, dos documentos ou da falta deles. Sentenças que, por óbvio, atolharão as prateleiras das instâncias susperiores, mas que, além disso, atolharão também os balcões da distribuição de processos quando estas não coibem a reincidência do ato lesivo.

Somos pela certeza de que a aplicação do instituto do dano extrapatrimonial, deve se prestar ao fim que se destinou ao longo da história, dos babilônios à Constituição de 1988, indenizar a diminuição da *integridade do bem sentir*, causada por um ato lesivo, bem como a sua aplicação com rigor seria uma valiosa ferramenta inibidora e redutora dos atos lesivos que avolumam a justiça trabalhista.

A dificuldade reside na fixação do *quantum* indenizatório do dano extrapatrimonial, segundo Gabriel Lopes Coutinho, "...há uma forma muito interessante de estabelecer se uma decisão é justa ou não. Trata-se da aplicação da teoria das polaridades, ou dos extremos. Significa que é fácil dizer que um valor está extremamente baixo ou extremamente alto. Exemplos de condenação que nos indignam geralmente situam-se nos extremos. Os casos mais equilibrados não são objetos de avaliação. É uma pena, pois limitamos os exemplos aos extremos e não colaboramos com a reflexão sobre os casos mais equilibrados. Temos que tomar cuidado com 'eles'...".

A providencial observação do juiz Gabriel Coutinho, nos faz refletir sobre qual o caminho correto a percorrer para que patronos e magistrados, possam utilizar-se do instituto constitucional de forma a tirar dele o crescimento jurisprudencial, a justa assistência aos jurisdicionados e prover a justiça trabalhista de uma ferramenta inibidora dos desmandos à CLT.

No que tange ao desrespeito a Consolidação das Leis do Trabalho, lei que regula as relações de trabalho e que impõem regras a ser seguidas pelos empregados e empregadores, lembramos que deparamo-nos com um número bem menor de trangressões pelos empregados, que o número de trangressões causadas pelos empregadores.

3. O rigor como ferramenta de contenção do volume de ações trabalhistas

No nosso entendimento, a condenação por dano extrapatrimonial, é uma ferramenta eficaz, desde que aplicada com rigor. A questão é como se poderia transformar o instituto em ferramenta de contenção de ações trabalhistas, é uma solução proposta para nossas reflexões.

É importante lembrar que tal solução se aplicaria justamente nos fatos extremos da rotina trabalhista, pois estes são os responsáveis pelo avolumar de processos. Não corroboram para estes extremos os sérios operadores do direito, e os empregadores conscientes de sua função social. Nesse sentido, cumpre-nos indicar em que extremos, a condenação por dano extrapatrimonial seria redutora dos processos trabalhistas.

Há empregadores, que ao demitirem ou substituirem seu quadro de colaboradores, agem de forma desrespeitosa com o ordenamento jurídico, desconhecendo totalmente seus mandos e causando sofrimentos à seus colaboradores, que poderiam ser evitados. À exemplo, demissões em massa, sem o devido pagamento rescisório, jogando no mercado trabalhadores, sem salário para prover o sustento familiar, honrar seus alugueres, socorrer seus doentes, casar seus filhos ou enterrar seus afetos. Estas empresas partem do princípio que a justiça do trabalho será sua aliada, quando grande parte dos lesados, se quedam inertes e não se socorrem da justiça, outros buscam-na tardiamente e pretendem apenas receber o saldo de salário, férias e poucos direitos, esquecendo-se, de requererem indenização pelo atraso que lhe trouxe muitas vezes consequências desumanas, que no menor dos males lhes tirou o sono, mas, ao nos deter numa análise mais profunda encontraremos, casamentos desfeitos, abortos, o horror do despejo e outros males que em grande proporção refletem-se na sociedade como um todo. E quando estes pleiteiam na justiça este direito legal, premiam seus algozes com metade do que lhes seriam justo, em acordos irrisórios, esquecendo-se de pleitear um *quantum* indenizatório por seus infortúnios e cumularem danos materiais e morais, entendimento já sumulado pelo STJ.

No entanto, o entendimento do STJ, pacificado em nossa jurisprudência recente e seguido pelo TST, para o qual os patronos devem estar atentos é de que os danos extrapatrimoniais, passíveis de reparação devem gerar consequências presumíveis diante do fato gerador (ato lesivo), ou ainda que deste não reste dúvida, as consequências podem ser passíveis de prova. Após que, estivessem patronos e magistrados em perfeita sinergia, a inclusão de indenizações pelo dano extrapatrimonial, decorrentes do retardamento no pagamento de salários, as demissões sem causa e atitudes com o único fim, sair impunes, com certeza refrearia grande parte das ações trabalhistas.

4. A causa: má gestão dos recursos humanos

O crescente número de ações trabalhistas deve-se a vários fatores, decorrentes da mudança sentida em qualquer ambiente de trabalho no mundo. Da globalização que imprimiu no mundo corporativo, uma competividade na busca por resultados, exagerada e desumana, e nem sempre o alto custo das consequências da má administração da matéria prima mais valiosa, os *Recursos Humanos*, são contabilizados e seus prejuízos lançados nos balanços anuais.

Os gastos decorrentes do assédio moral, com a saúde, licenças, demissões, perda de resultados e muitas vezes onerosas ações trabalhistas, ainda que parte delas resultem em economia aparente quando do encerramento da lide em acordos vantajosos, não são mensurados. Pois, numa visão distorcida, são esquecidos os gastos indiretos com a movimentação de processos, nestes inclusos honorários advocatícios, estrutura que ampare um bom departamento jurídico e as despesas decorrentes, com viagens, alimentação, combustíveis, seguros, veículos e um sem fim de despesas que poderiam ser evitadas ou desviadas para um fim maior, ou seja, investimentos na redução do passivo trabalhista, assunto que retornaremos à frente.

Ilustrando esta triste realidade, Francisco Hamilton Silva, em sua brilhante monografia, apresentada em 2008, na Universidade Federal do Ceará, demonstra os números estatísticos desta realidade mundial, de acordo com o pesquisador alemão Harald Ege, radicado na Itália e fundador da Associação Italiana contra *Mobbing e Stress* Psicossocial de Bologna — PRIMA, donde concluiu que "8,1% dos trabalhadores europeus empregados sofrem no ambiente de trabalho algum tipo de violência psicológica; Inglaterra, em primeiro lugar, com 16,3%; em segundo, a Suécia com 10,2%; em terceiro, a França com 9,9%, e, em quarto, a Alemanha com 7,3%.Na Itália o número alcançado corresponde a 4,4% dos empregados. A pesquisa, em resumo, mostra que doze milhões de europeus sofrem de assédio moral".

Segundo o trabalho de Francisco Hamilton da Silva, em pesquisa realizada no Brasil, em 2002, pela OMS, "39,5% dos entrevistados responderam ter vivido situações de abuso verbal no ambiente de trabalho". Os números são alarmantes e o ônus destes respinga na sociedade como um todo.

Apesar de que no Brasil o termo assédio moral, nos leva aos atos lesivos que originam ofensas à *integridade do bem sentir,* dispensando subtítulos, sendo este o termo aceito no mundo jurídico, encontramos nos estudos realizados por Francisco Hamilton da Silva, indícios de que devemos nos familiarizar com novos termos que dissecam a denominação assédio moral, como no trabalho do psiquiatra alemão, Heinz Leymann, que identificou quarenta e cinco comportamentos que ensejam o assédio moral, classificando-os em *mobbing* de origem inglesa, que significa multidão ou coletividade em tumulto, donde o psiquiatra propõe ser esta a denominação adequada para os casos de ofensa do grupo para com o indivíduo, tese reforçada por outros estudiosos.

Na sequência, "Falava-se de *bullyng* essencialmente para descrever as humilhações, os vexames e as ameaças que certas crianças ou grupo de crianças infringem a outras. Depois o termo se estendeu às agressões observadas no exército, nas atividades esportivas, na vida familiar, em particular, com relação a pessoas de idade, e, evidentemente, no mundo do trabalho".

A questão é que, ainda que date do final da década de 1990 a aplicação deste termo, acreditamos que os abusos e ofensas à *integridade do bem sentir*, deverão na medida em que o caminho jurisprudencial crie uma musculatura mais justa, aflorar termos mais específicos que definam e classifiquem melhor o já velho instituto do dano moral, "repaginado" para dano extrapatrimonial.

Nessa era transformadora, ainda encontramos aquele antigo negócio de família que deu certo, transpassando décadas, onde o assédio moral, *mobbing* ou *bulling* passam ao largo, aonde o funcionário envelheceu juntamente com o patrão, onde a amizade e o respeito sempre tomaram à frente de qualquer disputa por cargo ou aumento de salário e nesta toada, todos sobreviveram e sustentaram suas famílias, sem litígios trabalhistas. Poucos ainda imperam, a maioria sucumbiu, esmagados pela falta de atualização tecnológica ou se transformaram nas mãos dos herdeiros, ávidos por maiores lucros, esmagando a tradição da família, entraram no mesmo círculo vicioso do admite-demite dos grandes negócios e junto com eles, enfrentam a árdua tarefa de se defenderem na justiça laboral, pela má administração de seus recursos humanos.

As grandes companhias, as multinacionais, as redes de franquias, os monopólios de determinados produtos ou serviços, na desenfreada busca da sobrevivência diária, dividem-se em dois grupos distintos: os que investem nas pessoas, porque elas constroem resultados e aqueles onde o funcionário é um número digital na técera plástica, que informa caso haja necessidade se ele faltou ou não. São estes do segundo grupo que engordam as estatísticas, recheiam as prateleiras das varas trabalhistas e passaram a incluir na rotina de advogados e magistrados a pergunta que não quer calar: Qual o valor do *quantum* indenizatório numa ação de danos extrapatrimoniais?

5. Patronos x juízes

Antonio Geová de Oliveira, em *Dano Moral Indenizável*, é categórico, somente a parte e seu patrono, têm os elementos necessários para valorar o tamanho do sofrimento, da dor, do esfacelamento da *integridade do bem sentir*, no que concordamos em toda a sua extensão. Este é o caminho a ser perseguido pela classe e pela justiça trabalhista. Se, antes de decidir qual o valor justo para uma justa reparação, patrono e parte, se detivessem em analisar profundamente, os fatos, as consequências, as particularidades da vida do autor, a realidade financeira e o histórico da reclamada, temos a convicção que, relembrando o juiz Gabriel Lopes Coutinho, "os pedidos sejam feitos com maior consistência nas petições e as provas sejam feitas com maior propriedade", teríamos resultados mais profícuos.

Mas, lamentavelmente, na contra mão da aplicação correta, eficiente e eficaz do instituto, temos que, boa parte dos autores, deseja auferir lucros com a vingança que carregam diante da demissão, tenham a ela dado causa ou não, em conluio com patronos que decidem sozinhos e aleatoriamente, proporcionando o enfraquecimento e descrédito dos pedidos elencados em prejuízo às causas justas.

Elias Farah, em *Advocacia no Novo Milênio*, define "O processo é uma das instituições basilares no desenvolvimento dos povos civilizados e a mais confiável garantia do Estado de Direito. Se a reivindicação de tutela jurisdicional for manifestada com a propensão para a aventura ou simulação, a litigância de má-fé, que configurar, não será agressão apenas ao adversário ou à atividade dos Tribunais, mas contra os interesses sociais e políticos do povo. O Código de Processo Civil disciplina o dever de veracidade sob a perspectiva de que a alteração da verdade dos fatos será reputada litigância de má-fé. A Lei n. 6.771, de 27.3.1980, que alterou o art. 17 do CPC, eliminou o fator intencional. Ofende a Justiça quem defende causa reconhecidamente enganosa. A consciência do injusto torna o procedimento do infrator um atentado à boa-fé".

Nesta esteira, em pesquisa elaborada para este trabalho, tivemos a tristeza de ler numa inicial mal construída e confusa, a seguinte frase " ...a dosagem e mensuração da indenização por dano moral é incumbência do magistrado, ..., dará tratamento justo, considerando para quantum, a posição social, política, graus de escolaridade das partes,... Embora seja incumbência do magistrado, esta procuradora sugere a quantia de R$...", requerendo muitas dezenas de milhares de reais, sem ater-se no mínimo ao princípio da razoabilidade, diante do fato e suas consequências. Por estas e outras que magistrados, descrentes, ainda que haja indícios de procedência, se limitam a uma injusta tarifação na condenação dos réus.

Diante deste quadro e no embalo do volume de aproximadamente 2.500 processos novos por ano e por vara, analisando dados estatísticos divulgados pelo TRT de São Paulo, em pesquisa realizada em 2008, a média nacional por juiz, tomando-se por base a classificação dos dez primeiros, a média anual de processos julgados ou conciliados, destes, situa-se entre 500 a 900 processos; restando de 50 a 70 processos mensais por juiz a serem julgados, salientando que ao final do ano sempre haverá resíduo do ano anterior, bem como, julgar é apenas uma das tarefas rotineiras de um juiz.

Na luta diária do magistrado, a tarifação no arbitramento poderia ser uma solução prática, mas não adequada ao fim objeto do instituto, no entanto esta prática se aplica com frequência senão a todas e por todos, mas a uma grande parte das condenações, com este indício, independente da gravidade e das provas oferecidas, gerando o descrédito do instituto e da justiça trabalhista, além da pior consequência, o não atendimento ao fim maior do instituto, evitar a reincidência do ato lesivo, inibindo os opressores, diminuindo assim o volume de ações distribuídas. Como o exemplo da condenação em torno de dez salários mínimos, como referência, destinada a um grande banco, que com certeza deve estar reincidindo neste momento o ato lesivo, quando, se o *quantum* indenizatório tivesse sido adequadamente arbitrado, com certeza mudanças imediatas e impeditivas do ato, fariam parte dos procedimentos a partir daquela data.

Somos pelo arbitramento responsável, estudado, fundamentado, e, por óbvio, provado, entre patrono e parte, ainda que o magistrado tenha a faculdade de "rearbitrá-lo". No entanto, se tais premissas passarem a nortear a construção das exordiais, refletirá no comportamento do magistrado ao prolatar a sentença, evitando assim, ou ao menos, reduzindo a possibilidade de recursos com pedidos de reforma quanto aos valores das indenizações.

6. O dano extrapatrimonial no ambiente de trabalho

Ultrapassada a questão das dificuldades no arbitramento do *quantum* indenizatório, vamos enveredar pelos tortuosos caminhos do gerenciamento de pessoas, numa contribuição para os colegas que atuam de forma preventivas nas empresas consideradas as grandes vilãs do dano extrapatrimonial.

Nesta esteira, iremos tentar desvendar as causas que tem sua origem na história, mas a atualidade distanciou-se dos motivos do código de Hamurabi, pelo tempo que nos separa e pelo comportamento contemporâneo, que nos coloca diante de um incrível dilema, afirmar o que realmente é causa e o que realmente é consequência destas causas.

A abrangência dos direitos da personalidade nos obriga a entrar no *self* dos empregados ofendidos em seus direitos fundamentais.

Personalidade, segundo o dicionário, é individualidade consciente, caráter pessoal e original, pessoa conhecida em razão de suas funções, de sua influência. E ainda, o conjunto de características que diferem uma pessoa das outras. Estas e outras tantas definições que podemos encontrar ao pesquisar o tema personalidade e seus derivados. Partindo desta premissa, temos que, faz parte deste conjunto de características, a forma com que as pessoas agem e reagem diante dos infortúnios diários, lembrando que o ambiente de trabalho é o local onde passamos grande parte de nosso tempo, quando contabilizamos 220 horas de labor, dentro das 720 horas do mês, das quais 240, em tese, dormimos; se as excluirmos, restam-nos que 45% de nosso tempo disponível, encontramo-nos em nosso ambiente de trabalho, com pessoas que agem e reagem de forma diferente da nossa. Local em que muitos, sofrem calados para manter a sua empregabilidade. Donde surgem os conflitos, que desencadearão as mais diversas formas de agredir a *integridade do bem sentir* de cada um, sendo este a causa de parte das ações por danos extrapatrimoniais. Dissemos parte, uma vez que o mesmo conflito pode ocorrer ou não, de forma e intensidade diversas para cada indivíduo, advindos da mesma forma e intensidade do ato lesivo, ainda que se caracterize como ato lesivo.

Nesse sentido, temos que, parte das ações que demandam reparação por indenização a danos extrapatrimoniais, pode ser reduzida, se os empregadores passarem a investir no conhecimento deste complexo de características que diferem o ser humano e a partir deste conhecimento, investir em treinamento dos níveis hierárquicos de comando e seus comandados.

Vamos ilustrar como isto acontece. O dano extrapatrimonial ocorre quando o empregador ofende o direito a personalidade, e este ato lesivo, que atinge a personalidade, pode ser traduzido em um cem número de atitudes, que através do dano primeiro à imagem, à honra, à vida, à liberdade em todas as suas necessidades, como a liberdade de expressão, de ir e vir, de opção sexual, de religião, de conviver com quem decida, e outras tantas atitudes integrantes da rotina corporativa, que poderão atingir o *self*, interior da personalidade a *integridade do bem sentir*.

Estas atitudes que afetarão o direito a personalidade, poderão ocorrer na forma individual ou coletiva, e naquela não importa se o resultado seja *objetivo* (visão externa) ou *subjetivo* (visão interna), será passível de reparação, caso a avaliação e as consequências do ato, causem danos.

Salientamos que, independente da intensidade do dano, esta determinada pela análise subjetiva do ofendido, atos passíveis de ofender o direito a personalidade, devem ser punidos e evitados dentro das empresas, pois incompatíveis com o ambiente de trabalho.

A justiça laboral, também acolhe e está previsto em nosso ordenamento jurídico, a possibilidade do empregado ser o ofensor do empregador, causando-lhe danos extrapatrimoniais, bem como há a previsão legal do direito de regresso do empregador, contra seus prepostos, agentes de assédio moral, donde o empregador responderá pelo pagamento da condenação. No entanto, há entendimentos controversos, de que esta possibilidade, deverá estar prevista no contrato que rege a relação de trabalho.

Nas pesquisas realizadas, visitamos um fábrica com 60 funcionários, aonde quase todos se tratam por apelidos dos mais incríveis, alguns ofensivos à imagem pública, no entanto tal prática não causa constrangimento, talvez pelo clima organizacional, bem trabalhado pela direção da empresa. Clima organizacional entende-se pela "temperatura" existente no relacionamento do grupo que convive numa relação de trabalho. Existem no mercado nacional e internacional soluções tecnológicas para facilitar a mantença do bom clima organizacional.

7. As ferramentas tecnológicas do RH

Neste sentido, prestaremos algumas informações sobre estas novidades tecnológicas, conhecidas como *ferramentas* no jargão de RH. Área que atingiu nos últimos anos, patamares tão significativos, que em muitas empresas, no alto corporativo, as decisões estratégicas, que envolvam o *cliente interno* principalmente ou outras populações, como contratações de prestadores de serviços, lançamentos de produtos, etc., não ocorrem sem ouvir a opinião do diretor de RH, pela certeza de que: São as pessoas que dão resultados!

Além de psicólogos, assistentes sociais e outros profissionais a serviço do RH, estes lançam mão destas *ferramentas* que facilitam o gerenciamento de pessoas, mapeando o comportamento humano de forma a fornecer informações sobre as características de tendências comportamentais e não comportamentais de cada indivíduo pesquisado, bem como as características comportamentais ideais do cargo. Ou seja, o RH, trabalha de forma a "cruzar" o mapeamento comportamental do cargo com a pessoa, colocando a pessoa certa no lugar certo. Permitindo assim que pessoas trabalhem em cargos e funções de forma mais adequadas, portanto mais felizes e motivadas, maximizando resultados, melhorando o clima organizacional e minimizando os conflitos geradores, em grande parte, de dissabores e atitudes por parte dos empregadores e prepostos que desembocam nas varas trabalhistas.

Além do objetivo de alcançar o sucesso e *performance* das áreas, têm como proposta inicial gerenciar de forma adequada os profissionais tendo como referências suas características específicas e suas preferências. A principal vantagem é que, entendendo as diferenças e necessidades de cada empregado, podemos motivá-

-los de forma única, considerando que cada colaborador é um ser, um indivíduo, único em suas preferências, de personalidade única. O departamento de recursos humanos está apto a apoiar este processo, oferecendo esclarecimentos e planejamento estratégico no que tange a pessoas que compõem a equipe. Ainda como recurso deste processo é possível traçar e administrar todo desenvolvimento necessário para que esteja mais sintonizado na relação direta, existente entre objetivos e estratégia da companhia, bem como as necessidades específicas de cada área, para que assim, atinjam as metas de forma equilibrada e consciente. Isto ajuda em muito na dissolução de dúvidas e traz uma comunicação muito mais direta e efetiva no relacionamento empresa/profissionais.

Estas *ferramentas* são *softwares*, desenvolvidos a partir de estudos da matemática, engenharia, computação, estatística e as ciências que envolvem o comportamento humano, resultando em pesquisas fantásticas, utilizadas na admissão, realocação, promoção, fusão de empresas e no gerenciamento do quadro de empregados. Tem o poder de localizar qualidades como comunicação, empreendedorismo, comando, rapidez ou lentidão, detalhe, organização ou não, nível de persuasão, tomada de decisão, e o nível de energia que estabelece e determina muitas vezes o sucesso de uma pessoa em determinada função.

No Brasil, estão disponíveis no mercado várias delas, há mais de 20 anos, aplicadas por empresas de grande porte, que investem parte de seus recursos de forma preventiva, evitando gastos com a saúde, recolocação e inúmeros outros, mas principalmente reduzindo o passivo trabalhista e ações por danos extrapatrimoniais, nosso foco nesta oportunidade. Hoje este tipo de ferramenta, está sendo aplicada por pequenas e médias empresas com o intuito de buscar maiores resultados, crescimento e sucesso por meio dos seus recursos humanos.

8. O dano extrapatrimonial coletivo

O tema é abrangente, e dificilmente o esgotaríamos neste trabalho finito, mas temos ainda que agregar a este, o dano extrapatrimonial coletivo, neste, o foco é sobre o fato gerador do dano, que causa sofrimento, sequelas, perdas a toda uma classe de trabalhadores, grupo de pessoas, ou moradores de determinada localidade, no entanto, neste momento nos interessa os trabalhadores e como isto pode ocorrer.

As empresas têm por obrigação, *in vigilando*, de proporcionar e cuidar para que os trabalhadores tenham um ambiente saudável, livre de riscos à saúde, à sua integridade física e moral, se por culpa ou dolo a empresa causa um mal que atinja a todos, temos o dano extrapatrimonial coletivo, passível de ação civil pública, por iniciativa do Ministério do Trabalho, na qual a empresa ofensora poderá ser condenada a pagar um *quantum* indenizatório, por lesão coletiva.

Na ocorrência destes fatos, de acordo com Paula Renata Menutti, mestra em direitos difusos e coletivos, o valor da condenação é destinado a um fundo próprio gerido por um conselho estadual ou federal, conforme art. 13 da Lei de Ação Civil Pública n. 7.347/1985. Pela inexistência de fundos específicos para este fim, o FAT — Fundo de Amparo ao Trabalhador, criado pela Lei n. 7.998/1990, responsável pelo pagamento do Programa de Seguro Desemprego e o pagamento do PIS, além de outros programas sociais, tem sido o destinatário dos pagamentos oriundos de condenações por dano extrapatrimonial coletivo.

A Cosipa, uma gigante da siderurgia nacional, em 2007, foi condenada ao pagamento por dano extrapatrimonial, pelo fato de um grupo de trabalhadores ter contraído leucopenia, doença que afeta a medula óssea e células do sangue, causada pelo contato com benzeno. O FAT foi um dos destinatários do pagamento da indenização.

O dano extrapatrimonial coletivo difere do individual, por óbvio, além da denominação, pela parte legítima em requerer, pelos requisitos necessários, pelas provas, por pertencer ao Ministério Público o dever de agir e finalmente pelo destino dos pagamentos oriundos das condenações.

Os exemplos podem ser remorados com facilidade, pois normalmente os casos de danos extrapatrimonial coletivo, acabam por serem veiculados na mídia impressa e televisiva, como inúmeros casos de trabalho escravo e agressões ao meio ambiente. No entanto, apesar da relevância do tema, este não se confunde com o nosso propósito, pois entendemos que a aplicação do instituto do dano extrapatrimonial coletivo, ocorre de forma mais efetiva do que no campo individual. Até porque com o crescimento do movimento sindicalista no Brasil, a partir da década de 1980, as reinvidicações dos trabalhadores diante de ofensas a seus direitos fundamentais e consolidados no ordenamento jurídico, ocorrem de forma rápida, consistente pela união da classe e eficaz nos seus resultados, quando no plano individual, é extremamente lento, solitário e muitas vezes com resultados injustos e ineficazes, pelo volume, pela dificuldade nas provas e pelo panorama atual da justiça trabalhista, conforme dados anteriormente fornecidos.

9. O uso da tecnologia em substituição as revistas íntimas

Não podemos nos abster de pontuar uma das práticas mais primitivas e inaceitáveis nos dias de hoje, mas que ainda prevalece viva em alguns setores, a famigerada revista íntima. José Affonso Dallegrave Neto, em um singular artigo para a Revista do Advogado, conclui "Por serem diretamente ofensivas à reserva mais privativa do ser humano, as revistas íntimas sobre a pessoa serão sempre abusivas, ilícitas e indenizáveis", no que concordamos e justificamos o nosso voto, quando a cada dia surgem novas formas tecnológicas de "espiar" o outro, quando convivemos com o "admirável mundo novo", genialmente antevisto por Aldous Huxley, em 1932, quando somos monitorados no trânsito, no metrô, na praia, no nosso prédio, no supermercado, na escola, pelo poder público, pelo dono do negócio e até pelos vizinhos e familiares, não podemos aceitar que empresários em nome de suposto prejuízo, ao invés de investirem em tecnologia, exponham seus colaborares e colaboradoras ao constrangimento de revistas íntimas. Ainda que por amostragem, ainda que apenas aos que portem acessórios passíveis de envolver produtos, como transcreve Dallagrave Neto em seu trabalho aqui referenciado. Transcrevemos aqui, em homenagem ao julgado de forma exemplar "As revistas, ainda que efetuadas apenas quando os empregados carregam alguma sacola, sem alcançarem, no entanto, gerentes e chefes, configuram inegável discriminação-favorecimento sob qualquer ângulo que se analise, que fere os princípios norteadores do Direito do Trabalho. *Não havendo dispositivo legal que permita revista por particular,* o ato implica suspeição injuriosa. Se acha que o empregado é suspeito, o empregador deve dirigir-se à autoridade policial, e não simplesmente passá-lo em revista, mormente tratando diferentemente os iguais todos empregados. Atitude tal implica efetiva ofensa à dignidade humana e boa-fama do trabalhador, violando o Princípio constitucional de Proteção à Honra das Pessoas, insculpido no art. 5º inciso X. Devida, pois, nos termos dos arts. 159 e 1.533 do CC, indenização por danos morais" (TRT-PR-RO-13945-2001, Ac. n. 17.084-2002, Rel. Luiz Eduardo Gunther, DJPR 8.8.2002). (grifos nossos).

Dallagrave Neto enumera as diversas formas de revistas íntimas ainda existentes em ambientes laborais, quais sejam: revistas íntimas sobre a pessoa do empregado, sobre os bens do empregado e revistas não íntimas, ainda que revistas. Nesta sequência, entende-se que sobre a pessoa do empregado, qualquer tipo de revista será um atentado a dignidade humana, pelas várias formas que este tipo de revista se realiza, chegando ao absurdo do empregado ser compelido a despir-se, na outra, sobre os bens, ainda que menos afrontosa, tanto nesta como naquela, parte-se do princípio que o revistado é passível de surrupiar do patrimônio alheio, no caso o empregador, portanto nas duas hipóteses seu caráter é questionado de forma fria e calculista.

Há registros de revistas íntimas aplicadas por prepostos do mesmo sexo, o que não torna menos ofensiva, pois cada pessoa traz consigo marcas de sua educação familiar, e muitas vezes, graças a uma educação arcaica, deficiente e ignorante, para determinadas pessoas é um trauma desnudar-se, até em procedimentos médicos ou perante seus próximos, quanto mais perante um colega ou superior hierárquico. Até porque, este fato nos indica que apenas o revistado ou revistada é passível de acusação, portanto, temos que, o "pré-conceito" e o tratamento desigual para os iguais imperam neste quadro inaceitável.

Ainda que a revista seja classificada de não íntima, tem o colaborador o direito de recusar-se ao procedimento, sem que este lhe resulte em presunção de culpa. Infelizmente o fantasma do desemprego e o medo de ser furtado, convergem para a existência deste tipo de afronta aos direitos fundamentais, quando reforçamos nossos protestos, repisando a tese que atos lesivos à *integridade do bem sentir*, devem ser apenas com a devida adequação do *quantum debeatur*, reparador pela satisfação do ofendido, sem que enriqueça este, nem empobreça outro.

10. Integridade do bem sentir — um novo conceito

Encaminhando para o final deste trabalho, chamamos a atenção do leitor para uma inovação ao conceituarmos o dano extrapatrimonial, quando nos referimos ser este uma ofensa à *integridade do bem sentir*. Consideramos que esta definição traz em seu bojo, um conceito contemporâneo, abrangente e que ao mesmo tempo abarca todas as consequências resultantes do não menos contemporâneo e abrangente termo que classifica o dano moral, qual seja o dano extrapatrimonial.

Em defesa desta inovação, temos a arguição de que este conceito engloba todos os sentimentos do ofendido e as consequências que o ato lesivo gerador do dano extrapatrimonial possa causar. Analisemos etimologicamente este novo conceito, donde *integridade* vem do latim *integritas,* que significa íntegro; qualidade do íntegro; caráter daquilo que não falta nenhuma das partes; estado de são, inalterável; pureza intacta; na sequência temos *bem,* que significa bom, lícito, recomendável e também significa *propriedade*; e por fim *sentir*, do latim *sentio*, que significa perceber pelos sentidos, pensar, ter como sensação; sentimento, sensibilidade, sofrimento, perceber o que se passa em si, experimentar.

Portanto acreditamos que este conceito *integridade do bem sentir*, traduz e envolve todos os sentimentos possíveis de serem agredidos, desintegrados, despedaçados, perderem uma parte, quando atingidos pelo dano extrapatrimonial, igualmente muito mais abrangente que a definição primeira de dano moral.

Integridade do bem sentir, chega a nos parecer palpável, por inteiro, é a quarta parte do ser humano, acrescida quando do desmembramento de cabeça, tronco e membros, que e agora se somam à *integridade do bem sentir.*

Este estudo teve início quando patrocinamos um motorista de uma transportadora, prestadora de serviços para uma gigante nacional. Após um acidente doméstico, no qual sua casa incendiou-se, causando queimaduras em 80% do seu corpo, quando arrancou seu filho e sua esposa do meio do fogo. Internado por mais de ano e meio, no início os colegas ligavam, visitavam, mas, com o passar do tempo, esqueceram-no, tanto que ao retornar, após a alta do INSS, portanto sem o benefício, mas na esperança de que passaria a receber seus proventos normalmente, qual não foi sua surpresa, ao deparar com outra empresa no local.

A empresa anterior havia rescindido o contrato com a tomadora, desaparecendo, restando-lhe a casa destruída pelo fogo, o filho de oito anos deformado, a esposa marcada para sempre da tragédia, a filha de seis anos, que a tudo assistiu traumatizada, e o pior sem salário e sem o benefício, com remédios caros e imprescindíveis, sem assistência médica, e por fim sem a menor chance de empregar-se novamente, diante da irregularidade na sua CTPS, da sua aparência e dos inúmeros cuidados, tratamentos e cirurgias necessárias para melhorar sua qualidade de vida e a de sua família. Sobrevivendo sob o constrangimento de aceitar ajuda de vizinhos e de parentes, além das sequelas deixadas pelo fogo. Ao entrevistar este homem, que apesar da sua simplicidade, soube expor a "desintegridade" no seu *bem sentir*, de forma comovente.

Este caso é um dos exemplos em que a tarifação na condenação do dano extrapatrimonial deve ser afastada, coibindo o ato lesivo que atingiu de forma contundente a *integridade do bem sentir*, pela falta de responsabilidade de seus empregadores, seus prepostos, pelo descaso, mas talvez ainda, pela falta de investimento em treinamento, tecnologia, procedimentos e outros afins. No entanto este ato de consequências tão cruéis deve ser coibido de forma exemplar, ainda que este fosse simplesmente o não pagamento de verbas rescisórias.

Considerações finais

O que é preocupante para os operadores sérios do direito e para os jurisdicionados, é o fato de que estão preparados os julgadores em todas as esferas, para julgar adequadamente as ações que buscam reparação por dano extrapatrimonial? Quanto aos advogados, sabemos que parcela deles não está preparada ou ainda que esteja, utilizam-se do instituto como complemento de seus requerimentos, não imprimindo maiores esforços para a sua concretização, não colaborando com o crescimento jurisprudencial modificativo.

Não queremos crer que a situação dos extremos, possa ser relegada a patamares insignificantes, quando não temos como mensurar as consequências maléficas, do não resultado, das ações nas quais se pleiteiam condenações por danos extrapatrimoniais, diante do que saberíamos da sua exata importância.

Quantas "causa de pedir" podem levar a erro o MM. Juízo, ao decidirem serem estas decorrentes de simples dissabores da vida cotidiana, para a qual o ser humano deve estar preparado para enfrentá-los, e nesta toada, vimos que a indenização por danos morais tão somente em razão do atraso no pagamento dos salários, lamentavelmente prevaleçam nas decisões do Tribunal Superior do Trabalho, de forma injusta, causando reincidências, e abusos como o caso anteriormente alardeado. Oras, quantas vezes um magistrado teve a sua *integridade do bem sentir* afetada pelo atraso salarial, que o impediu de prover alimentos aos filhos, de adquirir os remédios necessários, de dormir, impelindo-o a pedir no vizinho, já descrente de suas promessas? Acreditamos que nenhuma. Daí a dificuldade da adequada condenação.

O empresário seja de que porte seja, que pretenda empreender o seu negócio, deve ter em mente a sua função social, esta implica na responsabilidade social ao contratar e gerir seus contratados. Bem como o juiz tem o direito à sua disposição, cujo papel principal igualmente é a função social, regulando a vida em sociedade. Por outro lado a advocacia, profissão que deve ser exercida com amor maior que qualquer outra, ainda que não menos importante que todas as outras, no entanto esta traz uma responsabilidade constitucional, pela função que lhe foi destinada, exercer o *jus postulandi* em prol dos interesses da sociedade perante o judiciário.

Concluímos que partes, patrono e julgadores têm um árduo caminho a percorrer, para que a aplicação do instituto do dano extrapatrimonial, possa ser um instrumento valioso, na exigência do respeito ao constitucional direito a personalidade, através do equilíbrio que se busca, quanto ao arbitramento da fixação do *quantum* indenizatório, diante da condenação por ofensa à *integridade do bem sentir*, conceito que propomos seja integrado a rotina da justiça trabalhista.

Bibliografia

ANSELMO, Francisco Hamilton Silva. *O assédio moral no ambiente de trabalho e a responsabilidade civil dele proveniente*. Monografia. Universidade Federal do Ceará. Ceará, 2008.

CARRION, Valentin. *Comentários à consolidação das leis do trabalho*. 33. ed. São Paulo: Saraiva, 2008.

DALLEGRAVE NETO, José Afonso. O procedimento patronal de revista íntima. *Revista do Advogado*, São Paulo, ano XXX, n. 110, 2010.

FARAH, Elias. *Advocacia no novo milênio*. 1. ed. São Paulo: Lex, 2009.

FERREIRA, Jussara Susi Assis Borges Nasser. *Função social e função ética da empresa*. Disponível em: <http://web.unifil.br/docs/juridica/02/Revista%20Juridica_02.pdf#page=74> Acesso em: 12.2.2011.

MINUTTI, Paula Renata. Dano moral e coletivo na justiça do trabalho. *Revista Científica da Faculdade das Américas*, São Paulo, 2008.

NASCIMENTO, Amauri Mascaro. *Curso de direito do trabalho*. 14. ed. São Paulo: Saraiva, 2007.

NEGRÃO, Theodoro; GOUVEIA, José Roberto. *Código de processo civil*. 39. ed. São Paulo: Saraiva, 2007.

PAMPLONA FILHO, Rodolfo. *O dano moral na relação de emprego*. 3. ed. São Paulo: LTr, 2002.

SANTOS, Antonio Jeová. *Dano moral indenizável*. 4. ed. São Paulo: Revista dos Tribunais, 2003.

SILVESTRIN, Gisela Andreia. *O dano moral no direito do trabalho*. Teresina, ano 10, n. 664, 1º maio 2005. Disponível em: <http://jus.uol.com.br/revista/texto/6658> Acesso em: 30.1.2011.

➤➤ Empregado Vítima de Acidente de Trabalho e a Reabilitação Profissional

Aparecida Tokumi Hashimoto[*]

Introdução

Na Constituição Federal de 1988, a reabilitação profissional consta como um dos objetivos da assistência social, sendo prestada a quem dela precisar, independentemente de contribuição à seguridade social (art. 203).

O Governo Brasileiro é signatário da Convenção 159 da Organização Internacional do Trabalho (OIT), de 1º.6.1983, sobre Reabilitação Profissional e o Emprego de Pessoas Deficientes, e segue as Recomendações ns. 99 e 168.

O Instituto Nacional de Seguridade Social — INSS é o órgão responsável pelo serviço de reabilitação profissional, cujo objetivo principal é proporcionar aos segurados e dependentes incapacitados parcial ou totalmente, os meios indicados para a (re)educação e (re)adaptação profissional e social, para possibilitar-lhes o retorno ao mercado de trabalho.

A prestação dos serviços de reabilitação profissional também tem um papel relevante na estratégia de regulação econômica do sistema de previdência social com a finalidade de reduzir o tempo de concessão de benefícios previdenciários.

O presente artigo analisa o programa de reabilitação profissional idealizado pelo Instituto Nacional do Seguro Social — INSS no contexto do empregado, vítima

---

(*) Advogada. Sócia do escritório Granadeiro Guimarães Advogados. Graduada pela faculdade de Direito da Universidade de São Paulo. Especialista em Direito do Trabalho pela Faculdade de Direito da universidade de São Paulo e pelo centro de extensão universitária. Especialista em direito constitucional e direito processual civil pelo centro de extensão universitária. Pós-graduada em direito previdenciário pela escola paulista de direito (EPD). Membro do comitê de direito acidentário do trabalho da OAB. Colunista em matéria trabalhista do site jurídico última instância desde 2006. Autora do artigo cláusulas especiais no contrato de trabalho, publicado na obra coletiva direito empresarial do trabalho. Caxias do Sul, RS: plenum. coordenador: Marcos César Amador Alves. 2010.

de acidente de trabalho, que passa a receber o auxílio-doença acidentário e depois é encaminhado ao serviço de reabilitação profissional do INSS, após a constatação de que não é possível a sua recuperação para a função habitual.

1. Breve histórico

No Brasil, a prática de reabilitação profissional no âmbito da Previdência Social foi instituída nas CAPs e IAPs em 1943, durante o Governo de Getúlio Vargas, mas só se tornou obrigação legal em 1967, após a criação do Instituto Nacional de Previdência Social (INPS), pelo Decreto-lei n. 72, de 21.11.1966 e com a estatização do Seguro do Acidente de Trabalho (SAT), pela Lei n. 5.316, de 14.9.1967, cujo monopólio passou a ser da Previdência Social.

Com a estatização do SAT ficou garantida uma fonte de custeio permanente para a manutenção do serviço de reabilitação profissional, que no início era destinado apenas aos trabalhadores vítimas de acidente de trabalho.

A reabilitação profissional era realizada nos Centros de Reabilitação Profissional do INPS (CRPs), que tinham grandes estruturas físicas, equipamentos de fisioterapia e terapia ocupacional e um grande número de profissionais de várias especialidades (médicos, assistentes sociais, fisioterapeutas, terapeutas ocupacionais, enfermeiros, fonoaudiólogos, pedagogos, sociólogos, professores de ofício). Havia também os Núcleos de Reabilitação Profissional do INPS (NRPs), que eram unidades menores, com uma ou duas equipes de profissionais que atendiam os trabalhadores e encaminhavam para os CRPs os casos de maior complexidade.

Os CRPs e NRPs contavam com apoio técnico e logístico para avaliar, prescrever e fornecer órteses e próteses para os trabalhadores amputados em acidente de trabalho.

Na década de 1980, os CRPs e NRPs se expandiram para todas as capitais dos Estados e também para algumas cidades de grande porte. Os usuários desses serviços permaneciam em média, 240 dias, no programa e tinham as despesas com transporte, alimentação, hospedagem, documentação, medicamentos, cursos profissionalizantes e instrumentos de trabalho, custeadas pela Previdência Social.

Contudo, ao longo das décadas de 1980 e 1990, os CRPs e NRPs tiveram suas instalações físicas sucateadas e recursos humanos reduzidos devido a falta de investimento de sucessivos Governos, até que foram desativados, na década de 2000.

Em 2002, este serviço foi totalmente reformulado pelo INSS, com a criação do programa chamado "REABILITA", que descentralizou as ações de reabilitação profissional e integrou a perícia médica e demais serviços do INSS, com o objetivo de ampliar a rede de atendimento e alcançar o maior número de clientes necessitados.

Com o Programa Reabilita, cada agência da Previdência Social ficou responsável por estruturar seu próprio programa de reabilitação profissional, para possibilitar que os atendimentos sejam realizados, preferentemente, na localidade de domicílio do reabilitando.

2. Perícia médica

A perícia médica é um serviço gratuito da Previdência Social, cuja finalidade é assessorar o INSS na concessão dos benefícios, especialmente por incapacidade (auxílio-doença, aposentadoria por invalidez e auxílio-acidente), e no encaminhamento dos beneficiários para o serviço de habilitação e reabilitação profissional.

O médico perito do INSS é o responsável pela avaliação da capacidade laboral do segurado, cabendo-lhe informar em parecer a possibilidade ou não de recuperação e a indicação da necessidade do fornecimento de prótese ou órtese.

3. Auxílio-doença acidentário

O auxílio-doença-acidentário é um instrumento de proteção social que visa atender uma situação de necessidade do segurado (empregado ou trabalhador avulso) que se encontra incapacitado para o exercício do trabalho (incapacidade total e temporária) e, por consequência, de prover sua subsistência e de sua família.

Mas o auxílio-doença-acidentário não se confunde com o auxílio-doença previdenciário, porque a causa determinante da incapacidade está ligada diretamente ao trabalho: doença do trabalho, doença profissional, acidente do trabalho.

Também não há se confundir auxílio-doença-acidentário com auxílio-acidente, outro benefício previdenciário. O auxílio-acidente é pago após a cessação do auxílio--doença e somente quando há consolidação das lesões que levam à redução da capacidade laboral.

Para o auxílio-doença decorrente de doença profissional ou do trabalho compartilhada com o acidente de trabalho não há carência.

O risco social protegido é a incapacidade para o exercício do trabalho decorrente de doença profissional ou do trabalho ou de acidente do trabalho, que repercute na vida do segurado, provocando o seu afastamento do trabalho e prejudicando o recebimento de sua remuneração.

O art. 59, da Lei n. 8.213/1991 não criou dois benefícios de auxílio-doença, previdenciário e acidentário, com regras próprias e específicas, mas duas materialidades distintas. O auxílio-doença-acidentário difere do auxílio-doença previdenciário, porque tem como causa um evento relacionado ao trabalho (doença profissional ou doença do trabalho ou acidente do trabalho).

Logo, a situação de incapacidade para o trabalho deve ter sido causada por uma das situações previstas pela Lei n. 8.213/1991 no que se refere a disciplina acidente do trabalho (arts. 19 a 23).

O auxílio-doença-acidentário não recebeu nenhum tratamento legal diferenciado da Lei n. 8.213/1991 relativamente ao tempo do pagamento.

Assim, o auxílio-doença-acidentário é devido ao segurado empregado a partir do 16º dia do afastamento da atividade (art. 60, da Lei n. 8.213/1991), ficando o seu contrato de trabalho suspenso enquanto perdurar o seu afastamento, conforme art. 63 da Lei n. 8.213/1991: "o segurado empregado em gozo de auxílio-doença será considerado pela empresa como licenciado".

Se o benefício for requerido após 30 dias do afastamento da atividade, a data do início do pagamento do benefício será a data de entrada do requerimento (DER) para todos os segurados. Essa regra tem um caráter punitivo: o INSS não concede benefício em caráter retroativo àquele que sem razão justificada não se valeu do seu direito no tempo oportuno.

Havendo novo afastamento da atividade decorrente da mesma doença dentro do prazo de 60 dias contados da cessação do benefício, a empresa estará desobrigada de efetuar o pagamento dos salários dos 15 primeiros dias, podendo encaminhar o segurado empregado imediatamente para o INSS para a percepção do benefício.

Da mesma forma, a empresa estará desobrigada de pagar os salários do segurado empregado que, já tendo se afastado do trabalho por 15 (quinze) dias, por motivo de doença e após o retorno ao trabalho, se afasta novamente do trabalho em razão da mesma doença, dentro de sessenta dias, contados do retorno ao trabalho, porque nesse caso, será devido o auxílio-doença, a partir da data do novo afastamento.

O termo final do benefício é fixado pelo perito médico do INSS.

A cessação do benefício auxílio-doença acidentário ocorre em razão:

a) reestabelecimento do segurado empregado com a recuperação da capacidade para o trabalho.

b) conversão em aposentadoria por invalidez, por se verificar irreversível a incapacidade instalada (incapacidade total e permanente). Portanto, nessa hipótese o auxílio-doença-acidentário é convertido na aposentadoria por invalidez.

c) habilitação do trabalhador para o desenvolvimento de outra atividade que lhe garante a sua subsistência após o processo de reabilitação (art. 62 da Lei n. 8.213/1991).

d) a incapacidade do segurado empregado poderá transmudar-se de total e temporária para uma incapacidade parcial e permanente, ensejando o auxílio-acidente.

A verificação da incapacidade do segurado para fins de concessão do benefício auxílio-doença compete à empresa e à Previdência Social, conforme o caso:

a) à empresa, no caso dos segurados empregados, compete preferencialmente, essa verificação, quando dispuser de serviço próprio ou em convênio, somente devendo encaminhar o segurado à perícia médica do INSS quando a incapacidade ultrapassar 15 dias (art. 60, § 4º, da Lei n. 8.213/1991)

b) à Previdência Social, tanto após os 15 dias mencionados no item anterior, no caso dos segurados empregados, como em relação aos demais segurados (trabalhador avulso e segurado especial).

A perícia médica do INSS pode concluir que:

a) não há incapacidade;

b) há incapacidade atual e dá "alta programada" para 30, 60, 90 ou 180 dias, por exemplo. Cabe PP (pedido de prorrogação — entrada do pedido 15 dias antes do novo exame pericial);

c) há incapacidade atual e verifica que antes de 2 anos não haverá alteração importante da lesão.

Se for concedida alta pela perícia médica do INSS, o benefício cessará. Havendo discordância do segurado, ele poderá apresentar recurso para a Junta Médica de Recursos (JMR), mediante apresentação de: exames, receitas, laudos, pareceres e comprovantes.

Durante o período de percebimento do auxílio-doença-acidentário, o segurado empregado é considerado como licenciado pela empresa. Há empresas que complementam a diferença entre o valor do salário e o do auxílio-doença-acidentário. Essa diferença tem natureza de proventos previdenciários a cargo da empresa.

Se a doença é provocada por dolo do empregado, ele não fará jus ao auxílio-doença.

O auxílio-doença-acidentário pode ser concedido de ofício pelo INSS, sem que o segurado tenha requerido o benefício, se o órgão previdenciário tiver conhecimento da incapacidade.

Para verificação da incapacidade laboral por período superior a 15 (quinze) dias necessário se faz a realização de exame-médico pericial, a qual irá fixar a data do início da doença (DID) e data do início da incapacidade (DII).

Quando não for possível a recuperação para a atividade habitual, o médico perito do INSS proporá o encaminhamento do segurado empregado para reabilitação em função diversa.

4. Reabilitação profissional

A reabilitação profissional, juntamente com a habilitação, são serviços de assistência reeducativa e de readaptação prestados pela Previdência Social aos segurados incapacitados parcial ou totalmente para o trabalho, inclusive aposentados, independentemente de carência, e às pessoas portadoras de deficiência, para possibilitar-lhes o reingresso no mercado de trabalho e do contexto em que vivem. O tema é tratado nos arts. 89 a 93 da Lei n. 8.213/1991 e nos arts. 136 a 141 do RPS.

O segurado só será encaminhado pelo perito médico à reabilitação profissional depois de as lesões estarem consolidadas, com o quadro clínico estabilizado, porque não é possível realizar programa "para segurados portadores de lesões evolutivas, uma vez que não se sabe qual a real progressão de restabelecimento do mesmo, e, dependendo dessa evolução, um ou outro tipo de programa teria que ser instituído"[1].

Serão encaminhados para os programas de reabilitação profissional por ordem de prioridade, conforme art. 386 da Instrução Normativa INSS/PRES n. 45, de 6.8.2010:

I — o segurado em gozo de auxílio-doença, o acidentário ou previdenciário;

II — o segurado sem carência para a concessão de auxílio-doença previdenciário, portador de incapacidade;

III — o segurado em gozo de aposentadoria por invalidez;

IV — O segurado em gozo de aposentadoria especial, por tempo de contribuição ou idade que, em atividade laborativa, tenha reduzida sua capacidade funcional em decorrência de doença ou acidente de qualquer natureza ou causa;

V — o dependente pensionista inválido;

VI — o dependente maior de 16 anos, portador de deficiência; e

VII — as Pessoas com Deficiência — PcD, ainda que sem vínculo com a Previdência Social.

O atendimento pela reabilitação profissional é obrigatório para os beneficiários descritos nos itens I, II e III e IV acima, sendo que em relação aos demais, o atendimento está condicionado às possibilidades administrativas, técnicas, financeiras e às características locais.

O atendimento aos beneficiários passíveis de reabilitação profissional será realizado preferencialmente nas Agências da Previdência Social — APS, considerando aquela mais próxima de localidade de domicílio, estando garantido o auxílio para Programa de Reabilitação Profissional fora do domicílio.

A reabilitação profissional deve ser conduzido por equipes técnicas constituídas por peritos médicos e por serviços de nível superior com atribuições de execução das funções básicas do processo: I — avaliação do potencial laborativo; II — orientação e acompanhamento do programa profissional; III — articulado com a comunidade, inclusive mediante celebração de convênio para reabilitação física, restrita a segu-

---

(1) GONZAGA, Paulo. *Perícia médica da previdência social.* 2. ed. São Paulo: LTr, 2001. p. 73.

rados que cumpriram os pressupostos de elegibilidade ao Programa de Reabilitação Profissional, com vistas ao reingresso no mercado de trabalho; e IV — acompanhamento e pesquisa de fixação no mercado de trabalho (art. 388 da Instrução Normativa INSS/PRES n. 45, de 6.8.2010).

Essa equipe é composta de médicos, assistentes sociais, psicólogos, sociólogos, fisioterapeutas e outros profissionais.

Quando imprescindíveis à realização do processo de reabilitação profissional, o INSS fornecerá aos segurados, em caráter obrigatório, os seguintes recursos materiais: aparelhos de próteses e órteses para atenuar a perda ou a redução da capacidade funcional; auxílio-transporte, urbano, intermunicipal e interestadual para deslocamento do beneficiário de seu domicílio para atendimento na APS e para avaliações, cursos e/ou treinamentos em empresas e/ou instituições na comunicada; diárias, conjunto de materiais indispensáveis para o desenvolvimento da formação ou do treinamento profissional, compreendendo material didático, uniforme, instrumentos e equipamentos técnicos, inclusive os de proteção individual (EPI); e instrumento de trabalho, composto de um conjunto de materiais imprescindíveis ao exercício de uma atividade laborativa, de acordo com o Programa de Habilitação/Reabilitação Profissional desenvolvido.

As despesas relativas à aquisição dos recursos materiais, quando não prescritos ou não autorizados, não são reembolsáveis pelo INSS. Recomendado pelo INSS o uso de prótese, mas não a possuindo, o segurado terá direito à liberação da verba para adquiri-la ou, caso tenha adquirido a prótese com seus próprios recursos, terá direito ao ressarcimento do débito[2].

O INSS desenvolve o programa de habilitação e reabilitação profissional, mediante convênios com empresas ou com entidades como SENAI e SENAC.

Atualmente, verifica-se uma tendência do INSS em passar a responsabilidade pela reabilitação profissional para as empresas, mediante convênio de cooperação técnica. Essa possibilidade está prevista no art. 391 da Instrução Normativa INSS/PRES n. 45, de 6.8.2010:

"Art 391. Para o atendimento ao beneficiário da Previdência Social poderão ser firmados convênios de cooperação técnico-financeira no âmbito da Reabilitação Profissional, com entidades públicas ou privadas de comprovada idoneidade financeira e técnica, conforme previsto no art. 317 do RPS, nas seguintes modalidades:

I — atendimento e/ou avaliação nas áreas de fisioterapia, terapia ocupacional, psicologia e fonoaudiologia;

II — atendimento, preparação e treinamento para uso de prótese;

III — melhoria da escolaridade, com alfabetização e elevação do grau de escolaridade;

IV — avaliação de treinamento profissional;

---

(2) TRF da 1ª Região. Ap. n. 9001066607, 2ª T. Rel(a) Dr(a) Solange Salgado, j. 30.10.1998, DJ 26.2.1968, p. 186.

V — capacitação e profissionalização com vistas ao reingresso no mercado de trabalho;

VI — desenvolvimento de cursos profissionalizantes;

VII — disponibilização de áreas e equipamentos para instituições/entidades/órgãos com atendimento prioritário à clientela da Reabilitação Profissional;

VIII — estágios curriculares e extracurriculares para alunos em graduação;

IX — fiscalização do cumprimento da reserva de vagas;

X — homologação do processo de (re)habilitação de pessoas com deficiência não vinculadas ao RPS; e

XI — homologação de readaptação/reabilitação realizada por empresas dos segurados que se encontram incapazes para o trabalho."

Quando o treinamento do reabilitando é realizado em empresa conveniada, não estabelece qualquer vínculo empregatício ou funcional entre ambos, bem como entre estes e o Instituto Nacional do Seguro Social.

A reabilitação profissional também pode ser realizada pela própria empresa do segurado empregado que se encontra incapaz para o trabalho, mediante convênio de cooperação técnico-financeira e homologação pelo INSS das ações de readaptação/reabilitação.

Durante o processo de reabilitação o segurado empregado continua percebendo auxílio-doença. A submissão ao processo de reabilitação profissional é obrigatória. A recusa injustificável do segurado, ensejará a suspensão do benefício.

Quando o segurado tem vínculo empregatício, o INSS faz contato com a empresa para curso, treinamento.

Para avaliação do potencial laborativo do segurado, são verificadas as suas condições pessoais, tais como: sua escolaridade (formação escolar geral), sua formação profissional (cursos específicos, empregos anteriores e experiência de trabalho em geral que possam ser aproveitados em outra função), suas expectativas, existência de situação de litígio trabalhista com o empregador, dentre outras.

A pouca instrução e a idade mais avançada do segurado são fatores de grande relevância, porque dificultarão a sua reabilitação para outro trabalho.

Sem dúvida alguma essa é uma questão relevante, pois é sabido que a maioria dos segurados da Previdência Social é formada de mão de obra desqualificada, ou seja, não especializada e, em caso de invalidez em determinada atividade profissional, dificilmente será possível readaptá-lo para outra atividade que lhe permita assumir outro posto de trabalho.

As empresas, quando contatadas pelo INSS, resistem em indicar uma atividade profissional, na qual o empregado pode ser readaptado, geralmente sob a alegação de que as restrições adquiridas pelo trabalhador impossibilitam o exercício de qualquer posto de trabalho existente na organização. Há casos em que isso ocorre porque há má vontade do empregador em aceitar de volta o empregado que apresenta restrições para a execução de certas tarefas, em outros casos, a própria atividade econômica do empregador limita o número de postos de trabalho que podem ser ocupados por um trabalhador que não possui muita instrução, principalmente quando há poucos cargos administrativos e o trabalhador não pode executar tarefas que demandam esforços físicos.

Em qualquer caso, cabe ao empregador se empenhar na busca de um posto de trabalho adequado às condições físicas/mentais atuais do empregado vítima de acidente do trabalho, não só porque, frequentemente, é o responsável pelo infórtunio, como também porque não poderá dispensar o trabalhador quando este retornar ao trabalho, em face da estabilidade no emprego assegurada no art. 118 da Lei n. 8.213/1991, que será analisada mais adiante.

Uma vez concluído o processo de reabilitação profissional, que dura o tempo necessário para possibilitar o exercício de outra atividade, o INSS emite certificado individual, indicando as atividades que poderão ser exercidas pelo beneficiário, podendo também ser exercida outra atividade para o qual se sinta habilitado (Lei n. 8.213/1991, art. 92), bem como dá orientação para que retorne a APS depois de determinado prazo para se avaliar a manutenção do vínculo de emprego e as condições efetivas de recuperação no médio prazo.

Com a emissão da certificação de capacidade, cessa o benefício auxílio-doença, devendo o empregado retornar ao trabalho e passar por avaliação do médico do trabalho da empresa em que trabalha.

Se o empregado não se adaptar à nova função oferecida pela empresa, deverá ser realocado para função diversa. O empregado não pode ser obrigado a se readaptar a qualquer profissão que lhe cause sacrifício ou constrangimento.

3. Cota de deficientes

Como o retorno ao trabalho do segurado empregado que não se recupera totalmente do acidente do trabalho ou da doença equiparada, bem como o ingresso no mercado de trabalho do portador de deficiência, costumam ser problemática, por serem alvos de preconceito, a Lei n. 8.213/1991, em seu art. 93, estabeleceu reserva de vagas para ser preenchida por reabilitados e deficientes habilitados, fixando que a empresa com 100 (cem) ou mais empregados está obrigada a preencher de 2 a 5% de seus cargos com beneficiários reabilitados ou pessoas portadoras de deficiência, habilitadas, na seguinte proporção:

I — até 200 empregados, 2%;

II — de 201 a 500 empregados, 3%;

III — de 501 a 1000 empregados, 4%; ou

IV — mais de 1.000 empregados, 5%.

A reserva de vagas prevista no art. 93, da Lei n. 8.213/1991 é uma importante medida de proteção aos segurados reabilitados, porque lhes possibilita reingressar no mercado de trabalho pela cota destinada aqueles que tiveram que adquirir nova habilidade profissional para seu sustento.

A regra concretiza mandamentos constitucionais insertos no inciso XXXI, do art. 7º, que proíbe discriminação no tocante a salários e critérios de admissão do trabalhador de deficiência, e no inciso IV, do art. 203, que estabelece entre os objetivos da assistência social a habilitação e reabilitação das pessoas portadoras de deficiência e a promoção de sua integração à vida comunitária.

A dispensa imotivada do empregado reabilitado, portador de deficiência, contratado por prazo indeterminado, ou por prazo determinado por mais de 90 (noventa) dias (excluído, portanto, o contrato de experiência), só poderá ocorrer após a contratação de substituto de condição semelhante. Condição semelhante não significa que a empresa deve contratar outro trabalhador com a mesma deficiência do substituído, mas simplesmente que deve contratar qualquer outro trabalhador com deficiência elencada no art. 4º do Decreto n. 3.298/1999, com as alterações introduzidas pelo Decreto n. 5.296/2004. A substituição não precisa ocorrer na mesma função e nem no mesmo setor, basta que haja a contratação de outro trabalhador com deficiência, para manter a cota de deficientes da empresa.

A empresa que não observar essa medida de proteção, estará sujeita à penalidade administrativa (multa).

Compete ao Ministério do Trabalho e Emprego fiscalizar o cumprimento da cota de deficientes pelas empresas, bem como gerar estatística sobre o total de empregados e as vagas preenchidas por reabilitados e deficientes habilitados, fornecendo-se, quando solicitadas, aos sindicatos ou entidades representativas dos empregados.

4. O empregado reabilitado tem garantia de emprego com base no art. 93, § 1º, da Lei n. 8.213/1991?

Muito se discute na Justiça do Trabalho sobre se o art. 93, § 1º, da Lei n. 8.213/1991 estabelece ou não uma garantia de emprego, quando autoriza a dispensa de empregado reabilitado somente após a contratação de substituto em condição semelhante.

Há uma corrente jurisprudencial que entende que o art. 93, § 1º, da Lei n. 8.213/1991 não assegura garantia no emprego aos portadores de necessidades especiais, mas tão somente estabelece cotas a serem preenchidas, nas empresas com mais de cem empregados, por beneficiários reabilitados ou portadores de deficiência, sendo que o descumprimento da cota atrai apenas a aplicação de multa administrativa.

Outra corrente jurisprudencial entende que o supracitado § 1º cria critério para a dispensa dos empregados portadores de deficiência habilitados ou reabilitados, qual seja, a contratação de substituto de condição semelhante, ainda que para manter a aludida cota, sob pena de ter que arcar o empregador com o ônus de reintegrar o empregado e pagar os consectários legais. Nesse sentido, os seguintes julgados proferidos por Turmas do Tribunal Superior do Trabalho:

"I — AGRAVO DE INSTRUMENTO. Dá-se provimento ao agravo de instrumento para destrancar o recurso de revista e possibilitar melhor exame da matéria pelo TST, uma vez que vislumbrada a hipótese da alínea c do art. 896 da CLT.

II — RECURSO DE REVISTA. ESTABILIDADE. EMPREGADO REABILITADO OU DEFICIENTE HABILITADO. ART. 93, § 1º, DA LEI N. 8.213/1991. Da interpretação sistemática da norma submetida a exame se extrai a ilação de que o § 1º do art. 93 da Lei n. 8.213/1991 é regra integrativa autônoma, a desafiar até mesmo artigo próprio. Com efeito, enquanto o caput do supracitado art. 93 estabelece cotas a serem observadas pelas empresas com cem ou mais empregados, preenchidas por beneficiários reabilitados ou pessoas portadoras de deficiência habilitadas, o seu § 1º cria critério para a dispensa desses empregados (contratação de substituto de condição semelhante), ainda que seja para manter as aludidas cotas. É verdadeira interdição ao poder potestativo de resilição do empregador, na medida em que, antes de concretizada a dispensa, forçosa a contratação de outro empregado reabilitado ou portador de deficiência habilitado para ocupar o mesmo cargo daquele dispensado. Assim, o reclamante tem direito à reintegração ao emprego, até que a recorrida comprove a contratação de outro trabalhador na mesma situação. Recurso conhecido e provido. (...)" (PROC. ST-RR n. 42742/2002-902-02-00.8 — Ac. (4ª Turma) Relator— MINISTRO BARROS LEVENHAGEN — DJ 12.3.2004)

"ESTABILIDADE PROVISÓRIA. DESPEDIDA. VALIDADE. EMPREGADO REABILITADO. ART. 93, § 1º, DA LEI N. 8.213/1991. 1. O art. 93, § 1º, da Lei n. 8.213/1991, ao vedar a dispensa de empregado deficiente ou reabilitado antes da contratação de outro empregado em condição semelhante, não instituiu propriamente uma modalidade de garantia de emprego, mas um ato jurídico submetido a uma condição suspensiva: admissão de empregado de condição semelhante. 2. A inobservância da Lei, ante a ausência de prova do implemento da condição, acarreta a nulidade da despedida, seja em face da Lei Civil (CC de 2002, art. 125), seja em face da CLT (art. 9º), mormente porque frustra o patente escopo protetivo da Lei. 3. Exegese que se revela mais consentânea com o postulado constitucional da não discriminação do trabalhador portador de deficiência (art. 7º, XXXI, da CF). Ademais, a proteção conferida a tais empregados, em razão da fragilidade da situação em que se encontram, beneficia antes a coletividade que a si mesmos. 4. Não se sustenta a diretriz segundo a qual, em semelhante situação, caberia tão somente impor sanção de natureza administrativa ao empregador. A prevalecer tal orientação, frustrar-se-iam os desígnios do legislador. Patente que resultaria vã a proteção que se quis oferecer aos empregados deficientes e reabilitados, malogrando-se o escopo da Lei e esvaziando-lhe o seu próprio sentido, pois decerto conviria mais ao empregador suportar o ônus financeiro da multa. 5. Recurso de revista de que se conhece e a que se dá provimento para determinar a reintegração do Reclamante e sua manutenção no emprego até que o Reclamado promova a contratação de substituto de condição semelhante (TST; RR 199/2002-008-17-00; Primeira Turma; Rel. Min. João Oreste Dalazen; Julg. 9.6.2004; DJU 9.7.2004).

De acordo com os referidos julgados, a empresa que não observar essa medida de proteção, estará sujeita a reintegrar o empregado demitido e a pagar salários vencidos e vincendos até comprovar a contratação de outro empregado para ocupar o cargo nas mesmas condições.

Entendemos diferentemente, isto é, que o dispositivo legal em apreço não estabelece uma garantia de emprego, tampouco pode ser aplicado como impedimento a dispensa sem justa, porque quando a lei assim o faz, fá-lo expressamente ou declarando o direito à manutenção do emprego ou vedando a dispensa arbitrária nas situações por elas especificadas.

E isto porque a regra geral disciplinada no art. 477 da Consolidação das Leis do Trabalho é o direito potestativo do empregador de dispensar seus empregados com o pagamento dos direitos trabalhistas assegurados na lei.

A garantia do emprego, por representar um óbice oposto à livre dispensa do trabalhador por ato unilateral do empregador, portanto, por caracterizar uma exceção à regra geral, deve ser expressamente declarada na lei.

O art. 93, § 1º, da Lei n. 8.213/1991 não veda a dispensa do empregado reabilitado ou habilitado, apenas impõe uma condição para que o empregador o faça: a contratação de substituto em condição semelhante.

Não há, na regra do art. 93, § 1º, da Lei n. 8.213/1991, qualquer sanção ao descumprimento da condição nela imposta (como a reintegração no emprego e o pagamento de salários), portanto, incorrendo o empregador nessa hipótese, a situação traduzir-se-á em mera infração administrativa. Corroborando esse entendimento estão os seguintes julgados:

"RECURSO ORDINÁRIO. DEFICIENTE FÍSICO. ART. 93 DA LEI N. 8.213/1991. REINTEGRAÇÃO. IMPOSSIBILIDADE. O art. 93 e seu § 1º da Lei n. 8.213/1991 não garante estabilidade ao deficiente físico e, sim, reserva de vagas legalmente instituída, visando a inserção do deficiente no mercado de trabalho. Não há amparo legal para a reintegração do recorrente." (TRT 7ª R., RO 01582/2005-009-07-00-3, Rel. Des. Antonio Carlos Chaves Antero, DOJT 13.8.2008, p. 1357)

"GARANTIA DE EMPREGO. COTA DE DEFICIENTE FÍSICO. NOVA CONTRATAÇÃO. ART. 93, § 1º, DA LEI N. 8.213/1991. O art. 93, *caput*, da Lei n. 8.213/1991 dispõe sobre a obrigatoriedade das empresas de preencherem de 2% a 5% dos seus cargos, levando-se em conta o número total de empregados, com beneficiários reabilitados ou pessoas portadoras de deficiência, habilitadas. O § 1º, determina que a dispensa de um trabalhador reabilitado ou de deficiente habilitado, só poderá ocorrer após a contratação de substituto de condição semelhante. Entretanto, o dispositivo legal não confere, de forma absoluta uma garantia de emprego, estabilidade ou de reintregação, devendo ser observado levando-se em conta o poder potestativo do empregador frente a determinação da Lei supra mencionada." (TRT 23ª R; RO

00783.2005.001.23.00-5; Rel. Des. Osmair Couto; Julg. 4.10.2006; DJEMT 10.10.2006).

A garantia no emprego diferencia-se das medidas destinadas a dificultar a dispensa do empregado, sem impedi-la, mesmo imotivada. O art. 93, § 1º, da CLT não impede a dispensa, apenas dificulta-a. Não é, a rigor, medida de garantia no emprego. Tanto é assim que o empregador pode dispensar portadores de deficiência, sem contratar substitutos, quando mantem a cota de deficientes acima dos percentuais indicados na lei. Estando nos limites da proporcionalidade, o empregador não está obrigado a contratar substitutos. Veja-se a propósito o seguinte julgado:

"VAGA DESTINADA A DEFICIENTE FÍSICO. DISPENSA IMOTIVADA SEM A CONTRATAÇÃO IMEDIATA DE UM EMPREGADO NAS MESMAS CONDIÇÕES. LEI N. 8.213/1991, ART. 93, § 1º. ESTABILIDADE DO OCUPANTE ANTERIOR. NÃO CONFIGURAÇÃO. A empresa que contar com 100 ou mais trabalhadores deverá obedecer a um percentual mínimo de empregados portadores de necessidades especiais, segundo estabelece o caput do art. 93 da Lei n. 8.213/1991. O parágrafo primeiro do mesmo dispositivo legal dispõe que a dispensa do empregado ocupante de vaga destinada a deficiente físico só poderá ocorrer após a contratação de substituto de condição semelhante. A norma não tem por escopo a criação de uma nova hipótese de estabilidade provisória. Pretende, tão somente, evitar que a demissão do empregado acarrete a diminuição do percentual mínimo exigido por Lei. No caso em análise, as demais vagas ocupadas por portadores de necessidades especiais ultrapassam o mínimo legal exigido, não havendo óbice à dispensa imediata da empregada." (TRT 10ª R., RO 00386-2007-802-10-00-8, Primeira Turma; Rel. Juiz André Rodrigues Pereira da Veiga Damasceno, Julg. 12.3.2008, DJU 28.3.2008, p. 1619)

Portanto, o que o art. 93, § 1º, da Lei n. 8.213/1991 objetivou, ao exigir a contratação de substituto em condições semelhantes ao empregado dispensado que passou por reabilitação profissional, foi preservar o preenchimento de 2% a 5% dos cargos na empresa com 100 (cem) ou mais empregados com beneficiários reabilitados ou pessoas portadoras de deficiência, conforme se vê do *caput* do indigitado dispositivo legal.

Contudo, diante das decisões proferidas pelas Turmas do Tribunal Superior do Trabalho, o empregador que está dentro do limite da cota de deficientes deve, antes de dispensar imotivadamente o empregado portador de deficiência reabilitado ou habilitado, contratar outro substituto em condições semelhantes, caso contrário ficará sujeito a reintegrar o trabalhador no emprego e a pagar salários vencidos e vincendos até comprovar a contratação de um semelhante em seu lugar, além de incorrer em penalidade administrativa (pagamento de multa).

5. Estabilidade no emprego do empregado acidentado

A lei de benefícios não impôs apenas direito previdenciário, mas também direito de natureza trabalhista ao segurado que sofre acidente do trabalho.

É o que se vê do art. 118 da Lei n. 8.213/1991 que confere estabilidade no emprego ao segurado empregado que sofre acidente de trabalho e percebe auxílio-doença-acidentário. O art. 118 explicita:

> "Art. 118. O segurado que sofreu acidente do trabalho tem garantida, pelo prazo mínimo de doze meses, a manutenção do seu contrato de trabalho na empresa, após a cessação do auxílio-doença acidentário, independentemente de percepção de auxílio-acidente."

Isto quer dizer que o segurado empregado que sofrer acidente do trabalho e ficar afastado do trabalho percebendo auxílio-doença-acidentário tem direito à garantia de emprego pelo período mínimo de 12 (doze) meses contado da alta previdenciária, independentemente do recebimento de auxílio-acidente.

O art. 118, da Lei n. 8.213/1991, em seu sentido literal, parece estar garantindo emprego apenas ao vitimado de acidente-tipo. Não é, contudo, o sentido da norma. Isto porque o art. 20 da Lei n. 8.213/1991 equipara ao acidente de trabalho as doenças ocupacionais.

Assim, também se aplica a estabilidade acidentária aos empregados portadores de doenças ocupacionais que tenham ficado afastados do trabalho, pelo prazo exigido para a obtenção do direito.

A jurisprudência do Tribunal Superior do Trabalho considera que mesmo a doença profissional que se manifesta após a despedida do empregado enseja a estabilidade emprego, conforme se vê da Súmula n. 378, I:

> "II – São pressupostos para a concessão da estabilidade o afastamento superior a 15 dias e a consequente percepção do auxílio doença acidentário, salvo se constatada, após a despedida, doença profissional que guarde relação de causalidade com a execução do contrato de emprego."

Se no prazo de sessenta dias contados a partir da cessação do benefício anterior, o empregado se afastar novamente pela mesma enfermidade ou acidente do trabalho, perceberá benefício acidentário, devendo-se contar novo período de estabilidade, a partir da nova alta médica.

Se essa estabilidade no emprego não for respeitada pelo empregador, o empregado dispensado sem justa causa fará jus à reintegração no emprego, por força de decisão judicial. Transcorrido o período da estabilidade no emprego, o direito a reintegração no emprego converte-se em indenização correspondente aos salários e demais verbas salariais e rescisórias do período da estabilidade.

Trata-se de uma proteção necessária, caso contrário, logo após a percepção do benefício previdenciário, o segurado empregado ver-se-ia desprotegido com o desemprego involuntário, como era comum acontecer no passado e foi o que motivou o legislador a conceder esse direito.

No caso do empregado que passou por reabilitação profissional, a estabilidade no emprego tem um papel relevante, porque como ficou incapacitado para o exercício de sua profissão ou ofício habitual, precisará de mais tempo para se readaptar a outra função e alcançar o mesmo nível de eficiência anterior.

Contudo, não há dispositivo legal garantindo estabilidade no emprego para o trabalhador que usufruiu auxílio-doença, em razão de acidente ou doença não ocupacional. Convém destacar, no entanto, que algumas categorias profissionais obtiveram, por meio de normas coletivas, estabilidade provisória no emprego para o trabalhador afastado do serviço por acidente ou doença não ocupacional, mas por prazo menor, geralmente por igual período ao do afastamento pelo INSS, limitado a 60 (sessenta) dias.

6. Equiparação salarial

O empregado readaptado em nova função por motivo de deficiência física devidamente atestada pela Previdência Social, mesmo percebendo salário superior aos demais colegas, não poderá servir de paradigma em ação de equiparação salarial, conforme art. 461, § 4º, da CLT:

> "§ 4º O trabalhador readaptado em nova função por motivo de deficiência física ou mental atestada pelo órgão competente da Previdência Social não servirá de paradigma para fins de equiparação salarial."

Todavia, o dispositivo legal em apreço, exige que a deficiência física ou mental do empregado seja devidamente atestada pela Previdência Social:

> "§ 4º O trabalhador readaptado em nova função por motivo de deficiência física ou mental atestada pelo órgão competente da Previdência Social não servirá de paradigma para fins de equiparação salarial."

Trata-se de formalidade exigida pela lei para que não seja devida a igualdade funcional. É evidente que o legislador acrescentou o § 4º ao art. 461, da CLT com a finalidade de evitar que o empregado, ao retornar ao emprego após sofrer acidente ou moléstia, sem apresentar a mesma capacidade laboral, venha a ser despedido pelo empregador receoso de ser acionado na Justiça do Trabalho com pedidos de equiparação salarial tendo o referido empregado como paradigma.

Conclusão

Vê-se, pois, que há um conjunto de ações do Poder Público, que possibilita uma proteção social mais concreta aos segurados que se encontram em situações de necessidade decorrentes da incapacidade para o exercício do trabalho e também após a sua recuperação para o trabalho.

Bibliografia

CASTRO, Carlos Alberto Pereira de; LAZZARI, João Batista. *Manual de direito previdenciário*. 8. ed. São Paulo: LTr, 2007.

CUTAIT NETO, Michel. *Auxílio-doença*. Leme: J. H. Mizuno, 2006.

FERNANDES, Anníbal. *Os acidentes do trabalho:* do sacrifício do trabalho à prevenção e à reparação. 2. ed. São Paulo: LTr, 2003.

GONZAGA, Paulo. *Perícia médica da previdência social*. 2. ed. São Paulo: LTr, 2001.

HORVATH Júnior, Miguel. *Direito previdenciário*. 5. ed. São Paulo: Quartier Latin, 2005.

IBRAHIM, Fábio Zambitte. *Curso de direito previdenciário*. 14. ed. Rio de Janeiro: Impetus, 2009.

JORGE, Táris Nametala Sarlo. *Manual dos benefícios previdenciários*. Rio de Janeiro: Lumen Juris, 2006.

PULINO, Daniel. *A aposentadoria por invalidez no direito positivo brasileiro*. São Paulo: LTr, 2001.

TAKAHASHI, Mara Alice Batista Conti; IGUTI, Aparecida Mari. *As mudanças nas práticas de reabilitação profissional da previdência social no Brasil:* modernização ou enfraquecimento da proteção social? Disponível em: <http://www.scielosp.org/acielo.php> Acesso em: 6.2.2011.

▶▶ Expatriação — Aplicação e Abrangência da Lei n. 11.962, de 3 de julho de 2009

Arnaldo Pipek[(*)]

A globalização dos mercados, fenômeno mundial que teve início nos idos dos anos 1980 e que no Brasil tomou fôlego a partir de 1990 trouxe uma sensível mudança no cenário de atuação das empresas brasileiras, impondo-lhes novos desafios em face da abertura dos mercados e do consequente robustecimento da concorrência.

As empresas brasileiras, que outrora concorriam apenas no plano doméstico, com a abertura dos mercados, a redução dos impostos de importação e a entrada e oferta de produtos estrangeiros (por vezes com qualidade superior e preço inferior), viram-se obrigadas a reinventar suas formas de atuação visando a sobrevivência em um mercado sem a proteção estatal.

Surgiram mudanças significativas na economia brasileira, principalmente na sua área industrial, onde muitas empresas foram obrigadas a fechar suas portas por não suportar competir em um mercado globalizado, faltando-lhes tecnologia e conhecimento para dividir espaço com as empresas multinacionais.

Em menos de uma década as empresas multinacionais dobraram sua participação na economia brasileira. A partir da abertura do mercado nacional, os produtos importados passaram a tomar o espaço da indústria local e muitas empresas alienígenas acabaram por adquirir empresas brasileiras.

A globalização, evidentemente, não trouxe apenas prejuízos e aflições à economia nacional. Se de um lado a nova dinâmica mundial impôs às empresas

---

(*) Graduado em Direito pela FMU — Faculdades Metropolitanas Unidas em 1990. Especialista Lato Sensu em Direito Processual Civil e em Direito do Trabalho. Eleito como um dos Advogados Trabalhistas de Maior Proeminência no Brasil pelo Anuário Análise Advocacia (2006, 2007, 2008, 2009 e 2010). Sócio do Escritório Pipek, Penteado e Paes Manso, Advogados Associados. Membro da Comissão Especial de Direito Empresarial do Trabalho da OAB/SP. *E-mail:* apipek@pppadv.com.br.

brasileiras severas dificuldades de concorrência, de outro descortinou um imenso horizonte para a exploração dos mercados externos.

Se até a década de 1990 o Brasil se caracterizou como um dos maiores absorvedores de capitais externos, desde então transformou-se em um investidor no exterior. Trata-se de um movimento estrutural, impulsionado pela premência da competitividade e motivações conjunturais. Nos últimos anos, a valorização da moeda nacional criou um cenário favorável à transferência e expansão de fábricas brasileiras para o exterior, como estratégia ativa de internacionalização. O mesmo se observou nas empresas que se ativam nas áreas de serviço, gerando receitas adicionais de exportação e remessas de lucros.

Estes movimentos geraram um afluxo importante de trabalhadores estrangeiros para o Brasil. O revés também se mostrou verdadeiro, sendo cada vez mais frequente a expatriação de brasileiros, com vistas ao aprimoramento e capacitação profissional, além da conquista de mercados, requisitos imprescindíveis para a sobrevivência das empresas nacionais.

Estas transferências de trabalhadores entre os países acabaram por desencadear importantes dúvidas sobre o correto tratamento que deveria ser dado a estes profissionais, alterando as relações de trabalho até então existentes.

O objetivo deste estudo é delimitar qual é o melhor tratamento jurídico que atualmente as empresas devem observar quando da expatriação de um trabalhador brasileiro.

Com efeito, até o advento da Lei n. 11.962, de 3 de julho de 2009[1], as transferências de empregados brasileiros para o exterior admitiam, a rigor, três alternativas distintas, nenhuma delas isenta de riscos legais conforme se verá a seguir.

A primeira alternativa era efetivar a transferência do empregado com base na Lei n. 7.062, de 1982, que ficou conhecida no mercado como "Lei Mendes Júnior", por ter entrado em vigor em uma época em que as empresas de construção civil estavam iniciando seu processo de internacionalização. Empresas como a própria Mendes Júnior enviavam seus engenheiros para o exterior para realizarem obras ou simplesmente para obterem a necessária capacitação técnica para alavancar posteriormente os negócios no Brasil.

A redação original da Lei n. 7.064/1982 implicava, portanto, a sua aplicação exclusivamente aos empregados transferidos para o exterior por empresas prestadoras de serviços de engenharia, consultoria, projetos e obras, gerenciamento e congêneres.

Ainda que houvesse esta limitação, a jurisprudência passou a aceitar a sua aplicação a outras situações de empregados transferidos para o exterior, ainda que

---

(1) "Art. 1º O *caput* do art. 1º da Lei n. 7.064, de 6 de dezembro de 1982, que dispõe sobre a situação de trabalhadores contratados ou transferidos para prestar serviço no exterior, passa a vigorar com a seguinte redação: 'Art. 1º Esta Lei regula a situação de trabalhadores contratados no Brasil ou transferidos por seus empregadores para prestar serviço no exterior.'"

não se tratasse de posição majoritária nos tribunais trabalhistas. No entanto, por inexistir expressa determinação legal, a observância dos termos da Lei n. 7.064/1982 indistintamente para todos os empregados não era medida isenta de risco, suscitando inúmeras discussões no Poder Judiciário Trabalhista.

A segunda alternativa adotada pelas empresas para efetivar a transferência dos seus empregados para o exterior era a simples suspensão dos contratos de trabalho brasileiros. Em outras palavras, enquanto perdurasse a designação do empregado brasileiro no exterior, todas as obrigações e deveres recíprocos do contrato brasileiro permaneceriam dormentes (apesar de não serem extintos), inclusive no que se refere aos recolhimentos fiscais e previdenciários.

Não são necessárias grandes conjecturas para se aquilatar a inadequação desta alternativa que acabou por desencadear um descontentamento tanto por parte dos empregados quanto dos empregadores. Aqueles, receosos pela falta de aplicação dos direitos trabalhistas brasileiros, acarretando incertezas, inclusive, quanto à aposentadoria quando do retorno ao país. Estes, inseguros quanto à necessidade de adimplirem todas as obrigações trabalhistas, previdenciárias, fiscais e do Fundo de Garantia do Tempo de Serviço, supostamente indevidas por conta da suspensão do contrato de trabalho (apesar de inexistir previsão legal sobre esta suspensão na Consolidação das Leis do Trabalho) sobre os valores recebidos pelos seus empregados no exterior, além do pagamento do próprio adicional de transferência previsto no § 3º do art. 469 da Consolidação das Leis do Trabalho[2].

Por fim, a terceira alternativa adotada pelas empresas era a restrita observação das disposições do já citado art. 469 da Consolidação das Leis do Trabalho, ou até mesmo a rescisão pura e simples dos contratos de trabalho brasileiro, medidas estas que também não atendiam aos anseios das partes envolvidas na transferência, quer por conta da falta de previsão legal, quer por conta das dificuldades operacionais verificadas.

Neste contexto de insegurança legal, por meio da sociologia jurídica a sociedade acabou por influenciar o Direito, provocando-o para regular o melhor comportamento a ser adotado pelas partes envolvidas nestas transferências, dando azo ao surgimento da Lei n. 11.962/2009 que apenas ampliou a abrangência da Lei n. 7.064/1982, que passou a ter a seguinte redação:

---

(2) "Art. 469. Ao empregador é vedado transferir o empregado, sem a sua anuência, para localidade diversa da que resultar do contrato, não se considerando transferência a que não acarretar necessariamente a mudança do seu domicílio. § 1º Não estão compreendidos na proibição deste artigo: os empregados que exerçam cargo de confiança e aqueles cujos contratos tenham como condição, implícita ou explícita, a transferência, quando esta decorra de real necessidade de serviço. § 2º É lícita a transferência quando ocorrer extinção do estabelecimento em que trabalhar o empregado. § 3º Em caso de necessidade de serviço o empregador poderá transferir o empregado para localidade diversa da que resultar do contrato, não obstante as restrições do artigo anterior, mas, nesse caso, ficará obrigado a um pagamento suplementar, nunca inferior a 25% (vinte e cinco por cento) dos salários que o empregado percebia naquela localidade, enquanto durar essa situação."

"Art. 1º Esta lei regula a situação de trabalhadores contratados no Brasil ou transferidos por seus empregadores para prestar serviços no exterior."

Esta foi a única modificação introduzida pela Lei n. 11.962/2009 na Lei n. 7.064/1982, que, no restante de seu texto, continuou com a sua redação original.

Assim, a partir de 3 de julho de 2009, a Lei n. 7.064/1982, que outrora era apenas destinada a regular aos empregados transferidos para o exterior por empresas prestadoras de serviços de engenharia, consultoria, projetos e obras, gerenciamento e congêneres, teve ampliada sua aplicação para todas as situações de empregados contratados no Brasil e transferidos para prestar serviços no exterior e de empregados contratados no Brasil para prestar diretamente serviços nos exterior (arts. 12 a 20), fechando-se a lacuna legal até então existente.

De rigor salientar que a Lei n. 7.064/1982 não se aplica às transferências transi-tórias para o exterior, assim entendidas aquelas que não sejam superiores a noventa dias e desde que o empregado tenha ciência expressa desta transitoriedade e que receba diárias de viagem durante a transferência e passagens de ida e volta[3].

As diárias de viagem mencionadas no parágrafo anterior não terão natureza de salário, independentemente do valor recebido[4].

Para os fins da Lei n. 7.064/1982, os empregados são considerados transferidos nas situações em que possuem contratos vigorando no Brasil e são cedidos para outra empresa sediada no estrangeiro ou quando têm contratos vigorando no Brasil e vão trabalhar para o próprio empregador no exterior[5].

Prevalece o entendimento de que os casos de mudança definitiva para o exterior, ou seja, naqueles em que não há a intenção do retorno do empregado, devem ser tratados não como transferência mas sim como desligamento no Brasil e posterior contratação pela empresa estrangeira em outro país.

Tratar as mudanças definitivas como simples transferências implica o risco de aplicação das disposições da Lei n. 7.064/1982.

Portanto, com o advento da Lei n. 11.962/2009, as empresas brasileiras que pretenderem transferir seus empregados, devem observar as regras que serão detalhadas a partir do próximo parágrafo.

Ao empregado transferido para o exterior na forma da Lei n. 7.064/1982, com a redação dada pela Lei n. 11.962/2009, aplicam-se as seguintes regras[6]: (i) a legislação do local da prestação de serviços; (ii) as próprias disposições da Lei n.

---

(3) § 1º do art. 1º da Lei n. 7.064/1982.
(4) A ressalva da Lei n. 7.064/1982 é importante, pois de acordo com o art. 457, § 2º, da Consolidação das Leis do Trabalho, as diárias de viagem que ultrapassam 50% do valor do salário passam a ter natureza salarial: "Art. 457: (...) § 2º Não se incluem nos salários as ajudas de custo, assim como as diárias para viagem que não excedam de cinquenta por cento do salário percebido pelo empregado".
(5) Art. 2º da Lei n. 7.064/1982.
(6) Art. 3º da Lei n. 7.064/1982.

7.064/1982 e, (iii) a lei brasileira de proteção ao trabalho, no que não for incompatível com a Lei n. 7.064/1982, quando for mais favorável do que a legislação do local da prestação de serviços, seja na totalidade suas normas, seja em relação a cada matéria.

Ademais, ao empregado transferido deve ser aplicada a legislação brasileira sobre Fundo de Garantia do Tempo de Serviço (FGTS), previdência social e Programa de Integração Social (PIS/PASEP).

Isto implica concluir que todas as parcelas salariais e os benefícios que sejam considerados como salário-utilidade (tanto pela lei brasileira como pela estrangeira) que sejam recebidos no Brasil ou no exterior durante a transferência devem ser considerados como base de cálculo para todas as incidências trabalhistas (horas extraordinárias, férias, décimo terceiro salário, aviso prévio, depósitos do FGTS) e previdenciárias (recolhimentos para o INSS, tanto patronais como do empregado) típicas de salário pela lei brasileira.

Isto inclui não só os salários pagos no Brasil ou no exterior, como também vantagens como automóvel, aluguel de residência, escola para filhos e outras assemelhadas que possam ser entendidas como salário-utilidade ou que não sejam essenciais à prestação dos serviços. Na mesma direção, as parcelas pagas pela empresa ao empregado transferido como forma de compensação por descontos ou contribuições de imposto de renda ou de previdência social, ou outros assemelhados (*gross up*), tendem a ser interpretadas como tendo natureza salarial, inclusive para os fins de aplicação da Lei n. 7.064/1982.

Por outras palavras, todos os valores ou benefícios que forem considerados como salariais pela legislação trabalhista brasileira (ou mesmo pela lei do local da prestação de serviços, se mais favorável) ou pelas normas do FGTS e do INSS, independentemente de serem recebidos no Brasil ou no exterior, durante a transferência, devem gerar os devidos reflexos trabalhistas e previdenciários correspondentes no Brasil.

Importante mencionar que o empregador é sempre responsável pelas despesas de transferência do empregado, incluindo aquelas relativas a mudança física, viagens, rescisões de contratos de locação ou com escola, entre outras[7].

Durante a mudança de local de prestação de serviços para o exterior, o empregado deverá receber um salário-base e um adicional de transferência. Estes valores devem ser definidos em documento escrito[8].

Apenas a parte básica do salário deverá se sujeitar aos reajustes e aumentos obrigatórios (como os previstos em convenções ou acordos coletivos de trabalho) previstos na legislação brasileira.

No mesmo sentido, o salário-base não poderá ser inferior ao valor mínimo previsto para a categoria profissional do empregado transferido. Assim, um enge-

---

(7) "Art. 470. As despesas resultantes da transferência correrão por conta do empregador." (CLT)
(8) *Caput* do art. 4º da Lei n. 7.064/1982.

nheiro transferido na forma da Lei n. 7.064/1982 não poderá receber no exterior, durante a transferência, um salário básico menor do que o previsto na legislação brasileira específica dos engenheiros ou nas normas coletivas aplicáveis[9].

O adicional de transferência não deve ser menor do que 25% (vinte e cinco por cento) dos salários recebidos antes da alteração, em conformidade com o art. 469, da Consolidação das Leis do Trabalho.

O salário base deverá ser definido em reais, até porque a lei brasileira não admite outra forma de estipulação[10]. Todavia, a remuneração devida durante a transferência (base mais adicional) poderá, total ou parcialmente, ser paga em moeda estrangeira e no exterior[11].

O empregado poderá definir, por escrito, que a parte da remuneração recebida em reais seja depositada em conta bancária[12].

Durante a permanência no exterior, o empregado poderá converter e remeter os valores correspondentes à sua remuneração (no todo ou em parte) para o seu local de trabalho[13].

As remessas deverão ser feitas por instituição bancária autorizada, por meio de requerimento escrito do empregado ou de seu procurador, acompanhado de declaração da empregadora indicado o valor da remuneração paga ao trabalhador, o local de trabalho no exterior e os números do Cadastro de Pessoa Física (CPF/MF) e da Carteira de Trabalho e Previdência Social[14].

O adicional de transferência e quaisquer outros benefícios decorrentes da mudança de local de prestação de serviços deixam de ser devidos quando do retorno do empregado ao Brasil[15].

Durante a transferência não são devidos, em relação ao trabalhador transferido, as contribuições de Salário Educação, Serviço Social da Indústria, Serviço Social do Comércio, Serviço Nacional de Aprendizagem Comercial, Serviço Nacional de Aprendizagem Industrial e Instituto Nacional de Reforma Agrária[16].

Em resumo, empresa e empregado devem definir por escrito o salário básico que permanecerá sendo pago no Brasil e o valor do adicional de transferência. O salário-base deve ser pelo menos igual ao mínimo previsto para a categoria profis-

---

(9) §§ 1º, 2º e 3º do art. 4º da Lei n. 7.064/1982.
(10) "Art. 463. A prestação, em espécie, do salário, será paga em moeda corrente do país." (CLT)
"Art. São nulos de pleno direito os contrato, títulos e quaisquer documentos, bem como as obrigações que, exequíveis no Brasil, estipulem pagamento em ouro, em moeda estrangeira, ou, por alguma forma, restrinjam ou recusem, nos seus efeitos, o curso legal do cruzeiro." (Decreto-Lei n. 857/1969)
(11) *Caput* do art. 5º da Lei n. 7.064/1982.
(12) § 1º do art. 5º da Lei n. 7.064/1982.
(13) § 2º do art. 5º da Lei n. 7.064/1982.
(14) Arts. 1º e 2º do Decreto n. 89.339/1989.
(15) Art. 10 da Lei n. 6.074/1982.
(16) Art. 11 da Lei n. 6.074/1982.

sional e o adicional deve equivaler a pelo menos 25% (vinte e cinco por cento) dos salários antes da transferência. As partes podem definir o quanto será pago no Brasil e quanto será recebido no exterior (em moeda estrangeira), respeitados os limites anteriormente mencionados. O empregado poderá converter e remeter a sua remuneração (no todo ou em parte) para o local de trabalho no exterior.

Depois de dois anos de prestação de serviços no exterior, o empregado poderá gozar férias no Brasil, juntamente com o cônjuge e dependentes. A empregadora deve arcar com estes custos. Este benefício não se aplica no caso de retorno definitivo do empregado antes da época de usufruto das férias[17].

A empresa poderá determinar o retorno do empregado ao Brasil quando não for mais necessária (ou conveniente) a prestação de serviços no exterior ou quando o empregado der justa causa para a rescisão do contrato de trabalho[18].

Ademais, o empregado terá assegurado seu retorno ao país no término da transferência, ou antecipadamente nas hipóteses[19] de ter transcorrido três anos de trabalho contínuo, para atender a necessidade grave e comprovada de natureza familiar, por motivo de saúde, comprovado por laudo médico por justa causa do empregador ou, como se disse, quando os serviços no exterior não forem mais necessários ou convenientes.

A empresa responderá sempre pelo custeio do retorno do empregado para o Brasil. Nos casos em que o retorno se der por iniciativa do trabalhador ou decorrer de justa causa do empregado, fica ele obrigado a reembolsar a empresa pelas despesas correspondentes, ressalvadas as hipóteses do parágrafo anterior[20].

A prestação de serviços no exterior será computada como tempo de serviço para todos os efeitos da legislação trabalhista brasileira (FGTS, previdência social, anuênios e estabilidades previstas em norma coletiva, etc.), mesmo que o contrato estrangeiro seja entendido como autônomo e deva ser rescindido e liquidado quando do retorno ao Brasil[21].

Caso a empresa deva pagar qualquer tipo de verbas rescisórias por conta da terminação do contrato no exterior, as parcelas assim pagas poderão ser deduzidas dos depósitos do FGTS. Esta dedução depende de homologação judicial[22].

As empresas que transferirem empregados para o exterior deverão contratar seguros de vida e acidentes pessoais em favor destes trabalhadores, desde o embarque e até o retorno ao Brasil. Esse seguro não pode ser inferior a doze vezes a remuneração mensal do empregado[23].

---

(17) Art. 6º da Lei n. 6.074/1982.
(18) Incisos I e II do art. 7º da Lei n. 6.074/1982.
(19) Parágrafo único do art. 7º da Lei n. 6.074/1982.
(20) Art. 8º da Lei n. 6.074/1982.
(21) Art. 9º da Lei n. 6.074/1982.
(22) §§ 1º a 4º do art. 9º da Lei n. 7.064/1982 e arts. 3º a 5º do Decreto n. 89.339/1984.
(23) Art. 21 da Lei n. 6.074/1982.

No mesmo sentido, as empresas devem garantir aos empregados transferidos, no local de trabalho no exterior ou próximo a ele, serviços gratuitos e adequados de assistência médica e social[24].

Em linhas gerais estas são as principais regras vigentes que norteiam o tratamento que as empresas brasileiras devem observar por ocasião da expatriação dos seus empregados. Observe-se que a clarividência das Leis ns. 11.962 e 7.064/1982, abordando, inclusive, aspectos práticos e operacionais na transferência de empregados para o exterior é vital para assegurar tranquilidade às partes envolvidas no desafio de explorar estes novos mercados cada vez mais globalizados.

---

(24) Art. 22 da Lei n. 6.074/1982.

▶▶ Aposentadoria por Invalidez: Extinção do Contrato ou Garantia do Trabalhador

Carlos Eduardo Faria Dantas[*]

Introdução

O contrato de emprego nasce com a autonomia das partes, vive de forma ativa durante a prestação dos serviços e mediante a contraprestação salarial, e falece por vontade de um ou de ambos os agentes da relação empregatícia. As consequências da morte contratual, além da evidente terminação do vínculo entre as partes, determinam as indenizações eventualmente devidas e repercutem direta e indiretamente em toda a sociedade.

Desde sua concepção, o direito do trabalho busca melhores condições de labor, garantia e segurança dos obreiros. Nessa linha, evoluiu da necessidade de frear o capitalismo selvagem (com a proibição de jornadas exaustivas e limitação de idade em diversas atividades, por exemplo) até a busca por uma vida digna ao trabalhador, com a possibilidade de gozar de saúde, lazer, alimentação, educação, moradia, previdência social, ou seja, alcançar de maneira efetiva os direitos fundamentais.

Daí decorre a afirmação que o emprego é um bem individual, coletivo e público. Individual em virtude de garantir a subsistência do empregado e de sua família. Coletivo em decorrência da divisão de riquezas no contexto de uma sociedade. Por fim, público por obter a pacificação social dentro do Estado. Portanto, de suma importância a proteção do contrato de trabalho, inclusive manter viva as relações empregatícias.

(*) Advogado formado pela Universidade Braz Cubas, no ano de 2001. Militante na área trabalhista e previdenciária, membro da equipe do escritório Giannella Cataldi — Advogados Associados, e membro efetivo do Comitê de Direito Acidentário da Comissão de Direito Trabalhista da OAB/SP. E-mail: cefdantas@ig.com.br.

O princípio da continuidade assenta a permanência do vínculo laboral, com a respectiva integração do obreiro na estrutura e dinâmica do empregador. Nas sábias palavras do Ministro Mauricio Godinho Delgado, "apenas mediante tal permanência e integração é que a ordem justrabalhista poderia cumprir satisfatoriamente o objetivo teleológico do Direito do Trabalho, de assegurar melhores condições de trabalho, sob a ótica obreira, de pactuação e gerenciamento da força de trabalho dominante em determinada sociedade"[1].

O referido princípio constitui como regra geral o contrato por prazo indeterminado e gera a presunção favorável ao trabalhador na extinção do contrato, conforme bem orienta a Súmula n. 212 do Colendo Tribunal Superior do Trabalho. Apesar disso, o sistema do FGTS mitigou a força do instituto, com a possibilidade de rescisão contratual, desde que cumpridas às determinações legais, ou seja, suficiente o pagamento da indenização prevista no art. 18, § 1º, da Lei n. 8.036 de 1990.

A doutrina trabalhista explica as diversas formas de extinção do contrato de emprego, sendo as mais conhecidas a resilição (uma das partes, sem motivo, rescinde o contrato), resolução (término por ato culposo), rescisão (ruptura decorrente de nulidade) e formas atípicas (morte, extinção da empresa, falência, aposentadoria espontânea, dentre outras).

Dentre as formas atípicas, a aposentadoria gerou grande celeuma no meio jurídico, com acalorados debates sobre o tema. A legislação por muito tempo determinou o falecimento contratual, época em que o Colendo Supremo Tribunal Federal editou a Súmula n. 217. Mas, a Constituição Federal de 1988 e a Lei Federal n. 8.213, de 1991 modificaram sensivelmente a natureza do instituto, o que levou à modificação do posicionamento de nossos Tribunais Superiores.

Para boa compreensão do tema, importante conhecer o benefício da aposentadoria e principalmente seus regramentos atuais (Lei n. 8.213/1991 e Decreto n. 3.048/1999). Ao estudar as aposentadorias no contexto geral, torna-se possível compreender os motivos que a invalidez de uma pessoa não pode acarretar a falência do vínculo empregatício.

A aposentadoria por invalidez deve garantir ao obreiro a subsistência digna e a segurança de que não ficará privado de uma fonte de renda, mesmo com a possibilidade de sua plena recuperação e, portanto, eventual encerramento de seu benefício. Aliás, o ideal é incentivar tratamentos médicos e reabilitação profissional, não só para o benefício do empregado incapaz como também em prol da sociedade.

Compreensível, entretanto, a insegurança invocada por muitas empresas empregadoras. A manutenção de um contrato de trabalho por tempo indeterminado e provavelmente vitalício, sem que o trabalhador gere nenhuma renda e ainda com a possibilidade de geração de despesas não satisfaz aos requisitos mínimos de um

---

(1) DELGADO, Mauricio Godinho. *Curso de direito do trabalho*, p. 209.

bom empreendedor. E mais, muito provável que acarrete propaganda negativa, decorrente da permanência no quadro de funcionários na condição de funcionário aposentado por invalidez.

No conflito de interesses entre o direito social do trabalho e o direito à propriedade, imprescindível a adoção do juízo de ponderação, com aplicação do princípio da concordância prática, também conhecido como da harmonização, em prol da unidade constitucional. Noutras palavras, necessária a resolução do caso concreto mediante a coordenação e harmonização dos bens e valores em conflito e, por consequência, com observância dos elementos e circunstâncias do caso concreto.

Por tais motivos, para o cabal entendimento das consequências e efeitos da aposentadoria por invalidez no contexto do vínculo empregatício, imprescindível a abordagem do princípio da continuidade, dos requisitos das aposentadorias, em especial a decorrente de invalidez, dos julgados dos Tribunais Superiores, das formas de rescisão contratual, e dos interesses em evidência do empregado e do empregador.

1. O princípio da continuidade

Diversas denominações já foram adotadas para este princípio, dentre elas, da permanência, da estabilidade e da conservação do emprego. A par deste debate sobre a nomenclatura, a doutrina consagrou como princípio da continuidade em decorrência do caráter de trato sucessivo do contrato e a política social de manutenção do vínculo.

Segundo Américo Plá Rodriguez, "Pierre Verge e Guylaine Vallée afirmam que a preservação da continuidade da relação de trabalho é um princípio de sustentação de várias noções jurídicas peculiares ao Direito do Trabalho. Várias disposições asseguram a continuidade da relação de trabalho, apesar das dificuldades que possam afetá-la. Mas as regras do Direito do Trabalho não só preservam a relação de trabalho, mas também, em outras circunstâncias, essa continuidade constitui uma fonte de vantagens específicas para o trabalhador: a antiguidade no emprego gera uma série de vantagens salariais e de benefícios adicionais que estimulam e recompensam a continuidade do trabalhador na empresa"[2].

Em decorrência de sua prorrogação no tempo, comum que uma das partes seja impedida de executar suas obrigações, circunstancialmente. Decorre destas situações os institutos da interrupção e da suspensão do contrato de trabalho. Enquanto na interrupção opera a sustação total e para uma das partes (obreiro), a suspensão acarreta a sustação total e para ambas as partes (empregado e empregador).

Para o presente estudo importa os efeitos da suspensão do contrato, Américo Plá Rodriguez ensina que: "a simples suspensão pode ser útil à empresa, pois conserva

---

(2) RODRIGUEZ, Américo Plá. *Princípios de direito do trabalho*, p. 241.

o laço que une o pessoal ao empregador. É sobretudo importante para os trabalhadores, pois com o emprego conservam seus meios de subsistência"[3].

E mais, o renomado autor uruguaio ainda esclarece: "o contrato sobrevive: o que ocorre é que durante certo tempo não produz seus efeitos principais ou, melhor dizendo, são suspensos os efeitos principais do contrato para ambas as partes (a obrigação de prestar serviços para o trabalhador, a obrigação de pagar o salário para o empregador), sem que desapareçam as demais obrigações e efeitos"[4].

Pode-se asseverar, com base nos ensinamentos doutrinários, que o legislador prima por contratos por prazo indeterminado, com a imposição de diversas técnicas e regras que impeçam a dispensa do empregado, dificultando a rescisão contratual ao máximo possível. Desta forma, o Estado transmite segurança ao obreiro, sabedor da existência de penalidades ao empregador no caso de opção pela extinção do vínculo empregatício.

2. A aposentadoria e a extinção contratual

A Constituição Federal de 1988 assentou a Previdência Social como direito inafastável dos trabalhadores com a finalidade da garantia de sua sobrevivência digna em determinados eventos. A aposentadoria regulada pelo art. 201, § 7º, da Lei Maior, e arts. 42 a 57, da Lei n. 8.213/1991, consiste na consagração do direito à jubilação ao obreiro, como uma espécie de recompensa pelos trabalhos prestados ao empregador e à sociedade.

Nesse sentido, o art. 49, "b", da Lei n. 8.213/1991 evidencia a possibilidade do requerimento da aposentadoria com a permanência do empregado na empresa. A previsão legal prestigia, portanto, o princípio da continuidade da relação empregatícia — tão preconizado pelo direito do trabalho.

O termo jubilação significa, entretanto, a cessação do vínculo empregatício em virtude da obtenção do benefício previdenciário em baila. De acordo com o ministro Marco Aurélio de Mello, com a concessão da aposentadoria o obreiro deveria gozar do ócio de forma digna. Além disso, cederia sua vaga ao mercado de trabalho, ou seja, aos mais jovens.

Sucede que, a renda mensal da aposentadoria não é capaz, por si só, de sustentar o trabalhador e sua família. Disso resultou numa mutação do conceito da aposentadoria, alterando seu caráter substitutivo para assentar característica de complemento salarial.

Nessa era de aposentadorias com valores cada vez mais baixos, com políticas para implementação de um salário mínimo para todos os aposentados, a jubilação

---

(3) *Op. cit.*, p. 283.
(4) RODRIGUEZ, Américo Plá. *Princípios de direito do trabalho*, p. 283.

não significa mais um prêmio, mas sim uma punição — dada a evidente diminuição da renda do trabalhador.

Partindo destas premissas, e principalmente do art. 7º, inciso I, da Constituição da República Federativa do Brasil, o Colendo Supremo Tribunal Federal julgou a inconstitucionalidade do art. 453, §§ 1º e 2º, da Consolidação das Leis do Trabalho, e assentou a inexistência da cessação do contrato de emprego em virtude de aposentadoria.

Esta também é a posição do Colendo Tribunal Superior do Trabalho, que cancelou a Orientação Jurisprudencial n. 177, e editou a de n. 361, ambas da SDI-1, na linha da aplicação da multa de 40% do FGTS — Fundo de Garantia do Tempo de Serviço, sobre todo o lapso temporal laborado.

3. Aposentadoria por invalidez

Algumas empresas têm efetivado a rescisão contratual de empregados aposentados por invalidez, emitindo-se o TRCT — Termo de Rescisão Contratual, e procedendo a respectiva "baixa" na CTPS — Carteira de Trabalho e Previdência Social. Tal conduta contraria a legislação vigente e também a orientação firmada por nossos Tribunais, em especial o Tribunal Superior do Trabalho.

Antes de adentrarmos no fulcro da questão, propriamente dita, convém tecermos algumas considerações iniciais sobre a modalidade da aposentadoria por invalidez e sua repercussão no vigente contrato de trabalho.

Conforme previsão inserida no art. 42 da Lei n. 8.213/1991, "A aposentadoria por invalidez, uma vez cumprida, quando for o caso, a carência exigida, será devida ao segurado que, estando ou não em gozo de auxílio-doença, for considerado incapaz e insusceptível de reabilitação para o exercício de atividade que lhe garanta a subsistência, e ser-lhe-á para enquanto permanecer nesta condição".

Tal espécie de afastamento, prevista no § 1º do mesmo artigo, fica na dependência da verificação da condição de incapacidade mediante exame médico-pericial a cargo da Previdência Social. Logo, o empregado que for aposentado por invalidez terá suspenso o seu contrato de trabalho enquanto permanecer na condição de incapacitado para o labor.

Nessa linha, dispõe o art. 47, inciso I, alínea "a", da Lei n. 8.213/1991:

Art. 47. Verificada a recuperação da capacidade de trabalho do aposentado por invalidez, será observado o seguinte procedimento:

I — quando a recuperação ocorrer dentro de 5 anos, contados da data do início da aposentadoria por invalidez ou do auxílio-doença que a antecedeu sem interrupção, o benefício cessará:

a) de imediato, para o segurado empregado que tiver direito a retornar à função que desempenhava na empresa quando se aposentou, na forma da legislação trabalhista, valendo como documento, para tal fim, o certificado de capacidade fornecido pela Previdência Social; ou

Diante disso, o Tribunal Superior do Trabalho, orienta no sentido de que a aposentadoria por invalidez **não** implica a extinção do contrato de trabalho:

Súmula n. 160 — APOSENTADORIA POR INVALIDEZ. READMISSÃO.

Cancelada a aposentadoria por invalidez, mesmo após 5 anos, o trabalhador terá direito de retornar ao emprego, facultado, porém, ao empregador, indenizá-lo na forma da lei.

Portanto, a Lei n. 8.213/1991 e o Tribunal Superior do Trabalho estabelecem o direito do retorno imediato "à função que desempenhava na empresa quando se aposentou, na forma da legislação trabalhista" (art. 47, inciso I, alínea "a"), mesmo após 5 anos (Súmula n. 160).

A principal consequência da suspensão contratual, derivada da aposentadoria por invalidez, consiste na manutenção do convênio médico, de suma importância ao obreiro em situações dessa natureza. Noutras palavras, no momento em que mais necessita de tratamento médico e assistência à sua saúde em decorrência de sua inaptidão total e permanente, encerrar o contrato de trabalho acarretaria a extinção do convênio médico.

O Tribunal Regional do Trabalho da 2ª Região, em recente decisão, já declarou acerca do tema:

APOSENTADORIA POR INVALIDEZ. SUSPENSÃO DO CONTRATO DE TRABALHO. INEFICÁCIA DA RESCISÃO CONTRATUAL. Nos termos do art. 475 da CLT, a aposentadoria por invalidez suspende o contrato de trabalho, sendo ineficaz a rescisão contratual realizada durante tal ocorrência. (Recurso Ordinário n. 00854200744302000, acórdão n. 20090086478, do Egrégio Tribunal Regional do Trabalho da 2ª Região, Relatora Rilma Aparecida Hemetério, DJ 7.2.2009)

Importante destacar que não se trata da hipótese do art. 31 da Lei Federal n. 9.656, de 1998. O referido dispositivo assegura ao trabalhador a permanência no convênio, desde que cumpridos dois requisitos: a) mais de dez anos de contribuição para o plano ou seguro coletivo de assistência à saúde; b) assunção do pagamento integral do plano.

No caso de aposentadoria por invalidez, o empregado permanece ligado ao empregador e, por esta razão, deverá apenas arcar com os custos de sua quota-parte, na mesma proporção que os demais funcionários.

Observamos, ainda, que também não decorre de acidente de trabalho (acidente tipo, doença do trabalho ou profissional). Nesses casos a responsabilidade pelo tratamento médico decorre do Código Civil, na forma dos arts. 186, 187 e 927, além do art. 5º, incisos V e X, da Constituição Federal.

A manutenção do contrato de emprego em virtude de invalidez independe da causa e, por consequência, possibilita ao trabalhador a continuação de seu tratamento médico. Percebe-se o nítido caráter social da cláusula, com plena proteção da dignidade humana, em prestígio ao art. 1º, inciso III, da Lei Maior.

Interessante comentar que não haverá qualquer tipo de pagamento ao empregado. Não há pagamento de salários, nem fundo de garantia ou recolhimento de imposto de renda ou contribuição previdenciária. Como comentado, haverá apenas a manutenção de convênio médico (para empregadores que concedam tal benefício aos seus trabalhadores).

Ora, o convênio médico é um benefício de suma importância para própria sobrevivência do empregado inválido e, portanto, justificável a sua manutenção. Ressalva-se, apenas, que caberá ao empregador procurar uma forma de obter a restituição da quota-parte do obreiro, muito provavelmente mediante o pagamento mensal pelo empregado beneficiário.

Assim, praticamente não há verbas trabalhistas a serem pagas ao trabalhador. O fundo de garantia é passível de levantamento com a obtenção de qualquer aposentadoria (art. 20, III, da Lei n. 8.036/1990), e não haverá pagamento da multa de 40% e do aviso-prévio, pois não ocorre rescisão contratual.

O 13º salário proporcional relativo ao ano de afastamento deve ser pago normalmente e com a folha de pagamento dos demais funcionários. O afastamento não inibe tal pagamento. Caberá à autarquia previdenciária o pagamento do abono anual (art. 40, da Lei n. 8.213/1991) no curso do afastamento, enquanto a empresa arca com o período em que houve labor (até os 15 primeiros dias de afastamento, no caso aposentadoria precedida de auxílio-doença — art. 59 da Lei n. 8.213/1991).

As férias causam um pouco de celeuma. As férias vencidas e ultrapassado o período de concessão (antes do afastamento), são devidas com a respectiva multa celetista (art. 137). O afastamento superior a 6 meses no período aquisitivo impede a obtenção do direito às férias (art. 133, IV, da CLT).

Por fim, recomenda-se o pagamento pela empresa das férias simples ao empregado, ainda que não tenha escoado o período concessivo. Sucede que, o empregado preencheu os requisitos para percepção do direito. Faltou-lhe apenas a oportunidade de gozá-las. Em eventual retorno ao labor, desnecessário usufruir das férias, pois na realidade o empregado retorna de um grande período de inatividade.

Diante disso, por se tratar de claro direito do obreiro e devido à desnecessidade de pausa para o efetivo descanso, sugere-se a possibilidade de quitação do pagamento das férias acrescidas do terço constitucional na forma indenizada.

4. A rescisão contratual

Amauri Mascaro Nascimento define a dispensa como "a ruptura do contrato de trabalho por ato unilateral e imediato do empregador, independentemente da vontade do empregador"[5].

---

(5) NASCIMENTO, Amauri Mascaro. *Curso de direito do trabalho*, p. 724.

A ruptura do contrato individual do trabalho transcende a pura autonomia de vontade das partes (natureza contratual) em virtude de afetar a subsistência do trabalhador e de seus dependentes econômicos. Apesar disso, a legislação atual deixa certa a possibilidade de extinção do contrato e, até que Lei Complementar discipline a matéria (art. 7º, inciso I, da Constituição Federal), basta que o empregador arque com a indenização prevista no art. 18, § 1º, da Lei n. 8.036, de 1990.

Resta claro que o princípio da continuidade foi mitigado, eis que não mais existe em nosso ordenamento jurídico a estabilidade decenal (salvo raras exceções de direito adquirido). Assim, a busca pela manutenção do vínculo empregatício muitas vezes não é possível e, mesmo para aposentados por invalidez, o contrato pode ter um fim.

Como já comentado, há diversas formas de extinção do contrato de emprego, dentre elas, a resilição, resolução, rescisão e formas atípicas.

A resilição consiste na ruptura contratual por uma das partes sem uma justa causa. Nesta hipótese dificilmente ocorrerá à extinção de um contrato suspenso. Sucede que, o valor social do trabalho prevalecerá sobre a pura vontade de extinguir o vínculo e sem qualquer causa aparente.

De forma direta, o empregador não pode convocar o obreiro aposentado por invalidez e demiti-lo, pois a suspensão contratual estabelecida pelo art. 475 da Consolidação das Leis do Trabalho impede e limita o poder diretivo.

A resolução contratual pode ser definida como extinção contratual decorrente de ato faltoso praticado por uma ou ambas as partes do pacto laboral.

Interessante destacar os ensinamentos de Wagner D. Giglio, "Durante os períodos de suspensão do contrato de trabalho (caso típico do gozo de benefício previdenciário) e de sua interrupção (caso de férias, p. ex.), atenua-se sensivelmente a subordinação do empregado, mas sobrevivem alguns outros deveres, como os de fidelidade, respeito, etc. assim, se não têm oportunidade de ocorrer justas causas relacionadas com a prestação de serviço, podem surgir justas causas como a condenação criminal, negociação habitual, revelação de segredo etc., mesmo durante o afastamento do empregado"[6].

Assim, em que pese à proteção legal (art. 475, celetista), a manutenção do vínculo empregatício também gera obrigações ao obreiro. Em caso de descumprimento, possível ao empregador aplicar a justa causa e dar fim ao contrato de emprego, bastando, para tanto, demonstrar a ocorrência de uma das figuras previstas no art. 483 da CLT.

A resolução configura-se pela obrigatoriedade de romper o vinculo derivado de nulidade absoluta. A Súmula n. 363 e a OJ n. 366, da SDI-I, do Colendo Tribu-nal Superior do Trabalho descrevem muito bem a hipótese da resolução.

---

(6) GIGLIO, Wagner D. *Justa causa*, p. 50.

Nessa linha, em eventual aposentadoria por invalidez de um obreiro que prestava serviço para entidade pública sem submeter-se ao concurso obrigatório (art. 37, II, § 2º, da CF/1988), o contrato será extinto, ou melhor, declarado nulo (ressalvado apenas os direito da contraprestação pactuada e os depósitos do FGTS).

Por fim, as formas atípicas consideram diversas situações jurídicas que impedem o prosseguimento do contrato. De início, e como já exposto, destacamos que a aposentadoria não é causa de extinção de contrato.

A morte das partes (empregador pessoa física), a extinção e falência da empresa, por si só, impedem o prosseguimento do contrato. Por óbvio, deve ocorrer à cessação das atividades, o que inviabiliza por completo a manutenção do contrato de trabalho.

Pode-se concluir, portanto, que se a empresa encerrar suas atividades por completo, sem que haja qualquer modalidade de sucessão, imperiosa a rescisão contratual, pois a morte irá além do contrato, na verdade o falecimento é de uma das partes.

5. A Súmula n. 217 do Colendo Supremo Tribunal Federal

A Súmula n. 217, do Colendo Supremo Tribunal Federal orientava:

SÚMULA N. 217

TEM DIREITO DE RETORNAR AO EMPREGO, OU SER INDENIZADO EM CASO DE RECUSA DO EMPREGADOR, O APOSENTADO QUE RECUPERA A CAPACIDADE DE TRABALHO DENTRO DE CINCO ANOS, A CONTAR DA APOSENTADORIA, QUE SE TORNA DEFINITIVA APÓS ESSE PRAZO.

Realmente, era pacífico o entendimento jurisprudencial no sentido de que a aposentadoria por invalidez se tornava definitiva após 5 anos de sua concessão. Sucede que, a referida Súmula atendia ao entendimento da época que a aposentadoria era causa de extinção do contrato. E mais, o Decreto n. 1.918, de 1937 expressamente estabelecia:

Art. 51. O exame médico, a que se refere o artigo anterior, poderá ser renovado anualmente, durante o prazo de cinco anos, cancelando-se a aposentadoria daqueles que forem julgados novamente válidos.

Parágrafo único. A qualquer tempo em que tiver conhecimento de que o associado aposentado readquiriu sua capacidade de trabalho. O Instituto poderá submetê-lo a imediato exame médico e se for apurada a veracidade dessa circunstância, proceder-se-á pela mesma forma indicada neste artigo.

Nesse sentido, o Colendo Supremo Tribunal Federal, no início da década de 1960, partindo da premissa que após 5 anos eram desnecessárias as perícias médicas ao aposentado por invalidez, assentou a definitividade deste benefício.

Disso resulta que o contexto da época era diverso, primeiro porque a aposentadoria causava a extinção do contrato; segundo, alcançava-se a desnecessidade de perícias médicas após o decurso do prazo de 5 anos.

Atualmente, o Colendo Supremo Tribunal Federal, nos autos da Ação Declaratória de Inconstitucionalidade n. 1.770-4 assentou que a aposentadoria não é mais causa de extinção contratual. Além disso, o art. 47, inciso II, da Lei n. 8.213/1991 prevê a possibilidade de recuperação do obreiro inválido mesmo após o lapso temporal de 5 anos.

Em resumo, inaplicável a Súmula n. 217 do Colendo Supremo Tribunal Federal, hodiernamente.

Conclusão

A dignidade humana recebeu especial carinho do Poder Constituinte Originário, assentada como fundamento de nosso Estado Democrático de Direito (art. 1º, inciso III, da CF/1988). Esta singela afirmação já se faz suficiente para garantir o contrato do empregado inválido, ante a clara necessidade de proteção a uma pessoa incapaz fisicamente e premido de condições financeiras.

A par disso, diversos dispositivos alinham-se com o princípio da dignidade humana em prol do empregado, como os valores sociais do trabalho, a construção de uma sociedade livre, justa e solidária, a erradicação da pobreza e da marginalização, a promoção do bem de todos, a garantia do direito à vida e à segurança, a função social da propriedade, todos previstos expressamente na Constituição da República Federativa do Brasil.

A Constituição Federal de 1988 ainda consagra a Ordem Social com base no primado do trabalho, e com objetivos de buscar o bem estar e a justiça sociais (art. 193). O trabalho ainda é assentado como Direito Social (art. 6º), enquanto a Ordem Econômica é fundada na valorização do trabalho (art. 170).

Resta evidente, por tais preceitos constitucionais, que o Direito do Trabalho tem profunda proteção da Lei Maior e suas normas devem ser interpretadas de forma favorável ao obreiro e também conforme os reflexos produzidos pelos vínculos empregatícios perante toda a sociedade.

A preservação do vínculo empregatício do aposentado por invalidez, respaldado no art. 475 da Consolidação das Leis do Trabalho, prestigia a dignidade da pessoa humana e o valor social do trabalho. Num dos momentos mais difíceis de sua vida, premido de saúde física e financeira, o obreiro terá a segurança de que se um dia faltar-lhe o benefício previdenciário poderá retornar ao empregador.

E mais, enseja a possibilidade da luta do obreiro pela sua recuperação. Não podemos aceitar a ideia de que o empregado permaneça o resto da vida incapaz. Há muitos casos de aposentadorias precoces, pessoas com vinte e poucos anos (às vezes até menos), que são alijados do mercado de trabalho em decorrência de uma doença grave ou algum acidente.

O correto seria incentivar a reabilitação profissional de tais trabalhadores, e buscar sua reinserção no mercado de trabalho (quiçá na mesma empregadora) com a proteção da Lei n. 8.213/1991, no art. 93, também conhecida como Lei de Quotas.

Apesar disso, temos que reconhecer a necessidade de rescisão contratual em algumas circunstâncias. A prática de justa causa e o encerramento das atividades empresariais (morte do empregador pessoa física, extinção e falência da empresa, por exemplo) inviabiliza qualquer probabilidade de retorno ao labor.

Certo é, contudo, que qualquer modalidade de aposentadoria por si só não extingue o contrato de trabalho. A Súmula n. 217 do Colendo Supremo Tribunal Federal não se aplica nos dias de hoje. Na realidade, adota-se a Súmula n. 160 do Colendo Tribunal Superior do Trabalho, que melhor reflete as determinações do art. 47 da Lei n. 8.213/1991.

Ao empregador caberá a manutenção do contrato de emprego, com a permanência do funcionário aposentado por invalidez no seu quadro de empregados. Observa-se que a continuidade desta relação empregatícia não causa grandes prejuízos ao empregador, pois somente precisará manter o convênio médico.

Aliás, plenamente aplicável a função social da propriedade (art. 5º, inciso XXII, da CF/1988) para sustentar a manutenção do tratamento médico, com a caracterização da eficácia horizontal da Constituição Federal, ou seja, prestigiando o direito à saúde da pessoa do empregado (art. 6º da Lei Maior).

O instituto da aposentadoria por invalidez consegue sustentar a manutenção do vínculo empregatício. A autonomia da vontade cede à imposição do Estado de proteger o hipossuficiente com o escopo de garantir-lhe segurança jurídica. O argumento de que a manutenção indefinida do contrato gera insegurança para o empresariado não abala o caráter protetor do Direito do Trabalho.

A ponderação e a razoabilidade consistem nos maiores instrumentos jurídicos para implementação de uma sociedade livre, justa e solidária. A perda do empresariado é mínima em comparação aos direitos sociais do Trabalho e Saúde e, por consequência, a manutenção do tratamento médico para os obreiros incapazes.

Referências bibliográficas

CARDONE, Marly Antonieta. *Advocacia trabalhista*. 10. ed. São Paulo: Saraiva, 1990.

CARNEIRO PINTO, Raymundo Antonio. *Súmulas do TST comentadas*. São Paulo: LTr, 2005.

CUNHA JÚNIOR, Dirley. *Curso de direito constitucional*. 3. ed. São Paulo: Jus Podivm, 2009.

DELGADO, Mauricio Godinho. *Curso de direito do trabalho*. 6. ed. São Paulo: LTr, 2007.

GIGLIO, Wagner D. *Justa causa*. 5. ed. São Paulo: LTr, 1994.

NASCIMENTO, Amauri Mascaro. *Curso de direito do trabalho*. 20. ed. São Paulo: Saraiva, 2005.

RODRIGUEZ, Américo Plá. *Princípios de direito do trabalho*. 3. ed. São Paulo: LTr, 2004.

SILVA, Homero Batista Mateus da Silva. *Contrato de trabalho*. São Paulo: Elsevier, 2009.

►► Aspectos da Responsabilidade Civil no Sistema Jurídico Contemporâneo e nas Relações Trabalhistas

Célia Mara Peres[(*)]

1. Objetivo e método de pesquisa

Nesta breve intervenção, apresentamos como objetivo, a análise do instituto da responsabilidade civil no sistema jurídico contemporâneo e nas relações de trabalho, sem a pretensão de esgotar o tema, (dada a sua extensão e complexidade), mas tão só de discutir algumas situações que se mostram controvertidas do ponto de vista doutrinário e jurisprudencial. Entendemos que a discussão sugerida é de fundamental importância, tanto do ponto de vista acadêmico, quanto para auxiliar no trato com a prática, já que não raro ocorrem hipóteses de responsabilidade civil no dia a dia de empregados e empregadores que suscitam dúvidas no que diz respeito à interpretação e aplicação do direito.

Esperamos fazer desta apresentação um ponto de partida para reflexões mais profundas, absolutamente imprescindíveis diante da necessidade de adaptação do Direito do Trabalho à evolução da sociedade, aos fatos e valores que a acompanham. Deixaremos para outra oportunidade o trato específico da indenização decorrente da responsabilidade civil, suas modalidades, diferenças, requisitos e critérios de quantificação, tendo em vista a limitação que a elaboração de um artigo impõe.

Para esse estudo, faremos uso de material bibliográfico especializado sobre o assunto, explorando o pensamento teórico que lhe é aplicável, além de apresentar o posicionamento que tem sido adotado pela jurisprudência. No mais, a pesquisa não se limitará ao conteúdo específico de Direito do Trabalho, porquanto inevitável que seus institutos, princípios e regras sejam avaliados sistematicamente, consi-

---

(*) Advogada e professora universitária, mestre em Direito Civil Comparado e doutoranda em Direito do Trabalho pela Pontifícia Universidade Católica de São Paulo (PUC/SP).

derando outros princípios gerais, fontes e ramos do Direito. Como ponto de partida, faremos a abordagem da trajetória do instituto.

2. A trajetória do instituto e sua interpretação histórico-evolutiva

A responsabilidade civil é instituto que sempre existiu e pode-se dizer que tem como condição essencial a convivência dos homens em comunidade[1]. Nem sempre, na trajetória histórica, recebeu tratamento jurídico formal, já que nas comunidades primitivas, o sentimento relacionado à responsabilidade de alguém por seus atos era considerado como algo natural, inato no homem. As regras que responsabilizavam alguém por algo que era considerado "proibido", eram aquelas criadas pelos próprios indivíduos, na sua projeção pessoal, ou pelo grupo quando na vida em comunidade.

A responsabilidade civil, neste sentido, ainda não era objeto de estudo sistematizado por parte da ciência do Direito.

Posteriormente, após vários momentos históricos importantes, que influenciaram o dinamismo do Direito e das relações jurídico-sociais, a responsabilidade civil passou a ser considerada como instituto jurídico e tratada como norma. Inicialmente, regulou apenas as relações jurídicas de natureza privada, consideradas aquelas que cuidam estritamente dos interesses particulares dos indivíduos. Posteriormente, abraçou a responsabilidade civil do Estado em face dos particulares.

Talvez o marco histórico de maior importância para a sistematização da responsabilidade civil no direito moderno, foi a Revolução Francesa de 1789, cujo movimento ensejou a edição do Código Civil francês em 1804.

A Revolução Francesa foi um movimento influenciado pelo liberalismo econômico e de pensamento individualista, encabeçado pela burguesia, com vistas à participação ativa no poder e na organização do Estado, sem os anteriores desmandos e arbitrariedades decorrentes do absolutismo. O movimento pregava, além de outros ideais, a liberdade das partes, sem intervenção do Estado em seus interesses privados. Esse anseio por liberdade e o receio de intervenção arbitrária do Estado influenciou a modificação de vários paradigmas, entre eles, a concepção das normas jurídicas, supondo-se que o justo seria construir um sistema de direito estático e fechado, elaborado dentro de uma moldura normativa baseado em leis escritas, que limitavam a possibilidade de modificações por parte de quaisquer membros do poder, legisladores, juízes e administradores do Estado.

---

(1) ORGANIZAÇÃO DIREITO RIO. *Teoria geral da responsabilidade civil* — série direito empresarial. Rio de Janeiro: FGV, 2008. p. 41: "A palavra responsabilidade deriva do latim *responsus*, particípio passado do verbo *respondere*, que sugere a ideia de responder pelos atos. A ideia que norteia a responsabilidade civil é a preocupação de evitar a subsistência de um prejuízo injusto, impondo um deslocamento patrimonial do lesante para o lesado. Os romanos referiam-se a obrigações nascidas *ex delicto*. Os juristas anglo-saxões utilizavam o vocábulo *torts*. Por sua vez, o legislador francês empregou por vezes a expressão *garantie*".

Nesse cenário, facilmente se justificam diversas previsões legais e limites às condutas do Estado, essencialmente do juiz, já que como representante do Poder Judiciário, não poderia interferir nas relações mantidas entre os particulares e na decisão que tomavam pautados na autonomia da vontade. Mencione-se a célebre frase de Montesquieu ao dispor que o juiz é a boca da lei. A interpretação da concepção do juiz da época é exatamente um Estado-juiz passivo e aplicador de lei, trazendo o fato concreto à aplicação da norma abstrata, posto que não se poderia correr o risco de que, mais ativo, o Estado interferisse nas relações, cometendo arbitrariedades.

Outro exemplo, agora no campo do processo civil, diz respeito à quantidade de recursos processuais e graus de jurisdição previstos em lei até que efetivamente uma pretensão fosse reconhecida. A razão era simples: impedir julgamentos arbitrários em um só grau de apreciação.

No campo da responsabilidade civil, encontram-se outros exemplos que explicam a busca pelos ideais acima citados e a interpretação que se deu ao instituto nesse momento histórico. O sistema jurídico da época almejava a liberdade, que obviamente se refletia em todas as relações jurídicas contratuais e extracontratuais. Neste sentido, impossível seria prever que a indenização devida àquele que sofreu prejuízo, fosse concedida por meio da tutela específica da obrigação, já que obrigar alguém a fazer ou não fazer algo visando o retorno da situação ao seu estado anterior, tornando indene o prejuízo, seria interferir na esfera de direitos dos particulares, especialmente na sua liberdade.

Encontrou-se um paliativo, o dinheiro, que serviria como moeda de troca para indenizar o prejuízo. Ainda, não se concebia a possibilidade de se submeter alguém a evitar um dano, posto que somente com um prejuízo concreto e efetivamente sofrido, se pensava na tutela para a vítima. No mais, não se cogitava a modalidade de recebimento de indenização por dano moral, vez que somente a certeza material, um prejuízo mensurável matematicamente poderia dar ensejo à reparação. Por fim, dentre os requisitos para que a responsabilidade civil ensejasse o dever de ressarcir, a culpa do ofensor, sempre assumiu caráter imprescindível, justamente para que não se penalizasse injustamente, aquele que sequer agiu com imprudência, negligência ou imperícia. O foco, assim, não era o prejuízo da vítima, a pessoa, mas a conduta do ofensor, que não poderia ser privado de seu patrimônio, sem robusta justificativa.

Todo esse pensamento que justificou a positivação dos direitos, pautado em leis escritas e codificadas, ocorreu com maior ênfase na França, (com a edição do Código de Napoleão em 1804) e, posteriormente, na Alemanha, ambos estabelecidos com base no sistema romano-germânico. A influência desses países e consequente expansão dessa forma de estruturar o direito alcançaram diversas nações, dentre elas Portugal, por razões ligadas à economia, à política, à cultura, à religião e história interligada desses povos. O Brasil, antiga colônia de Portugal, reflexamente também abraçou os contornos desse sistema jurídico, construindo uma ordem essencialmente pautada em leis e com os mesmos ideais importados da Europa Ocidental.

O Código Civil de 1916 deu mostras evidentes de que o sistema era fechado, estático, pautado em leis que buscavam prever o máximo de condutas possivelmente genéricas, como se pudesse tratar de todas as situações passíveis de regulação pelo Direito. A positivação das regras em leis escritas, afastava o quanto possível a aplicação de fontes subsidiárias de direito, buscando preservar a lógica e "pureza" do sistema criado. Ocorre que, ao longo dos anos em que se aplicou o antigo Código Civil, seguindo-se à risca as regras pré-estabelecidas pelo sistema jurídico criado a partir da Revolução Francesa, o direito revelou-se injusto, incapaz de agir no sentido da pacificação social, fugindo do ideal sempre almejado.

O sistema teve seus grandes méritos, já que trouxe lições importantes que até hoje são aplicadas, mas mostrou-se incompatível à luz das mudanças e da evolução vivenciadas em todo o mundo. É a partir de fatos que se constroem valores. Se os fatos mudam, inexoravelmente a sociedade enxergará novos valores. A norma jurídica não pode ser considerada um dado pronto, como resultado de uma ciência matemática, mas em constante construção, sendo capaz de encontrar um sistema mais próximo da justiça ideal, quando acompanhar esses dois vetores, relacionando-se de maneira dinâmica e evolutiva. Nesse diapasão, sem descurar da necessidade de uma análise sistematizada do Direito, buscaremos reavaliar o instituto da responsabilidade civil e seus efeitos nas relações jurídicas, iniciando-se pelo contexto em que se insere na atualidade.

3. A responsabilidade civil no sistema jurídico contemporâneo

Não obstante a Revolução Francesa tenha conseguido implantar o liberalismo com base nos ideais da liberdade, da igualdade e da fraternidade, ao longo da história verificou-se que tais ideais acabaram desvirtuados, não atendendo aos anseios sociais. Novos fatos demonstraram que as conquistas não passavam de previsões formais, escritas em Códigos de leis, mas que não eram capazes de garantir e realizar materialmente o que previam. Tratava-se de conquistas meramente formais.

A liberdade dos particulares realmente existiu, mas sem a interferência do Estado. Essa liberdade se transformou em prisão para a maioria pobre e sem condições de sobrevivência digna. Totalmente livres para negociar e agir em prol de interesses individuais, com o objetivo de adquirir bens e lucrar, obviamente que os mais fracos acabavam dominados pelos mais fortes, exatamente pela falta de poder de barganha, especialmente econômico e político.

Esse reflexo foi bem aparente nas negociações que envolviam o comércio e o trabalho, faltando limites impostos aos sujeitos nelas envolvidos. No comércio, obtinha melhores condições aquele que detinha mais dinheiro, maior capacidade produtiva e consequentemente, maior parcela de clientes. A concentração de riquezas impedia o acesso de pequenos empreendedores. A liberdade de cobrança de juros, o trabalho exercido em troca de salários ínfimos em condições degradantes, o surgimento da máquina com a Revolução Industrial, enfim, uma série de fatos sociais vinha pouco a pouco demonstrando que um direito estático, fechado, pautado somente na liberdade desenfreada, na formalidade e na legalidade, não era necessariamente efetivo.[2]

O ponto máximo da percepção de que algo deveria mudar, ocorreu após a segunda guerra mundial, já que a legalidade e igualdade pregadas pelos Códigos e Declarações de Direitos elaboradas ao tempo da Revolução Francesa não foram suficientes para impedir a morte de milhões de pessoas.

As atrocidades contra a vida humana levantaram discussão em todo o mundo sobre a necessidade de rever a sistematização do direito de forma a alcançar a proteção real da vida e todos os direitos que em torno dela gravitam, entre eles a liberdade e a igualdade material. A primeira tentativa mundial nesse sentido foi retratada pela convocação do Tribunal de Nuremberg, um tribunal de exceção com vistas à punição dos criminosos de guerra, em especial daqueles cumpridores das ordens de Hitler e seus aliados. Não havia nenhuma previsão a respeito do crime de genocídio e toda a discussão girou em torno da falta de legalidade na eventual punição daqueles que, em tese, não teriam cometido crime algum por ausência de lei, mas ao contrário, cumprido ordens, paradoxalmente, em total respeito às previsões legais.

O Tribunal de Exceção convocado, foi integrado pelos países vencedores aliados, Estados Unidos, Inglaterra, França e a antiga União Soviética, que embora possuíssem sistemas jurídicos bastante diferenciados entre si, já que diversas eram suas pretensões políticas, econômicas e históricas, tinham um ponto em comum: a conclusão de que o mundo necessitava preservar o homem, colocando-o como maior bem a ser protegido, antes mesmo de dar-lhe liberdade para a busca de poder, riquezas, propriedades e lucro. No mesmo sentido, entenderam que a igualdade ensejava proteção efetiva, de forma a punir a discriminação e a fomentar políticas que considerassem a real situação de cada ser humano, superando desigualdades com a entrega jurídica de equilíbrio.

Todos os sistemas jurídicos foram assim, influenciados pela necessária revisão, tendo por premissa a proteção do homem. Também, internacionalmente, cresceram as preocupações com os direitos humanos, manifestando-se em crescente número os tratados e convenções firmadas neste sentido. O homem e a sua integral proteção, desta forma, ultrapassou as fronteiras de um território soberano, para se tornar alvo da proteção transnacional. Os direitos humanos foram elevados à categoria de

---

(2) SANTOS, Antonio Jeová dos. *Dano moral indenizável*. 4. ed. São Paulo: Revista dos Tribunais, 2003. p. 45-46: "Reflexo da situação econômica, contexto histórico e político, o Código Civil Francês (Código Napoleônico) foi responsável pelo pouco avanço na legislação de outros países que lhe seguiram no que toca à legislação civil. O homem era considerado apenas enquanto *homo faber*. O direito debruçava-se sobre a pessoa, mas via o homem apenas como produtor de renda. (...) propósitos políticos levaram ao não conhecimento da pessoa como ser em si mesma. (...) O patrimônio, como centro dos interesses econômicos e como eixo do sistema jurídico, serviu como exemplo no direito ocidental".

direitos essenciais e influenciaram diversos países, para que internamente, recebessem igual proteção do Estado. Constituições integrantes de sistemas construídos sobre diferentes pilares, incluíram em seus preceitos basilares, os direitos considerados como fundamentais do homem.

No Brasil, não foi diferente. Embora tenha tardado a chegar, a Constituição de 1988 foi marco decisivo para a valorização do homem como centro em torno do qual gravitam todos os demais direitos[3]. A indenização que decorre da responsabilidade civil, que antes fora inserida apenas no Código Civil, com a conotação de instituto de direito privado, foi incluída na Constituição Federal, a demonstrar que transcende a questão meramente privada, relacionada ao interesse das partes e atinge toda a sociedade. Além disso, demonstrou-se que o Estado, antigo inimigo e opressor, passou para a condição de protetor.

Esse fenômeno, denominado de constitucionalização, além da responsabilidade civil, abrangeu vários institutos anteriormente tidos como próprios. Atualmente, como parte integrante da Constituição Federal, resta analisar se a partir desse fato abraçado pelo direito, houve modificação dos valores a serem protegidos quando se fala em dever de indenizar decorrente da responsabilidade civil. Para tanto, por primeiro, necessária a avaliação dos seus elementos, em especial a culpa do agressor, após o que poderemos concluir com maior clareza sobre a sua indispensabilidade ou não.

4. Elementos da responsabilidade civil. A culpa como requisito na atualidade

Desde a sua previsão no Código Civil francês, a culpa do ofensor consagrou-se como um dos requisitos para a configuração da responsabilidade[4]. Aliada aos demais: ação ou omissão, dano e nexo causal, a culpa foi prevista como elemento sem o qual o ofensor não sofreria as consequências da responsabilidade pela indenização.

Como se pontuou anteriormente, a justificativa de referida necessidade estava pautada na proteção da liberdade do homem almejada com os ideais da Revolução Francesa, que não poderia correr o risco de ser responsabilizado pelo Estado arbitrariamente.

Ocorre que, o tempo e os fatos demonstraram, também com relação à necessidade indiscriminada de comprovação da culpa do agressor, que o sistema jurídico,

---
(3) SANTOS, Antonio Jeová dos. *Op. cit.*, p. 43: "De forma exaustiva o constituinte de 1988 tornou a proteção à pessoa como princípio fundamental (art. 1º) e traz extenso rol de direitos e garantias fundamentais e coletivos, como se vê dos 77 incisos que compõem o art. 5º (...) Ao dispor sobre os direitos e garantias fundamentais, não o fez por mera questão topográfica. A Constituição quis escoimar qualquer dúvida que porventura persistisse (...) Proteção à pessoa sempre. O Estado, outrora repressor, passa a ser o guardião da cidadania e da dignidade da pessoa humana (...)".
(4) GONÇALVES, Carlos Roberto. *Responsabilidade civil*. 9. ed. São Paulo: Saraiva, 2005. p. 492: "Sabemos que a concepção clássica é a de que a vítima tem de provar a culpa do agente para obter a reparação".

desta forma, acabaria por dar maior proteção ao ofensor, em contraposição à menor tutela à vítima prejudicada. Neste cenário, ainda que houvesse o dano, a ação ou omissão e o nexo de causalidade, sem a comprovação da culpa do ofensor pela vítima, a responsabilidade civil não estaria caracterizada.

Para acomodar possíveis injustiças esse entendimento sofreu atenuação, surgindo a teoria da culpa presumida. Essa teoria foi uma resposta aos fatos verificados a partir da regra que exigia a responsabilidade subjetiva, baseada na culpa em todos os casos. Observou-se que em sua maioria, em virtude do maquinismo e do crescimento populacional, as vítimas possuíam menores condições de fazer prova da atitude do ofensor, principalmente nos casos em que havia manifesta desigualdade entre as partes. A teoria da culpa presumida causou a inversão do ônus da prova, atribuindo ao agressor, em alguns casos, a incumbência de comprovar algum fato ou ato excludente de culpabilidade.

Posteriormente, ainda no sentido evolutivo, a existência e a necessidade de comprovação de culpa, para determinados casos e relações jurídicas, foram sendo completamente dispensadas, com fundamento em uma nova teoria denominada responsabilidade civil objetiva. Nesta linha, a responsabilidade civil do ofensor estaria presente independentemente de ter agido com culpa ou dolo. Para tanto, seriam necessários apenas a conduta do agressor (ação ou omissão), o nexo de causalidade e o dano.

Mas, nas relações jurídicas, em especial a de natureza trabalhista, como determinar o tipo de responsabilidade civil? Será necessária a comprovação de culpa por parte da vítima em todos os casos?

De antemão, não podemos afirmar que há uma só regra que resolva todos os tipos de conflito de natureza trabalhista no que diz respeito à modalidade de responsabilidade civil a ser utilizada. Isso porque, convivem no ordenamento jurídico, algumas regras que tratam da responsabilidade civil subjetiva e objetiva e que, não sendo conflitantes entre si, convivem e se aplicam às relações, conforme sejam a sua natureza.

A Constituição Federal, no art. 7º, XVIII[5], aborda a responsabilidade civil subjetiva ao se referir à necessidade de o empregador "incorrer em dolo ou culpa". No mesmo sentido o Código Civil, o art. 186 do Código Civil[6], ao determinar a necessidade de ação ou omissão voluntária (dolo), imprudência ou negligência (culpa).

Até a entrada em vigor do Código Civil, ocorrida em 2003, não havia maiores complexidades legais para tratar do tipo de responsabilidade a ensejar o dever de indenizar, já que Constituição Federal e Código Civil possuíam o mesmo discurso

---

(5) Art. 7º "São direitos dos trabalhadores urbanos e rurais, além de outros que visem à melhoria de sua condição social: (...) XXVIII — seguro contra acidentes de trabalho, a cargo do empregador, sem excluir a indenização a que este está obrigado, quando incorrer em dolo ou culpa".

(6) Art. 186. "Aquele que, por ação ou omissão voluntária, negligência ou imprudência, violar direito e causar dano a outrem, ainda que exclusivamente moral, comete ato ilícito".

normativo, determinando a aplicação da teoria da responsabilidade subjetiva no trato geral das relações trabalhistas. Porém, após a entrada do Código Civil em 2003, que refletiu mais uma vez a superação da visão essencialmente positivista que se tinha do sistema jurídico, a questão foi colocada em xeque, já que nova previsão sobre o assunto foi editada, agora estabelecendo a responsabilidade objetiva para os casos especificados em lei e para os casos nos quais a atividade normalmente desenvolvida pelo autor do dano implique, por sua natureza, risco para os direitos de outrem.

A referida norma, prevista no parágrafo único do art. 927 do Código Civil trouxe controvérsia no trato da modalidade de responsabilidade civil, posto que dotada de um conceito legal indeterminado — o risco —, passível, pois, de variadas interpretações. Somado a isso, as questões referentes à responsabilidade civil decorrente de prejuízos ao meio ambiente do trabalho[7], de discussão crescente nos últimos tempos em virtude da importância sobre o assunto, também fizeram brilhar uma norma que embora nascida em 1981 (portanto, antes mesmo da promulgação da Constituição Federal), não era de aplicação corrente no ramo do Direito do Trabalho. Trata-se do art. 14, § 1º[8] da Lei de Política Ambiental (Lei n. 6.938/1981), que prevê a responsabilidade objetiva para o poluidor que causar prejuízos ao meio ambiente. Também, o art. 932, III, do Código Civil, ao estabelecer a responsabilidade dos empregadores ou comitentes, por seus prepostos e empregados, no exercício ou em razão do trabalho que lhes competir, previu a responsabilidade objetiva.

Desse conjunto normativo não se pode concluir prematuramente haver antinomia de normas que impliquem a exclusão de uma ou outra por total incompatibilidade. Tanto a Constituição Federal, no art. 7º, XXVIII, quanto o Código Civil, no art. 186, apontam para o trato dos casos gerais em que a responsabilidade civil é discutida. As demais previsões, constantes no parágrafo único do art. 927, no § 1º do art. 14 da Lei de Política Ambiental e no art. 932, III, do Código Civil, por sua vez, cuidam de situações especiais às quais se aplicaria a hipótese de responsabilidade objetiva.

Sabemos, por uma questão de hermenêutica, que as normas gerais não têm a capacidade de revogar as normas especiais. No mais, ainda que a norma constitucional constante do art. 7º, XXVIII possua força hierarquicamente superior às demais leis (em uma escala piramidal), no trato das relações trabalhistas, a regra de hierarquia de normas é definida pelo princípio da norma mais favorável ao

---

(7) A Constituição Federal reconhece o meio ambiente do trabalho como um dos tipos de meio ambiente, no art. 200, VIII.

(8) Art. 14. Sem prejuízo das penalidades definidas pela legislação federal, estadual e municipal, o não cumprimento das medidas necessárias à preservação ou correção dos inconvenientes e danos causados pela degradação da qualidade ambiental sujeitará os transgressores: (...) § 1º Sem obstar a aplicação das penalidades previstas neste artigo, é o poluidor obrigado, independentemente da existência de culpa, a indenizar ou reparar os danos causados ao meio ambiente e a terceiros, afetados por sua atividade (...).

trabalhador, nos termos do que estabelece o *caput* do art. 7º da Constituição Federal. Vale dizer, que uma interpretação lógica e sistemática exige que o XXXVIII, do art. 7º da CF esteja em consonância com o *caput* do dispositivo.

Nessa linha, a primeira afirmação possível é a de que temos como regra nas relações de trabalho, a caracterização da responsabilidade subjetiva, com a necessidade, portanto, de existência e comprovação de culpa ou dolo por parte do agressor[9].

Para situações especiais que se enquadrem nas previsões dos art. 927, parágrafo único do Código Civil, art. 14, § 1º, da Lei n. 6.938/1981 e art. 932, III, do Código Civil, a hipótese será a de responsabilidade objetiva. Como se tratam de situações diversas e demandam tratamento particular, por uma questão didática, preferimos apresentá-las discriminadas, conforme a seguir.

a) Responsabilidade sem culpa do art. 927, parágrafo único do Código Civil

Como já anotado anteriormente, o parágrafo único do art. 927 do Código Civil aponta para duas hipóteses em que a responsabilidade independerá de culpa por parte do ofensor. A primeira delas não demanda maiores esforços para sua compreensão, já que taxativamente dispõe que será objetiva a responsabilidade nos casos previstos em lei.

A segunda hipótese requer maior digressão. Antes de examinar o conteúdo da norma, buscando uma resposta para a solução de casos concretos é importante referir à natureza da referida norma. O art. 927, parágrafo único, na esteira de vários outros artigos reformados com o Código Civil, trouxe hipótese normativa que se caracteriza como norma aberta, ou seja, que não se esgota em um só significado.

A característica principal desse tipo de norma, contrariamente ao que se entendia anteriormente, no sistema hermético e positivista, é deixar para o intérprete e aplicador a possibilidade de preenchimento do seu conteúdo a cada caso e em cada época, no ritmo da mudança dos fatos e valores no meio social. Essa técnica permite que a norma não envelheça com o tempo e perdure em efetividade e aproximação da ideia de justiça.

> "O conceito legal indeterminado só será concretizado, *i.e.*, determinado, no momento da aplicação do dispositivo legal que o veicula. É o juiz, portanto, diante do caso concreto a ser julgado, que está encarregado de explicitar o seu conteúdo, determinando-o e reconduzindo-o ao termo seguro das coisas certas."[10]

---

(9) Embora haja uma tendência cada vez maior de objetivação da responsabilidade civil, principalmente nos casos em que a vítima está em situação de desigualdade econômica ou social que cria um obstáculo para a reparação do dano.
(10) GOMES, José Jairo. *Responsabilidade civil e eticidade*. Belo Horizonte: Del Rey, 2005. p. 81.

Embora a técnica permita um maior feixe de poderes e possibilidades ao juiz, não deve o conceito legal indeterminado ser confundido com uma fórmula vazia e sem critérios. No preenchimento da norma, impõe-se a utilização de parâmetros objetivos presentes no próprio sistema jurídico, na realidade sociocultural, nos costumes, nas regras de experiência e nos preceitos éticos, sempre com vista à realização do bem comum e fim social (art. 5º, LICC) e demais postulados, valores e princípios presentes na Constituição Federal, tal qual, a dignidade humana, a cidadania, a solidariedade, o valor social do trabalho, a livre iniciativa, além da razoabilidade e proporcionalidade.

Neste diapasão, resta procurar compreender o que significa a expressão "risco" mencionada no parágrafo único do art. 927 do Código Civil e em quais possíveis situações podem ser aplicadas nas relações de trabalho. Na linha do nosso discurso, entendemos que somente por meio de critérios objetivos poder-se-á conceituar e posteriormente definir o conteúdo da expressão "risco".

Uma primeira possibilidade, no âmbito das relações de trabalho, é levar em conta a teoria do risco, nascida justamente para justificar a necessidade de previsão e aceitação da responsabilidade objetiva[11]. A ideia básica desta teoria é que "(...) toda atividade que faça nascer um risco para outrem torna seu autor responsável pelo dano que pode causar, sem que tenha que comprovar falta em sua origem. A teoria do risco, impregnada pelo valor moral da solidariedade, parece sobretudo se basear sobre uma ideia de Justiça: por sua atividade, o homem pode obter lucro (ou pelo menos prazer); é justo que, em contrapartida, ele repare os danos que provoque: *Ubi emolumentum, ibi onus*"[12].

Embora a lei, em muitos casos, tenha acolhido a teoria do risco como fundamento para previsões como a do seguro obrigatório para o caso de acidentes automobilísticos, ou ainda, para o caso de seguro contra acidentes do trabalho e doenças profissionais, é muito complexo chegar a uma definição do que seja uma atividade que gera "risco". Algumas correntes doutrinárias surgiram buscando dirimir a questão. Alguns consideram a expressão no sentido do risco criado[13]. Outros

---

(11) A teoria do risco nasceu numa fase intermediária entre a responsabilidade baseada na culpa presumida e a responsabilidade objetiva. Seu desenvolvimento coincidiu com o desenvolvimento industrial e com os problemas derivados dos acidentes de trabalho. A preocupação da teoria era encontrar uma forma de facilitar ao trabalhador vitimado a obtenção do ressarcimento, sem a necessidade de fazer prova da culpa de seu empregador.

(12) GOMES, Luiz Roldão de Freitas. *Curso de direito civil* — elementos de responsabilidade civil. Rio de Janeiro: Renovar, 2000. p. 139.

(13) Segundo PEREIRA, Caio Mário da Silva. *Responsabilidade civil*. 6. ed. Rio de Janeiro: Forense, 1995. p. 285-288: "(...) cada vez que uma pessoa, por sua atividade, cria um risco para outrem, deveria responder por suas consequências danosas (...) é mais equitativa para a vítima, que não tem que provar que o dano resultou de uma vantagem ou de um benefício obtido pelo causador do dano". E continua: "Onde mais sensivelmente ocorre é na responsabilidade dos empregadores ou comitentes, relativamente aos fatos dos empregados ou prepostos. É aí, muito particularmente na responsabilidade das pessoas jurídicas, que mais de perto se faz sentir a teoria do risco criado".

consideram no sentido do risco benefício/proveito[14]. Há um terceiro grupo que entende se tratar de risco integral[15] e por fim, aqueles que entendem se tratar de risco profissional[16].

Acolher um dos posicionamentos doutrinários para justificar a responsabilidade objetiva é perfeitamente possível, embora cada qual suscite seus questionamentos[17]. Entendemos que, além da teoria do risco, existem outros critérios mais objetivos que podem orientar o intérprete e aplicador do direito no que tange às relações de trabalho.

Outra possibilidade é considerar a atividade de risco como aquela que é desenvolvida em condições perigosas ou insalubres, já que essas são as hipóteses previstas pela CLT como as que oferecem maiores riscos à saúde do trabalhador, imputando, inclusive, pagamento de adicional pela exposição[18]. Esse critério atenderia tanto na definição objetiva de "risco" (com base nos arts. 189[19] e 193[20] da CLT), quanto na definição de "atividade 'normalmente' desenvolvida" pelo empregador. O vocábulo "normalmente" poderia se referir a uma atividade habitual ou até mesmo à atividade preponderante desenvolvida pelo empregador.

Outro caminho é a possibilidade de se considerar como atividade de risco aquelas que pelas estatísticas causam exposição a risco dos empregados em grau máximo. Os estudos realizados pelo INSS para a criação do FAP (Fator Acidentário

---

(14) "(...) é sujeito à reparação aquele que retira um proveito ou vantagem do fato causador do dano. A ideia, aparentemente sedutora, esbarra em uma indagação conceitual que dispersa os expositores. É o que os Mazeaud resumem em uma indagação capital: que se deve entender como 'proveito'?"
(15) PEREIRA, Caio Mário da Silva. *Op. cit.*, p. 281 "(...) qualquer fato, culposo ou não culposo, deve impor ao agente a reparação desde que cause um dano". Essa teoria não prosperou no direito privado, posto o seu universo aleatório.
(16) PEREIRA, Caio Mário da Silva. *Op. cit.*, p. 281, o risco profissional "(...) não cogita a ideia de culpa, e sujeita o empregador a ressarcir os acidentes ocorridos com seus empregados, no trabalho ou por ocasião dele (...), conforme a legislação sobre infortunística".
(17) Mencionamos um exemplo: GAGLIANO, Pablo Stolze; PAMPLONA FILHO, Rodolfo. *Novo curso de direito civil*. 8. ed. São Paulo: Saraiva, 2010. p. 181, v. 3: responsabilidade civil, defendem que: "o exercício dessa atividade de risco pressupõe ainda a busca de um determinado proveito, em geral de natureza econômica, que surge como decorrência da própria atividade potencialmente danosa (risco-proveito)", enquanto que: PEREIRA, Caio Mário da Silva. *Op. cit.*, p. 282, entende que o proveito como (...) fonte de riqueza (...) restringiria o campo da responsabilidade civil para "(...) comerciantes ou industriais, o que lhe restringiria sua aplicação a determinadas classes, uma vez que somente seriam responsáveis aqueles que tiram proveito da exploração de uma atividade".
(18) O TST, em acórdão proferido em julgamento de Recurso de Revista (RR 3.336/2006-019-09-00.3), utilizou esse critério. Disponível em: <http://www.conjur.com.br/2009-abr-27/tst-nega-indenizacao-motoboy-acidentou-durante-trabalho> Acesso em: 25.3.2011.
(19) Art. 189. Serão consideradas atividades ou operações insalubres aquelas que, por sua natureza, condições ou métodos de trabalho, exponham os empregados a agentes nocivos à saúde, acima dos limites de tolerância fixados em razão da natureza e da intensidade do agente e do tempo de exposição aos seus efeitos.
(20) Art. 193. São consideradas atividades ou operações perigosas, na forma da regulamentação aprovada pelo Ministério do Trabalho, aquelas que, por sua natureza ou métodos de trabalho, impliquem o contato permanente com inflamáveis ou explosivos em condições de risco acentuado.

de Prevenção), por meio do qual se avalia anualmente o desempenho das empresas dentro da sua categoria econômica, para fins de majoração ou diminuição das alíquotas do RAT[21] (antigo SAT), podem indicar qual(is) são as atividades que geram grau máximo de exposição a risco. Segundo esse critério, responderiam objetivamente as empresas que se enquadrassem nessa situação.

Também o NTEP (Nexo técnico Epidemiológico) pode auxiliar o intérprete na solução do impasse. "O NTEP, a partir do cruzamento das informações de código da Classificação Internacional de Doenças — CID-10 e de código da Classificação Nacional de Atividade Econômica — CNAE aponta a existência de relação entre a lesão ou agravo e a atividade desenvolvida pelo trabalhador. A indicação de NTEP está embasada em estudos científicos alinhados com os fundamentos da estatística e epidemiologia. A partir dessa referência a medicina pericial do INSS ganha mais uma importante ferramenta auxiliar em suas análises para conclusão sobre a natureza da incapacidade ao trabalho apresentada, se de natureza previdenciária ou acidentária"[22][23].

Enfim, existem alternativas objetivas que podem socorrer o intérprete e aplicador na aplicação do dispositivo em questão, bastando a escolha da solução mais justa conforme seja o caso concreto, justificando-a.

b) Responsabilidade sem culpa do art. 14, § 1º, da Lei n. 6.938/1981

Estritamente para os casos em que a responsabilidade civil decorre de ofensa ao meio ambiente do trabalho, o art. 14, § 1º da Lei de Política Ambiental sustenta a afirmação de que é objetiva a responsabilidade.

O meio ambiente do trabalho, ao lado do meio ambiente natural, artificial e cultural formam os tipos em que o meio ambiente se classifica. O meio ambiente do trabalho é o local onde as pessoas desenvolvem suas atividades laborais, independentemente de receber remuneração e não limitado às instalações físicas da contratante.

---

(21) Disponível em: <http://www.receita.fazenda.gov.br/previdencia/fap.htm#> Acesso em: 25.3.2011. O que é RAT (Riscos Ambientais do Trabalho) "Representa a contribuição da empresa, prevista no inciso II do art. 22 da Lei n. 8.212/1991, e consiste em percentual que mede o risco da atividade econômica, com base no qual é cobrada a contribuição para financiar os benefícios previdenciários decorrentes do grau de incidência de incapacidade laborativa (GIIL-RAT). A alíquota de contribuição para o RAT será de 1% se a atividade é de risco mínimo; 2% se de risco médio e de 3% se de risco grave, incidentes sobre o total da remuneração paga, devida ou creditada a qualquer título, no decorrer do mês, aos segurados empregados e trabalhadores avulsos. Havendo exposição do trabalhador a agentes nocivos que permitam a concessão de aposentadoria especial, há acréscimo das alíquotas na forma da legislação em vigor".
(22) Disponível em: <http://www.ergonomianotrabalho.com.br/ntep.html> Acesso em: 25.3.2011.
(23) RIBEIRO, Juliana de Oliveira Xavier. O nexo técnico epidemiológico e a responsabilidade pelo meio ambiente do trabalho. In: DARCANCHY, Mara Vidigal e outros. *Responsabilidade social nas relações laborais*. São Paulo: LTr, 2007. p. 171: "A visão da perícia passa a não ser mais individualista e sim coletivista. De acordo com a atividade econômica exercida pela empresa, os trabalhadores expostos a determinados agentes serão automaticamente enquadrados e passíveis do recebimento de benefício acidentário, cabendo à empresa realizar a prova em contrário".

Não só o empregado, mas qualquer tipo de trabalhador e toda a sociedade têm direito ao meio ambiente do trabalho adequado, seguro e sadio. Também, não é somente no espaço físico do estabelecimento empresarial que se concentra o meio ambiente do trabalho. Ele é extensível à residência do trabalhador, no caso de trabalho em *home-office*[24] ou trabalho doméstico, e ainda, ao ambiente externo, desde que sejam estes os locais em que o trabalhador desenvolve seu labor.

"No Direito do Trabalho, o bem ambiental envolve a vida do trabalhador como pessoa e integrante da sociedade, devendo ser preservado por meio da implementação de adequadas condições de trabalho, higiene e medicina do trabalho. Cabe ao empregador, primeiramente, a obrigação de preservar e proteger o meio ambiente laboral e, ao Estado e à sociedade, fazer valer a incolumidade desse bem. Nesse sentido, estabelece a Constituição Federal de 1988 (arts. 1º e 170), como fundamentos do Estado Democrático de Direito e da ordem econômica os valores sociais do trabalho, a dignidade da pessoa humana e o respeito ao meio ambiente. Desrespeitando esse bem, fixa a Carta Maior a obrigação de reparação em todos os seus aspectos administrativos, penais e civis, além dos de índole estritamente trabalhista, como previsto em outros dispositivos constitucionais e legais. Essa responsabilidade, como estabelecem os arts. 225, § 3º, da Constituição e 14, § 1º, da Lei n. 6.938/1981 (Lei Nacional do Meio Ambiente), é de natureza objetiva, como será melhor examinado no decorrer deste trabalho"[25].

O problema aqui será identificar quando e em quais situações do cotidiano se enquadram as hipóteses de danos decorrentes de ofensa ao meio ambiente do trabalho. Consideramos que será caracterizada como violação ao meio ambiente do trabalho, todas as condutas ou omissões do empregador que causem danos à saúde e à segurança do trabalhador. Isso porque, embora possa atingir individualmente um só trabalhador no caso concreto, coloca em risco toda a atividade desenvolvida pelos demais trabalhadores, em um primeiro plano, além de prejudicar, por via indireta, toda a sociedade[26].

---

(24) O trabalho na residência do trabalhador tem se tornado bastante comum nos grandes e médios centros urbanos, pois reduz custos com tempo e valor de transporte até o local em que o estabelecimento da sociedade empresarial está instalado, além de possibilitar ao trabalhador maior contato com a família. A tecnologia avançada permite que os trabalhadores, principalmente os altos executivos e aqueles que desenvolvem trabalho intelectual, se conectem, por meio de computador, ao sistema integrado da empresa via acesso remoto. Embora traga vantagens recíprocas, o procedimento demanda atenção e cautela por parte dos empregadores e/ou contratantes de serviços, que deverão ter a certeza de que esses ambientes oferecem segurança e conforto, exatamente nos termos definidos pela CLT ao tratar das normas de segurança e medicina do trabalho.
(25) MELO, Raimundo Simão de. *Direito ambiental do trabalho e a saúde do trabalhador*. São Paulo: LTr, 2005. p. 33.
(26) MELO, Raimundo Simão de. *Op. cit.*, p. 29-31: "O meio ambiente do trabalho adequado e seguro é um dos mais importantes e fundamentais direitos do cidadão trabalhador, o qual, se desrespeitado, provoca agressão a toda sociedade, que, no final das contas, é quem custeia a Previdência Social, responsável

Desse ponto de vista, podemos identificar alguns exemplos que poderiam ser enquadrados como casos de responsabilidade objetiva com base no art. 14, § 1º, da Lei n. 6.938/1981: prejuízos à saúde decorrentes da exposição a agentes insalubres ou perigosos (radiação, inflamáveis, explosivos e energia elétrica); prejuízos à saúde e segurança decorrentes de acidente ou doenças do trabalho; prejuízos à saúde e segurança decorrentes de lesões provocadas por conta de utilização de maquinários mal instalados ou danificados.

Observamos ainda, que a ofensa à saúde não se limita à integridade física do trabalhador e abrange sua sanidade psíquica e emocional, de forma que possíveis doenças de fundo psicológico e psiquiátrico decorrente de má gestão do ambiente de trabalho, também acarretam a responsabilidade objetiva. Neste sentido, as consequências decorrentes do assédio moral, por exemplo, receberiam tratamento jurídico compatível com a responsabilidade objetiva. Bom registrar que se encontra em trâmite, inclusive, projeto de lei (Projeto de Lei n. 7.202/2010[27]) que reconhece a doença decorrente de assédio moral como mais um tipo de acidente do trabalho[28].

A justificativa apresentada ao projeto é "(...) estender o conceito de outras situações equiparadas ao acidente de trabalho. A ofensa moral cada vez mais vem

---

pelo Seguro de Acidentes do Trabalho — SAT. (...) O meio ambiente do trabalho adequado e seguro é um direito fundamental do cidadão trabalhador (*lato sensu*). Não é um mero direito trabalhista vinculado ao contrato de trabalho, pois a proteção daquele é distinta da salvaguarda ao meio ambiente do trabalho, porquanto esta última busca salvaguardar a saúde e a segurança do trabalhador no ambiente onde desenvolve suas atividades".
(27) Altera a alínea b do inciso II do art. 21 da Lei n. 8.213, de 24 de julho de 1991, para dispor sobre situação equiparada ao acidente de trabalho ao segurado do Regime Geral de Previdência Social.
O Congresso Nacional decreta:
Art. 1º O art. 21 da Lei n. 8.213, de 24 de julho de 1991, passa a vigorar com a seguinte redação:
"Art. 21. (...):
II — (...);
b) ofensa física ou moral intencional, inclusive de terceiro.
(28) O *Estado de S. Paulo*, 4.8.2010 — Projeto de lei inclui assédio moral entre os tipos de acidentes de trabalho. Medida prevê reconhecimento por perito do INSS e pode elevar custos das empresas com tributos e aumentar o número de ações judiciais
Enquanto o governo estuda a possibilidade de atualizar a lista de doenças classificadas como acidente de trabalho, tramita na Câmara o Projeto de Lei n. 7.202/2010, que inclui o assédio moral como acidente de trabalho. A medida pode elevar os custos das empresas com tributos e ações judiciais.
(...) Técnicos do Ministério da Previdência Social concordam que é necessário atualizar a lista de doenças classificadas como acidente de trabalho para incluir, por exemplo, o assédio moral. A última revisão ocorreu em 1999. De lá para cá, o mercado mudou bastante. (...) De 2006 a 2009, houve uma disparada nos auxílios-doença acidentários para trabalhadores com transtornos mentais e comportamentais, o que inclui o assédio moral. No período, a concessão do benefício saltou de 612 para 13.478 trabalhadores. Segundo o diretor do Departamento de Políticas de Saúde e Segurança Ocupacional do Ministério da Previdência Social, Remigio Todeschini, a ofensa física é um dos principais motivos para a ampliação da concessão dos benefícios para doenças como transtornos mentais e comportamentais. (...) A possibilidade de inclusão do assédio como acidente de trabalho pode elevar as despesas das empresas. Isso porque a quantidade de acidente de trabalho é considerada no cálculo do Seguro Acidente de Trabalho (SAT). (...)" Disponível em: <http://www.estadao.com.br/estadaodehoje/20100804/not_imp590036,0.php> Acesso em: 25.3.2011.

sendo reconhecida como fator de risco nos ambientes de trabalho, destacando-se o assédio moral e outras formas de violência. Assédio moral ou violência moral no trabalho não é um fenômeno novo. Atualmente tem ocorrido uma intensificação e banalização do fenômeno e novas abordagens do problema tentam estabelecer o nexo causal com a organização do trabalho e tratá-lo como ligado ao trabalho. Por constituir uma violência psicológica, pode causar danos à saúde física e mental, não somente daquele que é atingido, mas de todo o coletivo que testemunha esses atos. Já a violência moral no trabalho constitui um fenômeno internacional segundo levantamento recente da Organização Internacional do Trabalho — OIT em diversos países. Entendemos que, independentemente de ser ou não por motivo de disputa relacionada ao trabalho, a ofensa física ou moral intencional no ambiente de trabalho deve ser considerada acidente de trabalho. (...)".

c) *Responsabilidade sem culpa do art. 932, III, do Código Civil*

Outra hipótese em que a responsabilidade civil é enquadrada como objetiva, encontra-se expressa no art. 932, III, do Código Civil, já mencionado anteriormente. Trata-se de hipótese de responsabilidade civil por fato alheio, sem a preocupação de se analisar a existência de culpa do obrigado a reparar o dano. Aqui se encontra interessante ponto que sempre fazemos questão de ressaltar ao tratarmos do assunto: a responsabilidade civil nem sempre decorre de um ato ou omissão ilícito. Nesse sentido, entendemos que não é a melhor técnica dizer que um dos elementos da responsabilidade é o ato ilícito. Será o ato ou omissão, lícito ou ilícito conforme a situação.

No caso da responsabilidade do empregador ou comitente por ato de seus prepostos ou empregados que cause algum prejuízo a outrem, haverá responsabilização daqueles, mesmo que não tenham praticado nenhuma ilicitude, mas sim, pelo simples fato de figurarem como responsáveis (objetivamente), pelos atos daqueles que estão sob suas ordens. É o mesmo que ocorre no caso do pai em relação ao seu filho e nos demais incisos do art. 932 do Código Civil.

A justificativa para esse entendimento legal é a presunção de causalidade entre o fato dos filhos e do empregado, relativamente à responsabilidade dos pais e empregador. Ou seja, "Se o pai põe os filhos no mundo, se o patrão se utiliza do empregado, ambos correm o risco de que, na atividade daqueles, surja dano para terceiro"[29]. O questionamento não envolve a presença de culpa, mas apenas se ocorreu uma atividade que gerou um dano.

A responsabilidade com base no art. 932, III, do Código Civil (por fato de terceiro) suscita questionamentos no âmbito das relações de trabalho, quando da ocorrência de prejuízo causado por trabalhador terceirizado. Será o tomador dos serviços/cliente responsável por ato praticado pelo empregado da empresa

---

(29) GONÇALVES, Carlos Roberto. *Op. cit.*, p. 148.

fornecedora de serviços especializados? Essa responsabilidade é objetiva ou baseada na culpa?

Suscita ainda a seguinte dúvida: Será o contratante (tomador) responsável por ato praticado ou omissão da contratante (fornecedora), caso venha a causar prejuízos a terceiros, inclusive ao seu próprio empregado?

Por primeiro, entendemos que o art. 932, III, do Código Civil, embora não tenha sido previsto com o objetivo exclusivo de amparar as hipóteses de terceirização, dá inteiro suporte para a responsabilização do contratante caso o empregado da contratada tenha praticado um ato ou deixado de praticá-lo (omissão) em prejuízo de outrem, já que o trabalhador figurará como preposto na relação triangular, ainda que não esteja direta e juridicamente subordinado à primeira.

Menciona Pablo Stolze Gagliano e Rodolfo Pamplona Filho: "Ora, o que é o prestador de serviços terceirizados, senão um preposto do tomador para a consecução de uma determinada atividade? (...) Assim, por exemplo, se um determinado restaurante terceiriza o serviço de manobrista de seus clientes, deve responder, juntamente com o empregador do manobrista, pelos danos causados ao consumidor, no exercício dessa função"[30].

Também dá suporte para a responsabilização do contratante (tomador) no caso de a contratada (fornecedora) agir ou se omitir causando dano a outrem, inclusive ao próprio empregado (trabalhador terceirizado). Isso porque, nessa relação, também a contratante figurará como preposta da contratada, assim como esta pode vir a ser caracterizada como preposta da contratante.

Nesse cenário é importante definir o que é ser preposto e o que caracteriza o contrato de preposição. Segundo Carlos Roberto Gonçalves, "preposto é aquele que está sob a vinculação de um contrato de preposição, isto é, um contrato em virtude do qual certas pessoas exercem, sob a autoridade de outrem, certas funções subordinadas, no seu interesse e sob suas ordens e instruções, e que têm o dever de fiscalizá-la e vigiá-la, para que proceda com a devida segurança, de modo a não causar dano a terceiros. Seja ou não preposto assalariado, tenha sido sua escolha feita pelo próprio patrão, ou por outro preposto, o que importa é que o ato ilícito do empregado tenha sido executado ou praticado no exercício do trabalho subordinado, caso em que o patrão responderá em regra, mesmo que não tenha ordenado ou até mesmo proibido o ato"[31].

Poderia ser questionada a falta de subordinação do trabalhador terceirizado com o contratante (tomador), já que ele figura como empregado da fornecedora de serviços especializados. Todavia, o questionamento não impede a caracterização do vínculo de preposição, já que esse estado não "(...) exige, necessariamente a

---
(30) GAGLIANO, Pablo Stolze; PAMPLONA FILHO Rodolfo. *Op. cit.*, p. 204.
(31) GONÇALVES, Carlos Roberto. *Op. cit.*, p. 146.

presença de um contrato típico de trabalho"[32]. Idêntica observação faz Silvio de Salvo Venosa: "A lei açambarca qualquer situação de direção, com subordinação hierárquica ou não. Desse modo, irrelevante que na relação jurídica entre o autor material e o responsável exista um vínculo trabalhista ou de hierarquia. Aquele que desempenha uma função eventual para outrem também responsabiliza o terceiro"[33].

Mas, é preciso deixar bem claro: o art. 932, III, do Código Civil trata da responsabilidade objetiva entre o obrigado a indenizar e o causador do dano, mas, em princípio, desde que não esteja presente outra hipótese de objetivação da responsabilidade, não dispensa a necessidade de comprovação da culpa do preposto, no exercício de suas atividades e funções, além do dano e do nexo causal. São dois momentos diferentes, com modalidades de responsabilização diferenciadas.

Por esses motivos é que entendemos que na relação jurídica de terceirização, como tentativa de desobrigar o empregador ou comitente, pode não ser produtivo argumentar a ausência ou presença de culpa, *in casu*, seja *in vigilando ou in eligendo*[34]. Isso porque, a responsabilidade é objetiva, independentemente de culpa[35]. Restará ao empregador ou comitente provar que o causador do dano não é seu empregado ou preposto ou que o dano não foi causado no exercício ou em razão dele.

5. Responsabilidade civil contratual e extracontratual. Diferenças e impactos nas relações de trabalho

Ultrapassadas as questões relacionadas ao tipo de responsabilidade civil, se subjetiva, se objetiva, e alguns dos desdobramentos possíveis em sede de relações trabalhistas, cabe cuidar das espécies de responsabilidade civil.

A responsabilidade civil pode decorrer do descumprimento de uma obrigação contratual (*ex voluntae*) ou de um dever legal (*ex lege*). No primeiro caso, denominamos de responsabilidade civil contratual. No segundo, chamamos de responsabilidade civil extracontratual, também chamada de aquiliana[36].

---

(32) GONÇALVES, Carlos Roberto. *Op. cit.*, p. 147.
(33) VENOSA, Silvio de Salvo. *Direito civil:* responsabilidade civil. 5. ed. São Paulo: Atlas, 2005. p. 87-88.
(34) Há posicionamento em sentido contrário, referindo-se à terceirização: Pablo Stolze Gagliano e Rodolfo Pamplona Filho (*Op. cit.*, p. 292): "A ideia dessa responsabilização é com base em uma culpa *in eligendo* do tomador dos serviços, nas escolhas do prestador, bem como *in vigilando* da atividade exercida (...)".
(35) Sempre frisamos em nossas intervenções, que no trato da terceirização e da Súmula n. 331 do C. TST não se deve confundir a análise da responsabilidade subsidiária/solidária constante da jurisprudência, com o estudo da responsabilidade subjetiva/objetiva. Na súmula, segundo nosso entendimento, há clara percepção de que a responsabilidade do tomador é considerada objetivamente, independentemente de avaliação de sua culpa. Se será solidária ou subsidiária, dependerá de outra análise ainda no campo da responsabilidade civil de âmbito contratual.
(36) Organização Direito Rio. *Op. cit.*, p. 55 "Se preexiste um vínculo obrigacional, e o dever de indenizar é consequência do inadimplemento, tem-se a chamada responsabilidade contratual ou relativo. Se esse dever surge em virtude de lesão a direito subjetivo, sem que entre o ofensor e a vítima preexista qualquer relação jurídica que o possibilite, temos a responsabilidade extracontratual".

Em ambas há a violação de um dever jurídico, mas na primeira a sede desse dever está prevista no contrato, na norma convencional que define previamente qual deve ser o comportamento das partes, ainda que se trate de um negócio jurídico unilateral, como a promessa de pagamento e a promessa de recompensa. No segundo caso, a sede do dever encontra-se na lei ou na ordem jurídica (dever genérico de não causar dano a outrem — neminem laedere)[37].

> "O Código Civil distinguiu as duas modalidades de responsabilidade, disciplinando genericamente a responsabilidade extracontratual nos arts. 186 a 188 e 927 e ss.; e a contratual, nos arts. 395 e ss. e 389 e ss., omitindo qualquer referência diferenciadora. É certo, porém, que nos dispositivos em que trata genericamente dos atos ilícitos, da obrigação de indenizar e da indenização (arts. 186 a 188, 927 e ss. e 944 e ss.), o Código não regulou a responsabilidade proveniente do inadimplemento da obrigação (...) da mora no cumprimento das obrigações provenientes dos contratos."[38]

Também na França, o Código Civil separa as referidas espécies de responsabilidade: *es auteurs qui se conforment à cet usage, y sont incités par le même du code civil: la responsabilité contractuelle est réglementée avec les contracts (spécialement dans les articles 1.146 à 1.155: Des dommages-intérêts résultant de l´inexécution de l´obligation); la responsabilité délictuelle et quasi délictuelle fait l´objet d´un chapitre spécial (art. 1.382 a 1.386) au titre des engagements qui se forment sans convention*[39].

Há quem critique essa dualidade de tratamento por entender que são uniformes os efeitos da responsabilidade no cenário jurídico, independentemente da sede em que se encontra o descumprimento, se na lei ou no contrato. Além disso, seriam idênticas as condições para a configuração da responsabilidade civil (ação, nexo causal e dano). Essa teoria, abraçada por parte da doutrina, é denominada de teoria monista ou unitária[40].

---

(37) RODRIGUES, José Luiz Concepcion. *Derecho de daños*. Barcelona: Bosh, 1997. p. 32: "En efecto, en cuanto a su origen, la culpa extracontractual se diferencia de la contratual en que aquélla presupone un dãno com independencia de cualquier relación juridica preexistente entre las partes, mientras que la segunda tiene su necesario presupuesto en la existencia anterior de ese nexo obligacional". De fato, em sua origem, a culpa extracontratual difere da contratual que pressupõe um dano independentemente de qualquer relação jurídica existente entre as partes, enquanto a segunda tem como pressuposto necessário a existência prévia desse nexo obrigacional. (tradução livre)
(38) GONÇALVES, Carlos Roberto. *Op. cit.*, p. 26-27.
(39) MAZEAUD, Henri et Leon; MAZEAUD, Jean; CHABAS, François. *Leçons de droit civil*, obligations (théorie générale). 9. ed. Paris: Montchrestien, 1998. p. 368: "Os autores que estão em conformidade com essa prática, são até mesmo incentivados pelo Código Civil: a responsabilidade contratual é regulada com os contratos (especialmente nos artigos 1146 a 1155: "Os danos resultantes da violação da inexecução da obrigação"); a responsabilidade delitual ou quase delitual foi objeto de um capítulo especial (art. 1.382-1.386) sob o título *Os compromissos que são formadas sem contrato*. (tradução livre)
(40) DALLEGRAVE NETO, José Affonso. *Responsabilidade civil no direito do trabalho*. 2. ed. São Paulo: LTr, 2007. p. 79: "O fundamento de que toda responsabilidade é uma reação provocada pela infração de

Porém, dada a adoção da distinção pela ordem jurídica brasileira, em especial pelo Código Civil[41], é importante apresentar as diferenças que geralmente são apontadas entre as duas espécies de responsabilidade. Isso possibilitará o trato posterior dos seus efeitos nas relações de trabalho.

A primeira diferença é relativa ao ônus da prova. Na responsabilidade derivada de um contrato, nas obrigações de resultado[42], basta o credor provar que a prestação foi descumprida, cabendo ao devedor o ônus da prova de que houve algum fato excludente da responsabilidade.

Na responsabilidade extracontratual é a pretensa vítima quem fica com o encargo de comprovar que o fato se deu por culpa do ofensor. Nessa hipótese a vítima terá menores probabilidades de obter a condenação, já que encontra a sua frente o obstáculo da necessidade de prova da culpa, em sendo subjetiva a responsabilidade a ser aplicada.

A segunda diferença diz respeito à capacidade do agente causador do dano, que é mais ampla no campo da responsabilidade extracontratual, já que no campo contratual exige-se que os agentes sejam plenamente capazes no momento da formação do contrato ou que estejam devidamente assistidos ou representados, sob pena de nulidade do negócio e não produção de efeitos indenizatórios[43].

Em sede de responsabilidade extracontratual, independe a capacidade para os atos da vida civil, já que um incapaz pode gerar o dano indenizável e ser responsabilizado subsidiariamente, caso as pessoas por ele responsáveis não tenham a obrigação de fazê-lo ou não dispuserem de meios suficientes (art. 928 do Código Civil)[44].

A terceira diferença diz respeito à mora e o momento de sua constituição. Na responsabilidade contratual opera-se a partir da citação do devedor, enquanto que na responsabilidade extracontratual acontece na consumação do ato ilícito.

---

um dever que, por sua vez, deriva de qualquer fator social capaz de criar normas de conduta, constitui-se o principal argumento da solução unitária, a qual, por sua vez, nega a dualidade de tratamento entre responsabilidade civil contratual e extracontratual".

(41) CAVALIERI FILHO, Sérgio. *Programa de responsabilidade civil.* 6. ed. São Paulo: Malheiros, 2005. p. 39: "O Código do Consumidor, como se verá, superou essa clássica distinção entre responsabilidade contratual e extracontratual no que respeita à responsabilidade do fornecedor de produtos e serviços. Ao equiparar todas as vítimas do acidente de consumo (Código de Defesa do Consumidor, art. 17), submeteu a responsabilidade do fornecedor a um tratamento unitário, tendo em vista que o fundamento dessa responsabilidade é a violação do dever de segurança — o defeito do produto ou serviço lançado no mercado e que, numa relação de consumo, contratual ou não, dá causa a um acidente de consumo".

(42) Nas obrigações de meio, ainda que em sede contratual, a vítima deverá fazer prova da culpa do agente. Exemplo citado por José Affonso Dallegrave Neto é a previsão contida no art. 157, I a III, da CLT.

(43) Neste ponto, especialmente para as relações de trabalho, com campo das relações contratuais, importa observar que a questão da capacidade civil tem tratamento diverso, especificado tanto na Constituição Federal, como na própria CLT.

(44) DINIZ, Maria Helena. *Código civil comentado.* 11. ed. São Paulo: Saraiva, 2005. p. 717: "Pessoa incapaz que lesar outrem deverá, tendo recursos econômicos, indenizar, equitativamente, os prejuízos que causou, se o seu responsável não tiver obrigação de arcar com tal ressarcimento (p. ex., por não ser genitor-guardião) ou se não tiver meios suficientes para tanto".

Transportando a responsabilidade contratual e a delitual para o campo das relações de trabalho "(...) é possível falar em responsabilidade extracontratual entre empregado e empregador quando o dano emergente não tenha qualquer relação com o objeto do contrato de trabalho, nem tampouco o agente e a vítima estejam ostentando a posição de contratante ou contratado. Mencione-se como exemplo o dano decorrente da colisão de dois veículos no centro da cidade, fora do horário de expediente e fora da zona de irradiação do contato de emprego, ainda que os respectivos proprietários (dos veículos) sejam, coincidentemente, o empregado e o empregador"[45].

Porém, nem sempre é pacífico de se definir sobre quais fatos e atos incide a responsabilidade contratual ou a responsabilidade extracontratual, porque muitas vezes esses fatos e atos se embrenham e ocorrem, todos, durante a execução do contrato. Para resolver a questão, como já dito, há aqueles que acolhem a teoria unitária, dando tratamento idêntico aos dois tipos de responsabilidade, sem maiores distinções. Outros, na esteira da previsão do Código Civil, separam os tratamentos. Também, há aqueles que, como José Affonso Dallegrave Neto, aplicam o princípio da consunção, "(...) o qual permite que um dos regimes sobreponha-se a outro como forma de garantir proteção mais eficaz à vítima. Via de regra, o regime da responsabilidade civil contratual prefere o da responsabilidade extracontratual, porque mais favorável à vitima no que tange ao ônus da prova"[46].

Adib Pereira Netto Salim[47], por outros argumentos, também defende a prevalência da relação jurídica contratual, independentemente de existirem regras decorrentes da lei ou da Constituição Federal.

Entendemos que as situações devem ser separadas já que ainda recebem esse tratamento pelo Código Civil e têm como fundamento diferentes fontes (contrato e lei), a partir das quais é gerada a responsabilidade civil. Desta forma, haverá a necessidade de se identificar, caso a caso, se o fato gerador da responsabilidade encontra-se no âmbito do contrato ou se retrata descumprimento da lei ou da ordem jurídica.

O primeiro passo para essa análise é identificar as cláusulas do contrato de trabalho e conhecer a natureza de cada uma delas. Nesses termos, observar-se-á se o descumprimento decorre de uma cláusula essencial, como as que dizem respeito ao salário, horário de trabalho, função e local de trabalho ou uma cláusula acidental,

---

(45) DALLEGRAVE NETO, José Affonso. *Op. cit.*, p. 80.
(46) O autor também defende a aplicação da teoria da distribuição dinâmica das provas, por meio da qual, a prova ficará ao encargo daquele que tem mais aptidão para fazê-lo (em regra, o empregador).
(47) *A teoria do risco criado e a responsabilidade objetiva do empregador em acidentes de trabalho.* Disponível em: <http://www.trt3.jus.br/escola/download/revista/rev_71/Adib_Salim.pdf> Acesso em: 25.3.2011. "Assim, podemos concluir que muitas previsões legais e constitucionais serão verdadeiras cláusulas contratuais legais obrigatórias. Embora tenham nascimento na lei, não têm aplicação senão no bojo de uma relação contratual de emprego, daí por que o contrato (fato humano volitivo) é que será a fonte imediata das obrigações, sendo a lei fonte mediata, preponderando o caráter contratual sobre o legal".

relacionada ao prazo (termo), condição ou algum encargo. Posteriormente, para fins de verificação do ônus da prova, deve-se identificar se a cláusula se refere a uma obrigação de resultado (p. ex.: fornecer trabalho; pagar salário; cumprir horário etc.) ou de meio. Não se referindo a nenhuma das cláusulas previstas no contrato, será caracterizada a responsabilidade extracontratual.

Poderia se argumentar que existem cláusulas implícitas no contrato de trabalho, que se caracterizam como deveres anexos de conduta que sempre deverão reger as relações jurídicas, inclusive os contratos. São exemplos, o respeito ao nome, à integridade física e moral, à saúde, à segurança, à boa-fé, entre outras. Sendo cláusulas implícitas, seriam regidas pelas regras da responsabilidade contratual, por serem mais benéficas ao empregado.

Discordamos, pois tais deveres anexos de conduta não possuem conteúdo que possa ser relegado à autonomia da vontade das partes, por meio de disposições contratuais. São deveres que se caracterizam como normas de ordem pública, que existem independentemente da existência de concordância das partes em um contrato. Eles se sobrepõem a qualquer negociação e, caso sejam violados, gerarão responsabilidade civil extracontratual ou aquiliana, com aplicação dos arts. 186 a 188 e 927 e não os arts. 389 e ss., todos do Código Civil.

Neste sentido é o entendimento de Dias Lobo, ao tratar da responsabilidade civil do empregador: "Quanto à natureza e limites da responsabilidade civil do dador pelo incumprimento das normas de segurança e higiene, ilustres juslaboristas, como Giuseppe D´Eufemia, entendem que a violação de direitos absolutos implica responsabilidade aquiliana. É que, recordam, estão em jogo direitos da personalidade, como é o caso da integridade física. Reforçam a sua tese, invocando a inderrogabilidade das normas de ordem pública que disciplinam sobre a saúde ocupacional. Está, pois, fora de hipótese deixar de tomar as medidas aconselháveis segundo as prescrições legais e, bem assim, as directivas das entidades competentes e, inclusivamente, contra a vontade do próprio trabalhador"[48].

6. Responsabilidade civil pré-contratual e pós-contratual

a) Responsabilidade pré-contratual

Não é novo o assunto, já que entre nós, Antonio Chaves, em 1959, já afirmava que "independentemente da circunstância da inocorrência de qualquer dispositivo legal que imponha às partes contratantes levarem a termo as conversações, ainda que para chegar a um resultado negativo, não resta dúvida que entre elas há de se estabelecer um ambiente de confiança recíproca, implicando no compromisso tácito de agirem com lisura, sinceridade e honestidade de propósitos de prosseguirem nos entendimentos, de modo a evitar que uma delas, tendo contribuído com seu

---

(48) LOBO, Dias. *Responsabilidade objetiva do empregador*. Coimbra: Coimbra, 1985. p. 39.

esforço, seu tempo e, muitas vezes, dinheiro para colimar um objetivo comum, seja surpreendida por uma atitude intempestiva, arbitrária e injustificada da outra"[49].

Tal afirmativa, feita em período de ausência legal para o trato do assunto, tem encaixe perfeito atualmente, muito mais se considerarmos que o Código Civil foi reformado e acabou por consagrar a responsabilidade pré-contratual expressamente. O art. 422 do Código Civil prevê a obrigação de os contratantes guardarem os princípios da probidade e da boa-fé, tanto na execução do contrato (fase, portanto, contratual), como na fase de conclusão ou formação do contrato (fase, portanto, pré-contratual).

Na fase anterior à formação do contrato, podemos visualizar algumas duas possíveis: (i) as partes já discutiram as cláusulas e condições que irão fazer parte do contrato futuro e definitivo. Estabelecem, portanto, um contrato preliminar e a obrigação constitui exatamente o dever de elaborar o contrato definitivo; (ii) as partes se encontram em tratativas preliminares ou na fase de pré-contrato, na qual não há vinculação contratual oriunda de acordo de vontades para a celebração do contrato definitivo. Todavia, uma variedade de atos e circunstâncias, como as conversas, os gestos, a troca de mensagens, geram expectativa e confiança quanto à elaboração futura de um contrato[50].

Tanto em uma, quanto em outra hipótese, quaisquer das partes podem ser responsabilizadas civilmente. No primeiro caso, é inconteste de dúvida que a possível responsabilidade civil irá decorrer do contrato preliminar,

> sendo então de natureza contratual[51]. Na segunda hipótese, há divergência doutrinária e jurisprudencial quanto à natureza da responsabilidade civil, pelo fato de a negociação preliminar ou pré-contrato se encontrar em uma posição híbrida, numa fase em que ainda não há a formação nítida de um contrato (concluído ou preliminarmente celebrado), com todos os seus elementos essenciais, ao mesmo tempo em que não se encaixa perfeitamente na responsabilidade extracontratual, uma vez que estabelecidas tratativas para uma possível conclusão do contrato.

---

(49) GOMES, Luiz Roldão de Freitas. *Op. cit.*, p. 261.
(50) RIBEIRO, Antônio Campos. *Responsabilidade pré-contratual.* Disponível em: <http://www.camara.rj.gov.br/setores/proc/revistaproc/revproc1999/revdireito1999A/est_responsprecontrat.pdf> > Acesso em: 25.3.2011.
(51) VICENTE, Dário Manuel Lentz de Moura. Conferência proferida na *II Jornada de Direito Civil*. Realizada pelo Centro de Estudos Judiciários do Conselho da Justiça Federal, nos dias 17 a 25 de novembro de 2003, nos auditórios do Tribunal Regional Federal da 5ª Região, Superior Tribunal de Justiça e Tribunal Regional Federal da 4ª Região. Disponível em: <http://www2.cjf.jus.br/ojs2/index.php/cej/article/viewFile/604/784> Acesso em: 25.3.2011, p. 4. "Ainda a respeito do ato ilícito, observe-se, por último, não nos parecer determinar responsabilidade pré-contratual, na acepção em que aqui utilizamos esse conceito, três outras categorias de situações: (...) Segunda: o não cumprimento do pré-contrato, ou contrato preliminar, arts. 462 e seguintes do Código, o qual é fundamento de responsabilidade contratual, e não pré-contratual. Com efeito, trata-se aí do descumprimento de uma obrigação contratual — a obrigação de celebrar o contrato definitivo ou principal —, ao passo que das simples negociações, disciplinadas no art. 422, não deriva qualquer compromisso quanto à celebração futura do contrato".

Alice Monteiro de Barros defende que a responsabilidade civil, neste caso, tem "(...) natureza extracontratual, porque nas negociações preliminares o contrato ainda não chegou a ser celebrado. O que caracteriza a responsabilidade pré-contratual é o comportamento de uma das partes e não o descumprimento do pacto ainda não firmado"[52].

Já José Affonso Dallegrave Neto, defende que a natureza da responsabilidade é contratual. Justifica: "Se é certo que no momento das tratativas o contrato não se aperfeiçoou em sua formação, também é correto inferir que nesse instante das negociações preliminares já se verificou uma incipiente formação negocial. O critério decisivo para delimitar o tipo de responsabilidade civil é aquele que identifica se a indenização decorre da violação de um direito relativo ou da ofensa de um direito geral e absoluto. Assim, quando se está diante de um dever absoluto e geral de não fazer, oriundo do ordenamento jurídico e extensivo a todos (geralmente correspondente a um direito real ou de personalidade), eventual lesão daí decorrente se enquadrará na responsabilidade civil extracontratual. Ao revés, quando o dever de não lesar é relativo, fazendo parte do conteúdo obrigacional ou mesmo de um dever especial dos sujeitos de um contrato findo ou das tratativas negociais, o dano daí resultante será reparado sob o fundamento de violação ao princípio da boa-fé, próprio da responsabilidade civil contratual. Não se pode negar que a boa-fé objetiva de que estamos a falar é aquela inerente ao contrato (art. 422 do Código Civil) tanto em sua fase preliminar, quanto na execução ou mesmo em relação à pós-eficácia dos contratos. Com efeito, tratando-se de um direito relativo a estes sujeitos específicos e a esta situação negocial delimitada, a responsabilidade civil é do tipo contratual"[53].

Com os mesmos argumentos, se manifesta o autor argentino Ramón Daniel Pizarro: "Si el deber preexistente es específico o determinado en relación al objeto de la obligación y al sujeto obligado, cualquiera sea la fuente, la responsabilidad entra en el ámbito contractual. Si el deber es genérico de no dañar e indeterminado en cuanto a los sujetos pasivos de ese deber, la violación queda en el ámbito extracontractual o delictual, que es la regla en materia de responsabilidad civil"[54].

Se contratual, a responsabilidade civil independerá de comprovação de culpa, porque "(...) no campo contratual há um dever determinado e aceito pelas partes e a quebra do contrato implica, por si só, na culpa presumida em virtude do inadimplemento (*culpa in contrahendo*), máxime quando uma delas procede de forma a convencer a outra da seriedade das tratativas"[55].

---

(52) BARROS, Alice Monteiro de. *Curso de direito do trabalho*. 7. ed. São Paulo: LTr, 2011. p. 409.
(53) DALLEGRAVE NETO, José Affonso. *Op. cit.*, p. 109.
(54) PIZARRO, Ramón Daniel. *Daño moral*. 2. ed. Buenos Aires: Hamurabi, p. 170: "Se o direito preexistente é específico ou particular, em relação ao objeto da obrigação e do devedor, independentemente da fonte, a responsabilidade recai no âmbito do contrato. Se o direito é genérico de não prejudicar e inespecífico quanto aos sujeitos passivos desse direito, a violação permanece dentro do âmbito de responsabilidade civil ou delitual, que é a regra da responsabilidade civil". (tradução livre)
(55) DALLEGRAVE NETO, José Affonso. *Op. cit.*, p. 107.

De qualquer maneira, embora possa haver divergência quanto à fonte que origina a responsabilidade civil pré-contratual, se decorre de uma obrigação (negocial) ou um dever jurídico geral, é certo que a doutrina tem apresentado idênticos fundamentos dessa responsabilidade: ou a violação da boa-fé objetiva[56], ou a atuação ilícita por abuso de direito[57].

Embora o rompimento das negociações corresponda a exercício de um direito (o direito de não contratar), cometerá ato ilícito o titular de um direito que, ao exercê-lo, exceda manifestamente os limites impostos pelo seu fim econômico ou social, pela boa-fé ou pelos bons costumes[58].

Nas relações de trabalho não são incomuns as situações que ensejam a aplicação da responsabilidade civil pré-contratual. Algumas podem citadas: quebra das tratativas estabelecidas com a finalidade de contratação de trabalhador e quebra de promessa de contrato por questões discriminatórias são apenas alguns exemplos[59].

---

(56) Alude ao dever de se comportar com lealdade, honestidade, de forma a não frustrar abrupta e injustificadamente as expectativas de outrem. Não está relacionada ao aspecto subjetivo dos sujeitos envolvidos (convicção de estar agindo em conformidade com o Direito).
(57) BARROS, Alice Monteiro de. Op. cit., p. 409, menciona que o enriquecimento ilícito também é apresentado como fundamento da responsabilidade civil pré-contratual.
(58) VICENTE, Dário Manuel Lentz de Moura. Op. cit., p. 4. "Deve, a esta luz, ser tido como ilícito o rompimento de negociações, designadamente: nas hipóteses de recesso intencional, ou seja, nas situações em que uma das partes faça malograr intencionalmente negociações que normalmente conduziriam a um resultado positivo, v. g., impondo condições ou fazendo exigências destituídas de justificação econômica ou de oportunidade que obriguem a outra parte a desistir do negócio; e nas situações em que, tendo uma das partes criadas à outra uma convicção razoável de que contrataria com ela, induzindo-a a realizar despesas com esse fim, rompe arbitrariamente as negociações, recusando-se a celebrar, dentro do prazo acordado, o contrato projetado Em contrapartida, não incorre em violação dos deveres de boa-fé nas relações pré-contratuais aquele que advertir a contraparte, com a devida antecedência, de que a celebração do contrato constitui uma mera eventualidade e der por findas as relações pré-contratuais ao verificar a impossibilidade de concluí-lo".
(59) DANO MORAL — DISCRIMINAÇÃO NO ATO DE CONTRATAÇÃO — RESPONSABILIDADE CIVIL — O que caracteriza a responsabilidade pré-contratual é o comportamento de uma das partes e não o descumprimento do pacto ainda não firmado. O fundamento dessa responsabilidade é o princípio da boa-fé, que exige dos pactuantes uma série de obrigações atinentes à fase das tratativas, das negociações preliminares. Assim, não comprovado o abuso do direito pela reclamada ou ainda eventual tratamento discriminatório, descabe a indenização por danos morais. Recurso a que se dá provimento, neste particular. (TRT-18ª R. — RO 0000548-88.2010.5.18.0053 — 1ª T. — Relª Desª Kathia Maria Bomtempo de Albuquerque — DJe 26.10.2010 — p. 23)
DANO MORAL E MATERIAL. LESÃO PRÉ-CONTRATUAL. PROMESSA DE CONTRATAÇÃO NÃO HONRADA. DIREITO À INDENIZAÇÃO. As negociações para o preenchimento de um posto de trabalho que ultrapassam a fase de seleção geram para o trabalhador a esperança, senão a certeza, da contratação, caracterizando a formação de um pré-contrato de trabalho, que envolve obrigações recíprocas, bem como o respeito aos princípios da lealdade e da boa-fé (art. 422 do Código Civil). Evidencia-se a constatação do prejuízo na hipótese do reclamante pedir demissão do emprego anterior, ficando desprovido de meios para sua subsistência e satisfação de seus compromissos financeiros. Devida a indenização por danos morais e materiais fixada na origem, nos termos dos arts. 186 e 927 do Código Civil. (TRT 2ª R., RO 01231-2008-067-02-00-3, Ac. 2010/0470429, Décima Primeira Turma, Relª Desª Fed. Maria Aparecida Duenhas, DOESP 1º.6.2010, p. 476).

b) Responsabilidade civil pós-contratual

Também na fase pós-contratual, ou seja, depois de findo o contrato estabelecido entre as partes, há a possibilidade de uma delas ser responsabilizada civilmente. Trata-se da responsabilidade pós-contratual, amplamente aceita entre doutrinadores e na jurisprudência.

A responsabilidade pós-contratual também encontra fundamento na boa-fé objetiva e no abuso de direito e se caracteriza pela violação dos deveres de conduta que permanecem a reger as partes, mesmo após se desvincularem formalmente pela via contratual. Pelos mesmos motivos que o levaram a caracterizar a responsabilidade pré-contratual como uma modalidade de responsabilidade negocial, José Affonso Dallegrave Neto entende que também na fase posterior ao contrato, se alguma responsabilidade civil sobrevier, será fulcrada na obrigação e não no dever jurídico legal de não lesar (extracontratual)[60].

Os deveres de conduta são aqueles referentes à lealdade, honestidade, proteção e segurança e todos os atos e condutas que se esperam naturalmente de um indivíduo. Existem exemplos variados de danos que podem ocorrer na fase pós-contratual trabalhista: Divulgação de segredo profissional pelo empregado; divulgação de informações pessoais do empregado pelo empregador; difamação de um ou outro dos contratantes etc.

Em relação ao ônus da prova, da mesma forma que se sustentou em relação aos danos pré-contratuais, eventual dano pós-contratual que incida sobre a inexecução da obrigação de resultado implicará em responsabilidade objetiva ou na presunção de culpa, sendo do agente o ônus da prova em sentido contrário. É, por exemplo, o caso de frustração da promessa ou da obrigação de recolocação de ex-empregado ao mercado de trabalho[61].

7. Efeitos da responsabilidade civil para o empregado/trabalhador. Um prejuízo cuja indenização não repara

Após as demonstrações dos tipos e modalidades de responsabilidade civil possíveis, necessária a avaliação dos seus impactos sobre as partes envolvidas.

Considerando-se a responsabilidade civil do empregador em face do empregado[62], hipótese esta mais recorrente na prática justrabalhista, quais são as consequências para o trabalhador?

Nas situações em que se pleiteia a indenização por danos materiais, certamente que, em sendo devida, trará ao trabalhador a exata reparação do prejuízo,

---

(60) DALLEGRAVE NETO, José Affonso. *Op. cit.*, p. 115.
(61) DALLEGRAVE NETO, José Affonso. *Op. cit.*, p. 118.
(62) Não descuramos da possibilidade de responsabilidade civil do empregado em face do empregador, que é perfeitamente possível de ocorrer.

possibilitando-se o retorno da situação anterior, exatamente como ela existia. Isso porque, sendo matematicamente apurável, permite que o dano seja equivalente à perda, que inclui o dano emergente e os lucros cessantes.

O mesmo, entretanto, não acontece quando nos deparamos com a hipótese de danos morais ou estéticos. Referidos prejuízos não são mensuráveis objetivamente, já que não atingem um bem material. São danos que pertencem ao espírito[63], ao lado mais íntimo e subjetivo de cada ser humano.

Desta forma, por mais elevado que seja o valor fixado como indenização, seja somente para compensar a vítima, seja também para punir o ofensor, e, por mais que se possa determinar uma reparação *in natura* (como nos casos de retratação por calúnia, por exemplo), jamais a situação anterior poderá ser plenamente reconstituída. O dinheiro que se entrega a uma vítima nada mais é do que um paliativo, um sucedâneo encontrado para minimizar os efeitos, as aflições, a inquietação e as feridas que o prejuízo imaterial causa, mas nunca capaz de apagá-lo.

Assim, o primeiro efeito da responsabilidade civil para a vítima, seja ou não em razão das relações de trabalho, é o de não receber a efetiva reparação do seu prejuízo.

Além disso, em grande parte dos casos, permanecem as sequelas e feridas para a vítima e para seus pares para todo o sempre. É o que ocorre, por exemplo, com um trabalhador que sofre lesão em decorrência de más condições no meio ambiente do trabalho e fica incapacitado para o exercício de suas atividades profissionais. É também o que acontece com o trabalhador que sofre assédio moral e que carregará consigo várias consequências psicológicas, muitas vezes irreversíveis. Também, quando um trabalhador perde a vida em razão de acidente do trabalho e deixa seus filhos privados da sua companhia. Nesses e em tantos outros casos, frustra-se um projeto de vida.

Não são raros atualmente os estudos e preocupações sociais, psicológicas e jurídicas, com a situação a que se expõe o trabalhador no meio ambiente em que presta seus serviços. Inúmeros artigos e livros publicados tratam especificamente do assunto, invocando, inclusive, o elevado número de suicídios de trabalhadores por motivos relacionados ao seu trabalho.

Nesta linha: "La dernière vague a eu lieu recemment à France Télécom. On a pu comptabiliser 32 suicides selon la direction et d´après le journal Le Monde en date du 3 décembre 2009 et ce n´est sans doute pas terminé. Ce mal-être concerne

---

(63) SANTOS, Antonio Jeová. *Op. cit.*, p. 59-97: "(...) O homem é uma substância inteligente, nascido para viver no corpo e estar intimamente unida. Platão afirmava que o homem é uma alma que se serve de um corpo. O conhecimento integral do homem, ainda quando se refira a distintas ordens de ideias, mesmo que se refiram ao espírito e ao corpo, não se alcançará plenamente se houver o estudo independente. (...) O detrimento do espírito provém de uma lesão a algo que não está no patrimônio da pessoa. Antes, atinge o mais recôndito do ser, em sua subjetividade. Sem a lesão espiritual, não existe minoração na capacidade anímica de ninguém, inexistindo dano moral passível de indenização".

nos seulement les employés et les professions nos qualifiés mais aussi les cadres. En France, le nombre de suicides imputables au travail serait approximativement de 400 à 500 par selon certaines études mais ce chiffre paraît sous-estimé pour de nombreux auteurs. Les tentatives de suicides sont naturellement plus importantes et souvent masquées. (...) Tous les suicides en relation avec le travail ne font pas ou ne peuvent faire toujours l´objet d´une qualification juridique 'd´accident du travail'. Jusqu'à ces dernières années seul un suicide de salarié sur cinq declaré administrativement à la sécurité sociale comme imputable au travail était reconnu en tant qu´accident du travail. Le pourcentage a augmenté depuis 2008, mais demeure toutefois très sensiblement inférieur à 50%[64].

Por todos esses motivos é que importa considerar a responsabilidade civil como um fato que não interessa somente às partes envolvidas e que não se resolve apenas com a fixação de uma indenização em dinheiro. O fato é social e interdisciplinar e merece ser amplamente discutido e ponderado a fim de que o trabalhador seja cada vez mais preservado e protegido, caso contrário sofrerá toda a sociedade.

8. Efeitos da responsabilidade civil para o empregador/contratante. Uma consequência maior que o dever de indenizar

No contexto da atividade empresarial, além dos elementos materiais necessários à consecução dos fins comerciais e econômicos almejados é imprescindível um olhar mais atento sobre o elemento humano, que assim como os demais, influencia consideravelmente no bom resultado dos negócios.

Notícias acerca do número crescente de ações que envolvem a responsabilidade civil de empregadores e pedidos de indenização por danos materiais, morais ou estéticos por parte de trabalhadores, criam a necessidade de compreender e enfrentar as suas razões.

Num estudo mais aprofundando, verificamos que os pedidos se baseiam em diversos aspectos, quase todos ligados ao meio ambiente do trabalho, seja com relação à proteção necessária que deve conferir aos que nele se ativam, seja ainda, com relação aos limites que devem existir nos poderes conferidos aos empregadores. Os pedidos, no mais das vezes, se fundamentam em doenças adquiridas no curso

---

(64) DELGA, Jacques. *Souffrance au travail dans les grandes entreprises*. Paris: Eska, 2010. p. 15-23: "A última onda teve lugar recentemente na France Telecom. Pode-se contabilizar 32 suicídios segundo a direção e segundo o *Jornal Le Monde* de 3 de dezembro de 2009 e isso provavelmente não está completo. Esse mal estar refere-se não somente aos empregados e profissões não qualificadas, mas também aos gestores. Na França o número de suicídios imputáveis ao trabalho seria aproximadamente de 400 a 500 por ano segundo certos estudos, mas esse número parece estar subestimado segundo vários autores. As tentativas de suicido são naturalmente mais importantes e frequentemente não reveladas". (...) Nem todos os suicídios com relação ao trabalho devem fazer parte da qualificação jurídica de acidente do trabalho. Até os últimos anos somente um suicídio de empregado sobre cinco, denunciado administrativamente à Previdência Social como imputável ao trabalho foi reconhecido como acidente do trabalho. A porcentagem aumentou depois de 2008, mas continua inferior a 50%".

do trabalho prestado ou em excessos praticados no âmbito da empresa, por gestores que muitas vezes desconhecem ou descumprem os limites jurídicos impostos à organização da atividade empresarial.

O resultado, por óbvio, é o aumento de conflitos internos, que afeta a harmonia entre os integrantes da empresa e, por conseguinte, a dinâmica e resultados esperados, além de, em sua maioria, desaguar nas portas no Judiciário Trabalhista, gerando um volume de processos que necessita de gerenciamento.

Nesse cenário, antes de procurar alternativas jurídico-processuais que possam minimizar o impacto dos valores indenizatórios gerados pela responsabilidade civil reconhecida em juízo, é necessário um pensar preventivo sobre as condutas internas adotadas pela empresa e seus gestores, de modo a melhorar o convívio entre os pares que nela trabalham, impedir violações aos direitos dos trabalhadores, além de evitar o crescimento de demandas.

Tudo isso contribui para diminuição de impactos financeiros e para reforçar a imagem da empresa junto à sociedade e ao mercado, já que sabidamente, na atualidade, a sua maior punição talvez não seja a indenização fixada pelo judiciário trabalhista, mas eventual crescimento de uma visão negativa acerca do negócio empresarial[65].

Existem diversas sugestões no sentido da prevenção, minimizando os riscos de futuros conflitos que, certamente, afetariam a estrutura almejada por qualquer empresário. Não trataremos especificamente de cada umas delas neste ensaio, posto a limitação do tema, mas certamente deixaremos para as futuras intervenções um estudo mais profundo do assunto. Neste momento, fica apenas lançada a semente.

Considerações finais

Esse estudo permite uma breve conclusão. A responsabilidade civil é tema extenso e cheio de ramificações que se espalham por variadas áreas do direito. Neste ensaio procuramos abordar alguns de seus aspectos, principalmente aqueles relacionados à sua aplicação nas relações de trabalho. Não foi nossa intenção (e nem seria possível aqui) esgotar discussões ou encerrar o assunto, mas ao contrário, esperamos que essas breves colocações suscitem outros questionamentos e que possam fazer germinar outras ideias para o trato do tema.

---

(65) As pequenas e microempresas sofrem, sem dúvida, o impacto financeiro em grandes e maiores proporções se comparadas às grandes empresas. Essas, de outro lado, com a recorrência dos casos de responsabilidade civil decorrente das relações de trabalho são muito mais atingidas em sua imagem e do ponto de vista mercadológico. Tanto consumidores quanto investidores que tomam conhecimento de fatos desse tipo demonstram receio e cautela no momento de se relacionarem juridicamente com tais empresas.

Bibliografia

BARROS, Alice Monteiro de. *Curso de direito do trabalho*. 7. ed. São Paulo: LTr, 2011.

CAVALIERI FILHO, Sérgio. *Programa de responsabilidade civil*. 6. ed. São Paulo: Malheiros, 2005.

DALLEGRAVE NETO, José Affonso. *Responsabilidade civil no direito do trabalho*. 2. ed. São Paulo: LTr, 2007.

DARCANCHY, Mara Vidigal e outros. *Responsabilidade social nas relações laborais*. São Paulo: LTr, 2007.

DELGA, Jacques. *Souffrance au travail dans les grandes entreprises*. Paris: Eska, 2010.

DINIZ, Maria Helena. *Código civil comentado*. 11. ed. São Paulo: Saraiva, 2005.

GAGLIANO, Pablo Stolze; PAMPLONA FILHO, Rodolfo. *Novo curso de direito civil*. 8. ed. São Paulo: Saraiva, 2010. v. 3: responsabilidade civil.

GOMES, José Jairo. *Responsabilidade civil e eticidade*. Belo Horizonte: Del Rey, 2005.

GOMES, Luiz Roldão de Freitas. *Curso de direito civil* — elementos de responsabilidade civil. Rio de Janeiro: Renovar, 2000.

GONÇALVES, Carlos Roberto. *Responsabilidade civil*. 9. ed. São Paulo: Saraiva, 2005.

LOBO, Dias. *Responsabilidade objetiva do empregador*. Coimbra: Coimbra, 1985.

MAZEAUD, Henri et Leon; MAZEAUD, Jean; CHABAS, François. *Leçons de droit civil*. Obligations (théorie générale). 9. ed. Paris: Montchrestien, 1998.

MELO, Raimundo Simão de. *Direito ambiental do trabalho e a saúde do trabalhador*. São Paulo: LTr, 2005.

ORGANIZAÇÃO DIREITO RIO. *Teoria geral da responsabilidade civil* — série direito empresarial. Rio de Janeiro: FGV, 2008.

PEREIRA, Caio Mário da Silva. *Responsabilidade civil*. 6. ed. Rio de Janeiro: Forense, 1995.

PIZARRO, Ramón Daniel. *Daño moral*. 2. ed. Buenos Aires: Hamurabi, 2004.

RODRIGUES, José Luiz Concepcion. *Derecho de daños*. Barcelona: Bosh, 1997.

SANTOS, Antonio Jeová dos. *Dano moral indenizável*. 4. ed. São Paulo: Revista dos Tribunais, 2003.

VENOSA, Silvio de Salvo. *Direito civil:* responsabilidade civil. 5. ed. São Paulo: Atlas, 2005.

▶▶ O Desafio da Recuperação Judicial da Microempresa e Empresa de Pequeno Porte

César Augusto Pires[(*)]

Introdução

O presente estudo trata de um assunto mais que atual na área do direito trabalhista, trazendo diversas polêmicas e discussões doutrinárias, serão apresentadas algumas considerações preliminares para contextualizar a proposta, justificativas deste trabalho, objetivo e um levantamento sobre o estado atual em que se encontram as discussões doutrinárias sobre a temática apresentada.

Primeiramente será abordada a origem da recuperação judicial, e em seguida a evolução da lei falimentar no Brasil.

A atual Lei n. 11.101/2005 revogou o antigo Decreto-Lei n. 7.661/1945, extinguiu o instituto da concordata, sendo adotado o instituto da recuperação judicial, que por sinal a legislação brasileira teve todo seu embasamento teórico na lei falimentar norte-americana.

Será abordada de forma breve a crítica quanto a real finalidade da lei, alguns doutrinadores a chamam de recuperação dos créditos bancários, parâmetros ditados pelo setor financeiro.

Esse *spread* bancário acaba que por interferir nos créditos trabalhistas, as empresas em crises não conseguem o seu soerguimento e por fim acabam não pagando os créditos devidos das relações trabalhistas e consequentemente ferindo o princípio da dignidade da pessoa humana.

A atual lei de recuperação judicial não irá interferir nas atualizações monetárias e juros dos créditos trabalhistas, salvo se expressamente de forma contrária constar no Plano de Recuperação Judicial.

(*) Advogado militante na região do Vale do Paraíba (São José dos Campos, Jacareí, Caçapava, Lorena, Guaratinguetá, Taubaté e Cruzeiro), especialista em Direito do Trabalho; Processo do Trabalho, Direito Civil; Processo Civil e Direito Público, com escritório profissional. *E-mail:* advcesarpires@yahoo.com.br.

É feita uma breve abordagem a respeito do princípio da proteção do empregado, esse que se manifesta em três outros, o princípio do *in dubio pro operario*, princípio da aplicação da norma mais favorável, e o princípio da regra da condição mais benéfica.

Para alguns doutrinadores o benefício da recuperação judicial tem como escopo uma função social já que visa assegurar as atividades da empresa bem como o emprego dos trabalhadores. Entende-se que é uma forma do empresário ou a sociedade empresária se organizar novamente e que nem todas as empresas são merecedoras do benefício da recuperação.

É importante ressaltar que as maiorias da doutrina e da jurisprudência sustentaram que é facultativa a microempresa e a empresa de pequeno porte escolher entre a recuperação especial ou a recuperação ordinária.

Por fim, o objetivo deste trabalho é trazer para o meio acadêmico, um tema novo e atual com o intuito de provocar uma discussão sadia na área do direito trabalhista no que tange o desafio da recuperação judicial da microempresa e da empresa de pequeno porte, pretende-se contribuir com profissionais e estudiosos da área, bem como abrir novos caminhos para estudos sobre o tema.

No desenvolvimento deste artigo foi utilizado o recurso metodológico caracterizado como pesquisa bibliográfica e pesquisa documental, e para a realização deste estudo foram consultados: livros e *sites* de Internet especializados no assunto pesquisado.

1. A recuperação judicial e sua origem

É necessário fazer um breve esboço histórico desse instituto de recuperação judicial de empresas, Claro (2009, p. 119) afirma que a Lei n. 11.101/2005 emprestou toda a base teórica da legislação falencial norte-americana no que tange a reorganização judicial.

Saad (2009, p. 532), é categórico ao comentar que a recuperação judicial surgiu, primeiramente, nos Estados Unidos da América logo após o *crack* de 1929 (*The Great Depression*). O país passava por uma depressão econômica, Claro (2009, p. 123) comenta que a "reorganização foi muito mais formal durante os anos 1930 do século passado [...]".

Nessa época foram editadas leis especiais que cuidavam da reorganização das empresas e em 1934 adveio uma mudança significativa com o *Bankruptcy Act of*.

Saad (2009, p. 532) esclarece que "a sistematização dessas leis deu o surgimento ao denominado *Chandler Act*, promulgado em 1938. Com ele, foi outorgada às empresas em crise a solução jurídica da *corporate reorganization*, em que os dirigentes da empresa eram afastados na hipótese do passivo ser superior a U$$ 250.000. Para a materialização dessa reorganização da empresa, ela apresentava um plano, que deveria ser aprovado pelos credores e homologado pelo juiz".

Nos Estados Unidos em 1978, surgiu um novo sistema falimentar naquele país consubstanciado no *Bankruptcy Code*, segundo Batalha e Rodrigues Netto (2007, p. 30), a legislação norte-americana estava preocupada com a sobrevivência da empresa, evitando os inconvenientes da liquidação e dispensa de trabalhadores.

Importante ressaltar as palavras de Claro (2009, p. 123), que "a ideia era estancar o exagerado número de processos judiciais, a fim de que as companhias pudessem se valer de outros remédios jurídicos para evitar a falência".

No capítulo 11 da lei do *Bankruptcy*, Saad (2009, p. 533) esclarece que foi destinado à "reorganização de empresas. Se economicamente viáveis, serão estas preservadas, consoante uma reestruturação prevista em um plano de recuperação devidamente aprovado pelos credores e homologado pelo juiz".

As crises não se restringem tão somente aos países de terceiro mundo, a crise também atinge as empresas norte-americanas havendo dispensas de trabalhadores. Claro (2009, p. 120) afirma "que o devedor procura evitar bater à porta do Poder Judiciário, e que, a bem da verdade é uma arena, onde há disputa de forças antagônicas e com interesses particulares conflitantes [...]".

A nova lei de falência e recuperação norte-americana em uma nova visão referente às crises das empresas demorou a chegar no direito europeu continental.

Saad (2009, p. 533) afirma que "somente em 1985, quase cinco décadas após o *Chandler Act*, é que se editou na França a Lei n. 85/1998, objetivando disciplinar a preservação dessas empresas em dificuldades. Hoje, essa situação é regulamentada pelo novo Código de Comércio francês de 2001, por meio do instituto denominado *redressement* (reerguimento ou recuperação da empresa), ao lado da liquidação judicial da empresa".

A partir da década de 1990, essa disciplina jurídica da crise das empresas com visão na lei falencial norte-americana e francesa se propagou para os demais países europeus, inclusive para a América Latina.

No Brasil conforme afirma Saad (2009, p. 533), somente a Lei n. 11.101, de 9.2.2005, veio tratar da recuperação judicial ou extrajudicial do empresário e da sociedade empresária além da falencial e por consequente desaparecendo as concordatas preventivas e suspensivas, institutos esses previstos no antigo Decreto-Lei n. 7.661/1945 e não mais compatíveis com a nova ordem político-econômica e social advinda com a promulgação da Constituição Federal de 1988.

Claro (2009, p. 143) tece sabiamente que "diante de todas as circunstancias que cercam alguns casos concretos de reorganização judicial em trâmite nas Cortes norte-americanas, espera-se que as incongruências e desacertos, por assim dizer, do *Bankruptcy Code* também não tenham sido importados para a legislação pátria, pois alguns casos práticos e multicitados no presente escrito vêm demonstrando que é outra a realidade nacional. Note-se que alguns reflexos diretos de processos de reorganização judicial em trâmite nas Cortes daquele país acabam por ser espraiados em empresas localizadas no Brasil, que também enfrentam crise econômico-financeira".

Obviamente a nova lei de falência e recuperação no Brasil veio a revogar o art. 429, § 2º, da CLT, e segundo Saad (2009, p. 533), a concordata deixou de existir.

Na época do Brasil colônia, aplicava-se à legislação de Portugal (GUIMARÃES, 2007), mesmo com a proclamação da independência em 1822, o Brasil continuou a reger-se pelas leis portuguesas. (SOUZA, 2009).

Bertoldi e Ribeiro (2003, p. 161) são categóricos ao afirmarem que "no Brasil, as Ordenações Filipinas disciplinaram a falência nos moldes dos costumes da Idade Média".

Na Idade Média, os devedores insolventes eram severamente punidos, inclusive com condenação a morte, até então segundo Bertoldi e Ribeiro (2003, p. 162) dizem que "[...] o sistema medieval de descentralização e quebra do poder central não se compatibilizava com a ideia de Estado e de produção normativa geral".

Em junho de 1850 é promulgado o Código Comercial aprovado pela Lei n. 556, de 25.6.1850, arts. 797 a 906, seguido pelo Regulamento n. 737, de 25.11.1850, imposto pela sistemática do direito francês que perdurou até 1890 e rompendo com a tradição filipina (BERTOLDI; RIBEIRO, 2003).

No mesmo sentido Batalha e Rodrigues Netto (2007, p. 32), ao comentar que "o Código Comercial de 1850 filiou-se ao Código francês de 1807".

A terceira parte do código, tratava especialmente Das Quebras definido em oito capítulos dentre eles a reunião dos credores e a concordata (GUIMARÃES, 2007).

Nessa época Batalha e Rodrigues Netto (2007, p. 32) esclarecem que para "[...] homologação da concordata, o Código exigia a aceitação da maioria dos credores em número representado, pelo menos, 2/3 dos créditos sujeitos a seus efeitos".

Com a proclamação da República seguiu-se o Decreto n. 917, de 24.10.1890, de autoria de Carlos Augusto de Carvalho (SOUZA, 2009).

Souza (2009, p. 33) afirma que "esta fase caracteriza o estado de falência por atos ou fatos previstos na lei e na impontualidade no pagamento de obrigação mercantil líquida e certa, no seu vencimento (arts. 1º e 2º), tendo instituído como meios preventivos: a moratória, a cessação de bens, o acordo extrajudicial e a concordata preventiva. Segue-se depois a Lei n. 859, de 16.8.1902, regulamentada pelo Decreto n. 4.855, de 2.6.1903, que tentou corrigir as falhas do Decreto n. 917".

Após a Lei n. 859, de 16.8.1902, que mutilou o Decreto n. 917, de 1890, seguiu-se a Lei n. 2.024 de 1908, que vigeu por vinte e um anos e foi objeto de alteração parcial pelo Decreto n. 5.746, de 9.12.1929 para tentativa de correção de alguns erros verificados na prática (BATALHA; RODRIGUES NETTO, 2007).

Em 1945, surge o Decreto-Lei n. 7.661, no qual para Bertoldi e Ribeiro (2003) ajudou em muito os devedores desonestos, devido à morosidade do judiciário e o formalismo da lei, permitia naturalmente, a incidência da prescrição da punibilidade de eventuais crimes falimentares.

Uma das maiores inovações trazidas pelo Decreto-Lei n. 7661/45 em relação à concordata, é que ela passou a ser requerida ao juiz, Guimarães (2007, p. 28) esclarece que "[...] cuja sentença substituía a vontade dos credores na formação do contrato entre eles e o devedor, sistemática também modificada pela atual lei quanto à recuperação judicial".

Na fase atual com o advento da Lei n. 11.101, de 2005 foi extinto o instituto da concordata, revogando o antigo Decreto-Lei n. 7.661/1945 após longos e sessenta anos de vigência, surgindo com a nova lei, o instituto da recuperação judicial visando principalmente à conservação da empresa como unidade produtiva e principalmente para salvaguardar os empregos diante das crises econômicas (SOUZA, 2009).

O projeto de reforma da Lei de Falências teve início em 1993 pelo Poder Executivo, quando Itamar Franco era o Presidente da República e Maurício Corrêa, era seu Ministro da Justiça.

A aprovação somente ocorreu em 2003 pela Câmara dos Deputados com o texto profundamente modificado até seguir para o Senado (COELHO, 2009).

Em junho de 2004, o projeto que até então voltou à Câmara para apreciação de diversas emendas foi aprovado pelo Senado. E em 17 de dezembro de 2004 o projeto de lei finalmente foi votado e seguindo para a sanção presidencial. No dia 9 de fevereiro de 2005 a nova Lei de falência e recuperação judicial n. 11.101/2005 foi sancionada (COELHO, 2009).

Uma crítica severa que se faz na nova Lei de Recuperação Judicial e Falência são as exclusões de certos credores da recuperação, e, por conseguinte sendo privilegiados pela nova lei.

"Art. 49. Estão sujeitos à recuperação judicial todos os créditos existentes na data do pedido, ainda que não vencidos. § 3º Tratando-se de credor titular da posição de proprietário fiduciário de bens móveis ou imóveis, de arrendador mercantil, de proprietário ou promitente vendedor de imóvel cujos respectivos contratos contenham cláusula de irrevogabilidade ou irretratabilidade, inclusive em incorporações imobiliárias, ou de proprietário em contrato de venda com reserva de domínio, seu crédito não se submeterá aos efeitos da recuperação judicial e prevalecerão os direitos de propriedade sobre a coisa e as condições contratuais observadas à legislação respectiva, não se permitindo, contudo, durante o prazo de suspensão a que se refere o § 4º do art. 6º desta Lei, a venda ou a retirada do estabelecimento do devedor dos bens de capitais essenciais a sua atividade empresarial (AMPERJ)."

Bezerra Filho (2007, p. 142), de forma bem sucinta assevera que esse foi o "ponto que mais contribuiu para que a Lei deixasse de ser conhecida como lei de recuperação de empresas e passasse a ser conhecida como lei de recuperação do crédito bancário".

De forma sábia e esclarecida Coelho (2009, p. 131), é categórico ao afirmar que "esses credores excluídos dos efeitos da recuperação judicial não são minimamente atingidos pela medida, e podem continuar, exercendo seus direitos reais e contratuais nos termos da lei própria".

Ressalta-se a pressão e hegemonia do setor financeiro pela aprovação da nova lei de falência e recuperação pela Câmara dos Deputados.

Waldraff (2005, p. 51), na mesma linha de raciocínio afirma que "a aprovação da nova lei de falências pela Câmara dos Deputados mostrou mais uma vez a hegemonia do setor financeiro em nosso país. Mesmo com a vitória nas urnas de um presidente apoiado pelo campo popular, políticas que beneficiam os bancos, em detrimento dos outros setores sociais, continuam sendo aprovadas".

No que tange a lei nesse ponto, pode-se dizer que é um retrocesso social, Proscurcin (2007, p. 114) esclarece que a nova lei "que regula a *recuperação* e a *falência empresária*, é uma das mais claras propostas da preferência dada ao capital em detrimento do social nos últimos anos".

No mesmo sentido Souza (2009) afirma que "não são afetadas pela recuperação do devedor as obrigações assumidas no âmbito das câmaras de compensação e liquidação financeira (art. 193). O projeto da lei de falência e recuperação judicial sofreu e cedeu um *lobby* muito forte de vários setores, principalmente do setor financeiro, que, com a cartilha apresentada pelo Banco Mundial — *Principles and guidelines effective insolvency and creditor rigthrs systems* —, encampada pela FEBRABAN e pelo Banco Central do Brasil, passou nitidamente a preocupar-se comas condições de retorno de capital investido na sociedade pelo sistema financeiro [...] (p. 167 e 168)".

Bezerra Filho (2007, p. 142) esclarece que a retirada de qualquer maquinário, veículos, ferramentas, etc., com os quais, a empresa trabalha, e dos quais depende para seu funcionamento forem objeto de alienação fiduciária, arrendamento ou reserva de domínio, dificultará qualquer recuperação.

Numa vertente diferente, Batalha e Rodrigues Netto (2007, p. 94) entendem que esses maquinários, ferramentas etc., não poderão ser retirados do estabelecimento do devedor, porque são considerados bens de capitais essenciais à continuidade da empresa, esses bens deverão ficar no estabelecimento do devedor num prazo de 180 dias da suspensão das ações em face do devedor, consoante o art. 6º, § 4º, da Lei de Recuperação Judicial e Falência.

Também não se sujeitam aos efeitos da recuperação judicial os bancos credores por adiantamento aos exportadores, segundo Coelho (2009, p. 131), "[...] os bancos que anteciparam recursos ao exportador em função de contrato de câmbio excluem-se dos efeitos da recuperação judicial para que possam praticar juros menores [...]".

A prática de captação de créditos a juros menores, para se expandir no mercado, e a efetiva redução de custo é chamado de *spread* bancário, aliás, Claro

(2009) é categórico ao afirmar que no Brasil não está havendo a redução de custos para os empresários, além de possuir as maiores taxas de empréstimos, não favorecendo em nada o suporte para o empreendedorismo e muito menos para o soerguimento da empresa em crise.

Acredita Coelho (2009) com a exclusão dos bancos credores da recuperação judicial, acaba criando um ambiente propício à retomada do desenvolvimento econômico, o fundamento é que, "se assim não fosse, o devedor não conseguiria mais acesso, a nenhum crédito comercial ou bancário, inviabilizando-se o objetivo da recuperação" (p. 130).

De forma bem sucinta Bezzera Filho (2007, p. 140) afirma que "Os créditos que foram mais diretamente ressalvados são os de origem financeira, de tal forma que, quando da elaboração final da Lei, dizia-se que esta não seria lei de "recuperação das empresas" e sim a lei de "recuperação do crédito bancário". E, efetivamente, a Lei não propicia grande possibilidade de recuperação, principalmente por não corresponder à realidade o que vem estabelecido no art. 49".

Claro (2009, p. 170) é categórico ao afirmar que devemos refletir a respeito da lei, nos "[...] assertos, especialmente quando o intérprete se debruçar sobre a Lei n. 11.101/2005 e perceber qual é a (real) motivação (política) de ordem econômica que deu ensejo a tal regramento jurídico falencial".

A Lei não submeteu o fiduciário, o arrendador mercantil ou o negociante de imóvel se houver cláusula de irrevogabilidade ou irretratabilidade no contrato bem como os bancos credores, a recuperação judicial, mas também não a proibiu a inclusão deles no plano, será necessário anuência dos credores para que esses valores possam ser incluídos na decisão que concede a recuperação na forma do art. 58 da LRF (BEZERRA FILHO, 2007).

Não se pode esquecer que uma empresa em crise dificilmente conseguirá empréstimos bancários, podendo de vez prejudicar a finalidade da recuperação judicial.

Alguns doutrinadores como Claro (2009), menciona que tem ocorrido um afronte ao princípio da dignidade da pessoa humana no caso da recuperação judicial, especialmente pelo que consta no art. 54 da Lei de Recuperação e Falência.

As empresas tanto como as de chão de fábrica e, como as de grande porte, que estão em recuperação judicial, e ante a impossibilidade de prover a subsistência básica do trabalhador, como o não pagamento das verbas devidas aos trabalhadores, e que devem ser pagos, já que legítimos segundo consta expressamente no art. 54, poderá conforme Claro (2009, p. 35), [...] "acarretar ao trabalhador uma existência indigna, certamente que se está a afrontar de morte o princípio constitucional ora analisado".

Silva (2008, p. 70) preceitua sabiamente "O princípio da dignidade ontológica significa, em uma *síntese* muito apertada, que a *pessoa humana é dotada de direitos essenciais sem cuja realização não terá forças suficientes para a conformação de sua personalidade e o seu pleno desenvolvimento enquanto pessoa*. Vale dizer que não será respeitada como pessoa [...]".

O princípio da dignidade da pessoa humana é o princípio de maior importância na ordem jurídica nacional e internacional.

Gamba (2010, p. 32) tece sabiamente que "a dignidade da pessoa humana é o princípio de maior importância axiológica na ordem jurídica contemporânea nacional e internacional, devendo nortear a interpretação e a aplicação das normas, em especial no âmbito do Direito do Trabalho. Somente com a valorização do ser humano, enquanto ser que sobrevive, trabalha e interage com outros e com o respeito de suas diferenças pelo Direito, pela Sociedade e pelo próprio Estado, será possível apreender a dignidade do trabalhador".

Considerado um princípio sublime, Claro (2009, p. 36 e 37) observa sabiamente que "[...] também deve ser observada na seara do processo de recuperação judicial, onde existem credores trabalhistas e há interesse da sociedade quanto à resolução da crise vivenciada pela empresa ou empresário".

É importante ressaltar o princípio da proteção, esse princípio visa à proteção do obreiro, o hipossuficiente, a parte mais fraca numa relação de trabalho, no caso o trabalhador, sabiamente Husek (2009, p. 23) tece o princípio da proteção "tem por escopo a proteção do hipossuficiente".

O princípio protetor conforme esclarece inteligentemente Schiavi (2010, p. 68) é o "fundamento e a finalidade última do Direito Material do Trabalho, pois há necessidade de se conferir proteção jurídica do trabalhador para compensar as desigualdades reais que este apresenta em face do empregador".

Segundo Souza (2009, p. 92), "o princípio da proteção manifesta-se em três outros, a saber: a) *in dubio pro operario;* b) aplicação da norma mais favorável; c) regra da condição mais benéfica":

> a) *in dubio pro operario* ou *in dubio pro misero*. Esse princípio está abrangido pelo da norma mais favorável (HUSEK, 2009), no mesmo sentido Souza (2009) ao comentar que o trabalhador é a parte mais fraca numa relação de trabalho, é necessária a interpretação da norma mais favorável ao obreiro em caso de dúvida;
>
> b) *regra da norma mais favorável*. A existência de mais de uma norma, Husek (2009) deve se preferir a norma que favoreça o empregado. Souza (2009, p. 93) esclarece que "[...] deve ser sempre utilizada à norma mais favorável ao trabalhador, ainda que não seja a correspondente aos critérios clássicos de hierarquia das normas";
>
> c) *condição mais benéfica*. Souza (2009, p. 94) explica que "a aplicação da regra da condição mais benéfica está relacionada a uma situação concreta

[...]". Para o juslaboralista deve prevalecer a norma mais favorável ao obreiro, independentemente da situação que esteja à norma menos favorável (HUSEK, 2009).

Para finalizar o assunto verifica-se que a nova Lei de Falência e Recuperação Judicial não está atingindo a sua meta, apesar da nobre intenção de assegurar a atividade produtora através do princípio da conservação, e de conceder a recuperação judicial somente para as empresas economicamente viáveis, é notável que os créditos laborais ficam prejudicados, como o não pagamento das verbas devidas aos trabalhadores, afrontando cabalmente o maior princípio de todos, o da dignidade da pessoa humana.

2. Finalidade da recuperação judicial

Souza (2009, p. 143) enfatiza que a legislação revogada (Decreto-Lei n. 7.661/1945) previa o benefício da concordata, muito parecida com a atual recuperação de empresa. Para tal concessão era necessário "que o comerciante fosse honesto e de boa-fé, pois determinava requisitos básicos".

Acertadamente os doutrinadores Bertoldi e Ribeiro (2003, p. 338) comentavam que na legislação anterior, quaisquer dados apresentados e mostrados no pedido da concordata não condissessem com a realidade ou sendo que o devedor não fosse honesto e de boa-fé poderia ser usada como fundamentação dos embargos.

A legislação revogada previa a concordata como benefício legal, destinada ao empresário regular e de boa-fé, por fim possibilitando a recuperação da empresa.

Bezerra Filho (2007, p. 135) discorre que a entrada em vigor da nova lei visa "a manutenção da empresa como unidade produtiva, criadora de empregos e produtora de bens e serviços, enfim, como atividade de profundo interesse social, cuja manutenção deve ser procurada sempre que possível".

Masso (2010, p. 98) esclarece que "a recuperação judicial é uns procedimentos legais, cuja finalidade é proporcionar melhor condições à empresa que está em dificuldades financeiras".

Entende Bezerra Filho (2007, p. 135), que a entrada em vigor da nova lei de recuperação judicial tem "uma nova visão, que leva em conta não mais o direito dos credores, de forma primordial, como ocorria na lei anterior".

Souza (2009) ressalta que a reabilitação do devedor mesmo exigindo determinados sacrifícios devidos à consecução da finalidade da recuperação judicial traz benefícios a todos os credores.

O art. 47 da atual Lei n. 11.101/2005 na qual trata da Recuperação Judicial de Empresas tem como finalidade preservar a função social da empresa no que tange a manutenção da atividade empresarial e a preservação dos empregos.

Para alguns doutrinadores, nem todas as empresas merecem os benefícios da recuperação judicial, se na questão o mercado empresarial, ou outras empresas não tiveram interesses na captação da mesma para uma reorganização estrutural e investimentos ou mesmas alternativas, solução não haverá para tal empresa e, portanto não fazendo jus ao benefício da recuperação judicial.

De acordo com o doutrinador Coelho (2009, p. 114), a recuperação judicial visa o "saneamento da crise econômico-financeira e patrimonial preservação da atividade econômica e dos seus postos de trabalho, bem como o atendimento aos interesses dos credores". Esse também foi o posicionamento adotado pelo Supremo Tribunal Federal numa recente ação julgada de inconstitucionalidade a respeito de alguns dispositivos da nova Lei de Recuperação e Falência.

Lazzarini (2010, p. 74) é categórico ao afirmar que "a empresa em crise deve ter uma conduta pró-ativa na recuperação judicial".

É certo que Saad (2005), no art. 1º da Lei n. 11.101/2005, esclarece que a recuperação judicial é aplicável somente ao empresário e à sociedade empresária.

A recuperação somente deve ser utilizada nas empresas, cuja dificuldade econômica tenha um caráter transitório, pois se estiver em situação insolúvel deverá ser decretada a falência.

3. A recuperação judicial da microempresa e empresa de pequeno porte

Foi reservada uma seção específica à recuperação judicial das microempresas e empresas de pequeno porte — Seção V, arts. 70 a 72 da Lei n. 11.101/2005 da Lei de Recuperação e Falência.

É importante definir o que é Microempresário e empresário de pequeno porte. De acordo com o Estatuto próprio (Lei Complementar n. 123/2006) microempresário é o que aufere receita bruta anual de até R$ 240.000,00, e o empresário de pequeno porte como aquela de receita bruta anual entre esse valor e R$ 2.400.000,00 (COELHO, 2010).

Dúvidas surgem quanto à recuperação especial prevista no art. 70 e ss. da LRF, para microempresas e empresas de pequeno porte, ou se podem utilizar a recuperação ordinária, prevista a partir do art. 47 e ss. da LRF.

Souza (2009) entende que os arts. 70 e 72 da LRF no qual trata do regime de recuperação especial é facultativo, pode a microempresa ou empresa de pequeno porte fazer a optar pelo mesmo ou não.

Na mesma linha de raciocínio, Bezerra Filho (2007) entende não haver impedimento para que a microempresa e a empresa de pequeno porte possam se valer dos demais tipos de recuperação.

Alguns aspectos da recuperação judicial do art. 70 e seguintes da LRF, a microempresa e a empresa de pequeno porte foi favorecida, mas, em outros foi severamente prejudicada (SOUZA, 2009).

As microempresas e as pequenas empresas, conforme estabelece o art. 70 da LRF, poderão apresentar o plano especial de recuperação judicial nos moldes da petição inicial que trata o art. 51 da LRF (GUIMARÃES, 2007).

Os credores não atingidos pelo plano especial previsto no art. 70 da lei, não terão seus créditos habilitados na recuperação judicial.

A microempresa e a empresa de pequeno porte para lograr êxito na possibilidade de requerer a recuperação judicial, não podem ter obtido a concessão do instituto, no prazo de oito anos da data no novo pedido (art. 48, III, da LRF), que, para as demais, é de cinco anos (art. 48, II, da LRF) (SOUZA, 2009).

O juiz concederá ou não à recuperação judicial se atendidas as exigências da lei, desnecessária a convocação da assembleia geral de credores para aprovação do plano especial (GUIMARÃES, 2007).

O procedimento da recuperação judicial da microempresa e da empresa de pequeno porte é bastante simplificado (COELHO, 2009).

Souza (2009, p. 149) explana que o "plano especial será apresentado dentro do prazo de 60 dias, contados da publicação da decisão que deferir o processamento da recuperação (art. 71 da LRF)".

O plano preverá parcelamento de 36 parcelas mensais, corrigidas monetariamente e acrescidas de juros de 12% ao ano. A primeira parcela será paga no prazo de 180 dias, contados da distribuição do pedido de recuperação judicial (GUIMARÃES, 2007).

Apresentado o plano o juiz decidirá de pronto, homologando a proposta apresentada ou mandando que seja feita à retificação do plano especial quando em desconformidade com os parâmetros estabelecidos na lei (COELHO, 2009).

No prazo da recuperação judicial, qualquer ato como contratação de empregados, algo que irá gerar despesas, o devedor terá que pedir autorização do juiz, no qual irá consultar o administrador judicial e o comitê de credores (SOUZA, 2009).

Os credores poderão suscitar suas objeções que poderá versar somente a adequação da proposta à lei, esse desentendimento poderá ser superado mediante proposta de acordo entre as partes ou o juiz poderá decidir o conflito determinando o seu aditamento ou homologando a proposta inicial (COELHO 2009).

Uma das questões do procedimento especial é que não há suspensão da prescrição ou das ações e execuções por créditos não abrangidos pelo plano, como "consequência não se concede ao pequeno empresário a manutenção em suas mãos, pelo prazo de 180 dias, de máquinas, equipamentos e veículos que estejam alienados fiduciariamente ou arrendados (BEZERRA FILHO, 2007, p. 194)".

Outra questão de suma importância é o parcelamento estabelecido na lei, que diz respeito somente aos créditos quirografários.

"As dívidas trabalhistas e fiscais do microempresário e do empresário de pequeno porte não se submetem aos efeitos da recuperação e devem ser honradas segundo o disposto na legislação tributária específica" (COELHO, 2009, p. 183).

"O plano especial não afetará os direitos dos credores não atingidos por eles (arts. 70, § 2º e 71, parágrafo único da LRF), prosseguindo as ações e execuções em relação a essas obrigações (incluídas as trabalhistas)" (SOUZA, 2009, p. 150).

Toda essa questão em relação às ações e execuções trabalhistas e os débitos fiscais poderá ser um divisor de águas para a sobrevivência das microempresas e empresas de pequeno porte.

Se optar pela recuperação judicial do art. 51 e ss. da LRF, haverá uma complexidade demasiada para as microempresas e empresas de pequeno porte.

Por outro lado o trabalhador não pode ser penalizado, visto que o empregador utilizou-se de sua mão de obra.

Souto Maior (2010, p. 376) explana que "[...] os direitos trabalhistas, como direitos fundamentais, são postos em posição de prevalência no ordenamento jurídico".

O interessante se o microempresário optar pela recuperação judicial ordinária, prevê o art. 61 diferentemente da recuperação especial, se concedida à recuperação ordinária ao devedor, este permanecerá no prazo de até 2 anos depois da concessão do benefício, para que se cumpram todas as obrigações previstas no plano, inclusive as trabalhistas, o juiz por sentença encerra a recuperação judicial conforme art. 63. A não satisfação e o descumprimento das obrigações dentro de 2 (dois) anos será convalidada em falência, dispositivo 61, § 1º.

Bezerra Filho (2007, p. 179) entende que as obrigações dos credores com vencimentos previstos para um período superior aos dois anos estipulados "terão título executivo judicial pelo valor constante da recuperação e, em consequência, poderão executar a dívida ou, se quiserem, ajuizar requerimento de falência, com fundamento no inciso I do art. 94, como prevê o art. 62".

Conforme prevê o artigo 54 da LRF, o plano não poderá prever um prazo superior a 30 (trinta) para o pagamento de até 5 (cinco) salários mínimos vencidos a 3 (três) meses anteriores ao pedido de recuperação judicial, e nem prever um prazo mais do que 1 (um) ano para pagamento de créditos oriundos da legislação trabalhista ou decorrente de acidentes do trabalho.

Segundo Souza (2009), os créditos trabalhistas vencidos no trimestre anterior ao pedido de recuperação, deverão ser pagos no prazo de 30 (trinta), e os créditos vencidos até a data do pedido de recuperação deverão ser pagos no prazo máximo de 1 (um) ano.

No mesmo sentido Guimarães (2007, p. 148) preceitua que os créditos trabalhistas "deverão ser pagos, integralmente, dentro de 1 (um) ano, mantida a preferência sobre os demais credores (*art. 54*)".

Preceitua Bezerra Filho (2007), que a Nova lei veio para favorecer o capital financeiro e manter o privilégio fiscal, por exigir somente um pagamento imediato e limitado no valor de 5 (cinco) salários mínimos em 30 (trinta) dias, desde que relativos aos últimos 3 (três) meses.

A recuperação judicial especial fica prejudicada no tocante a não suspensão das ações e execuções trabalhistas e dos débitos fiscais, quanto à recuperação judicial ordinária é demasiadamente complexa e onerosa para a microempresa e empresa de pequeno porte.

Não se pode acusar somente a não suspensão das ações e execuções trabalhistas, e as dívidas fiscais, são evidentes que ao microempresário e o empresário de pequeno porte deveria ser concedido um prazo e limite para os pagamentos dos créditos laborais e parcelamento dos débitos fiscais, mas grande questão é a que a Lei não submeteu o fiduciário, o arrendador mercantil ou o negociante de imóvel se houver cláusula de irrevogabilidade ou irretratabilidade no contrato bem como os bancos credores, a recuperação judicial, mas também não a proibiu a inclusão deles no plano, será necessário anuência dos credores para que esses valores, e pouco provável que aceitem a fazer parte da recuperação.

"Destarte, nas condições em que se encontram as micro e pequenas empresas, certamente que o texto legal é totalmente inoperante, haja vista o tratamento diferenciado em relação às grandes corporações [...]" (CLARO, 2009).

É necessário ressaltar os dados do Serasa Experian no que tange aos pedidos de recuperação judicial, em agosto de 2009 foram requeridas 47 pedidos de recuperação judicial, 54 foram deferidas e somente 10 recuperações foram concedidas, em julho de 2010 foram requeridas 63 pedidos de recuperação judicial, 45 foram deferidas e somente 7 recuperações foram concedidas, em agosto de 2010 foram requeridos 57 pedidos de recuperação judicial, 44 foram deferidos e somente 10 recuperações foram concedidas.

Esses dados mostram que as empresas possuem extremas dificuldades em elaborar um bom Plano de Recuperação Judicial e juntar todos os documentos necessários para o benefício, e o próprio regramento ditado pelo mercado.

A crítica é que as microempresas e as empresas de pequeno porte não estão sendo tratadas de forma diferenciada das grandes corporações, é necessário verificar que o impulsionamento efetivo da economia nacional na qual as regem.

De forma sabia, Guimarães (2007, p. 130) entende que "os meios estabelecidos para a recuperação da empresa no plano especial foram restritos, devendo ser ampliados".

Ressalta-se que são perfeitamente aplicáveis os juros de mora, e as correções monetárias diante da recuperação judicial ordinária e a especial.

Na opinião de Saad (2009, p. 540) "as empresas submetidas à recuperação judicial estão sujeitas aos juros e correção monetária, como inscritos no art. 39 e seu § 1º, da Lei n. 8.177/1991".

No mesmo sentido Souza (2009) afirma que a correção monetária dos débitos trabalhistas e os juros no caso de empresas em recuperação judicial continuam sendo a mesma, a prevista no art. 39 da Lei n. 8.177/1991.

Saad (2009) entende que os juros de mora e as correções monetárias deixarão de incidirem se o Plano de Recuperação Judicial homologado judicialmente houver expressa previsão em contrário.

Souza (2009) esclarece que na primeira súmula, é referente à inclusão dos juros de mora e correção monetária na liquidação, independentemente da omissão do pedido inicial e do título executivo judicial a condenação, e a outra são relativas à correção monetária de empresas em intervenção ou liquidação extrajudicial.

Portanto, conclui-se que os juros, e, as correções monetárias dos débitos trabalhistas serão reajustadas na forma do art. 39 da Lei n. 8.177/1991, e a inoperância da Lei no que tange a recuperação judicial especial para as microempresas e empresas de pequeno porte.

Conclusão

O presente trabalho teve como proposta trazer um conhecimento sobre o desafio da recuperação judicial da microempresa e empresa de pequeno porte no ordenamento jurídico trabalhista, o seu impacto nos créditos trabalhistas, juros e correções monetárias, a preservação das empresas, a crítica da chamada recuperação bancária assim intitulada por muitos doutrinadores, o ferimento do princípio da dignidade da pessoa humana, e a severa crítica por não ter um tratamento diferenciado, a microempresa e a empresa de pequeno porte e, por fim, trazendo atuais conceitos e posicionamentos doutrinários. Aspectos esses importantes para reflexão e entendimento da posição atual no que tange essa polêmica.

É de suma importância ressaltar que a pesquisa bibliográfica proporcionou um maior conhecimento sobre o tema, tornando-se a discussão mais rica, e trazendo diversos posicionamentos atuais bem como diferentes perspectivas de análise sobre o tema em questão. A pesquisa documental realizada por meio da internet procurando saber decisões dos tribunais sobre o respectivo tema, evidência a complexidade e a polêmica do assunto.

O objetivo principal do trabalho teve como proposta a reflexão sobre a posição atual do Direito, no que tange o novo cenário da lei de recuperação judicial da microempresa e empresa de pequeno porte a sua dificuldade o impacto nos créditos trabalhistas, correções monetárias e juros, a importante preservação das empresas economicamente viáveis, o princípio da dignidade da pessoa humana e os efeitos da sucessão trabalhista em face da recuperação judicial.

A nova LRF que em muito repercute na legislação trabalhista acaba que por instigar o profissional a contribuir ainda mais com o assunto, trazendo novos posicionamentos doutrinários e estudos de suma importância.

Para adentrar no tema principal do trabalho foi necessário fazer uma breve abordagem sobre a origem recuperação judicial da empresa, a evolução da lei falimentar na legislação brasileira, com objetivo de entender a temática sobre a aplicabilidade ou não dos efeitos no direito trabalhista.

Percebe-se que a legislação brasileira teve como base teórica à lei falimentar norte-americana no que tange a reorganização de empresas e somente a partir da década de 1990, essa disciplina jurídica da crise das empresas se propagou para os demais países europeus, inclusive para a América Latina.

No Brasil somente a Lei n. 11.101, de 9.2.2005, veio tratar da recuperação judicial ou extrajudicial do empresário e da sociedade empresária antes a legislação brasileira era regida pelo antigo Decreto-Lei n. 7.661/1945 e não mais compatíveis com a nova ordem política econômica e social.

É importante ressaltar que os créditos bancários não entram na recuperação judicial, devido a esse acontecimento, a nova lei ficou conhecida como recuperação de créditos bancários, sob o fraco fundamento dos bancos praticarem juros menores, consequência disso é o *spread* bancário, altas taxas, desempregos, e o não soerguimento da empresa mantenedora de empregos.

É notável que as empresas em processo de recuperação, sem lograr êxito em créditos, empréstimos bancários não conseguem arcar com as verbas trabalhistas, acabando por ferir o princípio da dignidade da pessoa humana.

Os juros e as correções monetárias são aplicáveis aos créditos trabalhistas nas empresas em processo de recuperação, os trabalhadores não podem ser penalizados por má-gerência da empresa, os juros e correções monetárias somente deixarão de ser aplicados se expressamente prevista no Plano de Recuperação, isso teoricamente daria uma chance de recuperação da empresa, mas a chance seria maior se os créditos bancários fizessem parte da recuperação.

Segundo a maioria dos doutrinadores, nem todas as empresas são dignas do benefício da recuperação judicial, na verdade, usa-se uma visão empresarial no que tange o mercado empresarial, a problemática é de que se outras empresas não tiveram interesses na captação da mesma para uma reorganização estrutural e investimentos ou mesmas alternativas, solução não haverá para tal empresa e, portanto não fazendo jus ao benefício da recuperação judicial.

A finalidade do princípio da conservação da empresa teve como escopo a manutenção dos empregos, a conservação da unidade produtora de empregos.

Uma das polêmicas do presente trabalho se caracteriza a complexidade da recuperação ordinária bem como o alto custo, e a simplicidade da recuperação especial mas com um tratamento inoperante sem surtir os devidos efeitos na sua aplicabilidade.

A partir das teses, doutrinas e jurisprudência apontadas sobre o desafio da recuperação judicial na microempresa e empresa de pequeno porte e problemática em relação aos juros, correções monetárias, e da sucessão trabalhista, caberá ao intérprete militante na área empresarial focada no Direito do Trabalho utilizar a que melhor se adequar com a realidade.

É de suma importância ressaltar que o presente trabalho, ainda é pouco explorado sendo de cunho exploratório, e não conclusivo, esperou-se oferecer mais conhecimento e contribuir para a discussão do tema. Assim, ele pode e deve ser complementado com outros estudos e pesquisas, preenchendo possíveis lacunas deixadas.

Por fim, conclui-se que é necessária uma reforma na lei, dando um tratamento diferenciado para as microempresas e empresas de pequeno porte, para que, antes de tudo, possa garantir a sobrevivência das empresas em dificuldades geradas pela economia globalizada, tendo em conta, sobretudo, a função social da empresa.

Referências

AMPERJ — *Associação do Ministério Público do Estado do Rio de Janeiro.* Disponível em: <http://www.amperj.org.br/store/legislacao/leis/L11101_falencia.pdf> Acesso em: 20.12.2010.

BATALHA, Wilson de Souza Campos; RODRIGUES NETTO, Nelson; RODRIGUES NETTO, Sílvia Marina Labate Batalha de. *Comentários à lei de recuperação judicial de empresas e falência.* 4. ed. São Paulo: LTr, 2007.

BEZERRA FILHO, Manoel Justino. *Lei de recuperação de empresas e falências comentada.* 4. ed. São Paulo: Revistas dos Tribunais, 2007.

BERTOLDI, Marcelo M. *Curso avançado de direito comercial.* 2. ed. São Paulo: Revistas dos tribunais, 2003. v. 1.

BRASIL, Constituição (1988). *Constituição Federativa do Brasil.* Senado Federal, 1988.

_____. *Planalto.* Disponível em: <http://www.planalto.gov.br/ccivil_03/Decreto-Lei/Del5452.htm> Acesso em: 27.2.2010.

_____. Planalto. Disponível em: <http://www.planalto.gov.br/ccivil/_ato2004-2006/2005/lei/L11101.htm> Acesso em: 4.12.2010.

_____. Presidência. Disponível em: <http://www.presidencia.gov.br/legislacao/> Acesso em: 27.2.2010.

_____. Tribunal Regional do Trabalho da 4ª Região. Disponível em: <http://iframe.trt4.jus.br/consultaprd/pls/submete?controle=aSqsxu76hL9cVgxd&nroprocesso1=00905-2007-

003-04-00-1&nrodocumento=TRT-28951293-1&intervalo=9999&acao=documento> Acesso em: 27.2.2010.

_____. Tribunal Regional do Trabalho da 5ª Região. Disponível em: <http://www.trt5.jus.br/consultaprocessos/modelo/consulta_documento_blob.asp?v_id=AAAHzIABQAAAPcmAAK> Acesso em: 27.2.2010.

_____. Tribunal Regional do Trabalho da 12ª Região. Disponível em: <http://trtcons.srv.trt02.gov.br/cgi-bin/db2www/aconet.mac/main?selacordao=20090859361> Acesso em: 18.1.2010.

_____. Tribunal Regional do Trabalho da 12ª Região. Disponível em: <http://trtcons.srv.trt02.gov.br/cgi-bin/db2www/aconet.mac/main?selacordao=20090812438> Acesso em: 18.1.2010.

_____. Tribunal Regional do Trabalho da 15ª Região. Disponível em: <http://consulta.trt15.jus.br/consulta/owa/wPesquisaJurisprudencia?p_id_juiz_relator=&p_id_juiz_prolator=&p_ident_origem=&p_cod_turma=&p_id_camara=&p_ano_proc_inicial=1980&p_ano_proc_final=2010&p_opcao=E&p_exibe=recuperação¥judicial&p_pagina=1&p_palavra=recuperação¥judicial> Acesso em: 18.1.2010.

_____. Tribunal Regional do Trabalho da 15ª Região. Disponível em: <http://consulta.trt15.jus.br/consulta/owa/wPesquisaJurisprudencia?p_id_juiz_relator=&p_id_juiz_prolator=&p_ident_origem=&p_cod_turma=&p_id_camara=&p_ano_proc_inicial=1980&p_ano_proc_final=2010&p_opcao=E&p_exibe=recuperação¥judicial&p_pagina=2&p_palavra=recuperação¥judicial> Acesso em: 18.1.2010.

_____. Tribunal Superior do Trabalho. Disponível em: <http://www.tst.gov.br/jurisprudencia/Livro_Jurisprud/livro_pdf_atual.pdf> Acesso em: 17.12.2010.

_____. Tribunal Superior do Trabalho. Disponível em: <http://aplicacao2.tst.jus.br/consultaunificada2/> Acesso em: 27.2.2010.

CLARO, Carlos Roberto. *Recuperação judicial*: sustentabilidade e função social da empresa. São Paulo: LTr, 2009.

COELHO, Fábio Ulhoa. *Comentários à nova lei de falências e de recuperação de empresas:* (Lei n. 11.101, de 9.2.2005). 6. ed. São Paulo: Saraiva, 2009.

GAMBA, Juliane Caravieri Martins. Dignidade do trabalhador e políticas públicas: perspectivas no âmbito do estado ético. In: PIOVESAN, Flávia; CARVALHO, Luciana Paula Vaz de (coords.). *Direito humanos e direito do trabalho*. São Paulo: Atlas, 2010.

GUIMARÃES, Maria Celeste Morais. *Recuperação judicial de empresas e falência*. Belo Horizonte: Del Rey, 2007.

HUSEK, Carlos Roberto. *Curso básico de direito internacional público e privado do trabalho*. São Paulo: LTr, 2009.

JUSBRASIL, TÓPICOS. Disponível em: <http://www.jusbrasil.com.br/topicos/296729/credito-trabalhista> Acesso em: 27.2.2010.

LAZZARINI, Alexandre Alves. A recuperação judicial de empresas — dificuldades. In: MARTINS, Sergio Pinto; MESSA, Ana Flávia (coords.). *Empresa e trabalho:* estudos em homenagem a Amador Paes de Almeida. São Paulo: Saraiva, 2010.

MAIOR, Jorge Luiz Souto. A recuperação judicial de empresas e seus necessários efeitos nas lides trabalhistas. In: MARTINS, Sergio Pinto; MESSA, Ana Flávia (coords.). *Empresa e trabalho:* estudos em homenagem a Amador Paes de Almeida. São Paulo: Saraiva, 2010.

PROSCURCIN, Pedro. *Compêndio de direito do trabalho*: introdução às relações de trabalho em transição à nova era tecnológica. São Paulo: LTr, 2007.

SAAD, Eduardo Gabriel. *Consolidação das leis do trabalho.* 42. ed. São Paulo: LTr, 2009.

SCHIAVI, Mauro. *Provas no processo do trabalho.* São Paulo: LTr, 2010.

SILVA, Homero Batista Mateus da. *Responsabilidade patrimonial no processo do trabalho.* Rio de Janeiro: Elsevier, 2008.

SILVA, José Antônio Ribeiro de Oliveira. *A saúde do trabalhador como um direito humano:* conteúdo essencial da dignidade humana. São Paulo: LTr, 2008.

SOUZA, Marcelo Papaléo de. *A lei de recuperação e falência e suas consequências no direito e no processo do trabalho.* 3. ed. São Paulo: LTr, 2009.

WALDRAFF, Célio Horst. *A nova lei de falências e o direito do trabalho:* aspectos práticos. Curitiba: Genesis, 2005.

>> Empresa Pública e a Súmula n. 331/TST depois da ADC n. 16

Cíntia Liborio Fernandes Costa[*]

Introdução

O Supremo Tribunal Federal, por seu Plenário, em importante e histórica decisão, por maioria, declarou a constitucionalidade do § 1º, do art. 71 da Lei n. 8.666, de 1993.

A decisão foi tomada no julgamento da Ação Declaratória de Constitucionalidade (ADC) 16, ajuizada pelo governador do Distrito Federal em face da Súmula n. 331, do Colendo Tribunal Superior do Trabalho (TST).

Referida Súmula negava vigência ao § 1º do mencionado art. 71 pois criou responsabilidade subsidiária tanto para a Administração Direta quanto para a Indireta, com relação aos débitos trabalhistas impagos pela empresa contratada.

Contraditoriamente, a mesma Súmula, no inciso II, negava vínculo de emprego com os entes públicos.

Ainda assim, em muitos casos, a Justiça do Trabalho impôs aos entes públicos até mesmo responsabilidade solidária.

Como consequência da declaração de constitucionalidade, o Plenário julgou procedente todas as Reclamações com a mesma causa de pedir, ou seja, fundamentadas na Súmula n. 331 do C. TST.

Na ADC n. 16, o governo do Distrito Federal alegou que o dispositivo legal em questão

> "tem sofrido ampla retaliação por parte de órgãos do Poder Judiciário, em especial o Tribunal Superior do Trabalho (TST), que diuturnamente nega vigência ao comando normativo expresso no art. 71, § 1º da Lei Federal n. 8.666/1993."

---

[*] Advogada concursada da Caixa Econômica Federal.

Observou, nesse sentido, que a Súmula n. 331 do TST prevê justamente o oposto da norma do art. 71 e seu § 1º.

Em que pese a decisão haver sido tomada por maioria, em um ponto importante os ministros foram unânimes: o TST não poderá generalizar os casos e aplicar a Súmula n. 331, principalmente seu inciso IV, de forma automática.

No caso, deve-se investigar com mais rigor se a inadimplência tem como causa principal a falha ou falta de fiscalização pelo órgão público contratante ou se para algumas empresas prestadores é muito conveniente contratar com o Poder Público.

1. Reclamações

O dispositivo declarado constitucional trata das contratações com o Poder Público.

Se o contratado tornar-se inadimplente (encargos trabalhistas, fiscais e comerciais), tais encargos não poderão ser transferidos à Administração Pública Direta nem Indireta, em especial porque a inadimplência do contratado (risco do negócio particular) não pode ser transferida para o Poder Público, mais ainda por repercutir em toda a sociedade.

Após a publicação do acórdão o TST já revisou seu entendimento para afastar a responsabilidade objetiva, ao inserir o inciso "V" na Súmula n. 331. Bem assim, o STF reconheceu repercussão geral da matéria, o que suspende o andamento de todas as ações que discutam o tema, em razão do Recurso Extraordinário n. 603.397.

2. Empresa pública — características — limitações

Em virtude de sua natureza jurídica, as empresas públicas são regidas, em suas relações jurídicas contratuais travadas, pelo peculiar regime jurídico administrativo, caracterizado por sujeições e prerrogativas inerentes ao Poder Público (art. 37 da CF/1988), dentre as quais se ressalta o regime licitatório, previsto na Lei n. 8.666/1993.

Com efeito, a criação de empresa pública decorre da descentralização administrativa dos serviços públicos, entre pessoas jurídicas que repartem competências.

Assim leciona a ilustre administrativista Maria Sílvia di Pietro:

> "Descentralização por serviços, funcional ou técnica é a que se verifica quando o poder público (União, Estados ou Municípios) cria uma pessoa jurídica de direito público ou privado e a ela atribuía titularidade e a execução de determinado serviço público. No Brasil, essa criação somente

pode dar-se por meio de lei e corresponde, basicamente, à figura da autarquia, mas abrange também fundações governamentais, sociedades de economia mista e empresas públicas, que exercem serviços públicos."[1]

Diante disso, ao contratar empresa prestadora de serviços nos limites da lei, nenhum vínculo empregatício se estabelece entre a empresa pública (tomadora de serviços) e trabalhador, cujo vínculo decorre de relação jurídica com a empresa contratante.

Tanto é assim que a prestação do serviço é dirigida pela empresa terceirizada — dela emanando todas as ordens e instruções para desempenho do serviço junto à empresa pública contratante.

Assim, qualquer trabalhador pode ser destinado à execução do serviço, isento de pessoalidade e subordinação jurídica com o tomador dos serviços.

Em suma, presentes os requisitos de legalidade da subcontratação, tais como boa-fé, serviço especializado, direção pela prestadora do serviço e sua idoneidade econômica (aferida no processo licitatório, na fase de documentação) bem como os requisitos do art. 265 do novo Código Civil, não há fundamento legal para impor à empresa pública responsabilidade subsidiária pelo simples fato de ser tomadora de serviços.

A contratação, mais ainda após rigoroso processo licitatório, torna-se ato jurídico perfeito, praticado com plena observância da lei aplicável e protegido pela Constituição Federal.

Assim, a redação do § 1º, do art. 71 da Lei n. 8.666/1993 com a redação dada pela Lei n. 9.032, de 28.4.1995 atendeu às particularidades das empresas públicas, que muitas vezes atuam em parcelas do mercado que não interessam à iniciativa privada, até mesmo sem visar lucro, para atender o interesse público.

Tratar com igualdade situações desiguais afronta o princípio da igualdade, previsto na Constituição Federal.

Veja-se que entendimento diverso, como o contido na Súmula n. 331, além de violar o princípio da legalidade estrita — ao qual as empresa públicas estão sujeitas — só resolve parte do problema: pagamento de trabalhadores.

Todavia, o prejuízo com a irresponsabilidade financeira do prestador de serviços, que deveria ser objeto de controle mais rigoroso por parte das Juntas Comerciais, acaba pulverizado para toda uma sociedade, o que de certa forma retroalimenta a prática de empresas terceirizadas que simplesmente desaparecem do mercado, sem qualquer justificativa.

Aliás, tal comportamento tem sido reforçado pela aplicação da Súmula em questão.

É muito confortável contratar com empresa pública que — nunca é demais informar — sempre honra seus pagamentos rigorosamente em dia — e depois de certo tempo, a empresa prestadora abandonar seus empregados à própria sorte.

---

(1) PIETRO, Maria Sylvia Zanella di. *Direito administrativo*. 23. ed. São Paulo: Atlas, 2010. p. 410/411.

Estes maus empresários ousam arriscar (como se fosse parte do negócio) que aqueles poucos trabalhadores que buscarão seus direitos perante o Poder Judiciário serão ressarcidos pela empresa pública contratante, porquanto a aplicação de Súmula, pelo juízo sentenciante ou mesmo pela Turma do Tribunal impedem a subida de recurso.

Afinal de contas, pela inteligência da Súmula, sempre haverá um ente público que acaba arcando com o prejuízo, mesmo não sendo causador dele; prejuízo este que é suportado com dinheiro público, ou seja, de toda a sociedade.

Pelo exposto, verifica-se que, se o contrato de serviços terceirizados for celebrado sob o regime da Lei n. 8.666/1993, a empresa pública não poderá ser responsabilizada, nem subsidiaria muito menos solidariamente, pelo inadimplemento das obrigações trabalhistas, fiscais ou comerciais da empresa interposta, vez que ausente liberdade de contratar como também não pode ser obrigada a participar dos riscos do negócio do contratante.

3. Súmula n. 331 — alcance — aplicabilidade — empresa pública

Vejamos o que diz a Súmula n. 331 do C. TST:

SÚMULA N. 331. CONTRATO DE PRESTAÇÃO DE SERVIÇOS. LEGALIDADE (mantida) — Res. n. 121, DJ 19, 20 e 21.11.2003

I — A contratação de trabalhadores por empresa interposta é ilegal, formando-se o vínculo diretamente com o tomador dos serviços, salvo no caso de trabalho temporário (Lei n. 6.019, de 3.1.1974).

II — A contratação irregular de trabalhador, mediante empresa interposta, não gera vínculo de emprego com os órgãos da administração pública direta, indireta ou fundacional (art. 37, II, da CF/1988).

III — Não forma vínculo de emprego com o tomador a contratação de serviços de vigilância (Lei n. 7.102, de 20.6.1983) e de conservação e limpeza, bem como a de serviços especializados ligados à atividade-meio do tomador, desde que inexistente a pessoalidade e a subordinação direta.

IV — O inadimplemento das obrigações trabalhistas, por parte do empregador, implica a responsabilidade subsidiária do tomador dos serviços, quanto àquelas obrigações, desde que hajam participado da relação processual e constem também do título executivo judicial (art. 71 da Lei n. 8.666, de 21.6.1993).

V — Os entes integrantes da administração pública direta e indireta respondem subsidiariamente, nas mesmas condições do inciso IV, caso evidenciada a sua conduta culposa no cumprimento das obrigações da Lei n. 8.666/1993, especialmente na fiscalização do cumprimento das obrigações contratuais e legais da prestadora de serviço como empregadora. A aludida responsabilidade não decorre de mero inadimplemento das obrigações trabalhistas assumidas pela empresa regularmente contratada.

4. Consequências da aplicação do Inciso IV da Súmula n. 331, do C. TST

Cumpre esclarecer que o reconhecimento de responsabilidade de empresa pública por verbas trabalhistas inadimplidas pelo contratado, ainda que em caráter subsidiário, implicaria reconhecer que a Súmula n. 331 do col. TST, ainda que em flagrante contradição, veda vínculo empregatício com o ente público tomador de serviços, mas imputa-lhe responsabilidade subsidiária.

Além disso, como já dito, as decisões que atribuíam responsabilidade subsidiária contra empresa pública negavam vigência ao § 1º, do art. 71, da Lei Federal n. 8.666/1993, que afasta responsabilidade da Administração Pública pelos créditos inadimplidos por seus contratados.

Cabe à empresa pública apenas fiscalizar e exigir a observância dos deveres legais intrínsecos pelo prestador, e impor as sanções contratuais cabíveis.

Não passa pelo crivo da razoabilidade que a empresa pública, que atua muitas vezes em segmentos não atendidos por empresas privadas, como também atua em atividades temporárias ou emergenciais, seja responsabilizada pela má-gestão de empresa privada.

Diante disso, mesmo a responsabilidade por eventual culpa *in eligendo* deve ser mitigada, em razão da obrigatoriedade do processo licitatório.

Bem assim, eventual culpa *in vigilando* também deve ser aplainada, tendo em vista que a ingerência da tomadora na direção dos serviços pode, em tese, caracterizar os requisitos da relação de emprego — em especial pela subordinação jurídica — a empresa pública não tem o poder de fiscalizar a empresa prestadora com a mesma liberdade conferida às empresa privadas.

5. Terceirização lícita — do § 7º, do art. 10, do Decreto-lei n. 200/1967 — art. 37 da Constituição Federal — possibilidade de terceirização de serviços

Cumpre destacar que no âmbito da administração pública a descentralização dos serviços não essenciais foi preconizada pelo Decreto-lei n. 200/1967.

O art. 10, § 7º, do citado diploma legal dispõe que:

"Para melhor desincumbir-se das tarefas de planejamento, coordenação, supervisão e controle com o objetivo de impedir o crescimento desmensurado da máquina administrativa, a Administração procurará desobrigar-se da realização material de tarefas executivas, *recorrendo, sempre que possível, à execução indireta, mediante contrato, desde que exista, na área, iniciativa privada suficientemente desenvolvida e capacitada a desempenhar os encargos da execução.*"

O ato administrativo de contratação, obrigatoriamente precedido de processo de licitação, por meio do qual se realizam as contratações de serviços, obedece rigidamente aos ditames previstos no art. 10 do Decreto-lei n. 200/1967 e nos demais diplomas legais que regulam as contratações públicas.

Com efeito, na celebração dos contratos foram observados requisitos básicos relacionados à idoneidade da contratante, constando, inclusive, do instrumento firmado, todos os seus deveres, sendo que na ocasião da licitação realizada, quando de sua habilitação, apresentou condições financeiras hábeis para contratar.

Não pode a empresa pública, como tomadora de serviços, ser responsabilizada, nem mesmo subsidiariamente, vez que esta, como órgão da administração pública indireta da União, está sujeita à regulamentação federal expressa do art. 37, inciso XXI, bem como no Decreto-lei n. 200/1967, em seu art. 10, § 7º.

Assim dispõe o § 7º, Art. 10, do Decreto-lei n. 200/1967:

"§ 7º Para melhor desincumbir-se das tarefas de planejamento, supervisão e controle e com o objetivo de impedir o crescimento desmesurado da máquina administrativa, a administração procurará desobrigar-se da realização material de tarefas executivas, recorrendo, sempre que possível, à execução indireta, mediante contrato desde que exista na área iniciativa privada suficientemente desenvolvida e capacitada a desempenhar os encargos de execução."

Estabelece ainda o inciso II do art. 37 da CF/1988 que:

"II — A administração pública direta, indireta ou fundacional, de qualquer dos Poderes da União, dos Estados, do Distrito Federal e dos Municípios obedecerá aos princípios de legalidade, impessoalidade, moralidade, publicidade e, também, ao seguinte: (...)."

E no inciso XXI, do mesmo artigo:

"Ressalvados os casos especificados na legislação, as obras, serviços, compras e alienações serão contratados mediante processo de licitação pública que assegure igualdade de condições a todos os concorrentes, com cláusulas que estabeleçam obrigações de pagamento, mantidas as condições efetivas de proposta, nos termos da lei, o qual somente permitirá as exigências de qualificação técnica e econômica indispensáveis à garantia do cumprimento das obrigações (...)."

A contratação de empresa prestadora de serviços por empresa pública, mediante contrato de natureza civil, está autorizada pelos dispositivos de Lei acima citados.

Portanto, são observados os princípios constitucionais de legalidade, impessoalidade, moralidade e publicidade, previstos no *caput* do art. 37 da Constituição Federal, bem como, o que determina o inciso XXI, do mesmo artigo, que foi regulamentado pela Lei n. 8.666/1993, da qual, por oportuno, cumpre destacar:

"Art. 71. O contratado é responsável pelos encargos trabalhistas, previdenciários, fiscais e comerciais resultantes da execução do contrato.

§ 1º A inadimplência do contratado com referência aos encargos trabalhistas, fiscais e comerciais não transfere à Administração Pública a responsabilidade por seu pagamento, nem poderá onerar o objeto do contrato ou restringir a regularização e o uso das obras e edificações, inclusive perante o registro de imóveis. (Redação dada pela Lei n. 9.032, de 28.4.1995)."

Em uma empresa pública, mesmo os prestadores de serviço são beneficiados pelo cuidado com o meio ambiente do trabalho, pois não é possível cindir os ambientes para discriminar os prestadores.

Além disso, os prestadores de serviço, cada qual de acordo com a atividade exercida, pode recorrer aos sindicatos das categorias, como por exemplo, o Sindicato dos empregados em processamento de dados e o Sindicato dos vigilantes.

A realidade criada pela Súmula n. 331/TST, segundo a qual a empresa pública responde subsidiariamente pelas obrigações trabalhistas inadimplidas na verdade criou a irresponsabilidade das empresas prestadoras.

O principio do amplo acesso aos certames públicos impede que uma empresa pública estabeleça exigências que eventualmente limitariam a participação das pequenas empresas prestadoras de serviços.

Além disso, as grandes empresas prestadoras preferem a contratação com empresas particulares vez que não há limitação ao prazo de contratação, ao contrário das empresas publicas, cujos contratos não podem ultrapassar os 60 meses, salvo motivo excepcional e mesmo assim não pode haver prorrogação superior a 180 dias.

Assim, diante da necessidade de contratação de prestadores de serviço para atividade-meio e mesmo para atividades de natureza transitória é cabível, sem que a empresa pública tenha que participar dos prejuízos decorrentes da má gestão da empresa, mais ainda por não ser possível exercer ingerência nestas empresas por não estar na condição de sócio votante.

O empregador é aquele que assume os riscos da atividade econômica, hoje amplamente entendida como produção de bens e prestação de serviços. Negar que a prestação de serviços seja atividade de empresa é negar fatos que inspiraram a elaboração da lei que leva em conta tanto o aspecto subjetivo quanto o objetivo.

Com efeito, o conceito de empresa foi modificado com o advento do Novo Código Civil, que ampliou o conceito de empresa. Vejamos:

> Código Civil, art. 966. Considera-se empresário quem exerce profissionalmente atividade econômica organizada para a produção ou a circulação de bens ou de serviços.
>
> Parágrafo único. Não se considera empresário quem exerce profissão intelectual, de natureza científica, literária ou artística, ainda com o concurso de auxiliares ou colaboradores, salvo se o exercício da profissão constituir elemento de empresa.

A ampliação do conceito decorreu das necessidades de ordem econômica da sociedade.

Aliás, a Constituição Federal protege a livre iniciativa empresarial, a teor dos arts. 170 e ss.

Com efeito, não há proibição de constituir empresa prestadora de serviços. Aliás, o inciso VIII estabelece que a busca do pleno emprego é um dos princípios da Ordem Econômica.

Além disso, o Parágrafo único do art. 170 assegura a todos o livre exercício de qualquer atividade econômica, independentemente de autorização de órgãos públicos, salvo nos casos previstos em lei.

Ora, não há restrição à prestação de serviços nos moldes existentes no mercado.

Demais disso, no mesmo capítulo consta a sujeição das empresas públicas à realização de licitação e contratação de obras, serviços, compras e alienações, observados os princípios da administração pública.

No caso, é preciso maior rigor na constituição das empresas que são prestadoras de serviços, ainda que não seja declarada a especialidade, vez que a empresa pública não tem poder de fiscalizar tais empresas antes da contratação.

Caso constate descumprimento durante o contrato, pode até rescindir o ajuste, mas somente depois do procedimento administrativo respeitado o contraditório e a ampla defesa garantidos pela constituição federal.

Além dessa situação, a terceirização continuaria sendo possível nas hipóteses legalmente previstas do trabalho temporário (Lei n. 6.019/1974) e serviços de vigilância (Lei n. 7.102/1983), respeitados os limites ali fixados.

Na empresa publica não é possível observar os mesmos direitos a empregados e prestadores em razão da obrigatoriedade da realização de concurso público de provas e títulos, (art. 37, CF).

De qualquer forma, a responsabilidade jamais poderá ser solidária, vez que não há previsão legal muito menos contratual, tendo em vista a sujeição da empresa pública à legalidade estrita.

Com efeito, no contrato que é firmado por empresa pública com a empresa prestadora já são estipulados os valores a serem dispendidos com a contratação total, valores estes que são apresentados no edital que precede a assinatura do contrato e ao qual o contratante adere como condição para participar.

No tocante à culpa, a decisão do plenário na ADC n. 16 deixou claro que resta afastada a responsabilidade objetiva das empresas públicas.

No caso, devem ser preenchidos os requisitos da responsabilidade subjetiva que são mais rigorosos que o anterior critério que não distinguia se a empresa era pública ou privada.

Além disso, a solidariedade não se presume: decorre da lei ou de contrato.

Vejamos:

Código civil, art. 265. A solidariedade não se presume; resulta da lei ou da vontade das partes.

Diante disso, não pode a empresa pública ser penalizada pela imposição de responsabilidade subsidiária e muito menos pela responsabilidade solidária, tendo em vista as particularidades e regime jurídico a que está sujeita.

Decisões favoráveis AFASTAMENTO DA CONDENAÇÃO SUBSIDIÁRIA — TRIBUNAL REGIONAL DO TRABALHO DA 3ª REGIÃO

http://as1.trt3.jus.br/jurisprudencia/acordaoNumero.do?evento=Detalhe&idAcordao=826546&codProcesso=820530&datPublicacao=04/02/2011&index=0

PODER JUDICIÁRIO

TRIBUNAL REGIONAL DO TRABALHO — 3ª REGIÃO

TRT-00727-2010-089-03-00-6-RO

Recorrente: Caixa Econômica Federal

Recorridos: Wilvane Geórgia Miranda Aredes (1)

Albina Conservação e Serviços Técnicos Ltda. (2)

EMENTA: TERCEIRIZAÇÃO — ENTE PÚBLICO — TOMADOR DE SERVIÇOS – ART. 71, § 1º, DA LEI N. 8.666, DE 1993 — AÇÃO DECLARATÓRIA DE CONSTITUCIONALIDADE N. 16 — ANÁLISE CASO A CASO — Conforme decidiu o Excelso Supremo Tribunal Federal nos autos da Ação Declaratória de Constitucionalidade n. 16, não se pode generalizar a aplicação da Súmula n. 331 do TST, devendo-se investigar com mais rigor se a inadimplência tem como causa principal a falha ou falta de fiscalização pelo órgão público contratante, vez que constitucional o art. 71 da Lei n. 8.666, de 1993.

...

Ante o exposto, conheço do recurso ordinário e, no mérito, dou-lhe provimento para, julgando improcedentes os pedidos da inicial em face da CAIXA, absolvê-la da condenação subsidiária que lhe foi imposta em 1º grau.

http://as1.trt3.jus.br/jurisprudencia/acordaoNumero.do?evento=Detalhe&idAcordao=826269&codProcesso=820253&datPublicacao=04/02/2011&index=1

PODER JUDICIÁRIO

TRIBUNAL REGIONAL DO TRABALHO — 3ª REGIÃO

TRT-00300-2010-149-03-00-7-RO

Recorrentes: Elaine Santos de Souza Patrício (1)

Caixa Econômica Federal (2)

Recorridos: os mesmos (1)

Albina Conservação e Serviços Técnicos Ltda. (2)

EMENTA: TERCEIRIZAÇÃO — ENTE PÚBLICO — TOMADOR DE SERVIÇOS – ART. 71, § 1º, DA LEI N. 8.666, DE 1993 — AÇÃO DECLARATÓRIA DE CONSTITUCIONALIDADE N. 16 — ANÁLISE CASO A CASO — Conforme decidiu o Excelso Supremo Tribunal Federal nos autos da Ação Declaratória de Constitucionalidade n. 16, não se pode generalizar a aplicação da Súmula n. 331 do TST, devendo-se investigar com mais rigor se a inadimplência tem como causa principal a falha ou falta de fiscalização pelo órgão público contratante, vez que constitucional o art. 71 da Lei n. 8.666, de 1993.

...

Ante o exposto, conheço dos recursos ordinários e, no mérito, dou provimento parcial ao recurso da CAIXA para excluir de sua responsabilidade subsidiária o pagamento de diferença salarial e reflexos, auxílio refeição e auxílio cesta alimentação, 13ª cesta--alimentação, auxílio creche, participação nos lucros e resultados, horas extras, multas dos arts. 467 e 477 da CLT, saldo de salário do mês de janeiro, aviso prévio indenizado, 2/12 de 13º salário proporcional, 4/12 de férias proporcionais de 2009/2010 + 1/3, multa de 40% sobre o FGTS, indenização por danos morais. Nego provimento ao recurso da reclamante.

http://as1.trt3.jus.br/jurisprudencia/acordaoNumero.do?evento= Detalhe&id Acordao=826054&codProcesso=820018&datPublicacao=04/02/2011&index=5PODER JUDICIÁRIO

TRIBUNAL REGIONAL DO TRABALHO DA 3ª REGIÃO

00299-2010-085-03-00-6-RO

Recorrente(s): Universidade Federal dos Vales do Jequitinhonha e Mucuri

Recorrido(s): Maria Ascenção de Andrade (1) Hiper Limpe Conservação e Serviços Ltda. (2)

EMENTA: ENTE PÚBLICO — RESPONSABILIDADE SUBISIDIÁRIA — ART. 71 DA LEI N. 8.666/1993. Somente havendo prova de culpa na fiscalização do contrato de prestação de trabalho por parte do ente público é que incide responsabilidade subsidiária na forma da Súmula n. 331, inciso IV do TST, conforme decisão recente proferida pelo E. STF na Ação Declaratória de Constitucionalidade n. 16/2007.

...

Conhece-se do recurso e, no mérito, dá-se provimento parcial para excluir da responsabilidade subsidiária imposta à recorrente o pagamento das verbas rescisórias, mantendo-a apenas em relação ao FGTS não recolhido no curso do contrato de trabalho.

http://as1.trt3.jus.br/jurisprudencia/acordaoNumero.do?evento=Detalhe&idAcordao= 825296&codProcesso=819283&datPublicacao=02/02/2011&index=9

PODER JUDICIÁRIO

TRIBUNAL REGIONAL DO TRABALHO DA 3ª REGIÃO

00706-2010-017-03-00-7-RO

Recorrente(s): Uniao Federal

Recorrido(s): Lucia Fatima de Souza (1) Adservis Multiperfil Ltda. (2)

EMENTA: ENTE PÚBLICO — RESPONSABILIDADE SUBISIDIÁRIA — ART. 71 DA LEI N. 8.666/1993. Somente havendo prova de culpa na fiscalização do contrato de prestação de trabalho por parte do ente público é que incide responsabilidade subsidiária na forma da Súmula 331, inciso IV do TST, conforme decisão recente proferida pelo E. STF na Ação Declaratória de Constitucionalidade n. 16/2007.

...

Conheço do recurso para, no mérito, rejeitando as preliminares de impossibilidade jurídica do pedido e de sobrestamento do feito, dou-lhe provimento para excluir da condenação a responsabilidade subsidiária imposta à União Federal, prejudicado os demais itens do recurso.

Conclusão

A declaração de constitucionalidade do § 1º, do art. 71, da Lei n. 8.666/1993, cujo v. acórdão pende de publicação, devolveu o equilíbrio às relações entre empresas contratadas e o Poder Público.

Com efeito, o Poder Público não tem a liberdade de contratar, vez que é obrigada pela Constituição Federal a promover licitação e vinha sendo prejudicada pela automática condenação subsidiária nos tribunais do trabalho sem a necessária análise acerca das restrições impostas pela lei, em especial no tocante a licitações e ao risco privado dos negócios.

Do mesmo modo, a condenação solidária do ente público não está prevista nem na lei nem no contrato, o que impede sua aplicação.

A matéria é tão relevante que o próprio STF já reconheceu a repercussão geral, no que foi seguido pelo TST, o que implica sobrestamento de todos os processos que tratam o tema.

Por esta e outras razões, o Poder Público não pode sofrer as mesmas sanções aplicadas à empresas particulares, tendo em vista a sujeição ao procedimento licitatório que lhe retira a liberdade existente nas empresas privadas, de sorte que a aplicação da Súmula n. 331, inciso IV, do C. TST, não pode ocorrer de forma automática posto que mantem o círculo vicioso de empresas de ocasião, como também pela dificuldade de controle das empresa após o término da fase documental do processo licitatório em face das penalidades decorrentes da lei de licitações.

►► Esclarecendo Temas Trabalhistas para Empresas Estrangeiras

Cintia Yazigi[*]

Introdução

A visão em geral das empresas estrangeiras, acerca da aplicabilidade da legislação trabalhista brasileira, na maioria das vezes, guarda a impressão equivocada e incide em má interpretação. Quando se trata de referido tema, a incompreensão é constante no universo empresarial internacional.

Embora todos os países tenham culturas, hábitos, costumes e legislações divergentes, o esclarecimento acerca do Direito do Trabalho Brasileiro exige o máximo de objetividade. É relevante informar que o advogado brasileiro, que realiza trabalhos de consultoria trabalhista para empresas estrangeiras, deve sempre passar ao cliente uma explicação simples e lógica, contrariando os métodos complexos de um defensor de teses.

Seja empresa de origem Americana, Europeia, Asiática, Africana ou até da Oceania, as dúvidas na maioria das ocasiões, são previsíveis e explicações devem ser únicas. A intenção não é especificar legislações estrangeiras, tampouco estudar o direito comparado, mas sim verificar quais os temas na legislação brasileira que provocam mais dúvidas nas empresas internacionais e como isso deve ser elucidado.

O segmento legal trabalhista brasileiro tem regras salientes, onde a própria Constituição Federal prevê a valorização do trabalho como a condição *da dignidade humana*, assegurando direitos trabalhistas poderosos e bem satisfatórios se comparado com muitos países.

(*) Advogada, com mais de 20 anos de experiência na área trabalhista, Sócia Coordenadora da área trabalhista do Tess Advogados, Graduada pela Universidade Presbiteriana Mackenzie e Pós-Graduada em Direito Empresarial pela mesma Universidade. É membro da WLI of International Association of Independent Law Firms e da Comissão de Direito do Trabalho da OAB, secretariando o Comitê de Direito Empresarial da OAB/SP. Palestrante e Professora convidada em cursos e seminários. *E-mail:* cyazigi@tesslaw.com

Contudo, quando se trata de princípios, regras e obrigações trabalhistas, a legislação brasileira concentrada na Consolidação das Leis do Trabalho, coleciona preceitos bem específicos e exclusivos, mas em contrapartida é carente quando omite temas inovadores de repercussão internacional, como ocorre pro exemplo nos caso de *non competition and confidentiality agreement e moral damage*[1].

Dentre os temas que causam maiores dúvidas para os estrangeiros, interessante destacar os que envolvem a contratação de estrangeiro para trabalhar no Brasil acompanhado da possibilidade de aquisição do respectivo visto e o respeito às regras essenciais no decorrer do cumprimento do contrato de trabalho.

1. Das exigências na contratação de estrangeiros

No que trata da contratação de estrangeiros para trabalhar no Brasil, importante relevar o quanto previsto nos arts. 352 à 371 da Consolidação das Leis do Trabalho — CLT que trata exclusivamente da Nacionalização do Trabalho.

Sob este tema, serão apresentados apenas os pontos mais questionados. O primeiro deles, para efeito de elucidação aos empresários estrangeiros, trata da informação de que é obrigatório que ao menos 2/3 de seus empregados sejam brasileiros. Mas isto não bastará, há de se revelar que a folha de pagamento também deve obedecer a mesma proporção. Referida disposição está anunciada no parágrafo único do art. 354 da Consolidação das Leis do Trabalho — CLT que assim dispõe: "a proporcionalidade é obrigatória não só em relação á totalidade do quadro de empregados, com as exceções desta lei, como ainda em relação à correspondente folha de salário".

Quanto à obrigatoriedade de que ao menos 2/3 dos empregados sejam brasileiros, não há grandes inconvenientes e reações contrárias. Contudo, em se tratando do requisito referente à proporção aplicável na folha de pagamento, embora aparentemente aceitável, é fato que tem ocasionado muitos transtornos aos empresários estrangeiros, principalmente porque a intenção deles é sempre incluir nos seus quadros, empregado estrangeiro de sua total confiança, que em virtude da própria posição profissional, possui padrão salarial mais alto em relação aos brasileiros que exercerão cargos menos elevados. A título de exemplificação verifique-se que para cada empregado estrangeiro de alto padrão que ganha R$ 15.000,00 (quinze mil reais) por mês, a empresa terá de contratar no mínimo 10 empregados brasileiros que ganhem R$ 3.000,00 (três mil reais) por mês. Por isso, e em obediência à própria legislação brasileira, o empresário necessita analisar sua intenção preventivamente, na medida em que a possibilidade do empregado estrangeiro de nível profissional elevado "estourar o limite" imposto em folha de pagamento é muito grande.

---

(1) Contrato de não concorrência e confidencialidade e Dano Moral.

Por oportuno, cumpre ainda notar, como consta no mesmo preceito, que há exceções. Neste sentido é permitido que ocorra contratação de estrangeiros proporcionalmente superiores de 1/3, em decorrência de circunstâncias especiais da respectiva atividade advindas de ato do Poder Executivo, com o requisito de apuração pelo Departamento Nacional de Trabalho acerca da insuficiência do número de brasileiros na atividade de que se tratar.[2] Também cumpre lembrar que citadas exigências não se aplicam às Empresas Rurais.

2. Da aquisição de visto

Outro questionamento bem pertinente refere-se à legalização de trabalho do estrangeiro no Brasil. Em primeiro plano, a empresa que for contratar o empregado estrangeiro, deverá apresentar dados de sua estrutura salarial, bem como definir a remuneração do empregado especificando inclusive, se haverá pagamento exclusivo e único no Brasil ou se haverá pagamento salarial no exterior também.

Como já referido e por evidência, muitas empresas estrangeiras quando resolvem ampliar seus negócios e abrir uma filial no Brasil, sempre procuram indicar empregados de sua confiança, preferencialmente de seu próprio país. Contudo, para se contratar estrangeiros a fim de trabalharem no Brasil, é indispensável cumprir-se algumas exigências legais.

O empregado estrangeiro deverá obter uma autorização específica para trabalhar no Brasil a ser concedida pelo Ministério do Trabalho. Com a posse da referida autorização, poderá ser requerida a concessão de visto, seja temporário ou permanente.

O visto temporário que tem prazo de até dois anos, pode ser renovado uma vez e posteriormente transformado em visto permanente, é concedido a empregados contratados por empresas brasileiras para desenvolverem atividades que exijam conhecimento específico. Neste caso, a habilitação do contratado, que deverá comprovar tempo de experiência não inferior a dois anos, deverá ser diferenciado e superar o conhecimento dos profissionais brasileiros na área de contratação.

O item V, do art. 13 da Lei n. 6.815/1980 ao prever que "o visto temporário poderá ser concedido ao estrangeiro que pretenda vir ao Brasil: ... V — na condição de cientista, professor, técnico ou profissional de outra categoria, sob regime de contrato ou a serviço do Governo brasileiro" demonstra que o conhecimento específico é exigência essencial para sua concessão.

---

(2) Art. 354 da CLT. A proporcionalidade será de dois terços de empregados brasileiros, podendo, entretanto, ser fixada proporcionalidade inferior, em atenção às circunstâncias especiais de cada atividade, mediante ato do Poder executivo, e depois de devidamente apurada pelo Departamento Nacional do Trabalho na insuficiência do número de brasileiros na atividade de que se tratar.

Já a Resolução Normativa n. 80/2008[3] que disciplina a concessão de autorização de trabalho para obtenção de visto temporário a estrangeiro com vínculo empregatício, desde que o empregador esteja estabelecido no Brasil, regula todas as exigências pelo qual deverá ser comprovada a qualificação e experiência profissional do empregado estrangeiro.

Outra hipótese de aquisição de visto para trabalho é o visto técnico. Este deve proceder de um contrato registrado no Instituto Nacional da Propriedade Industrial — INPI envolve exclusivamente a prestação de serviços de assistência técnica ou transferência de tecnologia. O empregado com visto técnico, diferente daquele que adquire o visto temporário, permanece empregado pela empresa estrangeira de onde também recebe a remuneração. O visto do prestador de serviços de assistência técnica poderá ter validade de um ano, renovável por igual período. Já o visto do prestador de serviços de transferência de tecnologia poderá ter a validade de dois anos, renováveis por mais dois anos. Os casos emergenciais têm tratamento específico previsto em lei.

Em se tratando de visto permanente releve-se que pode ser acompanhado por contrato por tempo determinado ou indeterminado. Deve ser elucidado que é geralmente concedido nos casos de relação familiar com brasileiro, aposentadoria ou indicação para cargo de representação e administração em empresas brasileiras.

Em adição, a Resolução Normativa n. 62/2004 apresentou a possibilidade de concessão de visto permanente a estrangeiro, na condição de Administrador, Gerente, Diretor, Executivo que tenha poder de gestão, de Sociedade Civil ou Comercial, Grupo ou Conglomerado econômico.

Referido diploma, preve inclusive que em se tratando de Sociedade Civil ou Comercial é indispensável: a) comprovar "investimento em moeda, transferência de tecnologia ou de outros bens de capital de valor igual ou superior a US$ 50.000 (cinquenta mil dólares americanos), ou equivalente em outra moeda..." e geração de "10 novos empregos, no mínimo, durante os dois anos posteriores a instalação da empresa ou entrada do candidato a aquisição do visto" ou; b) comprovar "investimento igual ou superior a US$ 200.000 (duzentos mil dólares americanos), ou equivalente em outra moeda"[4].

---

(3) Resolução Normativa n. 80, de 16 de outubro de 2008.
(4) Resolução Normativa n. 62, de 8 de dezembro de 2004 do Conselho Nacional de Imigração: art. 3º A Sociedade Civil ou Comercial que desejar indicar estrangeiro para exercer a função de Administrador, Gerente, Diretor ou Executivo deverá cumprir com os requisitos estabelecidos pelo Ministério do Trabalho e Emprego, quanto às disposições legais referentes à constituição da empresa e comprovar: I — investimento em moeda, transferência de tecnologia ou de outros bens de capital de valor igual ou superior a US$ 50.000 (cinquenta mil dólares americanos), ou equivalente em outra moeda por Administrador, Gerente, Diretor ou Executivo chamado, mediante a apresentação do SISBACEN — Registro declaratório eletrônico de investimento externo direto no Brasil. Parágrafo único. Gerar 10 novos empregos, no mínimo, durante os dois anos posteriores a instalação da empresa ou entrada do Administrador, Gerente, Diretor ou Executivo, ou; II — investimento igual ou superior a US$ 200.000 (duzentos mil dólares americanos), ou equivalente em outra moeda, por Administrador, Gerente, Diretor ou Executivo chamado, mediante a

Uma vez adquirido o visto, o empregado deve tomar todas as providências legais. Contudo, caberá a empresa, tanto no início da relação de emprego quanto ao final, contatar o Ministério do Trabalho e apresentar toda a documentação exigida para a legalidade do ato.

Importante ainda ressaltar que o empregado estrangeiro poderá em primeiro plano e provisoriamente, portar uma certidão emitida pelo Sistema Nacional de Cadastramento de Registro de Estrangeiros — SINCRE juntamente com o passaporte, para afinal receber uma Carteira de Identidade de Estrangeiro.

3. Da aplicabilidade da legislação brasileira

Em princípio, qualquer estrangeiro que venha a trabalhar no Brasil deve seguir as regras contidas na legislação trabalhista brasileira. Embora não haja impedimento para que o trabalhador receba direitos adicionais em virtude de aplicabilidade da legislação estrangeira mais benéfica, se for considerada a autonomia de vontade e *a condição mais favorável, os pronunciamento jurisprudenciais e doutrinários predominantes sustentam pela aplicabilidade de lei do* lugar onde for cumprida a execução do contrato de trabalho. Assim, mesmo que a contratação do empregado para trabalhar no Brasil, tenha ocorrido no exterior, o que, diga-se de passagem, é muito comum nos dias atuais, a legislação trabalhista a ser considerada deverá ser efetivamente a brasileira.

A própria Súmula n. 207 do TST reforça que: "A relação jurídica trabalhista é regida pelas leis vigentes no país da prestação de serviço e não por aquelas do local da contratação".

Por certo que a legislação depara-se com exceções como o trabalho prestado para as pessoas jurídicas de direito público internacional ou o trabalho prestado no Brasil, a título esporádico, desenvolvida em outro país ou em vários outros países, mas subordinada habitualmente a matriz ou filial no estrangeiro.

4. Da elaboração de contrato de trabalho

O primeiro aspecto que deve ser objeto de alerta na confecção do Contrato de Trabalho, caso o contratado seja um estrangeiro que irá trabalhar no Brasil é que este instrumento, preferencialmente, seja bilíngue, contendo a redação em Português e na língua do estrangeiro contratado.

Isto é muito importante, pois possibilita ao empregado, empregador, fiscal ou ao judiciário, fácil acesso as regras nele contidas. Por isto, sugere-se como cautela,

---

apresentação de contrato de câmbio emitido pelo Banco receptor do investimento e alteração contratual ou estatutária, registrada no órgão competente, comprovando a integralização do investimento na empresa receptora.

que conste no mencionado contrato uma cláusula específica sobre a opção por ambos idiomas, constando que o texto em língua portuguesa prevalecerá em caso de conflito de interpretação.

Outro assunto digno de atenção refere-se ao prazo a ser estipulado para duração do contrato de trabalho. Isto é aduzido, pois muitos estrangeiros utilizam o contrato de trabalho por prazo determinado por anos, aplicando sua própria legislação, o que no Brasil é inaceitável.

Oportuno enfatizar que acompanhado das exigências, a duração máxima permitida para um contrato por prazo determinado é de 2 anos. Neste caso é indispensável que a vigência dependa de termo prefixado ou da execução de serviços especificados ou ainda da realização de acontecimento suscetível de previsão.

Há em virtude da determinação do prazo a hipótese de se anular um contrato de trabalho por prazo determinado, transformando-o em contrato por prazo indeterminado, se as condições apresentadas não restarem comprovadas ou ainda ficar constatado que o serviço não tenha natureza ou transitoriedade que justifique a predeterminação do prazo ou que a atividade empresarial não tenha caráter transitório.

Frise-se que o contrato de experiência, também um contrato por prazo determinado, segue regras distintas dos demais contratos, mesmo porque visa a análise de aptidões e capacidade no desenvolvimento da função do empregado e não poderá exceder 90 dias.

Não bastando, há ainda de se alertar que no Brasil os contratos de trabalho estipulam salário mensal e não anual, como ocorre em diversos países. Neste mesmo patamar é inerente esclarecer ao estrangeiro que muitas vezes tem um critério próprio para aumento salarial, que o salário mensal poderá ser reajustado por iniciativa da empresa desde que não exclua o reajuste legal e normativo obrigatório no Brasil.

5. Da jornada de trabalho e das horas extras

A jornada de trabalho semanal é muito diversificada nos países. Cite-se a título de exemplificação que há países onde a jornada semanal consiste em média 35 horas semanais, como há países que esta alcança uma média de 48 horas semanais. No Brasil, embora a jornada permitida seja de 44 horas semanais, a média apurada costuma ser de 40 horas semanais. Em decorrência disto esta espécie de esclarecimento é essencial, com ressalvas de que uma vez excedida a jornada de 44 horas semanais ou 8 horas diárias, o pagamento de horas extras torna-se obrigatório seja nos termos da lei ou da Convenção Coletiva que envolve o empregado, se esta for mais benéfica.

Este esclarecimento gera frequentemente a questão da eventual possibilidade de não se pagar as horas extras. Como se sabe, há esta possibilidade, mas cuida-se de exceções. Efetivamente não se paga horas extras ao empregado que execute serviço externo, desde que o mesmo o mantenha fora da empresa por muito tempo sem maiores possibilidades de sofrer fiscalização ou controle de seu trabalho. No tocante ao gerente também excluído deste direito, não bastará a sua nomenclatura, mas sim que reste comprovado o seu cargo de confiança, com poder de autonomia nas opções importantes tomadas. Concernente aos diretores, chefes de departamento ou filial saliente-se que podem realmente ficar excluídos do recebimento de horas extras desde que tenham autonomia na tomada de decisões. Deve ainda ser constatado que o salário deve superar 40% do salário básico (compara-se com o salário daquele que exerce o cargo de confiança antes da promoção ou dos outros empregados subordinados a ele).

6. Das férias

Diferente de alguns lugares ao redor do mundo, as férias no Brasil são de 30 dias e devem ser remuneradas com o adicional de 33%, calculado sobre o salário do empregado. Frise-se que ao contrário do que ocorre em outros países, o empregado não poderá ficar acumulando férias de anos em anos, pois estas devem ser gozadas em até um ano após a aquisição de seu direito.

Outro questionamento muito comum trata do pagamento de férias em caso de ausências. Sob este liame cumpre elencar algumas hipóteses: **a) o empregado que faltar sem justificativa tem direito as férias na seguinte proporção:** 30 dias — até 5 dias de ausência; 24 dias — de 6 à 14 ausências; 18 dias — 15 à 23 ausências; 12 dias — 24 à 32 ausências; **b) o empregado que permanecer em licença remunerada por mais de 30 dias:** perde o direito a férias e por fim, **c) o empregado que permanecer em licença não remunerada:** não perde o direito a férias mas sim sofre alteração no seu período aquisitivo, nesta hipótese o contrato de trabalho é suspenso temporariamente e da mesma forma todos os seus efeitos. Assim, o período aquisitivo de férias deverá ser completado pelo empregado quando de seu retorno ao trabalho.

7. Dos feriados

Os feriados brasileiros costumam provocar grande espanto para muitos estrangeiros, pois como se sabe, são muitos. É relevante esclarecer que os feriados são sempre remunerados e o trabalho nessas ocasiões dá ao empregado o direito ao pagamento de horas extras legais ou normativas. Os feriados podem ser nacionais fixos e móveis, estaduais e municipais.

Dos feriados nacionais fixos tem-se: 1º de janeiro — Ano Novo, 21 de abril — Tiradentes (herói nacional), 1º de maio — Dia do Trabalho, 7 de setembro — Dia da Independência, 12 de outubro — Nossa Senhora Aparecida (feriado religioso), 2 de novembro — Dias de Finados, 15 de novembro — Proclamação da Republica e 25 de dezembro — Natal.

Em se tratando de feriados nacionais móveis tem-se a terça-feira de Carnaval que ocorre em fevereiro ou março, Sexta-Feira Santa (feriado religioso) que pode ocorrer em março ou abril e *Corpus-Christi* (feriado religioso) que ocorre em maio ou junho.

Os feriados estaduais geralmente englobam motivos sociais ou políticos. A título de exemplificação cite-se o Estado de São Paulo que comemora 9 de julho como o dia da Revolução Constitucionalista de 1932 e 20 de novembro como dia da Consciência Negra.

Os feriados municipais geralmente englobam o Aniversário da Cidade, como por exemplo, ocorre na Cidade de São Paulo em 25 de janeiro.

8. Das ausências

As empresas têm muitas dúvidas no que concerne as faltas justificadas. Neste sentido é indispensável rememorar as regras estipuladas na legislação brasileira. Como falta justificada o art. 471 da CLT prevê: exigência de serviço militar (tempo de convocação); falecimento de cônjuge, ascendente, descendente, irmão ou dependente econômico comprovado — 2 dias; casamento — 3 dias; licença-paternidade — 5 dias; licença-maternidade — 120 dias; doação de sangue a cada 12 meses — 1 dia; alistamento eleitoral — até 2 dias; exame vestibular (dias de prova) e comparecimento em juízo (dias de requisição).

No tocante a faltas injustificadas, caso o empregado insista em não comparecer nestas condições, mesmo que em dias alternados, é aconselhável que a empresa aplique uma advertência preferencialmente escrita acumulando advertências (em média três) e com fundamento comprovado, a empresa terá a faculdade de dispensar o empregado por justa causa.

9. Da rescisão contratual

Muitos países não prevêem a dispensa sem justa causa e quando isto ocorre, a indenização é bem diferente da que é prevista no Brasil, motivo pelo qual é indispensável esclarecer aos estrangeiros que aqui a dispensa sem justa causa não exige qualquer explicação. A dispensa sem justa causa é absolutamente válida e legal, desde que se cumpra a obrigatoriedade de pagamentos de verbas rescisórias estabelecidas em lei.

Dos pagamentos a serem realizados ao empregado dispensado sem justa causa têm-se genericamente os seguintes: saldo salarial, aviso prévio, 13º salário, férias vencidas e proporcionais adicionadas de 1/3; FGTS — 8% dos valores de natureza salarial devidos na rescisão e 40% sobre o valor depositado na conta vinculada do empregado, considerando ainda os 8% recebidos na rescisão contratual.

E referindo-se aos pagamentos obrigatórios que a empresa deverá realizar aos órgãos públicos tem-se genericamente os seguintes: previdenciários (de 20% a 28,8% — o percentual varia de acordo com a atividade da empresa, o grau de risco de acidentes e outros requisitos legais); e fundiários (FGTS) que revela-se em 10% do valor depositado na conta vinculada do empregado, considerando ainda os 8% recebidos na rescisão contratual.

Por fim, a empresa terá de recolher, embora possa descontar do empregado, a parcela previdenciária (parte empregado), que varia entre 8% e 11%, e a parcela fiscal (imposto de renda), que dependendo do salário percebido varia entre 0% e 27,5% do salário. Em ambos os caos, a empresa realizará o respectivo desconto na própria rescisão contratual do empregado.

10. Do contrato de não concorrência e confidencialidade

Infelizmente e diferente do que ocorre em diversos países, a legislação trabalhista brasileira não tem previsão legal expressa sobre as normas a respeito da clausula de não concorrência e confidencialidade. Por este motivo, em caso de solicitação do empresário estrangeiro para confecção de referido contrato, considera-se o previsto no art. 444 da CLT que dispõe sobre a livre negociação, em conjunto com o previsto no Código Civil em seu art. 122, que permite qualquer tipo de negociação que não for ilícita ou proibida.

Embora a legislação seja omissa a respeito, a doutrina e jurisprudência na maioria das vezes, tem aceitado o contrato de não concorrência e confidencialidade, desde que contenha limitações temporais, espaciais e com destaque específico da atividade em questão, devendo por certo, corresponder a um interesse legítimo das partes. Contudo, importante alertar, que embora minoria, há ainda pronunciamentos que sustentem que o acordo de não concorrência se opõe ao principio de liberdade de trabalho garantido na Constituição Federal do Brasil, no art. 5º, inciso XIII.

Então por cautela e para evitar a criação de maiores conflitos é muito importante que se sugira ao empresário a realização de um pagamento compensatório ao ex-empregado que terá sua liberdade de trabalho limitada, exatamente para justificar uma contra prestação de obrigação de não fazer e valorizar o acordo firmado entre as partes.

11. Outros esclarecimentos

Muitos estrangeiros incentivam seus empregados com diversas modalidades de bônus, incluindo os fixos e os variados. Por esse motivo é essencial que se analise cada um deles e verifique se a sua natureza deve ou não integrar o salário para todos os efeitos legais. Não é sensato, por exemplo, para efeito de integração salarial, comparar o bônus fixo e previsível com aquele que só é concedido como incentivo em virtude de meta preestabelecida a ser atingida. Cada caso deverá ser analisado separadamente.

Outro tema de grande repercussão trata da força sindical no Brasil. É inerente o convencimento ao estrangeiro que as Convenções Coletivas de Trabalho são extremamente importantes e devem ser cumpridas e inclusive superam as normas legais quando concedem direitos mais benefícios sem infringir a lei.

Ainda, é oportuno enfatizar que muitos estrangeiros questionam acerca da possibilidade de arbitragem, que embora tenha tido sua evolução nas demais áreas jurídicas não trouxe a mesma colaboração para área trabalhista. Por conta disto é efetivamente essencial elucidar que a arbitragem na Justiça do Trabalho, notadamente nos conflitos individuais, diferente de conflitos coletivos que tem seu resguardo constitucional, não tem tido aplicabilidade. Este tema ainda gera polêmicas e ainda não pode ser considerado pelo empregador.

Mesmo com todas as dúvidas adicionais, que eventualmente surgirem no decorrer da relação havida com empregador estrangeiro, é imprescindível não olvidar que cada região neste Universo tem os seus princípios e normas que muitas vezes são aparentemente "inacreditáveis". Por isso, qualquer empresa de país que se dedique ao desenvolvimento de seus negócios no Brasil, contratando empregados estrangeiros ou brasileiros, deve receber esclarecimentos legais trabalhistas de forma bem lógica e objetiva.

▶▶ ALCOOLISMO NO TRABALHO EM DEBATE

Claudia Ferreira Cruz[(*)]

Introdução

O consumo de álcool pode ser originário por problemas pessoais, familiares, sociais ou por determinadas situações no meio laboral, ou ainda por uma combinação desses elementos. Tais problemas não só repercutem na saúde do trabalhador, mas também no âmbito laboral, podendo inclusive ocasionar a rescisão contratual desse empregado dependente do uso do álcool.

Esse trabalho tem como finalidade abordar o cenário do alcoólatra, desde sua conceituação e atuais problemas, bem como a posição da OMS, OIT e Ministério da Saúde do Brasil sobre o tema. Observa ainda o tratamento dado ao tema em alguns países selecionados, além da legislação brasileira, e consequentemente o importante papel dos tribunais regionais e do Tribunal Superior do Trabalho. Analisa também, a PLS n. 48/2010 do Senador Marcelo Crivella e por fim a realidade dos jovens no cenário do álcool.

1. Conceitos e problemas do alcoolismo

O conceito de alcoolismo é encontrado em grande escala em livros de saúde, na Organização Mundial da Saúde (OMS), Organização Internacional do Trabalho (OIT), na internet, entre outros. A fim de facilitar ao leitor, ora transcrevemos o conceito encontrato no site da OMS, que define o alcolismo como:

> "**Alcoholismo, concepto como enfermedad del (alcoholism, disease concept of)** Se considera que el **alcoholismo** es un trastorno que tiene

---

(*) Doutoranda — Pontifícia Universidade Católica. Mestre pela Universidade de São Paulo – USP. Pertence às associações: Associação Brasileira de Estudos do Trabalho (ABET); — Centro de Estudos de Normas Tradicionais do Trabalho (CENOIT); — Associação dos Advogados de São Paulo (AASP); Ordem dos Advogados de São Paulo (OAB/SP). Sócia administradora do Escritório Ferreira Cruz Advogados Associados. *E-mail:* c.fcruz@uol.com.br.

una causa biológica primaria y uma evolución natural previsible, lo que se ajusta a las definiciones aceptadas de cualquier enfermedad. La perspectiva lega de **Alcohólicos Anónimos** (1939) — que afirmaba que el alcoholismo, caracterizado por la **pérdida de control** sobre la bebida y, por tanto, sobre la propia vida, era una "enfermedad" — se trasladó a la bibliografía erudita en los años cincuenta en forma del concepto del alcoholismo como enfermedad. El concepto estaba arraigado en las concepciones tanto médicas como legas del siglo XIX, que consideraban la embriaguez como una enfermedad. En 1977, un Grupo de Investigadores de la OMS2, en respuesta al uso impreciso y variable del término alcoholismo, propuso utilizar en su lugar la expresión síndrome de dependencia del alcohol en nosología psiquiátrica. Por analogía con la **dependencia** de las drogas, el término **dependencia del alcohol** ha tenido una buena acogida en las nosologías actuales"[1].

Conforme já mencionado acima, foi na década de cinquenta, mais precisamente em 1952 com a primeira edição do DSM-I (Diagnostic and Statistical Manual of Mental Disorders) que o alcoolismo passou a ser tratado como doença. E no de 1967, o conceito de doença do alcoolismo foi incorporado pela Organização Mundial de Saúde à Classificação Internacional das Doenças (CID-8), a partir da 8ª Conferência Mundial de Saúde. No CID-8, os problemas relacionados ao uso de álcool foram inseridos dentro de uma categoria mais ampla de transtornos de personalidade e de neuroses[2].

Analisando caso a caso, não necessariamente a pessoa que bebe muito é considerada alcoólatra. Apesar de abusar do álcool, o que não é nada aconselhável, uma vez que seus males são pontuais, conforme abaixo serão mencionados, pode ser que essas pessoas não desenvolvam uma dependência física. Mesmo que o consumo afete a família ou as responsabilidades de trabalho, ou exponha as pessoas a situações de perigo, como ocasionar um acidente automobilístico, a pessoa não é necessariamente alcoólatra.

Já para os alcoólatras, a realidade é outra, uma vez que estes são portadores de uma doença crônica. Eles sentem necessidade de beber como as outras pessoas sentem necessidade de comer e, uma vez que começam, dificilmente conseguem parar, quer dizer, essas pessoas são fisicamente dependentes do álcool. Quando o alcoólatra diminui, tenta ou para momentaneamente de beber, sente sintomas da abstinência: suores, náuseas, ansiedade, delírios, visões, tremores intensos e confusão mental.

Nem sempre o alcoólatra consegue abandonar o vício sozinho, ou seja, em quase todos os casos ele necessita do auxílio médico e/ou terapêutico para tal

---

(1) Disponível em: < http://whqlibdoc.who.int/publications/1994/9241544686_spa.pdf> Acesso em: 8.2.2010 às 15:00.
(2) Disponível em: <http://www.alcoolismo.com.br/artigos/historia.htm> Acesso em: 10.2.2011.

medida. Outro fator que também faz parte do tratamento é a falta de previsão de melhora ou recuperação completa, uma vez que isso é muito individual e nenhum tratamento pode precisar quando o paciente terá alta, sob pena de criar falsas expectativa tanto no paciente (alcoólatra ou drogado) como nos familiares.

2. O alcoolismo na visão das instituições

2.a. A Organização Mundial da Saúde (OMS)

A OMS[3] prevê o alcoolismo como doença e trata do tema com destaque por meio do Grupo V — CID[4] 10 — Transtornos mentais e do comportamento relacionados com o trabalho. Esta doença é relacionada como: "transtorno mental e comportamental devido ao uso do álcool: alcoolismo crônico (relacionado com o trabalho)" (F 10.2).

Sua divisão em agentes etimológicos ou fatores de risco de natureza ocupacional, subdividi-se em dois:

1) Problemas relacionados com o emprego e com o desemprego: Condições difíceis de trabalho (Z56.5);

2) Circunstancia relativa às condições de trabalho (Y96).

O Ministério da Saúde do Brasil, adotou uma lista de doenças relacionadas com o trabalho do Ministério do Trabalho, elaborada em cumprimento da Lei n. 8.080/1990, inciso VII, § 3º do art. 6º — disposta segundo a taxonomia, nomenclatura e codificação da CID-10, por meio da Portaria n. 1.339/GM em 18 de novembro de 1999, e que vai ao encontro com a orientação da OMS quanto ao tema alcoolismo. Ressalte-se que esta Portaria poderá ser revista anualmente.

Seguindo sua preocupação com o tema, a OMS elaborou um relatório[5] sobre Álcool e Saúde Pública para as Américas, publicado em 2007, instrumento pelo qual divulgou dados alarmantes sobre o tema e que merece toda consideração, uma vez que foi minuciosamente elaborado, bem como se fundamenta em experiências empíricas.

O relatório compara todos os países das Américas, desde seu consumo relativamente à sua população, seu gênero, violência por ele gerada, restrições para compra do produto, preços e impostos, ou seja, traz informações valiosas para qualquer estudioso sobre o tema[6].

---

(3) Disponível em: <http://portal.saude.gov.br/portal/saude/visualizar_texto.cfm?idtxt=25076> Acesso em: 2.2.2011.
(4) Código Internacional de Doenças.
(5) MONTEIRO, Maristela G. *Alcohol y salud pública en las Américas*. Washington: OPS, 2007.
(6) Diante da limitação existente para desenvolvermos o tema, aqui nos cabe sermos objetivos e relatarmos prioritariamente informações do relatório pertinentes a alcoolismo e relação de trabalho, mas antes traremos informações gerais que podem alarmar qualquer leitor, e forçar a todos a uma reflexão sobre o tema.

O relatório traz como estimativa de mortes, decorrentes do alcoolismo, no ano de 2002, uma morte a cada dois. Estimou ainda que 5,4% de todas as mortes das Américas foram atribuídas ao consumo do álcool. Relata que os problemas atribuídos à saúde pelo uso excessivo do álcool estão na ordem de 60 tipos de problemas e de doenças. Dentre elas, o relatório destaca, diversos tipos de cânceres, atenta para que o uso na gravidez pode afetar o feto com lesões, transtornos radiovasculares, enfermidades hepáticas e condições neuropsiquiátricos incluindo a dependência.

A OMS adverte que o uso dessa substância, por ser psicoativa ela afeta o cérebro e a maioria dos órgãos do corpo. Seu consumo afeta não só ao usuário, mas também a quem esta a sua volta, uma vez que este pode provocar discussões e gerar diversas agressões físicas, tanto no seio familiar, como no convívio social do usuário. Pode ainda gerar acidentes fatais de transito (envolvendo tanto os passageiros dos veículos, quanto os pedestres).

A OMS analisou no ano 2000, conforme informações trazidas ainda pelo relatório acima mencionado, 26 diferentes fatores de riscos, e seu impacto sobre a taxa de mortalidade e constatou-se que o consumo do álcool foi o principal fator de risco na Região das Américas (Informe Mundial da Saúde de 2002), e o quinto fator de risco mais importante no tocante a mortes prematuras e discapacidades no mundo.

2.b. A Organização Internacional do Trabalho (OIT)

Este organismo internacional acompanha de perto os vários problemas relacionados com o álcool e outras drogas no local de trabalho, bem como com a saúde do trabalhador, a produtividade nos locais de trabalho, o bem estar e a segurança e, em contra partida, a responsabilidade civil das partes envolvidas. Estimasse que esse tema custe a economia milhares de milhões de dólares todos os anos.

Por essa razão, a OIT considera que o local de trabalho é o melhor lugar para realizar a implantação de programas e políticas dirigidas ao álcool e outras drogas. Baseando-se nesse cenário foi que a 73ª Conferência Internacional do Trabalho, adotou, em 1987, uma resolução em que reafirma o papel dos parceiros sociais na busca de solução para os problemas ligados ao álcool e a outras drogas nos locais de trabalho[7].

Foi com esse impulso que a OIT reafirmou seus propósitos em ajudar os trabalhadores dependentes, bem como os empregadores que necessitam de seus postos de trabalhos preenchidos por seus empregados ora por eles selecionados e na busca de orientar e ajudar todos os envolvidos, inclusive respeitando sua composição

---

(7) OIT. *Problemas ligados ao álcool e a drogas no local de trabalho* – uma evolução para a prevenção. Genebra, 2003.

tripartita, a OIT, em 1995, por meio do seu Conselho de Administração decidiu organizar uma reunião tripartite de peritos, com o objetivo de aprovar um Manual de recomendações praticas[8].

Ele contem recomendações práticas para os gestores, bem como outras pessoas com responsabilidade na tomada de decisão relativas ao tema, como por exemplo o médico do trabalho, assim como representantes dos trabalhadores, inclusive os sindicatos representativos, e empregadores.

Esse manual, hoje traduzido para o português com o nome de "Gestão das questões relacionadas com o álcool e drogas nos locas de trabalho", trata de conceitos relacionados com o tema, por exemplo, o conceito de álcool e substancia ou drogas psicoactivas; trata das obrigações, direitos e responsabilidades das partes evolvidas; analisa ainda a possível elaboração de uma política relativa ao álcool e às drogas no local de trabalho; busca medidas para reduzir os problemas relacionados com o álcool por meio de boas práticas; pontua a restrição do uso de álcool e do uso de bebidas sem álcool; o manual trata ainda do tema reabilitação, bem como da importância em não discriminar o empregado alcoólatra.

A OIT acredita ser de vital importância o fato dos programas para os locais de trabalho deverem ser dirigidos a totalidade dos trabalhadores, com a finalidade de manter alerta também os trabalhadores saudáveis, evitando-se ainda a discriminação que por ventura poderia ser suscitada em qualquer momento.

Essa medida beneficia ainda as mulheres, que ademais ainda sofram abusos domésticos quando seus parceiros abusam do uso do álcool. Dessa matriz, a OIT tem promovido e implementado programas que operam uma mudança de paradigma no sentido da antecipação primária e em um relatório publicado em 2003 — chamado *Problemas Ligados ao Álcool e as Drogas no Local de Trabalho*, a OIT relata três casos de sucesso, o primeiro ocorreu na Índia, o segundo na Eslovénia e o terceiro na Malásia[9].

3. Tratamento do alcoolismo no trabalho em países selecionados

3.1. Espanha

De acordo com Enriqueta Ochoa e Mangado[10], a legislação trabalhista na Espanha está inserida na Constituição, e prevê o dever de velar pela seguridade e higiene no trabalho por parte dos poderes públicos (art. 40), bem como o direito

---

(8) *Management of alcohol and drug-related issues in the workplace.*
(9) O Relatório completo. Disponível em: <http://www.ilo.org/public/portugue/region/eurpro/lisbon/pdf/questoes_alcool.pdf> Acesso em: 10.2.2011.
(10) MANGADO, Enriqueta Ochoa; GÚRPIDE, Agustin Madoz. *Consumo de alcohol y otras drogas en el médio laboral*. Scielo. Disponível em: <http://scielo.isciii.es/scielo.php?cript=sci_arttext&pid=S0465-546X2008000400003>Acesso em: 10.2.2011.

de desfrutar e conservar um meio ambiente laboral adequado para o desenvolvimento da pessoa (art. 45). Dentro dessas políticas estão inseridas a de prevenção e de assistência de problemas relacionados com o álcool e com as drogas. Existem ainda na Espanha as leis específicas sobre Saúde e Segurança no Trabalho.

Na Espanha é adotada uma série de medidas para mapear e tratar do problema, prevendo-se inclusive o respeito a confidencialidade. Todo o procedimento adotado pela empresa tem que contar com a anuência voluntária do empregado. Caso algum funcionário não aceite ajuda e o problema continua ou se agrava, aplica-se medidas disciplinadas escalonadas, evitando que estas sejam irreversíveis. Os tratamentos propostos buscam o bem-estar do empregado e a normalização da questão e consequentemente seu retorno ao labor.

Uma das medidas, descritas pelos autores, acima mencionado, que podem ser adotadas, pelas empresas, para reduzir o número de funcionários dependentes do álcool e ou alcoólatras é o de suspender a venda de bebida alcoólica dentro do recinto da empresa, prever rapidamente os possíveis funcionários alcoólatras e a estes dar atenção especial.

Para determinar se houve uso recente, inclusive para avaliar critérios de dependência a empresa pode-se valer da realização de exames periódicos de urina dos funcionários, observando-se a ética necessária para tal procedimento.

Os autores ressaltam que caso o uso efetivo da bebida ou o consumo de drogas seja motivo para sanção ou demissão para os trabalhadores, isso dificultaria as políticas de drogas nas empresas.

No texto, os autores mencionam que na Espanha existe ainda outros meios de tratativas entre empregados e empregadores na busca do bem estar do alcoólatra, o que por ora que não cabe aqui relatar, importante objetivar que todos visam o bem estar entre empregado e empregador, bem como o auxilio prestado pela empresa para que o empregador possa voltar a ter a sua dignidade reestabelecida o mais rápido possível e da maneira menos traumática.

3.2. México

José Dávalos[11] em seu artigo sobre alcoolismo no trabalho, de setembro de 2008, relata que é causa de demissão quando o trabalhador concorra em seu labor em estado de embriaguez ou drogado, salvo que o consumo de drogas obedeça a uma ordem médica (art. 47, XIII, da Lei Federal do Trabalho). Ressalta ainda o autor, que o alcoolismo no México é considerado em um problema nacional de saúde publica.

---
(11) DÁVALOS, José. *Alcoholismo en el trabajo:* columna pulso político. Disponível em: <http://portal.pulsopolitico.com.mx/2008/09/alcoholismo-en-el-trabajo> Acesso em: 10.2.2011.

O autor menciona que devido ao crescente número de pessoas aptas a bebidas, seja pela cultura mexicana de ora consumir uma dose na refeição, seja por outros problemas, seria demasiadamente excessivo demitir um funcionário somente pelo uso da bebida. O autor acredita que o correto seria aplicar a suspensão (nesse período o empregado não trabalha e não recebe salário) do contrato de trabalho, para que o empregado cumpra o período fixado na Lei da Seguridade Social (art. 42, II), de um máximo de 76 semanas (art. 43, I), ou menos no caso de melhora do empregado. Essa proposta do autor baseia-se na busca de uma suspensão do contrato do "enfermo" e não de sua demissão.

4. Alcoolismo na legislação trabalhista brasileira

4.1. CLT

A CLT, aprovada pelo Decreto-Lei n. 5.452, de 1º de maio de 1943 prevê em seu art. 482, f, que empregadores estão autorizados a demitirem por justa causa os empregados que praticarem a embriaguez habitual ou em serviço.

Essa previsão foi aplicada por anos a fio em todo território nacional, pois estava, como ainda esta, previsto no ordenamento jurídico, que a todo e qualquer trabalhador que estivesse alcoolizado em local de trabalho, poderia perder seu emprego. Assim, a prática do alcoolismo dá curso à dispensa por justa causa, independente de seu tempo de casa, e independente de qualquer fator externo ou motivador que o levasse a proceder de tal atitude em seu local de labor.

Ressalta-se ainda que essa demissão por justa causa independent da atividade desempenhada pelo empregado, ou seja, se de maior ou menor risco, se nas áreas urbanas ou rurais, se o trabalhador pertencer ao setor primário, secundário e terciário.

4.2. A jurisprudência dos tribunais regionais

Com o passar do tempo os Tribunais partilharam da ideia de que esse tema é muito mais abrangente e preocupante do que o tratamento até então dispensado ao tema com base nas normas Constitucionais. Por essa razão não poderia simplesmente ser transcrito o que estava previsto em Lei, tendo a pratica demonstrado que este problema está revestido de um enorme condão de cunho social, emocional, psicológico e, principalmente, está diretamente ligado a saúde do trabalhador, como abaixo será demonstrado.

> JUSTA CAUSA — EMBRIAGUEZ DURANTE A JORNADA DE TRABALHO – ART. 482, ALÍNEA F, DA CONSOLIDAÇÃO DAS LEIS DO TRABALHO — INTERPRETAÇÃO LITERAL — IMPOSSIBILIDADE — Para a caracterização da justa causa, incumbe ao reclamado produzir prova cabal da ocorrência de ilícito perpetrado pelo empregado e que ele foi suficiente para quebrar a confiança depositada no trabalhador, o que não ocorreu

na hipótese dos autos. Segundo Mauricio Godinho Delgado, "no caso de embriaguez em serviço, ela afeta diretamente o contrato de trabalho, sem dúvida. Em conformidade com a função do trabalhador (motorista ou segurança armado, por exemplo), esta afetação pode ser muito grave, uma vez que coloca em risco a saúde e bem-estar da própria coletividade, o que tende a ensejar a dispensa por justa causa. Noutros casos, dependendo da atividade do empregado, a afetação pode ser menor, propician-do o gradativo exercício do poder disciplinar, com intuitos de ressocialização do obreiro" (*Curso de direito do trabalho*. 3. ed. São Paulo: LTr, 2004. p. 1194/1195 — grifos nossos). Dessarte, o fato do reclamante ter ingerido bebida alcóolica em serviço, por uma única vez, e, função de afetação menor, não enseja a dispensa por justa causa. (TRT2ª R — 03481200609002003 RO — Ac. 20070984365 — 12ª T — Rel.ª Juíza Vania Paranhos — DOESP 30.11.2007)

4.3. TST[12][13]

Dessa maneira, podemos observar que a evolução dos Tribunais, bem como do TST é surpreendente ao tratar o tema, uma vez que ao lermos as jurisprudências abaixo elencadas, é possível observar que nas últimas decisões, já em 1999 o alcoolismo era considerado como uma doença, no TST, mas por estar previsto no rol da justa causa, esta deveria ser mantido como tal, o que o tempo fez com que isso fosse superado, afinal a letra morta da lei não pode imperar quando estamos diante de um caso onde se aplica o diálogo das fontes como a lei civil.

4.3.1) Ementa

RECURSO DE REVISTA. DOENÇA GRAVE. ALCOOLISMO. DISPENSA ARBITRÁRIA. INDENIZAÇÃO POR DANO MORAL.

1. Trata-se de hipótese de empregado portador de síndrome de dependência do álcool, catalogada pela Organização Mundial de Saúde como doença grave, que impele o portador à compulsão pelo consumo da substância psicoativa, tornado-a prioritária em sua vida em detrimento da capacidade de discernimento em relação aos atos cotidianos a partir de então praticados, cabendo tratamento médico.

2. Nesse contexto, a rescisão do contrato de trabalho por iniciativa da empresa, ainda que sem justa causa, contribuiu para agravar o estado psicológico do adicto, culminando em morte por suicídio.

3. A dispensa imotivada, nessas condições, configura o abuso de direito do empregador que, em situação de debilidade do empregado acometido de doença grave, deveria tê-lo submetido a tratamento médico, suspendendo o contrato de emprego.

---

(12) No que se segue neste item deve o leitor observar que a ordem de apresentação das Ementas esta da mais recente para a mais antiga encontradas sobre o tema (dentre estas selecionadas).
(13) Disponível em: <http://aplicacao2.tst.jus.br/consultaunificada2/jurisSearch.do> Acesso em: 8.2.2011 às 16:00.

4. Desse modo, resta comprovado o evento danoso, ensejando, assim, o pagamento de compensação a título de dano extrapatrimonial ou moral... Recurso de revista conhecido e provido.Processo: RR n. 1957740-59.2003.5.09.0011 Data de Julgamento: 15.12.2010, Relator Ministro: Walmir Oliveira da Costa, 1ª Turma, Data de Publicação: DEJT 4.2.2011

4.3.2) Ementa

RECURSO DE REVISTA. NULIDADE DO JULGADO. NEGATIVA DE PRESTAÇÃO JURISDICIONAL. INOCORRÊNCIA. A Corte de origem ... ALCOOLISMO. NÃO CARACTERIZAÇÃO DA JUSTA CAUSA. REINTEGRAÇÃO. Revela-se em consonância com a jurisprudência desta Casa a tese regional no sentido de que o alcoolismo crônico, catalogado no Código Internacional de Doenças (CID) da Organização Mundial de Saúde OMS, sob o título de síndrome de dependência do álcool, é doença, e não desvio de conduta justificador da rescisão do contrato de trabalho. Registrado no acórdão regional que "restou comprovado nos autos o estado patológico do autor", que o levou, inclusive, "a suportar tratamento em clínica especializada", não há falar em configuração da hipótese de embriaguez habitual, prevista no art. 482, "f", da CLT, porquanto essa exige a conduta dolosa do reclamante, o que não se verifica na hipótese. Recurso de revista não conhecido, integralmente. Processo RR n. 153000-73.2004.5.15.0022 Data de Julgamento: 21.10.2009, Relatora Ministra: Rosa Maria Weber, 3ª Turma, Data de Publicação: DEJT 6.11.2009.

4.3.3) Ementa

EMBARGOS. JUSTA CAUSA. ALCOOLISMO CRÔNICO. ART. 482, *F*, DA CLT.

1. Na atualidade, o alcoolismo crônico é formalmente reconhecido como doença pelo Código Internacional de Doenças (CID) da Organização Mundial de Saúde — OMS, que o classifica sob o título de "síndrome de dependência do álcool" (referência F — 10.2). É patologia que gera compulsão, impele o alcoolista a consumir descontroladamente a substância psicoativa e retira-lhe a capacidade de discernimento sobre seus atos. Clama, pois, por tratamento e não por punição.

2. O dramático quadro social advindo desse maldito vício impõe que se dê solução distinta daquela que imperava em 1943, quando passou a viger a letra fria e hoje caduca do art. 482, "f", da CLT, no que tange à embriaguez habitual.

3. Por conseguinte, incumbe ao empregador, seja por motivos humanitários, seja porque lhe toca indeclinável responsabilidade social, ao invés de optar pela resolução do contrato de emprego, sempre que possível, afastar ou manter afastado do serviço o empregado portador dessa doença, a fim de que se submeta a tratamento médico visando a recuperá-lo.

4. Recurso de embargos conhecido, por divergência jurisprudencial, e provido para restabelecer o acórdão regional. Processo: ED-E-RR — 586320-51.1999.5.10.5555 Data de Julgamento: 19.4.2004, Relator Ministro: João Oreste Dalazen, Subseção I Especializada em Dissídios Individuais, Data de Publicação: DJ 21.5.2004.

4.3.4) Ementa

JUSTA CAUSA — EMBRIAGUEZ NO LOCAL DE TRABALHO — O alcoolismo, apesar de ser atualmente considerado doença, está tipificado na CLT como ensejador de falta grave, acarretando a justa causa (*ex vi* do art. 482, alínea "f", da CLT). Recurso de Revista conhecido e provido para julgar improcedente a Reclamação, invertidos os ônus da sucumbência, isento. Processo: RR n. 572919-12.1999.5.09.5555 Data de Julgamento: 6.4.2004, Relator Ministro: Carlos Alberto Reis de Paula, 3ª Turma, Data de Publicação: DJ 7.5.2004.

4.3.5) Ementa

RECURSO DE REVISTA. JUSTA CAUSA. EMBRIAGUEZ. Mesmo revelando a decisão atacada profunda preocupação social, pois caracterizada dependência alcóolica, não cabe ao empregador, contra vontade do empregado, encaminhá-lo à previdência social, além do que embora necessária revisão do dispositivo legal, art. 482, alínea *f* da CLT, tal hipótese continua gerar a despedida motivada, hipótese caracterizada nos autos. Recurso de revista conhecido por divergência jurisprudencial e por violação legal e provido. Processo: ED-E-RR n. 586320-51.1999.5.10.5555 Data de Julgamento: 18.12.2002, Relator Juiz Convocado: João Ghisleni Filho, 5ª Turma, Data de Publicação: DJ 14.3.2003.

4.3.6) Ementa

I — RECURSO DE REVISTA DA RECLAMADA — JUSTA CAUSA — EMBRIAGUEZ. O alcoolismo, apesar de ser atualmente considerado doença, não pode ser desconsiderado como fator de dispensa por justa causa, visto que tal conduta está tipificada expressamente no art. 482, letra "f", da CLT, como ensejadora de falta grave. Revista conhecida parcialmente e provida para julgar improcedente a Reclamatória.

II — RECURSO DE REVISTA ADESIVO DO RECLAMANTE PREJUDICADO. Diante do provimento do Recurso de Revista da Reclamada para se julgar improcedente a Reclamatória, resta prejudicada a análise do Recurso de Revista Adesivo do Reclamante, visto que este fica subordinado ao recurso principal, nos termos do art. 500 do CPC. Processo: RR n. 326795-41.1996.5.06.5555 Data de Julgamento: 12.8.1999, Relator Juiz Convocado: Levi Ceregato, 5ª Turma, Data de Publicação: DJ 3.9.1999.

5. A legislação brasileira recente em destaque

5.1. PLS n. 48/2010 (Senado Federal)

O Projeto de Lei do Senado n. 48, de 2010 apresentado pelo Senador Marcelo Crivella, visa modificar o art. 482 da Consolidação das Leis do Trabalho, que foi aprovada pelo Decreto n. 5.452, de 1º de maio de 1943, bem como o art. 132 da Lei n. 8.112, de 11 de dezembro de 1990, e o art. 118 da Lei n. 8.213, de 24 de julho de 1991, para disciplinar a demissão e estabelecer a garantia provisória de emprego ao alcoolista.

Com a aprovação/aplicação da lei, a CLT sofreria uma alteração, onde, teria excluído de seu texto das hipóteses de justa causa para rescisão do contrato de trabalho pelo empregador a embriaguez habitual e passaria a dispor que o alcoolista diagnosticado a justa causa somente seria aplicável se o trabalhador deixar de se submeter a tratamento.

O PLS, propõe ainda alterar o regime jurídico único dos Servidores Públicos da União, Lei n. 8.112/1991 para estabelecer que em relação ao alcoolista crônico cuja condição seja comprovada clinicamente, a demissão com fundamento nos incisos III e V do art. 132 (absenteísmo e comportamento incontinente) somente será permitida se o servidor se recusar a se submeter a tratamento.

E, por fim, o Projeto propõe uma alteração no Plano da Previdência Social, Lei n. 8.213/1991 para garantir ao alcoolista crônico a manutenção do seu contrato de trabalho na empresa pelo prazo mínimo de doze meses, contados a partir da cessação do auxílio-doença, se percebido em decorrência de seu alcoolismo ou doença dele decorrente.

5.2. O Parecer n. 1.258/2010 (Senador Federal)

O Parecer n. 1.258, de 2010 elaborado pela Comissão e Assuntos Sociais e teve como Relator o Senador Papaléo Paes[14]. Em sua análise, o relatório aclara a comissão quanto a ausência de vícios de constitucionalidade bem como de legalidade do projeto de lei. Informa que a iniciativa, no âmbito do Direito do Trabalho, esta em harmonia com os preceitos constitucionais, jurídicos e regimentais e foi elaborado com observância dos pressupostos relativos à iniciativa e à competência para legislar (art. 61 e *caput* do art. 48 da Carta Magna, respectivamente).

O relatório atenta ainda quanto ao mérito do Projeto de Lei do Senado, e atribui total razão ao autor. Ressalta o Relator que "É impensável que nos dias de hoje a legislação que rege as relações de trabalho se mostre absolutamente insensível à necessidade de atuar como coadjuvante no processo de cura daquele que luta contra uma doença incapacitante, reforçando, assim, o estigma e a marginalidade que envolvem essa moléstia".

O relator posiciona a comissão quanto ao entendimento da Organização Mundial de Saúde (OMS) que relaciona no Código Internacional de Doenças a *síndrome de dependência do álcool* e que os Tribunais já têm reconhecido que ao trabalhador alcoolista não se aplicaria a justa causa, Mas, sim, o encaminhamento do trabalhador para tratamento médico, afim de não mais agravar uma situação já tão sofrida do dependente de bebida alcoólica.

---

(14) A Comissão foi presidia pela Senadora Rosalba Ciarlini e seu Relator *Ad Hoc* foi o Senador Paulo Paim.

No parecer, ainda encontra-se a afirmativa de que o "alcoolismo é uma doença que deve ser também abordada como uma questão de saúde pública e, nessa ótica, deve a legislação criar condições que possam, tanto quanto possível, contribuir na recuperação do alcoolista".

Entretanto, o relator faz uma ressalva quanto ao projeto no tocante a estender ao alcoolista a estabilidade que a Lei n. 8.213, de 1991 (concede aos empregados que sofreram acidente de trabalho), uma vez que essa estabilidade tem por fundamento a proteção do empregado segurado que sofreu acidente do trabalho ou doença a ele equiparada (doença profissional). No entendimento do relator, não há correlação que autorize a extensão desse tipo de estabilidade ao alcoolista e por essa razão, o relator passa a apresentar a Emenda n. 1 — CAS:

"Suprima-se o art. 4º. Do Projeto de Lei do Senado n. 48, de 2010, renumerando-se o subsequente."

5.3. A tramitação da legislação sobre alcoolismo no trabalho

O Projeto de Lei do Senado n. 48, de 2010, apresentado pelo Senador Marcelo Crivella, que visa a modificação da CLT, para disciplinar a demissão e estabelecer garantia provisória de emprego ao alcoolista. Atualmente, encontra-se em tramitação, ou seja, em 1º.9.2010 foi remetida à Câmara dos Deputados[15].

6. O pior do alcoolismo: sua disseminação entre os jovens e consequências sobre o seu desempenho no trabalho futuro

A OMS em seu relatório[16] sobre Álcool e Saúde Pública nas Américas apresenta como resultado de suas investigações indícios de que as crianças iniciam o consumo de bebidas alcoólicas desde os dez anos de idade. A pesquisa apontou que o álcool é a droga preferida entre os jovens, uma vez que eles fazem uso dela com maior frequência e intensidade.

Um problema que o futuro pode apontar é o da tranquilidade em muitos pais e tutores por seus filhos "só" beberam, uma vez que eles acreditam que a bebida não oferece nenhum risco como o que outras drogas oferecem, e se esquecem ou desconhecem do perigo da ingestão da bebida alcoólica por menores, tais como pelo fato do álcool ser uma poderosa droga psicoativa ela altera o estado de ânimo de seu usuário, podendo ocasionar acidentes de trânsito, incluindo risco de morte, casos de incêndio, suicídio, homicídio.

---

(15) Disponível em: <http://www.senado.gov.br/atividade/Matéria/detalhes.asp?p_cod_mate=95806> Acesso em: 8.2.2011.
(16) MONTEIRO, Maristela G. *Alcohol y salud pública en las Américas*. Washington: OPS, 2007.

Os adolescentes usuários de álcool tem mais probabilidade de sofrerem este evento dos que os adolescente abstêmios de ser sexualmente ativos em idades mais jovens, dessa maneira, nem sempre se protegerem, e consequentemente poderem adquirir doenças sexualmente transmissíveis, além de gestações indesejáveis.

O álcool quando ingerido por menores lhe causam problemas ainda no desempenho escolar, com as tarefas, bem como com seu comportamento. E estes jovens ainda têm mais probabilidade do que os demais de serem vitimas de delitos violentos, sejam dentro ou fora da escola.

Uma questão muito importante, dentre do risco descritos já mencionados, que logicamente valeriam a pena descrevê-los todos, mas estaríamos perdendo o foco do tema, pauta-se na questão do menor ou adolescente em criar dependência do consumo de bebidas alcoólicas é de quatro vezes maiores do que quem é apresentado para a bebida em idade adulta. Dessa maneira, caso não hajam esforços conjuntos, é impossível acreditarmos que o problema do alcoolismo acabará brevemente.

Considerações finais

O alcoolismo atualmente é um problema em escala mundial, atingindo milhões de pessoas, sejam estes trabalhadores ou desempregados, ativos ou aposentados, pobres ou ricos, homens ou mulheres. Sua face mais dramática é quando atinge jovens que ainda não iniciaram suas atividades laborais. Estamos, de fato, diante de um cenário real e que se as autoridades ficarem inertes a tendência é só piorar. O enfoque principal parece ser tratá-lo como um problema de saúde pública, requerendo políticas especificas, variando conforme o país e o grupo etário. A legislação, contudo, pode também exercer um papel positivo fundamental.

Nesta perspectiva, o Poder Legiferante visa disciplinar do tecido social uma dispensa por justa causa que é calcada em um problema social, como é o alcoolismo, que como vimos é classificado como doença pela OMS. Para surtir maior efeito o empregador deverá participar do processo de ressocialização do empregado já fragilizado por sua doença. As leis deverão contemplar esta ótica.

No caso brasileiro, o PLS n. 48/2010, de iniciativa do Senado, é importante por buscar a solução do problema, mas merece criticas quando prevê a estabilidade do alcoólatra, haja vista que se o texto for aprovado nesse contexto, haverá um peso fiscal e previdenciário. A consequência e que tal prática poderá onerar mais ainda as empresas envolvidas, ocasionando um afastamento natural do empresariado brasileiro. Entretanto, se, como mostra a experiência internacional, este for envolvido no processo de tratamento do empregado, todos serão beneficiados.

Referências bibliográficas

DÁVALOS, José. *Alcoholismo en el trabajo:* columna pulso político. Disponível em: <http://portal.pulsopolitico.com.mx/2008/09/alcoholismo-en-el-trabajo> Acesso em: 10.2.2011.

MANGADO, Enriqueta Ochoa; GÚRPIDE, Agustin Madoz. *Consumo de alcohol y otras drogas en el médio laboral*. Scielo. Disponível em: <http://scielo.isciii.es/scielo.php?script=sci_arttext&pid=S0465-546X2008000400003>Acesso em: 10.2.2011.

MONTEIRO, Maristela G. *Alcohol y salud pública en las américas.* Washington: OPS, 2007.

OIT. *Problemas ligados ao álcool e a drogas no local de trabalho* — uma evolução para a prevenção. Genebra, 2003. Disponível em: <http://portal.saude.gov.br/portal/saude/visualizar_texto.cfm?idtxt=25076> Acesso em: 2.2.2011; <http://aplicacao2.tst.jus.br/consultaunificada2/jurisSearch.do> Acesso em: 8.2.2011.as 16:00; <http://portal.saude.gov.br/portal/saude/visualizar_texto. cfm?idtxt=25076> Acesso em: 2.2.2011; <http://www.ilo.org/public/portugue/region/eurpro/lisbon/pdf/questoes_alcool.pdf> Acesso em: 10.2.2011; <http://www. senado.gov.br/atividade/Matéria/detalhes.asp?p_cod_mate=95806> Acesso em: 8.2.2011; <http://apps.who.int/classifications/apps/icd/icd10online/>.

OIT. *Problemas ligados ao álcool e a drogas no local de trabalho* — uma evolução para a prevenção. Genebra, 2003.

►► Valorização das Provas Testemunhal x Documental

Cristian Colonhese[*]

Introdução

Na linguagem jurídica costuma-se denominar prova o objeto que possibilita o conhecimento de um determinado fato e também ao próprio conhecimento que se obtém de referido objeto. Em outras palavras, e muito comum à confusão entre provas e meio de provas:

> "E nesse sentido que se afirma, com base na etimologia da palavra, que prova, vocábulo originário do latim proba (de *probare* = demonstrar), abrange tudo o que demonstra a veracidade de uma afirmação ou realidade de um fato." (cf. TEIXEIRA FILHO, Manoel Antonio. *A prova no processo do trabalho*. 5. ed. São Paulo: LTr, 1991. p. 20)

Ainda, Chiovenda entende que:

> "provar equivale a formar convicção sobre a existência ou inexistência de fatos relevantes ao processo." (*Instituições de direito processual civil*. 1ª. ed. v. III, p. 108)

Já Tostes Malta afirma que a prova:

> "é o conjunto de informações de que o juiz vem a dispor para solucionar um conflito de interesses." (*A prova no processo do trabalho*, p. 14)

Para Isis de Almeida:

---

[*] Advogado, Diretor Jurídico da Sociedade de Advogados — Colonhese Sociedade Advogados, inscrita na OAB/SP 10.334, Pós-Graduado em Direito Material do Trabalho e Processo do Trabalho, pela Escola Superior de Advocacia, membro da Comissão de Direito do Trabalho — Comitê de Direito Material do Trabalho, membro da Comissão de Defesa da Cidadania, como Secretário Executivo — *e-mail*: cristian@colonhese.com.br.

"prova é a série de elementos constantes dos autos de um processo que, em conjunto ou individualmente, conduzem ao conhecimento dos fatos, objeto da ação e da defesa, afirmando-lhes a veracidade e dando procedência as alegações das partes."

Ainda, o mesmo autor na mesma obra, diz:

"demonstração legal da existência e ou da autenticidade de um fato material ou de um ato jurídico que interessa ao êxito do que se pleiteia." (*Manual das provas no processo trabalhista*, p. 21).

Nesse contexto, podemos citar outros inúmeros conceitos de prova, mas razão assiste a Manoel Antonio Teixeira Filho, aonde, afirma que tantos são os conceitos:

"quantos são os autores, cujos pronunciamentos díspares decorrem, por certo, da ausência de qualquer definição legal a respeito desse importante instituto." (cf. TEIXEIRA FILHO, Manoel Antonio. *A prova no processo do trabalho*. 5. ed. São Paulo: LTr, 1991. p. 20).

E, após concluir que prova é resultado e não meio, já que depende de apreciação judicial, também arrisca uma definição:

"É a demonstração, segundo as normas legais específicas, da verdade dos fatos relevantes e controvertidos no processo." (cf. TEIXEIRA FILHO, Manoel Antonio. *A prova no processo do trabalho*. 5. ed. São Paulo: LTr, 1991. p. 22).

Nesse diapasão, diante das supracitadas definições de prova vale discorrer sobre seu sistema de valoração, destacando a afirmação de Amauri Mascaro Nascimento que:

"entende-se por avaliação ou apreciação da prova a operação mental que tem por fim conhecer o mérito ou valor de convicção que possa ser deduzido do seu conteúdo." (*Curso de direito processual do trabalho*. 18. ed. p. 405).

Manoel Antonio Teixeira Filho, por seu turno, apoiando-se nas lições de Miguel Reale, afirma que:

"valorar não é o mesmo que avaliar, pois no primeiro caso se analisa a coisa sob o critério de valor". (cf. TEIXEIRA FILHO, Manoel Antonio. *A prova no processo do trabalho*. 5. ed. São Paulo: LTr, 1991. p. 97).

A valoração das provas se resume em três espécies:

a) sistema de prova legal ou formal;

b) sistema de livre convicção;

c) sistema de persuasão racional.

O sistema que vigora no Brasil é o da persuasão racional, com fundamento no art. 93, IX, da Constituição Federal, segundo o qual as decisões deverão ser fundamentadas, e o art. 131 do Código de Processo Civil, diz "o juiz apreciará livremente a prova, atendendo aos fatos e circunstâncias constantes dos autos, ainda que não alegados pelas partes; mas deverá indicar, na sentença, os motivos que lhe formaram o convencimento".

Sobre o tema é pertinente a lição de Humberto Theodoro Júnior:

"Adotou o Código, como se vê, o sistema da persuasão racional, ou 'livre convencimento motivado', pois:

a) embora livre o convencimento, este não pode ser arbitrário, pois, fica condicionado às alegações das partes e às provas dos autos;

b) a observância de certos critérios legais sobre provas e sua validade não pode ser desprezada pelo juiz (arts. 335 e 366 do Código de Processo Civil) nem as regras sobre presunções legais;

c) o juiz fica adstrito às regras de experiência, quando faltam normas legais sobre as provas, isto é, os dados científicos e culturais do alcance do magistrado são úteis e não podem ser desprezados na decisão da lide;

d) as sentenças devem ser sempre fundamentadas, o que impede julgamentos arbitrários ou divorciados da prova dos autos." (*Curso de direito processual civil*. 23. ed. v. I)

A Consolidação das Leis Trabalhistas regula a instrução processual nos seus arts. 818 a 830, sendo que, apesar do menor formalismo da justiça do Trabalho em virtude da celeridade, existe uma escassez de normas sobre as provas, tendo que socorrer-se de fonte subsidiária do Capítulo VI (que trata das Provas) do Código de Processo Civil aplicando a norma do art. 769 da Consolidação das Leis Trabalhistas.

Esta monografia, no entanto, se restringirá ao estudo da valoração das provas Testemunhal x Documental na Justiça do Trabalho, tendo em vista no meu entendimento que o valor probatório dado a estes dois tipos de prova é crucial ao convencimento do julgador e desfecho da lide.

1. Prova documental

1.1. Noções gerais

A etimologia do vocábulo *documento* reside em *documentam* do verbo latino *docere* (ensinar, instruir, mostrar).

Chiovenda ensina que:

"no sentido amplo, documento é qualquer representação material destinada a reproduzir determinada manifestação do pensamento." (cf. CHIOVENDA, Giuseppe. *Instituições de direito processual civil*. 1. ed. v. III, p. 151)

Para Carnelutti:

"uma coisa capaz de representar um fato." (cf. CARNELUTI, Francesco. *A prova civil*. Traduzido por Amilcare Carletti, São Paulo: Universitária de Direito, 2003. p. 181)

Para Pontes de Miranda:

"todo objeto suscetível de servir de prova a alguma proposição." (cf. MIRANDA, F. C. Pontes de. *Comentários ao código de processo civil de 1939*, art. 2º, II)

Para Manoel Antonio Teixeira Filho:

"documento é todo meio idôneo e moralmente legitimo, capaz de comprovar, materialmente, a existência de um fato." (cf. TEIXEIRA FILHO, Manoel Antonio. *A prova no processo do trabalho*. 8. ed. capítulo III, p. 285)

Para Afonso Alencar:

"Documentos é o instrumento representativo de um fato ou acontecimento. Conquanto possa apresentar defeitos, inegavelmente se constitui, em consequência de sua estabilidade, como a forma mais segura de perpetuar a história dos fatos e as cláusulas dos contratos celebrados pelas partes." (Prova documental. *Revista do TRT 11ª Região*, 2002).

Já Moacyr Amaral Santos, nos fornece uma classificação:

"1) Quanto ao seu autor, origem ou procedência: a) públicos ou privados; b) autógrafos ou heterógrafos: no primeiro caso, o autor do documento é o mesmo do fato documentado; no segundo, o documento foi elaborado por terceira pessoa; c) assinados ou não assinados; d) autênticos, autenticados ou sem autenticidade.

2) Quanto ao meio, maneira ou material usado na sua formação: a) indiretos ou diretos; b) escritos, gráficos, plásticos e estampados: nos documentos escritos os fatos são representados literalmente; nos gráficos, a representação é feita por meio de desenho, pintura etc.; nos plásticos é efetuada por intermédio de gesso, madeira etc.; os estampados 'são os documentos diretos', como fotografia, cinematografia etc.

3) Quanto ao seu conteúdo: podem ser narrativos e constitutivos (ou dispositivos): aqueles encerram declarações de conhecimento ou de verdade, podendo ser testemunhais ou confessórias; nestes, há declarações de vontade (constitutivas, modificativas ou extintivas) ou de relações jurídicas.

4) Quanto à sua finalidade: preconstituídos ou casuais.

5) Quanto à forma (em relação à prova que produzem): são formais ou solenes, e não formais.

6) Quanto à forma em si: originais ou cópias." (cf. SANTOS, Moacyr Amaral dos. *Comentários ao código de processo civil*. 5. ed. v. IV).

1.2. Requisitos

O art. 787 da Consolidação das Leis do Trabalho estabelece que a petição inicial trabalhista deva ser formulada em 2 (duas) vias, e desde logo acompanhada dos documentos, que em tese, provam fato constitutivo de seus direitos. E, o art. 845 da Consolidação das Leis do Trabalho e o art. 396 do Código de Processo Civil, justificam que a contestação deve trazer todos os documentos que provam à ocorrência de fato impeditivo, modificativo ou extintivo do direito do autor (art. 333 do Código de Processo Civil e art. 818 da Consolidação das Leis do Trabalho).

A exceção à regra, fica por conta do surgimento de documentos novos, isto é, não teve acesso no momento oportuno, e também quando pretende fazer contraprova das alegações do *ex adverso* ou quando tratar de fatos supervenientes (art. 397 do Código de Processo Civil e Súmula n. 8 do Tribunal Superior do Trabalho).

Assim, a regra e a exceção são tremendamente claras quanto ao momento de se juntar os documentos, se procederem de forma contrária viola o princípio da celeridade e economia processual.

1.3. Prática

Vale destacar, o Resumo do artigo no *Suplemento LTr* (n. 131 de 1994) de Hermelino de Oliveira Santos, feito por Marcelo Donizeti Barbosa:

> "Com frequência, litigantes em feitos trabalhistas pleiteiam juntada de documentos, que não vieram aos autos com a petição inicial ou contestação.
>
> Alega amparar suas pretensões, o direito à ampla defesa (art. 5º, LV, da CF). A nível de legislação ordinária invocam o art. 845 da CLT.
>
> No que se refere à norma constitucional, constata-se generalizada utilização e até errada interpretação, vez que invocam amplo direito de defesa, o que difere do direito à ampla defesa que a CF assegura.
>
> O direito à ampla defesa não pode ser interpretado como a permitir o exercício desta a qualquer momento da fase instrutória, razão pela qual a Lei Maior recepcionou o art. 845 da CLT e arts. 396 e 397 do CPC." (*Synthesis*, *Direito do Trabalho Material e Processual*, semestral, 20/95, Imprensa Oficial do Estado de São Paulo)

Assim, diante das regras especificadas e, tendo em vista, que a audiência é Una, mesmo que haja o fracionamento caso não junte os documentos no ato oportuno ocorrerá à preclusão.

Nesse sentido, não é fundamento de admissibilidade para juntada de prova documental fora do especificado em lei, a alegação de que o Juízo está em busca da verdade real.

Ainda, a interpretação dos dispositivos legais que regem a prova documental, não é ampliativa, pois, seria entendimento diverso aos princípios da Justiça Especializada, tais como, concentração de atos, oralidade, simplicidade e estaríamos a obstaculizar a entrega da prestação jurisdicional com o procrastinamento do feito e desvirtuamento do fim social.

Quanto a Impugnação dos documentos, partilho das considerações da Juíza do Trabalho substituta da 3ª Região dra. Martha Halfeld Furtado Mendonça Schmidt, veiculada no *Jornal Trabalhista*, de 29 de julho de 1996, ano XIII, n. 618:

> "regra geral, há desnecessidade de impugnação de documentos, ainda que sejam contrários à tese exposta na inicial ou na defesa e se, depois de produzida a defesa. Explicamos. É que, se os limites da litiscontestação são fixados pela inicial e pela defesa e se, depois de produzida a defesa, não podem as partes alterar ou ampliar as suas razões ou o pedido (arts. 264 e 294 do CPC), é lógico que todos os documentos contrários à tese de uma parte ou de outra já se encontram implicitamente impugnados, desde a inicial ou desde a contestação."

Realmente, assiste razão a autora, pois, impugnar ou não impugnar, leva ao mesmo resultado, o que se deve fazer é a contraprova, que seria fato impeditivo, modificativo ou extintivo.

Nessa esteira, é comum no dia a dia forense nos depararmos com estes tipos de impugnação, sem qualquer fundamento lógico e concreto, o que deixa evidente a má-fé do impugnante.

Como toda regra à exceção, a autora tece suas considerações, na qual entende ser pertinente:

> "'a primeira é com relação à contestação da assinatura existente em um documento'. De acordo com o art. 388, inciso I, do CPC, 'cessa a eficácia do documento particular quando lhe for contestada a assinatura e enquanto não se lhe comprovar a veracidade'. Quer dizer, quando se contesta a assinatura de documento, há a presunção de falsidade dele, tanto que o ônus da prova é do apresentante ('cessa a eficácia, enquanto não se lhe comprovar a veracidade'), tal conforme expressamente regulamentado pelo inciso I do art. 389 do estatuto processual. Transportando esta teoria para prática, portanto, quando o reclamante diz: 'essa assinatura não é minha', incumbe ao reclamado o ônus de provar que é. A impugnação aqui, é medida essencial para a definição do direito.

A outra exceção é quando a parte pretende a declaração incidental de falsidade de documento, através do denominado **incidente de falsidade** (arts. 390 e segs.

do CPC). No sentido amplo, documento é qualquer representação material destinada a reproduzir determinada manifestação do pensamento." (cf. CHIOVENDA, Giuseppe. *Instituições de direito processual civil*. 1. ed. v. III, p. 151).

Ainda, vale dizer que a parte poderá requisitar ao juiz documentos de repartições públicas, não se esquecendo que existe a oportunidade certa para apresentação da prova documental, ressalvada a hipótese do art. 397 do Código de Processo Civil, devendo seguir o art. 787 da Consolidação das Leis do Trabalho e o art. 396 do Código de Processo Civil.

Quanto à exibição de documento disciplinada nos arts. 844 e 845 do Código de Processo Civil, trata-se de procedimento cautelar específico.

Nessa esteira, a individuação, a mais completa possível, do documento ou da coisa que pretende ver exibida em juízo, a finalidade da prova, mediante a indicação dos fatos que se relacionam com o objeto da exibição, as circunstâncias em que se fundamenta o pedido do requerente para afirmar que o documento ou a coisa existe e se encontra em poder da parte adversa.

Também, admite o Código de Processo Civil em seu art. 4º, inciso II, a ação declaratória para que a parte obtenha um pronunciamento jurisdicional a respeito da autenticidade ou falsidade de documento.

Neste tópico, vale destacar que se o documento foi juntado com a inicial tem que ser suscitado o incidente em contestação, se a juntada ocorreu após, a parte deverá suscitá-lo em dez dias, a contar da citação para manifestação sobre o documento juntado, pois o prazo é preclusivo.

Ainda, temos os documentos eletrônicos como meio de prova, sendo importante citar o Dr. Augusto Tavares Rosa Marcacini,

> "Para que um documento eletrônico possa ter força probante, é necessário que algumas características comuns ao documento tradicional estejam presentes.
>
> (...)
>
> Em se tratando de documento indireto — que é o tipo mais comum necessário se faz, para emprestar-lhe força probante, que:
>
> a) tenha autoria identificável (autenticidade);
>
> b) que não possa ser alterado de modo imperceptível (integridade).
>
> Autenticidade e integridade são, portanto, os requisitos básicos que deve conter um documento para servir como prova." (*Revista Curso de Direito Universidade Federal de Uberlândia*, v. 27, n. 1, p. 150-151, jun. 1998)

Ademais, este meio de prova ainda não é muito utilizado na Justiça Especializada, justamente pela falta de autenticidade e integridade, pois, dependem de programas que tragam segurança sobre as informações trocadas, as partes, a origem e outros aspectos, pois, é extremamente difícil fazer a prova documental eletrônica, principalmente por seguimentos empresarias que não tenham a devida regulamentação.

2. Prova testemunhal

2.1. Conceito

Manoel Antonio Teixeira Filho, em sua obra *A prova no processo do trabalho* (8. ed. p. 323 e 324), capítulo IV, traz o aspecto histórico do testemunho, "Visto sob o aspecto histórico, o testemunho constitui, juntamente com a confissão, o mais antigo meio de prova judiciária. Alguns Códigos primitivos, como o de Manu, bem assim como determinadas leis (egípcias, gregas, romanas) priscas continham disposições acerca da prova testemunhal e do valor que ela representava para a demonstração da verdade dos fatos. Mesmo com o surgimento, mais tarde, dos meios escritos, o testemunho manteve a sua preeminência, a ponto de haver-se, como na França, estabelecido um brocardo segundo o qual *térmoins passent lettres*, isto é, as testemunhas valem mais do que os escritos".

Para Chiovenda, o conceito de testemunha é:

> "uma pessoa diversa dos sujeitos processuais chamada a expor ao juiz as próprias observações de fatos ocorridos, de importância na causa. Essa exposição pode compreender tanto o efeito imediato que sobre os sentidos da testemunha produziu o fato ocorrido em sua presença, quanto às ilações lógicas que ela tirou de tal impressão. Em todo caso, as observações da testemunha são expostas como fatos subjetivos, isto é, pessoais a ela, jamais como expressão do que objetivamente se deve considerar como consequência de determinados fatos segundo os ensinamentos de uma ciência ou de uma arte, o que é mister próprio do perito." (cf. CHIOVENDA, Giuseppe. *Instituições de direito processual civil,* cit., p. 131)

Amauri Mascaro Nascimento, conceitua o testemunho com:

> "um meio de prova que consiste na declaração representativa que uma pessoa, que não é parte no processo, faz ao juiz, com fins processuais, sobre o que sabe a respeito de um fato de qualquer natureza (Echandia). E testemunha é a pessoa capaz, estranha ao processo, que é chamada a declarar sobre os fatos que caíram sob o domínio dos seus sentidos (Alsina)." (cf. NASCIMENTO, Amauri Mascaro. *Curso de direito processual do trabalho*. 14. ed. 1993. p. 249.).

Para Francisco Antonio de Oliveira:

> "Testemunha é pessoa que não faz parte do processo, mas que tem conhecimento dos fatos por havê-los presenciado ou por deles ter ouvido

dizer, que comparece a juízo para depor sob compromisso de dizer a verdade do que souber." (cf. OLIVEIRA, Francisco Antonio de. *A prova no processo do trabalho*. 2. ed. p. 74)

2.2. Requisitos

Para uma exata conceituação com relação à testemunha, temos que observar certos elementos *substanciais,* que no meu entendimento partilho da conceituação trazida por Manoel Antonio Teixeira Filho, em sua obra *A prova no processo do trabalho* (8. ed. p. 325 a 327), capítulo IV, assim vejamos:

> a) é, necessariamente, uma pessoa física, pois apenas ela é capaz de ter percepções sensoriais, de modo a poder narrar ao Juiz, mais tarde, os fatos presenciados e que interessam à causa; as pessoas jurídicas, embora também contribuam com o Poder Judiciário para o descobrimento da verdade, o fazem mediante informações e não testemunho;
>
> b) distinta das partes do processo. Melhor será que se diga distinta dos sujeitos do processo, cujo conceito é mais abrangente que o das partes. Por isso, o Juiz, que também é sujeito processual, não pode servir, por princípio, como testemunha na causa que lhe está sendo submetida à apreciação e julgamento. Um outro reparo se impõe: a testemunha, a rigor, não é pessoa estranha ao processo, como se afirmou em alguns dos conceitos transcritos; tanto não é que ela aparece, surge, no processo. O que se quis dizer — e nos parece ser lícito supor neste sentido — é que testemunha é estranha à relação jurídica processual, que é coisa diversa;
>
> c) admitida como tal pela lei, isto é, apenas podem depor como testemunhas as pessoas que não sejam incapazes, impedidas ou suspeitas, nada obstante (e desde que seja estritamente necessário) ao Juiz seja facultado ouvir, como meras informantes, pessoas impedidas ou suspeitas (CPC, art. 405, § 4º); nunca, porém, as incapazes;
>
> d) que inquirida pelo magistrado. As testemunhas são sempre inquiridas pelo magistrado, seja o Juiz da causa, ou aquele a quem se deprecou a inquirição. Não é correto dizer-se que elas sempre compareçam a Juízo porque embora em regra essa modalidade de prova oral deve ser colhida em audiência (CPC, art. 336, parágrafo único), há casos em que isto não acontece, pois assim permite ou determina a lei, como em virtude de doença ou de outro motivo relevante que impeça a testemunha de vir a juízo (CPC, art. 410, III), ou se tratar das pessoas a que faz menção o art. 411 e incisos do mesmo Código. Mesmo assim, tais testemunhas serão inquiridas pelo Juiz, o que importa também em dizer: na sua presença, conquanto não em Juízo. São inquiridas pelo magistrado porque somente a ele compete, como diretor do processo, interrogar os litigantes (CLT,

art. 848, *caput*), facultando-se que, por seu intermédio, os Classistas formulem perguntas, e as partes, seus representantes ou procuradores, reperguntas;

e) voluntariamente ou em decorrência de intimação. Quer dizer, as testemunhas tanto podem se submeter à inquirição espontaneamente (são convidadas pela parte e depõem) quanto em virtude de intimação (porque, convidadas, se esquivaram da inquirição ou porque foi o Juiz quem, decidiu ouvi-las);

f) a respeito de fatos controvertidos, relevantes pertinentes, pois o objeto da inquirição são os fatos controvertidos; a controvérsia, contudo por si só, não basta; os fatos têm de ser pertinentes à sua causa e, ainda assim, relevantes para ela. Destarte, fatos pertinentes, mas irrelevantes não interessam, do mesmo modo que há desinteresse em relação aos fatos relevantes, mas que não pertencem à causa. Deparasse-nos, data vênia, cerebrina a distinção pretendida por Isis de Almeida (*Curso de direito processual do trabalho*. São Paulo: Sugestões Literárias, 1981. p. 393), entre fatos controversos e controvertidos, em testemunho de quem soube dos fatos por intermédio de terceiro (por "ouvi dizer" — *hearsay testimony*) é frágil, é nonada, pois desatende à razão teleológica pela qual se admite esse meio de prova no processo; *testis debet deponere de eo quod novit et praesens fuir et sic per proprium sensum, nom autem presensum alterius* — adverte, com exação, a máxima latina.

Ainda, diante dos sistemas substanciais apresentados, Manoel Antonio Teixeira Filho (*A prova no processo do trabalho*. 8. ed. rev. e ampl.), traz o seguinte conceito de testemunha:

"É toda pessoa física, distinta dos sujeitos do processo, que, admitida como tal pela lei, é inquirida pelo magistrado, em Juízo ou não, voluntariamente ou por força de intimação, a respeito de fatos controvertidos, pertinentes e relevantes, acerca dos quais tem conhecimento próprio."

2.3. Prática

Pela prática diária à teoria sobre a figura da testemunha está extremamente distante da realidade, pois, a teoria trata da prova testemunhal como a "prova das provas".

Mas, para os dias atuais, a prova testemunhal é extremamente falha, pois, deliberadamente altera os fatos, distorce a verdade, e não existe a preocupação do crime que está se cometendo, conduta tipificada no Código Penal (art. 342 — falso testemunho).

Ainda, diante da contradição, melhor seria a acareação, mesmo de ofício, o que não ocorre na prática.

Vale destacar, que caso a acareação não seja feita de ofício, poderá ser requerida pelas partes.

Nesse sentido, mesmo havendo contrariedade entre os depoimentos colhidos, alguns magistrados ficam inibidos em fazer acareação e alegam que já se convenceram e valoraram os depoimentos colhidos.

Nessa esteira, não me parece à medida acertada, pois, demonstra uma insegurança jurídica muito grande, o que beira o cerceamento de defesa.

Apenas por amor à argumentação, vale citar por analogia, o caso de litigância de má-fé na Justiça do Trabalho, são raríssimas as vezes que se condenam as partes por má-fé processual.

A prova testemunhal é a "prostituta das provas", sendo que, é dela que se vale o processo do trabalho na atuação diária dos advogados, partes e juízes.

Nos termos do art. 821 da Consolidação das Leis do Trabalho, cada parte terá direito a três testemunhas, salvo no caso de inquérito judicial que poderá ser até seis testemunhas, e no caso do rito sumaríssimo que poderá ser até duas testemunhas.

Dispõe o art. 405 do Código de Processo Civil, que "podem depor como testemunhas todas as pessoas, exceto as incapazes, impedidas ou suspeitas", e ressalvadas a hipótese do art. 406, inciso I e II do Código de Processo Civil, ainda, vale citar o art. 339 do Código de Processo Civil, "Ninguém se exime do dever de colaborar com o Poder Judiciário para o descobrimento da verdade".

Gabriel de Rezende Filho (*A prova no processo do trabalho*. 2003. p. 330) se refere à classificação das testemunhas em:

> "a) instrumentárias, que asseguram com a sua presença e assinatura, a verdade dos atos jurídicos, colaborando na formação da prova literal preconstituída. São, na classificação de Malatesta, as *ante factum*;
>
> b) judiciais, que depõem, em juízo acerca dos fatos (relevantes) da ação. Correspondem, portanto, às in facto, a que se referiu Malatesta;
>
> c) oculares e auriculares, que depõem segundo os fatos que presenciaram ou de que tiveram notícia, respectivamente. Estas últimas são as conhecidas testemunhas 'por ouvir dizer';
>
> d) originárias e referidas, conforme tenham sido indicadas pelas partes ou mencionadas por outras testemunhas, em suas declarações, respectivamente;
>
> e) idôneas e inidôneas, segundo seja o valor do seu depoimento, sendo que as segundas são afetadas por algum vício ou defeito capaz de lhes tirar ou diminuir a credibilidade."

Também vale dizer sobre os direitos que as testemunhas têm, pois, falamos apenas das obrigações.

a) recusar-se a depor (Código de Processo Civil, art. 414, § 2º), nas hipóteses do art. 406, I e II do Código de Processo Civil);

b) de ser inquirida em sua residência ou no local onde exerce suas funções, em se tratando das pessoas mencionadas no art. 411 do Código de Processo Civil;

c) de prestar depoimento antecipadamente; de ser inquirida por carta precatória ou rogatória e de depor extra juízo, no caso de doença ou outro motivo relevante (Código de Processo Civil, art. 410, I, II e III);

d) de ser inquirida pelo juiz (Código de Processo Civil, art. 416), que nem sempre é o da causa (Código de Processo Civil, art. 410);

e) de ser tratada com urbanidade pelas partes, seus representantes ou advogados (Código de Processo Civil, art. 416, § 1º);

f) de ler o que declarou, antes de lançar assinatura na ata e de requerer, se for o caso, a ratificação de trechos e depoimentos (Código de Processo Civil, art. 471);

g) de não sofrer descontos nos seus salários quando tiver de comparecer a juízo para depor, que tenha sido convocada ou intimada (Consolidação das Leis do Trabalho, art. 822).

Vale ressaltar, que o maior problema na Justiça do Trabalho, e que caracteriza cerceamento de defesa, pois, trataremos agora da contradita da testemunha pelos motivos de suspeição, impedimento ou incapacidade da parte.

Como não existe na Justiça do Trabalho a obrigatoriedade de depósito do rol de testemunhas antes da audiência, dificulta sobremaneira a defesa, devido à surpresa de quem será testemunha, pois, no momento oportuno, que é a oitiva das testemunhas a defesa não possui elementos concretos ou precisos para comprovar sua objeção.

Nesse sentido, o processo não pode ser feito de surpresas, e todos têm direito a ampla defesa, mas, não é o que acontece, pois, raras são as vezes que se depositam o rol de testemunhas antes da audiência, que deveria ser obrigatório, tendo em vista que a princípio, a audiência e una.

Mas, em linha totalmente contrária Manoel Antonio Teixeira Filho (*A prova no processo do trabalho*. 8. ed. rev. e ampl. São Paulo: LTr p. 355), entende que com isso evitam-se pressões ou assédios sobre a testemunha, mas esquecem da "ampla defesa", Direito Constitucional.

Mais uma vez, vale destacar que o procedimento e desigual aos iguais, pois, a balança da Justiça esta pendente a uma das partes, o que não me parece sensato, contrariando à Constituição Federal.

A prova testemunhal na teoria a "prova das provas", é tão significante que não se sabe quem será a tão esperada testemunha (surpresa), o direito a contradita fica prejudicado, não se pode fazer repergunta para tentar buscar a verdade real, e raras são às vezes que se faz acareação. Será que não existe hierarquia entre as provas para o Convencimento do Julgador, e os princípios Constitucionais não se aplicam/conflitam na Justiça do Trabalho, e ainda, será que toda está celeridade, simplicidade e informalidade levam a tão esperada Justiça, Não!

Por fim é diante das perguntas acima, as respostas é que é de extrema importância uma atualização da legislação Trabalhista, para que se enquadre aos tempos atuais, pois, casos contrários àqueles operadores do direito ficam impedidos ou restritos ao nosso Decreto-lei n. 5.452, de 1º de maio de 1943, Consolidação das Leis Trabalhistas.

Conclusão

Este trabalho constitui uma sistematização das informações obtidas por meio de consulta a teses, legislações, doutrinas e jurisprudências.

É basicamente um estudo que buscou conhecer melhor a valorização das provas testemunhal x documental na Justiça do Trabalho. Sendo, portanto, restrito a essa área, pois não houve preocupação na realização de estudos em outros ramos do Direito.

Seu foco central baseia-se, então, na existência ou não de hierarquia entre as provas, onde se constatou as seguintes premissas:

1 – Considerando que o direito deva ser igual a todos, os iguais são tratados de forma diferente;

2 – Isto, tendo em vista a falta/lacuna de legislação específica sobre provas na Legislação Trabalhista, que se aplica subsidiariamente o Código de Processo Civil ao gosto do "freguês";

3 – Principalmente a prova testemunhal, na Legislação Trabalhista quase que nada diz sobre os procedimentos recepcionando o Código de Processo Civil quase que na sua totalidade neste sentido;

4 – Os princípios Constitucionais não são seguidos na sua plenitude na Justiça do Trabalho;

5 – Principalmente a ampla defesa, qual é a amplitude da palavra "ampla" se a Justiça do Trabalho é extremamente paternalista;

6 – E o Cerceamento de defesa, não tem espaço na Justiça do Trabalho;

7 – Por fim, demonstra-se extremamente necessária uma atualização da legislação trabalhista, para que se enquadre ao cotidiano que estamos vivendo, pois, caso contrário àquele que deve aplicar a lei fica impedido ou restrito ao nosso Decreto-lei n. 5.452, de 1º.5.1943, Consolidação das Leis do Trabalho.

Bibliografia

ALENCAR, Afonso. Prova documental. *Revista do TRT 11ª Região*, Manaus, n. 10, p. 99, jan./dez. 2002.

ALMEIDA, Ísis de. *Manual das provas no processo trabalhista.* São Paulo: LTr, 1999.

BEBBER, Júlio César. O novo código civil e a prova judiciária: breves considerações. *Synthesis*, São Paulo, n. 39, p. 95-96, jul./ dez. 2004.

DELGADO, Mauricio Godinho. *Curso de direito do trabalho.* 2. ed. São Paulo: LTr, 2003.

GOMES, Orlando; Élson Gottschalk. *Curso de direito do trabalho.* 12. ed. Rio de Janeiro: Forense, 1990.

GRINOVER, Ada Pellegrini. *Direito processual civil.* São Paulo: José Bushatsky, 1974.

LAMARCA, Antonio. *Processo judiciário do trabalho.* São Paulo: Revista do Tribunais, 1958.

MACHADO JÚNIOR, César Pereira da Silva. Das provas no processo do trabalho. In: BUENO, José Hamilton (coord.). *Curso de direito processual do trabalho:* homenagem ao ministro Pedro Paulo Teixeira Manus. São Paulo: LTr, 2008.

MARCACINI, Augusto Tavares Rosa. Documento eletrônico como meio de prova — introdução. O direito e a evolução tecnológica. A criptografia assimétrica, *Revista do Curso de Direito da Universidade Federal de Uberlândia*, Uberlândia, v. 27, n.1, p. 137-80, jun. 1998.

MARQUES, Heloísa Pinto, A prova no processo do trabalho. *Síntese Trabalhista*, Porto Alegre, n. 902, p. 141-149, fev. 1997.

NASCIMENTO, Amauri Mascaro. *Curso de direito processual do trabalho.* São Paulo: Saraiva, 1989.

OLIVEIRA, Francisco Antonio de. *A prova no processo do trabalho.* 2. ed. rev. atual. e ampl. São Paulo: Revista dos Tribunais, 2001.

RODRIGUES PINTO, Jose Augusto. *Processo trabalhista de conhecimento.* 7. ed. São Paulo: Saraiva, 2005.

SANTOS, Hermelino de Oliveira. Momento da prova documental. *Synthesis*, São Paulo, n. 20, p. 84-85, jan./jun. 1995.

SCHMIDT, Martha Halfeld Furtado de Mendonça. Considerações sobre a impugnação à prova documental no processo do trabalho. *Jornal Trabalhista*, Brasília, n. 618, p. 844, jul. 1996.

TEIXEIRA FILHO, Manoel Antonio. *Cadernos de processo civil:* prova documental. São Paulo: LTr, 1999 (*Cadernos de processo civil:* 10).

_____. *A prova no processo do trabalho.* 8. ed. rev. e ampl. São Paulo: LTr, 2003.

>> As Consequências Jurídicas do Contrato de Trabalho Celebrado com Pessoa no Exercício de Atividade Vedada pelo Direito

Cristina Paranhos Olmos(*)

*"É esperar apenas, está bem?
que passe o tempo de sobrevivência
e tudo se resolva sem escândalo
ante a justiça indiferente.
Acabo de notar e sem surpresa:
não me ouvem no sentido de entender,
nem importa que um sobrevivente
venha contar seu caso, defender-se
ou acusar-se, é tudo a mesma
nenhuma coisa, e branca."*
Carlos Drummond de Andrade

Introdução

A Justiça do Trabalho há muito tempo se depara com situação que lhe é imposta em processos sob sua jurisdição: a tutela de contratos de trabalho mantidos sob a "égide" da ilicitude.

Expliquemo-nos.

Não há dúvida que todas as atividades, lícitas ou ilícitas, podem exigir a prestação de trabalho por terceiros, hipótese em que o trabalhador será contratado

---

(*) Mestre e Doutoranda pela Faculdade de Direito da PUC-SP. Especialista em Direito Material e Processual do Trabalho pela PUC-SP. Professora do curso de pós-graduação *lato sensu* em Direito Material e Processual do Trabalho da COGEAE, PUC-SP. Coordenadora do Comitê de Direito Material do Trabalho da OAB-SP. Diretora da Comissão da Mulher Advogada da AATSP. Advogada. Sócia de Olmos e Olmos Sociedade de Advogados. *E-mail:* cristina@olmoseolmos.adv.br

para o exercício das atividades exigidas, ainda que as atividades do contratante (suposto empregador) sejam ilícitas.

É o caso, por exemplo, dos trabalhadores envolvidos com o "jogo do bicho", entre outros.

O "jogo do bicho", é sabido, encontra-se no rol das contravenções penais relativas à polícia de costumes, conforme art. 58 do Decreto-Lei n. 3.688/1941.

A despeito disso, é sabido também que a atividade do "jogo do bicho", é admitida pelos "usos e costumes" de nossa sociedade, contando até mesmo com tolerância das autoridades civis, administrativas e policiais, sendo suas bancas divulgadas sem qualquer receio, sendo inclusive de pleno conhecimento da sociedade os locais onde estão instaladas, os resultados diários de seus jogos, entre outras características, o que demonstra que embora seja contravenção penal, não tem sido tratada de tal maneira.

Em razão disso, muitos trabalhadores que se dedicam às atividades do "jogo do bicho" buscam perante a Justiça do Trabalho o reconhecimento do contrato empregatício mantido, e todos os direitos assegurados pela legislação trabalhista.

A matéria tem sido objeto de muitas discussões nos Tribunais do Trabalho brasileiros, e conta, atualmente, com interpretação conferida pelo próprio Tribunal Superior do Trabalho, consoante os termos da Orientação Jurisprudencial n. 199 da Seção de Dissídios Individuais, Subseção I, *in verbis*:

> "Jogo do bicho. Contrato de trabalho. Nulidade. Objeto ilícito. É nulo o contrato de trabalho celebrado para o desempenho de atividade inerente à prática do jogo do bicho, ante a ilicitude de seu objeto, o que subtrai o requisito de validade para a formação do ato jurídico."

Assim, conclui-se que o Tribunal Superior do Trabalho tem afastado o reconhecimento dos contratos de emprego fundados no jogo do bicho, reconhecida a ilicitude do objeto como elemento impeditivo.

Nesse sentido, e com o devido respeito, a solução do Tribunal Superior do Trabalho certamente não atende o anseio primordial almejado pelo direito laboral, qual seja, a proteção dos trabalhadores, até mesmo conferindo ao hipossuficiente situação privilegiada na relação jurídica, para a consecução de seus fins.

É que ao afastar o reconhecimento da relação empregatícia com o trabalhador do jogo do bicho, cria-se benefício para o contraventor, deixando todos os trabalhadores à mercê da própria sorte, sem qualquer proteção e sem benefícios trabalhistas, autorizando-se, de certa maneira, o enriquecimento indevido do contraventor.

1. Reconhecimento da relação empregatícia

O contrato de emprego deve ser reconhecido quando presentes os requisitos do art. 3º da Consolidação das Leis do Trabalho: "Considera-se empregado toda pessoa física que prestar serviços de natureza não eventual a empregador, sob a dependência deste e mediante salário".

Não há, portanto, no texto legal, qualquer menção à licitude da atividade, ou validade do negócio jurídico como condição indispensável para o reconhecimento do contrato de emprego.

Isso levaria à conclusão simplista de que o reconhecimento do vínculo de emprego não poderia ser obstado pela ilicitude da atividade do contratante.

Por outro lado, a situação não se apresenta de maneira tão simples, havendo diversos aspectos sob os quais deve ser analisada a formação do contrato de emprego.

Em primeiro lugar, há que ser considerado se o trabalhador tem conhecimento da ilicitude da atividade desenvolvida pelo seu contratante.

É absolutamente possível que o trabalhador preste seus serviços na condição de empregado (pessoalmente, mediante subordinação, habitualmente, mediante a paga de salários) sem ter conhecimento da ilicitude dos negócios desenvolvidos por seu empregador.

Exemplo do que se alega é mencionado por Alice Monteiro de Barros: "admite-se possa o trabalhador não ter conhecimento da ilicitude de seu trabalho, como no caso de empregado que exerce suas funções em escritório com fachada de empresa imobiliária, mas que, na verdade, dedica-se ao tráfico de mulheres"[1].

Nessa hipótese, ainda que a atividade do empregador seja ilícita, não tem o trabalhador condições de concluir pelo vício que poderá declarar a nulidade do seu contrato de emprego, e, assim, somando-se o princípio da boa-fé com a teoria da aparência, não há como se afastar o reconhecimento do vínculo de emprego, e todos os consectários legais.

Antônio Lamarca observa a situação: "Ignorando as verdadeiras finalidades da empresa, temos que não se poderá arguir a nulidade em detrimento do trabalhador de boa-fé"[2].

A doutrina e mesmo a jurisprudência também fazem outra distinção em relação aos contratos de tal natureza, distinguindo os empregados que contribuem diretamente para o ilícito, daqueles que não o fazem.

É o caso, por exemplo, da faxineira de casa de prostituição, que, ao fazer a limpeza e arrumação do local, não pratica qualquer ilicitude, mantendo contrato absolutamente lícito e não vedado pelo sistema, posto que sua atividade não se vincula à prostituição.

É verdade que a distinção do que é vinculado e do que não é vinculado à atividade ilícita é bastante difícil e subjetiva, dependendo da análise do caso concreto.

---

(1) BARROS, Alice Monteiro de. *Curso de direito do trabalho*. 4. ed. São Paulo: LTr, 2008. p. 246.
(2) LAMARCA, Antônio. *Contrato individual de trabalho*. São Paulo: Revista dos Tribunais, 1969. p. 119.

As atividades de faxina na casa de prostituição são essenciais para o sucesso do empreendimento, e, assim, poderá se considerar que a faxineira contribui diretamente para a atividade ilícita, impondo-se nulidade ao reconhecimento do vínculo empregatício, ainda que a faxineira não se dedique à própria prostituição.

Por outro lado, é bem verdade que a faxineira pode não ter sequer conhecimento de que a atividade desenvolvida por seu contratante é a de exploração de prostituição, o que retornaria à situação anterior, em que se impunha o reconhecimento da boa-fé do empregado, com consequente reconhecimento do contrato de emprego.

Há na jurisprudência decisão bastante curiosa que reconheceu vínculo de emprego de dançarina em casa de prostituição, a despeito de a mesma trabalhadora exercer também no local a própria prostituição, o que não maculou seu contrato em razão de as atividades serem desenvolvidas em horários diversos:

"DANÇARINA. CASA DE PROSTITUIÇÃO. POSSIBILIDADE DE RECONHECIMENTO DE VÍNCULO EMPREGATÍCIO. Restando provado que a autora laborava no estabelecimento patronal como dançarina, sendo revelados os elementos fático-jurídicos da relação de emprego, em tal função, não se tem possível afastar os efeitos jurídicos de tal contratação empregatícia, conforme pretende o reclamado, em decorrência de ter a reclamada também exercido a prostituição, atividade esta que de forma alguma se confunde com aquela, e, pelo que restou provado, era exercida em momentos distintos. Entendimento diverso implicaria favorecimento ao enriquecimento ilícito do reclamado, além de afronta ao princípio consubstanciado no aforismo *utile per inutile vitiari non debet*. Importa ressaltar a observação ministerial de que a exploração de prostituição, pelo reclamado, agrava-se pelo fato de que restou comprovado o desrespeito a direitos individuais indisponíveis assegurados constitucionalmente — (contratação de dançarinas, menores de 18 anos), o que atrai a atuação deste Ministério Público do Trabalho, através da Coordenadoria de Defesa dos Interesses Difusos, Coletivos e Individuais Indisponíveis CONDIN. Procuradora Júnia Soares Nader." (grifou-se)" (TRT 3ª R. — 5ª T. — RO/1125/00 — Relª. Juíza Rosemary de Oliveira Pires — DJMG 18.11.2000 — p. 23. Revista Síntese, n. 141, p. 63)

Em que pesem os termos da decisão, compartilhamos da opinião de Alice Monteiro de Barros: "o trabalho da dançarina em uma casa de tolerância, onde também exerce a prostituição, sem dúvida é uma atração da freguesia, portanto, não vemos como admitir a licitude do objeto, nessa situação"[3].

2. Ilicitudes da atividade do empregador

Apresenta-se ainda outra questão essencial para a declaração de ilicitude do contrato de trabalho, qual seja, o reconhecimento da ilicitude pelo Poder Judiciário, declarando o contrato nulo, embora as autoridades locais admitam, pelos costumes, a prática do ilícito.

---

(3) BARROS, Alice Monteiro de Barros. *Curso de direito do trabalho*. 4. ed. São Paulo: LTr, 2008. p. 245.

É o caso, em nosso país, do já mencionado jogo do bicho, prática arraigada e admitida, ainda que de forma velada, pelas autoridades.

A legislação argentina revela, no art. 39 da Lei do Contrato de Trabalho, medida específica que admite o reconhecimento do vínculo empregatício, a despeito da ilicitude da atividade: "considera ilícito o objeto quando o mesmo for contrário à moral e aos bons costumes, porém não será considerado como tal, se pelas leis, ordenanças municipais ou regulamentos de polícia forem considerados, tolerados ou regulados".

Bastante razoável a disposição da Lei do Contrato de Trabalho da Argentina, já que bastante incoerente que a prática do jogo do bicho seja admitida em sociedade — *embora contravenção penal* — e que, simultaneamente, o reconhecimento do vínculo de emprego seja afastado por ilicitude da atividade.

Não se defende, é certo, que o reconhecimento da relação de emprego prescinde da licitude do objeto, mas, certamente, o Direito não pode olvidar a realidade, sob pena de seu próprio desprestígio.

Há outras situações de ilicitude da atividade do trabalhador, como, por exemplo, as "rinhas de galo", eventos em que são colocados galos para brigar, sob os olhares de apostadores e treinadores dos animais.

Em razão da ilicitude da atividade, que é contravenção penal nos termos do art. 64 do Decreto-Lei n. 3.688, de 1941, não é possível o reconhecimento do contrato de emprego dos treinadores dos galos, que, é bom ressaltar, nessa hipótese contribuem diretamente para a ilicitude da atividade.

A venda de rifas também é atividade ilícita, eis que tipificada como contravenção penal, nos exatos termos do art. 50, Decreto-Lei n. 3.688, de 1941.

Conclui-se, portanto, que há as seguintes hipóteses de contratos cuja nulidade pode ser declarada em razão da ilicitude da atividade do empregador:

a) contratos em que o trabalhador contribui diretamente para a ilicitude, tendo pleno conhecimento de sua prática (ex.: anotador de apostas no jogo do bicho, prostituta);

b) contratos em que o trabalhador não tem conhecimento da ilicitude da atividade do empregador, e suas funções não são diretamente vinculadas à atividade ilícita (ex.: copeira em escritório de tráfico de mulheres com fachada de imobiliária);

c) contratos em que o trabalhador, embora tenha pleno conhecimento da ilicitude praticada pelo contratante, não contribui diretamente para a prática do ilícito (ex.: faxineira em casa de prostituição, garçom em casa de prostituição).

3. Consequências jurídicas da ilicitude

Não há como atribuir a todos os contratos o mesmo tipo de tratamento jurídico, merecendo distinções sob o prisma também do Direito do Trabalho.

O valor dado à boa-fé nos negócios jurídicos é a mais relevante distinção entre o Código Civil de 1916 e o de 2002, impondo-se ressaltar que o Direito não pode ser desvinculado de valores que lhes dão sentido e significado.

Assim, todos os valores tutelados pelo Direito devem considerar a eticidade e a boa-fé, como um dos princípios norteadores de todas as decisões.

São nesse sentido os arts. 113 e 422 do Código Civil de 2002, que determinam, respectivamente, que "os negócios jurídicos devem ser interpretados conforme a boa-fé e os usos do lugar de sua celebração" e que "os contratantes são obrigados a guardar, assim na conclusão do contrato, como em sua execução, os princípios de probidade e boa-fé".

Assim, a boa-fé deixa de ser uma construção abstrata, e passa a ser norma que deve ser presente em toda a ordem jurídica, permeando todas as relações.

Não seria diferente no que se refere aos contratos de trabalho, mesmo os contratos de emprego, ainda mais com a disposição do art. 8º da Consolidação das Leis do Trabalho, que autoriza que sejam invocadas a jurisprudência, a analogia, a equidade e outros princípios e normas gerais do trabalho, usos e costumes e direito estrangeiro, a fim de fundamentar as decisões das autoridades administrativas e da Justiça do Trabalho.

Nesse sentido, os seguintes julgados:

"TRT-PR 1º.10.2010 RESPONSABILIDADE PRÉ-CONTRATUAL. PROMESSA DE EMPREGO FRUSTRADA POR CULPA DO EMPREGADOR. REPARAÇÃO POR DANOS MORAIS. A função social do contrato como limitação à liberdade de contratar (CC, art. 421) tem como consequência a configuração de ato ilícito na hipótese de uma das partes abusar do exercício de seu direito no momento da formação do contrato de emprego. Nesse sentido, viola os princípios da probidade e da boa-fé, positivados no art. 422 do Código Civil, o comportamento do contratante que contrarie o valor social do trabalho e a dignidade da pessoa humana. Comprovado, no caso concreto, que a empresa selecionou a candidata à vaga de emprego mediante regular processo seletivo, solicitou exames médicos, a abertura de conta corrente e a apresentação da CTPS para registro, bem ainda, que decorreram mais de cinquenta dias sem a efetiva admissão ou a devolução do referido documento, configurado está o abuso no exercício do direito (CC, art. 187) e o consequente ato ilícito ensejador do dever de reparar o dano de ordem extrapatrimonial decorrente da frustração causada pela espera por prazo irrazoável, agravada pelo fato de se tratar de pessoa desempregada." (TRT-PR-14206-2008-008-09-00-4-ACO-31533-2010 — 2ª Turma, Relator: Ricardo Tadeu Marques Da Fonseca, Publicado no DEJT em 1º.10.2010)

"RELAÇÃO DE EMPREGO — BOA-FÉ — A boa-fé deve imperar em todos os contratos, inclusive nos decorrentes da relação de emprego. O seu exame, é certo, pode ser relevado ou mitigado, considerada a condição social do trabalhador, que, via de regra, situa-se sob o poderio econômico do empregador. Mas quando se constata que o trabalhador, por sua formação cultural, nível social põe-se em pé de igualdade com o empregador, ainda mais se se apura nos autos, que o contrato de autônomo se prestou para o seu enriquecimento e que a sua modificação, para definir-se como de emprego (pelas condições de remuneração pactuadas como autônomo), representará para a Reclamada um acinte ao seu patrimônio, a boa-fé é elemento essencial e primordial na caracterização da natureza do contrato. DECISÃO. A Turma, à unanimidade, rejeitou a preliminar de intempestividade arguida em contrarrazões pelo reclamante e conheceu de ambos os recursos; no mérito, sem divergência, deu provimento ao recurso da reclamada para, afastando a relação de emprego, absolvê-la da condenação que lhe foi imposta, julgando improcedente a reclamação, invertidos os ônus decorrentes da sucumbência, restando prejudicado o exame das demais questões postas e o apelo do reclamante." (TRT 3ª R., RO 4768/96, 1ª T., p. 2.8.1996, Rel. Antônio Fernando Guimarães)

É de fácil conclusão, nesse sentido, que a boa-fé é princípio que deve ser considerado por todas as decisões judiciais, e, portanto, é de suma importância a distinção entre a situação do trabalhador que participa do ilícito com seu empregador e daquele que sequer tem conhecimento do ilícito praticado.

Não há a menor dúvida que o reconhecimento da relação de emprego do trabalhador que presta serviços em atividade ilícita encontra óbice formal, porquanto o art. 166, II, do Código Civil estabelece que *é nulo o negócio jurídico quando for ilícito, impossível ou indeterminável o seu objeto*.

Nesse aspecto, é certo que o reconhecimento do vínculo empregatício, com anotação do contrato em Carteira de Trabalho, é medida que não pode ser objeto de condenação judicial, porquanto eivada de nulidade.

Por outro lado, caso a declaração de nulidade produza efeitos *ex tunc*, e libere o empregador do pagamento de qualquer título ao empregado (ainda que não reconhecido formalmente o vínculo empregatício), não há como se negar que o próprio Poder Judiciário estará incentivando a prática do ilícito.

É que o empregador que pratica o ilícito sequer terá as obrigações trabalhistas e previdenciárias comuns a qualquer relação de emprego, o que importará, em última análise, em locupletamento às custas do trabalhador, que despendeu sua força de trabalho, que não podem ser repostas, não sendo possível o retorno ao *status quo ante* pelo trabalhador.

Como, então, encontrar situação intermediária, que não deixe o trabalhador à mercê da própria sorte, e que condene o empregador que desenvolve atividade ilícita, considerando que o contrato de emprego não pode ser juridicamente admitido, consoante os termos do art. 166, II, do Código Civil?

A jurisprudência é pacífica no sentido de não reconhecer o contrato de trabalho viciado pela ilicitude do objeto, e não menciona qualquer alternativa para a solução da questão, deixando o trabalhador à margem de qualquer proteção jurídica.

Nesse diapasão é o seguinte julgado:

"VÍNCULO DE EMPREGO — JOGO DO BICHO — OBJETIVO NULO. As normas tutelares do trabalhador, que protegem o interesse individual-privado, não se sobrepõem às leis de ordem pública, protetoras dos interesses públicos, em especial às que tipificam crimes e contravenções. Ao Estado Juiz compete obstar a prática de conduta ilícita e jamais incentivá-la, assegurando direitos a criminosos-contraventores e seus partícipes. A pretensão dirigida ao reconhecimento de contrato de empregado que tenha por objeto o jogo do bicho deve ser rejeitada." (TRT-PR-00244-2002-025-09-00-0-ACO-22980-2004, Relator Tobias de Macedo Filho, publicado no DJPR em 15.10.2004)

4. Nulidades e o contrato de trabalho

A questão deve ser analisada sob o prisma da teoria das nulidades, que não é abordada de forma satisfatória no ordenamento civil, tampouco no trabalhista, e, além disso, a jurisprudência não trata de maneira completa os efeitos das nulidades.

É verdadeiro que "o princípio da autonomia da vontade autoriza os indivíduos a criarem direitos e a contraírem obrigações", mas é subordinado às regras de ordem pública, que fixa limites para a autonomia da vontade[4].

São elementos essenciais para que o negócio jurídico possa produzir efeitos aqueles declinados no art. 104 do Código Civil, quais sejam, agente capaz; objeto lícito, possível, determinado ou determinável; forma prescrita ou não defesa em lei.

Quando a hipótese é de ilicitude do objeto do negócio jurídico, o mesmo está eivado de nulidade absoluta, consoante o já mencionado art. 166, II, Código Civil.

A nulidade absoluta inquina de nulidade total o negócio jurídico, e, por isso, não pode ser ratificado, não produzindo qualquer efeito, invalidado desde a sua constituição.

Ocorre que a teoria das nulidades, da forma tratada no Código Civil, deve ser vista com reservas no Direito do Trabalho, eis que "havendo dispêndio de energia física ou mental pelo empregado, não há como restituí-la, retornando aas partes ao estado em que se encontravam ao celebrar o ajuste"[5].

É de fácil conclusão, nesse aspecto, que no Direito do Trabalho os atos nulos só podem ter nulidade declarada com a produção de efeitos *ex nunc*, nunca retroagindo para a vigência do contrato de trabalho, exatamente porque não há como se restituir ao trabalhador sua força de trabalho.

São essas as considerações de Wolney de Macedo Cordeiro:

> "Com efeito, a doutrina tradicional do contrato de trabalho construiu a tese de que as nulidades do contrato de trabalho não podem retroagir, projetando seus efeitos apenas para o futuro. Assim, ao albergar a tese da irretroatividade dos pactos laborais, partiu-se da premissa de que não é possível restituir ao prestador de serviços a força de trabalho ofertada ao longo da relação jurídica inquinada de nulidade. Preserva-se, portanto,

---
(4) BARROS, Alice Monteiro de. *Curso de direito do trabalho*. 4. ed. São Paulo: LTr, 2008. p. 513.
(5) BARROS, Alice Monteiro de. *Op. cit.*, p. 514.

a incolumidade das cláusulas contratuais, até o momento em que o contrato de trabalho é rescindido por conta de nulidade"[6].

O direito estrangeiro também trata da matéria, na forma da disposição do art. 115, I, do Código do Trabalho português: "O contrato de trabalho declarado nulo ou anulado produz efeitos como se fosse válido em relação ao tempo durante o qual esteve em execução".

A despeito de reconhecer efeitos *ex nunc* das nulidades, o Código do Trabalho português não reconhece ao trabalhador os direitos normais do contrato de trabalho, se participou da ilicitude da atividade, consoante art. 117, I, que preleciona que se "o contrato tiver por objeto ou fim uma atividade contrária à lei, à ordem pública ou for ofensivo aos bons costumes, a parte que conhecia a ilicitude perde, a favor do Instituto de Gestão Financeira da Segurança Social, todas as vantagens auferidas decorrentes do contrato de trabalho".

Mas não é apenas a teoria da irretroatividade das nulidades que deve nortear a análise da questão no Direito do Trabalho. Todos os contratos de trabalho devem ser considerados sob o prisma do princípio da proteção, e também do princípio da primazia da realidade.

Sob a égide de tais princípios, patente é que o trabalhador merece proteção jurídica, ainda que seu contrato esteja inquinado de nulidade, já que é o empregado a parte hipossuficiente da relação de emprego, que, no mais das vezes, não tem opção entre firmar ou não determinado contrato de emprego, dependendo dos salários para a garantia de sua subsistência.

A matéria já foi objeto de decisão do Tribunal Superior do Trabalho:

"Trabalhador menor de quatorze anos. Relação de emprego. Princípios da primazia da realidade e da proteção. Será incompatível com os princípios da primazia da realidade e da proteção negar, por completo, eficácia jurídica ao contrato celebrado entre as partes, em razão da menoridade do Reclamante. No Direito do Trabalho, a nulidade do contrato pode não acarretar negação plena dos efeitos jurídicos do ato. É o que acontece com a contratação sem concurso público pela Administração Pública. Declara-se a nulidade do ato, sem prejuízo da obrigação de pagar os salários dos dias trabalhados. (Orientação Jurisprudencial n. 85 da SDI-I). Assim, a tutela jurisdicional prestada pela Justiça do Trabalho obsta o enriquecimento sem causa, valorizando a força de trabalho despendida, considerada a impossibilidade de restabelecimento do estado anterior. Assim, empregador que se beneficia dos serviços prestados pelo empregado menor deve arcar com os encargos correspondentes ao contrato de trabalho. Recurso conhecido e provido." (TST-RR-449879/98 — 3ª Turma — Relª Min. Maria Cristina I. Peduzzi — DJ 19.4.2002)

Entendimento similar foi sedimentado pela Súmula n. 363 do Tribunal Superior do Trabalho, *in verbis*:

---

(6) Autor citado: ROCHA, Andréa Presas; ALVES NETO, João (orgs.). *Súmulas do TST comentadas*. Rio de Janeiro: Elsevier, 2001. p. 443. Comentários à Súmula n. 363.

"Contrato nulo. Efeitos. A contratação de servidor público, após a CF/1988, sem prévia aprovação em concurso público, encontra óbice no respectivo art. 37, II e § 2º, somente lhe conferindo direito ao pagamento da contraprestação pactuada, em relação ao número de horas trabalhadas, respeitado o valor da hora do salário mínimo, e dos valores referentes aos depósitos do FGTS."

A jurisprudência, portanto, confirma que a ilicitude do contrato impede seu reconhecimento jurídico, mas, por outro lado, não há como se negar ao menos os salários do trabalhador, exatamente em razão de a força de trabalho não poder ser restituída, confirmando a irretroatividade das nulidades (efeitos *ex nunc*).

A solução, *concessa venia*, não se mostra ideal, porque ainda assim, o trabalhador será consideravelmente prejudicado se negados ao mesmo os direitos trabalhistas além de salários, como, por exemplo, férias + 1/3, 13º salários, FGTS + 40% e aviso-prévio, entre outros títulos.

A observação de Francisco Antônio de Oliveira põe fim à questão: "Num país de desempregados, o trabalhador não tem qualquer poder de resistência ao ser contratado irregularmente"[7].

Certo é, assim, que o trabalhador não pode ter seus direitos trabalhistas afastados, ainda que se considere a ilicitude da atividade do empregador, sob pena de se incentivar os empregadores que desenvolvem atividades ilícitas a contratarem empregados com a certeza que nada lhes acontecerá.

Caso o entendimento dos Tribunais do Trabalho seja no sentido de eximir referidos empregadores do pagamento de verbas trabalhistas (além de salários), os empregadores que exercem atividades ilícitas continuarão a receber a força de trabalho mediante paga irrisória pela simples contratação.

Note-se que o simples fato de o contrato de trabalho não poder ser reconhecido juridicamente é suficiente para causar prejuízos imensuráveis ao trabalhador, que não poderá ter o tempo de trabalho contado quando de sua jubilação, nem mesmo poderá se socorrer do sistema previdenciário, em razão da nulidade de seu contrato.

Assim, a questão que se mostra como essencial ao deslinde da questão é a consequência jurídica que o contrato inquinado de nulidade por ilicitude do objeto pode produzir.

Há quem se socorra das disposições do art. 593 do Código Civil, para justificar o pagamento de títulos trabalhistas para aquele que firmou contrato nulo, eis que referido dispositivo legal assim dispõe: "A prestação de serviço, que não estiver sujeita às leis trabalhistas ou a lei especial, reger-se-á pelas disposições deste Capítulo", referindo-se ao Capítulo do Código Civil que regulamenta a prestação de serviços.

Assim, poder-se-ia concluir que aos trabalhadores que não podem ter o contrato de emprego reconhecido, o pagamento dos haveres trabalhistas seguiria as

---

(7) Autor citado. *Comentários às súmulas do TST*. 6. ed. São Paulo: Revista dos Tribunais, 2005. p. 877.

disposições do pagamento da simples prestação de serviços, regulamentada pelo Código Civil.

Ocorre que o art. 606, parágrafo único, do Código Civil, contém impeditivo para a aplicação de tais disposições para toda a sorte de contratos viciados por nulidade.

É que o *caput* do dispositivo legal menciona que "Se o serviço for prestado por quem não possua título de habilitação, ou não satisfaça requisitos outros estabelecidos em lei, não poderá quem o prestou cobrar a retribuição normalmente correspondente ao trabalho executado. Mas se deste resultar benefício para a outra parte, o juiz atribuirá a quem o prestou uma compensação razoável, desde que tenha agido com boa-fé".

O art. 606, *caput*, Código Civil, resolveria a questão, não fosse a restrição do parágrafo único do mesmo dispositivo: "Não se aplica a segunda parte deste artigo, quando a proibição da prestação de serviço resultar de lei de ordem pública".

É exatamente por ofender a ordem pública que os contratos de trabalho com objeto ilícito não podem ser admitidos, e, portanto, não podem também se socorrer das disposições inerentes à prestação de serviços do Código Civil.

Nesse sentido, não há como se aplicar aos contratos inquinados de ilicitude a previsão de contraprestação nos moldes do art. 593 do Código Civil, encerrando-se, no aspecto, a questão inerente ao pagamento pelas atividades do trabalhador.

Todavia, deixar o trabalhador sem qualquer proteção legal não nos parece razoável, tampouco justo e equânime, pois ao mesmo tempo o sistema puniria aquele que cumpriu a obrigação de despender sua força física para o trabalho, e premiaria o verdadeiro fomentador da ilicitude, já que sequer teria que pagar os títulos trabalhistas a que qualquer empregador comum estaria obrigado.

A situação seria absurda, pois o empregador ilícito não teria obrigações trabalhistas para cumprir, e, ao contrário, o empregador regular estaria obrigado às mesmas.

Conclusão

A fim de trazer a efetiva justiça para a questão, outra solução não resta senão invocar as disposições do Código Civil inerentes à responsabilidade civil, que podem ser objeto de aplicação pela Justiça do Trabalho, seja em razão das disposições do art. 8º da Consolidação das Leis do Trabalho, seja em razão da ampliação da competência da Justiça do Trabalho, conferida pela Emenda Constitucional n. 45/2004, que modificou o texto do art. 114 da Carta Magna.

O art. 186 do Código Civil estabelece expressamente que "Aquele que, por ação ou omissão voluntária, negligência ou imprudência, violar direito e causar dano a outrem, ainda que exclusivamente moral, comete ato ilícito".

No diapasão, o art. 927 do mesmo Diploma Legal estabelece que "Aquele que, por ato ilícito (arts. 186 e 187), causar dano a outrem, fica obrigado a repará-lo".

Não há dúvida, portanto, a respeito do exato enquadramento da questão nas disposições relativas à responsabilidade civil, posto que há dano, há prática de ilícito, e há nexo causal entre a conduta do ofensor e o dano experimentado pela vítima.

Ainda que se cogite que o trabalhador participou da prática do ilícito, como ocorre com a prostituta e o anotador de apostas do jogo do bicho, não há como não ser caracterizada a responsabilidade civil do contratante, impondo-se a reparação.

O critério razoável para a fixação do *quantum* indenizatório é a apuração dos valores equivalentes aos títulos trabalhistas contratuais e rescisórios que deixou de receber pelo vício do contrato.

Ao comentar a Súmula n. 363 do Tribunal Superior do Trabalho, Francisco Antônio de Oliveira defende tal posição, embora a situação da nulidade naquela hipótese seja vício de forma, um pouco diferente da que se estuda no momento: "Disso resulta que a melhor forma de reparar, já que o registro em carteira não será possível, será o pagamento dos consectários trabalhistas na forma de indenização. Dessa forma, o trabalhador perderá menos, pois continuará a não contar o tempo trabalhado para sua aposentadoria futura"[8].

Além da indenização equivalente aos consectários trabalhistas, entendemos também que é possível a condenação a indenização pelos danos materiais em razão dos prejuízos decorrentes da falta de cômputo do tempo de trabalho para efeitos de aposentadoria.

Insista-se desde logo que não se defende o trabalhador que contribui para as atividades ilícitas de forma incondicionada, preocupação presente até mesmo em decisão do Tribunal Superior do Trabalho: "A proclamar tal entendimento, nãos era difícil, em futuro não muito distante, em face das enormes dificuldades econômico--financeiras de grande parcela de pessoas desempregadas neste País, de se proclamar o vínculo de emprego com "passadores de drogas", com os pequenos vendedores de pássaros silvestres, etc."[9].

É claro que não é essa a posição defendida, mas certamente a nulidade por ilicitude, por mais grave e contrária ao sistema que seja, não pode autorizar que o contraventor ou criminoso se locuplete do trabalho dos empregados (normalmente premidos pelo desemprego latente que vivemos e pela necessidade de garantir a própria subsistência e a de sua família), sem que lhe seja atribuída a responsabilidade pelo pacto existente entre as partes.

---

(8) Autor citado. *Comentários às súmulas do TST*. 6. ed. São Paulo: Revista dos Tribunais, 2005. p. 877.
(9) Acórdão SBDI-I, TST-E-RR-280.729/96.4, Relator Milton de Moura França.

Admitir entendimento diverso, *data maxima venia*, é autorizar que o praticante da ilicitude (no caso o empregador) se beneficie da própria torpeza, o que é vedado pelo ordenamento jurídico e todos os princípios gerais de direito.

Pelo exposto, o contrato de trabalho, como espécie do gênero ato jurídico, deve se submeter aos requisitos específicos que lhe conferem validade, a exemplo da licitude do objeto, e é por isso que caso o trabalhador tenha conhecimento da ilicitude praticada pelo empregador, e tenha agido em total boa-fé durante o contrato, não há como ser reconhecido o contrato de emprego.

Por outro lado, independentemente de o trabalhador ter conhecimento da ilicitude da atividade do contratante, mesmo que negado o reconhecimento do contrato de emprego pela mácula apontada, certo é que a indenização equivalente aos títulos trabalhistas deve ser conferida ao trabalhador, fundando-se o entendimento no instituto da responsabilidade civil e todas as disposições que tratam da matéria.

Bibliografia

BARROS, Alice Monteiro de. *Curso de direito do trabalho*. 4. ed. SãoPaulo: LTr, 2008.

CATHARINO, José Martins. *Compêndio de direito do trabalho*. 2. ed. São Paulo: Saraiva, 1981.

GAGLIANO, Pablo Stolze Gagliano; PAMPLONA FILHO, Rodolfo. *Novo curso de direito civil*. 8. ed. São Paulo: Saraiva, 2010.

LAMARCA, Antônio. *Contrato individual de trabalho*. São Paulo: Revista dos Tribunais, 1969.

OLIVEIRA, Francisco Antônio de. *Comentários às súmulas do TST*. 6. ed. São Paulo: Revista dos Tribunais, 2005.

REALE, Miguel. *Estudos preliminares do código civil*. São Paulo: RT, 2003.

ROCHA, Andréa Presas; ALVES NETO, João (orgs.). *Súmulas do TST comentadas*. Rio de Janeiro: Elsevier, 2001.

SOUZA, Rodrigo Trindade de. *Função social do contrato de emprego*. São Paulo: LTr, 2008.

▶▶ Ação Rescisória Fundada na Incompetência Absoluta da Justiça do Trabalho

Fabiano Carvalho(*)

1. Generalidades

Por ser instrumento da jurisdição e do Estado Democrático de Direito, sustenta-se que o processo é o meio destinado a resolver as mais variadas espécies de conflitos.

Todavia, o processo não estaria apto a realizar minimamente seu escopo se não fossem adotados alguns métodos, principalmente no que se refere à distribuição dos trabalhos junto aos diversos órgãos dotados de função jurisdicional que compõem o Poder Judiciário.

Tecnicamente, no campo da ciência processual, a competência tem o propósito de repartir os trabalhos para que os órgãos do Poder Judiciário possam exercitar a função jurisdicional.

Diz-se que a competência é qualidade legítima atribuída a um ou mais órgãos do Poder Judiciário para processar e julgar as demandas que lhe são submetidas. É a autêntica função de juiz. A natureza jurídica da competência é de pressuposto processual de validade, isto é, "a viabilidade do processo está condicionada à sua instauração perante órgão judicial competente para dele conhecer".[1]

Tradicionalmente, a competência é definida como a medida[2], fração[3], quantificação[4] ou limite da jurisdição.[5]

(*) Doutor e mestre pela PUC/SP.
(1) PINHO, Humberto Dalla Bernardina de. *Teoria geral do processo civil contemporâneo*, p. 134.
(2) Aristide Manassero asseverou que "La competenza è la misuara della giuridizione" (*Introduzione allo studio sistematico della competenza funzionale in materia penale*, p. 43).
(3) TARUFFO, Comoglio Ferri. *Lezioni sul processo civile*, p. 127.
(4) LIEBMAN. *Manual de direito processual civil*, v. 1, p. 55.
(5) MARQUES, José Frederico. *Instituições de direito processual civil*, v. 1, p. 269-270. Lopes da Costa afirmou que em sentido restrito é, do ponto de vista subjetivo e negativo, a limitação do poder jurisdicional,

A delimitação da competência é estabelecida *in abstrato* pela lei. De acordo com os "interesses" envolvidos, a competência pode ser inderrogável ou derrogável.

Por vezes, a norma sobre competência é inderrogável pela vontade das partes, porquanto há prevalência do interesse público. Nesses casos, a regra é imperativa e de ordem pública, e, portanto, *absoluta*. Não pode ser modificada por vontade das partes, conexão ou continência. "A *competência plena*, ou a inexistência de incompetência absoluta, é pressuposto processual de validade da relação jurídica processual"[6] e, por esse motivo, pode (= deve) o órgão judicial declarar de ofício a incompetência absoluta ou alegada pela parte a qualquer tempo e grau de jurisdição, independentemente de procedimento próprio.[7]

A nova lei sobre competência absoluta tem aplicação imediata aos feitos pendentes. Respeitando-se os atos já praticados, o processo deve ser remetido ao novo juízo, agora competente para seu julgamento, não se aplicando a norma de estabilização da competência (art. 87 do CPC) — princípio da *perpetuatio jurisdictionis*[8]. Sobre o tema de direito transitório, clássica é a lição de Galeno Lacerda: "Em direito transitório vige o princípio de que não existe direito adquirido em matéria de competência absoluta e organização judiciária. Tratando-se de normas impostas tão só pelo interesse público na boa distribuição da Justiça, é evidente que toda e qualquer alteração da lei, neste campo, incide sobre os processos em curso, em virtude da total indisponibilidade das partes sobre essa matéria".[9]

Os atos processuais decisórios praticados por juiz absolutamente incompetente são considerados nulos e insanáveis. Reconhecida e declarada a incompetência absoluta, e recebidos os autos pelo juiz competente, deve este "declarar a nulidade

---

dizendo-se então o limite da jurisdição. De um ponto de vista objetivo, aparece como a soma das atribuições conferidas ao juiz (*Direito processual civil brasileiro*, v. 1, p. 164).
(6) NERY JR. Nelson; NERY, Rosa Maria de Andrade. *Código de processo civil anotado*, p. 323.
(7) Diversamente é a competência relativa, que não pode ser declarada de ofício. Nesse sentido, v. Súmula n. 33 do STJ.
(8) Recente julgamento tomado pelo Plenário do STF, que apreciou o CC n. 7.204/MG, de relatoria do eminente Min. Carlos Ayres Britto, e que, nos termos do art. 114, VI, da CF, com redação dada pela EC n. 45/2004, alterou o entendimento da jurisprudência predominante da Excelsa Corte Suprema para reconhecer a competência da Justiça do Trabalho para processar e julgar as ações de indenização por danos morais e patrimoniais decorrentes de acidente do trabalho, desde que ajuizada contra empregador. O STF atribuiu à decisão eficácia *ex nunc*, isto é, a nova diretriz jurisprudencial aplicar-se-á, tão somente, às causas ajuizadas após a vigência da EC n. 45/2004, iniciada em 31.12.2004 (EC n. 45/2004, art. 10). Processos que já tiveram julgamento de mérito não são remetidos à Justiça do Trabalho. A justificativa desse posicionamento está assentada em questões de ordem de economia processual e de política judiciária. Tal posição, no entanto, é criticada por Nelson Nery Jr. Segundo o renomado processualista, é contra a CF e contra a lei a solução de manter-se competente a Justiça Estadual para julgar recursos pendentes contra sentença de mérito, nas causas de atual competência da Justiça do Trabalho, e o art. 87 do CPC, primeira parte, não se aplicaria às hipóteses em que o órgão originariamente competente teria perdido sua competência, passando a ser absolutamente incompetente, como seria o caso das hipóteses descritas no art. 114 da CF, que teriam sido da competência da Justiça Estadual (Modificação da competência pela reforma do judiciário (Emenda Constitucional n. 45/2004): direito intertemporal e *perpetuatio iurisdictionis*, p. 252).
(9) *O novo direito processual civil e os feitos pendentes*, p. 17-18.

dos atos decisórios, bem como a ineficácia dos subsequentes que dele dependam (art. 248). No entanto, como se trata apenas de nulidade formal da decisão, pode considerar eficazes atos posteriores, desde que sejam aproveitáveis sem vir de encontro a nova decisão proferida".[10]

A sentença proferida por juiz absolutamente incompetente é passível de ser rescindida (art. 485, II, do CPC).[11]

Sustenta-se, corretamente, que legislador andou bem ao limitar o cabimento da ação rescisória apenas para as decisões de mérito transitadas em julgado proferidas por órgão absolutamente incompetentes. Com elementos históricos Rodrigo Barioni explica: "Antes do advento do CPC/1939, os ordenamentos regis-travam, de maneira genérica, que a incompetência seria causa de "nulidade" da sentença, sem distinguir entre incompetência absoluta e relativa. Nada obstante, a melhor doutrina sempre propugnou a restrição do cabimento da ação rescisória aos casos de incompetência absoluta. O CPC/1939 especificou o cabimento da ação rescisória se a sentença houvesse sido proferida por órgão incompetente *ratione materiae* (art. 798, I, *a*, *in fine*), também sem fazer uso da distinção doutrinária entre incompetência absoluta e relativa. Mereceu aplausos a inovação do diploma vigente, ao regular o tema de maneira tecnicamente adequada, para o fim de fixar como rescindíveis todas as sentenças proferidas por juízos absolutamente incompetentes, qualquer que seja a causa.[12]

2. A Emenda Constitucional n. 45/2004 e a ampliação da competência da justiça do trabalho para as demandas relativas a acidentes do trabalho

Historicamente, por norma constitucional, os conflitos relativos a acidentes do trabalho sempre foram da competência da justiça comum.

A Constituição de 1946, no art. 123 asseverava que competia "à Justiça do Trabalho conciliar e julgar os dissídios individuais e coletivos entre empregados e empregadores, e, as demais controvérsias oriundas de relações, do trabalho regidas por legislação especial".[13] No entanto, o § 1º do referido dispositivo constitucional,

---

(10) SANTOS, Ernane Fidélis dos. *Manual de direito processual civil*, v. 1, p. 159.
(11) O SUPERIOR TRIBUNAL DE JUSTIÇA já decidiu que, depois do trânsito em julgado da sentença, a arguição de incompetência absoluta do juiz somente pode ser conduzida em ação rescisória, nos termos do art. 485, II, do CPC, não em preliminar de apelação de sentença homologatória de cálculo de liquidação (REsp 114.568/RS, rel. Min. Humberto Gomes de Barros, *DJ* 24.8.1998).
(12) BARIONI, Rodrigo. *Ação rescisória e recursos para os tribunais superiores*, n. 2.2.3, p. 80. No mesmo sentido, RIZZI, Sérgio. *Ação rescisória*, n. 42, p. 65.
(13) Importante registrar a Súmula n. 235 do Supremo Tribunal Federal (É competente para a ação de acidente do trabalho a justiça cível comum, inclusive em segunda instância, ainda que seja parte autarquia seguradora), que data do ano de 1963. Vale registrar, ainda, o teor da Súmula n. 501 do Supremo Tribunal Federal, editada no ano de 1969: "Compete à justiça ordinária estadual o processo e o julgamento em ambas as instâncias das causas de acidente do trabalho, ainda que promovidas contra a União, suas autarquias, empresas públicas ou sociedade de economia mista".

estabelecia a seguinte exceção: "Os dissídios relativos a acidentes do trabalho são da competência da Justiça ordinária". A mesma norma foi repetida na Constituição de 1967 (art. 134, § 2º).

Na balizada lição de Cláudio Mascarenhas Brandão, "da leitura dos dispositivos mencionados (regra geral – mantida no *caput*– e exceção — referida nos parágrafos) se pode extrair a ilação de que as ações possuíam uma origem comum e quem, certamente atento às circunstâncias históricas relacionadas ao desenvolvimento incipiente da Justiça Obreira, o constituinte optou por deixar à Justiça dos Estados a tarefa de solucionar as demandas acidentárias (expresso aqui utilizada no sentido genérico), uma vez que os empregados não disporiam de condições materiais para se deslocarem até os grandes centros urbanos (quase que exclusivamente as Capitais), onde existiam as Juntas de Conciliação e Julgamento, a fim de ingressarem com ações em face dos seus empregadores".[14]

A Constituição de 1988 não reproduziu o texto das Cartas anteriores. Na sua redação original, o art. 114 da CF/1988 dispunha: "Compete à Justiça do Trabalho conciliar e julgar os dissídios individuais e coletivos entre trabalhadores e empregadores, abrangidos os entes de direito público externo e da administração pública direta e indireta dos Municípios, do Distrito Federal, dos Estados e da União, e, na forma da lei, outras controvérsias decorrentes da relação de trabalho, bem como os litígios que tenham origem no cumprimento de suas próprias sentenças, inclusive coletivas".

Ainda assim, até o ano de 2004, no âmbito dos Tribunais Superiores de Superposição, era entendimento predominante que pertencia aos órgãos jurisdicionais da Justiça comum dos Estados-membros e do Distrito Federal, e não à Justiça do Trabalho, a competência para processar e julgar demandas fundadas em indenização por acidente de trabalho.[15] A matéria encontrava-se sumulada perante o Superior Tribunal de Justiça.[16]

Com a promulgação da Emenda Constitucional n. 45/2004, designada de "Reforma do Poder Judiciário", foi modificado o texto do art. 114 da CF, para ampliar a competência da Justiça do Trabalho, cuja redação é a seguinte: "Art. 114. Compete à Justiça do Trabalho processar e julgar: I — as ações oriundas da relação de trabalho, abrangidos os entes de direito público externo e da administração pública direta e indireta da União, dos Estados, do Distrito Federal e dos Municípios; II — as ações que envolvam exercício do direito de greve; III — as ações sobre representação sindical, entre sindicatos, entre sindicatos e trabalhadores, e entre sindicatos e empregadores; IV— os mandados de segurança, *habeas corpus* e *habeas data*, quando o ato questionado envolver matéria sujeita à sua jurisdição; V

---

(14) *Ação de indenização por danos morais e materiais decorrentes do acidente do trabalho:* competência da justiça do trabalho, p. 66-67.
(15) Supremo Tribunal Federal, AI 485085/SP, rel. Min. Celso de Mello, j. 4.5.2004.
(16) Súmula n. 15. Compete à justiça estadual processar e julgar os litígios decorrentes de acidente do trabalho.

— os conflitos de competência entre órgãos com jurisdição trabalhista, ressalvado o disposto no art. 102, I, *o*, VI — as ações de indenização por dano moral ou patrimonial, decorrentes da relação de trabalho; VII — as ações relativas às penalidades administrativas impostas aos empregadores pelos órgãos de fiscalização das relações de trabalho; VIII — a execução, de ofício, das contribuições sociais previstas no art. 195, I, *a*, e II, e seus acréscimos legais, decorrentes das sentenças que proferir; IX — outras controvérsias decorrentes da relação de trabalho, na forma da lei".

Para o presente trabalho, chama os incisos I e VI do art. 114 da CF, porquanto o texto desses dispositivos reativou a discussão a respeito da competência da Justiça do Trabalho para processar e julgar demandas concernentes à indenização por acidente do trabalho.

Posteriormente à Emenda Constitucional n. 45, o Tribunal Superior do Trabalho publicou a Resolução n. 129, DJ de 20.4.2005, convertendo a Orientação Jurisprudencial n. 327 da SDI-1 na Súmula n. 392: "Nos termos do art. 114 da CF/1988, a Justiça do Trabalho é competente para dirimir controvérsias referentes à indenização por dano moral, quando decorrente da relação de trabalho".

Em seguida, o Supremo Tribunal Federal, no julgamento do Conflito de Competência n. 7.204/MG, relatado pelo Min. Carlos Ayres Britto, j. 29.6.2005, deu interpretação definitiva ao art. 114, I e VI, da CF. Lê-se da ementa do julgado: "Numa primeira interpretação do inciso I do art. 109 da Carta de Outubro, o Supremo Tribunal Federal entendeu que as ações de indenização por danos morais e patrimoniais decorrentes de acidente do trabalho, ainda que movidas pelo empregado contra seu (ex-)empregador, eram da competência da Justiça comum dos Estados-Membros. 2. Revisando a matéria, porém, o Plenário concluiu que a Lei Republicana de 1988 conferiu tal competência à Justiça do Trabalho. Seja porque o art. 114, já em sua redação originária, assim deixava transparecer, seja porque aquela primeira interpretação do mencionado inciso I do art. 109 estava, em boa verdade, influenciada pela jurisprudência que se firmou na Corte sob a égide das Constituições anteriores".

Empregando sua função política, o Supremo Tribunal Federal houve por bem modular os efeitos dessa decisão, imprimindo-lhe efeitos *ex nunc*. Sob o fundamento do "imperativo de política judiciária — haja vista o significativo número de ações que já tramitaram e ainda tramitam nas instâncias ordinárias, bem como o relevante interesse social em causa —, o Plenário decidiu, por maioria, que o marco temporal da competência da Justiça trabalhista é o advento da EC n. 45/2004. (...) A nova orien-tação alcança os processos em trâmite pela Justiça comum estadual, desde que pendentes de julgamento de mérito. É dizer: as ações que tramitam perante a Justiça comum dos Estados, com sentença de mérito anterior à promulgação da EC n. 45/2004, lá continuam até o trânsito em julgado e correspondente execução. Quanto àquelas cujo mérito ainda não foi apreciado, hão de ser remetidas à Justiça do Trabalho, no estado em que se encontram, com total aproveitamento dos atos praticados até então. A medida se impõe, em razão das características que distinguem a Justiça comum estadual e a Justiça do Trabalho, cujos sistemas recursais, órgãos e instâncias não guardam exata correlação. O Supremo Tribunal Federal, guardião-mor da Constituição Republicana, pode e deve, em prol da segurança jurídica, atribuir eficácia prospectiva às suas decisões, com a delimitação precisa dos respectivos efeitos, toda vez que proceder a revisões de jurisprudência definidora de competência *ex ratione materiae*. O escopo é preservar os jurisdicionados de alterações jurisprudenciais que ocorram sem mudança formal do Magno Texto".[17]

O referido precedente acabou servindo de proposta para Súmula Vinculante n. 22: "A Justiça do Trabalho é competente para processar e julgar as ações de indenização por danos morais e patrimoniais decorrentes de acidente de trabalho propostas por empregado contra empregador, inclusive aquelas que ainda não possuíam sentença de mérito em primeiro grau quando da promulgação da Emenda Constitucional n. 45/2004".

3. O caso e as questões postas

Mesmo depois do julgamento do Conflito de Competência n. 7.204/MG, pelo Supremo Tribunal Federal, não é incomum observar decisões proferidas pelos Tribunais de Justiça adotando o equivocado entendimento de que a regra de competência prevista no art. 114 da CF seria de aplicação imediata, independentemente do estágio do processo, e determinar a remessa do processo ao Tribunal Regional do Trabalho.

Exemplo disso foi um caso que ocorreu no Poder Judiciário do Estado de São Paulo. Em 31.1.1997, perante o Juízo da 14ª Vara Cível do Foro Central da Comarca da Capital do Estado de São Paulo (Justiça Estadual), foi ajuizada ação de reparação de dano decorrente de ato ilícito (acidente do trabalho). Nesse órgão da Justiça Estadual, em decisão publicada no dia 15.6.2004, o pedido foi julgado improcedente (=sentença de mérito — art. 269, I, do CPC). Houve apelação. A 36ª Câmara de Direito Privado do Tribunal de Justiça do Estado de São Paulo "não conheceu" do recurso (Ap. c/ Rev. n. 886.256-0/8), por considerar-se absolutamente incompetente para apreciar a matéria, em vista da EC n. 45/2004, e determinou a remessa do processo ao Tribunal Regional do Trabalho da 2ª Região. Em seguida, a 4ª Turma do Tribunal Regional do Trabalho da 2ª Região houve por bem conhecer da apelação como se recurso ordinário fosse, para dar provimento ao apelo e julgar procedente

---

(17) Tal posição, no entanto, é criticada por Nelson Nery Jr. Segundo o renomado processualista, é contra a CF e contra a lei a solução de manter-se competente a Justiça Estadual para julgar recursos pendentes contra sentença de mérito, nas causas de atual competência da Justiça do Trabalho, e o art. 87 do CPC, primeira parte, não se aplicaria às hipóteses em que o órgão originariamente competente teria perdido sua competência, passando a ser absolutamente incompetente, como seria o caso das hipóteses descritas no art. 114 da CF, que teriam sido da competência da Justiça Estadual (*Modificação da competência pela reforma do judiciário* (Emenda Constitucional n. 45/2004): direito intertemporal e *perpetuatio iurisdictionis*, p. 252).

o pedido indenizatório. O acórdão do Tribunal Regional do Trabalho/2ª Região transitou em julgado.

Na oportunidade indagou-se se seria viável reclamação ao Supremo Tribunal Federal. A resposta foi negativa, porquanto, nada obstante seja esse meio processual-constitucional destinado a preservar a autoridade das decisões proferidas pela Corte Suprema, é sumulado o entendimento de que "não cabe reclamação quando já houver transitado em julgado o ato judicial que se alega tenha desrespeitado decisão do Supremo Tribunal Federal".[18]

Mais especificamente, colhe-se da recentíssima jurisprudência o entendimento de que o Supremo Tribunal Federal não conhece "da reclamação que visa a desconstituir, em fase de execução, decisões da Justiça do Trabalho transitadas em julgado".[19]

Justifica-se esse posicionamento ao argumento de que a reclamação "não se qualifica como sucedâneo processual da ação rescisória".[20]

Nesse contexto, a ação rescisória seria o único meio disponível pelo sistema para impugnar decisões judiciais sobre as quais pesam a autoridade da coisa julgada material.

A questão é saber como se estrutura a ação rescisória nessas hipóteses.

4. Ação rescisória fundada na incompetência absoluta da justiça do trabalho

Para a situação delineada no item precedente, tentaremos demonstrar que a ação rescisória, a ser ajuizada na fluência do prazo de 2 anos do trânsito em julgado (art. 495 do CPC), é hábil desconstituir decisões como o acórdão prolatado pelo Tribunal Regional do Trabalho da 2ª Região e deverá estar fundada nos incisos II e V do art. 485 do CPC, isto é, na incompetência absoluta da Justiça do Trabalho e na violação a literal disposição de lei, mais precisamente, na violação literal ao art. 114, II e VI, da CF.

Afigura-se oportuno observar que é irrelevante que incompetência absoluta da Justiça do Trabalho tenha sido suscitada por qualquer das partes durante o trâmite do processo em que foi proferida a decisão rescindenda ou, se alegada, que a matéria tenha sido refutada pelo órgão jurisdicional, haja vista que a lei não faz qualquer exigência nesse sentido.

Exaurido o prazo bienal acima referido estar-se-á diante da coisa soberanamente julgada, insuscetível de ulterior modificação, ainda que a decisão esteja assentada

---

(18) Súmula n. 734 do Supremo Tribunal Federal.
(19) STF, Rcl 671, rel. Min. Eros Grau, DJ 6.8.2010.
(20) Rcl 1438 QO, rel. Min. Celso de Mello, DJ 22.11.2002.

em fundamento manifestamente divergente do entendimento esposado pelo Supremo Tribunal Federal.[21]

4.1. Incompetência da justiça do trabalho e a regra da *perpetuatio jurisdictionis*

Na generalidade dos casos, o advento de norma cujo objeto é regular a competência absoluta tem aplicação imediata e, respeitando-se os atos já praticados, o processo deve ser, de imediato, remetido ao "novo" órgão jurisdicional, o qual absorve a competência para julgar a causa.

Consoante dispõe o art. 87 do CPC, a superveniência de lei que passa a disciplinar o critério da competência absoluta impede a aplicação da regra da *perpetuatio jurisdictionis*, afetando os processos pendentes, sem que isso transgrida o princípio do juiz natural.[22]

De outro lado, reconhece-se que não se deve empregar a referida norma processual indistintamente. Nesse sentido, a lei processual nova que inova na competência absoluta não alcança os atos processuais praticados sob a vigência da legislação anterior, em obediência ao ato jurídico perfeito.

Nesse passo, afirma-se, com razão, que as necessidades da administração da Justiça têm muitas vezes pesado para afastar a incidência da *perpetuatio jurisdictionis*.[23]

Raciocínio análogo caberá com relação à decisão de mérito proferida em processo pendente para impedir o deslocamento da causa para órgão jurisdicional diverso da estrutura organizacional judiciária, mesmo com a entrada em vigor da nova lei deliberando a respeito de competência absoluta.

Neste particular, é bastante conhecida a clássica lição de Carlos Maximiliano: "Em regra, as leis que alteram a competência dos tribunais ou distribuem diferentemente as atribuições judiciárias anteriormente estabelecidas, contém Disposições Transitórias, que disciplinam a passagem do sistema antigo para o presente. (...) Nos casos omissos e na hipótese de falta integral da providência normativa citada, cumpre recorrer à doutrina. (...) Consideram-se de interesse público as disposições atinentes à competência em lides contenciosas; por este motivo, aplicam-se imediatamente, atingem as ações em curso. Excetuam-se os casos de haver pelo menos uma sentença concernente ao mérito; o *veredictum* firma o direito do Autor

---

(21) Nesse sentido, v. nosso Ação rescisória como meio de controle de decisão fundada em lei declarada inconstitucional pelo STF, in *RePro* 170, p. 9 e ss. Na jurisprudência: STF, RE 594350/RS, rel. Min. Celso de Mello, j. 25.5.2010.
(22) CUNHA, Leonardo José Carneiro da. *Jurisdição e competência*, n. 7.2.1, p. 277-279.
(23) *Jurisdição e competência*, n. 58, p. 102.

no sentido de prosseguir perante a Justiça que tomara, de início, conhecimento da causa".[24]

O cuidadoso exame da jurisprudência do Supremo Tribunal Federal converge com a mencionada doutrina. No julgamento do Conflito de Competência n. 6.967/RJ, j. 1º.8.1997, que também tratava de interpretar superveniente norma constitucional para modificar a competência absoluta, o Supremo Tribunal Federal, por intermédio do Min. Sepúlveda Pertence, asseverou que "a alteração superveniente da competência, ainda que ditada por norma constitucional, não afeta a validade da sentença anteriormente proferida". Diante disso, entendeu-se que "válida a sentença anterior à eliminação da competência do juiz que a prolatou, subsiste a competência recursal do tribunal respectivo".[25]

Ao salientar, em especial, a eficácia dessa subsequente norma constitucional, averbou o conceituado Ministro: "a norma constitucional tem eficácia imediata e pode ter eficácia retroativa: esta última, porém, não se presume e reclama regra expressa".

Há outro importante aspecto, concernente ao direito transitório em matéria de recursos e ao chamado direito adquirido processual. É corrente o entendimento de que a regra de competência recursal rege-se pela data em que surge o direito ao recurso ou, no mínimo, pela data em que se deu a interposição do recurso.

Esse argumento já foi destacado pela jurisprudência do Supremo Tribunal Federal: "A competência para julgar recurso de apelação interposto contra sentença proferida por Juiz de Direito da Justiça Comum é do Tribunal de Justiça, não da Turma Recursal. 'As disposições concernentes a jurisdição e competência se aplicam de imediato, mas, se já houver sentença relativa ao mérito, a causa prossegue na jurisdição em que ela foi prolatada, salvo se suprimido o Tribunal que deverá julgar o recurso' (Carlos Maximiliano)".[26]

Portanto, as disposições concernentes a jurisdição e competência se aplicam de imediato, mas, se já houver sentença relativa ao mérito, a causa prossegue na jurisdição em que foi prolatada, salvo de suprimido o Tribunal que deve julgar o recurso.[27]

Na mesma trilha, colhe-se da jurisprudência do Superior Tribunal de Justiça o seguinte precedente: "Segundo as regras de direito intertemporal que disciplinam o sistema jurídico brasileiro relativamente à aplicação da lei no tempo, as inovações legislativas de caráter estritamente processual, como é a Lei n. 10.628/2002, devem ser aplicadas, de imediato, inclusive nos processos já em curso. Tal regra não conflita,

---

(24) *Direito intertemporal ou teoria da retroatividade das leis*, p. 263.
(25) Historicamente, esse sempre foi o posicionamento Supremo Tribunal Federal, cf. noticiou o parecer da Procuradoria-Geral citado pelo Min. Sepúlveda Pertence (v. AMS 51.442, DJ 30.4.1971; AMS 52.370/PR, 30.4.1971; RE 76.194/MG, DJ 9.11.1973).
(26) HC 85.652/PR, rel. Min. Eros Grau, DJ 1º.7.2005.
(27) HC 76.380-9D BA, Rel. Min. Moreira Alves, DJ de 5.6.1998.

todavia, com outra regra básica de natureza procedimental, segundo a qual o recurso próprio é o existente à época em que publicada a sentença. Assim, mantém-se o procedimento recursal então adotado, inclusive em relação à competência para julgamento do apelo, salvo se suprimido o tribunal para o qual for endereçado. Resguarda-se, com isso, os atos praticados sob a legislação revogada, prestigiando o princípio do direito adquirido. No caso dos autos, a Lei n. 10.628, que alterou a competência originária para julgamento de prefeito municipal, foi publicada em 26.12.2002, portanto, em data posterior à interposição da apelação contra a sentença que julgou improcedente pedido formulado na ação civil pública, visando à reparação de danos ao erário. Por isso, é inaplicável, na espécie, o dispositivo invocado. Prevalece, portanto, a competência firmada pela lei vigente à época da interposição do apelo, que atribuía ao Tribunal de Justiça Estadual a competência para julgá-lo".[28]

Acrescente-se, ainda, o argumento de que os Tribunais não podem rever atos de juízes que não lhes são vinculados.[29]

Há outros argumentos que poderiam ser invocados para preservar a tramitação desses feitos na Justiça Estadual: incontestáveis razões de política judiciária, segurança jurídica, ausência de prejuízo (na manutenção da competência para os recursos já existentes), tudo com o escopo de evitar-se transtornos de naturezas administrativa e processual.

Para colocar fim à discussão, no julgamento do CC n. 7.204/MG, precedente citado pelo v. acórdão recorrido, o Plenário do Supremo Tribunal Federal atribuiu efeito *ex nunc* à nova orientação.

Essa afirmação pode ser comprovada por meio da decisão proferida pelo Supremo Tribunal Federal, no julgamento do Agravo Regimental no Agravo de Instrumento n. 540.190-1/SP, relatado pelo eminente Min. Carlos Velloso, j. 18.10.2005, que também apreciou a matéria relacionada à competência da Justiça do Trabalho para processar e julgar ações decorrentes de acidente do trabalho após a edição da EC n. 45/2004, conforme se lê na transcrição abaixo:

> Compete à Justiça do Trabalho o julgamento das ações de indenização por danos morais e patrimoniais decorrentes de acidente de trabalho. CC n. 7.204/MG, Plenário, Relator Ministro Carlos Britto. II. — Atribuição de efeito *ex nunc* à nova orientação, que somente será aplicada às causas ajuizadas após a vigência da EC n. 45/2004, iniciada em 31.12.2004.

Do v. acórdão extrai-se o seguinte trecho:

> Logo, tendo em vista as razões que levaram esta Corte a atribuir efeito *ex nunc* ao decidido no citado CC n. 7.204/MG, tem-se que a nova orientação somente se aplica a partir da edição da EC n. 45/2004, devendo, pois, ser mantida a decisão ora agravada. Nesse sentido, transcrevo a elucidativa decisão proferida pelo Ministro

---
(28) Voto do Min. Teori Albino Zavascki, na Pet n. 2.761/MG, DJ 28.2.2005.
(29 STJ, CC n. 1.469-RS, rel. Min. Eduardo Ribeiro, j. 13.3.1991.

Celso de Melo na AC n. 822-MC/MG (DJ 20.9.2005), *verbis*: "(...) O Plenário do Supremo tribunal Federal, ao julgar o CC n. 7.204/MG, Rel. Min. Carlos Britto, reformulou sua anterior orientação jurisprudencial, para reconhecer, 'a partir da Emenda Constitucional n. 45/2004', a competência da Justiça do Trabalho 'para o julgamento das ações de indenização por danos morais e patrimoniais decorrentes de acidente do trabalho', desde que ajuizadas contra o empregador, pois, tratando-se de causa acidentária instaurada contra o próprio INSS, continuará a subsistir, íntegra, a competência do Poder Judiciário do Estado-membro, nos termos da Súmula n. 501/STF, por efeito de expressa exclusão, em tal hipótese, da competência da Justiça Federal (CF, art. 109, I, *in fine*) Como resulta claro da proclamação do julgamento plenário em questão, esta Suprema Corte, ao reconhecer a competência material da Justiça do Trabalho, considerada a norma inscrita no art. 114, inciso VI, da Constituição na redação dada pela EC n. 45/2004, deixou assentado que tal decisão reveste-se de eficácia *ex nunc*, eis que a nova diretriz jurisprudencial aplicar-se-á, tão somente, às causas ajuizadas após a vigência da EC n. 45/2004, iniciada em 31.12.2004 (EC n. 45/2004, art. 10).

Na mesma linha do Supremo Tribunal Federal, colhem-se diversas decisões do E. Tribunal Regional Trabalho do 2ª Região, conforme se lê das ementas abaixo transcritas:

AÇÃO DE REPARAÇÃO DE DANO DECORRENTE DE ACIDENTE DE TRABALHO. JULGAMENTO PELA JUSTIÇA COMUM ANTES DO ADVENTO DA EMENDA CONSTITUCIONAL N. 45/2004. A ALTERAÇÃO SUPERVENIENTE DA COMPETÊNCIA, AINDA QUE DETERMINADA POR NORMA CONSTITUCIONAL, NÃO INVALIDA A SENTENÇA ANTERIORMENTE PROFERIDA. MANTEM-SE A COMPETÊNCIA DA JUSTIÇA COMUM PARA JULGAR O APELO. A r. sentença de primeiro grau, prolatada pelo Juízo Cível, julgou o mérito, decretando a improcedência da ação. A r. decisão foi proferida e publicada quando vigorava previsão constitucional da competência da Justiça Estadual. Na esteira da inteligência do Egrégio Supremo Tribunal Federal, a competência não é desta Justiça Especializada; o entendimento é o de que fica mantida a competência da Justiça Comum para julgamento do recurso. Suscita-se conflito negativo de competência. Os autos devem ser remetidos ao Superior Tribunal de Justiça (Tribunal Regional Do Trabalho 2ª R., 10ª T., Proc. n. 02417200503702005, rel. Des. Marta Casadei Momezzo, j. 28.4.2009).

RECURSO DE APELAÇÃO EM EXECUÇÃO FISCAL. SENTENÇA PROFERIDA ANTES DO ADVENTO DA EC N. 45/2004 E QUE JULGOU EXTINTO O PROCESSO COM RESOLUÇÃO DE MÉRITO (PRESCRIÇÃO). COMPETÊNCIA DA JUSTIÇA FEDERAL. Falece competência a esta Justiça Especializada para julgar recurso de apelação interposto em razão de sentença que julgou extinto o processo com resolução de mérito (prescrição) proferida pelo Juízo da 2ª Vara da Justiça Federal de São Bernardo do Campo em data anterior ao advento da EC n. 45/2004 (Tribunal Regional Do Trabalho 2ª R., 12ª T., Proc. n. 02001200546302006, rel. Des. Marcelo Freire Gonçalves, j. 8.7.2009)

No mesmo sentido: TRT 2ª R., 12ª T., Proc. n. 01231200231502003, rel. Des. Mercia Tomazinho, j. 4.8.2009; TRT 2ª R., 3ª T., Proc. n. 00054200621102008, rel. Des. Maria Doralice Novaes, j. 17.8.2009, TRT 2ª R., 5ª T., Proc. n. 00693200604302001, rel. Des. José Ruffolo, j. 25.8.2009.

Merece registro o fato de a EC n. 45/2004 não ter regulado a passagem das relações processuais pendentes. Nesse contexto, é correto afirmar que a eficácia retroativa está sujeita à manifestação expressa do legislador.

Por esse motivo, decidiu o Supremo Tribunal Federal, no julgamento do CC n. 6.967/RJ, relatado pelo eminente Min. Sepúlveda Pertence, DJ 26.9.1997. Confira-se:

> Norma constitucional de competência: eficácia imediata mas, salvo disposição expressa, não retroativa. 1. A norma constitucional tem eficácia imediata e pode ter eficácia retroativa: esta última, porém, não se presume e reclama regra expressa. 2. A alteração superveniente da competência, ainda que ditada por norma constitucional, não afeta a validade da sentença anteriormente proferida. 3. Válida a sentença anterior à eliminação da competência do juiz que a prolatou, subsiste a competência recursal do tribunal respectivo.

No mesmo sentido:

> Competência. O preceito novo sobre competência aplica-se imediatamente, *salvo se antes foi proferida sentença final, caso em que, na segunda instância, continua competente o Tribunal a quem cabia conhecer dos recursos contra aquela sentença. É que a lei nova sobre competência tem efeito imediato, mas não retroativo* (RTJ 60/855; 60/863).

Coerente com esses entendimentos, o Supremo Tribunal Federal fixou como termo inicial da competência da Justiça do Trabalho, para processar e julgar ações derivadas de acidentes do trabalho, a publicação da EC n. 45/2004. Em outras palavras, somente as ações propostas após a vigência da referida Emenda é que deverão ser direcionadas à Justiça do Trabalho.

Conclui-se que o acórdão proferido no processo descrito no item 3 acima foi proferido por órgão jurisdicional absolutamente incompetente.

4.2. Da violação a literal disposição de lei

A fundamentação da ação rescisória, com base na incompetência absoluta (art. 485, II, do CPC), não exclui a possibilidade da invocação de outro motivo rescisório.

Isso significa dizer que o fundamento rescisório da incompetência absoluta não exclui a causa de pedir fundada em violação a literal disposição de lei (art. 485, V, do CPC).

O fundamento rescisório, representado pela violação a literal disposição de lei (art. 485, V, do CPC), adiciona também o preceito constitucional.

Como escreveram, com maestria, os insignes juristas Celso Bastos e Carlos Ayres de Brito, "o texto constitucional é feito para ser aplicado. Dado o seu caráter instrumental, o direito (e dentro deste o da Constituição não faz exceção) é elaborado com vistas à produção de efeitos práticos. É dizer: os seus enunciados não remanescem no nível puramente teórico das prescrições abstratas, mas descem ao nível concreto das suas incidências fáticas. Dá-se, pois, a aplicação do direito constitucional, toda vez que se submete um certo fato ou comportamento empírico ao mandamento nele previsto para tais situações".[30]

Na esfera constitucional, a ação rescisória, com fundamento no art. 485, V, do CPC, se revela como suporte de validade e eficácia das demais normas do ordenamento e se enquadra à perfeição no campo temático do Supremo Tribunal Federal.

É admissível ação rescisória quando a ofensa ao texto constitucional importar estridente contrariedade ao dispositivo; quer dizer, negar o que o constituinte consentiu ou consentir o que ele negou.

As decisões proferidas pelo Supremo Tribunal Federal, com base em preceitos constitucionais, ao contrário do que ocorre com as normas infraconstitucionais, não formam correntes jurisprudenciais divergentes.

Tal assertiva está fundamentada no argumento de que, no campo da aplicação das normas constitucionais, a Suprema Corte tem completa autonomia para indicar a melhor e única interpretação, não havendo lugar para divergência ou formulação de linhas confrontantes.

Por essa razão, tem-se como manifesta a impropriedade da aplicação do Verbete n. 343 da Súmula da Jurisprudência Dominante do Supremo Tribunal Federal em matéria constitucional, segundo a qual "Não cabe ação rescisória por ofensa a literal disposição de lei, quando a decisão rescindenda se tiver baseado em texto legal de interpretação controvertida nos tribunais".

O enunciado da referida Súmula foi redigido com os olhos voltados para a distinção ocorrente entre texto legal e texto constitucional. A exclusão do texto constitucional de seu alcance representa a inviabilidade de haver interpretação controvertida nos tribunais acerca do direito constitucional, que é por definição incontroverso após o Supremo Tribunal Federal haver fixada a orientação a ser seguida.

Na hipótese, é possível afirmar que a decisão proferida no processo detalhado no item 3 do presente estudo, violou a literalidade da norma constitucional prevista no art. 114, VI, da CF, com a redação dada pela EC n. 45/2004, cuja redação é a seguinte:

Art. 114. Compete à Justiça do Trabalho processar e julgar

(...)

VI — as ações de indenização por dano moral ou patrimonial, decorrentes da relação de trabalho.

---

(30) *Interpretação e aplicabilidade das normas constitucionais*. São Paulo: Saraiva, p. 34.

O texto constitucional recebeu interpretação do Supremo Tribunal Federal na apreciação do CC n. 7.204/MG, julgado pelo Plenário da Corte Suprema em 29.6.2005, relatado pelo eminente Min. Carlos Ayres Britto.

Nesse julgamento, o Supremo Tribunal Federal definiu, de modo claro e preciso, o momento da incidência da regra constitucional relativa à competência da Justiça do Trabalho para processar e julgar causas indenizatórias decorrentes de relação do trabalho.

O momento foi topológico: as causas que se encontravam no âmbito da Justiça Comum e já tivessem recebido julgamento de mérito antes da promulgação da EC n. 45/2004, lá deveriam permanecer até o trânsito em julgado e correspondente fase do cumprimento de sentença (execução).

Quanto àquelas causas cujo mérito ainda não havia sido apreciado, deveriam ser remetidas à Justiça do Trabalho, com o aproveitamento de todos os atos praticados.

Colhe-se desse importante precedente do Supremo Tribunal Federal a seguinte passagem:

> A nova orientação alcança os processos em trâmite pela Justiça comum estadual, desde que pendentes de julgamento de mérito. É dizer: as ações que tramitam perante a Justiça comum dos Estados, com sentença de mérito anterior à promulgação da EC n. 45/2004, lá continuam até o trânsito em julgado e correspondente execução. Quanto àqueles cujo mérito ainda não foi apreciado, hão de ser remetidas à Justiça do Trabalho, no estão em que se encontram, com total aproveitamento doas atos praticados até então. A medida se impõe, em razão das características que distinguem a Justiça comum estadual e a Justiça do Trabalho, cujos sistemas recursais, órgãos e instâncias não guardam exata correlação.

No caso examinado pelo presente estudo, antes de promulgada a EC n. 45/2004, já havia sentença de mérito proferida pelo Juízo de primeiro grau da Justiça Estadual paulista. Dessa forma, o órgão constitucionalmente competente para revisar essa decisão era o E. Tribunal de Justiça do Estado de São Paulo e não o E. Tribunal Regional Trabalho da 2ª Região.

Pode-se dizer que houve um duplo equivoco jurisdicional: o primeiro, praticado pelo Tribunal de Justiça do Estado de São Paulo, que não conheceu da apelação e determinou a remessa da causa à Justiça do Trabalho; o segundo, perpetrado pelo E. Tribunal Regional do Trabalho da 2ª Região, que reexaminou a r. sentença de mérito da Justiça Comum estadual.

Não se pode perder de perspectiva que a competência jurisdicional prevista na CF constitui verdadeira vertente da garantia do juiz natural, cujo fundamento constitucional reside nos incisos XXXVII e LIII do art. 5º da CF: "não haverá juízo ou tribunal de exceção" e "ninguém será processado nem sentenciado senão pela autoridade competente".

Diz-se que o exercício do poder de julgar fora dos limites traçados na CF importa grave defeito de jurisdição, assemelhado à atividade do *não juiz*, sendo, bem por isso, juridicamente inexistente a atividade assim exercida.[31]

O princípio do juiz natural, substancialmente, significa "a necessidade de que o juiz seja pré-constituído pela lei e não constituído *post factum*".[32]

No caso *sub visu*, a Col. 4ª Turma do E. Tribunal Regional do Trabalho da 2ª Região não era o "juiz natural" para processar e julgar a apelação interposta contra sentença de mérito proferida pelo Juiz estadual.

Por interpretação do Supremo Tribunal Federal, antes da EC n. 45/2004, o órgão jurisdicional competente para processar e julgar causas de indenização por acidente do trabalho era a Justiça Comum dos Estados. Nesse contexto, é correto afirmar que o órgão pré-constituído para reexaminar a sentença de mérito proferida D. Juízo da 14ª Vara Cível do Foro Central da Comarca da Capital do Estado de São Paulo é o E. Tribunal de Justiça do Estado de São Paulo.

É de se compreender, ainda, que a sentença de mérito proferida por esse órgão da Justiça Comum é *fato* anterior à EC n. 45/2004.

Logo, aceitar a decisão do Tribunal Regional do Trabalho equivale a consentir um órgão judicial pós-constituído para reexaminar decisões de mérito da Justiça Comum, relativas à indenização por acidente do trabalho.

Também pelo fundamento rescisório de violação a literal disposição de lei (norma constitucional), deve o Acórdão do Tribunal Regional do Trabalho ser rescindido, desconstituindo-se a coisa julgada que revestiu esse pronunciamento.

5. Consequências do juízo rescindente

Na dicção do art. 488, I, do CPC, a petição inicial da ação rescisória será elaborada com observância dos requisitos essenciais do art. 282 do CPC, devendo o autor cumular ao pedido de rescisão, se for o caso, o pedido de novo julgamento da causa.

Da leitura da referida norma, depreende-se que o pedido rescindente é sempre necessário e imprescindível; o pedido rescisório pode ou não ser concernente.[33]

No caso examinado pelo presente trabalho, a petição inicial não terá pedido de novo julgamento e, portanto, não haverá juízo rescisório (*ius rescissorium*), mas apenas o juízo rescindente (*ius rescindens*).

---

(31) Cf. PASSOS, Calmon de. *Comentários ao código de processo civil*. Rio de Janeiro: Forense, v. 3, p. 347.
(32) FERRAJOLI, Luigi. *Direito e razão*. São Paulo: Revista dos Tribunais, p. 543.
(33) BARIONI, Rodrigo. *Ação rescisória e recursos para os tribunais superiores*, p. 153; MOREIRA, Barbosa. *Comentários ao código de processo civil*, v. 5, p. 206-207; RIZZI, Sérgio. *Ação rescisória*, p. 7; e NERY JR., Nelson; NERY, Rosa. *Código de processo civil comentado*, p. 691.

O rejulgamento da causa pelo órgão jurisdicional pelo Tribunal Regional do Trabalho provocaria novo vício rescisório de incompetência absoluta, a determinar o ajuizamento de outra demanda rescisória e assim *ad infinutum*.

A procedência do pedido rescindente dissolverá a coisa julgada que revestiu o acórdão proferido pelo Tribunal Regional do Trabalho e reconhecerá a incompetência absoluta da Justiça do Trabalho.

Na generalidade dos casos, admitida a incompetência absoluta pela vida da ação rescisória, "a consequência lótica e natural é a remessa dos autos ao órgão competente, a quem competirá proferir o novo julgamento [do processo originário]".[34]

Todavia, no caso examinado por esse trabalho, o acolhimento do pedido rescindente, fundado na incompetência absoluta poderia propiciar a instauração do conflito de competência, com a remessa do processo ao Superior Tribunal de Justiça (art. 105, I, *d*, da CF), haja vista que o Tribunal de Justiça do Estado de São Paulo declarou-se incompetente para julgar a apelação ante a superveniente norma constitucional promulgada pela EC n. 45/2004.

Diferentemente disso, no entanto, a situação comporta outra solução.

A procedência do pedido rescindente importará necessariamente o encaminhamento do processo ao Tribunal de Justiça do Estado de São Paulo, que, por sua vez, não poderá suscitar conflito de competência, ante o teor da Súmula Vinculante n. 22 cujo teor é o seguinte: "A Justiça do Trabalho é competente para processar e julgar as ações de indenização por danos morais e patrimoniais decorrentes de acidente de trabalho propostas por empregado contra empregador, inclusive aquelas que ainda não possuíam sentença de mérito em primeiro grau quando da promulgação da Emenda Constitucional n. 45/2004".

Qualquer decisão diferente do que se propõe acima contrariará a Súmula Vinculante n. 22 acima e ensejará, pela parte ou pelo Ministério Público, o ajuizamento da reclamação (art. 103-A, § 3º, da CF).

---

(34) YARSHELL, Flávio. *Ação rescisória*: juízos rescindente e rescisório, p. 403.

▶▶ Responsabilidade Objetiva do Empregador que Atua em Atividade de Risco

Iara Alves Cordeiro Pacheco[*]
Carla Lascala Lozano[**]

Hoje, em decorrência dos inúmeros acidentes do trabalho ocorridos principalmente nas empresas que atuam em atividade de risco, podemos observar um foco de atenção muito maior do Estado, com relação às normas referentes à preservação da saúde do trabalhador, bem como as sanções cabíveis em razão do seu descumprimento.

Como bem diz Amauri Mascaro Nascimento[1], "os aspectos puramente técnicos e econômicos da produção de bens não podem redundar num total desprezo às condições mínimas necessárias para que um homem desenvolva a sua atividade dentro de condições humanas e cercado das garantias destinadas à preservação de sua personalidade. (...) Para que o trabalhador atue em local apropriado, o direito fixa condições mínimas a serem observadas pelas empresas, quer quanto às instalações onde as oficinas e demais dependências se situam, quer quanto às condições de contágio com agentes nocivos à saúde ou de perigo que a atividade possa oferecer".

Assim, o presente trabalho tem por objetivo tentar traçar, de maneira simples, alguns conceitos fundamentais para se entender a responsabilidade objetiva do empregador que atua em atividade de risco.

---

[*] Advogada, desembargadora aposentada do TRT/15ª Região, Mestre em Direito do Trabalho pela USP, Professora da FAAT e autora do livro *Os Direitos Trabalhistas e a Arbitragem* (LTr), bem como de vários artigos publicados na *Revista LTr* e em outras revistas especializadas. Membro da Comissão de Direito Acidentário da OAB/SP. *E-mail:* iarapacheco@uol.com.br.

[**] Advogada do escritório Moro-Scalamandré Advogados, formada pela PUC de São Paulo, com especialização em Direito Contratual do Trabalho. Membro da Comissão de Direito Acidentário da OAB/SP. *E-mails:* carla@moro-scalamandre.net; carlalascalalozano@hotmail.com.

(1) NASCIMENTO, Amauri Mascaro. *Iniciação ao direito do trabalho*. 23. ed. São Paulo: LTr, 1997. p. 357-358.

1. O meio ambiente do trabalho

De acordo com as lições do professor Sandro D'Amato Nogueira[2], o meio ambiente do trabalho pode ser definido como: "um conjunto de fatores físicos, climáticos ou quaisquer outros que interligados, ou não, estão presentes e envolvem o local de trabalho do indivíduo". E, continuando seu parecer, assim conclui: "é natural admitir que o homem passou a integrar plenamente o meio ambiente no caminho para o desenvolvimento sustentável preconizado pela nova ordem ambiental mundial. Também, pode-se afirmar que o meio ambiente do trabalho faz parte do conceito mais amplo de ambiente, de forma que deve ser considerado como bem a ser protegido pelas legislações para que o trabalhador possa usufruir de uma melhor qualidade de vida".

Assim, podemos concluir que no meio ambiente do trabalho é o homem trabalhador que é atingido direta e imediatamente pelos danos ambientais causados. E a saúde do homem é o bem maior a ser preservado.

2. Acidente do trabalho

O acidente de trabalho vem definido na Lei n. 8.213/1991, sendo certo que o art. 19 cuida do acidente típico ou tipo, sendo certo que a ele se equiparam as doenças ocupacionais, classificadas em doenças profissionais (decorrentes da própria profissão) e doenças do trabalho (aquelas que se originam da forma como o trabalho é realizado).

No art. 21, I, vem definido o acidente de trabalho quando a atividade profissional age apenas como concausa, sendo certo, ainda, que é considerado como tal aquele decorrente das várias circunstâncias apontadas nesse mesmo artigo.

Assim, é aquele que ocorre no exercício do trabalho, quando o empregado está a serviço da empresa, no exercício de suas atividades, e que provoca lesão corporal ou perturbação funcional que cause a morte, a perda ou redução, temporária ou permanente, da capacidade para o trabalho.

Em regra, ocorrem em decorrência do não cumprimento das normas de segurança e saúde do trabalho, minuciosamente descritas nas 33 (trinta e três) NRs (normas regulamentares) previstas na Portaria n. 3.214/1978.

Como salienta Rodolfo Pamplona Filho[3], há três tipos de responsabilização da ocorrência de um acidente do trabalho. São elas:

---

(2) NOGUEIRA, Sandro D'Amato. *Meio ambiente do trabalho* — aspectos relevantes. Disponível em: <www.jusvi.com/artigos/33429>.
(3) PAMPLONA FILHO, Rodolfo. *O impacto do novo código civil no direito do trabalho*. São Paulo: LTr, p. 282/283.

1 — Responsabilização contratual, com eventual suspensão do contrato de trabalho e o reconhecimento da estabilidade acidentária prevista no art. 118 da Lei n. 8.213/1991;

2 — Benefício previdenciário do seguro de acidente de trabalho, financiado pelo empregador, mas adimplido pelo Estado;

3 — reparação de danos prevista no art. 7º, XXVIII, da Constituição Federal, nos seguintes termos:

"Art. 7º São direitos dos trabalhadores urbanos e rurais, além de outros que visem à melhoria de sua condição social:

XXVIII — seguro contra acidentes de trabalho, a cargo do empregador, sem excluir a indenização a que este está obrigado, quando incorrer em dolo ou culpa."

3. Responsabilidade civil

3.1. O fundamento da responsabilidade civil

O fundamento da responsabilidade civil, após o período em que vigorou a vingança privada, esteve vinculado à teoria da culpa ou responsabilidade subjetiva, conforme art. 1.382 do Código Civil Frances: *Tout fait quelconque de l'homme qui cause à autrui um dommage oblige celui par La faute duquel Il est arrivé à Le réparer.*

Tal dispositivo foi reproduzido no art. 159 do nosso Código Civil de 1916, no sentido de que "quem der causa a dano alheio deve repará-lo", constando hoje nos arts. 186, 187 e 927 do Código Civil de 2002.

No entanto, embora essa teoria pareça emitir um conceito de justiça, o certo é que, com a modernidade surgiram invenções que aceleraram o desenvolvimento da humanidade, mas também trouxeram riscos cada vez maiores para a incolumidade física das pessoas.

Além disso, as vítimas dos acidentes ocorridos com as máquinas de produção e de transporte, nas fábricas e nas ruas, sempre estiveram em posição de desvantagem, com dificuldades para conseguir provar a culpa do agente causador do dano.

Diante da constatação de tantas injustiças, a doutrina veio perseguindo a elaboração de uma teoria mais solidária com as vítimas, como as teorias da *responsabilidade contratual* e da *responsabilidade contra a legalidade* que, embora ainda vinculadas à culpa, passam a admiti-la de forma presumida, com a inversão do ônus da prova.

Passo significativo foi dado com a *responsabilidade objetiva*, baseada na teoria do risco — todo aquele que exerce uma atividade que gera risco para a comunidade, deve arcar com as consequências: quem usufrui os bônus deve arcar com os ônus.

3.2. Nascimento da responsabilidade civil do empregador em matéria de acidente de trabalho

Houve uma época em que a lei ordinária exonerou o empregador, expressamente, quanto ao pagamento de qualquer tipo de indenização por acidente do trabalho, além da responsabilidade previdenciária.

Trata-se do Decreto n. 24.637/1934, cujo art. 12 dizia: "A indenização estatuída pela presente lei exonera o empregador de pagar à vítima, pelo mesmo acidente, qualquer outra indenização de direito comum".

Tal situação foi alterada pelo art. 31 do Decreto-lei n. 70.361/1944: "O pagamento da indenização estabelecida pela presente lei exonera o empregador de qualquer outra indenização de Direito Comum, relativa ao mesmo acidente, a menos que este resulte de dolo seu ou de seus prepostos".

Já em dezembro de 1963 o STF emitiu a Súmula n. 229, que passou a reger a matéria: "A indenização acidentária não exclui a de direito comum, em caso de dolo ou culpa grave do empregador".

Com a Constituição Federal de 1988 restou espancada qualquer dúvida com relação ao direito à indenização de direito comum, além dos benefícios de caráter acidentário administrados pelo INSS.

Diz o art. 7º, XXVIII, da CF: "São direitos dos trabalhadores urbanos e rurais, além de outros que visem à melhoria de sua condição social: (...) XXVIII — seguro contra acidente de trabalho, a cargo do empregador, sem excluir a indenização a que está obrigado, quando incorrer em dolo ou culpa".

Assim, inicialmente devida apenas em caso dolo, teve alargado o conceito pela Súmula n. 229 do STF que acolheu a culpa grave e, atualmente, basta apenas a culpa em qualquer grau, mesmo a levíssima.

Outrossim, a competência para o julgamento das ações referentes a tais pretensões passou para a Justiça do Trabalho com a EC n. 45/2004, reconhecida pelo STF no julgamento do Conflito de Competência n. 7.204, em 29 de junho de 2005.

Tal indenização é devida de forma cumulada, sem nenhuma compensação dos benefícios acidentários, já que ambas não se confundem porque derivadas de causas distintas, como apregoa o Enunciado n. 48 aprovado na 1ª Jornada de Direito Material e Processual na Justiça do Trabalho, realizada em Brasília em novembro de 2007: "Acidente do trabalho. Indenização. Não compensação do benefício previdenciário. A indenização decorrente de acidente do trabalho ou doença ocupacional, fixada por pensionamento ou arbitrada para ser paga de uma só vez, não pode ser compensada com qualquer benefício pago pela Previdência Social".

No entanto, ainda não foi devidamente assimilada, tanto que diz Wladimir Novaes Martinez: "Essa reparação, acolhida pelos tribunais com certa regularidade, é um contrassenso em relação ao seguro do acidente do trabalho, cuja sustentação teórica, técnica e científica é a transferência da responsabilidade do empregador, mediante certa contribuição obrigatória, ao RGPS".⁽⁴⁾ Como se o pagamento do SAT constituísse alvará para o empregador desprezar as normas de segurança e higiene do trabalho.

Marco Fridolin Sommer Santos também não se conforma com a norma constitucional, mencionando que o art. 7º, XXVIII deve ser interpretado no sentido de que o legislador disse exatamente o contrário: que o seguro de acidentes do trabalho já inclui a indenização a que estaria obrigado em caso de culpa ou dolo, como se lê a fl. 79: "Diante de tal realidade, cumpre verificar se o art. 7º, inciso XXVIII, da Constituição Federal, comporta, dentro de sua formulação literal, um significado jurídico alternativo ao pensamento dominante. Uma leitura atenta desta norma constitucional nos permite concluir que sim: onde, no art. 7º, inciso XXVIII, da Constituição se lê 'seguro de acidentes do trabalho, a cargo do empregador, sem excluir a indenização a que este está obrigado por culpa ou dolo', pode-se ler também 'seguro de acidentes do trabalho, a cargo do empregador, incluindo a indenização a que este está obrigado em caso de culpa ou dolo, ao invés de, 'seguro de acidentes do trabalho, a cargo do empregador, cumulando a indenização a que este está obrigado em caso de culpa ou dolo".⁽⁵⁾

3.3. Fundamentos da responsabilidade do empregador

A responsabilidade do empregador pelos danos causados ao empregado, no caso de acidente do trabalho, estaria embasada em qual fundamento jurídico?

Seria a responsabilidade de natureza subjetiva ou da culpa, a responsabilidade subjetiva em que a culpa é presumida ou a responsabilidade objetiva ou do risco?

Após a edição do art. 927, parágrafo único, do Código Civil de 2002, a maioria não mais afirma que seria meramente subjetiva e alguns entendem que a direção que vem sendo seguida é a teoria do risco, como salienta Sebastião Geraldo de Oliveira: "Por tudo que foi exposto e considerando o centro de gravidade das lições dos doutrinadores mencionados, é possível concluir que a implantação da responsabilidade civil objetiva ou teoria do risco, na questão do acidente de trabalho, é mera questão de tempo".⁽⁶⁾

3.4. Responsabilidade subjetiva

Para alguns, a responsabilidade civil do empregador é apenas subjetiva, diante de interpretação única e literal do art. 7º, XXVIII, da Constituição Federal de 1988.

---

(4) *Prova e contraprova do nexo técnico epidemiológico*. São Paulo: LTr, 2008. p.81.
(5) *Acidente do trabalho entre a seguridade social e a responsabilidade civil*. 2. ed. São Paulo: LTr, 2008. p. 79.
(6) *Indenizações por acidente do trabalho ou doença ocupacional*. 4. ed. São Paulo: LTr, 2008. p. 126.

Tratando-se a Carta Magna da Lei Maior nenhuma outra norma que alterasse o quanto contido nesse dispositivo, poderia ser aplicada.

Dessa forma, restaria caracterizado o ilícito patronal quando o empregador não cumprisse os deveres legais de segurança, higiene e prevenção legalmente previstos.

Nessa hipótese, cabe ao empregado a prova da existência do acidente, do dano e do nexo causal entre ambos, bem como de que o empregador teria atuado de forma dolosa ou com imprudência, negligência ou imperícia.

4. Responsabilidade objetiva

4.1. Introdução

Com apoio em Marton sustenta Aguiar Dias que o acolhimento de uma doutrina tão defeituosa como a baseada na culpa, tem origem no direito romano, no qual o ressarcimento tinha caráter penal, estando a responsabilidade vinculada à culpabilidade. No entanto, de acordo com entendimento mais evoluído, não se deve indagar quem é responsável, mas sim, quem deve reparar os danos, já que a vítima não pode ficar desprotegida.

Daí o surgimento das teorias da responsabilidade objetiva ou do risco, já que, de acordo com a responsabilidade fundada na culpa, salienta Alvino Lima que:

"Dentro do critério da responsabilidade fundada na culpa não era possível resolver um sem-número de casos, que a civilização moderna criara ou agravara; imprescindível se tornara, para a solução do problema da responsabilidade extracontratual, afastar-se do elemento moral, da pesquisa psicológica, do íntimo do agente, ou da possibilidade de previsão ou de diligência, para colocar a questão sob um aspecto até então não encarado devidamente, isto é, sob o ponto de vista exclusivo da reparação do dano. O fim por atingir é exterior, objetivo, de simples reparação, e não interior e subjetivo, como na imposição da pena. Os problemas da responsabilidade são tão somente os problemas de reparação de perdas."[7]

O próprio Código Civil de 1916, embora estruturado na responsabilidade com base na culpa, enumerou algumas situações de responsabilidade objetiva como aquela do art. 1.528, relativa ao dono de edifício ou construção, pelo dano causado por ruína, total ou parcial, ainda que resultasse de defeito da construção.

Em 1977 surgiu a Lei n. 6.453, responsabilizando de forma objetiva o agente, nas atividades nucleares e em 1981, a Lei n. 6.938, cujo art. 14, § 1º explicita: "Sem obstar a aplicação das penalidades previstas neste artigo, é o poluidor obrigado,

---

(7) *Culpa e risco*. 2. ed. São Paulo: RT, 1999. p. 115-116.

independentemente da existência de culpa, a indenizar ou reparar os danos causados ao meio ambiente e a terceiros, afetados por sua atividade".

Na Constituição de 1988 encontramos novos casos de responsabilidade objetiva, como aquela do Estado pela atuação dos seus agentes, prevista no art. 37, § 6º, bem como no art. 225, § 3º, que diz respeito aos danos ao meio ambiente.

No mesmo sentido o Código de Defesa do Consumidor, como se lê, por exemplo, no art. 14: "O fornecedor de serviços responde, independentemente da existência de culpa pela reparação dos danos causados aos consumidores por defeitos relativos à prestação dos serviços, bem como por informações insuficientes ou inadequadas sobre sua fruição e riscos".

No mesmo diapasão, o Código Civil de 2002, não obstante ainda mantenha a responsabilidade civil com base na culpa, como se lê no art. 186 e 927, trouxe duas inovações importantes. Uma delas no art. 187, que caracteriza como ilícito o abuso do direito e a outra que acata a responsabilidade objetiva pelo risco criado, conforme parágrafo único do art. 927: "Haverá a obrigação de reparar o dano, independentemente de culpa, nos casos especificados em lei, ou quando a atividade normalmente desenvolvida pelo autor do dano implicar, por sua natureza, risco para os direitos de outrem".

4.2. Aplicação do art. 927, parágrafo único do código civil

Existe corrente minoritária no sentido de que não cabe a aplicação desse dispositivo, quando se trata de acidente do trabalho, porque a Constituição Federal teria delineado de outra forma.

É a posição de Rui Stoco: "Há intérpretes que visualizaram, a partir da vigência do novo Código Civil, a possibilidade de os acidentes do trabalho ser enquadrados como intercorrências que ensejam responsabilidade objetiva ou independente de culpa do empregador, com supedâneo no referido art. 927, parágrafo único, quando o empregado exerça atividade perigosa ou que o exponha a riscos. Não vemos essa possibilidade, pois a responsabilidade civil, nas hipóteses de acidente do trabalho com suporte na culpa (lato sensu) do patrão, está expressamente prevista na Constituição Federal. A Carta Magna assegura aos trabalhadores seguro contra acidentes de trabalho, a cargo do empregador, e indenização a que este está obrigado, quando incorrer em dolo ou culpa (art. 7º, inciso XXVIII). Sendo a Constituição uma carta de princípios, todos os enunciados que contém, exceto aqueles de ordem programática, com caráter meramente enunciativo (com o objetivo educativo) ou de natureza regularmente anômala, caracterizam-se como princípios que norteiam as demais normas infraconstitucionais do nosso ordenamento jurídico".[8]

---

[8] *Responsabilidade civil*, p. 814-815, *apud* MELO, Raimundo Simão de. *Direito ambiental do trabalho e a saúde do trabalhador*. 2. ed. São Paulo: LTr, 2006. p. 225.

Em sentido contrário e por todos, Raimundo Simão de Melo, após tecer considerações sobre o art. 225, § 3º da Constituição Federal, que prevê a responsabilidade objetiva no caso de dano ambiental e demonstrar a evidente contradição com o contido no art. 7º, XVIII, que cuida de bem maior, salienta:

> "De qualquer forma, não mais se sustenta uma interpretação literal da disposição o inciso XXVIII do art. 7º, para desde logo concluir-se que se trata unicamente de responsabilidade subjetiva como questão fechada. A razão é que esse dispositivo está umbilicalmente ligado ao *caput* do art. 7º, que diz textualmente: 'São direitos dos trabalhadores urbanos e rurais, *além de outros que visem à melhoria de sua condição social* [...] seguro contra acidentes de trabalho, a cargo do empregador, sem excluir a indenização a que esse está obrigado, quando incorrer em dolo ou culpa (grifados)."[9]

O Enunciado n. 37 da 1ª Jornada de Direito Material e Processual do Trabalho realizada no TST, preconiza: "Responsabilidade civil objetiva no acidente de trabalho. Atividade de risco. Aplica-se o art. 927, parágrafo único, do Código Civil nos acidentes do trabalho. O art. 7º, XXVIII, da Constituição da República não constitui óbice à aplicação desse dispositivo legal, visto que seu caput garante a inclusão de outros direitos que visem à melhoria da condição social dos trabalhadores".

Assim, em se tratando de doenças ocupacionais ou acidentes típicos decorrentes de degradação ambiental ou de atividades de risco, a responsabilidade é objetiva: "Com relação à responsabilidade pelas agressões ao meio ambiente e pelos danos reflexos experimentados por terceiros, é pacífico o entendimento de que se trata da modalidade objetiva, com base no § 3º do art. 225 da Constituição e § 1º do art. 14 da Lei n. 6.938/1981. Esta proteção também está assegurada ao aspecto meio ambiente do trabalho e, assim, aquele que poluí-lo responde objetivamente pelos danos causados e pelos consequentes prejuízos sofridos pelos trabalhadores expostos às respectivas agressões".[10]

Fernando José Cunha Belfort, que não aceita a aplicação do art. 927, parágrafo único do Código Civil; abre exceção para o caso de acidente decorrente de degradação ambiental: "A reparação do dano acidentário, se se tratar de acidente tipo ou típico, segundo a norma constitucional, está embasada no instituto de responsabilidade civil subjetiva do empregador (CF/88, art. 7º, XXVIII, última parte). No entanto, se o acidente decorrer tendo em vista que o dano ocasionado à saúde do empregado teve como causa a degradação do meio ambiente do trabalho, a responsabilidade do empregador é objetiva não só pelo que vem previsto na Constituição Federal, § 3º do art. 225, que assegura a responsabilidade objetiva por danos ao meio ambiente, incluído o do trabalho (CF, art. 200, VIII), como também pela teoria do risco".[11]

---

(9) *Op. cit.*, p. 230.
(10) MELO, Raimundo Simão de. *Direito ambiental do trabalho e a saúde do trabalhador*. 2. ed. São Paulo: LTr, 2006. p. 235.
(11) BELFORT, Fernando José Cunha. *A responsabilidade objetiva do empregador nos acidentes de trabalho*. São Paulo: LTr, 2010. p. 165.

Aliás, na 1ª Jornada de Direito Material e Processual na Justiça do Trabalho, realizada em novembro de 2007, na sede do TST, foi aprovado o Enunciado n. 38 que diz: "Responsabilidade civil. Doenças ocupacionais decorrentes dos danos ao meio ambiente do trabalho. Nas doenças ocupacionais decorrentes dos danos ao meio ambiente do trabalho, a responsabilidade do empregador é objetiva. Interpretação sistemática dos arts. 7º, XXVIII, 200, VIII, 225, § 3º, da Constituição Federal e do art. 14, § 1º, da Lei n. 6.938/1981".

4.3. Responsabilidade objetiva trabalhista

Para José Antonio Ribeiro de Oliveira Silva a responsabilidade do empregador é de natureza ontologicamente trabalhista.

Afirma que o empregador responde de forma objetiva por todas as obrigações trabalhistas, com base na teoria do risco contida no art. 2º, da CLT: "Sustenta-se, portanto, que no próprio direito do trabalho encontra-se o fundamento último, a ser utilizado para a responsabilização objetiva do empregador em todas as hipóteses de dano à saúde ou à vida do trabalhador. É um dos princípios fundamentais do direito do trabalho o de que a responsabilidade do empregador para com os haveres do trabalhador é objetiva, por se ele quem assume os riscos da atividade econômica, característica tão importante que integra o próprio conceito de empregador, nos termos do art. 2º, *caput*, da Consolidação das Leis do Trabalho. Aí está a teoria do risco, na sua essência, imperando desde o nascedouro do direito do trabalho. É a teoria do risco a propulsora — embora não se comente — de todas as obrigações do empregador".[12] (grifos do original).

E conclui: "Partindo dessa ideia, é possível sustentar que o fundamento da responsabilidade do empregador pelos danos decorrentes do acidente do trabalho é o art. 2º, *caput*, da CLT, por ser ele, empregador, quem assume os riscos da atividade econômica, quaisquer que sejam, estando aí albergada a teoria do risco. Não importa saber se é risco profissional, se é risco-proveito, se é risco criado, se é risco excepcional etc.".[13] (grifos do original)

5. Jurisprudência

"PROCESSO TRT/SP N. 02741.2005.361.02.00-1RECURSO ORDINÁRIO DA 1ª VT DE MAUÁ. RECORRENTE: HÉLIO RODRIGUES DE OLIVEIRA. RECORRIDO: VALTANJET INJEÇÃO DE PEÇAS TÉCNICAS PLÁSTICAS LTDA. ACIDENTE DO TRABALHO. DANO MORAL. BENEFÍCIO PREVIDENCIÁRIO. O fato do recorridoreceber benefício previdenciário em virtude do acidente detrabalho sofrido decorre da relação mantida diretamente coma Previdência Social, e não interfere no seu direito àindenização por danos morais pelo mesmo acidente, decorrente de sua relação de trabalho."
(Desembargadora Mércia Tomazinho — 3ª Turma do TRT/SP)

---

(12) *Acidente do trabalho* — responsabilidade objetiva do empregador. São Paulo: LTr, 2008. p. 179.
(13) *Op. cit.*, p. 174.

"PROCESSO TRT/SP N. 02474200707502002. RECORRENTES: CIA ULTRAGÁS S/A, PROTEGE S/A — PROTEÇÃO E TRANSPORTE DE VALORES E WAGNER NARCIZO BRIGAGÃO. RECORRIDOS: WAGNER NARCIZO BRIGAÃO, PROTEGE S/A PROTEÇÃO ETRANSPORTE DE VALORES E CIA ULTRAGÁS S/A ORIGEM: 75ª VARA DO TRABALHO DE SÃO PAULO. EMENTA: Pensão vitalícia: Nos termos previstos no art. 7º e incisos XXII e XXVIII da Constituição Federal compete a empregadora a redução dos riscos inerentes ao trabalho, por meio de normas de saúde, higiene e segurança (inc. XXII) e, entre outros seguros contra acidentes de trabalho, a cargo do empregador, sem excluir a indenização a que está obrigado, quando incorrer em dolo ou culpa. Em assim sendo, restando demonstrado de forma cabal e inconteste que a empregadora não zelou ou propiciou condições adequadas e seguras aos seu empregados, impõe-se a condenação desta a indenização por danos morais e ou materiais ao empregado que foi vítima de infortuito ocupacional ocorrido em seu local de trabalho, bem como o pagamento de pensão vitalícia, no caso de ter havido redução da capacidade ou incapacidade laboral do empregado, exegese dso arts. 949 e 950, *caput,* do Código Civil. Lilian Lygia Ortega Mazzeu Desembargadora Relatora 12ª Turma do TRT/SP."

"PROCESSO TRT/SP n. 00433.2009.303.02.00-4 Recurso Ordinário. Recorrente: Companhia Brasileira de Distribuição. Recorrido: Amanda Santos do Nascimento Origem: 3ª Vara do Trabalho de Guarulhos. EMENTA: DANO MORAL. ACIDENTE-TIPO. AFASTAMENTOS PREVIDENCIÁRIOS CONTÍNUOS E SEQUENCIAIS. REDUÇÃO DA CAPACIDADE LABORAL. A redução da capacidade laborativa da jovem de 26 anos representa relevante dificuldade de recolocação profissional ou mesmo o alijamento do mercado de trabalho. O empregador, ao contratar o empregado, assume a obrigação de zelar pela sua higidez física e psíquica e a empregabilidade futura. Com suporte no Código Civil (arts. 186 e 927) e na própria Constituição Federal, que erige a garantia de redução dos riscos inerentes ao trabalho, por meio de normas de saúde, higiene e segurança, como um dos direitos dos trabalhadores urbanos e rurais (art. 7º, XXII), impõe-se a justa reparação como forma de minimizar o agravo a que foi submetida a reclamante, e evitar a reiteração da conduta omissiva do empregador." Rovirso A. Boldo Juiz Relator 8ª Turma do TRT/SP.

"EMENTA: ACIDENTE DE TRAJETO. ALCANCE DA RESPONSABILIDADE OBJETIVA. O RECLAMANTE SOFREU ACIDENTE DE MOTO QUANDO SE DIRIGIA AO TRABALHO. Conforme salientado pela MM. Vara, o ocorrido se afigura como uma fatalidade. Todavia, a indenização patronal direta se justifica apenas quando há dolo ou culpa do Empregador no acidente. Neste caso, a Reclamada em nada concorreu para o dano. Se há justificativa legal para aplicação de benefício previdenciário, não existiu ato do Empregador passível de sujeitá-lo à indenização postulada." (TRT 2ª Reg. RO 00544200648202008 — 9 — Ac. 11ª T. 20080568569) — Rel. Marcos Emanuel Canhete. DOR/TRT 2ª Reg. 8.7.2008, p. 407 — in *LTr Sup. Jurisp.* 46/2008 — p. 361).

"EMENTA: DIREITO PROCESSUAL DO TRABALHO. PERÍCIA MÉDICA. ÓRGÃO PREVIDENCIÁRIO. IMPOSSIBILIDADE. É notório que as perícias do INSS não se amparam nos mesmos parâmetros das periciais realizadas nesta Especializada, limitando-se aqueles médicos, dentro das instruções passadas pela autarquia previdenciária, a estabelecer se há incapacidade para o trabalho, ou não, considerando a possibilidade de exercer qualquer trabalho. Não se procede, desta forma, ao estabelecimento de grau de redução da capacidade de trabalho quando esta é mínima e não impossibilita o exercício de outros ofícios, porém, referida prova é essencial para o deferimento (ou não) do pedindo de danos morais a cargo do empregador, na forma do art. 7º, XXVIII, CF, que deve ser amplamente indenizado, se provada a culpa ou dolo, bem assim de pensão mensal com base no art. 950 do Código Civil. Assim, entendo que se faz mister a realização de perícia por médico de confiança do Juízo, com a realização de exames complementares e capazes de apurar se, do acidente, decorreu algum tipo de limitação à capacidade de trabalho do Autor. Recurso provido parcialmente." (TRT 15ª Reg. (Campinas/SP) Proc. 26600-35.2005.5.15.0133 RO — (Ac. 31156/10-PATR, 3ª C.) Rel. Luciane Storel da Silva. DEJT 2.6.2010, p. 109 — *LTr Sup. Jurisp*. 30/2010, p. 239). (grifamos).

"EMENTA. ACIDENTE DO TRABALHO TÍPICO. CULPA DA EMPRESA — DEVER DE INDENIZAR. Configura-se a culpa da empresa em acidente do trabalho ocorrido, porque o empregado, recém admitido e portador de deficiência mental, pulou, no exercício de suas funções, a máquina 'rosca sem fim' e teve o pé colhido pela falta do dispositivo de proteção/isolamento de sua parte perigosa, o que ocasionou grave lesão no membro atingido. Não poderia a empresa colocar empregado com deficiência mental para trabalhar em máquina que oferecesse risco de acidente, nem deixar que esta ficasse com suas partes perigosas expostas, sem nenhum dispositivo de isolamento, razão pela qual deverá arcar com os danos que decorreram do infortúnio." (TRT 18ª Reg. RO 0127100-92.2008.5.18.0013 — (Ac. 2ª T.) — Rel. Juiz Platon Teixeira de Azevedo Filho. DJE/TRT 18ª Reg., ano IV, n. 91, 27.5.2010, p. 9, in *LTr Sup. Jurisp*. 29/2010, p. 226).

"Recai sobre o devedor o ônus da prova quanto à existência de alguma causa excludente do dever de indenizar. Dessa forma, nos acidentes de trabalho, cabe ao empregador provar que cumpriu seu dever contratual de preservação da integridade física do empregado, respeitando as normas de segurança e medicina do trabalho. Em outras palavras, fica estabelecida a presunção relativa de culpa do empregador." (STJ, Recurso Especial n. 1067738, Rel. Ministra Nancy Andrigui).

"EMENTA: ACIDENTE DE TRABALHO. AUSÊNCIA DE FORNECIMENTO DE EPI. CULPA DO EMPREGADOR NO FATO DANOSO. A responsabilidade do empregador no acidente de trabalho decorre da obrigação contratual e constitucional de proporcionar um ambiente seguro ao trabalho, com respeito à vida e à saúde do trabalhador. A ausência de fornecimento de equipamentos de proteção, quando necessários para afastar ou diminuir os riscos do evento danoso, configura a conduta culposa do empregador." (TRT 15ª Reg. (Campinas/SP) RO 1373-2005-074-15-00-5 — (Ac. 60586/08-PATR, 1ª C.) — Rel. Luiz Antonio Lazarim. DOE 26.9.2008, p. 62 — in *LTr Sup. Jurisp*. 46/2008 — p. 361).

"INDENIZAÇÕES POR DANOS MORAIS EM ACIDENTE DO TRABALHO. Na apuração da responsabilidade civil em decorrência do acidente de trabalho, o ônus da prova recai sobre o empregador, que deve comprovar a inexistência da conduta culposa. Entretanto, não se desonerando do encargo que milita em seu desfavor, presume-se a culpa, surgindo o consequente dever de indenizar o trabalhador pelo prejuízo sofrido. Recurso de Revista não conhecido." TST. 3ª Turma, RR n. 84.813/2003-900-032-00.2, Rel. Ministra Maria Cristina Irigoyen Peduzzi, DJ 15 set. 2006.

"DANOS MORAIS E MATERIAIS. ASSALTO À AGÊNCIA DA ECT. BANCO POSTAL. RESPONSABILIDADE. INDENIZAÇÃO. DEFERIMENTO. De acordo com a teoria da responsabilidade objetiva (art. 927 do CCB), também chamada de 'teoria do risco', o dever de reparação surge, independentemente da existência de culpa, quando presentes o dano e a relação de causalidade, e aplica-se aos casos em que, por sua natureza, a atividade desenvolvida pelo empregador expuser a riscos os seus trabalhadores, em maior grau a que estejam submetidos os demais membros da coletividade, ou seja, em que a exposição do empregado a riscos ocorra de forma acentuada. Ademais, 'aquele que, por ação ou omissão voluntária, negligência ou imprudência, violar direito e causar dano a outrem, ainda que exclusivamente moral, cometa ato ilícito' (art. 186, CCB). Assim, funcionando a agência da ECT também como banco postal, realizando atividades típicas de estabelecimentos bancários, atrai para si a obrigação de providenciar sistema de segurança adequado e compatível com os serviços prestados (art. 2º da Lei n. 7.102/1983). Assim, incorre em culpa o banco postal que não oferece sistema de segurança eficaz a resguardar a incolumidade física e mental de seus empregados, devendo indenizar o dano moral e o dano material sofrido pelo empregado, vítima de assalto ocorrido na agência em que trabalha (art. 7º, XXVIII, da CF/1988 c/c art. 186 do CCB). Recurso ordinário conhecido e parcialmente provido — Proc. RO 01741-2008-004-22-00-9 — 22ª Região — Desembargador Arnaldo Boson Paes — Relator. DJ/PI de 14.9.2009 — (DT out. 2009 — v. 183, p. 149).

"EMENTA: RESPONSABILIDADE CIVIL. DOUTRINA DA 'FUNÇÃO SOCIAL DO CONTRATO' E DA 'BOA-FÉ OBJETIVA'. APLICAÇÃO NO DIREITO DO TRABALHO. PERTINÊNCIA. A norma do art. 7º, XXVIII, da CF/1988, que dispõe acerca do direito à indenização por danos material emoral, em decorrência de acidente do trabalho, expressamente preconiza que depende de dolo ou culpa do empregador, perfilhando a teoria da responsabilidade subjetiva. Não se descarta, porém, o emprego da doutrina da 'função social do contrato' (NCC, art. 421) de trabalho e do princípio da 'boa-fé objetiva' (NCC, art. 422), que atribuem ao empregador o dever de zelar por um meio ambiente de trabalho hígido e seguro. Tratando-se de ambiente de trabalho que notoriamente oferece alto grau de risco, como o 'corte de cana queimada', a ocorrência do acidente de trabalho gera a presunção da responsabilidade patronal." (NCC, art., 927, parágrafo único). Recurso patronal a que se nega provimento." (TRT 15ª Reg. (Campinas/SP) — RO 00131-2007-075-15-00-2 (Ac. 016110/2008-PATR, 10ª C.) — Rel. José Antonio Pancotti. DOE 21.11.2008, p. 118 — in LTr Sup. Jurisp. 50/2008, p. 393)

"MOTOCICLISTA. ATIVIDADE DE RISCO ACENTUADO. RESPONSABILIDADE OBJETIVA (ART. 927, PARÁGRAFO ÚNICO, DO CÓDIGO CIVIL. Há atividades em que é necessário atribuir-se um tratamento especial, a fim de que sejam apartadas do regime geral da responsabilidade, em virtude do seu caráter perigoso, sempre presente na execução cotidiana do trabalho. Nesses setores não se pode analisar a controvérsia à luz da teoria da culpa; há risco maior e, por isso mesmo, quem o cria responde por ele. Tal ocorre com o trabalho do motociclista que cotidianamente nas tuas fica submetido à probabilidade substancialmente maior de ser vítima de acidentes de trânsito, sujeito, portanto, a inúmeros fatores de risco, desde mordidas de cachorro até buracos na pista, passando pela imprudência dos motoristas de automóveis." (TRT 5ª Região, RO 00275-2007-027-005-00-0, Ac. 2ª T. Rel. Des. Cláudio Brandão. DJE 15.1.08). (TRT 18ª Reg. RO 01234-2007-082-18-00-1 — (Ac. 1ª T.) — Rel. Des. Julio César Cardoso de Brito — DJE/TRT 18ª Reg., ano III, n. 71, 27.4.2009, p. 1-2 — in LTr Sup. Jurisp. 031/2009, p. 241)."

Conclusão

Como afirma De Cupis, existem certos direitos sem os quais a pessoa não existiria como tal. "São esses os chamados 'direitos essenciais', com os quais se identificam precisamente os direitos da personalidade".[14]

O direito ao meio ambiente do trabalho equilibrado pode ser considerado uma das conquistas mais expressivas de proteção das relações laborais, já que a qualidade de vida, direito constitucionalmente garantido, é reflexo, também, das condições de trabalho.

Assim, o empregador tem o dever de observar as normas de proteção, promovendo os meios necessários para a prevenção das agressões à saúde no ambiente de trabalho, respeitando normas de segurança e medicina do trabalho, sob pena de infringir garantia fundamental do trabalhador.

Importante ressaltar o pronunciamento do Ministro Alexandre Marcondes Filho[15], sobre o lado humano da segurança e medicina do trabalho:

> "A vida humana tem, certamente, um valor econômico. É um capital que produz e os atuários e matemáticos podem avaliá-lo. Mas a vida do homem possui, também, um imenso valor afetivo e um valor espiritual inestimável, que não se podem pagar com todo o dinheiro do mundo. Nisto consiste, sobretudo, o valor da prevenção que se evita a perda irreparável de um pai, de um marido, de um filho, enfim, daquele que sustenta o lar proletário e preside os destinos de sua família. A prevenção é como a saúde. Um bem no qual só reparamos quando o acidente e a moléstia chegam."

Assim, caso o empregador não cumpra a sua obrigação de zelar pela higidez física e psíquica do empregado, terá a responsabilidade de indenizar, no caso de acidente, em qualquer de suas modalidades, o dano causado ao trabalhador, independentemente de culpa, em razão da atividade exercida pelo empregador envolver exposição do empregado a risco.

Bibliografia

BELFORT, Fernando José Cunha. *A responsabilidade objetiva do empregador nos acidentes de trabalho.* São Paulo: LTr, 2010.

BITTAR, Carlos Alberto. *Responsabilidade civil — teoria e prática.* 3. ed. Rio de Janeiro: Forense, 1999.

BRANDÃO, Cláudio. *Acidente do trabalho e responsabilidade civil do empregador.* 2. ed. São Paulo: LTr, 2007.

---

(14) *Os direitos da personalidade.* Lisboa: Morais, 1961. p. 17.
(15) MORAES, Monica Maria Lauzid. *O direito à saúde e segurança no meio ambiente do trabalho.* São Paulo: LTr, 2001.

CAIRO JÚNIOR, José. *O acidente do trabalho e a responsabilidade civil do empregador.* 4. ed. São Paulo: LTr, 2008.

CASTRO, Carlos Alberto Pereira de; LAZZARI, João Batista. *Manual de direito previdenciário.* 8. ed. Campinas: Conceito, 2007.

CAVALIERI FILHO, Sérgio. *Programa de responsabilidade civil.* 5. ed. São Paulo: Malheiros, 2003.

CECÍLIA, Silvana Louzada Lamattina. *Responsabilidade do empregador por danos à saúde do trabalhador.* São Paulo: LTr. 2008.

DALLEGRAVE NETO. José Affonso. *Responsabilidade civil no direito do trabalho.* 3. ed. São Paulo: LTr, 2008.

DIAS, José de Aguiar. *Da responsabilidade civil.* Rio de Janeiro: Forense, 1954.

GARCIA, Gustavo Filipe Barbosa. *Acidentes do trabalho* — doenças ocupacionais e nexo técnico epidemiológico. São Paulo: Método, 2007.

GONÇALVES, Carlos Roberto. *Responsabilidade civil:* doutrina, jurisprudência. 5. ed. atual. e ampl. São Paulo: Saraiva, 1994.

LIMA, Alvino. *Culpa e risco.* 2. ed. São Paulo: RT, 1999.

MARTINEZ, Wladimir Novaes. *Prova e contraprova do nexo epidemiológico.* São Paulo: LTr, 2008.

MELO, Raimundo Simão de. *Direito ambiental do trabalho e a saúde do trabalhador.* 2. ed. São Paulo: LTr, 2006.

MORAES, Monica Maria Lauzid. *O direito à saúde e segurança no meio ambiente do trabalho.* São Paulo: LTr. 2002.

NASCIMENTO, Amauri Mascaro. *Iniciação ao direito do trabalho.* 23. ed. São Paulo: LTr, 1997.

NOGUEIRA, Sandro D'Amato. *Meio ambiente do trabalho* — aspectos relevantes. Disponível em: <www.jusvi.com/artigos/33429>.

_____. *Indenizações por acidente do trabalho ou doença ocupacional.* 4. ed. São Paulo: LTr, 2008.

OLIVEIRA, Sebastião Geraldo de. *Proteção jurídica à saúde do trabalhador.* 3. ed. São Paulo: LTr, 2001.

PAMPLONA FILHO, Rodolfo. *O impacto do novo código civil no direito do trabalho.* São Paulo: LTr.

SADY, João José. *Direito do meio ambiente de trabalho.* São Paulo: LTr, 2000.

SANTOS, Marco Fridolin Sommer. *Acidente do trabalho entre a seguridade social e a responsabilidade civil.* 2. ed. São Paulo: LTr, 2008.

_____. *Acidente do trabalho:* responsabilidade objetiva do empregador. São Paulo: LTr, 2008.

SILVA, José Antonio Ribeiro de Oliveira. *A saúde do trabalhador como um direito humano.* São Paulo: LTr, 2008.

ZOCCHIO, Álvaro. *Como entender e cumprir as obrigações pertinentes a segurança e saúde no trabalho.* 2. ed. São Paulo: LTr, 2008.

▶▶ Considerações sobre a Divergência Pericial nas Esferas Acidentária e Trabalhista

José Paulo D'angelo[(*)]

1. Objetivo do estudo

O laudo médico pericial é a prova mais importante em lides que envolvem discussão acerca da existência de doença profissional ou sequela ligada a acidente do trabalho, seja em ações acidentárias, assim consideradas aquelas em que o trabalhador litiga face ao INSS para obtenção de benefício previdenciário, seja em ações trabalhistas, em suas diversas espécies e hipóteses que mais abaixo serão analisadas.

O presente artigo tem por objetivo tecer considerações e avaliar como em diferentes processos envolvendo o mesmo autor, que litiga face ao INSS pleiteando auxílio-acidente, auxílio-doença acidentário ou aposentadoria por invalidez acidentária, bem como face àquele a quem presta ou prestou serviços pedindo estabilidade ou indenização relacionadas a algum infortúnio ou moléstia que tenha sofrido no trabalho, compatibilizam-se dois laudos periciais ou mesmo se há a necessidade de elaboração de mais um laudo a partir do momento que já existe outro.

O estudo dos casos tem como ponto fundamental a experiência do dia a dia, procurando-se distinguir os casos em que há maior influência do laudo realizado numa ação como meio de prova na outra.

2. O objetivo do laudo pericial nas ações acidentárias e trabalhistas

No caso da ação acidentária, a finalidade do laudo pericial sempre será a avaliação do periciando a fim de verificar se o mesmo faz jus ou não à obtenção de

---

(*) Advogado. Formado pela faculdade de direito de São Bernardo do Campo — turma de 2001. Especialista em direito e processo do trabalho pelo Complexo Jurídico Damásio de Jesus — 2007. *E-mail*: jpaulodangelo@uol.com.br.

auxílio-acidente, auxílio-doença acidentário ou aposentadoria por invalidez acidentária. Para tanto, o medico deve avaliar, obrigatoriamente, a existência da incapacidade laborativa, se esta é temporária ou definitiva, seu grau (parcial ou total) e se esta decorre do trabalho de alguma forma, ou seja, se é doença profissional, ainda que por concausa, ou em virtude de sequela de acidente do trabalho típico.

Na seara trabalhista/cível, por sua vez, a gama do trabalho pericial é maior e comumente envolve três situações distintas em que o profissional nomeado deve se atentar para realizar um trabalho adequado.

O primeiro caso se refere ao pedido de reintegração ou indenização em decorrência da garantia de um ano de emprego prevista no art. 118 da Lei n. 8.213/1991, *in verbis:*

> O segurado que sofreu acidente do trabalho tem garantida, pelo prazo mínimo de doze meses, a manutenção do seu contrato de trabalho na empresa, após a cessação do auxílio-doença acidentário, independentemente de percepção de auxílio-acidente.

Para este caso, apenas se pretende provar a existência do nexo causal entre a lesão e o trabalho ou acidente do trabalho. Não importa a existência de sequelas ou se houve redução da capacidade laborativa, mas tão somente se saber se o motivo que levou o trabalhador a se afastar do trabalho por mais de 15 dias está relacionado ao trabalho. A investigação a ser feita pelo perito judicial, portanto, é somente nesse sentido.

Vale ressaltar que, especificamente para este caso, só há guarida para a realização de perícia judicial em caso do auxílio-doença ter sido concedido em caráter comum (B31), uma vez que, em caso contrário, a garantia de emprego decorre simplesmente do fato do trabalhador ter se afastado do trabalho e percebido o benefício de auxílio-doença acidentário (B91).

A segunda hipótese se refere a casos em que se pleiteia reintegração ao trabalho por força de norma coletiva, cujo prazo de estabilidade é maior do que o previsto pelo dispositivo legal acima mencionado.

Esta hipótese ocorre em algumas categorias cujos trabalhadores já há algumas décadas têm o emprego garantido em razão de doença profissional ou sequela de acidente do trabalho.

Os instrumentos coletivos via de regra possuem algum tipo de variação quanto ao tempo de estabilidade nos casos de doença profissional, mas sempre maior do que o previsto em lei.

Via de regra, os requisitos para que o trabalhador faça jus à estabilidade são que a doença tenha sido causada pelas atividades laborativas, ou no caso de acidente, que tenha se dado no trabalho; que tenha havido redução da capacidade laborativa de modo que ou autor fique impossibilitado de exercer suas atividades habituais e que o trabalhador possa exercer outra atividade compatível com o seu grau de incapacidade.

Vê-se, assim, que o laudo pericial no caso em apreço tem de ser mais abrangente do que na hipótese anterior. Há de ser apurada a existência da doença ou de sequela atual, o nexo causal entre estas e o trabalho/acidente e a redução da capacidade laborativa de modo que o trabalhador não possa mais exercer a sua atividade habitual.

A terceira hipótese se refere a casos em que se busca indenização por danos materiais e morais em razão de dano, consubstanciado em doença do trabalho ou sequela de acidente do trabalho que tenha resultado em prejuízo ao trabalhador.

Nestes casos, além da apuração do dano físico patrimonial e seu grau e do nexo causal, deve o laudo pericial se ater, também, à existência da culpa da empregadora, excetuado os casos de culpa objetiva.

Assim, trata-se a terceira hipótese de caso ainda mais abrangente da prova pericial, pois há de se quantificar o dano, eis que isso está diretamente relacionado o tamanho da indenização (conforme art. 950 do Código Civil), além de se adentrar na observação do cumprimento da legislação de proteção à saúde do trabalhador, para se saber a respeito da culpa.

Como se verá adiante, em cada um desses casos, a existência do laudo pericial da lide acidentária poderá ter uma participação distinta, interferindo no resultado da ação em menor ou maior grau.

3. Interferência do laudo pericial da lide acidentária em ações trabalhistas. Aspectos práticos

Quando necessária a realização de laudo pericial numa ação trabalhista e já tendo sido confeccionado laudo pericial numa ação acidentária, este pode ter interferência em maior ou menor grau. Cada caso é único e dificilmente haverá, *a priori*, um papel fixo da prova emprestada.

Isso porque, se por um lado o juiz tem a livre direção do processo, a ele cabendo *determinar as provas necessárias à instrução do processo, indeferindo as diligências inúteis ou meramente protelatórias* (art. 130, CPC), por outro é constitucionalmente assegurado às partes o direito ao contraditório.

Assim, num caso em que o autor pleiteia estabilidade empregatícia com fulcro no art. 118 da Lei n. 8.213/1991, após ter gozado de auxílio-doença previdenciário, sendo que, contudo, houve elaboração de laudo na lide acidentária cujo parecer reconheceu à existência do nexo causal da doença com o trabalho, não deve o juiz ignorar o pleito da parte contrária para a realização de uma nova perícia nos autos do processo que contendem.

Isso porque, embora a matéria de prova seja idêntica, não houve a efetiva participação da empregadora-ré na confecção do laudo.

Entendemos que não seria este o caso se já houvesse trânsito em julgado da ação acidentária em questão. No entanto, dado o prazo exíguo da garantia de emprego no caso hipotético em comento, dificilmente a hipótese em questão poderia ocorrer, ao menos no momento em que o juiz tem de decidir sobre as provas a serem produzidas. Em outra fase processual, como se verá adiante, poderá ter papel diferente.

Importante mencionar que o caso vertente só se amolda para discussões acerca de doença profissional, vez que, em caso de acidente típico, só por um erro ou falta de registro do infortúnio, a concessão do benefício previdenciário não se dará na espécie acidentária.

Em diversas ações acidentárias se pleiteia não só a concessão do benefício acidentário que se entende ser devido (auxílio-acidente, auxílio-doença acidentário ou aposentadoria por invalidez), mas também a conversão do auxílio-doença gozado, concedido em espécie comum, para a devida espécie acidentária.

Nestes casos, entendemos que duas soluções distintas podem representar o mesmo resultado numa eventual ação trabalhista, tornando inteiramente despiciendo o laudo pericial eventualmente elaborado.

Num primeiro caso, o autor ingressa com ação acidentária e o laudo pericial comprova a existência da doença profissional e/ou sequela de acidente de trabalho, em grau incapacitante, implicando o resultado tanto na concessão do auxílio-acidente como na conversão do benefício então gozado na espécie comum para a espécie acidentária. O INSS, então, como atualmente vem fazendo em milhares de casos, propõe acordo ao autor, para concessão imediata do auxílio-acidente e conversão do benefício gozado de espécie comum para acidentária. O autor, então, aceita o acordo e este é homologado pelo juízo competente, sobrevindo a conversão para a espécie acidentária do benefício anteriormente concedido em espécie comum.

Uma vez que o objeto do embate na ação trabalhista que corre em paralelo é exatamente o reconhecimento da estabilidade à luz do art. 118 da Lei n. 8.213/1991, e reconhecido pela própria autarquia federal o nexo causal entre os males que causaram o afastamento e o trabalho, encerrada está a discussão na ação trabalhista.

Numa segunda hipótese, correndo em paralelo os dois tipos de ação em debate e havendo resultado favorável ao trabalhador em lide acidentária com concessão de auxílio-acidente e conversão do auxílio-doença para espécie acidentária, com trânsito em julgado, de imediato deve o autor informar o resultado na ação trabalhista e, independentemente do resultado do laudo então elaborado, deve ser reconhecido o direito à estabilidade anual.

Isso porque, ainda que o laudo pericial da ação trabalhista tenha negado o nexo causal da doença com o trabalho, houve a preenchimento cabal dos requisitos previstos no dispositivo legal em questão, ou seja, afastamento do trabalho em gozo de auxílio-doença acidentário, ainda que isto tenha sido reconhecido em juízo e tardiamente.

Assim, se a princípio não pode ser negada a produção de prova pericial na lide trabalhista para não ocorrer cerceamento de defesa, independentemente de existir ou não ação acidentária em andamento, durante a ação a tal prova pode vir a se tornar totalmente dispensável.

Registre-se que isso também pode ocorrer em outra improvável, mas não impossível hipótese, que dispensa a existência de laudo pericial da ação acidentária.

Isso é possível quando um empregado que a princípio é afastado do trabalho em gozo de auxílio-doença previdenciário, pleiteia administrativamente perante o INSS a conversão do benefício para a espécie acidentária (mediante expedição de CAT) e vê deferido o seu pleito após vistoria pela autarquia federal na empregadora em que se comprova a existência do nexo causal.

Outrossim, a Lei n. 11.430/2006 trouxe importante modificação no tocante à concessão administrativa do benefício de auxílio-doença, estabelecendo o nexo técnico epidemiológico. Acrescentou à Lei n. 8.213/1991 o art. 21-A, que menciona que "a perícia médica do INSS considerará caracterizada a natureza acidentária da incapacidade quando constatar ocorrência de nexo técnico epidemiológico entre o trabalho e o agravo, decorrente da relação entre a atividade da empresa e a entidade mórbida motivadora da incapacidade elencada na Classificação Internacional de Doenças — CID, em conformidade com o que dispuser o regulamento".

E ainda, menciona o § 2º do referido artigo que "a empresa poderá requerer a não aplicação do nexo técnico epidemiológico, de cuja decisão caberá recurso com efeito suspensivo, da empresa ou do segurado, ao Conselho de Recursos da Previdência Social".

Portanto, num caso em que o INSS tenha inicialmente concedido o benefício ao trabalhador na espécie acidentária com base no nexo técnico epidemiológico e a empregadora tenha recorrido da decisão e revertido o benefício para a espécie comum, automaticamente cessa a garantia de emprego prevista no art. 118 da Lei n. 8.213/1991, sendo que, em caso de dispensa e ação trabalhista pleiteando estabilidade, necessária será a produção de prova pericial.

Vale ressaltar, outrossim, que a empregadora tem a faculdade de intervir como assistente na ação acidentária, eis que o resultado também pode lhe trazer consequências. Uma vez que comprove o efetivo interesse na demanda, nada impede que possa intervir assistindo o INSS, como, por exemplo, indicando assistente técnico para acompanhar o trabalho pericial, bem como apresentar parecer médico.

Nas ações reparatórias de perdas e danos, de diferentes formas pode atuar o laudo elaborado na ação acidentária.

Registre-se, a princípio, que nada impede que uma empregadora que eventualmente tenha acesso a um laudo pericial, cuja conclusão não indique a existência da incapacidade laborativa ou do nexo causal, possa juntá-lo nos autos. Evidentemente isso não fará com que seja dispensada a prova pericial em que contende com o trabalhador. Entretanto, isso pode ser decisivo na convicção do juízo ou até mesmo na conclusão do laudo pericial a ser elaborado.

Contudo, como é sabido, quem muito mais se utiliza deste meio de prova é o trabalhador quando ajuíza ambas as ações.

Normalmente, nestes casos o laudo pericial emprestado tem como fito ajudar a formar a convicção do julgador ou dar elementos ao médico perito da ação trabalhista, ficando restrito a este papel.

Há, porém, casos em que pode interferir de maneira a se tornar desnecessária ou dispensável nova prova pericial na seara trabalhista.

Como exemplo, imagine-se que determinado trabalhador sofre acidente do trabalho em que tem amputada uma de suas mãos. Após o gozo de auxílio-doença, o INSS concede administrativamente ao empregado o benefício de auxílio-acidente.

Não logrando êxito em sua reabilitação profissional por não conseguir realizar nenhuma atividade laborativa, o empregado ajuíza ação acidentária objetivando a conversão do benefício concedido para aposentadoria por invalidez, o que acaba conseguindo.

O empregado, então, resolve acionar sua empregadora para que esta lhe pague indenização por danos materiais e morais.

Neste caso, entendemos que nova prova médica pericial é desnecessária, uma vez que inexistente dúvida quanto a extensão do dano, eis que se trata de total invalidez ao trabalho (impedido legalmente, em virtude da aposentadoria por invalidez), bem como do nexo causal, por se tratar de acidente típico.

Restaria, assim, apenas prova de audiência, para se verificar as condições em que se deu o infortúnio e eventual culpa da empregadora, ou, eventualmente, prova pericial a ser elaborada por engenheiro do trabalho, a fim de verificar as condições da máquina causadora do acidente e o eventual desrespeito a alguma norma de proteção à saúde do trabalhador.

Nas ações em que se pleiteia reintegração por força de norma coletiva, papel parecido com o acima estudado tem o laudo da ação acidentária.

Suponha-se que determinado trabalhador tenha sofrido acidente típico do trabalho, sobrevindo afastamento do labor em gozo de auxílio-doença acidentário com retorno em atividade compatível em razão das sequelas advindas. Paralelamente o empregado ingressa com ação acidentária em que lhe é concedido auxílio-acidente. Sobrevindo dispensa o empregado ingressa com ação trabalhista, junta o laudo da lide acidentária e a empregadora não nega que o empregado, após o retorno do acidente, voltou ao labor em atividade compatível com o estado de saúde debilitado.

Neste caso, não se vislumbra necessidade de ser elaborada nova prova pericial, haja vista o já comprovado preenchimento dos requisitos previstos em norma coletiva, ou seja, existência de parcial incapacidade laborativa, nexo causal e impossibilidade de se realizar a mesma atividade de antes, mas não outra atividade.

Importante mencionar que caso se entenda pela pura e simples aplicabilidade do laudo elaborado na ação acidentária em demandas reparatórias de perdas e danos ou de reintegração ao emprego por força de norma coletiva, a empregadora tem o direito de impugnar todo o conteúdo do laudo pericial, pelo que deve lhe ser dado o direito de produzir as provas que entender necessárias nesse sentido.

Assim, se eventualmente a empregadora discorda da descrição das atividades feitas pelo perito judicial, pode efetuar prova em contrário em audiência. Outro exemplo de discordância, pode estar relacionada à não realização de readaptação/reabilitação do empregado após o afastamento do trabalho, algo que pode constar no laudo pericial da lide acidentária e que pode ser infirmado pela empregadora durante a instrução processual.

Em suma, pode-se afirmar que a celeridade processual e a faculdade de se indeferir provas desnecessárias jamais pode interferir no direito ao contraditório.

4. Laudos periciais discrepantes

Não são raras as vezes em que ocorrem resultados distintos nos laudos periciais apresentados, algo que, aparentemente é incoerente.

Entretanto, a opinião de um determinado profissional pode ser distinta da de outro, cabendo ao julgador decidir não só com base em um dos laudos periciais apresentados, mas também levando em conta os demais elementos de prova existentes nos autos.

Evidentemente, tende o juiz a levar em conta o laudo do profissional de sua confiança que nomeou, em detrimento da prova emprestada. Diversos outros fatores, porém, podem fazer com que a prova elaborada nos próprios autos seja desconsiderada, em favor da prova emprestada.

Sobre isso, pode-se citar como exemplo caso em que o autor obtém resultado favorável numa lide acidentária em que o perito judicial avalia o local de trabalho e constata a existência de redução da capacidade laborativa e nexo causal com as atividades.

Tempos depois, quando já completamente modificado o setor onde laborou o trabalhador, este ingressa com ação pleiteando reintegração ao emprego, entendendo o perito judicial então nomeado pela inexistência do nexo causal, diante das atuais condições de trabalho. Comprovando o autor a correção da descrição das atividades contida na prova emprestada, não se pode furtar o julgador de observar o potencial desencadeador de lesões relativamente à época de efetiva prestação de serviços em condições penosas.

O fator tempo, portanto, é de suma importância, notadamente dado o processo de modernização e automatização pelas quais as empregadoras, em sua maioria, estão sempre se submetendo.

De igual forma, um trabalhador que sofria, por exemplo, de LER/DORT enquanto estava empregado ou exercendo funções com potencial de causar tais males, pode apresentar regressão do quadro após algum tempo de afastamento da atividade.

Assim, um laudo pericial elaborado na lide acidentária no momento em que o autor realizava aquelas funções pode indicar a existência do mal, acarretando incapacidade parcial e permanente ao trabalho, enquanto que outro laudo pericial realizado em ação trabalhista algum tempo depois do afastamento pode indicar a regressão da moléstia, indicando não haver nenhuma incapacidade atual.

Mais uma vez o julgador deve sopesar os elementos de prova, verificando a possibilidade de recidiva, ou seja, de possível incapacidade laborativa em caso de retorno a funções semelhantes.

De maneira semelhante, nada impede que o trabalhador tenha efetuado tratamento com resultado completamente curativo, o que em razão do tempo também pode levar a conclusões distintas.

Assim, como dito acima, somente com a análise de cada caso é que, no caso de confronto entre dois laudos periciais discrepantes, é que pode se dar maior valor a um ou a outro trabalho pericial.

5. Possibilidade e grau de interferência do laudo trabalhista na lide acidentária

O que se viu até o momento são possibilidades e grau de interferência do laudo elaborado na lide acidentária numa ação trabalhista. E o contrário, pode ocorrer.

Todo meio de prova lícita pode e deve ser utilizado por aquele que deseja provar o seu direito em uma demanda.

Em sendo assim, nada impede que o autor junte nos autos da ação acidentária um laudo já existente numa demanda trabalhista cujo resultado lhe tenha sido favorável.

Como não há obrigatoriedade legal de realização de laudo pericial nos próprios autos da ação acidentária, eis que a prova pericial ocorre por lógica, por ser o único meio hábil a se comprovar se o autor faz jus ou não ao benefício pleiteado, entendemos não ser vedada a hipótese do julgador simplesmente aceitar um laudo já elaborado em ação trabalhista como meio de prova e dispensar outra perícia, ou ainda acolher o laudo do perito da reclamação trabalhista, ao invés do laudo do perito nomeado na própria lide acidentária, se aquele o convencer.

Trata-se, sem dúvida, de hipótese inusitada. No entanto, é perfeitamente possível, tendo em vista o já mencionado art. 130 do CPC.

Como se sabe, a jurisdição é una, indivisível. Se em outro Juízo foi elaborada prova pericial idêntica por perito de confiança, não é vedado se dispensar outra prova idêntica. Evidentemente que a parte a quem tal prova pericial for desfavorável deverá ter amplas chances de impugná-la.

De todo modo, trata-se de hipótese improvável, mormente porque na maioria dos casos o laudo pericial elaborado na lide acidentária antecede aquele que é produzido em eventual ação trabalhista.

Conslusão

Muito se discute acerca da modificação de competência para apreciação das ações acidentárias da Justiça Comum para a Justiça do Trabalho.

Aqueles que defendem tal tese afirmam que isso representaria o fim dos conflitos entre as provas periciais. Além disso, seria natural que tais casos fossem analisados pela Justiça do Trabalho em razão de estarem ligados às próprias condições de trabalho dentro de uma determinada empregadora. Assim, com a maior abrangência dada à Justiça do Trabalho a partir da Emenda Constitucional n. 45/2004, não haveria motivo para as ações acidentárias permanecerem sendo analisadas pela Justiça Comum.

Discordamos de tal posicionamento.

A natureza das demandas é distinta. O INSS não é empregador do trabalhador e nem com ele mantém qualquer relação de trabalho, sendo mero ente segurador.

Além disso, a absorção de enorme número de demandas pela Justiça do Trabalho poderia contribuir para uma maior morosidade no deslinde dos feitos, pelo acúmulo de processos, algo que é severamente combatido, inclusive pelo princípio constitucional da celeridade processual.

A par de tal discussão, o fato é que há uma inegável cultura de sempre se requerer a prova pericial, sem que se faça uma análise mais detida do caso se veja se tal providência é realmente necessária.

Conforme ora debatido, cada caso é único e como tal deve ser avaliado. Assim, os graus de interferência entre laudos periciais podem ocorrer de diversas maneiras, devendo o julgador se ater à qualidade do trabalho efetuado e sua verossimilhança em relação às demais provas dos autos.

▶▶ Breves Considerações Acerca da Eficácia, o Efeito e a Sobrevigência das Normas Coletivas no Contrato de Trabalho. Critérios de Aplicação da Norma Coletiva

Luiz Eduardo Amaral de Mendonça[*]

Introdução

A questão da eficácia e dos efeitos das cláusulas criadoras de regras e condições de trabalho depois de revogadas ou expirado o prazo de vigência das normas coletivas (acordo, convenção ou dissídios) ainda gera controvérsias.

A negociação coletiva de trabalho é o meio mais eficaz para a solução de conflitos entre o capital e o trabalho, por meio do qual se busca encontrar formas de manutenção da paz social (equilíbrio entre os interessados aparentemente contraditórios).

As normas coletivas foram realçadas ao patamar constitucional (art. 7º, XXVI). É, portanto, fonte formal do direito que privilegia princípios da autonomia coletiva dos particulares e da liberdade sindical.

O Estado, no caso, tem apenas a função supletiva somente vindo a centralizar em papéis que não possam ser assumidos pelos cidadãos e pelos mediadores. Como bem pondera João de Lima Teixeira Filho[1], "a negociação coletiva constitui o

---

[*] Bacharel em Direito pela Pontifícia Universidade Católica de São Paulo — PUC/SP. Especialista em Direito do Trabalho pelo COGEAE — PUC/SP. Mestre em Direito das Relações Sociais pela Pontifícia Universidade Católica de São Paulo — PUC/SP. Membro da Associação dos Advogados de São Paulo — AASP. Membro do Comitê de Terceiro Setor e Meio Ambiente da Associação dos Advogados Trabalhistas de São Paulo — AATSP. Membro da Câmara Paulista da Inclusão Social da SRTE/SP. Advogado. Sócio coordenador da área de direito do trabalho de CFLA Advogados.

[1] TEIXEIRA FILHO, João de Lima. *Instituições de direito do trabalho.* 16. ed. São Paulo: LTr, 1997. v. 2. p. 1129.

processo mais adequado para se estruturar uma verdadeira rede de regras privadas, revistas e aprimoradas a cada exercício da autonomia coletiva, sempre objetivando reduzir a folga, o espaço faltante entre o trabalho e o capital, distância essa que nem mesmo a mera intervenção legislativa se mostrou capaz de corrigir. Isso não significa menosprezar a função reguladora que o Estado efetivamente tem a desempenhar. Significa isto sim, reconhecer a existência de uma vertente autônoma, voltada para a busca — cada vez mais ostensiva e mais autêntica — da realização da Justiça Social".

Ousamos ir além do renomado autor. Atualmente, a negociação coletiva, formalizada por meio da celebração de Convenções Coletivas de Trabalho (CCT) ou Acordos Coletivos de Trabalho (ACT), não é só um meio de se buscar a Justiça Social, mas também um meio de se garantir aos empregados a participação na gestão da empresa.

A realidade empresarial brasileira revela que os empregados envolvidos na gestão da empresa estão mais conscientes das dificuldades comerciais, financeiras e administrativas daquele determinado ramo de atividade e têm, na negociação coletiva, um forte aliado para pacificar interesses contrapostos.

Nas palavras de Mauro César Martins de Souza[2], "a negociação coletiva tem por finalidade suprir a insuficiência do contrato individual de trabalho. O resultado dessa negociação, disciplinado em cláusulas de convenção ou acordo coletivo, traz efeitos no contrato individual de trabalho dos obreiros abrangidos pelas categorias pactuantes dos mesmos". Surge aí, o debate se as condições pactuadas teriam sua eficácia somente no tempo pactuado na própria negociação ou se seriam incorporadas ao contrato de trabalho.

1. Efeitos da norma x eficácia da norma

De Plácido e Silva[3], ensina que "efeito", tem origem no latim *effectum*, de *efficere* (acabar, cumprir, produzir), é empregado para significar o resultado ou a eficácia de uma causa. O efeito poderia ser o resultado, a consequência que se queria obter, ainda que imprevista.

Lembra, outrossim, o renomado jurista que a "eficácia" deriva do latim *efficacia*, de *efficax* (que tem virtude, que tem propriedade, que chega ao fim), compreendendo-se como a força ou poder que possa ter uma norma para produzir os desejados efeitos. A eficácia jurídica da Norma Coletiva, portanto, advém da força jurídica ou dos efeitos legais atribuídos à determinada norma coletiva (*in casu*, pela Constituição Federal), em virtude da qual deve ser a mesma cumprida e respeitada, segundo determinações que nela contêm.

---

(2) SOUZA, Mauro César Martins de. *Revista de Direito do Trabalho,* ano 30, n. 114, abr./jun. 2004, Coordenação Nelson Mannrich. São Paulo: LTr, 2004. p. 140.
(3) SILVA, De Plácido e. *Vocabulário jurídico*. 15. ed. Rio de Janeiro: Forense, 1999. p. 296.

É comum encontrar-se na doutrina autores que utilizam os termos "efeitos" e "eficácia" como sendo sinônimos. Em que pese o fato do efeito jurídico de uma norma jurídica estar intimamente ligado à força de eficácia daquele diploma legal, entendemos que se trata de institutos distintos.

O estudo da Lei pode ser feito sob vários prismas. Silvio Rodrigues[4] analisa a eficácia jurídica da norma sob dois aspectos: "a eficácia da lei no tempo" e a "eficácia da lei do espaço".

A análise da primeira (no tempo) se justifica quando fatos, nascidos sob o regime de uma lei, procedem em trânsito até serem apanhados por uma lei nova, que revoga a anterior. Segundo o referido autor a questão fundamental é a de saber se a lei nova pode retroagir apanhando os efeitos daqueles fatos, ou se ela só tem eficácia para o futuro.

De acordo com Fernando Noronha, citado por Mário Luiz Delgado[5], "uma lei tem eficácia imediata quando é aplicável aos fatos ou situações jurídicas que forem ocorrendo ou se completarem durante a sua vigência. A imediatidade (ou eficácia imediata) consiste, portanto, na aplicação da lei nova a situações jurídicas que já vêm do passado, criando nova regulamentação para os efeitos que se produzirem dali em diante, ou mesmo suprimindo pura e simplesmente essas situações; em ambas as hipóteses, todos os efeitos que tenham sido produzidos no passado permanecem intocados".

A análise do alcance social do novo Código Civil revela que a eficácia imediata deve constituir a regra geral, aplicando-se aos efeitos dos fatos e das situações jurídicas constituídas ao tempo da lei anterior. Só em casos excepcionais, determinados não propriamente por razões lógicas, mas por considerações de justiça social, de equidade, de oportunidade política ou de direito adquirido, será possível negar a aplicação imediata da nova lei.

O estudo da eficácia da lei no espaço, defendido por Silvio Rodrigues, também se justifica na medida em que se deve analisar se as normas de um determinado país, ou território teriam eficácia em outro território.

O estudo da eficácia da norma jurídica no espaço pode ser "temporal" ou "territorial".

No cenário do direito laboral, a questão da eficácia territorial é resolvida pela regra do art. 611 da CLT, posto que as normas coletivas são definidas e respeitadas no âmbito da sua representatividade. (Além do princípio da unicidade sindical (art. 8º II da CRFB/1988)).

Segundo Caio Mário da Silva Pereira[6] há leis (normas) que já começam a vigorar sem estabelecimento de um prazo para a sua vigência, e força obrigatória

---

(4) RODRIGUES, Silvio, 1917. *Direito civil*. São Paulo: Saraiva, 1994. p. 28.
(5) JABUR, Gilberto Haddad; PEREIRA JÚNIOR, Antônio Jorge (coord.). *Direito dos contratos*. São Paulo: Quartier Latin, 2006. p. 111.
(6) PEREIRA, Caio Mário da Silva. *Instituição de direito civil*. Rio de Janeiro: Forense, 1990. p. 89.

a termo certo, não necessitando, por isso mesmo, da votação (ou criação) de outra Lei (norma) para que percam sua força. São chamadas então de Leis temporárias, que não podem ultrapassar o seu termo final, a não ser que ocorra a sua prorrogação, seja tácita ou expressa.

No âmbito do direito coletivo laboral brasileiro, as normas coletivas têm prazo de vigência máximo de 2 (dois) anos. Portanto, mesmo que as cláusulas sejam renovadas em nova negociação coletiva, há que se repeti-las (novamente votadas e aprovadas pela assembleia) no próximo mandamento coletivo, sob pena de não serem novamente aplicadas.

2. Breve comentário acerca da ultra-atividade das normas coletivas nos contratos de trabalho

As condições contratuais de trabalho são de livre estipulação pelas partes, no entanto, obrigadas à observação das leis e das normas coletivas de trabalho (CLT, art. 444). Nesse sentido a liberdade dos contratos de trabalho individuais não é absoluta, vez que se limita às disposições legais e/ou convencionais.

De regra, extinguindo a convenção coletiva de trabalho (ou acordo), suas cláusulas também perdem a eficácia normativa e se extinguem.

Lembra o saudoso Valentin Carrion[7], que "o argumento de que todas as vantagens se integram definitivamente ao patrimônio do empregador é verdadeiro apenas em parte, pois se tratando de norma provisória (a termo) e de alteração promovida pela fonte do direito que a institui e não mero capricho do empregador, o princípio se enfraquece".

Como toda regra admite exceção, Renato Rua de Almeida[8] destaca, com propriedade, a hipótese herdada do direito francês (Lei Auroux de 13.11.1982), que pode ser adotada como fonte de direito do trabalho comparado (art. 8º da CLT), denominada "teoria da vantagem individual adquirida por força da aplicação de cláusula normativa", segundo a qual mesmo que uma norma coletiva não esteja mais em vigor, se ocorrer *in casu* uma aquisição de *vantagem individual* (diretamente relacionadas ao empregado), distinguindo-se da vantagem coletivas dirigidas à representação eleita ou sindical dos trabalhadores na empresa (Convenção n. 135 da OIT), ainda assim incorporar-se-ão definitivamente ao contrato individual do trabalho. Para tanto, há que se observar os seguintes requisitos cumulativos:

a) que o empregado tenha se beneficiado daquela vantagem ou implementado condições para tanto;

b) que a vantagem tenha caráter continuado (não casual, nem tampouco ocasional);

---

(7) CARRION, Valentin. *Comentários à CLT*. 35. ed. São Paulo: Saraiva, 2010.
(8) ALMEIDA, Renato Rua de. Das cláusulas normativas das convenções coletivas de trabalho: conceito e eficácia e incorporação nos contratos individuais de trabalho. In: *Revista LTr* 60-12/1602.

c) que a vantagem não dependa de evento futuro e incerto.

Além do professor Renato Rua de Almeida, acompanham a tese da não incorporação: Eduardo Gabriel Saad, Gino Giugni, Jean Claude Javillier, Pedro Paulo Teixeira Manus, Sérgio Pinto Martins, Wilson de Souza Campos Batalha, dentre outros.

Diversos são os doutrinadores que adotam a teoria da sobrevigência ou ultratividade, divergindo, portanto da tese supraexposta, podendo citar por amostragem: Amauri Mascaro Nascimento, José Augusto Rodrigues Pinto, José Martins Catharino, Octavio Bueno Magano, Orlando Teixeira da Costa, Roberto Pessoa, Ronald Amorim e Souza, Segadas Vianna. (numa visão mais ampla, todos estes são favoráveis à incorporação, com pequenas divergências e ressalvas).

Tal panorama de doutrinadores é objeto de estudo de Carlos Eduardo Príncipe[9] em obra que analisou a sobrevigência das cláusulas normativas aos contratos individuais de trabalho.

Feitas essas ressalvas, há que se destacar que a regra adotada pela jurisprudência majoritária é a de que as condições estabelecidas por convenções e acordos coletivos de trabalho prevalecem durante o prazo de sua vigência, não se integrando de modo definitivo aos contratos individuais de trabalho. É o que dispõe a Súmula n. 277 do TST, bem como a melhor jurisprudência[10].

De fato, se as normas coletivas fossem eternas — incorporando-se ao contrato individual de trabalho — não haveria mais razão para a negociação coletiva. No Brasil há grande instabilidade econômica e as condições de trabalho variam rapidamente, sendo certo que aquilo que hoje é interessante para uma determinada categoria de trabalhadores, pode se tornar o próprio instrumento de desemprego.

Zangrando[11] destaca que "no caso de convenção ou acordo perder sua validade, e inexistir outro para sucedê-lo, a situação deve ser resolvida pelos próprios sindicatos, como, aliás, habitualmente o é, efetuando-se um acordo provisório, para vigorar até que a nova convenção ou acordo seja entabulado".

3. *Eficácia* ultracontraente — erga omnes

São características do direito coletivo brasileiro:

a) representação por categoria econômica ou profissional;

---

(9) PRÍNCIPE, Carlos Eduardo. *A sobrevigência das cláusulas normativas aos contratos individuais de trabalho.* São Paulo: LTr, 2004.
(10) TST, SBDI-1, E-RR-729.408/01, rel. Min. Lelio Bentes Corrêa, DJU de 27.2.2004; TST, SBDI-1, E-RR-654.011/00, rel. Min. Maria Cristina Irigoyen Peduzzi, DJU de 14.3.2003, TST, SBDI-1, E-RR-742.339/01, rel. Min. Carlos Alberto Reis de Paula, DJU de 5.9.2003.
(11) ZANGRANDO, Carlos Henrique da Silva. *Curso de direito do trabalho.* São Paulo: LTr, 2008. t. III, p. 1557.

b) unicidade sindical na mesma base territorial (art. 8º, II, da CRFB/1988);

c) eficácia geral da Convenção coletiva de trabalho (art. 7º, XXVI, da CRFB/1988);

d) modelo sindical corporativista que negociam normas coletivas que regulam todos os contratos de trabalhos (individuais) da categoria e não só aqueles contratos firmados pelos associados aos sindicatos patronal e dos trabalhadores.

Como bem ensina o professor Renato Rua de Almeida[12] "são as cláusulas normativas que apresentam a questão da eficácia ultracontraente da convenção coletiva de trabalho. Tanto na convenção coletiva de trabalho de eficácia limitada (ao obrigar apenas os associados das partes contratantes) quanto na convenção coletiva de trabalho de eficácia *erga omnes* ou geral (ao obrigar pessoas estranhas aos quadros associativos), os efeitos são *ultracontraentes*".

Para Orlando Gomes[13], "si [sic] é certo, todavia, que as regras estipuladas na convenção coletiva aplicam-se aos trabalhadores que se manifestaram contrários à celebração do acordo, com muito maior razão devem se aplicar aos que ingressaram depois, porque, no primeiro como no segundo caso, há uma derrogação clara do princípio de autonomia da vontade".

Mais adiante ressalta "restritos ainda são, entretanto, os limites da eficácia da convenção coletiva. Ela não atinge ainda a profissão inteira. Nota-se, contudo nas legislações uma pronunciada tendência para dilatar os limites dessa eficácia no espaço".

Assim, conclui "(...) rompendo-se o casulo legal que lhe comprime os efeitos, vai a convenção coletiva ampliando sua zona de aplicação, impelida pelas próprias forças que atuam no meio social, sob a pressão da caldeira econômica, trabalhando ativamente na subestrutura da sociedade".

Daí, conclui-se que o direito nacional adota a eficácia *erga omnes* (geral), posto que o art. 611 da CLT[14] prescreve que a Convenção Coletiva (acordo de caráter normativo) será aplicável no âmbito das respectivas representações, às relações individuais do trabalho.

Ensina Mauricio Godinho Delgado[15] que "os diplomas negociais coletivos produzem efeitos jurídicos em duas esferas de sujeitos de direito: *as partes convenentes* (que sofrem as repercussões diretas das cláusulas obrigacionais) e *as bases pro-*

---

(12) ALMEIDA, Renato Rua de. Das cláusulas normativas ..., cit.
(13) GOMES, Orlando. *A convenção coletiva de trabalho*. ed. fac-similada. São Paulo: LTr, 1995. p. 198.
(14) Art. 611. Convenção Coletiva de Trabalho é o acordo de caráter normativo, pelo qual dois ou mais Sindicatos representativos de categorias econômicas e profissionais estipulam condições de trabalho aplicáveis, no âmbito das respectivas representações, às relações individuais do trabalho. *(Redação dada pelo Decreto-lei n. 229, de 28.2.1967, DOU 28.2.1967)*.
(15) DELGADO, Mauricio Godinho. *Direito coletivo do trabalho*. 3. ed. São Paulo: LTr, 2003. p. 149.

fissionais e econômicas respectivamente representadas na dinâmica negocial (que recebem as repercussões diretas dos dispositivos normativos elaborados). Os dispositivos obrigacionais (cláusulas contratuais) têm, portanto, meros efeitos *interpartes*. Em contraponto, os preceitos normativos (regras jurídicas) têm efeitos, *erga omnes*, respeitadas as fronteiras da respectiva representação e base territorial".

Destaca ainda o renomado jurista que a jurisprudência tem restringido, na prática, os efeitos *erga omnes* dos preceitos normativos de convenção coletiva de categoria diferenciada (motoristas, professores etc.). É que os considera vinculantes do empregador apenas se este tiver sido também representado na respectiva celebração da convenção — o que raramente acontece, no plano real. (ex-OJ n. 55 da SDI, recentemente convertida na Súmula n. 374[16] do TST).

Nelson Mannrich[17], explica que "na União Europeia, a sua aplicação estende-se ao território dos países signatários do Protocolo relativo à política social, excluído o Reino Unido. As convenções alcançam todas as empresas e todos os empregados do respectivo setor profissional, no âmbito da competência dos sujeitos da negociação — podendo-se excluir os funcionários públicos".

Ao final do texto examinado, conclui, "A dificuldade surge nos países em que não se prevê o efeito *erga omnes* da convenção. Além disso, sendo efeitos obrigatórios — alguns permitem a extensão, outros não. No âmbito comunitário não há garantia do efeito *erga omnes*; enquanto não houver unificação, cabe ao Conselho utilizar o expediente da decisão".

4. Inderrogabilidade

Alfredo J. Ruprecht[18], destaca que o primeiro efeito a surtir uma convenção coletiva é que as cláusulas normativas são inderrogáveis pela vontade autônoma dos que estão obrigados a se submeterem à dita convenção. São absolutamente obrigatórias/imperativas para todos aqueles que são alcançados pela norma coletiva.

Esse aspecto imperativo traz consequências lógicas de ineficácia:

1. das alterações contrárias à norma coletiva nas relações existentes;

2. dos novos contratos de trabalho existentes que violem a convenção coletiva;

---

(16) Súmula n. 374 do TST — Norma coletiva. Categoria diferenciada. Abrangência. (Conversão da Orientação Jurisprudencial n. 55 da SDI-1 — Res. n. 1.295, DJ 20.4.2005) Empregado integrante de categoria profissional diferenciada não tem o direito de haver de seu empregador vantagens previstas em instrumento coletivo no qual a empresa não foi representada por órgão de classe de sua categoria. (ex--OJ n. 55 — Inserida em 25.11.1996)

(17) MANNRICH, Nelson. Disponível em: <http://www.equipofederaldetrabajodigital.org/nota_050.htm>.

(18) RUPRECHT, Alfredo J. *Relações coletivas de trabalho*. Revisão técnica Irany Ferrari. Tradução Edilson Alkmin Cunha. São Paulo: LTr, 1995. p. 473.

3. dos acordos nos contratos de trabalho existentes que violem a convenção coletiva;

4. de todos os pactos que sejam considerados como burla da eficácia imperativa daquela convenção.

Orlando Gomes[19], sustenta que "a obrigação de um grupo para com o outro, do sindicato operário para com o sindicato patronal ou para com o patrão, é uma obrigação negativa. Consiste em não fazer coisa alguma que venha prejudicar a execução do convênio coletivo, razão porque deve o sindicato operário, ou o sindicato patronal, envidar esforços para que seus membros o não violem".

A derrogabilidade só se justifica quando a favor do trabalhador ou quando a convenção coletiva o admite expressamente.

5. Obrigatoriedade

Se as CCTs surgem de forma espontânea, sem interferência do Estado, de onde surge a obrigatoriedade das normas coletivas?

Segundo *Ruprecht,* em obra já citada, a obrigatoriedade das convenções é proveniente da faculdade de criação do direito objetivo que cada grupo social ostenta. Outra hipótese seria a de que a obrigatoriedade decorresse de ordem ou autorização do direito positivo.

A primeira obrigatoriedade é a que dá verdadeira categoria às convenções coletivas, enquanto a segunda, as reduz a uma regra semelhante à vontade das partes quando o Estado confere valor de lei aos intervenientes.

6. Efeitos normativos

Hueck-Nipperdey, citado por Alfredo J. Ruprecht defende a teoria de que os efeitos normativos possuam requisitos de validade jurídica, a saber:

a) a convenção deve ser legalmente válida;

b) o conteúdo da convenção não deve infringir proibições legais, nem os bons costumes;

c) as disposições da convenção coletiva devem ser as previstas e autorizadas pela lei e não apenas as que designam as partes;

d) o contrato individual de trabalho deve ser válido;

e) as pessoas devem ser compreendidas no âmbito espacial da convenção coletiva;

---

(19) GOMES, Orlando. *A convenção coletiva de trabalho.* Ed. fac-similada. São Paulo: LTr, 1995.

f) o âmbito profissional deve alcançar as pessoas a quem se aplica a convenção;

g) no âmbito temporal de vigência, devem incidir os contratos em vigor no momento de sua existência e os que se celebrem após sua expiração.

7. Efeitos obrigacionais

As cláusulas obrigacionais são de caráter contratual e obrigam somente os que as celebram, ou seja, as partes da convenção coletiva.

Alfredo J. Ruprecht[20] destaca que o problema se põe quando há sucessão (de qualquer espécie) de alguns dos que celebram a Convenção ou o Acordo Coletivo.

Para o empregador, qualquer que seja o motivo da sucessão/transferência, há que se respeitar a obrigação contraída. Por outro lado, se houver a extinção de um estabelecimento em caso de acordo coletivo, sem a continuidade do ramo de atividade, com a parte empregadora se extingue a obrigação.

Vale reiterar que a norma coletiva somente terá validade e será juridicamente considerada, se a parte operária estiver amparada (representada) por um sindicato, não podendo ser associação de fato ou coalizões ocasionais.

8. Renúncia

Dada a natureza das convenções coletivas de trabalho, é evidente que os trabalhadores não podem renunciar aos benefícios nelas estabelecidos.

A renúncia careceria totalmente de eficácia e de valor, porém no que tange a direitos adquiridos é mais duvidosa. Para alguns autores, é igualmente ineficaz (Hueck-Nipperdey) embora reconheça que a transação é válida.

Mônica Sette Lopes[21], comenta decisão do Tribunal Superior do Trabalho (TST — 5ª T. — RR-117431/94.6 — Rel. Min. Armando de Brito) destacando que "em sede coletiva, contudo, inexiste tal sujeição — hipossuficiência do trabalhador —, que dá lugar à igualdade das partes, cuja vontade há de prevalecer mesmo quando importe em renúncia de condições já vigorantes, o que geralmente ocorre em troca de outros direitos mais favoráveis ou mais convenientes à categoria".

9. Concorrência entre várias normas coletivas

Flávio Tartuce ensina que "antinomia é a presença de duas normas conflitantes, válidas e emanadas de autoridade competente, sem que se possa dizer qual delas merecerá aplicação em determinado caso concreto".

---

(20) LOPES, Mônica Sette. *A convenção coletiva e sua força vinculante*. São Paulo: LTr, 1998. p. 477.
(21) LOPES, Mônica Sette. *Op. cit.*, p. 204.

Diversas são as formas de solução da concorrência de várias convenções coletivas sobre a mesma relação de trabalho:

a) prevalece a convenção coletiva que tenha disposições mais favoráveis aos trabalhadores. O poder de expansão e o princípio da inderrogabilidade tornam inócuas as convenções que concedem benefícios menores;

b) deve ser aplicada a norma que abranja maior número de relações de trabalho;

c) as partes podem estabelecer a ordem de prioridade das normas coexistentes, possuindo amplo poder nesse sentido;

d) de acordo com o princípio da especialidade, aplica-se cujo âmbito de vigência profissional esteja mais próximo da empresa onde deve ser utilizada

Coadunamos do entendimento de Alfredo J. Ruprecht no sentido de que é preciso considerar-se que uma convenção coletiva não tem apenas cláusulas salariais e se uma é celebrada em condições diferentes de outra, houve alguma razão para essas diferenças, não sendo possível que, a quem não tenha querido ou não tenha podido estabelecer determinados aspectos, lhe sejam estes impostos, pois assim foi resolvido por terceiros.

10. Regras coletivas negociadas e regras estatais: hierarquia

O estudo do tema se justifica face à necessidade de entendimento acerca dos critérios de harmonização de duas ou mais regras jurídicas, quando eventualmente venha regulamentar de modo diferente uma mesma situação concreta.

Um dos mais importantes critérios de harmonização das regras componentes do direito é o da hierarquização estabelecida entre suas regras.

Mauricio Godinho Delgado afirma que há uma teoria geral a respeito da hierarquia normativa, e, a seu lado, uma teoria especial justrabalhista.

a) Hierarquia normativa: teoria geral — fixa-se pela extensão de eficácia e intensidade normativa do diploma, concentradas essas qualidades mais firmemente na Constituição da República e em grau gradativamente menor nos diplomas normativos de caráter inferior.

A pirâmide de hierarquia normativa apresenta-se com a seguinte disposição: Constituição + Emendas Constitucionais (no vértice). Em seguida Leis Complementares + Ordinárias + Delegadas + Medidas Provisórias e abaixo Decretos (Regulamento Normativo) e Diplomas dotados de menor extensão de eficácia.

Amauri Mascaro Nascimento[22], mencionado por Paulo Eduardo Vieira de Oliveira recorre à feliz imagem de que "o vértice da pirâmide da hierarquia das nor-

---

(22) NASCIMENTO, Amauri Mascaro. *Curso de direito do trabalho*. 19. ed. rev. e atual. São Paulo: Saraiva, 2004.

mas trabalhistas será ocupado pela norma mais vantajosa ao trabalhador, dentre as diferentes em vigor".

b) *Hierarquia normativa: especificidade justrabalhista* — o critério normativo hierárquico vigorante no Direito do Trabalho opera-se da seguinte maneira: a pirâmide normativa constrói-se de modo plástico e variável, elegendo como seu vértice a norma que mais se aproxime do caráter teleológico do ramo justrabalhista. Trata-se, portanto, do princípio da norma mais favorável ao trabalhador.

Não há assim, uma contradição inconciliável entre as regras heterônomas estatais e regras autônomas privadas coletivas, mas sim uma incidência concorrente: a norma que disciplinar uma situação mais benéfica ao trabalhador prevalecerá sobre as demais, sem derrogação permanente, mas mero preterimento na situação enfocada.

10.1. Acumulação x conglobamento

Duas teorias centrais se destacam na busca de construir um critério hierárquico prevalecente no Direito do Trabalho. Ambas buscam informar critérios de determinação da norma mais favorável.

A *teoria da acumulação* propõe como procedimento de seleção, análise e classificação das normas cotejadas, fracionando-as e retirando-se os preceitos mais favoráveis ao trabalhador (há cisão dos diplomas normativos postos em equiparação).

Vantagem: Saldo normativo amplamente favorável ao trabalhador.

Críticas: Contraria a noção de direito como sistema (conjunto de partes lógica e dinamicamente coordenadas entre si).

— Supressão do caráter universal e democrático do direito.

— Enseja um secionamento do sistema normativo global e sistemático.

— Desrespeito à autonomia negocial das partes.

A *teoria do conglobamento* não permite o fracionamento de preceitos os institutos jurídicos. Cada conjunto normativo é apreendido globalmente considerado o mesmo universo temático. Comparam-se os conjuntos de regras, optando-se pelo conjunto normativo mais favorável.

Por este princípio, conjugando-o com o da autonomia privada coletiva e o da flexibilização, introduzido pela Constituição (art. 7º, VI) os Sindicatos podem reduzir benefícios em troca de garantias que, em dado momento sejam consideradas mais vantajosas para a totalidade da categoria.

Vantagens: Não incorpora as distorções da teoria da acumulação.

— Harmoniza-se com a flexibilidade do critério hierárquico justrabalhista (à ideia de direito).

— Respeito à autonomia negocial das partes.

— Estimulação das partes em autocomporem.

A Lei n. 7.064/1982 que dispõe sobre a situação de trabalhadores brasileiros contratados ou transferidos para prestarem serviço no exterior, socorreu-se da teoria do conglobamento no contraponto entre a lei territorial externa e a lei brasileira originária. Observe-se, nessa linha, o texto do art. 3º, III, do mencionado diploma legal: "a aplicação da legislação brasileira de proteção ao trabalho, naquilo que não for incompatível com o disposto nessa Lei, quando mais favorável do que a legislação territorial, no *conjunto de normas* e em relação a cada matéria".

Alfredo J. Ruprecht[23] destaca que "o que não se pode sustentar juridicamente é que se anule o que prejudica e se mantenha o que favorece, pois esse resultado não foi contemplado ao se firmar o contrato e, portanto, viola o acordo comum das partes. O que exigimos é que a compensação deve dar-se na mesma e não em diferentes instituições. Assim, por exemplo, pode-se compensar um salário diurno com um noturno, mas de nenhum modo um aumento de salário com a redução do período de férias. A apreciação se a norma é mais ou menos favorável deve ser feita segundo critério claramente objetivo, levando-se em conta o interesse do dito trabalhador individualmente considerado e não o da totalidade dos trabalhadores".

Assim a teoria do conglobamento nos parece mais adequada, desde que respeitado o princípio da boa-fé e a força jurígena da autonomia coletiva (que deve estar presente em todas as decisões) exponenciando como suportes legitimadores da eficácia da norma negociada.

Nossos Tribunais já possuem posição quase que pacífica[24].

Por outro lado, a teoria do conglobamento impõe uma questão: *Qual seria o critério para se definir qual o conjunto de regras (a norma coletiva) mais favorável?*

Mônica Sette Lopes, em obra já citada, defende o contexto da norma mais benéfica em sentido geral, como ato negocial visto em seu conjunto, levando-se em conta a realidade das partes. O coletivo coloca-se em preponderância sobre o individual.

Em outras palavras, Mauricio Godinho Delgado[25] também destaca que: "o parâmetro para se proceder à comparação da norma mais favorável não será o

---

(23) RUPRECHT, Alfredo J. *Relações coletivas de trabalho*, cit., p. 478.
(24) "405379 — SALÁRIO — NORMA COLETIVA — ALTERAÇÃO DE SUA FORMA DE PAGAMENTO — POSSIBILIDADE. A alteração da forma de pagamento do salário mediante negociação coletiva se torna perfeitamente possível, em virtude da aplicação do princípio do conglobamento, segundo o qual podem ser pactuadas em convenções e acordos coletivos de trabalho cláusulas aparentemente desfavoráveis aos trabalhadores, ao lado de outras que estipulem benefícios protegidos pelas normas positivas, sem que o resultado global da avença coletiva seja considerado necessariamente prejudicial, afastando-se, assim, a ocorrência de qualquer nulidade, não sendo o caso de se cogitar a alteração unilateral do contrato. Ademais, o inciso XXVI, do art. 7º da CF impõe o endereçamento de maior prestígio às convenções coletivas de trabalho." (TRT 15ª R. — Proc. 24.002/95 — Ac. 28.372/97 — 5ª T. — Rel. Juiz Luis Carlos Cândido Martins Sotero da Silva — DOESP 29.9.1997)
(25) DELGADO, Mauricio Godinho. *Direito coletivo do trabalho*. 3. ed. São Paulo: LTr, 2003. p. 155.

indivíduo, tomado isoladamente, mas a coletividade interessada (categoria, por exemplo) ou o trabalhador objetivamente considerado como membro de uma categoria ou segmento, inserido em um quadro de natureza global". Por isso, também é adepto da referida teoria do conglobamento.

A Jurisprudência há tempos tem se firmado nesse sentido[26], sendo que as decisões mais recentes também têm prestigiado a referida teoria[27].

10.2. A convenção coletiva x lei

A moderna interpretação do direito coletivo brasileiro admite que as normas gerais de regulamentação das relações de trabalho sejam flexibilizadas por intermédio do acordo coletivo de trabalho. Por outro lado, há que se definir os limites extrínsecos e intrínsecos de validade da flexibilização. Com efeito, embora se possa admitir que, por meio de norma coletiva, as empresas adotem forma alternativa de controle ou substitutiva aos sistemas de controle de jornada convencionais, não será lícito que a norma coletiva venha a suprimir os controles de ponto[28].

Diversas são as decisões proferidas pelos tribunais regionais que analisam a legalidade de cláusula coletiva que flexibilizou direitos previstos em lei, sendo que via de regra os TRTs têm se posicionado de forma contrária[29].

Como forma de tentar solucionar as dúvidas dos operadores do direito, propomos aqui fazer-se uma distinção de leis imperativas e leis dispositivas.

Antônio Álvares da Silva, citado por Paulo Eduardo Vieira de Oliveira[30], pondera que "as leis imperativas, por disporem sobre matéria de interesse público, impõem seu conteúdo obrigatoriamente, que se torna inatingível pela vontade privada. Este núcleo de valores jurídicos que as leis imperativas assentam é inatingível pela norma convencional, pois esta, embora portadora de interesses superiores ao indivíduo, não se identifica com o poder estatal, sobre cujos valores básicos ela não tem a faculdade de dispor".

Assim, temos a seguinte disposição:

a) se a lei é imperativa, o assunto por ela disciplinado foge por completo à competência convencional;

---

(26) "O acordo coletivo celebrado entre categorias tem validade integral, como posto no texto da Lei maior, não podendo o empregado aproveitar as cláusulas que lhe são mais favoráveis e repudiar a que lhe foi adversa." (TST — 1ª T. — RR-84.612/93.0 — Rel. Min. Ursulino Santos)
(27) TST, SBDI-1, E-ED-RR n. 1009/02-074-15-00, rel. Min. Aloysio Corrêa da Veiga, DJU de 14.12.2007.
(28) TST, 3ª Turma, R-990/02-731-04-00.0, rel. Min. Carlos Alberto Reis de Paula, DJU de 30.6.2006.
(29) Decisão 031646/2005 — PATR do Proc. 01154-2003-115-15-00-5 RO. DJU 8.7.2005.
(30) OLIVEIRA, Paulo Eduardo Vieira de. *Convenção coletiva de trabalho no direito brasileiro*. São Paulo: LTr, 1996. p. 114.

b) se a lei é dispositiva, poderá dispor diferentemente a norma coletiva e nesse caso, a regra, antes dispositiva, se tornará imperativa na vigência da convenção[31].

Caberá aos operadores do direito e aos sujeitos da negociação coletiva interpretar as leis para definirem se uma lei é imperativa ou dispositiva, o que, em algumas situações, não é tarefa fácil.

A análise hodierna do tema nos revela que matérias que há pouco tempo eram consideradas inatingíveis pela negociação coletiva (por exemplo: a irredutibilidade salarial, ou compensação de jornada ou turnos ininterruptos de revezamento) já foram sensibilizadas pela Constituição Federal, conforme dispõem o art. 7º, VI e XIV.

Octavio Bueno Magano aponta que a convenção coletiva de trabalho, embora submissa à Lei, pode complementá-la, citando exemplo dos sujeitos coletivos estipularem, via negociação coletiva, outras espécies de faltas graves (que não aquelas dispostas no art. 482 da CLT), mais específicas a uma determinada profissão, das quais depende a continuidade do trabalho. Nesse caso a Norma Coletiva estaria complementando a Lei que arrola taxativamente as espécies de faltas graves.

Dentro, ainda, dessa seara, há que se analisar o art. 623 da CLT[32], no que tange à impossibilidade de celebrar convenção coletiva com leis que disciplinam a política econômica. A Lei n. 8.542, de 23.12.1993 e a Medida Provisória n. 434, de 27.2.1994 destoaram muito do rigor do art. 623 da CLT, mas revelam tendências para a livre negociação.

10.3. A convenção coletiva x o decreto regulamentar

Comumente encontramos afirmações segundo as quais a convenção coletiva seja superior aos decretos.

Paulo Eduardo Vieira de Oliveira[33], ressalva que tal assertiva nem sempre é verdadeira, "sobretudo em relação a decretos que tornam as leis exequíveis" (que trazem a recomendação de serem regulamentadas). Cita como exemplo aqueles decretos que determinam padrões de insalubridade e de periculosidade. Com efeito, não pode uma Convenção Coletiva estabelecer padrões menos rigorosos ao estabelecido pelos decretos regulamentares.

---

(31) MORAES FILHO, Evaristo. *A convenção coletiva como instrumento central do direito coletivo do trabalho, em curso de direito do trabalho.* Edição de homenagem a Moraes Filho. São Paulo: LTr 1983. p. 172-173.

(32) Art. 623. Será nula de pleno direito disposição de Convenção ou Acordo que, direta ou indiretamente, contrarie proibição ou norma disciplinadora da política econômico-financeira do Governo ou concernente a política salarial vigente, não produzindo quaisquer efeitos perante autoridades e repartições públicas, inclusive para fins de revisão de preços e tarifas de mercadorias e serviços. *(Redação dada pelo Decreto-lei n. 229, de 28.2.1967, DOU 28.2.1967)*

(33) OLIVEIRA, Paulo Eduardo Vieira de. *Convenção coletiva de trabalho no direito brasileiro.* São Paulo: LTr, 1996. p. 118.

Entendemos que o motivo pelo qual não se pode convencionar normas coletivas abaixo dos padrões exigidos pelos decretos, não seja uma questão de hierarquia, mas sim por decorrência de princípios fundamentais constitucionais, tais como a dignidade da pessoa humana, a segurança e a saúde do trabalhador (regras de proteção do trabalhador de ordem públicas por conta do disposto no art. 7º, XXII da CRFB/88).

10.4. Convenção coletiva x regulamento de empresa

Ao contrário da França[34], infelizmente no Brasil são raros os regulamentos de empresa que tenham sido fruto de uma participação de empregadores e empregados. O que se nota é que as convenções e acordos coletivos têm cláusulas de inserção ou de substituição de normas regulamentares, sem estipulação de prazo de vigência.

Pode-se dizer que, em tese, as normas coletivas são hierarquicamente superiores aos regulamentos de empresas, pois foram negociadas por quem goza de prerrogativa sindical, ao passo em que os regulamentos não necessariamente o são.

Os Tribunais vêm demonstrando certo avanço nessa questão negocial do regulamento de empresa. Acerca do tema merece menção o disposto na nova redação da Súmula n. 51 do TST[35].

11. Regras de convenção x acordo coletivos: hierarquia

Como regra, o Acordo Coletivo está subordinado à Convenção Coletiva (CLT, art. 620 da CLT), mas não se pode deixar de lado a regra da condição mais benéfica ao trabalhador, quando analisada pela teoria do conglobamento já comentada.

No direito comparado, a moderna legislação *francesa* só permite o acordo, sem limitação do conteúdo, inexistindo convenção de maior amplitude; caso contrário circunscrevendo acordo à disciplina de matéria ainda não regulada ou então utilizá-lo como instrumento de adaptação à empresa de cláusulas já constantes da convenção anterior.

Paulo Eduardo Vieira de Oliveira[36] explica que "nada impede, porém, que coexistam dois níveis de contratação. No direito francês há vários níveis: negociação nacional interprofissional, interprofissional por ramos (*branches*), só de um grupo de empresas e até de empresas com menos do que onze empregados".

---

(34) SUPIOT, Alain. *El derecho del trabajo*. 1. ed. Buenos Aires: Heliasta, 2008. p. 103.
(35) Súmula n. 51 do TST — Norma Regulamentar. Vantagens e opção pelo novo regulamento. Art. 468 da CLT. (RA 41/1973, DJ 14.6.1973). Nova redação em decorrência da incorporação da Orientação Jurisprudencial n. 163 da SDI-1 — Res. n. 129/2005, DJ 20.4.2005)
(36) I — As cláusulas regulamentares, que revoguem ou alterem vantagens deferidas anteriormente, só atingirão os trabalhadores admitidos após a revogação ou alteração do regulamento. (ex-Súmula n. 51 — RA 41/1973, DJ 14.6.1973)

Na *Itália* cada relação individual de trabalho é regulamentada, em geral, pelo contrato individual de trabalho, pela norma de lei, mas também pela pluralidade de contratos coletivos de natureza e níveis diferentes. Frequentemente se vê, no direito italiano, situações de conflito entre normas coletivas. Além disso, os contratos coletivos se renovam e se sucedem no tempo, alguns por prazo determinado e outro sem qualquer precisão, trazendo diversos problemas de adaptação às regras coletivamente acordadas.

No *Brasil* a CCT tem âmbito muito mais largo de abrangência do que o acordo coletivo, pois a categoria (e por consequência a Convenção) pode abranger um estado todo, já o acordo não.

Daí vem a dúvida: *Qual a hierarquia existente entre os preceitos normativos de convenção e acordo coletivos que abranjam os mesmos trabalhadores, por um mesmo período de tempo?*

Seguindo a sistemática adotada por Mauricio Godinho Delgado, teríamos duas respostas:

a) *Teoria Geral do Direito*, extraída da Lei de Introdução do Código Civil (art. 2º § 2º), na qual haveria prevalência do acordo coletivo do trabalho sobre a convenção coletiva do trabalho, na medida em que a regra especial não se comunicaria com a regra geral, prevalecendo na ordem jurídica. (*Lex especialis derogat generalis*) Pode-se analisar, outrossim, a questão ainda sob o ponto de vista do direito positivo, utilizando-se agora o § 1º do art. 2º da Lei de Introdução ao Código Civil Brasileiro, que estabelece que: "A lei posterior revoga a anterior quando expressamente o declare, quando seja com ela incompatível ou quando regule inteiramente a matéria de que tratava a lei anterior (*Lex posterior derogat priori*).

b) *Teoria Justrabalhista*, na medida em que a CLT tem regra explícita no art. 620[37], estipulando que as condições estabelecidas em convenção coletiva, quando mais favoráveis, prevalecerão sobre as estipuladas em acordo coletivo.

Anna Lee Carr de Muzio Meira[38] propõe interessante e moderna divisão entre as teorias que podem ser apresentadas:

a) A convenção coletiva prevalece sobre o acordo, exceto se este for mais benéfico[39];

---

(37) II — Havendo a coexistência de dois regulamentos da empresa, a opção do empregado por um deles tem efeito jurídico de renúncia às regras do sistema do outro. (ex-OJ n. 163 — Inserida em 26.3.1999)
(38) OLIVEIRA, Paulo Eduardo Vieira de. *Convenção coletiva de trabalho no direito brasileiro*. São Paulo: LTr, 1996. p. 124.
(39) Art. 620. As condições estabelecidas em Convenção, quando mais favoráveis, prevalecerão sobre as estipuladas em Acordo. *(Redação dada pelo Decreto-lei n. 229, de 28.2.1967, DOU 28.2.1967)*

b) O acordo coletivo prevalece quando a Constituição Federal expressamente autorizar (jornada e salário). Prevalência da exceção, ainda que menos benéfico ao trabalhador[40];

c) O acordo coletivo prevalece quando a Constituição Federal autoriza e quando a convenção coletiva contiver cláusula dispositiva da prevalência do acordo menos benéfico.

Há, portanto, no direito do trabalho uma flagrante valorização dos diplomas negociais mais amplos, pelo suposto de que contêm maiores garantias aos trabalhadores. Mauricio Godinho Delgado destaca que no acordo coletivo de trabalho os trabalhadores não agem como categoria negocial, mas sim como comunidade específica de empregados.

De qualquer forma, se a Convenção Coletiva autorizar a celebração de acordos coletivos em apartado, tal permissão é tida como válida, viabilizando-se a prevalência da regra espacial sobre a geral, em situação de conflito entre normas autônomas.

12. Norma mais favorável (in mellius) e norma mínima

No campo do direito do trabalho coletivo pode se constatar dois critérios peculiares: o da *norma mais favorável* e da *norma mínima*. Segundo Octavio Bueno Magano[41], "o critério da norma mínima significa que a hierarquicamente superior não pode ser substituída pela inferior, em prejuízo do trabalhador, o da norma mais favorável, quer dizer prevalência da norma mais favorável, independentemente de sua hierarquia. Às vezes pode haver dúvida sobre qual seja a norma mais favorável surgindo então três possibilidades: a de *atomização* do conjunto de normas de que se trata, para a construção de outro, composto exclusivamente das partes mais favoráveis; da *globalização*, ou seja, a da aplicação do conjunto, que no seu todo seja mais favorável; a *orgânica*, consistente na redução do todo em institutos autônomos e na sua superveniente reconstrução a partir das referidas partes". Para o referido autor, esse critério último (orgânico) seria o mais acertado.

Como bem explica Amauri Mascaro Nascimento[42], "dá-se o nome de cláusulas *in mellius* às estipulações mais benéficas para o trabalhador e *in pejus* àquela que reduzem vantagens para o trabalhador".

Quanto às cláusulas *in mellius* não há limites, valendo fazer uma ressalva com relação ao teto salarial transitório e necessário que pode ser convencionado

---

(40) MEIRA, Anna Lee Carr de Muzzio. *Aspectos polêmicos e atuais do direito do trabalho*. Organizadoras Ivani Contini Bramante, Adriana Calvo. São Paulo: LTr, 2007. p. 205.
Art. 620 da CLT.
TRT 2ª Região — Acórdão n. 0020683256 — RO01 — 19643-2002-902-02-00, 5ª T., publicado em 25.10.2002).
(41) MAGANO, Octavio Bueno. *Manual de direito do trabalho* — parte geral. São Paulo: LTr, 1980. p. 106.
(42) NASCIMENTO, Amauri Mascaro. *Compêndio de direito sindical*. 3. ed. São Paulo: LTr, 2003. p. 351 e ss.

coletivamente em períodos de emergência e visando o interesse da economia. Trata-se de uma forma de combater a inflação, mediante uma política salarial dirigida, no intuito de se estabilizar a economia.

Por outro lado, as cláusulas *in pejus* só são admissíveis por meio da autonomia da vontade coletiva. Mesmo assim, há que se saber separar as cláusulas de natureza fundamental das cláusulas não essenciais à proteção do trabalhador. Para as primeiras, é inadmissível reformar-se *in pejus,* já para as segundas admite-se a redução em prol da autonomia coletiva.

O critério da norma mínima advém da ideia de que norma superior derroga norma inferior, evidentemente adaptada às proteções e particularidades que a legislação do trabalho impõe.

A Súmula n. 202 do C. TST[43], demonstra claramente a aplicação da norma mais favorável pelo Tribunal Superior do Trabalho, sendo que outros tribunais têm acompanhado o mesmo entendimento[44].

Esta, a propósito, é a posição adotada pelo jurista Sergio Pinto Martins (*Comentários à CLT*, p. 636), *verbis*: "Entendo, entretanto, que o mais correto é a aplicação da norma coletiva que na sua globalidade seja mais favorável ao empregado, pois é impossível que se fique pinçando cláusulas de várias normas coletivas ao mesmo tempo; daí por que se falar na aplicação da norma coletiva que for mais favorável na sua globalidade em relação à outra norma coletiva".

No mesmo sentido é a iterativa jurisprudência do Colendo Tribunal Superior do Trabalho, em julgamento do Processo TST 3ª Turma, AIRR n. 725.959/2001.1, do qual foi condutor do acórdão o Ministro Carlos Alberto Reis de Paula, publicado no DJU de 29 de junho de 2001, p. 742)[45].

---

(43) Súmula n. 202 do TST — Gratificação por tempo de serviço. Compensação existindo, ao mesmo tempo, gratificação por tempo de serviço outorgada pelo empregador e outra da mesma natureza prevista em acordo coletivo, convenção coletiva ou sentença normativa, o empregado tem direito a receber, exclusivamente, a que lhe seja mais benéfica.

(44) "6019969 — HORAS *IN ITINERE* — LIMITE NORMATIVO — INAPLICABILIDADE — Instrumento normativo que limita o tempo gasto em transporte até o local de trabalho de difícil acesso não vincula as partes se dele não emana a hipótese de concessões recíprocas (teoria do conglobamento), com resultado final mais benéfico à categoria. A sua aplicabilidade resulta da conjugação de dois princípios: *o da prevalência da norma de maior hierarquia e o da condição mais favorável*. De consequência, neste caso, prevalece a norma insculpida no art. 4º da CLT." (TRT 9ª R. — RO 7.926/1997 — 4ª T. — Ac. 30.548/97 — Relª Juíza Rosemarie Diedrichs Pimpão — DJPR 7.11.1997) (g. n.)

(45) "Critério para determinação da norma mais favorável. Acordo coletivo x convenção coletiva de trabalho. Teoria do conglobamento. Aplicação. Ausência de violação do art. 620 da CLT. Em se tratando de critério para aplicação da norma mais favorável, nosso ordenamento jurídico adota a teoria do conglobamento, cujo entendimento consiste em que apenas será mais favorável o estatuto que, globalmente, for entendido como tal, já que a aplicação de normas, de forma fracionada, pincelando de cada uma o que seria considerado mais benéfico para o trabalhador, poderia implicar na invalidação da autoridade de determinadas regras legais, em prejuízo para o próprio trabalhador, que corre o risco de ver aplicada à norma geral, em detrimento da norma especial, pelo fato de que não se estende esta àquela situação específica."

De qualquer forma, ambos os critérios (da norma mais favorável e norma mínima) têm plena aplicação no campo das convenções coletivas. No caso de acordo coletivo o interesse que se guarda é o grupo de empregados da empresa, já no caso da Convenção Coletiva o interesse protegido é o da categoria, sendo certo que ambos os interesses podem não coincidir com o interesse singular individual.

Conclusão

Iniciamos nossas conclusões relembrando as palavras de Michel Virally[46] no sentido de que "toda norma jurídica, desde que não limitada a um ato isolado, constitui uma tentativa de estabilização de relações sociais em perpétuo dever e toda ordem jurídica é um desafio ao tempo, um esforço de conservação do caráter social por ela estabelecido".

O direito coletivo nada mais é do que uma construção social, não podendo parar a história ou engessar a evolução social. Como forma de manter a sua eficácia (efetividade) ele deve sempre se preocupar com a adaptação, modificação e atualização, conservando assim a sua marcha rumo às transformações sociais.

Atualmente, tende-se a valorizar a negociação coletiva, pois enxerga-se neste um instrumento hábil a regular as relações de trabalho face às necessidades dos trabalhadores no momento em que se negocia. Conforme visto acima, é uma forma de garantir ao trabalhador uma participação na gestão da empresa, além de privilegiar a Justiça Social.

As convenções coletivas, na condição de acordo normativo (Recomendação n. 91 da OIT), procuram regular a realidade presente da empresa, não podendo e não devendo ficar presos à condições do passado. Num país como o Brasil que embora esteja apresentando tendências de estabilidade econômica, a realidade empresarial é totalmente instável. Dados estatísticos revelam elevado número de empresas que sucumbem antes mesmos de completar seu primeiro ano de existência, devido à elevada carga tributária, fazendo com o que índice de desemprego se aproxime de 20%.

Tal preocupante realidade é decorrência da postura tradicional da doutrina brasileira que se formou na fase que o professor Renato Rua de Almeida chama de *nouvelle vague* do direito do trabalho, "que só se preocupava com a proteção do empregado e não com a exigência do pleno emprego"[47].

Falar-se na possibilidade de alteração de instrumento coletivo (sob a teoria da incorporação) e pensar-se em "pinçar" cláusulas coletivas de diversas convenções ou acordos para formar uma norma coletiva mais protetora ao trabalhador,

---

(46) VIRALLY, Michel. *La pensée juridique*. Paris: LGDJ, 1960. p. 188.
(47) ALMEIDA, Renato Rua de. Das cláusulas normativas das convenções coletivas de trabalho: conceito e eficácia e incorporação nos contratos individuais de trabalho. *Revista LTr* 60-12/1605.

atualmente, em uma realidade tão mutante, seria seguir o caminho contrário ao desenvolvimento proposto pelo moderno direito francês (*ordem pública social*), aos valores dos instrumentos coletivos de negociação.

Apesar das dificuldades sindicais e governamentais, do imenso território e do desinteresse pela questão dos trabalhadores, o Estado-providência não é mais o mesmo. Nem pode ser mais o mesmo. As tecnologias modernas e as transformações ditadas pela globalização da economia irradiam efeitos sobre o Direito, repercutindo no mundo do trabalho e causam transtornos à ação do movimento sindical. Por outra face o mundo atual exige das *empresas* adaptação à nova ordem de coisas, traduzida eficiência, além do aumento de produtividade e de competitividade.

As transformações sociais impuseram a sistemática interpretativa. O juslaboralista Arion Sayão Romita[48] bem sintetiza estas novas exigências na sua antevisão dos tempos globais que ainda não chegaram até nós. Prenuncia que "Este direito, em sua nova forma, aceita outras diferentes denominações: direito pós-moderno, direito pós-intervencionista, direito processualizado, direito neocorporativo, direito ecológico, direito mediatizado. A consciência da nova função do direito desprega-se da visão puramente pragmática para elevar-se a novas alturas, para impregnar até mesmo a filosofia do direito. Com o fim da cultura da heteronomia nasce uma nova cultura centrada sobre o eixo da autonomia, que assume o caráter de valor central da humanidade. O direito renuncia à tarefa que pretenderam impor-lhe, a de agente conformador da sociedade".

Bibliografia

ALMEIDA, Renato Rua de. Das cláusulas normativas das convenções coletivas de trabalho: conceito e eficácia e incorporação nos contratos individuais de trabalho. In: *Revista LTr* 60-12/1602.

CARRION, Valentin. *Comentários à CLT.* 35. ed. São Paulo: Saraiva, 2010.

DELGADO, Mauricio Godinho. *Direito coletivo do trabalho.* 3. ed. São Paulo: LTr, 2008.

GOMES, Orlando. *A convenção coletiva de trabalho.* ed. fac-similada. São Paulo: LTr, 1995.

JABUR, Gilberto Haddad; PEREIRA JÚNIOR, Antônio Jorge (coord.). *Direito dos contratos.* São Paulo: Quartier Latin, 2006.

LOPES, Mônica Sette. *A convenção coletiva e sua força vinculante.* São Paulo: LTr, 1998.

MAGANO, Octavio Bueno. *Manual de direito do trabalho* — parte geral. São Paulo: LTr, 1980.

MANNRICH, Nelson. Disponível em: <http://www.equipofederaldetrabajodigital.org/nota_050.htm>.

---

(48) ROMITA, Arion Sayão. Globalização da economia e direito do trabalho. *Apud* REANUT, Alain. *Droit des juristes ou droit des philosophes.* BOURETZ, Pierre (sous la dir.). *La force du droit.* Paris: Esprit, 1991.

MEIRA, Anna Lee Carr de Muzzio. *Aspectos polêmicos e atuais do direito do trabalho.* Organizadoras Ivani Contini Bramante, Adriana Calvo. São Paulo: LTr, 2007.

MORAES FILHO, Evaristo. A convenção coletiva como instrumento central do direito coletivo do trabalho. In: *Curso de direito do trabalho.* Edição de homenagem a Moraes Filho. São Paulo: LTr, 1983.

NASCIMENTO, Amauri Mascaro. *Compêndio de direito sindical.* 3. ed. São Paulo: LTr, 2003.

_____ . *Curso de direito do trabalho.* 19. ed. rev. e atual. São Paulo: Saraiva, 2004.

OLIVEIRA, Paulo Eduardo Vieira de. *Convenção coletiva de trabalho no direito brasileiro.* São Paulo: LTr, 1996.

PASSOS, J. J. Calmon de. A função social do processo. In: *Anais do IV Seminário da Escola Judicial do Tribunal Regional do Trabalho da 3ª Região,* Belo Horizonte, 1997.

PEREIRA, Caio Mário da Silva. *Instituição de direito civil.* Rio de Janeiro: Forense, 1990.

PRÍNCIPE, Carlos Eduardo. *A sobrevigência das cláusulas normativas aos contratos individuais de trabalho.* São Paulo: LTr, 2004.

RODRIGUES, Silvio. *Direito civil.* 1917. São Paulo: Saraiva, 1994.

ROMITA, Arion Sayão. Globalização da economia e direito do trabalho. *Apud* REANUT, Alain. *Droit des juristes ou droit des philosophes.* BOURETZ, Pierre (sous la dir.). *La force du droit.* Paris: Esprit, 1991.

RUPRECHT, Alfredo J. *Relações coletivas de trabalho.* Revisão técnica Irany Ferrari. Tradução Edílson Alkmin Cunha. São Paulo: LTr, 1995.

SILVA, De Plácido e. *Vocabulário jurídico.* 15. ed. Rio de Janeiro: Forense, 1999.

SOUZA, Mauro César Martins de. *Revista de Direito do Trabalho,* ano 30, n. 114 abr./jun. 2004. Coordenação Nelson Mannrich. São Paulo: RT, 2004.

SUPIOT, Alain. *El derecho del trabajo.* 1. ed. Buenos Aires: Heliasta, 2008.

TARTUCE, Flávio. *Breve estudo das antimonias ou lacunas de conflito.* Disponível em: <http://jus.uol.com.br/revista/texto/7585/breve-estudo-das-antinomias-ou-lacunas-de-conflito> Acesso em: 6.2.2011.

TEIXEIRA FILHO, João de Lima. *Instituições de direito do trabalho.* 16. ed. São Paulo: LTr, 1997. v. 2.

VIRALLY, Michel. *La pensée juridique.* Paris: LGDJ, 1960.

ZANGRANDO, Carlos Henrique da Silva. *Curso de direito do trabalho.* São Paulo: LTr, 2008. t. 3.

➤➤ O SEGURO SAÚDE E O CONTRATO DE EMPREGO

Marcel Cordeiro[(*)]

1. Proêmio

É bastante comum encontrar decisões na Justiça Federal do Trabalho sustentando que, na suspensão do contrato de trabalho, havida em decorrência de afastamento previdenciário, há imposição legal obrigando à concessão do seguro saúde. De fato, a jurisprudência vem consolidando entendimento no sentido de que a suspensão do contrato de trabalho, seja por aposentadoria por invalidez ou concessão de auxílio-doença, apenas importa em suspensão das obrigações principais do contrato de trabalho — como a prestação dos serviços e o pagamento de salário.

Nessa linha de pensamento, o direito ao acesso ao plano de saúde — por decorrer diretamente do contrato de emprego e não depender da prestação de serviços para a sua manutenção — tem sido resguardado enquanto durar a concessão do benefício previdenciário[(1)].

2. Da relação de trabalho e do contrato de emprego

Como se sabe, o trabalho atrela-se à estrutura nuclear da legislação do trabalho, ou seja, vincula-se a qualquer norma que tenha por objeto a prestação de serviços tomada em sua polaridade empregado/empregador ou trabalhador/tomador de serviços.

Nesse esteio, há clara distinção entre a "relação de trabalho" e a "relação de emprego". A expressão "relação de trabalho" tem caráter genérico, pois se refere

---

(*) Advogado e Administrador de Empresas. Doutorando e Mestre em Direito das Relações Sociais pela PUC-SP, área de concentração Direito Previdenciário. Especialista em Direito do Trabalho pela PUC-SP. Professor em Direito Previdenciário na Escola Paulista de Direito e em Direito do Trabalho na PUC-SP (*lato sensu*).

(1) E-ED-RR n. 495400-18.2002.5.03.0900/RR-161500-15.2006.5.06.0021.

a todas as relações jurídicas cuja prestação essencial está na obrigação de fazer por intermédio da atividade humana. Tem-se, pois, toda modalidade de contratação de trabalho humano admissível atualmente.

Segundo a enumeração de Ives Gandra da Silva Martins Filho[2], são espécies de trabalhador os seguintes prestadores de serviços: (i) empregado (CLT, art. 3º); (ii) eventual (Código Civil, art. 602); (iii) autônomo (Código Civil, arts. 610 a 626); (iv) aprendiz (CLT, arts. 428 a 433); (v) temporário (Lei n. 6.019, de 1974); (vi) domésticos (Lei n. 5.859, de 1972 e Constituição de 1988, art. 7º, parágrafo único); (vii) rural (Lei n. 5.889, de 1973 e Constituição de 1988, art. 7º, caput); (viii) cooperado (Lei n. 5.764, de 1971 e art. 442, parágrafo único da CLT); (ix) voluntário (Lei n. 9.608, de 1998); e (x) estagiário (Lei n. 11.788, de 2008). Note-se que o autor traz um rol ainda maior em sua obra Manual de Direito e Processo do Trabalho[3].

A "relação de emprego", do ponto de vista técnico jurídico, é apenas uma das modalidades específicas da "relação de trabalho". Firmando essas proposições, Arnaldo Süssekind[4] traz passagem empolgante sobre o assunto. Confira-se, in verbis:

> "Toda energia humana, física ou mental, utilizada na produção de um bem corpóreo ou incorpóreo ou na realização de um serviço, é trabalho; e aquele que a utiliza é, sem dúvida, um trabalhador. Trabalhador é, assim, o artista que compõe uma sinfonia; o cientista que descobre a vacina contra determinada enfermidade; o advogado que defende o réu; o condutor que dirige um transporte coletivo; o mecânico que conserta uma máquina; o operário que manufatura uma utilidade; o jornalista que escreve um comentário; o bancário que confere as assinaturas dos cheques, etc. etc. Nem todo trabalhador é, porém um profissional e nem todo trabalhador profissional é um empregado. Qualquer indivíduo que faz de sua atividade-trabalho sua profissão, dela usufruindo os meios necessários à sua manutenção, é um trabalhador profissional. Se essa atividade for executada de forma continuada, em virtude de um contrato de trabalho subordinado, será ele também um empregado daquele que comandar a prestação de seus serviços e lhe pagar, em troca, os salários ajustados."

Mantém-se, pois, a diretriz de que a relação de trabalho é gênero do qual a relação de emprego é espécie. A relação de emprego, sempre, é relação de trabalho, mas nem toda relação de trabalho é relação de emprego. É de se notar que o Direito Português franqueia a mesma dicotomia. António Monteiro Fernandes[5]

---

(2) A reforma do poder judiciário e seus desdobramentos na Justiça do Trabalho. *Revista LTr*, 69-01/34.
(3) *Manual de direito e processo do trabalho*, p. 104 e ss.
(4) *Direito constitucional do trabalho*, p. 106.
(5) *Direito do trabalho*, p. 141.

ensina que "o Direito do Trabalho não recobre todo o trabalho, nem mesmo todas as modalidades em que alguém beneficia da força de trabalho de outrem, mediante uma contraprestação pecuniária. Só a prestação de trabalho numa relação de certa estrutura lhe interessa: trata-se do trabalho subordinado".

Sob todo esse contexto, a Consolidação das Leis do Trabalho define empregado como a pessoa física que presta serviços de natureza não eventual a empregador, sob a dependência deste e mediante salário (CLT, art. 3º), enquanto empregador seria quem, assumindo os riscos da atividade econômica, admite, assalaria e dirige a prestação pessoal desses serviços (CLT, art. 2º)[6].

Não existem elementos específicos à figura do empregador, exceto um único: a contratação, por um sujeito qualquer, da prestação de serviços desenvolvida por pessoa física, com pessoalidade, não eventualidade, onerosidade e sob subordinação jurídica.

Quanto ao empregado, é adequado conceituá-lo como a pessoa física que presta serviços habituais a empregador mediante salário e subordinação jurídica. Os serviços podem ser técnicos, intelectuais e até manuais, além de integrarem diversas categorias regulamentadas ou diferenciadas.

Com isto, forma-se os pressupostos do conceito de empregado, indicados em (i) pessoalidade; (ii) não eventualidade; (iii) onerosidade; e (iv) subordinação jurídica. Alguns autores adicionam ainda a alteridade, ventilada pelo art. 2º da Consolidação das Leis do Trabalho.

Na pessoalidade tem-se que o empregado executa suas atividades pessoalmente, sem se fazer substituir que não em caráter esporádico. A não eventualidade, por sua vez, traduz-se pela exigência dos serviços serem costumeiros e necessários ao empregador. Já a onerosidade, por seu turno, esboça o pagamento de numerário em contraprestação ao esforço despendido pelo trabalhador.

A subordinação jurídica, por outro lado, demanda maior apreço e investimento para bem qualificá-la. No entanto, como não se trata do objeto principal deste estudo, pode-se apenas tracejá-la no estado real de dependência criado pelo direito de o empregador comandar os serviços que lhe serão prestados pelos profissionais.

A prestação de serviços, por sua vez, por faltar-lhe o pressuposto da subordinação jurídica, está fora da seara do Direito do Trabalho. No trabalho autônomo, o prestador de serviços atua como patrão de si mesmo, sem submissão aos poderes de comando do empregador, e, portanto, não está inserido no círculo diretivo e disciplinar da organização empresarial[7]. O trabalho autônomo ajusta-se a duas

---

(6) SÜSSEKIND, Arnaldo. *Direito constitucional do trabalho*, p. 107: "Aí estão os elementos caracterizadores da relação de emprego: pessoalidade na prestação de serviços não eventuais pelo trabalhador, sob a dependência hierárquica resultante da subordinação jurídica ao empregador, o qual lhe paga salários e, por assumir os riscos do empreendimento, detém o poder de comando através dos poderes diretivo e disciplinar".
(7) BARROS, Alice Monteiro de. *Curso de direito do trabalho*, p. 221-222.

notas caracterizadoras: (i) o regime de titularidade dos resultados do trabalho, porque os autônomos desenvolvem a atividade econômica ou profissional a título lucrativo, por conta própria, de forma habitual, pessoal e direta, por intermédio de diversos negócios jurídicos cujo destino final é o mercado; e (ii) a organização e execução da sua atividade produtiva, porque o trabalho autônomo é independente no sentido literal da expressão, não submetido a ordens e instruções sobre o modo da sua realização.

De todo modo, apesar da ausência de subordinação jurídica, também é juridicamente sustentável afirmar-se que há natureza jurídica contratual, essa com raízes no Direito Romano (*locatio operarum*).

Dito isso, já é possível passar-se ao objeto da relação de emprego. Sabe-se que o objeto é o bem sobre o qual incide o poder de agir do sujeito. Tudo que representa uma utilidade para a pessoa pode ser objeto de direito, e não somente as coisas, mas, também, as ações humanas.

No caso da relação de emprego, o objeto reside na paga pelo esforço desprendido. A professora Christiani Marques[8] entende que "o salário nada mais é do que objeto do contrato de trabalho, fixado no momento da sua celebração". E essa paga, no âmbito da relação de trabalho, especificamente na relação de emprego, recebe duas alcunhas: (i) a remuneração e (ii) o salário.

Há muito debate-se o conceito de remuneração e de salário e, por conta disto, inúmeros são os entendimentos acerca do assunto.

José Martins Catharino[9], em obra clássica sobre o tema, ensina que "Salário é a retribuição dos serviços prestados pelo empregado, por fôrça do contrato de trabalho, sendo pago pelo empregador, que deles se utiliza para a realização dos fins colimados pela empresa. Remuneração é a soma do salário percebido em virtude do contrato de trabalho e dos proventos auferidos de terceiro, legal e habitualmente, pelos serviços executados".

Assim, segundo o autor e em linha com o conceito legal, o salário sempre é parte da remuneração, mas esta pode abranger parcela que, a rigor, não é salário.

Mutatis mutandis, tem-se aqui a dicotomia ventilada pela Constituição Federal, art. 202, § 2º, na qual se percebe que os benefícios concedidos no âmbito da previdência privada integram a remuneração dos participantes, apesar de não integrarem seus contratos de emprego.

O ponto de atenção é que nem toda remuneração advém da contraprestação pelos serviços prestados. Há acréscimo de patrimônio sem que o numerário tenha correspondência com o trabalho. Eis o caso dos benefícios concedidos na esfera da previdência privada, dos planos de *stock option* ou mesmo dos prêmios não habituais.

---

(8) *A proteção ao trabalho penoso*, p. 165.
(9) *Tratado jurídico do salário*, p. 21.

Seguindo a primorosa linha de José Martins Catharino, Carla Teresa Martins Romar[10] é contundente, indicando que "Remuneração é gênero, do qual salário é espécie". E a autora conclui, *in verbis*:

> "Remuneração é o conjunto de todas as verbas recebidas pelo empregado como contraprestação pelos serviços prestados, abrangendo aquela que é paga pelo próprio empregador (salário), como aquelas pagas por terceiros (gorjetas)."

Partindo-se dessas premissas maiores, é possível afirmar-se que o Direito do Trabalho e a relação de emprego situam-se no quadro componente do Direito Privado, caracterizando-se o emprego na prestação de trabalho por pessoa física a tomador qualquer, prestação essa com pessoalidade, não eventualidade, onerosidade e sob subordinação jurídica.

3. Do contrato de seguro

O desejo por segurança permeia o espírito humano desde os tempos mais remotos e leva à procura de formas individuais e coletivas para minimizar ou mesmo afastar os riscos que abalam tal sensação de estabilidade.

Risco, segundo o Dicionário Contemporâneo da Língua Portuguesa Caldas Aulete[11], significa "a probabilidade de perigo, inconveniente ou fatalidade muito possível de realizar-se".

Ao contemplar o risco, Ivan de Oliveira Silva[12], citando Antônio Carlos Otoni (*Fundamento jurídico do contrato de seguro*. São Paulo: Manuais Técnicos de Seguro, 1975. p. 34), registra, *in verbis*:

> "é o evento futuro e incerto, potencialmente prejudicial aos interesses do segurado. Sua ocorrência poderá provocar-lhe uma diminuição patrimonial, um empobrecimento momentâneo, quando não a própria ruína financeira, inevitável através do contrato de seguro. Considerado, objetivamente, como um fato danoso, o risco se transforma em sinistro."

E essa noção geral de risco é considerada no contrato de seguro, quer seja formal, quer seja informal.

A proteção dos indivíduos ante essa probabilidade de perigo pode escorar-se em duas técnicas principais: (i) a individual e (ii) a coletiva. A proteção individual esboça a formação de poupança, mediante certa renúncia ao consumo atual e com vistas a necessidade futura. A proteção coletiva, por seu turno, estrutura-se pela

---
(10) *Direito do trabalho e direito processual do trabalho*, p. 47.
(11) AULETE, Caldas. *Dicionário contemporâneo da língua portuguesa*. 2. ed. brasileira em 5 volumes. Rio de Janeiro: Delta, 1964.p. 3.555.
(12) *Curso de direito do seguro*, p. 103-104.

mutualidade ou pela contratação de seguro privado, dividindo-se o financiamento entre todos os membros do grupo.

Mutualidade, segundo o mesmo Dicionário Contemporâneo da Língua Portuguesa Caldas Aulete[13], trata do "estado do que é mútuo, do que se permuta entre duas ou mais pessoas; reciprocidade; troca".

Sob os aspectos da proteção coletiva, a mutualidade denota o agrupamento de grande número de riscos, de forma que o peso que pressupõe o sinistro, ao invés de ser suportado apenas pela vítima, é dividido entre todos os membros do grupo, sem qualquer caráter comercial, uma vez que não exige benefícios.

Nesse sistema, cada segurado assume, simultaneamente, o papel de segurado e segurador em relação aos demais membros do grupo.

Como ensina Eliane Romeiro Costa[14], "O mutualismo enquadra-se como importante instituição moral e material ante a beneficência privada ou a assistência pública, cuja ação decorre da caracterização do estado de indigência, da submissão da proteção a uma "situação" qualificada como grave, como socialmente intolerável". Seguindo esse mesmo traçado, José M. Almansa Pastor[15] indica que "Las notas que caracterizan a la mutualidad pueden ser las siguientes", *in verbis*:

> "En principio, la mutualidad está constituida por una pluralidad de sujetos ligados por una relación social, a la que dan vida mediante un contrato plurilateral con intereses coordinados.
>
> En segundo término, la comunidad de intereses que subyace en la mutualidad se integra por un conjunto de intereses individuales y similares, los cuales se subordinan a aquel interés común. Con tal estructura jurídica, la mutualidad persigue el objetivo de asegurar los riesgos previstos con respecto a cada individuo, mediante el reparto de las cargas consiguientes entre todos los miembros de la mutualidad (S.S.T.S. 10 de junio y 21 de septiembre de 1990)."

Eis o mote do Direito do Seguro. Ivan de Oliveira Silva[16] ensina que "Em decorrência do princípio do mutualismo, imanente ao Direito do Seguro, o homem une-se com os seus pares num propósito de cooperação mútua para que, dessa forma, a união de muitos possa mitigar as perdas sofridas pelos membros do grupo" (destaquei). E o autor remata, *in verbis*:

> "O princípio do mutualismo é a concentração de esforços coletivos destinados a garantir a recomposição patrimonial dos membros que,

---

(13) AULETE, Caldas. *Dicionário contemporâneo da língua portuguesa*. 2. ed. brasileira em 5 volumes. Rio de Janeiro: Delta, 1964.p. 2.724.
(14) *Previdência complementar na seguridade social. O risco velhice e a idade para a aposentadoria*, p. 56.
(15) *Derecho de la seguridad social*, p. 46.
(16) *Curso de direito do seguro*, p. 103-104.

individualmente, foram vitimados pelas desventuras da fortuna. De fato, o que impulsiona o mutualismo é a própria previdência, haja vista que os componentes do grupo não sabem ao certo a quem será destinado o esforço coletivo. É essa incerteza do dano que sobrecai no imaginário coletivo que justifica o agrupamento de pessoas para a preservação de interesses especialmente semelhantes."

Pelo exposto, percebe-se que o mutualismo não se encontra presente no vínculo existente entre empregadores e empregados. Gustavo Filipe Barbosa Garcia[17] aponta que, dentre as várias teorias existentes, "Prevalece na doutrina a orientação de que se trata de vínculo de natureza contratual, pois a manifestação de vontade, dando origem ao vínculo de trabalho, e possibilitando a sua manutenção, pode se apresentar de forma expressa ou mesmo tácita. A liberdade de trabalho, assim, deve ser garantida como preceito fundamental".

Não há na relação jurídica de emprego uma pluralidade de sujeitos ligados por liame eminentemente social, tampouco obrigatoriedade de verter contribuições ou mesmo a ausência de lucro.

À vista da natureza contratual, o contrato de emprego apresenta natureza de negócio jurídico, vale dizer, ato jurídico voluntário, de intuito negocial, em que o consentimento é manifestado com o fim de produzir seus efeitos jurídicos próprios. Já o seguro apresenta caráter oneroso, coletivo e que almeja a compensação de riscos. Representa a todos os participantes garantia contra ameaças econômicas análogas, ajustando-se às estatísticas e às probabilidades. Segundo Orlando Gomes[18], no contrato de seguro, "uma empresa especializada obriga-se para com uma pessoa, mediante contribuição por esta prometida, a lhe pagar certa quantia, se ocorrer o risco previsto". A noção de seguro, de acordo com o autor, pressupõe a de risco e se verifica quando o dano potencial converte-se em dano efetivo.

O seguro é o contrato em que uma parte se obriga, mediante o pagamento do prêmio, a garantir interesse legítimo de outra parte contra riscos predeterminados. Há que falar, pois, em sociedade seguradora obrigando-se, mediante quitação de certo numerário, a garantir legítimo interesse do segurado contra riscos predeterminados (CC, art. 757).

Tem-se verdadeiro instrumento de socialização de riscos, pois os segurados contribuem para um fundo destinado a cobrir, ainda que de maneira parcial, prejuízos sofríveis por algum deles.

Com a atividade securitária, esses prejuízos relativamente previsíveis não são arcados individualmente pelo titular do interesse atingido, mas sim distribuídos entre diversos segurados.

---
(17) *Curso de direito do trabalho*, p. 140.
(18) *Contratos*. Rio de Janeiro: Forense, 1971. p. 429 e ss.

Fábio Ulhoa Coelho[19] aponta que o contrato de seguro é pacto de adesão, comutativo e consensual. Trata-se de contrato em que quase a totalidade das cláusulas é definida por órgãos governamentais, restando às partes reduzida margem de negociação.

Ademais, a atividade securitária pressupõe a realização de negócios em massa, vale dizer, se o empresário assumisse a obrigação contratual de indenizar os prejuízos sofridos por apenas uma pessoa, configurar-se-ia, na verdade, o contrato de jogo ou aposta, mas não o seguro, uma vez que estaria ausente o requisito da mutualidade, característica indissociável dessa operação.

O conceito de seguro repousa, pois, no princípio da mutualidade, ou seja, na reunião de pessoas, na fixação do valor de determinado prêmio e na obtenção de cobertura quanto a certos riscos, suprindo necessidades comuns. A base do seguro é a coletividade de segurados, observada a repartição do risco e do prejuízo, dada a ocorrência do sinistro[20]. Na redação do Código Civil de 1916, o seguro alentava as seguintes características, in litteris:

> "Art. 1.432. Considera-se contrato de seguro aquele pelo qual uma das partes se obriga para com a outra, mediante a paga de um prêmio, a indenizá-la do prejuízo resultante de riscos futuros, previstos no contrato. (Redação dada ao artigo pelo Dec.-Leg. n. 3.725, de 15.1.1919)."

Clovis Bevilaqua[21] pontua que "A definição legal do contrato de seguro é satisfatoria. O fim desse contrato é proporcionar ao segurado indemnização pelos prejuízos provenientes do sinistro sofrido. Para esse efeito associam-se o segurado e o segurador. O primeiro contribui com os seus prêmios, e o segundo indenizar-lhe-á os prejuízos resultantes dos riscos previstos no contrato" — destaquei. E o Mestre conclui, in litteris:

> "São elementos do contrato de seguro: o segurador, o segurado, o premio e o risco, isto é, o perigo possível, que pode correr o objeto segurado. Em regra, quem toma o seguro é o próprio segurado; mas pode o seguro, também ser tomado, por conta de outrem ou a favor de terceiro, ou ser transferido de uma pessoa para outra."

O Código Civil Brasileiro, em seu Livro I, Título VI, Capítulo XV, Seção III, trata do seguro de pessoas, estabelecendo, no art. 789, que "Nos seguros de pessoas, o capital segurado é livremente estipulado pelo proponente, que pode contratar mais de um seguro sobre o mesmo interesse, com o mesmo ou diversos seguradores".

Vê-se que o seguro de pessoas tem por objetivo garantir o pagamento de indenização ao segurado e aos seus beneficiários, desde que as condições contratuais

---

(19) *Manual de direito comercial*, p. 490 e ss.
(20) COSTA, Eliane Romeiro. *Previdência complementar na seguridade social. O risco velhice e a idade para a aposentadoria*, p. 61 e 62.
(21) *Código Civil dos Estados Unidos do Brasil*, p. 560 e ss.

e as garantias pactuadas restem observadas. Como exemplo de seguros de pessoas, temos o "seguro de vida", o "seguro de acidentes pessoais", o "seguro educacional", o "seguro viagem", o "seguro de diária por internação hospitalar", o "seguro desemprego" (perda de renda), o "seguro de diária de incapacidade temporária" e o "seguro de perda de certificado de habilitação de voo".

No grupo dos seguros de vida incluem-se os que garantem a pessoa do segurado contra os riscos a que estão expostas sua existência, sua integridade física e sua saúde. Pertencem a esta categoria os seguros sociais, que hoje constituem objeto de previdência, organizada em instituições paraestatais[22].

Não obstante o seguro de vida ter grande notoriedade, o leque de modalidades ligadas às garantias de pessoas é bastante amplo. Na obra *Derecho de Los Seguros Privados*[23], Juan Bataller Grau, Nuria Latorre Chiner e Jesús Olavarría Iglesia ensinam, *in litteris*:

> "El seguro de vida puede definirse como aquel contrato por el que el asegurador se compromete, para cuando se produzca un evento que se refiere a la duración de la vida humana, a efectuar el pago al asegurado o al beneficiario de una suma o de abstracta cobertura de necesidad, lo que significa que la prestación del asegurador consiste en una suma dineraria fijada *a priori* en el contrato. Esto lo distingue esencialmente del seguro de daños, en el que rige, como es sabido, el principio indemnizatorio, en virtud del cual, la deuda del asegurador sólo puede fijarse tras el siniestro. *El moderno seguro de vida se construye sobre la base de tres pilares fundamentales: el organizativo de la empresa de seguros, el técnico de la elaboración de las tablas de mortalidad y el cálculo de probabilidades y, por último, el factor jurídico, que admite la validez del seguro sobre vida ajena.*" (destaquei)

Note-se que o antigo Código Civil de 1916 trazia o seguinte regramento específico acerca do seguro de vida. Confira-se, *in verbis*:

> "Art. 1.471. O seguro de vida tem por objeto garantir, mediante o prêmio anual que se ajustar, o pagamento de certa soma a determinada ou determinadas pessoas, por morte do segurado, podendo estipular-se igualmente o pagamento dessa soma ao próprio segurado, ou terceiro, se aquele sobreviver ao prazo de seu contrato. (Redação dada ao *caput* pelo Dec.-Leg. n. 3.725, de 15.1.1919)
>
> Parágrafo único. Quando a liquidação só deva operar-se por morte, o prêmio se pode ajustar por prazo limitado ou por toda a vida do segurado, sendo lícito às partes contratantes, durante a vigência do contrato, substituírem, de comum acordo, um plano por outro, feita a indenização de prêmios que a substituição exigir."

Além do pagamento subsumido à morte do segurado, havia indenização vinculada à sobrevivência.

---

(22) GOMES, Orlando. *Contratos*. Rio de Janeiro: Forense, 1971, p. 429 e ss.
(23) *Derecho de los seguros privados*, p. 326 e 327.

Em relação ao seu objeto, e à natureza do dano, o seguro distinguia-se, de um ponto de vista mais geral, em seguro de coisas materiais e seguros pessoais. Nos seguros desta segunda classe, atendia-se não somente aos danos materiais, que a sorte da pessoa podia determinar, como, ainda, ao prejuízo resultante da cessação do benefício espiritual, moral e intelectual[24].

Atualmente, João Roberto Parizatto[25] aponta que a forma mais comum do seguro de pessoas é o que abarca a morte do segurado, deslocando os benefícios a terceiros. Também se permite o ajuste do seguro de pessoa para outros sinistros, como a incapacidade ou os acidentes.

Quanto aos sinistros de incapacidade ou de acidentes, o Decreto n. 61.589/1967, o qual retifica algumas disposições do Decreto n. 60.459/1967 sobre capitais, início da cobertura do risco e emissão da apólice, trazia a seguinte classificação, *in litteris*:

"Art. 7º Para os efeitos do artigo anterior, as operações das sociedades seguradoras obedecerão à seguinte classificação:

I — Seguros dos Ramos Elementares — os que visem a garantir perdas e danos, ou responsabilidades provenientes de riscos de fogo, transporte, acidentes pessoais e outros eventos que possam ocorrer afetando pessoas, coisas e bens, responsabilidades, obrigações, garantias e direitos;

II — Seguros de Vida — os que, com base na duração da vida humana, visem a garantir, a segurados ou terceiros o pagamento, dentro do determinado prazo e condições, de quantia certa, renda ou outro benefício;

III — Seguro Saúde." (destaquei)

O "seguro de acidentes pessoais" vinha catalogado dentre os "seguros dos ramos elementares", posição essa não adotada pelo novo Código Civil, que aglutinou, na mesma Seção III do Capítulo XV, debaixo da categoria de "seguros de pessoas", os "seguros de vida" e de "acidentes pessoais".

Mas esses dois importantes seguros — seguro de vida e seguro de acidentes pessoais, diga-se — se diferenciam entre si, notada e respectivamente, pelo maior e menor espectro de coberturas que garantem. Enquanto o "seguro de acidentes pessoais", com seu âmbito mais restrito de coberturas, cobre apenas a morte, a invalidez e as despesas médicas e hospitalares, o "seguro de vida", mais amplo, visa a cobrir a morte qualquer que seja a sua causa, podendo também cobrir, adicionalmente, a invalidez.

Daí porque o prêmio que técnica e atuarialmente é cobrado no "seguro de acidentes pessoais", mais restrito, é prêmio mais em conta, mais barato e modesto que o que deve, técnica e atuarialmente, ser cobrado no "seguro de vida", pela sua maior amplitude que a daquele. Tanto que, cobrindo a morte qualquer que seja a

---

(24) BEVILAQUA, Clovis. *Código Civil dos Estados Unidos do Brasil*, p. 560 e ss.
(25) *Seguro. Teoria e prática*, p. 70 e ss.

sua causa, acaba cobrindo não só as mortes abraçadas como aquelas excluídas pelo seguro de acidentes pessoais.

Dentre todas essas espécies, o seguro saúde, embora se relacione à pessoa do segurado ou do beneficiário do seguro, relaciona-se diretamente com o seguro patrimonial[26]. Na modalidade mais comum de plano privado de assistência à saúde, a operadora não presta serviços médico-hospitalares ou odontológicos aos seus consumidores, mas, como seguradora, oferece-lhes a garantia contra riscos associados à saúde[27].

O seguro saúde só pode ser oferecido por seguradoras especializadas nesse tipo de contrato, ou seja, o objeto da seguradora é exclusivamente a oferta de garantia contra riscos associados à saúde. Ao tratar das seguradoras, Renato Macedo Buranello[28] aponta que "Só a empresa de seguros com suporte econômico e técnico e foco exclusivo pode consolidar suas operações e oferecer garantia aos segurados". As seguradoras são sociedades empresárias constituídas sob a forma de sociedades por ações que se obrigam a pagar determinada quantia quando se verifica o evento previsto no contrato. Em síntese, é a sociedade empresária que assume o risco.

O segurado, de forma bastante simplista, é tido como obrigado ao pagamento do prêmio e consequentemente beneficiário de casual ressarcimento, ainda que se estabeleça o seguro em benefício de terceiro.

Na esteira do conceito de seguro e segundo o princípio da mutualidade, o segurado reúne-se a outras pessoas para fixação de valor de determinado prêmio e para obtenção de cobertura quanto a certos riscos, suprindo necessidades comuns. A base do seguro é a coletividade de segurados, observada a repartição do risco e do prejuízo, dada a ocorrência do sinistro.

Por fim, mas não menos importante, está o beneficiário. O beneficiário é a pessoa física ou jurídica que desfruta dos benefícios concedidos pelo contrato de seguro, a favor de quem é devido o capital em caso de sinistro. A indicação ou nomeação de beneficiário pode ser feita a título gratuito ou oneroso, embora seja mais comum a primeira hipótese, normalmente feita de forma personalíssima, como que estivesse o segurado instituidor legando em testamento ou fazendo doação *sui generis* (de forma mais livre, posto que o seguro não é herança)[29].

Preservando-se tanto a ordem pública como os bons costumes, o Código Civil fixa ser "válida a instituição do companheiro como beneficiário, se ao tempo do contrato o segurado era separado judicialmente, ou já se encontrava separado de fato" (art. 793). Com efeito, é imprescindível que o segurado esteja, ao menos, separado de fato.

---

(26) SANTOS, Ricardo Bechara. *Sub-rogação* — plano (seguro) saúde *versus* seguro de automóvel — no velho e no novo código civil, p. 637.
(27) COELHO, Fábio Ulhoa. *Manual de direito comercial*, p. 499-500.
(28) *Do contrato de seguro*, p. 54 e ss, *passim*.
(29) SANTOS, Ricardo Bechara. *Direito de seguro no novo código civil*, p. 390-391.

O que é, portanto, contrato de seguro? É o contrato pelo qual pessoa jurídica determinada e especializada (seguradora), com o recebimento de certa quantia (prêmio), se obriga e assume o compromisso de pagar à pessoa física ou jurídica que quitou o prêmio e contratou o seguro montante sob a forma de capital (indenização), caso venha ocorrer o evento previsto no contrato celebrado (sinistro).

No caso do seguro saúde, a seguradora compromete-se a oferecer garantia contra riscos associados à saúde.

Nesse contexto, percebe-se, sem muito esforço, que o prêmio é elemento de extrema importância no âmbito do contrato de seguro, pois esboça a prestação do segurado pela assunção dos riscos estabelecidos e assumidos pelo segurador[30]. Renato Macedo Buranello[31] ensina, *in litteris*:

"De forma simples, pode ser definido como o percentual aplicado sobre a importância segurada que corresponde à contraprestação pela garantia assumida pela seguradora. É a remuneração paga pelo segurado ao segurador em contraprestação à cobertura do interesse segurado. O seu valor é determinado de acordo com a maior ou menor probabilidade de ocorrência do risco."

Sobre o assunto, Ricardo Bechara Santos[32] faz interessante alusão ao jogo. Verifique-se, *in verbis*:

"O caráter indenitário dos seguros de dano, e daí esses rigorosos limites estabelecidos pelo legislador como intransponíveis, tem o efeito didático e moralizador de não permitir que o sinistro possa interessar, como no jogo e na aposta, ao segurado. Ora bem, no jogo e na aposta, o evento futuro e incerto é ardentemente desejado pelo apostador, por isso que o prêmio aí tem sentido inverso do prêmio empregado no contexto do seguro; naquele, o prêmio é futuro e pago pela banca do jogo, neste o prêmio é a rigor antecipado e pago pelo segurado, que não é e nem deve ser apostador. Enfim, no seguro, ao contrário do jogo, o evento futuro não, não deve e nem pode ser desejado pelo segurado, posto que ninguém, em condições normais, iria desejar um dano, um prejuízo, uma morte, um acidente etc."

E Luigi Farenga[33] indica que "a prestação do segurador não é apenas o pagamento de soma devida a título de indenização, renda ou capital — prestação incerta e condicionada à ocorrência do evento — como também a predisposição de uma organização técnico-patrimonial e financeira idônea para conferir ao segurado certeza de que haverá o ressarcimento do dano ou do evento relativo à vida previsto no contrato".

---

(30) SILVA, Ivan de Oliveira. *Curso de direito do seguro*, p. 93, *passim*.
(31) *Do contrato de seguro*, p. 120.
(32) SANTOS, Ricardo Bechara. *Direito de seguro no novo código civil e legislação própria*, p. 743, *passim*.
(33) *IV Fórum de Direito do Seguro José Sallero Filho*, p. 116.

Prima facie, sem prêmio inexistirão recursos suficientes para o pagamento dos sinistros, despesas de administração, dividendos para os acionistas das sociedades seguradoras, etc. Esse cálculo apresenta dois grandes pilares, expressos particularmente (i) pelo prêmio puro e (ii) pelo carregamento. Ambos constituem o prêmio final. Sob esse contexto, Ivan de Oliveira Silva[34], citando Pedro Alvim (*O contrato de seguro*. Rio de Janeiro: Forense, 2001. p. 271), registra, *in verbis*:

> "o prêmio puro, fixado por cálculos, às vezes complicados, como acontece nos seguros de vida, depende de conhecimentos especializados de matemática atuarial, isto é, matemática aplicada ao seguro. Mas, em linhas gerais, faz-se o levantamento estatístico, durante determinado período de tempo, da incidência de casos ocorridos para o total de casos observados. Esses dados dão a conhecer a probabilidade de sinistros. É fixada matematicamente sob a forma de fração, cujo numerador exprime os fatos ocorridos (chances favoráveis)."

O carregamento, por seu turno, diz respeito às despesas administrativas originárias com a exploração da atividade econômica securitária, bem como os lucros almejados pela sociedade. Ivan de Oliveira Silva[35], mais uma vez citando Pedro Alvim (*O contrato de seguro*. Rio de Janeiro: Forense, 2001. p. 272), aponta, *in verbis*:

> "o carregamento leva em conta outros valores influentes no cálculo do prêmio, mas independentes do risco. Inclui as despesas administrativas da empresa, os gastos com agenciamento de clientes por corretores, a porcentagem do lucro para pagamento a acionistas e à diretoria, depois de formadas as reservas técnicas exigidas por lei etc."

Ao segurado é apresentado apenas o valor final do prêmio, esse aferido mediante critérios rigorosamente dispostos pela atuária. Sem a atuária, portanto, a obtenção do valor do prêmio voltaria a meros palpites de valores.

4. Contrato de emprego x contrato de seguro

Posto isto, é possível extrair importantes conclusões ao se comparar as naturezas jurídicas de um e outro segmento.

Como visto, consideram-se relações de trabalho aquelas relações jurídicas estabelecidas em obrigações de fazer por intermédio da atividade humana, enquanto as relações de emprego se consolidam quando o trabalho humano se desenvolve de forma não eventual, pessoal, onerosa e subordinada.

Partindo-se dessas premissas maiores, percebe-se, ao menos de forma geral, que as relações de trabalho não são permeadas pelo mutualismo. Na relação jurídica

---

(34) *Curso de direito do seguro*, p. 97.
(35) *Idem*.

de trabalho não há, necessariamente, a união de homens com o propósito de cooperação. A relação básica tem como centro de gravidade o trabalho humano desenvolvido em proveito alheio, o qual está inserido dentro de sistema produtivo. Há consecução efetiva do trabalho mediante certa paga.

Mesmo no caso das cooperativas, associações em que a união dos homens tem como objetivo a concentração de esforços coletivos, a relação de trabalho não é permeada pelo mutualismo[36]. Realmente, a Lei n. 5.764/1971 deixa transparecer que o ingresso de novos sócios depende da subscrição das quotas-partes do capital social. O que também se visa é o trabalho em si, além da potencial remuneração.

Agora, é claro que nem sempre o trabalho é remunerado. No Brasil, à semelhança da Itália, disciplinou-se o trabalho voluntário por intermédio da Lei n. 9.608/1998 e de seu Decreto n. 2.536/1998. Por força desse pequeno repertório legal, considera-se serviço voluntário a atividade não remunerada prestada por pessoa física à entidade pública de qualquer natureza, ou à instituição privada sem fins lucrativos que tenha objetivos cívicos, culturais, educacionais, científicos, recreativos ou de assistência social, inclusive mutualidade.

Verifica-se que a lei não estabelece qualquer tipo de distinção acerca da função a ser executada pelo voluntário, tampouco sobre a existência ou não da subordinação jurídica. A qualificação do trabalhador e o fato de ser ou não fiscalizada a sua atividade são irrelevantes à configuração do trabalho disciplinado pela Lei n. 9.608/1998.

O que interessa é que o trabalho seja prestado gratuitamente às entidades públicas de qualquer natureza, aí compreendidos os órgãos da administração direta e indireta ou às instituições privadas sem fins lucrativos que tenham objetivos cívicos, culturais, educacionais, científicos, recreativos ou de assistência social, inclusive mutualidade. Esses serviços devem ser prestados em atividades de proteção à família, à maternidade, à infância, à adolescência e à velhice, no amparo às crianças e aos adolescentes carentes, em ações de prevenção, habilitação e reabilitação de pessoas portadoras de deficiências, assim como em promoções gratuitas de assistência educacional ou de saúde, além da integração ao trabalho (art. 2º, incisos I a V do Decreto n. 2.536/1998).

Ora, tratando-se de trabalho gratuito com ânimo de benemerência, poder-se-ia apontar para existência do mutualismo, ou seja, do conjunto de pessoas com o propósito de cooperação. Entretanto, mesmo no trabalho voluntário, o cerne está na prestação de serviços, ainda que o trabalho seja desenvolvido com ânimo de caridade. Como a professora Carla Teresa Martins Romar[37] bem ensina, "o traba-

---

(36) Lei n. 5.764/1971, art. 30. "À exceção das cooperativas de crédito e das agrícolas mistas com seção de crédito, a admissão de associados, que se efetive mediante aprovação de seu pedido de ingresso pelo órgão de administração, complementa-se com a subscrição das quotas-partes de capital social e a sua assinatura no Livro de Matrícula".
(37) *Direito do trabalho e direito processual do trabalho*, p. 16.

lhador tem intenção, ânimo de trabalhar de forma graciosa, fundado em motivo de convicção pessoal, inexistindo qualquer expectativa por parte dele em receber um salário pelo trabalho executado".

No mutualismo o homem une-se com seus pares almejando mitigar perdas sofríveis pelos membros do grupo. E na relação jurídica do seguro temos presente esse princípio, vale dizer, a união de homens com o propósito de cooperação e concentração de esforços destinados a garantir a recomposição patrimonial dos membros que, individualmente, foram ou podem vir a ser vitimados pelas desventuras da boa sorte. O que impulsiona o mutualismo é a própria previdência, haja vista os componentes do grupo não saberem ao certo a quem será destinado o esforço coletivo.

Em suma, enquanto no contrato de seguro temos o mutualismo, no contrato de trabalho inexiste referida característica.

Quanto à solidariedade social, é possível encontrá-la em algumas modalidades de trabalho. Exemplo seria o já citado cooperativismo. A Lei n. 5.764/1971 define a sociedade cooperativa como o contrato em que as pessoas reciprocamente se obrigam a contribuir com bens ou serviços para o exercício de atividade econômica, de proveito comum, sem finalidade lucrativa (art. 3º). A cooperativa pressupõe, assim, aquilo que se conhece como princípio da dupla qualidade, pois o associado é simultaneamente sócio e usuário da organização. Também há que se falar (i) na adesão voluntária; (ii) na autonomia (ainda que o cooperado tenha que seguir orientações gerais do Estatuto); e, principalmente, (iii) no objetivo comum ligado pela solidariedade.

Realmente, na cooperativa típica não há lugar para a relação de emprego entre os sócios, pela conclusão óbvia de que essas duas relações se excluem. Uma baseia-se na *affectio societatis*, enquanto a outra se ampara na subordinação jurídica.

Na cooperativa os sócios são os donos do negócio. Esse mesmo raciocínio não vale para o vínculo que une empregadores e empregados. Na realidade, não há como afirmar-se que a relação de emprego pauta-se, essencialmente, na necessidade de proporcionar o bem-estar do indivíduo e de toda a coletividade, não obstante a função social do contrato e até a função social da empresa.

De certo, o contrato de emprego é circundado pelo poder diretivo do empregador, esse pulverizado (i) no poder de organização; (ii) no poder regulamentar; (iii) no poder de controle (fiscalizatório); e (iv) no poder disciplinar. Tal poder emaranha-se com as prerrogativas originárias da Constituição Federal (*v. g.* livre iniciativa) que atribuem ao empregador o direito da livre organização empresarial, desde a ideia inicial de seu empreendimento (projeto de criação) até a consolidação do negócio em todas as suas fases. Na esfera trabalhista, essas prerrogativas materializam-se no poder de estruturação funcional e hierárquica das relações internas entre o trabalho e o capital, inclusive a elaboração de regulamento da empresa.

Em síntese, a solidariedade social não permeia o contrato de emprego, ainda que possa permear algumas das relações de trabalho, tais como o cooperativismo.

Já quanto ao contrato de seguro, é certo que tal característica não o transpassa, pois um dos elementos essenciais a esse contrato é seu contexto elevadamente negocial. De sorte que o risco resta afastado pela compensação econômica do dano, oriundo do fato cujas consequências pretendeu-se rechaçar ou reduzir. Tal compensação tem natureza econômica no seguro, e isso independe de sua forma. As ideias, em conjunto, determinam a atividade como operação técnica comercial. E a característica negocial nem sempre primará pelo complemento de risco social, como bem exemplificam algumas modalidades de seguros, os quais almejam lucro na operação.

Além dos apontamentos envolvendo o mutualismo e a solidariedade social, os quais revelam grande diferenciação nas relações jurídicas e, por consequência, na natureza jurídica do seguro e do trabalho, existem outras notas.

Enquanto o seguro, propriamente dito, é oneroso, coletivo e almeja a compensação de riscos, o trabalho não é necessariamente oneroso (*v. g.* trabalho voluntário), é individual (*v. g.* pessoalidade do vínculo empregatício) e não busca a compensação de riscos, mas sim outra série de questões bastante pessoais, tais como a própria dignidade da pessoa humana.

Note-se que a Declaração Universal dos Direitos do Homem de 1948 consagrou como diretrizes basilares o direito ao trabalho digno e, consequentemente, a dignidade do trabalhador (art. XXIII).

Conclusão

A verificação da natureza jurídica define-se e alterna-se nos contextos históricos, sociais e econômicos (diferenciados ou não) ante o conjunto de condições atuais nas quais o fenômeno está inserido. Com efeito, a natureza de determinada categoria jurídica acaba tendo seus parâmetros centrais construídos em linha com os parâmetros centrais da categoria fática disposta na realidade social.

De fato, o "dever-ser" (categoria ou norma) existe em função do "ser" (fato), buscando atuar sobre ele e dele recebendo raciocínios que servem de indícios. Miguel Reale[38] leciona que a distinção entre ser e dever ser é antiga na Filosofia, mas "começa a ter importância mais acentuada a partir da Crítica da Razão Pura de Kant. É nesta obra capital que se estabelece, de maneira clara e com todo o peso de seu significado, a distinção entre ser e dever ser, entre Sein e Sollen".

Dadas todas as particularidades aqui enumeradas e fixadas entre o "contrato de emprego" e o "contrato de seguro", mostra-se verdadeiramente desastroso o entendimento no sentido de que a suspensão do contrato de trabalho, seja por aposentadoria por invalidez ou concessão de auxílio-doença, apenas importa em

---

(38) *Filosofia do direito*, p. 190-191.

suspensão das obrigações principais do contrato de trabalho e que o direito ao acesso ao plano de saúde — por decorrer diretamente do contrato de emprego e não depender da prestação de serviços para a sua manutenção — deva ser resguardado enquanto durar a concessão do benefício previdenciário.

Bibliografia

AULETE, Caldas. *Dicionário contemporâneo da língua portuguesa*. 2. ed. brasileira em 5 volumes. Rio de Janeiro: Delta, 1964.

BARROS, Alice Monteiro de. *Curso de direito do trabalho*. São Paulo: LTr, 2009.

BEVILAQUA, Clovis. *Teoria geral do direito civil*. Rio de Janeiro: Francisco Alves, 1975.

BURANELLO, Renato Macedo. *Do contrato de seguro. O seguro garantia de obrigações contratuais*. São Paulo: Quartier Latin, 2006.

CATHARINO, José Martins. *Tratado jurídico do salário*. São Paulo: Universidade de São Paulo / LTr, 1951 (edição original) e 1997 (edição fac-similada).

COELHO, Fábio Ulhoa. *Manual de direito comercial*. São Paulo: Saraiva, 2010.

COSTA, Eliane Costa. *Previdência complementar na seguridade social. O risco velhice e a idade para a aposentadoria*. São Paulo: LTr, 2003.

FERNANDES, António Monteiro. *Direito do trabalho*. Coimbra: Almedina, 2006.

GARCIA, Gustavo Filipe Barbosa Garcia. *Curso de direito do trabalho*. Rio de Janeiro: Forense, 2010.

GRAU, Juan Bataller; CHINER, Nuria Latorre; IGLESIA, Jesús Olavarría. *Derecho de los seguros privados*. Madrid: Marcial Pons, 2007.

GOMES, Orlando. *Contratos*. Rio de Janeiro: Forense, 1971.

MARQUES, Christiani. *A proteção ao trabalho penoso*. São Paulo: LTr, 2007.

MARTINS FILHO, Ives Gandra da Silva. A reforma do poder judiciário e seus desdobramentos na justiça do trabalho. *Revista LTr*, São Paulo, 69-01/34, jan. 2005.

_____. *Manual de direito e processo do trabalho*. São Paulo: Saraiva, 2010.

PARIZATTO, João Roberto. *Seguro. Teoria e prática*. Leme: Parizatto, 2010.

PASTOR, José M. Almansa. *Derecho de la seguridad social*. Madrid: Tecnos, 1991.

ROMAR, Carla Teresa Martins. *Direito do trabalho e direito processual do trabalho*. São Paulo: Atlas, 2010.

REALE, Miguel. *Filosofia do direito*. São Paulo: Saraiva, 1957.

SANTOS, Ricardo Bechara. *Direito de seguro no novo código civil e legislação própria*. Rio de Janeiro: Forense, 2008.

SILVA, Ivan de Oliveira. *Curso de direito do seguro*. São Paulo: Saraiva, 2008.

SÜSSEKIND, Arnaldo. *Curso de direito do trabalho*. Rio de Janeiro: Renovar, 2010.

_____. *Direito constitucional do trabalho*. Rio de Janeiro: Renovar, 2010.

>> A Impossibilidade de Incidência de Contribuição Previdenciária no Aviso-Prévio Indenizado

Marcel de Lacerda Borro[(*)]

O Governo Federal, em 12 de janeiro de 2009, assinou o Decreto n. 6.727/2009 que revogou a alínea "f" do inciso V do § 9º do art. 214 do Regulamento da Previdência Social, onde singelamente transformou o aviso prévio indenizado pago ao trabalhador em verba sujeita ao recolhimento previdenciário. Anteriormente ao Decreto, o referido artigo retirava expressamente o aviso prévio indenizado da base de cálculos do chamado salário de contribuição.

O aviso prévio, disciplinado nos arts. 487 e 491 da Consolidação das Leis Trabalhistas, é uma garantia do contrato de trabalho por prazo indeterminado destinado àquele que deseja por fim ao pacto laboral, sendo este o empregador, sendo este o empregado.

A Lei n. 8.212 promulgada em julho de 1991, ao delimitar o que seria tributável, quando tratou do salário de contribuição (art. 28), expressamente excluiu o aviso prévio indenizado em sua alínea "e" do § 9º do referido artigo. Ocorre, agora, que o Decreto n. 6.727/2009 alterou o Decreto n. 3.048/1999 suprimindo o aviso prévio indenizado do rol de parcelas não tributáveis, quando da revogação supra mencionada.

A figura de um decreto diante os olhos da Constituição Federal, em seu art. 84, tem como escopo permitir e assegurar a fiel execução de leis (art. 84, IV, CF). Os decretos expedidos pelo Presidente não tem o poder de alterar lei ordinária pela simples hierarquia de leis, deste modo, no presente caso, seria impossível a alteração do art. 28 da Lei n. 8.212/1991 sem o devido processo no legislativo.

(*) Advogado e Consultor. Professor Universitário. Especialista em Direito e Processo do Trabalho pela EPD (Escola Paulista de Direito). Pós graduando em Administração de Negócios (gestão de Empresas e Pessoas) pelo Mackenzie. Escritório: Lacerda Bôrro Advogados & Associados.

O Decreto expedido em 2009 (Decreto n. 6.727/2009), apresenta vícios formais e de caráter inconstitucional contrariando: o princípio da legalidade (art. 5º, II, CF):

"Art. 5º Todos são iguais perante a lei, sem distinção de qualquer natureza, garantindo-se aos brasileiros e aos estrangeiros residentes no País a inviolabilidade do direito à vida, à liberdade, à igualdade, à segurança e à propriedade, nos termos seguintes:

II — ninguém será obrigado a fazer ou deixar de fazer alguma coisa senão em virtude de lei."

O princípio da estrita legalidade tributária (art. 150, I, CF):

"Art. 150. Sem prejuízo de outras garantias asseguradas ao contribuinte, é vedado à União, aos Estados, ao Distrito Federal e aos Municípios:

I — exigir ou aumentar tributo sem lei que o estabeleça."

O art. 195, § 4º, I,II, CF, quando exige previsão legal específica para incidência de tributo sobre rendimento pagos e creditados ao empregado:

"Art. 195. A seguridade social será financiada por toda a sociedade, de forma direta e indireta, nos termos da lei, mediante recursos provenientes dos orçamentos da União, dos Estados, do Distrito Federal e dos Municípios, e das seguintes contribuições sociais:

I — do empregador, da empresa e da entidade a ela equiparada na forma da lei, incidentes sobre:

a) a folha de salários e demais rendimentos do trabalho pagos ou creditados, a qualquer título, à pessoa física que lhe preste serviço, mesmo sem vínculo empregatício;

b) a receita ou o faturamento;

c) o lucro;

II — do trabalhador e dos demais segurados da previdência social, não incidindo contribuição sobre aposentadoria e pensão concedidas pelo regime geral de previdência social de que trata o art. 201; § 4º: A lei poderá instituir outras fontes destinadas a garantir a manutenção ou expansão da seguridade social, obedecido o disposto no art. 154, I." Cabe salientar que somente por lei complementar poderão ser instituídas outras fontes destinadas a garantir a manutenção e a expansão da seguridade social, de acordo com o inciso I do art. 154 da Constituição Federal, sendo vedada a criação de tributo que tenha fato gerador ou base de cálculo próprios dos já existentes na Lei Maior.

Por fim o art. 201, §11 da CF/88 onde expressamente que a filiação é obrigatória à previdência social sobre os ganhos habituais do empregado, sendo certo que o aviso prévio não tem caráter habitual:

"Art. 201. A previdência social será organizada sob a forma de regime geral, de caráter contributivo e de filiação obrigatória, observados critérios que preservem o equilíbrio financeiro e atuarial, e atenderá, nos termos da lei, a: '§ 11 — Os ganhos habituais do empregado, a qualquer título, serão incorporados ao salário para efeito de contribuição previdenciária e consequente repercussão em benefícios, nos casos e na forma da lei'."

Esse é o entendimento atual do Tribunal Regional do Trabalho da 2ª Região:

"AVISO PRÉVIO INDENIZADO. NÃO INCIDÊNCIA DA CONTRIBUIÇÃO PREVIDENCIÁRIA. O aviso prévio não sofre incidência da contribuição previdenciária uma vez que legalmente qualificado como verba de natureza indenizatória. Inteligência dos arts. 195, I e 201, § 11 da CF e 477 da CLT. O fato de o aviso prévio antes ser, expressamente, considerado parcela não sujeita a incidência de contribuição previdenciária e, a Lei n. 9.528/1997, simplesmente, omiti-lo do rol de parcelas não sujeitas à incidência, não significa, per se, que tal parcela passou a ser considerada salário de contribuição ou ter natureza salarial. O legislador, neste caso não modificou a natureza jurídica indenizatória do aviso prévio. A incidência de contribuição previdenciária deve observar o princípio da tipicidade, da legalidade, da anterioridade, e da precedência nonagésima. (Tipo: Recurso Ordinário, Data de Julgamento: 22.4.2008, Relator(a): Ivani Contini Bramante, Revisor(a): Ivete Ribeiro, Acórdão n. 20080354461, Processo n. 00064-2005-314-02-00-0, ano: 2007, Turma 6ª, Data de Publicação: 16.5.2008)."

Nesse sentido é vasta a jurisprudência, inclusive dos Tribunais Regionais do Trabalho, Tribunal Superior do Trabalho e Supremo Tribunal de Justiça:

"Ementa: Previdenciário. Contribuições previdenciárias. Ferias não gozadas. I — As Importâncias pagas a empregados quando da resilição contratual, e por força dela, dizentes a aviso prévio, não tem color De salário Por isso que se não há falar em contribuição previdenciária. Precedentes. II — Recurso provido." (STJ-RESP 3794/PE 1ª T., Rel. Min. Geraldo Sobral, DJ 3.12.1990).

"EMENTA: PREVIDENCIÁRIO. EXECUÇÃO FISCAL. EMBARGOS. FÉRIAS E AVISO PRÉVIO. CONTRIBUIÇÃO PREVIDENCIÁRIA. IMPOSSIBILIDADE. 1. O pagamento a título de aviso prévio e férias indenizadas não integra o salário de contribuição ou remuneração do empregado, em razão da natureza indenizatória, sendo encargo indevido. 2. Remessa oficial improvida." (TRF 1ª Reg. REO 199701000174915/MG, 2ª T., Rel. Juiz Conv. Lindoval Marques de Brito, DJ 25.3.2002).

"EMENTA: PREVIDENCIÁRIO — AVISO PRÉVIO INDENIZADO — FÉRIAS INDENIZADAS — AUXÍLIO-DOENÇA — CONTRIBUIÇÃO PREVIDENCIÁRIA. 1 — NÃO incide contribuição previdenciária sobre aviso prévio indenizado, férias indenizadas e auxílio-doença quando da rescisão de contrato entre o empregador e o empregado. 2 — Apelação improvida. Precedentes do STJ." (TRF 2ª Reg., Ap. Cív. 9502257308/RJ, 4ª T., Rel. Juíza Célia Georgakopoulos. DJ 10.2.1998).

SÚMULA N. 368 DO TST — DESCONTOS PREVIDENCIÁRIOS E FISCAIS. COMPETÊNCIA. RESPONSABILIDADE PELO PAGAMENTO. FORMA DE CÁLCULO (inciso I alterado) — Res. n. 138/2005, DJ 23, 24 e 25.11.2005 I. A Justiça do Trabalho é competente para determinar o recolhimento das contribuições fiscais. A competência da Justiça do Trabalho, quanto à execução das contribuições previdenciárias, limita-se às sentenças condenatórias em pecúnia que proferir e aos valores, objeto de acordo homologado, que integrem o salário de contribuição (ex-OJ n. 141 da SBDI-1 — inserida em 27.11.1998). II. É do empregador a responsabilidade pelo recolhimento das contribuições previdenciárias e fiscais, resultante de crédito do empregado oriundo de condenação judicial, devendo incidir, em relação aos descontos fiscais, sobre o valor total da condenação, referente às parcelas tributáveis, calculado ao final, nos termos da Lei n. 8.541, de 23.12.1992, art. 46 e Provimento da CGJT n. 1/1996. (ex--OJs ns. 32 e 228 da SBDI-1 — inseridas, respectivamente, em 14.3.1994 e 20.6.2001). III. Em se tratando de descontos previdenciários, o critério de apuração encontra-se disciplinado no art. 276, § 4º, do Decreto n. 3.048/1999 que regulamentou a Lei n. 8.212/1991 e determina que a contribuição do empregado, no caso de ações trabalhistas, seja calculada mês a mês, aplicando-se as alíquotas previstas no art. 198, observado o limite máximo do salário de contribuição. (ex-OJs ns. 32 e 228 da SBDI-1 – inseridas, respectivamente, em 14.3.1994 e 20.6.2001)

EMENTA: Não merece provimento o recurso do INSS que visa executar, nesta Justiça, contribuições previdenciárias referentes a valores pagos no curso da relação de emprego, que era mantida na informalidade e que foi reconhecida pela reclamada, ao firmar acordo, em Juízo, comprometendo-se a efetuar o registro do contrato de trabalho na CTPS do trabalhador, porquanto a competência desta Justiça limita-se à execução das contribuições incidentes sobre o valor das parcelas da natureza salarial pagas por força do acordo homologado. Matéria pacificada pela edição da Súmula n. 368, item I, do C. TST. Recurso do INSS improvido. Restou consignado, no Termo de Conciliação de fl. 17, que o valor do INSS a ser recolhido teria por base de cálculo a importância de R$ 7,36. Dita quantia corresponde aos valores das parcelas relativas às verbas de natureza salarial, discriminadas no acordo. Especificamente, dizem respeito ao 13º salário proporcional (R$ 5,40) e às horas extras (R$ 1,95), que totalizam a importância de R$ 7,35. As demais parcelas discriminadas, quais sejam, aviso prévio indenizado, férias indenizadas e FGTS + multa de 40% possuem natureza indenizatória. Consequentemente, não integram a base de cálculo da contribuição previdenciária. Juiz Relator: José Luciano Alexo da Silva. Proc. TRT n. 00641-2005-161-06-00-2(RO) — Data 15.2.2006.

ACÓRDÃO — RECURSO DE REVISTA — HOMOLOGAÇÃO JUDICIAL DE ACORDO CONTRIBUIÇÃO PREVIDENCIÁRIA NATUREZA INDENIZATÓRIA DAS VERBAS AJUSTADAS. As partes celebraram acordo, mediante quitação da inicial e do contrato de trabalho, ajustando o pagamento de R$ 600,00, conforme ata da fl. 10. Na mesma ata foram discriminadas as parcelas indenizatórias, sendo R$ 322,00 a título de aviso prévio indenizado e R$ 278,00 a título de indenização por dano moral. No Recurso de Revista, o INSS sustenta que (a) o acordo firmado entre as partes versou exclusivamente sobre parcelas de natureza indenizatória, não guardando equilíbrio com os pedidos de natureza remuneratória avençados na inicial. Considerando que o acordo judicialmente homologado não necessita guardar correlação com os pedidos da inicial e que não foi identificado conluio entre as partes para fraudar o INSS, não merece reforma o acórdão regional. Diante do exposto, nego provimento ao recurso. Proc. TST-RR n. 543/2005-003-04-00.7. Relatora Maria Cristina Irigoyen Peduzzi. Data 7.3.2007.

AGRAVO DE INSTRUMENTO EM RECURSO DE REVISTA. INSS. ACORDO JUDICIAL. INCIDÊNCIA DA CONTRIBUIÇÃO PREVIDENCIÁRIA. AVISO PRÉVIO INDENIZADO. PARCELA INDENIZATÓRIA. INCIDÊNCIA. DESPROVIMENTO. Não há impedimento legal para que as partes transacionem o pagamento apenas de verbas de natureza indenizatória, nas quais não há incidência de contribuição previdenciária. Uma vez que o eg. Tribunal Regional entendeu pelo caráter indenizatório da verba referente a aviso prévio indenizado, não há que se falar em violação dos arts. 28, § 9º, da Lei n.

8.212/1991, 487, § 1º, da CLT e 150, § 6º e 195, I, a, da CRFB/88. O Regional negou provimento ao recurso ordinário da autarquia previdenciária, consignando que o fato gerador das contribuições previdenciárias somente ocorre com o pagamento de salário (art. 195, a, da CF), não havendo como atribuir natureza salarial ao aviso prévio indenizado, vez que não é exaustiva a enumeração das parcelas que não integram o salário de contribuição, prevista no art. 28, § 9º, da Lei n. 8.212/1991, até porque dela não consta, por exemplo, a indenização compensatória de 40% do FGTS, sobre a qual obviamente não incide a contribuição previdenciária e que, igualmente, encontra-se enumerada dentre as parcelas indenizatórias previstas no art. 214, § 9º, alínea a e d do Decreto n. 3.048/1999, o qual inclui o aviso-prévio indenizado nas parcelas não sujeitas à contribuição previdenciária. O agravo de instrumento, portanto, é infértil, nada produzindo. Por tais razões, NEGO PROVIMENTO ao agravo de instrumento. ISTO POSTO ACORDAM os Ministros da Sexta Turma do Tribunal Superior do Trabalho, unanimemente, conhecer do agravo de instrumento e, no mérito, negar-lhe provimento. Brasília, 28 de fevereiro de 2007. Proc. TST-AIRR n. 170/2005-066-03-40.7. Relator Juiz Convocado José Ronald C. Soares. Data 28.2.2007.

Recentemente no município de São Bernardo do Campo, precisamente na 2ª Vara da Justiça Federal, fora impetrado um Mandado de Segurança contra o titular da Delegacia da Receita Federal daquele município, obtendo êxito na liminar que garantiu a suspensão de cobrança da contribuição previdenciária sobre o aviso prévio indenizatório, defendida a inconstitucionalidade e ilegalidade do Decreto n. 6.727/2009, o que favorece demasiadamente a empresa impetrante e os empregados da mesma.

>> Nexo Técnico Epidemiológico (NTEP) e a Presunção Probatória no Processo do Trabalho

Marcelo Ricardo Grünwald[*]

Introdução

Desde 1º de abril de 2007, por força do Decreto n. 6.042/2007, que veio regulamentar a Lei n. 11.430/2006, o INSS passou a adotar um novo critério para caracterizar o nexo de causalidade entre uma eventual doença e a atividade laborativa; se antes o empregado era submetido à perícia, realizada por médico serventuário da própria instituição, a partir da entrada em vigor da mencionada norma não há mais a avaliação clínica para a concessão do benefício como acidentário.

O enquadramento passou a ser realizado por meio de uma nova ferramenta denominada *NTEP* ou *Nexo Técnico Epidemiológico*, que funciona da seguinte forma: Cada ramo de atividade explorado pelas empresas possui um código identificador — o CNAE (Classificação Nacional de Atividade Econômica) — assim como cada doença possui outro código — o CID (Classificação Internacional de Doenças). A Instituição Previdenciária realizou um levantamento estatístico de uma série de doenças que podem, eventualmente, acometer empregados que trabalhem em empresas que explorem determinada atividade econômica e passou a impor, automaticamente, uma presunção de que um rol de moléstias tenha origem em ramos de atividade econômica específicos.

Por exemplo, o CNAE 4921, pertinente às empresas que exploram as atividades de transporte rodoviário coletivo, tem arrolado como potencial doença de seus empregados, dentre tantas outras, a *dorsalgia* (CID M 54). Assim, seguindo o novo critério, sempre que o empregado de uma organização enquadrada no mesmo CNAE postular pelo afastamento previdenciário, se queixando de dor nas costas,

---

(*) Advogado especializado em Direito do Trabalho e Direito Processual Civil e Mestre em Direito das Relações Sociais pela PUC/SP. É advogado em São Paulo e sócio de Grünwald e Giraudeau Advogados Associados.

não importará se a doença tenha natureza preexistente, degenerativa, se foi originada por condutas estranhas à atividade laborativa. O INSS, neste caso hipotético, de pronto, aplicará o NTEP — o Nexo Técnico Epidemiológico — presumindo a origem ocupacional da moléstia, implicando na caracterização de doença profissional para todos os efeitos previdenciários.

O Decreto em referência presume, portanto, a origem ocupacional da doença e impõe a inversão probatória, na esfera administrativa, ao próprio empregador, na medida em que os incisos 6 ao 13, do art. 337, regulamentam a possibilidade de a empresa *requerer a não aplicação do nexo técnico epidemiológico*, desde que, no prazo de 15 (quinze) dias, contados a partir da entrega da GFIP (Guia de Recolhimento do FGTS e Informações à Previdência Social), apresente a exposição de motivos que refutem a presunção de existência de nexo causal entre a moléstia e a atividade laborativa, fazendo juntar as *provas que possuir* e as *evidências técnicas circunstanciadas e tempestivas à exposição do segurado, podendo ser produzidas no âmbito de programas de gestão de risco, a cargo da empresa, que possuam responsável técnico legalmente habilitado.*

O que se pretende com a elaboração do presente artigo é advertir que a ferramenta proposta pelo Decreto — o NTEP (Nexo Técnico Epidemiológico) — pode ser apropriada pelo processo do trabalho, presumindo a origem ocupacional de uma moléstia que acometa um demandante em uma ação judicial, deixando ao réu o ônus de demonstrar a hipótese contrária, qual seja, a de que a doença não tenha tido origem (ou agravamento) na atividade laborativa.

1. NTEP — Nexo Técnico Epidemiológico

A origem do NTEP remete à Resolução n. 1.236/2004, publicada pelo Instituto Previdenciário, que segundo Wladimir Novaes Martinez, apresenta "os fundamentos jurídicos, técnicos e estatísticos, representando fórmulas de matemática aplicáveis à estatística (algumas de difícil acesso aos comuns dos mortais)"[1].

Na definição de Martinez "do ponto de vista jurídico, ele é uma relação legalmente presumida entre uma série continuada e insidiosa de anomalias nitidamente laborais, contidas no âmbito do contrato de trabalho, agravos alegados pelo segurado e comprovados pela perícia médica do INSS, que possam efetivamente ser atribuídos ao exercício da atividade laboral, inferidos estatística e epidemiologicamente"[2].

Não se deu, no entanto, ampla publicidade acerca dos levantamentos e estudos atuariais que lastrearam a elaboração das tabelas de associação doença/ramo

---

(1) MARTINEZ, Wladimir Novaes. *Prova e contraprova do nexo epidemiológico*. 2. ed. São Paulo: LTr, 2009. p. 21.
(2) *Ibidem*, p. 28.

econômico a justificar a presunção automática da origem ocupacional das doenças que acometem os trabalhadores.

Revelando importante crítica acerca do novo critério, Martinez cita Claus Nogueira Aragão, que entende que o novo critério *prejudica a concessão do benefício às empresas que investem em segurança, porque o estará relacionando ao comportamento das demais companhias com atuação no mesmo setor*[3].

Entretanto, o objetivo deste artigo não é o de refletir a respeito da justeza ou legalidade do novo critério (que, aliás, é objeto de Ação Direta de Inconstitucionalidade — ADIn n. 3.931-8/2007), mas o de demonstrar, à luz do direito processual, que este critério pode ser exportado para o processo judicial a lastrear às suas decisões.

2. Nexo causal aplicado ao processo judicial

A Lei n. 8.213, de 24.7.1991 é a que, atualmente, dispõe sobre o acidente do trabalho, definindo-o em seu art. 19, como *o que ocorre a serviço da empresa ou pelo exercício do trabalho dos demais segurados obrigatórios, provocando lesão corporal ou perturbação funcional que cause a morte ou perda ou redução, permanente ou temporária, da capacidade de trabalho.*

No art. 20, o mesmo diploma legal equipara a doença profissional ao acidente do trabalho, dando-lhe definição: *assim entendida a produzida ou desencadeada pelo exercício do trabalho peculiar a determinada atividade e constante da respectiva relação elaborada pelo Ministério da Previdência Social.*

Nesta toada, para que se caracterize a doença do trabalho, é preciso que haja redução da capacidade laboral, além de estipular indubitável nexo causal entre a atividade exercida e a doença diagnosticada.

O mesmo diploma legal dispõe que não se considera doença profissional (art. 20, § 1º) a doença degenerativa, a inerente a grupo etário (própria da velhice), a que não produza incapacidade laborativa e a doença endêmica, adquirida por segurado habitante da região em que ela se desenvolva.

A controvérsia judicial fundada nos fatos de uma demanda se resolve diante da produção probatória de responsabilidade dos litigantes. Em uma condição processual ordinária, a prova manejada pelo autor de uma ação visa convencer o julgador da ocorrência de um evento que alicerce o direito postulado, prova constitutiva, portanto.

No caso de um pedido de reparação, fundado na alegação de existência de doença profissional incapacitante, temporária ou permanentemente, é fundamental que a parte autora demonstre a existência do nexo causal, entre a moléstia e o

---

(3) *Ibidem*, p. 21.

trabalho, especificamente o fato de que a origem ou o agravamento da doença tenha se dado em face do exercício profissional na empresa ré.

Nexo causal, portanto, é a ligação de causa e efeito entre a conduta e o resultado, estabelecendo-se um vínculo entre um determinado comportamento e um evento lesivo a verificar se a ação ou omissão do agente gerou ou não o dano, objeto de um pedido indenizatório.

Para tanto, diante de uma controvérsia estabelecida em um processo judicial, na medida em que há um pedido indenizatório fundado em alegada doença profissional, que, por sua vez, é contraposto pela negativa do réu, é praxe a designação de exame pericial, a cargo de serventuário da confiança do juízo, para a verificação de existência ou não da relação causal entre a doença e o trabalho.

3. Da possível presunção probatória do nexo causal apoiada no NTEP

Na medida em que a perícia médica judicial, na prática, se desenvolva no sentido de analisar os elementos de um caso concreto, confrontando cientificamente as circunstâncias da moléstia, as atividades laborativas desenvolvidas e o histórico familiar e de vida de um demandante, identificando, ou não, a efetiva correlação entre a moléstia e o trabalho, a criação do Nexo Técnico Epidemiológico veio a suscitar possível dúvida se a relação tratada pelo Decreto não seria suficiente a impor uma presunção probatória da existência da ligação causal entre doença e trabalho, invertendo-se, daí, a oneração probatória, em desfavor do réu.

Tal raciocínio não seria de todo equivocado, considerando o fato de que o estabelecimento do Nexo Técnico leva em consideração o conhecimento agregado em muitos anos pela Instituição Previdenciária, havendo, portanto, um fundamento científico, não muito diferente daquele utilizado nas análises em cada uma das perícias médicas realizadas nos processo judiciais.

O juiz, como se sabe, está atrelado ao seu livre convencimento motivado, sendo sua a prerrogativa de valorar os elementos que lhes são dispostos em uma controvérsia judicial (art. 131 do CPC). Há que acrescentar, por relevante, que o Juiz conhece o direito — *iuria novit curia* — e tem perfeita ciência da tabela trazida pelo Decreto n. 6.042/2007, que presume a relação causal entre moléstia e atividade econômica.

Sob este enfoque, o julgador pode formar a sua convicção com qualquer elemento de prova produzida nos autos, mesmo a referência legal que instituiu o Nexo Técnico Epidemiológico, presumindo a relação causal, se este for o elemento que melhor alicerce a sua consciência.

A presunção probatória imposta pela referência legal em comento é perfeitamente admitida pelo direito processual. Manoel Antonio Teixeira Filho diz que presunção não é meio de prova, trata-se de *mero raciocínio lógico, realizado pelo Juiz, mediante o qual a partir de um fato conhecido (probante) deduz a existência de um outro (probando), desconhecido e duvidoso*[4].

Cândido Rangel Dinamarco é certeiro ao conceituar a presunção probatória ao dizer que *constitui presunção relativa o processo mental que conduz a aceitação de um fato controvertido como existente, sem que esteja provado e até que o contrário venha a sê-lo. Apoiado da observação empírica da relação constante entre dois acontecimentos, e sabendo que um ordinariamente acontece quando o outro tenha acontecido* (quod plerumque acidit), *o legislador ou o juiz facilita a um dos sujeitos interessados a defesa de seus interesses, mediante a dispensa de provar o fato que lhe interessa — mas sempre com a ressalva do direito do adversário a demonstrar que no caso concreto as coisas se passaram de modo diferente e o fato presumido não aconteceu. Daí serem relativas essas presunções, i. é., elas prevalecem salvo prova em contrário. As presunções legais são indicadas em dispositivos especiais de lei e as judiciais, autorizadas pelo art. 335 do Código de Processo Civil*[5].

É possível certificar, portanto, que o ferramental trazido pelo Nexo Técnico Epidemiológico veio a criar a presunção relativa de causalidade entre determinadas doenças e atividades econômicas, sabendo, contudo, que as presunção relativas, ao contrário das absolutas, admitem que a parte contra a qual a presunção milite desfavoravelmente produza prova em contrário ao fato presumido (probando), tratando-se de clássica hipótese de inversão do ônus probatório.

Neste sentido, as decisões dos Tribunais Regionais e Superior do Trabalho vêm acatando a presunção probatória do nexo de causalidade e doença:

EMENTA: RECURSO ORDINÁRIO DA RECLAMADA. DOENÇA OCUPACIONAL. NEXO DE CAUSALIDADE. Presumível o "nexo técnico epidemiológico entre o trabalho e o agravo", nos termos do art. 21-A da Lei n. 8.213/1991, porquanto a doença apresentada pela reclamante tem, segundo o Regulamento da Previdência Social, relação com o trabalho por ela desempenhado na ré. Incumbia à reclamada fazer prova a infirmar essa presunção, ônus do qual não se desfez. Laudo médico que conclui pela possibilidade de nexo de causalidade entre a lesão e a atividade laboral. Testemunhas que indicam que a tarefa preponderante da empregada era de digitação. Indenização correspondente a danos patrimoniais e danos morais devidas. Apelo desprovido. RECURSO ORDINÁRIO DA RECLAMANTE. PENSÃO MENSAL VITALÍCIA. Em nenhum momento a prova dos autos aponta para a existência de definitiva redução ou perda da capacidade laborativa. Por tal motivo, não há falar, na hipótese, em direito à pensão mensal vitalícia. Provimento negado. (TRT 4ª Região, ACÓRDÃO 01540-2006-383-04-00-4 RO, Juíza Relatora Euridice Josefina Bazo Tôrres, DJ 24 de julho de 2008.

RECURSO DE REVISTA. 1. MULTA DO ART. 475-J DO CPC. INAPLICABILIDADE NO PROCESSO DO TRABALHO. 1.1. O princípio do devido processo legal é expressão da garantia constitucional de que as regras pré-estabelecidas pelo legislador ordinário

---
(4) *A prova no processo do trabalho*. 7. ed. São Paulo: LTr, 2000. p. 387
(5) *Instituições de direito processual civil*. 1. ed. São Paulo: Malheiros, 2001. v. 3, p. 78.

devem ser observadas na condução do processo, assegurando-se aos litigantes, na defesa dos direitos levados ao Poder Judiciário, todas as oportunidades processuais conferidas por Lei. 1.2. A aplicação das regras de direito processual comum, no âmbito do Processo do Trabalho, pressupõe a omissão da CLT e a compatibilidade das respectivas normas com os princípios e dispositivos que regem este ramo do Direito, a teor dos arts. 769 e 889 da CLT. 1.3. Existindo previsão expressa, na CLT, sobre a postura do devedor em face do título executivo judicial e as consequências de sua resistência jurídica, a aplicação subsidiária do art. 475-J do CPC, no sentido de ser acrescida, de forma automática, a multa de dez por cento sobre o valor da condenação, implica contrariedade aos princípios da legalidade e do devido processo legal, com ofensa ao art. 5º, II e LIV, da Carta Magna, pois subtrai-se o direito do executado de garantir a execução, em quarenta e oito horas, mediante o oferecimento de bens à penhora, nos termos do art. 882 consolidado. Recurso de revista conhecido e provido. 2. INDENIZAÇÃO POR DANOS MORAIS E MATERIAIS DECORRENTES DE DOENÇA OCUPACIONAL. PRESCRIÇÃO. AÇÃO AJUIZADA NA JUSTIÇA COMUM ANTES DA EMENDA CONSTITUCIONAL N. 45/2004. Tratando-se de pedido de indenização por dano moral decorrente de doença ocupacional, em que a ação foi ajuizada na Justiça Comum, em período anterior à definição da competência material para apreciar tal pedido (EC n. 45, de 31.12.2004), não é razoável aplicar-se o prazo prescricional bienal, previsto na Constituição Federal. Com efeito, o entendimento esposado no acórdão recorrido, de que a prescrição aplicável, na espécie, é a do Código Civil, vigente à época da propositura da ação, não permite visualizar afronta direta ao art. 7º, XXIX, da Carta Magna. Recurso de revista não conhecido. 3. DOENÇA OCUPACIONAL. NEXO TÉCNICO EPIDEMIOLÓGICO. PRESUNÇÃO LEGAL RELATIVA DE NEXO DE CAUSALIDADE ENTRE DOENÇA E TRABALHO. ÔNUS DA PROVA. 3.1. Com o advento da Lei n. 11.430/2006, foi inserido o art. 21-A na Lei n. 8.213/1991, dispondo que a perícia médica do INSS considerará caracterizada a natureza acidentária da incapacidade quando constatar ocorrência de nexo técnico epidemiológico entre o trabalho e o agravo, decorrente da relação entre a atividade da empresa e a entidade mórbida motivadora da incapacidade elencada na Classificação Internacional de Doenças — CID, em conformidade com o que dispuser o regulamento. A instituição do nexo técnico epidemiológico previdenciário — NTEP — constitui medida de proteção à saúde do trabalhador e decorre do reiterado descumprimento, pelos empregadores, da emissão de CAT e das dificuldades de fiscalização. Trata-se de método de associação estatística, em que se compara a recorrência do surgimento de patologias, em grupos de trabalhadores, a determinada atividade, estabelecendo-se nexo de causalidade presumido. 3.2. A atividade exercida pela reclamante está inserida nesse quadro, gerando presunção relativa de causalidade entre a entidade mórbida e a atividade laboral (arts. 21-A da Lei n. 8.213/1991, 337, § 3º, e Anexos do Decreto n. 3.048/1999). Em tal caso, o afastamento da presunção recai, no ambiente processual, sobre o empregador. Recurso de revista não conhecido. 4. DANOS MORAIS. VALOR DA INDENIZAÇÃO. Em se tratando de dano moral, a aferição do valor fica a cargo do Juiz que, de acordo com os elementos dos autos, deve arbitrá-lo. Na ausência de parâmetros objetivos no direito positivo, para aquilatar ou quantificar o montante devido por danos morais, o órgão judicante, detentor do poder de arbítrio, ao prestar a jurisdição estatal, terá por balizador a perspectiva de equidade (CLT, art. 8º, *caput*). Assim, arbitrará, com comedimento e prudência, à luz de sua convicção (CPC, art.

131; LICC, art. 5º), valor razoável, apto a amenizar o sofrimento imposto a alguém, de modo a servir de medida pedagógica hábil a inibir e desestimular a contumácia do causador do dano. Recurso de revista não conhecido. Processo: RR n. 58900-33.2007.5.09.0655 Data de Julgamento: 1º.9.2010, Relator Ministro: Alberto Luiz Bresciani de Fontan Pereira, 3ª Turma, Data de Publicação: DEJT 10.9.2010.

Conclusão

Por fim, releva concluir que na condição atual é bastante temerário para o réu, havendo controvérsia acerca do nexo de causalidade entre doença e trabalho e sendo possível a atribuição do Nexo Técnico Epidemiológico, na forma do Decreto n. 6.042/2007, deixar de postular pela perícia técnica a fim de provar que a doença não tenha relação com a atividade desenvolvida.

A inovação trazida pelo Decreto deve alterar a conduta das empresas nas defesas de ações judiciais, merecendo a análise de cada caso concreto, avaliando se a doença arrolada como alicerce dos pedidos indenizatórios (ou fundados em eventuais garantias de emprego) está arrolada no estudo epidemiológico publicado pelo Decreto n. 6.042/2007. Na hipótese positiva, é fundamental que a empresa, independentemente da estratégia processual do adverso, postule pela realização de prova pericial a fim de refutar a existência de nexo de causalidade entre a doença e a atividade econômica da empresa.

Caso contrário, não havendo qualquer outro elemento probatório, o juiz poderá se valer do ferramental epidemiológico, objeto do presente artigo, impondo a presunção probatória em favor do autor da ação, com severas consequências para o réu.

Bibliografia

DINAMARCO, Cândido Rangel. *Instituições de direito processual civil*. 1. ed. São Paulo: Malheiros, 2001. v. 3.

MARTINEZ, Wladimir Novaes. *Prova e contraprova do nexo epidemiológico*. 2. ed. São Paulo: LTr, 2009.

TEIXEIRA FILHO, Manuel Antonio. *A prova no processo do trabalho*. 7. ed. São Paulo: LTr, 2000.

►► Trabalho Análogo à Condição de Escravo "Lista Suja" Inconstitucionalidade da Portaria n. 2, de 13.5.2011 do Ministério do Trabalho e Emprego

Márcia Regina Pozelli Hernandez[*]

Introdução

Com grande satisfação aceitamos o convite da doutora Cristina Paranhos Olmos, igualmente membro da Comissão de Direito Empresarial do Trabalho da OAB/SP, para apresentarmos breve digressão acerca da Portaria n. 2, de 13.5.2011 do Ministério do Trabalho e Emprego e da Secretaria Interministerial de Direitos Humanos.

As nossas considerações têm como principal enfoque as consequências decorrentes da inclusão no cadastro de empregadores que, segundo o entendimento do Ministério do Trabalho e Emprego, contrataram e mantiveram trabalhadores em condições análogas à de escravidão. De forma breve, discorremos sobre o procedimento adotado pela fiscalização do trabalho para caracterização do trabalho escravo. Por fim, exaramos nosso entendimento acerca da inconstitucionalidade da referida Portaria publicada em substituição a n. 540, de 15.10.2004, que merece ser combatida inclusive preventivamente.

1. Principais aspectos e finalidade da Portaria n. 2, de 13.5.2011 — cadastro de empregadores "lista suja"

O Ministro de Estado do Trabalho e Emprego e a ministra de Estado Chefe da secretaria de direitos humanos, em ato conjunto, invocando a atribuição prevista

---

[*] Advogada, sócia do escritório Mesquita Barros Advogados, especialista em Direito Processual Civil e Mestre em Direito do Trabalho pela PUC-SP. Membro da Comissão de Direito do Trabalho da OAB-SP. Autora de livro e artigos na área de direito do trabalho
E-mail: mpozelli@mesquitabarros.com.br; marciapozelli@gmail.com.

no art. 87, parágrafo único, inciso II (competência para expedir instruções para execução de leis, decretos e regulamentos) e o disposto no art. 186 incisos III e IV da Constituição Federal (função social da propriedade rural com observância da normas que regulam as relações do trabalho e exploração com bem-estar dos proprietários e trabalhadores) ambos da Constituição Federal, editou a Portaria n. 2/2011, criando cadastro que faz constar nomes de empregadores que, no entendimento do Ministério do Trabalho e Emprego, teriam mantido trabalhadores em condições análogas à escravidão.

Nos termos do art. 2º da Portaria n. 540/2004 a inclusão do empregador na denominada "lista suja" pressupõe a existência, em primeiro lugar, de um procedimento administrativo, que dê origem a uma ação fiscal, cuja fiscalização constate a existência de trabalhadores submetidos à condição análoga de escravo. Veja-se:

> "A inclusão do nome do infrator no Cadastro ocorrerá após decisão administrativa final relativa ao auto de infração lavrado em decorrência de ação fiscal em que tenha havido a identificação de trabalhadores submetidos à condições análogas à de escravo."

A finalidade do Cadastro é punir o empregador que explora mão de obra escrava, pelo que, nos termos da referida Portaria n. 2/2011, somente após a decisão final do auto de infração, se mantida a autuação relativa à situação de escravidão, é que poderia se falar em inclusão do então infrator no referido Cadastro — "lista suja".

A inclusão na "lista suja" tem como efeito impedir o acesso do empregador pessoa física ou jurídica às linhas de crédito e incentivos fiscais junto aos bancos oficiais e agências regionais de desenvolvimento. Por conta da existência do cadastro, o Ministério da Integração Nacional recomenda que os agentes financeiros se abstenham de conceder financiamentos ou qualquer outro tipo de assistência, com recursos sob a supervisão deste Ministério, para as pessoas físicas e jurídicas que submetam ou tenham submetido trabalhadores a formas degradantes de trabalho ou que os mantenham em condições análogas ao de trabalho escravo.

O cadastro é igualmente usado pelo INCRA como base para identificação dos imóveis rurais autuados por trabalho escravo e a arrecadação de terras em situação irregular para projetos de reforma agrária.

Serve, também, de referência para empresas nacionais e multinacionais que assinaram o Pacto Nacional pela Erradicação do Trabalho Escravo. O Pacto foi chancelado em 2005, em cerimônia do Conselho de Desenvolvimento Econômico e Social (CDES), e é um compromisso público firmado por grandes empresas brasileiras e multinacionais de não adquirirem produtos de empreendimentos em que se constatou o uso de mão de obra em condição análoga à de escravo. Como consequência, dezenas de empresas já impõem a seus fornecedores cláusulas concernentes à observância dos direitos trabalhistas.

Consta do *site* do Ministério do Trabalho e Emprego a declaração do Assessor de Secretaria de Inspeção do Trabalho (SIT), Marcelo Campos, acerca dos efeitos da inclusão na "lista suja". Veja-se:

"O Cadastro é encaminhado a uma série de órgãos públicos para conhecimento e utilização. É compromisso do atual governo a não concessão de créditos a empregadores que constam do Cadastro. Além disso, as empresas privadas pautam suas relações comerciais tendo em vista os nomes que constam do Cadastro." (Disponível em <http://www.ecodebate.com.br/2010/01/07/mte-atualiza-lista-de-empregadores-envolvidos-com-trabalho-escravo/> Acesso em: 15.2.2011).

No entanto, a caracterização do trabalho escravo não pode se dar subjetivamente, sem o devido processo legal, em flagrante violação ao direito do contraditório, da ampla defesa e de propriedade garantidos constitucionalmente.

2. Procedimento dos auditores fiscais do trabalho

A Lei n. 7998 de 11.1.1990, com alterações introduzidas pela Lei n. 10.608, de 20.12.2002, assegura o pagamento do seguro-desemprego ao trabalhador resgatado em condição análoga à de escravo.

A Portaria n. 1.153, de 13.10.2003, do Ministério do Trabalho e Emprego, estabelece os procedimentos a serem observados pelos auditores fiscais, nas ações fiscais para identificação, libertação dos trabalhadores submetidos a regime de trabalho forçado ou em condição análoga à de escravo, visando a concessão do benefício do seguro-desemprego.

Nos termos do art. 3º da referida Portaria, para que o trabalhador libertado possa ter direito à percepção de três parcelas do seguro-desemprego, deve haver comprovação de ter sido resgatado do trabalho forçado ou em condição análoga a de escravo, por ação fiscal dos auditores fiscais do trabalho. A comprovação do trabalho degradante se dá mediante elaboração de RAF — Relatório Circunstanciado de Ação Fiscal, no qual deve constar a identificação da propriedade rural e de seu proprietário, número de empregados alcançados na ação fiscal, além do número de trabalhadores resgatados em regime de trabalho forçado ou em condição análoga à de escravo, o valor bruto das rescisões, o valor líquido recebido pelos trabalhadores, o número de autos de infração lavrados, com cópias de termos de apreensão de documentos e de eventuais prisões.

O RAF — Relatório Circunstanciado de Ação Fiscal deverá descrever a ausência de CTPS — Carteira de Trabalho e Previdência Social, a forma de recrutamento dos trabalhadores, a ausência de pagamento de salários, o regime de servidão por dívidas, a existência de segurança armada e/ou notícias de pressões e violências por parte do empregador ou preposto, o isolamento da propriedade rural em relação às vilas, os pontos de acesso a transporte público, o não fornecimento de água potável, o não fornecimento de alojamentos adequados e as condições gerais de saúde e segurança.

Depois de elaborado o RAF, este deve ser enviado à Secretaria de Inspeção do Trabalho, se a fiscalização de seu por iniciativa de Gerência ou de Superintendência Regional do Trabalho ou ao Coordenador da Secretaria da Inspeção, se realizada pelo Grupo Móvel.

A Resolução n. 306, de 6.11.2002, por sua vez, estabelece os procedimentos para a concessão do benefício do Seguro-Desemprego ao Trabalhador resgatado. Além de outros documentos, o trabalhador deve apresentar CTPS — Carteira de Trabalho e Previdência Social anotada pelo auditor fiscal do Ministério do Trabalho e Emprego, o TRCT — Termo de Rescisão do Contrato de Trabalho ou documento emitido pela fiscalização do Ministério do Trabalho e Emprego que comprove a situação de ter sido resgatado da situação análoga à escravidão.

A mesma Portaria prevê que no ato do requerimento, deve o Auditor Fiscal do Trabalho conferir os critérios de habilitação e fornecer ao trabalhador a CDRT — Comunicação de Dispensa do Trabalhador Resgatado devidamente preenchida.

3. Conceito de trabalho escravo ou análogo

A Constituição Federal no art. 5º, inciso XIII, dispõe a respeito da liberdade de escolha da profissão e do trabalho. O art. 1º, por sua vez, trata dos princípios fundamentais, quais sejam, a cidadania, dignidade da pessoa humana, livre iniciativa e os valores sociais do trabalho. Com exceção do art. 149 do Código Penal, não há em nosso ordenamento jurídico definição de trabalho escravo ou de condição análoga à de escravidão.

Segundo a OIT, "a característica mais visível do trabalho escravo é a falta de liberdade". As quatro formas mais comuns de cercear essa liberdade são: servidão por dívida, retenção de documentos, dificuldade de acesso ao local e presença de guardas armados.

No entanto, o que se verifica é que a fiscalização do trabalho, muitas vezes, ainda que não tenha havido qualquer restrição ao direito de ir e vir dos trabalhadores, entende indevidamente pela existência de trabalho análogo à condição de escravo somente porque lavrou autos de infração capitulados nos itens relativos às condições inadequadas de higiene, saúde e alimentação da NR-31, que dispõe sobre o trabalho rural.

Diante da ausência de um conceito preciso, os auditores fiscais acabam se valendo em suas inspeções da subjetividade, presunção ou intuição acerca da condição de trabalho forçado, escravo ou análogo à condição de escravo, acarretando verdadeira insegurança jurídica, inconcebível no Estado Democrático de Direito em que vivemos.

Porém, esse entendimento do Ministério do Trabalho e Emprego esbarra na jurisprudência do Supremo Tribunal Federal, segundo o qual:

"TRABALHO ESCRAVO — DESCUMPRIMENTO DE NORMAS DE PROTEÇÃO AO PRESTADOR DE SERVIÇOS. O simples descumprimento de normas de proteção ao trabalho não é conducente a se concluir pela configuração do trabalho escravo, pressupondo este o cerceio da liberdade de ir e vir." (STF 1ª Turma. RE 466.508-5. Relator Min. Marco Aurélio. Publicado no DJE em 1º.2.2008 e no Ementário n. 2.305-5)".

4. Aspectos constitucionais

Outro aspecto de suma importância, reside na análise da constitucionalidade da Portaria n. 2/2011 do Ministério do Trabalho e Emprego.

O estudo, ainda que breve, demonstra que a Portaria n. 2/2011, longe de conter instruções acerca do cumprimento de lei, decreto ou regulamento, revela verdadeiro ato normativo que invade a competência legislativa e implica abuso do exercício regular das funções do Sr. Ministro de Estado, violando o princípio da legalidade e o direito ao contraditório e ampla defesa garantidos constitucionalmente.

O tema previsto na Portaria, por se tratar de matéria relativa à fiscalização do trabalho, somente poderia ser disciplinado em lei federal, restando cristalina a sua inconstitucionalidade. Veja-se:

"AGRAVO DE INSTRUMENTO. INCLUSÃO DO EMPREGADOR EM CADASTRO DE EMPREGADORES QUE TENHAM MANTIDO TRABALHADORES EM CONDIÇÕES ANÁLOGAS À DE ESCRAVO. PREVISÃO CONTIDA EM PORTARIA. APARENTE OFENSA AO PRINCÍPIO DA LEGALIDADE. EXISTÊNCIA DE *PERICULUM IN MORA*.

1. Relevância da fundamentação de que a criação de cadastro de empregadores que empregam mão de obra escrava, e com a consequente perda de acesso ao crédito oficial, deve ser feita por meio de lei (Carta Magna, art. 5º, II), e não de portaria.

2. Ocorrência de *periculum in mora*, porquanto o registro no cadastro em causa impede o nele inscrito de ter acesso a crédito oficial. 3. Agravo de instrumento provido." (TRF — 1ª Região, 6ª Turma, Ag 2005.01.00.011127-9/MT, Rel. Des. Federal Maria Isabel Gallotti Rodrigues, Publicado no DJ, p. 93 em 14.8.2006)

Ademais, qualquer punição acerca da existência de trabalho escravo refoge à competência do Ministério do Trabalho e Emprego e bem assim do Juiz Trabalhista, eis que constitui crime tipificado no art. 149 do Código Penal. Veja-se:

"Art. 149. Reduzir alguém a condição análoga à de escravo, quer submetendo-o a trabalhos forçados ou a jornada exaustiva, quer sujeitando-o a condições degradantes de trabalho, quer restringindo, por qualquer meio, sua locomoção em razão de dívida contraída com o empregador ou preposto: Pena — reclusão, de dois a oito anos, e multa, além da pena correspondente à violência.

§ 1º Nas mesmas penas incorre quem: I — cerceia o uso de qualquer meio de transporte por parte do trabalhador, com o fim de retê-lo no local de trabalho; II — mantém vigilância ostensiva no local de trabalho ou se apodera de documentos ou objetos pessoais do trabalhador, com o fim de retê-lo no local de trabalho.

§ 2º A pena é aumentada de metade, se o crime é cometido: I — contra criança ou adolescente; II — por motivo de preconceito de raça, cor, etnia, religião ou origem."

A existência de eventuais laudos lavrados pelos agentes da fiscalização do trabalho e bem assim decisões judiciais, servem apenas para remessa de ofício ao Ministério Público Federal e Polícia Federal para instauração do procedimento penal competente.

Do nosso ordenamento jurídico depreende-se que os agentes do Ministério do Trabalho e Emprego, bem assim os membros do Ministério Público do Trabalho e o Juízo Trabalhista apenas vislumbram a ocorrência em tese do delito tipificado no art. 149 do Código Penal, qual seja, "redução à condição análoga de escravo". Não podem declarar, tampouco impor penalidades decorrentes da existência do crime, eis que cabe privativamente à Justiça Criminal fazê-lo, ainda assim respeitados o direito ao contraditório e ampla defesa, e somente após o trânsito em julgado de eventual ação penal.

Ora! Se assim é, como se admitir que por meio de simples Portaria, sem o devido processo penal, seja imputada à empresa a pecha da prática de crime com consequências de toda ordem?!.

Nesta linha de raciocínio, se torna inadmissível a criação de uma "lista suja" de empregadores apenas suspeitos da prática de um delito. Pior ainda é imaginar que o cadastro faz constar quem nem sequer foi processado legalmente em total afronta à garantia constitucional de presunção de inocência, prevista no art. 5º, inciso LVII, da Constituição Federal. Veja-se:

"... o princípio constitucional da presunção de inocência (...) assegura (...) que os nomes dos réus não sejam lançados no rol dos culpados antes do trânsito em julgado da decisão condenatória" (STJ — 5ª T., HC 31.405/RO, Rel. Min. Jorge Scartezzini, julg. em 11.5.2004 in DJU de 1º.7.2004, p. 229).

Posição similar à adotada pelo Supremo Tribunal Federal: "PRINCÍPIO DA NÃO CULPABILIDADE DO RÉU. O postulado constitucional da não culpabilidade do réu impede que se lance o nome do acusado no rol dos culpados, enquanto não houver transitado em julgado a condenação penal contra ele proferida" (STF — 1ª T., HCn. 72610/MG, Rel. Min. Celso de Mello, julg. em 5.12.1995 in DJU de 6.9.1996, p. 31.850).

Com efeito, ainda que fosse possível a criação pelo Ministério do Trabalho e Emprego e Secretaria de Direitos Humanos de "lista suja" com base apenas em Portaria, imprescindível primeiro tivesse havido condenação penal transitada em julgado. Veja-se:

"ELEIÇÕES 2008. REGISTRO DE CANDIDATO. PREFEITO. VIDA PREGRESSA. CONDENAÇÃO. TRÂNSITO EM JULGADO. AUSÊNCIA. ART 14, § 9º, DA CONSTITUIÇÃO FEDERAL. NÃO AUTOAPLICABILIDADE. RECURSO PROVIDO. AGRAVO REGIMENTAL DESPROVIDO. 1. Sem o trânsito em julgado de ação penal, de improbidade administrativa ou de ação civil pública, nenhum pré-candidato pode ter seu registro de candidatura recusado pela Justiça Eleitoral (Cta. n. 1.621/PB). 2. Decidiu o Supremo Tribunal Federal que a pretensão de impedir a candidatura daqueles que ainda respondem a processo — sem trânsito em julgado — viola os princípios constitucionais da presunção de inocência e do devido processo legal (ADPF n. 144/DF). 3. Não é auto-aplicável o disposto no art. 14, § 9º da CF. 4. Agravo regimental desprovido" (RESPE — 29028, Processo n. 29028, Publicado em Sessão no dia 26.8.2008).

Entendemos que a Portaria do Ministério do Trabalho e Emprego viola o art. 5º, inciso II, bem como o art. 170, parágrafo único, ambos da Constituição Federal, que asseguram que ninguém será obrigada a fazer ou deixar de fazer algo, senão em virtude de lei e também o livre exercício de qualquer atividade econômica.

A inconstitucionalidade ora ventilada se assemelha à situação vivida pelas empresas por ocasião da criação do Cadastro de Inadimplentes — CADIN, que implica restrições de crédito, cuja liminar proferida na Ação Direta de Inconstitucionalidade — ADIN n. 1155-3 tem o seguinte teor:

"AÇÃO DIRETA DE INCONSTITUCIONALIDADE — LIMINAR. Concorrendo a relevância jurídica do pedido formulado e o risco de manter-se com plena eficácia dos preceitos do ato normativo relativamente aos arts. 3º ao 11 do Decreto n. 1.006, de 9 de dezembro de 1993, no que vedam, com as consequências neles previstas, a realização de operações de crédito, inclusive a concessão de garantias, de incentivos fiscais e financeiros, a celebração de convênios, acordos, ajustes ou contratos que envolvam desembolso, a qualquer título, de recursos financeiros outros procedimentos a serem definidos pelo Ministério da Fazenda relativamente às pessoas jurídicas ou naturais responsáveis por obrigações pecuniárias vencidas e não extintas, por pagamento ou qualquer outra forma legal para com órgão ou entidade federal, inclusive instituições oficiais federais do Sistema Financeiro Nacional, isto a pretexto de regulamentar o art. 6º da Lei n. 8.627, de 19 de fevereiro de 1993, no que versa sobre o pagamento da remuneração, proventos vencimentos dos servidores públicos federais, civis e militares." (STF, Pleno, ADIN n. 1.155-3, Rel. Min. Marco Aurélio in DJU de 14.5.2001)

Ora! Não há dúvida de que a situação é ainda mais grave quando ao invés de se imputar apenas a condição de devedor da Fazenda Pública, a inclusão na "lista suja", além graves restrições financeiras, imputa verdadeiros obstáculos contratuais e macula a imagem da empresa.

Conclusão

Embora louváveis os esforços das autoridades brasileiras no combate ao trabalho análogo à condição de escravo, a inclusão indevida, sem critérios definidos em Lei Federal, de empresas na malfada "lista suja" traz prejuízos de ordem financeira e moral para as empresas e deve ser combatida perante o Poder Judiciário, inclusive preventivamente. Isto porque, a existência de condições de trabalho contrárias à NR-31, principalmente no que diz respeito às condições de higiene, alojamento e alimentação não são suficientes à caracterização de trabalho escravo na área rural. Falece competência às autoridades do Ministério do Trabalho e Emprego, do Ministério Público do Trabalho e igualmente ao Juiz Trabalhista para declaração de existência de trabalho escravo ou análogo. A hipótese reclama a apreciação e julgamento exclusivo da Justiça Criminal.

>> Aspectos Relevantes do Regime Jurídico do Trabalho Médico

Marcos César Amador Alves[(*)]

"Sedare dolorem opus divinum est."
Hipócrates

Introdução

O proeminente papel exercido pelo trabalho médico é reconhecido e valorizado por todos os seguimentos da sociedade desde tempos imemoriáveis. Se o valor social do trabalho e a proteção da dignidade do trabalhador foram enlevados como princípios éticos reconhecidos universalmente, tal lógica aplica-se com intensidade ainda mais notável ao considerarmos as particularidades do trabalho médico, comprometido com a altiva missão de curar doenças, salvar vidas humanas e minorar sofrimentos.

No Brasil, no entanto, deparamo-nos com uma realidade inquietante. O sistema de saúde brasileiro, como é de notório conhecimento, apresenta disfunções significativas na atualidade. Está, verdadeiramente, distante de ser considerado justo e eficaz. Se, no âmbito público, ante a inegável desorganização e incúria na gestão dos recursos oficiais, o atendimento à população aproxima-se da inoperância, também o sistema privado revela incontáveis vicissitudes, à margem de uma

---

(*) Advogado. Titular de Amador Alves Advogados. Doutorando em Direito do Trabalho pela Faculdade de Direito da Universidade de São Paulo — USP. Mestre em Direito das Relações Sociais pela Pontifícia Universidade Católica de São Paulo — PUC-SP. MBA em Administração de Empresas para Graduados na Fundação Getúlio Vargas de São Paulo — FGV-SP — CEAG. International Fellowship Program na Organização das Nações Unidas (ONU), em New York, realizou estudos pós-graduados e atividades acadêmicas na Facoltà di Giurisprudenza della Università degli Studi di Roma Tor Vergata, na Facoltà di Giurisprudenza della Università degli Studi di Roma La Sapienza e na Columbia Law School, em Nova York, foi Presidente da Comissão de Direito Empresarial do Trabalho da OAB/SP e Membro Oficial de Missão Diplomática na Organização das Nações Unidas (ONU), em New York. *E-mail:* amadoralvesadv@uol.com.br.

regulação capaz de estabelecer e promover o equilíbrio sustentável entre a imprescindível valorização do trabalho médico, a essencialidade dos serviços de saúde e a livre iniciativa.

Enunciada realidade produz, necessariamente, expressivas consequencias no que respeita ao exercício do trabalho médico. Os médicos, de um modo especial, tornam-se vítimas preferenciais de um sistema já qualificado como injusto e ineficaz. Os profissionais da saúde queixam-se das condições de trabalho iníquas, das jornadas de trabalho extenuantes, da remuneração inadequada, dos tortuosos processos de trabalho, da dificuldade no acesso à necessária reciclagem profissional, enfim, da denegação sistemática de direitos, gerando pessimismo e desestímulo em relação ao futuro da atividade e do próprio sistema de saúde.

O regramento da atividade laborativa humana na sociedade contemporânea apresenta, como se sabe, uma infindável complexidade. No que respeita ao trabalho médico, o estudo do regime jurídico ordinário que rege a profissão, diante do panorama exposto, exibe dificuldades ainda mais específicas no tocante à legítima proteção objetivada. Ao jurista, mais do que analisar a norma e sua estrutura formal, apresenta-se o desafio de encontrar os meios de efetivação das declarações de direitos destinadas a consolidar uma sociedade verdadeiramente justa.

Apresentar, ainda que de modo objetivo e abreviado, os aspectos fundamentais do regime jurídico ordinário do trabalho médico subordinado, na expectativa de que o conhecimento das regras e do contexto em que estão inseridas conduza à racionalidade e à harmonização das relações de trabalho é o desígnio do vertente estudo. Somente se concretizados, os direitos fundamentais declarados serão instrumentos efetivos para a afirmação da dignidade do trabalho médico.

1. Legislação profissional básica: principais normas aplicáveis

Preambularmente, impõe-se destacar, no contexto do ordenamento jurídico brasileiro, as principais normas de índole trabalhista aplicáveis ao exercício do trabalho médico subordinado. Dado o escopo e as limitações do presente artigo, a vertente exibição da legislação profissional tem o condão de tão somente expor e enumerar os diplomas básicos aplicáveis, sem lograr dissecá-los ou interpretá-los exaustivamente.

De início, merece específica menção a Constituição Federal de 1988, cujos princípios e fundamentos devem sempre ser usados como lentes para a leitura de todas as regras jurídicas, a qual delineia a dignidade da pessoa humana (CF, art. 1º, III) e a valorização do trabalho (CF, art. 1º, IV) como preceptivos basilares da sociedade brasileira.

Em seu art. 5º, XIII, a Carta Magna estabelece o livre exercício de qualquer trabalho, ofício ou profissão, atendidas as qualificações profissionais que a lei estabelecer. Trata-se da decantada liberdade de profissão. No tocante à regulamentação profissional referida na parte final do dispositivo, o Congresso Nacional, o Ministério do Trabalho e Emprego, o Ministério da Educação e os Conselhos de Fiscalização do exercício de profissões são os entes principais legitimados à edição das leis e normas de autorização e regulação ocupacional. No caso do trabalho médico, de se destacar que a liberdade de profissão mencionada está condicionada, notadamente, aos preceitos dos Conselhos Federal e Regionais de Medicina (Lei Federal n. 3.268/1947 e Decreto n. 44.045/1958).

A Constituição, ademais, ao estabelecer os nominados direitos sociais, abriga em seus arts. 7º e seguintes, numerosas disposições alusivas aos direitos dos trabalhadores, como relação de emprego protegida contra despedida arbitrária ou sem justa causa, fundo de garantia do tempo de serviço, piso salarial, irredutibilidade salarial, décimo terceiro salário, remuneração do trabalho noturno superior à do diurno, participação nos lucros ou resultados, duração do trabalho normal não superior a oito horas diárias e quarenta e quatro semanais, jornada de seis horas para o trabalho realizado em turnos ininterruptos de revezamento, repouso semanal remunerado, preferencialmente aos domingos, remuneração do serviço extraordinário superior, no mínimo, em cinquenta por cento à do normal, gozo de férias anuais remuneradas com, pelo menos, um terço a mais do que o salário normal, licença à gestante, sem prejuízo do emprego e do salário, com a duração de cento e vinte dias, licença-paternidade, aviso prévio proporcional ao tempo de serviço, sendo no mínimo de trinta dias, redução dos riscos inerentes ao trabalho, por meio de normas de saúde, higiene e segurança, adicional de remuneração para as atividades penosas, insalubres ou perigosas, proibição de diferença de salários, de exercício de funções e de critério de admissão por motivo de sexo, idade, cor ou estado civil, proibição de qualquer discriminação no tocante a salário e critérios de admissão do trabalhador portador de deficiência, liberdade de associação profissional ou sindical, direito de greve. São, imperativamente, direitos assegurados ao médico empregado.

A Consolidação das Leis do Trabalho (CLT), ao seu turno, apresenta-se como o documento legal básico, como o verdadeiro estatuto de direitos dos trabalhadores brasileiros, aplicando-se, como regra geral, ao trabalho médico subordinado. Em seu art. 3º, disciplina tema fundamental, que será minuciosamente tratado no próximo tópico, a saber: "Considera-se empregado toda pessoa física que prestar serviços de natureza não eventual a empregador, sob dependência deste e mediante salário". De modo correlato, estabelece seu art. 442 que "contrato individual trabalho é o acordo, tácito ou expresso, correspondente à relação de emprego". No mesmo passo, prevê, no art. 443, que "o contrato individual de trabalho poderá ser acordado tácita ou expressamente, verbalmente ou por escrito e por prazo determinado ou indeterminado".

Diversas das garantias previstas na Constituição Federal recebem, no texto da CLT, a necessária e adequada regulamentação, assegurando sua efetivação e seu pleno exercício, como, por exemplo, a definição da jornada noturna ordinária, compreendida entre as vinte e duas horas de um dia e as cinco horas do dia seguinte (CLT, art. 73).

Considerando as condições peculiares do trabalho médico, importante ressaltar o conteúdo da Lei Federal n. 3.999/1961, conhecida como a norma do salário profissional médico. Enquanto preceito de tutela especial, constitui-se como legislação específica aplicável ao trabalho médico, a disciplinar a duração normal do trabalho do médico, o salário profissional mínimo, intervalos legais, entre outros aspectos que serão destacados ao longo do presente artigo.

Também é de fundamental importância enfatizar o papel das normas coletivas de trabalho, estabelecidas por meio de acordo, convenção ou dissídio coletivo de trabalho, em que condições trabalhistas são definidas com a ativação das entidades sindicais representativas. São consideradas fontes de direito, sendo que a vigência de seus efeitos persiste durante prazo estipulado na própria norma coletiva. São exemplos as regras definidoras da participação nos lucros ou resultados poderão ser objeto de negociação entre a empresa e seus empregados, mediante acordo ou convenção coletiva de trabalho, conforme preceitua da Lei Federal n. 10.101/2000.

Para os objetivos do presente estudo, serão consideradas as regras jurídicas antes expostas como origem e fundamento de validade dos direitos que serão apresentados.

2. Relação jurídica de emprego

Considerado como tema dos mais debatidos e controvertidos nos meios jurídicos, o modelo de inserção do trabalho médico nos estabelecimentos de saúde exige profunda reflexão para seu apropriado e preciso enquadramento legal.

A importância da definição do regime jurídico aplicado ao trabalho médico é central para o escopo do vertente artigo. O reconhecimento da existência de relação jurídica de emprego, ou vínculo empregatício, funciona como autêntico passaporte de acesso ao arcabouço protetivo laboral previsto no ordenamento jurídico brasileiro, pelo qual todos os direitos trabalhistas aplicáveis passam a integrar o patrimônio jurídico do médico.

Proteção é exatamente a palavra que motiva e fundamenta a aplicação de direitos de natureza trabalhista. Enquanto o Direito Civil usualmente supõe a igualdade entre as partes, o Direito do Trabalho, valendo-se de sua índole tutelar, busca elidir os efeitos das desigualdades intrínsecas aos partícipes da relação de emprego, equilibrando e contrapesando os lados da relação existente.

Para o jurista Arnaldo Süssekind:

"O princípio da proteção do trabalhador resulta das normas imperativas e, portanto, de ordem pública, que caracterizam a instituição básica do

Estado nas relações de trabalho, visando a opor obstáculos à autonomia da vontade"[1].

O princípio protetivo é o elemento distintivo do Direito do Trabalho. Ao mesmo tempo, vislumbra-se a aplicação do preceptivo da primazia da realidade sobre a forma, pelo qual a relação de trabalho constitui-se em contrato-realidade. Neste sentido, de se destacar, para o desígnio do presente estudo, que não importa se o estabelecimento de saúde qualifica o profissional que exerce o trabalho médico como autônomo, pessoa jurídica, cooperado ou informal. A forma não influencia a essência. Se a realidade dos fatos evidenciar a presença dos requisitos de configuração da relação jurídica de emprego, os expedientes formais ou contratuais que tentem elidí-lo serão tidos como nulos de pleno direito, posto que fraudulentos (CLT, art. 9º).

Para a caracterização do vínculo empregatício, necessária se mostrará a identificação dos elementos descritos no art. 3º da CLT, a saber: "Considera-se empregado toda pessoa física que prestar serviços de natureza não eventual a empregador, sob dependência deste e mediante salário". A respeito da definição de empregador, disciplina o art. 2º, *caput*, da CLT: "Considera-se empregador a empresa, individual ou coletiva, que, assumindo os riscos da atividade econômica, admite, assalaria e dirige a prestação pessoal de serviço".

Segundo ensina Mauricio Godinho Delgado, a partir da exegese dos dispositivos mencionados, extraem-se os elementos que determinam a formação do vínculo de emprego:

> "Tais elementos são, portanto: trabalho não eventual, prestado *intuito personae* (pessoalidade) por pessoa física, em situação de subordinação, com onerosidade"[2].

E prossegue o festejado autor:

> "Esses elementos ocorrem no mundo dos fatos, existindo independentemente do Direito (devendo, por isso, ser tidos como elementos fáticos). Em face de sua relevância sóciojuridica, são eles porém captados pelo Direito, que lhes confere efeitos compatíveis (por isso devendo em consequencia, ser chamados de elementos fático-jurídicos)"[3].

Da análise dos dispositivos e comentários transcritos, constata-se que são considerados requisitos essenciais para a configuração da relação jurídica de emprego, a habitualidade, subordinação, onerosidade, pessoalidade e alteridade.

Entre os elementos mencionados, a subordinação merece análise mais detida. Comumente, o trabalho intelectual ou trabalho executado por profissional liberal,

---

(1) SÜSSEKIND, Arnaldo; MARANHÃO, Délio; VIANNA, Segadas. *Instituições de direito do trabalho*. 14. ed. São Paulo: LTr, 1993. v. I, p. 128.
(2) DELGADO, Mauricio Godinho. *Curso de direito do trabalho*. 6. ed. São Paulo: LTr, 2007. p. 70.
(3) *Idem*.

como na hipótese do trabalho médico, enseja questionamentos frequentes e resistências, visto que a subordinação não é tão forte e de fácil reconhecimento como nas funções comuns.

A subordinação do trabalhador corresponde à transferência, à transmissão da autonomia da vontade do obreiro ao empregador no que respeita à ativação laboral. O empregado é um trabalhador dirigido pelo empregador, subordinado, portanto. Tal, evidentemente, não implica a circunscrição da independência profissional relacionada às decisões médicas na aplicação dos preceitos da medicina, do relacionamento médico-paciente.

Para Octavio Bueno Magano, "a subordinação constitui o poder de direção visto do lado do trabalhador. Por isso que o empregador organiza e controla os fatores da produção, advém-lhe o poder de dirigir seus empregados"[4].

O jurista Amauri Mascaro Nascimento consagra que "o trabalho subordinado é aquele no qual o trabalhador transfere a terceiro o poder de direção sobre o seu trabalho, sujeitando-se como consequência ao poder de organização, ao poder de controle e ao poder disciplinar deste"[5].

A subordinação em sentido jurídico, de fato, é o elemento essencial à caracterização do vínculo empregatício. No âmbito médico, suas especificidades são marcantes, demandando estudo particular.

Ao tratar especificamente da relação laboral existente entre médicos e hospitais, associando-a à constatação dos elementos que determinam o vínculo empregatício, assevera Nicanor Sena Passos[6]:

> "São três os elementos encontradiços na relação médico-hospital: 1) elementos de certeza — quando encontrados, existirá contrato de trabalho entre o médico e o hospital; 2) elementos de indícios — quando encontrados, podem levar o Juiz do Trabalho ou os fiscais do Ministério do Trabalho e/ou do INSS a uma busca mais ampla para concluir pela existência de fraude ou não; 3) elementos excludentes — quando encontrados, afastam completamente a possibilidade de contrato de trabalho entre hospitais e médicos. Vejamos, pois, um a um, tais elementos. Elementos de certeza: 1.1. colocação à disposição do hospital de energia de trabalho médico durante um certo lapso de tempo diário, semanal ou mensal, com o correspondente controle pela empresa; 1.2. obrigação de o médico comparecer pessoalmente ao hospital, diária, semanal ou mensalmente; 1.3. obediência do médico a normas

---

(4) MAGANO, Octavio Bueno. *Manual de direito do trabalho*. 4. ed. rev e atual. São Paulo: LTr, 1993. p. 50
(5) NASCIMENTO, Amauri Mascaro. *Curso de direito do trabalho*. 19. ed. rev. e atual. São Paulo: Saraiva, 2004. p. 407.
(6) PASSOS, Nicanor Sena. Relação de trabalho médico-hospitalar. *Jornal Trabalhista Consulex*, ano XV, n. 733, p. 1179, 26 out. 1998.

administrativas do hospital; 1.4. recebimento de instruções sobre o cumprimento de regimento do corpo clínico; 1.5. obediência a regulamento da empresa. Elementos de indícios: 2.1. recebimento de quantia fixa diário, semanal ou mensal a título de serviços prestados pelo médico à empresa hospitalar; 2.2. obrigação de mínimo de produção, quanto a atendimento de convênios firmados pelo hospital com entidades afins; 2.3. recebimento de honorários pela instituição hospitalar e posterior repasse ao profissional médico; 2.4. proibição de o médico contratar corpo de auxiliares ou pessoal de apoio, ao seu critério, sem ouvir a diretoria clínica do hospital. Elementos excludentes: 3.1. existência de clínica fora do hospital registrada e fiscalizada pelo CRM e admissão de auxiliares; 3.2. substituição do médico por outro profissional na prestação dos serviço, a critério da empresa, observado, evidentemente, o Código de Ética Médica; 3.3. pagamento de impostos sobre serviços; 3.4. registro no CRM; 3.5. utilização do tempo segundo diretrizes fixadas pelo próprio médico, sem qualquer ingerência do hospital contratante; 3.6. empréstimo de coisas não fungíveis por parte da empresa ao médico, tais como instalações, equipamentos e aparelhos hospitalares."

A questão desperta justificáveis discussões e incompreensões. Os efeitos do reconhecimento da existência de relação empregatícia, como já foi sublinhado, apresentam repercussão sensível.

O Judiciário Trabalhista tem sido frequentemente instado a decidir sobre pedidos de reconhecimento de vínculo empregatício envolvendo trabalho médico.

"O contrato de trabalho independe de pactuação pois aflora da realidade não desmentida. Se o exercício pleno da atividade proposta não se perfaz sem o concurso do profissional habilitado, irrecusável a tipificação da relação de emprego. Ofende a lógica admitir uma instituição que tem a assistência médica como atividade fim sem possuir médicos para seu atendimento." (RO — Processo n. 02990188406 — Acórdão n. 20000362020 — TRT 2ª Região — 8ª Turma 1º.8.2000)

"Vínculo de emprego. Subordinação. Não se reconhece vínculo de emprego entre médico e o hospital, quando o trabalhador não tem chefe, podendo, ainda se fazer substituir por outras pessoas. Ausentes os requisitos subordinação e pessoalidade." (RO — Processo n. 19990350550 — Acórdão n. 20000339479 — TRT 2ª Região — 3ª Turma – 4.7.2000)

"Relação de emprego. Médico prestador de serviços. A constituição de empresa de serviços médicos após o início da prestação de serviços evidencia o intuito de mascarar a relação de emprego existente entre as partes, corroborada pele existência de pessoalidade e subordinação jurídica." (RO — Processo n. 01903200243302000 — Acórdão n. 20040515022 — TRT 2ª Região — 6ª Turma — 22.10.2004)

Como se denota, não há solução pacífica, de formato único, para a complexa questão examinada. A avaliação jurídica observará, sempre, os elementos constitutivos existentes em cada caso concreto.

3. Salário do médico e sua proteção

Nos contratos de trabalho, o salário corresponde, exatamente, à contraprestação principal pelos serviços profissionais do médico executados em favor do empregador e seu empreendimento. A profissão médica, em razão das particularidades especiais que apresenta, tem merecido normas específicas de tutela no tocante à remuneração. De se destacar, neste sentido, a fixação de salário profissional do médico pela Lei Federal n. 3.999/1961, equivalente ao triplo do salário mínimo vigente para a jornada regular de trabalho de quatro horas diárias. O valor mínimo estabelecido em lei, geralmente, percebe majoração mediante negociação coletiva, com a participação dos sindicatos representativos.

Como o conjunto das parcelas pagas pelo empregador por força do contrato de trabalho, o salário é composto pelo valor básico prestado mensalmente, além de outras verbas, como comissões, percentagens, gratificações habituais, abonos, décimo terceiro salário, adicionais e prêmios. Também exibem natureza salarial utilidades fornecidas ao médico pelo empregador, como habitação. São tidas como parcelas remuneratórias não salariais os pagamentos efetuados a título de participação nos lucros ou resultados, direitos resultantes da propriedade intelectual, remuneração por publicidade. Também não são consideradas como salário, nos termos do art. 458, § 2º, da CLT, vestuários, equipamentos e outros acessórios fornecidos aos empregados e utilizados no local de trabalho, para a prestação do serviço, educação, em estabelecimento de ensino próprio ou de terceiros, compreendendo os valores relativos a matrícula, mensalidade, anuidade, livros e material didático, transporte destinado ao deslocamento para o trabalho e retorno, em percurso servido ou não por transporte público, assistência médica, hospitalar e odontológica, prestada diretamente ou mediante seguro-saúde, seguros de vida e de acidentes pessoais, previdência privada.

No meio médico, é comum se deparar com o pagamento dissimulado de salário, notadamente por meio de diárias para viagens e ajudas de custo. Embora a legislação estabeleça como indenizatórias tais verbas, nos limites que especifica, o fato é que, de modo fraudulento, alguns empregadores tentam desvirtuar parcelas nitidamente salariais, fazendo uso das mencionadas rubricas. Caso a fraude seja demonstrada, as diárias ou ajudas de custo passarão a integrar o salário, com todas as repercussões cabíveis.

Adicionais podem ser agregados à remuneração profissional, correspondendo à busca da justa contraprestação pelos laboriosos esforços médicos. Nesta categoria, apresentam-se o adicional noturno (mínimo de 20% sobre o valor do salário normal), adicional decorrente da jornada suplementar (mínimo de 50%), adicional por tempo de serviço, adicional de periculosidade (30%), adicional de insalubridade (10%, 20% ou 40%, de acordo com o grau de exposição identificado). Em relação ao adicional de insalubridade, cumpre ressaltar que o trabalho em estabelecimentos de saúde, em contato com doentes, está previsto nos quadros tipificadores ordinários.

A proteção do salário do médico apresenta importância central. O salário será resguardado pela irredutibilidade, salvo o disposto em convenção ou acordo coletivo, impenhorabilidade e intangibilidade. Apenas são autorizados descontos salariais decorrentes de contribuição sindical, contribuição previdenciária, adiantamentos, pensão alimentícia, descontos legais (tributos), vale-transporte (até 6% do salário do empregado), danos causados pelo empregado, desde que esta possibilidade tenha sido previamente acordada, considerado, ainda, o dolo do empregado. Também são aplicáveis a não discriminação e a isonomia salarial. A equiparação salarial será deferida, nos termos do art. 461 da CLT, sendo idêntica a função, a todo trabalho de igual valor, prestado ao mesmo empregador, na mesma localidade. Corresponderá, pois, igual salário, sem distinção de sexo, nacionalidade ou idade. Trabalho de igual valor será o que for feito com igual produtividade e com a mesma perfeição técnica, entre pessoas cuja diferença de tempo de serviço não for superior a dois anos.

O pagamento do salário deverá ser efetuado mediante recibo circunstanciado, sendo certo que o comprovante de depósito em conta bancária terá força liberatória. O salário será pago em moeda corrente do País. Os direitos oriundos do contrato de trabalho, como o salário, subsistirão em caso de falência ou dissolução da empresa.

De se destacar que a remuneração digna do trabalho médico não se trata de proteção que se circunscreve ao profissional e seus dependentes. Trata-se, verdadeiramente, de garantia voltada à sociedade, genericamente considerada. A adequada remuneração do trabalho médico assegurará a existência de profissionais motivados, a atração constante de novas gerações para a profissão, além dos recursos exigidos para a permanente qualificação intelectual em campo permanentemente impactado pela incessante evolução da tecnologia e ciência.

4. Duração do trabalho

A jornada de trabalho é a obrigação principal do médico empregado no contrato de trabalho. De acordo com a Lei Federal n. 3.999/1961, a duração normal do trabalho médico será de duas horas no mínimo e no máximo quatro horas diárias.

A duração ordinária do trabalho do médico é questão que por muito tempo gerou polêmica. A jurisprudência definiu que os limites determinados pela Lei Federal n. 3.999/1961 não são absolutos, mas referenciais para a aplicação do salário profissional do médico. O Tribunal Superior do Trabalho (TST), ao analisar a questão, interpretou que a Lei mencionada não estipula jornada reduzida para o médico, mas apenas estabelece o salário mínimo para essa categoria. Assim, foi editada a Súmula n. 370, conforme disposto a seguir:

> "Médico e engenheiro. Jornada de trabalho. Leis ns. 3.999/1961 e 4.950/1966. (Conversão das Orientações Jurisprudenciais ns. 39 e 53 da SDI-1)

Tendo em vista que as Leis ns. 3.999/1961 e 4.950/1966 não estipulam a jornada reduzida, mas apenas estabelecem o salário mínimo da categoria para uma jornada de 4 horas para os médicos e de 6 horas para os engenheiros, não há que se falar em horas extras, salvo as excedentes à oitava, desde que seja respeitado o salário mínimo/horário das categorias." (ex-OJs n.s 39 e 53 — Inseridas respectivamente em 7.11.1994 e 29.4.1994)

Da análise da mencionada súmula, conclui-se que o médico possui jornada ordinária de trabalho, prevista constitucionalmente, com duração normal não superior a oito horas diárias e quarenta e quatro semanais, facultada a compensação de horários e a redução da jornada, mediante acordo ou convenção coletiva de trabalho. Também é admitida a adoção de banco de horas, por meio de negociação sindical, com a compensação de horas estendida ao longo de um ano, nos termos do art. 59 da CLT.

Assim, para fins de controle de jornada extraordinária, vigora o regime geral, qual seja, oito horas diárias. Mediante acordo escrito ou por motivo de força maior, as excedentes, que não poderão ultrapassar o limite de duas horas diárias, serão tidas como extraordinárias, com remuneração suplementada (mínimo de 50% sobre o valor da hora normal). Tal regra aplica-se ao denominados plantões médicos, em que a jornada de trabalho diário atinge vinte e quatro horas consecutivas. Relevante dizer que, entre duas jornadas de trabalho haverá um período mínimo de onze horas consecutivas para descanso. Caso não seja observado referido interregno, serão computadas como extraordinárias as horas suprimidas.

Relevante destacar que as normas atinentes ao trabalho extraordinário não são aplicáveis aos exercentes de cargos de gestão (CLT, art. 62), desde que a prorrogação da jornada não ultrapasse a segunda hora extraordinária.

Ademais, como regra, é considerado de efetivo trabalho o tempo em que o médico permanece à disposição do empregador. Nas hipóteses de plantão à distância, uso de bip ou celular, por aplicação analógica do art. 244, § 2º, da CLT, numerosas decisões da Justiça do Trabalho tem considerado referidos períodos de trabalho como horas de sobreaviso, com o deferimento de pagamento equivalente a dois terços da remuneração normal.

5. Períodos de descanso

A legislação trabalhista assegura ao médico empregado, como períodos ordinários de descanso, férias anuais remuneradas (trinta dias, que poderão ser fracionados em dois períodos) e descanso semanal remunerado, preferencialmente aos domingos.

No curso da jornada de trabalho, diária, quando esta, ultrapassar seis horas, o trabalhador fará jus a, no mínimo, uma hora de intervalo não remunerada. Caso trabalhe entre quatro e seis horas, o intervalo não remunerado corresponderá a quinze minutos. A ausência de concessão de tais intervalos ensejará o pagamento das horas trabalhadas.

Como já se ressaltou, entre duas jornadas de trabalho sucessivas, deverá ser respeitado o intervalo de onze horas sem ativação.

A Lei Federal n. 3.999/1961 prevê regra especial aplicável ao trabalho médico, pela qual, a cada noventa minutos trabalhos, haverá a concessão de dez minutos para descanso. Também em tais casos, a inobservância de mencionado intervalo ensejará o pagamento pelo tempo trabalhado.

Em feriados, nos quais são comemoradas datas cívicas ou religiosas, o médico empregado fruirá de descanso remunerado pelo empregador.

O médico empregado poderá deixar de comparecer ao serviço, sem prejuízo do salário contratual: até dois dias consecutivos, em caso de falecimento do cônjuge, ascendente, descendente, irmão ou pessoa que, declarada em sua Carteira de Trabalho e Previdência Social, viva sob sua dependência econômica; até três dias consecutivos, em virtude de casamento; por cinco dias, em caso de nascimento de filho, no decorrer da primeira semana; por um dia, em cada doze meses de trabalho, em caso de doação voluntária de sangue devidamente comprovada. Também poderá faltar ao trabalho, quando for arrolado ou convocado para depor na Justiça, período de licença-maternidade ou aborto não criminoso, paralisação do serviço nos dias que, por conveniência do empregador, não tenha havido trabalho, afastamento por motivo de doença ou acidente de trabalho (nos primeiros quinze dias), período de afastamento do serviço em razão de inquérito judicial para apuração de falta grave, durante a suspensão preventiva para responder a inquérito administrativo ou de prisão preventiva, quando for impronunciado ou absolvido, a critério do empregador, comparecimento como jurado no Tribunal do Júri, nos dias em que foi convocado para serviço eleitoral, nos dias em que foi dispensado devido à nomeação para compor as mesas receptoras ou juntas eleitorais nas eleições ou requisitado para auxiliar seus trabalhos (Lei n. 9.504/1997), os dias de greve, desde que haja decisão da Justiça do Trabalho, dispondo que, durante a paralisação das atividades, ficam mantidos os direitos trabalhistas (Lei n. 7.783/1989), as horas em que o empregado faltar ao serviço para comparecimento necessário como parte na Justiça do Trabalho (Súmula TST n. 155), licença remunerada, atrasos decorrentes de acidentes de transportes, comprovados mediante atestado da empresa concessionária. Também poderá se ausentar pelo tempo que se fizer necessário, quando, na qualidade de representante de entidade sindical, estiver participando de reunião oficial de organismo internacional do qual o Brasil seja membro, além de outras faltas estipuladas em acordos ou convenções coletivas de trabalho.

6. Segurança e saúde no trabalho médico

As normas brasileiras de segurança e medicina do trabalho são editadas com o precípuo propósito de promover a prevenção de acidentes de trabalho, notadamente as efetivas lesões à saúde do obreiro e a exposição a agentes nocivos. O ambiente em que se desenvolve o trabalho médico é especialmente tormentoso, seja pela urgência que decorre do sofrimento dos pacientes, pelas exigências próprias da intervenção médica, pelos instrumentos de trabalho, pelas limitações de pessoal e de estrutura hospitalar, pelo risco de contaminações, entre inúmero outros fatores. Merece, pois, diferenciada atenção.

O empregador é obrigado a assegurar aos médicos condições de absoluta segurança, higiene e saúde em todos os aspectos relacionados com o trabalho. Deve garantir que a exposição a agentes químicos, físicos e biológicos não constitua risco para a saúde. Assegurar aos trabalhadores uma formação adequada e suficiente no domínio da segurança, higiene e saúde no trabalho, sempre organizando o trabalho de forma a eliminar os efeitos nocivos do mesmo para a saúde.

Conforme já se ressaltou, a exposição a condições impróprias enseja direito ao pagamento de adicional de periculosidade (30% sobre o valor do salário normal) ou de adicional de insalubridade (10%, 20% ou 40%, de acordo com o grau de exposição identificado). O trabalho em estabelecimentos de saúde em contato direito com doentes está previsto nos quadros tipificadores ordinários de condições de insalubridade.

O acidente do trabalho, por acepção legal, é aquele que ocorre pelo exercício do trabalho, a serviço da empresa, provocando lesão corporal, perturbação funcional ou doença que cause a morte, a perda ou redução, permanente ou temporária, da capacidade para o trabalho.

O médico vitimado por acidente de trabalho poderá buscar indenização por danos morais e materiais perante a Justiça do Trabalho. A vítima de acidente de trabalho também tem garantida, pelo prazo mínimo de 12 meses, a manutenção do seu contrato de trabalho na empresa, após a cessação do auxílio-doença acidentário, independentemente da percepção de auxílio-acidente.

7. Assédio moral no trabalho médico

O trabalho médico, por ser especialmente exigente, tem sido exposto com indesejável frequência a práticas de assédio moral. O ambiente hospitalar, usualmente caracterizado por fortes tensões decorrentes das urgências médicas, das ansiedades que dela decorrem e das próprias limitações de estrutura e de profissionais nos estabelecimentos de saúde, tem sido terreno fértil para a ação de assediadores.

O assédio moral, ou terror psicológico no trabalho, corresponde à ação continuada, repetitiva e prolongada desenvolvida para assolar psicologicamente a vítima por meio da exposição a situações humilhantes e constrangedoras no exercício de suas funções. Apresenta-se nas modalidades vertical, exercida pelo superior em relação ao subordinado, ou horizontal, entre trabalhadores do mesmo nível. Trata-

-se de articulação de atos que viola notadamente a dignidade do trabalhador, com reflexos maléficos nas relações afetivas e sociais, com graves danos à saúde física e mental, que podem avançar para um quadro de verdadeira incapacidade laborativa. A vítima sofre assédio continuado por meio de condutas abusivas e constrangedoras, repetitiva atitude agressiva, tratamentos desrespeitosos, autoritarismo, manipulação do medo, excessos verbais constantes, humilhações repetitivas, desprezo, difamação, atribuição de tarefas sem sentido ou que jamais serão utilizadas, entre outras.

Implica, necessariamente, a degradação deliberada das condições de trabalho, em que prevalecem atitudes e condutas negativas. Enunciado comportamento ilegal leva o trabalhador a ser hostilizado verdadeiramente no ambiente laboral.

Se em outros países, como os Estados Unidos, já existem normas de repressão ao assédio moral e condenações frequentes impostas aos assediadores, além do deferimento de indenizações expressivas às pessoas vitimadas, no Brasil a importância do tema tem percebido repercussão apenas mais recentemente. Importante destacar a destemida posição da Justiça do Trabalho, a qual tem se expressado com rigor em face do assédio moral.

8. Estabilidades

Mostra-se importante destacar a proteção estabelecida pelo ordenamento jurídico visando obstar a dispensa do médico empregado em situações particulares e especiais. A estabilidade, como direito do trabalhador de permanecer no emprego, atua como limitador do direito potestativo patronal de demitir.

É vedada a dispensa do empregado sindicalizado, a partir do registro de sua candidatura a cargo de direção ou representação sindical até um ano após o final de seu mandato, caso seja eleito, salvo se cometer falta grave, nos termos da legislação (art. 482 da CLT). O médico empregado que renunciar à função de dirigente sindical, renunciará, consequentemente, sua estabilidade, ficando vulnerável à dispensa.

O empregado dirigente sindical não poderá ser impedido de prestar suas funções, nem ser transferido para local ou cargo que lhe dificulte ou torne impossível o desempenho de suas atribuições sindicais.

É vedada a dispensa arbitrária ou sem justa causa do médico empregado eleito para cargo de direção de comissões internas de prevenção de acidentes (CIPA), desde o registro de sua candidatura até um ano após o final de seu mandato, seja suplente ou titular. De se destacar que enunciada garantia só favorece à representação dos trabalhadores.

Desde a confirmação da sua gravidez até cinco meses após o parto, está garantido o emprego da empregada médica. De se assinalar que o fato ensejador do início da estabilidade é a confirmação da gravidez, e não sua comprovação. Protege-se, no caso da gestante, o nascituro.

O médico que sofreu acidente do trabalho não poderá ser demitido pelo prazo mínimo de um ano após a cessação do auxílio-doença acidentário, independentemente de percepção de auxílio-acidente.

Normas coletivas negociadas pelas entidades sindicais representativas, usualmente, definem outras hipóteses de estabilidade no emprego. Como exemplo de tal prática, a estabilidade do médico empregado que se aproxima de aposentadoria.

Contemplado por estabilidade legal ou convencional, o médico empregado somente poderá ser demitido após o resultado de inquérito judicial instaurado para apuração de falta grave, assegurada a ampla defesa.

9. Extinção do contrato de trabalho

No presente estudo, procuramos focalizar o regime ordinário do trabalho médico em seus aspectos mais relevantes. Como regra, os contratos de trabalho apresentam prazo indeterminado. Em linhas gerais, a extinção do contrato de trabalho se dará por decisão do empregador (com justa causa ou sem justa causa), por decisão do empregado (pedido de demissão ou rescisão indireta), por desaparecimento de uma das partes (extinção da empresa, morte do empregado) por culpa recíproca ou por motivo de força-maior. Quando o contrato for por tempo determinado, sua terminação dar-se-á usualmente com o advento do termo do contrato.

Não constitui escopo do artigo presente detalhar os aspectos jurídicos todos que concernem à extinção do contrato de trabalho. Apenas para assinalar, impõe-se a transcrição dos arts. 482 e 483 da CLT, os quais versam, respectivamente, sobre as justas causas motivadoras da demissão pelo empregador e sobre os motivos para a rescisão indireta do pacto laboral pelo empregado:

"Art. 482. Constituem justa causa para rescisão do contrato de trabalho pelo empregador:

a) ato de improbidade;

b) incontinência de conduta ou mau procedimento;

c) negociação habitual por conta própria ou alheia sem permissão do empregador, e quando construir ato de concorrência à empresa para a qual trabalha o empregado, ou for prejudicial ao serviço;

d) condenação criminal do empregado, passada em julgado, caso não tenha havido suspensão da execução da pena;

e) desídia no desempenho das respectivas funções;

f) embriaguez habitual ou em serviço;

g) violação de segredo da empresa;

h) ato e indisciplina ou de insubordinação;

i) abandono de emprego;

j) ato lesivo da honra ou da boa fama praticado no serviço contra qualquer pessoa, ou ofensas físicas, nas mesmas condições, salvo em caso de legítima defesa, própria ou de outrem;

k) ato lesivo de honra e boa fama ou ofensas físicas praticada contra o empregador e superiores hierárquicos, salvo em caso de legítima defesa, própria ou de outrem:

l) prática constante de jogos de azar.

Parágrafo único. Constitui igualmente justa causa para dispensa de empregado a prática, devidamente comprovada em inquérito administrativo, de atos atentatórios à segurança nacional."

"Art. 483. O empregado poderá considerar rescindido o contrato e pleitear a devida indenização quando:

a) forem exigidos serviços superiores às suas forças, defesos por Lei, contrários aos bons costumes ou alheios ao contrato;

b) for tratado pelo empregador ou por seus superiores hierárquicos com rigor excessivo;

c) correr perigo manifesto de mal considerável;

d) não cumprir o empregador as obrigações do contrato;

e) praticar o empregador ou seus prepostos, contra ele ou pessoas de sua família ato lesivo da honra e boa-fama;

f) o empregador ou seus prepostos ofenderem-no fisicamente, salvo em caso de legítima defesa, própria ou de outrem;

g) O empregador reduzir o seu trabalho, sendo este por peça ou tarefa, de forma a afetar sensivelmente a importância dos salários.

§ 1º O empregado poderá suspender a prestação dos serviços ou rescindir o contrato, quando tiver de desempenhar obrigações legais, incompatíveis com continuação do serviço.

§ 2º No caso de morte do empregador constituído em empresa individual, é facultado ao empregador rescindir o contrato de trabalho.

§ 3º Nas hipóteses das letras *d* e *g*, poderá o empregado preitear a rescisão de seu contrato de trabalho e o pagamento das respectivas indenizações, permanecendo ou não no serviço até final decisão do processo."

De acordo com o modo de extinção do contrato de trabalho, serão devidas verbas rescisórias correspondentes. Exemplificativamente, nas hipóteses de rescisão indireta do contrato de trabalho, os direitos rescisórios devidos ao empregado serão os mesmas da rescisão injusta por iniciativa patronal, quais sejam, saldo salarial, décimo terceiro salário proporcional, pagamento de férias vencidas e proporcionais, liberação de depósitos do Fundo de Garantia do Tempo de Serviço (FGTS) acrescido de multa equivalente a quarenta por cento dos valores mencionados.

Ademais, nos contratos por prazo indeterminado, a parte que desejar imotivadamente rescindir a relação, deverá avisar a outra com antecedência de trinta dias, sob pena de ter que arcar com indenização equivalente ao salário contratual.

10. O paradigma da relação de trabalho responsável

As empresas e corporações estão no centro do desenvolvimento econômico, influenciando toda a sociedade. Hospitais, clínicas e estabelecimentos de saúde inserem-se plenamente no referido contexto. São, verdadeiramente, agentes essenciais que, no desenvolvimento de suas atividades, exercem impactos sobre as pessoas e sobre o meio ambiente. As empresas, assim, são impelidas a cumprir, integralmente, com as suas finalidades nas dimensões econômica, social e ambiental, nos espaços internos e externos. A atuação corporativa, por isso, vê-se efetivamente comprometida com a melhoria contínua, atendendo às expectativas da sociedade e respeitando, sobretudo, o desenvolvimento pleno das pessoas.

Em referido contexto emerge o tema da responsabilidade social empresarial, ou corporativa. As empresas fazem parte de uma sociedade. Estão, portanto, sujeitas às modificações exigidas nos meios sociais. A efetivação da responsabilidade social empresarial trata-se da expressão de um autêntico movimento de mudança, o qual demanda a ruptura concreta com a visão tradicional da empresa que cinge seus objetivos à obtenção de lucro, à função econômica.

A conscientização social está no cerne do surgimento da responsabilidade social empresarial, influenciando a transformação do clássico modelo econômico liberal. Para Luiz Cláudio Zenone, "no desenvolvimento de um produto ou serviço, uma empresa necessita de uma série de recursos que extrai do meio ambiente (recursos físicos) e do meio social (recursos humanos)"[7]. Em suas atividades, os interesses das corporações, permanentemente, se tocam, se inter-relacionam com os dos demais grupos. A responsabilidade social empresarial corresponde a um processo de sensibilização com questões sociais, ao comprometimento das organizações e de seus gestores com os demais agentes com os quais interage na busca pelo desenvolvimento de toda a sociedade.

O Conselho Empresarial Mundial para o Desenvolvimento Sustentável propôs, em 1988, os elementos caracterizadores da responsabilidade social das empresas:

> "Responsabilidade social corporativa é o comprometimento permanente dos empresários de adotar um comportamento ético e contribuir para o desenvolvimento econômico melhorando, simultaneamente, a qualidade de vida de seus empregados e de seus familiares, da comunidade local e da sociedade como um todo"[8].

---

(7) ZENONE, Luiz Cláudio. Marketing social. São Paulo: Thomson Learning, 2006. p. 1.
(8) Apud SILVEIRA, Maria do Carmo Aguiar da Cunha. O que é responsabilidade social empresarial. Disponível em: <http://www.sfiec.org.br/artigos/social/responsabilidade_social_empresarial.htm> Acesso em: 20.1.2011.

Os estabelecimentos que atuam na área da saúde devem instituir a afirmação dos direitos fundamentais no trabalho como pressuposto primeiro da responsabilidade social empresarial e promover o equilíbrio sustentável entre a imprescindível valorização do trabalho médico, a essencialidade dos serviços de saúde e a livre iniciativa.

Em referido direcionamento, a conceituação de relação de trabalho responsável, ora destacada, demanda a consideração dos elementos definidores da responsabilidade social empresarial e as dimensões propostas pelos direitos fundamentais no trabalho, admitindo e reconhecendo, com especial ênfase, a centralidade da proteção da dignidade da pessoa humana do trabalhador como valor ético.

Em mencionado empenho, é possível afirmar que "relação de trabalho responsável é o vínculo ético-jurídico mantido entre a empresa socialmente responsável e o trabalhador, destinado a assegurar a dignidade humana do obreiro por meio da concretização dos direitos fundamentais no trabalho, resguardando, sempre, a humanização dos vínculos laborais e o comprometimento da corporação e de seus gestores com o desenvolvimento e a sustentabilidade da sociedade".[9]

Demanda, pois, a plena efetivação da liberdade de associação e de organização sindical, o reconhecimento efetivo do direito de negociação coletiva, a eliminação de todas as formas de trabalho forçado ou obrigatório, a abolição efetiva do trabalho infantil, a eliminação da discriminação em matéria de emprego e ocupação, a geração de oportunidades de trabalho emprego e renda, o diálogo social e equidade, a proteção social dos trabalhadores, a afirmação do trabalho seguro e saudável. Tutela e promove, assim, um trabalho produtivo e apropriadamente remunerado, executado em condições de liberdade, equidade e segurança, sem discriminação e apto para assegurar uma vida digna aos indivíduos que dele dependam.

Hospitais, clínicas e estabelecimentos de saúde, na consideração e aplicação do regime jurídico do trabalho médico, devem efetivar, de maneira especial, os elementos constitutivos da relação de trabalho responsável. A responsabilidade social empresarial focada na correção das práticas trabalhistas, ao enaltecer o respeito aos direitos fundamentais no trabalho, fora de dúvida, torna-se instrumento precioso para a concretização da proteção da dignidade do trabalhador.

O conceito de relação de trabalho responsável corresponde à melhoria da vida das pessoas no exercício laboral, no qual direitos fundamentais dos trabalhadores necessitam ser respeitados, concretizados. Todo trabalhador da classe médica tem direito ao trabalho, respeitando-se sua dignidade e seus direitos fundamentais declarados. Ante a progressividade exigida, enunciada sistemática deve se dar, sempre, em direção aos mais altos padrões de direitos humanos e trabalhistas, como ora se propõe.

---

(9) ALVES, Marcos César Amador. *Relação de trabalho responsável*. São Paulo: LTr, 2011. p. 137.

Conclusões

O trabalho, em sua concepção humanista, apresenta-se como referência simbólica fundamental da sociedade contemporânea. É essencialmente por meio do trabalho que toda pessoa busca atingir o pleno desenvolvimento de suas potencialidades e, sobretudo, o sentido de completude. Para Josué Lafayete Petter, "valorizar o trabalho, então, equivale a valorizar a pessoa humana, e o exercício de uma profissão pode e deve conduzir à realização de uma vocação do homem"[10]. A valorização do trabalho médico, neste sentido, merece particular consideração, dada a sua índole imprescindível e a expressiva repercussão social de seu exercício.

Em referido encaminhamento, merece ser imediatamente repensada a progressiva adesão do sistema de assistência à saúde ao modelo de produção capitalista que simplesmente despreza a necessária valorização do trabalho médico. No cenário denunciado, os médicos se deparam permanentemente com jornadas de trabalho extenuantes, informalidade de vínculos, condições de trabalho iníquas, instabilidade no emprego, ritmo desumano de trabalho, fatos que não se coadunam com a valorização ambicionada. Não é aceitável ou admissível que o prestimoso trabalho médico seja transmutado em mercadoria, em reprovável ato de desumanização.

O paradoxo do trabalho médico, pelo qual o profissional, para cuidar da saúde dos semelhantes, descuida da própria, precisa ser proscrito. É necessário elidir a denegação sistemática de direitos trabalhistas dos médicos, fenômeno que compromete indelevelmente o futuro da profissão e a sustentabilidade do próprio sistema de saúde.

Uma nova ética de afirmação verdadeira dos direitos trabalhistas, de humanização das relações de trabalho, se mostra indispensável. O primado da dignidade da pessoa humana exige, de modo basilar, a concepção da proteção do trabalho. Do trabalho exercido em condições de dignidade. O trabalho médico é, inegavelmente, exigente e impreterível. Sua proteção, em decorrência, assume diferenciado relevo e superior importância.

Os atores sociais precisam ser sensibilizados para a nevrálgica e decisiva importância da questão trabalhista, a qual atinge a todos de modo absolutamente contundente. O despertar efetivo da sociedade para a proteção dos direitos fundamentais no trabalho pode ser influenciado, definitivamente, pelo paradigma da relação de trabalho responsável. A postura corporativa que se restrinja a almejar lucro não é mais sustentável na sociedade contemporânea. A responsabilidade social empresarial pode, verdadeiramente, representar a reconciliação efetiva e prática entre desenvolvimento econômico e Justiça Social.

Os estabelecimentos de saúde, os usuários do sistema e — principalmente — a própria classe médica precisam se mobilizar para a valorização verdadeira do trabalho

---

(10) PETTER, Josué Lafayete. *Princípios constitucionais da ordem econômica*: o significado e o alcance do art. 170 da Constituição Federal. São Paulo: Revista dos Tribunais, 2005. p. 153.

médico, com a compreensão e o cumprimento pleno dos direitos e garantias trabalhistas aplicáveis. O conhecimento dos aspectos relevantes do regime jurídico ordinário do trabalho médico, fora de dúvida, é basilar para propiciar o entendimento e o amadurecimento das relações, fatores essenciais para a efetivação plena do próprio direito de todos à saúde.

Bibliografia

ALVES, Marcos César Amador. *Relação de trabalho responsável.* São Paulo: LTr, 2011.

ANDRADE, José Carlos Vieira de. *Os direitos fundamentais na Constituição portuguesa.* Coimbra: Almedina, 1987.

ASHLEY, Patrícia Almeida. *Ética e responsabilidade social nos negócios.* São Paulo: Saraiva, 2005.

BOBBIO, Norberto. *A era dos direitos.* Rio de Janeiro: Campus, 1996.

CANOTILHO, José Joaquim Gomes. *Constituição dirigente e vinculação do legislador:* contributo para a compreensão das normas constitucionais programáticas. Coimbra: Coimbra, 1994.

CARRION, Valentin. *Comentários à consolidação das leis do trabalho.* São Paulo: Saraiva, 2006.

DELGADO, Mauricio Godinho. *Curso de direito do trabalho.* 6. ed. São Paulo: LTr, 2007.

FERRARI, Irany; NASCIMENTO, Amauri Mascaro; MARTINS FILHO, Ives Gandra. *História do trabalho, do direito do trabalho e da justiça do trabalho.* São Paulo: LTr, 1998.

HELOANI, Roberto. *Gestão e organização no capitalismo globalizado.* São Paulo: Atlas, 2003.

KANT, Immanuel. *A paz perpétua e outros opúsculos.* Lisboa: Edições 70, 1995.

MAGANO, Octavio Bueno. *Manual de direito do trabalho.* 4. ed. rev e atual. São Paulo: LTr, 1993.

MARTINS, Adalberto. *Manual didático de direito do trabalho.* 3. ed. São Paulo: Malheiros, 2009.

NASCIMENTO, Amauri Mascaro. *Curso de direito do trabalho.* 19. ed. rev. e atual. São Paulo: Saraiva, 2004.

_____ . *Direito do trabalho na Constituição de 1988.* São Paulo: Saraiva, 1991.

PASSOS, Nicanor Sena. Relação de trabalho médico-hospitalar. *Jornal Trabalhista Consulex*, ano XV, n. 733, 26 out. 1998.

PETTER, Josué Lafayete. *Princípios constitucionais da ordem econômica:* o significado e o alcance do art. 170 da Constituição Federal. São Paulo: Revista dos Tribunais, 2005.

PIOVESAN, Flávia. *Direitos humanos e o direito constitucional internacional.* São Paulo: Saraiva, 2006.

RAMALHO, Maria do Rosário Palma. *Da autonomia dogmática do direito do trabalho.* Coimbra: Almedina, 2000.

REALE, Miguel. *Lições preliminares de direito.* São Paulo: Saraiva, 1998.

RODRIGUEZ, Américo Plá. *Princípios de direito do trabalho.* São Paulo: LTr, 1993.

SILVEIRA, Maria do Carmo Aguiar da Cunha. *O que é responsabilidade social empresarial.* Disponível em: <http://www.sfiec.org.br/artigos/social/responsabilidade_social_empresarial.htm> Acesso em: 20.1.2011.

SÜSSEKIND, Arnaldo; MARANHÃO, Délio; VIANNA, Segadas. *Instituições de direito do trabalho.* 14. ed. São Paulo: LTr, 1993. v. I.

ZENONE, Luiz Cláudio. Marketing *social.* São Paulo: Thomson, 2006.

›› Licença-Maternidade da Mãe Adotante

Maria Cibele de Oliveira Ramos Valença[*]

Este artigo tem a finalidade de analisar a concessão da licença-maternidade e do salário-maternidade à adotante. Para tanto, analisaremos o contexto da inserção dessas mães no regime de proteção previdenciária e os direitos que as protegem.

É inegável a responsabilidade da Previdência Social pela proteção de suas seguradas no momento da maternidade, especialmente considerando a inserção e o aumento da participação da mulher no mercado de trabalho.

Oportuno ressaltar que a participação da mulher no mercado de trabalho também colaborou para a redução dos índices de natalidade, situação que gerou grande impacto no regime de previdência social.

Apenas a título ilustrativo, temos que a taxa de natalidade brasileira em 1940 era de 6,2 e ao final da década de 1980 era de apenas 2,7. As mulheres passaram a ter menos filhos e a exercer maior participação na vida econômica do país.

Sob a ótica previdenciária, a maternidade é considerada uma contingência social especialmente em decorrência a) dos índices de mortalidade maternal e infantil; b) dos riscos que a ausência de repouso e exposição a doenças podem causar, afetando a fisiologia da mulher, criando riscos de aumento de custos ao sistema social; e c) do descanso não remunerado que gera a fome.

É importante lembrar que a Previdência Social protegerá todas as espécies de seguradas vinculadas a este regime, situação esta de natureza compulsória, nos termos do art. 201[1] da CF.

(*) Mestre e doutoranda em direito das relações sociais pela Pontifícia Universidade Católica de São Paulo, professora em cursos de pós-graduação, advogada e consultora jurídica. *E-mail:* cibeleor@uol.com.br
(1) Art. 201. A previdência social será organizada sob a forma de regime geral, de caráter contributivo e de filiação obrigatória, observados critérios que preservem o equilíbrio financeiro e atuarial, e atenderá, nos termos da lei, a:
...

Todas as mulheres que exercem atividades remuneradas na qualidade de empregadas, empregadas domésticas, trabalhadoras avulsas e contribuintes individuais são seguradas obrigatórias da previdência social[2], devendo verter contribuições sociais que servirão de base para a proteção pecuniária futura.

As mulheres que não exercem atividade remunerada que as enquadrem como seguradas obrigatórias poderão filiar-se ao regime previdenciário na qualidade de seguradas facultativas[3], devendo, nesta condição, também verter contribuições sociais.

Considerando a natureza protetiva da previdência social, bem como o seu regime financeiro de simples partição, só fazem jus ao recebimento de benefício pecuniário as seguradas que mantiverem seu vínculo com a previdência, seja como segurada/contribuinte ou como segurada em período de graça[4].

Sob a ótica trabalhista, também existem diversas regras de proteção à gestante e à maternidade, inclusive com normas que extrapolam os limites geográficos brasileiros.

A Declaração Universal dos Direitos Humanos da ONU — Organização das Nações Unidas — dispõe em seu art. XXV que a maternidade e a infância têm direito a cuidados e assistência especiais. Todas as crianças nascidas dentro ou fora do matrimônio gozarão da mesma proteção social.

Já a OIT — Organização Internacional do Trabalho — em respeito ao valor da dignidade da pessoa humana, editou 3 (três) convenções que tratam da maternidade, sendo apenas 2 (duas) ratificadas pelo Brasil. São elas:

— Convenção n. 102, de 1952, da OIT — estabelece padrões mínimos da Seguridade Social, ratificada pelo Brasil (jun./2009). Especificamente quanto ao tema ora tratado, protege a gravidez, o parto e suas consequências, assim como a suspensão de ganhos daí decorrente, conforme definido na legislação nacional.

— Convenção n. 103, de 1952, da OIT — proteção à maternidade, ratificada pelo Brasil (jun./1965) — abrange a proteção às mulheres que trabalham em empresas industriais e em trabalhos não industriais e agrícolas, alcançando também as mulheres assalariadas que trabalham em domicílio. Garante 12 (doze) semanas de período de licença-maternidade, sendo 6 (seis) semanas obrigatoriamente após o parto. Estabelece o pagamento de 2/3 do salário pago anteriormente, a cargo da Previdência Social.

II — proteção à maternidade, especialmente à gestante
...
(2) Art. 11 da Lei n. 8.213/1991.
(3) Art. 13 da Lei n. 8.213/1991.
(4) Art. 15 da Lei n. 8.213/1991.

Convenção n. 183, de 2000, da OIT — *não ratificada pelo Brasil* — Estabelece o período de licença-maternidade de, ao menos, 14 (catorze) semanas, sendo ao menos 6 (seis) semanas após o parto, com pagamento de pelo menos 2/3 do salário durante a licença-maternidade, com exame periódico para aumentar o valor do benefício. Há garantia de usufruto de períodos de interrupção da jornada de trabalho para amamentação; proibição de dispensa durante a gravidez; desobrigação do empregador em custear pessoalmente as prestações pecuniárias devidas às mulheres; recomendação para que o custeio deste benefício seja pago com base no número total de empregados, sem distinção de sexo; proteção à saúde da mulher grávida ou lactante; não tratar a maternidade como causa de discriminação no trabalho. Licença-parental = possibilidade do pai ou mãe se afastar das atividades laborais, parcial ou integralmente, por um certo período de tempo para criação e educação dos filhos, assegurada a reintegração ao trabalho (3 meses a 3 anos). Brasil ainda não se encontra adaptado.

O direito nacional protege a maternidade já no Ato das Disposições Constitucionais Transitórias — art. 10, II, *b* — que proíbe a rescisão contratual, por iniciativa do empregador, da empregada gestante, desde a data da confirmação da gravidez até 5 (cinco) meses após o parto.

A atual proteção constitucional resultou do amadurecimento legislativo da proteção à maternidade. Vejamos:

— Constituição de 1934 — assegurava à gestante, além de assistência médica e sanitária, descanso antes e depois do parto, sem prejuízo do salário e do emprego;

— Constituição de 1937 — reiterou proteção à maternidade;

— Constituição de 1967, não trouxe inovações, a não ser remunerar o descanso devido à gestante;

— Constituição de 1988 — Carta Cidadã — prestigiou direitos e garantias individuais, bem como direitos sociais (art. 6º — proteção à maternidade e infância; art. 7º, XVIII e XX — direitos dos trabalhadores urbanos e rurais — licença à gestante, sem prejuízo do emprego e do salário, com duração de 120 (cento e vinte) dias (anteriormente eram 84 dias)).

Já a CLT — Consolidação das Leis do Trabalho — em seus arts. 391 a 400, dispõe sobre a proteção à *maternidade*.

Em seu art. 391 a CLT esclarece que não constitui motivo justo para a rescisão do contrato de trabalho da mulher *grávida*, o fato dela haver contraído matrimônio, ou encontrar-se em estado de *gravidez*.

Seu parágrafo único diz que não são permitidos em regulamentos de qualquer natureza contratos coletivos ou individuais de trabalho, restrições ao direito da mulher no seu emprego por motivo de casamento ou de *gravidez*.

O art. 392 diz que é proibido o trabalho da *mulher grávida* no período de 4 (quatro) semanas antes e 8 (oito) semanas depois do parto, garantindo a licença gestante de 120 (cento e vinte dias).

O § 1º desse artigo esclarece que o início do afastamento da empregada de seu trabalho será determinado por atestado médico.

O § 2º prevê que em casos excepcionais os períodos de repouso antes e depois do parto poderão ser aumentados de mais 2 (duas) semanas cada um, mediante atestado médico, na forma do § 1º.

O § 3º garante, em caso de parto antecipado, que a mulher terá sempre direito às 12 (doze) semanas de licença previstas neste artigo.

Em casos excepcionais, mediante atestado médico, na forma do § 1º, é permitido à mulher *grávida* mudar de função.

O art. 393, estabelece que durante o período a que se refere o art. 392, a mulher terá direito ao salário integral e quando variável, calculado de acordo com a média dos 6 (seis) últimos meses de trabalho, bem como aos direitos e vantagens adquiridos, sendo-lhe ainda facultado reverter à função que anteriormente ocupava.

O art. 394 faculta, mediante atestado médico, que a mulher grávida pode romper o compromisso resultante de qualquer contrato de trabalho, desde que este seja prejudicial à gestação.

Também em caso de aborto não criminoso, comprovado por atestado médico oficial, a mulher terá um repouso remunerado de 2 (duas) semanas, ficando-lhe assegurado o direito de retornar à função que ocupava antes de seu afastamento.

O art. 396 estatui que para a mulher poder amamentar seu filho até os 6 (seis) meses de idade, ela tem o direito a 2 (dois) descansos especiais de 30 (trinta) minutos cada um e, se a saúde de seu filho exigir, esse período poderá ser dilatado a critério da autoridade competente.

O art. 400 diz que os locais destinados à guarda dos filhos das operárias, durante o período da amamentação, deverão possuir, no mínimo, um berçário, uma saleta de amamentação, uma cozinha dietética e uma instalação sanitária.

Outro fator importante nessa seara foi a Lei n. 9.029, de 13.4.1995, que proibiu a exigência de atestado médico e esterilização da mulher para admissão no mercado de trabalho.

Caberá à Justiça do Trabalho examinar caso a caso o não cumprimento das normas existentes, aplicando aos infratores as sanções cabíveis.

1. Licença-maternidade e salário-maternidade

A nomenclatura da prestação pecuniária paga às seguradas mães não é correta — salário-maternidade — eis que não se trata de salário, mas de benefício previdenciário[5]. Durante o usufruto da licença-maternidade não há prestação de serviços, bem como a segurada não se encontra à disposição do empregador. A utilização de "subsídio" ou "auxílio" seria mais adequada. Importante destacar que em decorrência do benefício ser devido a todas as seguradas que atendam aos requisitos legais, deixa de ter a função de substituição de salário (a segurada facultativa não recebe essa verba de natureza trabalhista).

Por sua vez, a *licença-maternidade* — período de afastamento das atividades laborais — está prevista no art. 7º. inc. XVIII, da CF de 1988. Essa licença passou a ser financiada por benefício previdenciário, custeado pelas contribuições patronais calculadas sobre a folha de pagamento. Houve evolução do instituto, deixando de ser encargo direto do empregador que contratou a gestante, para ser suportado pelo empresariado como um todo, transformando-se em um instituto previdenciário, com vantagens para a empresa contratante e principalmente para a própria mulher, que terá menos razões para ser discriminada na contratação.

O *salário-maternidade* é pago pelo empregador, que efetivará sua compensação junto à Previdência Social quando do recolhimento das suas contribuições sobre as folhas de salário. Em se tratando de segurada avulsa ou empregada doméstica, será pago diretamente pela Previdência Social.

Conforme ensina Miguel Horvath Júnior[6]:

> O salário-maternidade é prestação previdenciária de trato sucessivo de curta duração, decorrente de imposição estatal, resultante de compromisso internacional (Convenção da OIT). Prestação na modalidade benefício (pago em pecúnia) de caráter individual. Não é benefício familiar.

As contribuições ao FGTS são devidas durante a interrupção contratual decorrente da licença-maternidade. Terminado o afastamento, as obrigações mútuas contratuais continuam como se não tivesse havido interrupção.

A empregada doméstica é regida por lei específica, não lhe sendo aplicadas as normas da CLT.

Estritamente sob a ótica previdenciária, o salário-maternidade é o benefício a que tem direito as seguradas empregada, empregada doméstica, contribuinte individual e facultativa, por ocasião do parto, da adoção ou da guarda judicial para fins de adoção. A Previdência Social não exige carência para conceder esse benefício.

A segurada que exerce atividades concomitantes tem direito a um salário-maternidade para cada emprego.

A segurada aposentada que permanecer ou retornar à atividade tem direito ao pagamento do salário-maternidade.

---
(5) Lei n. 6.136/1974.
(6) HORVATH JÚNIOR, Miguel. *Revisitando o salário-maternidade à luz das recentes alterações*. Disponível em: <www.ambito-juridico.com.br> Acesso em: 16.3.2011.

No caso de adoção ou guarda judicial para fins de adoção, é devido o salário-maternidade, de acordo com a Lei n. 10.421, de 15 de abril de 2002, publicada em 16 de abril de 2002, se a adoção ou o termo de guarda judicial para fins de adoção for igual ou posterior à publicação da Lei.

No caso de parto antecipado, o período de carência para as seguradas contribuintes individual e facultativa, será reduzido em número de contribuições equivalentes ao número de meses em que o parto foi antecipado.

Nos casos em que a criança venha a falecer durante a licença-maternidade, o salário-maternidade não será interrompido.

Em caso de natimorto, o benefício será devido nas mesmas condições e prazos. Não há permissão legal para que a segurada mãe, nesta situação, renuncie ao recebimento do benefício e ao usufruto da licença-maternidade.

No caso de aborto não criminoso, comprovado por atestado médico, é devido salário-maternidade correspondente a 2 (duas) semanas, devendo ser requerido na Agência da Previdência Social.

O salário-maternidade é devido a partir:

— de até 28 dias antes da provável data do parto, comprovado através de atestado médico (fornecido pelo médico do Sistema Único de Saúde, do serviço médico da empresa ou por ela credenciado, ou do médico particular);

— da data do parto (nascimento ocorrido a partir da 23ª semana (6º mês) de gestação, inclusive em caso de natimorto), com apresentação da Certidão de Nascimento;

— da data do deferimento da medida liminar nos autos de adoção ou da data da lavratura da Certidão de Nascimento do adotado.

O salário-maternidade é pago pela empresa, para a segurada empregada, exceto nos casos de adoção ou guarda judicial para fins de adoção, com a dedução do valor pago na Guia da Previdência Social.

Nestas situações a lei é discriminatória, eis que apenas protege a segurada empregada, desconsiderando a situação de adoção apenas pelo pai. O pai adotante não faz jus ao recebimento de salário maternidade, nem ao usufruto da licença-maternidade.

Nos casos de adoção ou guarda judicial para fins de adoção da segurada empregada, o benefício é pago pela Previdência Social, por meio da rede bancária.

A Previdência Social, também por meio da rede bancária, pagará o salário-maternidade às seguradas empregadas domésticas, contribuinte individual e facultativa.

Em qualquer das situações retro descritas será descontado mensalmente do salário-maternidade o valor da contribuição previdenciária devida pela segurada.

O empregador continuará recolhendo a sua contribuição mensal normal referente a parte patronal, e se for o caso, a parte do custeio de acidentes do trabalho e de outras entidades, durante o recebimento, pela empregada, do salário-maternidade.

É de cinco anos o prazo para a segurada requerer o benefício, a contar da data do parto ou da adoção ou da guarda judicial para fins de adoção.

2. Programa empresa cidadã

Foi publicada no Diário Oficial da União de 10.9.2008, a Lei n. 11.770, de 9 de setembro de 2008, que cria o Programa Empresa Cidadã, destinado a prorrogar por 60 (sessenta) dias a duração da licença-maternidade prevista no inciso XVIII, *caput*, do art. 7º, da CF (120 dias).

A referida legislação instituiu o benefício de prorrogação da licença-maternidade apenas para as empregadas das empresas de grande porte[7] que aderiram ao Programa Empresa Cidadã.

A referida prorrogação facultativa da licença-maternidade entrou em vigor em 1º.1.2010 por razões orçamentárias.

Sob a ótica jurídica previdenciária, há grande limitação de seguradas elegíveis ao usufruto do benefício.

A prorrogação da licença-maternidade é facultativa tanto para a empregada quanto para a empresa empregadora.

Antes do deferimento do benefício é necessário que a empresa tenha aderido ao Programa Empresa Cidadã. A empresa que voluntariamente aderir ao referido Programa terá direito, enquanto perdurar a adesão, à dedução integral, no cálculo do imposto de renda da pessoa jurídica, do valor correspondente à remuneração integral da empregada nos 60 (sessenta) dias de prorrogação de sua licença-maternidade (isenção fiscal).

Em tendo a empresa previamente aderido ao programa, poderá a empregada requerer a prorrogação da licença-maternidade até o final do primeiro mês após o parto.

A prorrogação da licença-maternidade será concedida imediatamente após o término da licença-maternidade de 120 (cento e vinte) dias.

No período de prorrogação da licença-maternidade, a empregada fará jus à mesma remuneração integral, nos mesmos moldes devidos no período de percepção do salário-maternidade pago pelo Regime Geral da Previdência Social.

---

(7) As micro e pequenas empresas não podem aderir ao Programa Empresa Cidadã, eis que não têm direito ao ususfruto do incentivo fiscal.

No período da prorrogação da licença-maternidade de que trata a Lei, a empregada não poderá exercer qualquer atividade remunerada e a criança não poderá ser mantida em creche ou organização similar. Se houver descumprimento, a empregada perderá o direito à prorrogação. Miguel Horvath Junior, ao comentar o art. 4º da Lei n. 11.770/2008[8], ensina que:

> "(...) esta previsão se mostra incompatível com a possibilidade de exercício de plúrima atividades contrariando o princípio do valor do trabalho assegurado constitucionalmente. Exemplificamos: Uma trabalhadora que seja segurada empregada vinculada a uma empresa que aderiu ao programa empresa cidadã e opte pela prorrogação da licença-maternidade e que também seja contribuinte individual. Neste caso, para fruir da prorrogação teria que abdicar dois meses de atividades como contribuinte individual, pois é vedado o exercício de qualquer atividade remunerada durante o período de prorrogação."

A Previdência Social continuará a pagar os 120 (cento e vinte) primeiros dias da licença-maternidade e os 60 (sessenta) dias subsequentes terão seu pagamento assumido pela empresa.

Cumpre destacar que foram vetados 2 dispositivos do texto original, a saber: a) um que estendia às pessoas jurídicas enquadradas no regime do lucro presumido e às optantes pelo Simples Nacional os benefícios fiscais (isenção do IRPJ) e; b) outro que desobrigava a empresa a pagar a contribuição previdenciária durante o afastamento.

Portanto as microempresas e empresas optantes pelo Simples Nacional que optarem pelo Programa Empresa Cidadã, não farão jus a nenhum benefício fiscal.

3. Salário-maternidade x adoção

No caso de adoção ou de guarda judicial para fins de adoção, a licença-maternidade será: de 120 (cento e vinte) dias se a criança tiver até 1 (um) ano de idade; de 60 (sessenta) dias se criança tiver de 1 (um) ano e 1 (um) dia até 4 (quatro) anos de idade; ou de 30 (trinta) dias se a criança tiver de 4 (quatro) anos e 1 (um) dia até 8 (oito) anos de idade.

Será devido o salário-maternidade à segurada mãe adotiva, ainda que já tenha havido pagamento de benefício semelhante à mãe biológica.

No caso de adoção ou guarda judicial para fins de adoção de mais de uma criança, simultaneamente, será devido o pagamento somente de um salário-maternidade, observando-se o direito segundo a idade da criança mais nova.

---

(8) HORVATH JÚNIOR, Miguel. *Revisitando o salário-maternidade à luz das recentes alterações*. Disponível em: <www.ambito-juridico.com.br> Acesso em: 16.3.2011.

No caso de adoção ou guarda judicial para fins de adoção, o pagamento do benefício terá início na data do deferimento da medida liminar nos autos de adoção ou a data da lavratura da certidão de nascimento, segundo a Lei n. 10.421, de 15.4.2002.

O valor do salário-maternidade será:

— para a segurada empregada: valor mensal igual à sua remuneração integral, no mês de seu afastamento ou em caso de salário variável[9], igual à média dos 6 (seis) últimos meses de trabalho, apurada conforme a lei salarial ou dissídio da categoria (art. 393 da CLT). Não será considerado como salário variável o 13º (décimo terceiro) salário ou férias, porventura recebidos;

— para a segurada empregada doméstica: valor correspondente ao do seu último salário de contribuição, que não será inferior ao do salário mínimo, nem superior ao limite máximo do salário de contribuição;

— para a segurada contribuinte individual ou facultativa: 1/12 avos da soma dos 12 (doze) últimos salários de contribuição, apurados em períodos não superior a 15 (quinze) meses.

Quando tratamos especificamente da empregada adotante (ou que obtiver guarda judicial para fins de adoção), no que tange à concessão de licença-maternidade, temos que considerar as regras estabelecidas nos arts. 392-A da CLT e 71-A, da Lei n. 8.213/1991 (lei de benefícios da Previdência Social).

Trata-se de flagrante contradição jurídica, eis que o art. 392-A da CLT prevê o direito à concessão da *licença-maternidade de 120 (cento e vinte) dias à empregada* que adotar ou obtiver guarda judicial para fins de adoção de criança. Já o art. 71-A da Lei n. 8.213/1991, dispõe que à *segurada* que adotar ou obtiver guarda judicial para fins de adoção de criança é devido *salário-maternidade* pelo período de *120 (cento e vinte) dias, se a criança tiver até 1 (um) ano de idade, de 60 (sessenta) dias, se a criança tiver entre 1 (um) e 4 (quatro) anos de idade, e de 30 (trinta) dias, se a criança tiver de 4 (quatro) a 8 (oito) anos de idade.*

Para analisar a situação de contradição parcial, temos que destacar algumas premissas:

(i) É devido o benefício trabalhista da licença-maternidade para as empregadas gestantes e para as empregadas que adotarem ou obtiverem a guarda judicial para fins de adoção de criança;

(ii) A Constituição Federal, em seu art. 7º, inciso XVIII, prevê a licença à gestante, sem prejuízo do emprego e do salário, com a duração de 120 (cento e vinte) dias;

(iii) A CLT, lei genérica, trata da licença-maternidade, benefício de natureza trabalhista;

---

(9) Salário variável é aquele recebido na forma de comissões, gratificações, horas extras, percentagens e abonos.

(iv) A Lei n. 8.213/1991, lei especial, trata do salário-maternidade, benefício de natureza previdenciária;

(v) A Lei n. 11.770/2008, cria o Programa Empresa Cidadã destinado a prorrogação da licença-maternidade às gestantes protegidas pelo art. 7º da CF e às empregadas que adotarem ou obtiverem guarda judicial para fins de adoção de criança;

(vi) O Decreto n. 7.052/2009, que regulamentou a Lei n. 11.770/2008, estipulou em seu art. 2º que a empregada de pessoa jurídica que adotar ou obtiver guarda judicial para fins de adoção de criança, terá a prorrogação da licença-maternidade pelos seguintes períodos: 60 (sessenta) dias, quando se tratar de criança de até 1 (um) ano de idade; 30 (trinta) dias, quando se tratar de criança a partir de 1 (um) ano até 4 (quatro) anos de idade completos; e 15 (quinze) dias, quando se tratar de criança a partir de 4 (quatro) anos até completar 8 (oito) anos de idade; e

(vii) A Instrução Normativa RFB n. 991/10 dispõe que será beneficiada pelo Programa Empresa Cidadã, instituído pelo Decreto n. 7.052, de 23 de dezembro de 2009, a empregada da pessoa jurídica que aderir ao Programa, desde que a empregada requeira a prorrogação do salário-maternidade até o final do 1º (primeiro) mês após o parto, também se aplicando às empregadas que adotarem ou obtiverem guarda judicial para fins de adoção de criança pelos seguintes períodos: 60 (sessenta) dias, quando se tratar de criança de até 1 (um) ano de idade; 30 (trinta) dias, quando se tratar de criança a partir de 1 (um) ano até 4 (quatro) anos de idade completos; e 15 (quinze) dias, quando se tratar de criança a partir de 4 (quatro) anos até completar 8 (oito) anos de idade.

Assim, temos que a CLT trata da *licença-maternidade*, ou seja, da ausência justificada das empregadas em decorrência de gestação, parto ou adoção. A Previdência Social regulamenta o pagamento do *salário-maternidade*, que visa substituir a renda das seguradas no momento em que se concretiza o risco social da maternidade. O art. 71 da Lei n. 8.213/1991 dispõe que o salário-maternidade será pago diretamente pela Previdência Social. Já o § 1º, do art. 72, da mesma lei, impõe que a empresa pagará o salário-maternidade devido à empregada gestante, efetivando-se a compensação. Assim, temos que o salário-maternidade da empregada adotante é pago diretamente pela Previdência Social.

Tal fato é relevante quando o entendimento é direcionado no sentido de conceder a licença-maternidade de 120 dias, prevista na CLT, a todas as empregadas adotantes. Tal fato encontra respaldo legal constitucional nos arts. 6º e 227, § 6º, da Carta Magna:

> Art. 6º São direitos sociais a educação, a saúde, a alimentação, o trabalho, a moradia, o lazer, a segurança, a previdência social, a proteção à maternidade e à infância, a assistência aos desamparados, na forma desta Constituição. (Redação dada pela Emenda Constitucional n. 64, de 2010).
>
> Art. 227. É dever da família, da sociedade e do Estado assegurar à criança e ao adolescente, com absoluta prioridade, o direito à vida, à saúde, à alimentação, à educação, ao lazer, à profissionalização, à cultura, à dignidade, ao respeito, à liberdade e à convivência familiar e comunitária, além de colocá-los a salvo de toda forma de negligência, discriminação, exploração, violência, crueldade e opressão.

...

§ 6º Os filhos, havidos ou não da relação do casamento, ou por adoção, terão os mesmos direitos e qualificações, proibidas quaisquer designações discriminatórias relativas à filiação.

Por outro lado, temos que a lei especial não foi revogada pela Lei da Adoção. A lei de benefícios da Previdência Social regulamenta o art. 201, II, da Constituição Federal, que determina a proteção à maternidade, especialmente à gestante.

A previsão normativa da CLT não poderia revogar o art. 71-A, da Lei n. 8.213/1991, eis que o âmbito de aplicação da lei previdenciária é muito maior que o celetista. A lei previdenciária regulamenta a proteção de todas as seguradas do Regime Geral de Previdência Social, enquanto que a CLT rege apenas a relação mantida com empregados (segurados obrigatórios).

Outro fator constitucional relevante a ser destacado, é que a alteração da CLT aumentou o período da licença-maternidade, sem relacioná-lo com o aumento do período de pagamento do salário-maternidade, que não poderia ser majorado a critério do legislador, em flagrante desconsideração da regra da contrapartida, prevista no art. 195, § 5º, da CF:

Art. 195. A seguridade social será financiada por toda a sociedade, de forma direta e indireta, nos termos da lei, mediante recursos provenientes dos orçamentos da União, dos Estados, do Distrito Federal e dos Municípios, e das seguintes contribuições sociais:

...

§ 5º Nenhum benefício ou serviço da seguridade social poderá ser criado, majorado ou estendido sem a correspondente fonte de custeio total.

Podemos concluir que a concessão da licença-maternidade à empregada adotante de 120 (cento e vinte) dias caracterizará *responsabilidade do empregador* em arcar com o pagamento do salário-maternidade nos períodos que excederem a previsão legal do art. 71-A, da Lei n. 8.213/1991, além de *não existir benefício fiscal ao empregador* na hipótese da prorrogação da licença-maternidade da empregada adotante no período que exceder ao previsto no Decreto n. 7.052/2009.

Bibliografia

BALERA, Wagner. *Sistema de seguridade social*. 5. ed. São Paulo: LTr, 2009.

HORVATH JR., Miguel. *Salário-maternidade*. São Paulo: Quartier Latin, 2004.

_____. *Revisitando o salário-maternidade à luz das recentes alterações*. Disponível em: <www.ambito-juridico.com.br>.

IBRAHIM, Fábio Zambitte. *Curso de direito previdenciário*. 12. ed. Rio de Janeiro: Impetus, 2008.

➤➤ As Contribuições Fundiárias nas Transferências Internacionais de Empregados

Maria Helena Villela Autuori[*]

Introdução

O maior reflexo da globalização nas relações de trabalho é o crescimento das relações internacionais do trabalho. O movimento do capital, o avanço da tecnologia, o desenvolvimento cada vez maior dos meios de transporte e da comunicação redundaram no aumento das migrações de trabalhadores.

Russomano (1979, p. 93) cita quatro modalidades de contratos internacionais, assim considerados por conterem pelo menos um elemento de estraneidade: i) estrangeiro contratado por empresa nacional para prestar serviços em território nacional; ii) empregado e companhia estrangeiros, com execução do serviço em território nacional; iii) profissional nacional contratado por empresa estrangeira para prestar serviços em território estrangeiro; e iv) empregado nacional contratado por empresa estrangeira para executar serviços em território nacional.

Husek (2009, p. 151) sintetizou bem o momento da globalização:

> Repetimos a constatação básica: as fronteiras nacionais já não separam as culturas e a identidade de cada povo. Somos cada vez mais parecidos em nossas necessidades, em todos os cantos do planeta. É isso um atraso ou um progresso? É, simplesmente. E neste momento da história da humanidade precisamos casar os diversos fatores — sociais, políticos, econômicos, jurídicos, religiosos —, por intermédio de institutos que aprendam o fenômeno, sem indagar do bem ou do mal, do certo ou do errado, para viabilizar o modo de vida individual e coletivo.

(*) Bacharel em Direito pela Faculdade de Direito da Universidade de São Paulo, com especialização em Direito Empresarial — 1988. *E-mail:* mhautuori@autuori.com.br

De fato, a mobilidade cada vez maior de trabalhadores — que passam de um país a outro, às vezes à procura de novo trabalho, às vezes transferidos pelo próprio trabalho — atestou a necessidade de criarmos soluções adequadas para os conflitos de leis no espaço.

Neste contexto, enalteça-se a função do Direito Internacional Privado de indicar e definir qual o direito aplicado em determinada relação internacional.

Quanto aos métodos de definição da lei de regência, temos o método tradicional — denominado bilateral típico ou clássico europeu — e o método unilateral, utilizado nos Estados Unidos da América e previsto no *Restatement (Second) of the Conflicts of Law* de 1971.

Nos países europeus e latino-americanos, o método bilateral pressupõe a existência de uma regra de Direito Internacional Privado para resolver o conflito de leis e indicar a lei aplicável. Já o modo norte-americano ou unilateral "preocupa-se com regras que, sob o ponto de vista material, melhor solução trarão ao conflito, por intermédio da identificação dos 'vínculos mais estreitos'" (PAIVA, 2010, p. 57).

É este o sentido do disposto no § 6º do citado *Restatement (Second) of the Conflicts of Law*:

> Princípios para eleição da Lei. 1. Um tribunal, com base nas restrições constitucionais, seguirá a legislação de seu Estado sobre conflitos de lei no espaço. 2. Quando não houver legislação sobre a matéria, os fatores relevantes para a escolha da lei aplicável incluem: a) as questões necessárias nos sistemas interestaduais e internacionais; b) as políticas de relevância do fórum; c) as políticas de relevância de outros Estados e seus interesses na determinação da questão; d) a proteção de expectativas justificáveis; e) as políticas básicas que informam o ramo do direito em particular; f) certeza, previsão e uniformização do resultado; e g) a facilidade na definição e aplicação da lei eleita.

O objeto deste estudo é analisar os conflitos de lei trabalhista no espaço, com os seus elementos de conexão, para depois analisar a obrigatoriedade do recolhimento do Fundo de Garantia do Tempo de Serviço (FGTS) para os diversos tipos de relações trabalhistas internacionais.

Assim, para melhor compreensão, delimita-se a abrangência e o enfoque deste trabalho na análise da obrigação de proceder ao recolhimento dos depósitos fundiários, nos casos de transferências internacionais de trabalhadores. Para tanto, será necessário estabelecer o conflito espacial para, com base nos elementos de conexão existentes, escolher a lei que regerá a relação laboral. Frise-se, assim, que a preocupação maior é definir o direito que será aplicado e não o exercício da jurisdição.

1. Elementos de conexão no direito do trabalho brasileiro: princípio da territorialidade

O Brasil adota o sistema denominado bilateral, que se utiliza do elemento de conexão para apontar de maneira clara e objetiva qual o Direito a ser aplicado ao caso concreto. Os elementos de conexão são as diretrizes que fornecem a solução para os conflitos de leis no espaço.

Strenger (2000, p. 353) esclarece que o elemento de conexão é um fator de ligação com outro ordenamento jurídico, sendo que é através dele que se aplica o ordenamento jurídico competente: "[...] os elementos de conexão são expressões legais de conteúdo variável, de efeito indicativo, capazes de permitir a determinação do direito que deve tutelar a relação jurídica em questão [...]".

Paiva (2010, p. 53-54) aponta os seguintes elementos de conexão indicados pelo Direito Internacional Privado: i) local da celebração do contrato (*lex loci actum*); ii) local da execução do contrato (*lex loci executionis*); iii) lei da jurisdição (*lex fori*); e iv) nacionalidade das partes. E arremata, concluindo "Em que pese não serem considerados elementos de conexão propriamente ditos, tanto a autonomia da vontade das partes quanto o princípio da norma mais favorável também têm sido admitidos como critério para fixação da lei da regência" (PAIVA, 2010, p. 54).

No Brasil, em matéria de obrigação, o art. 9º da Lei de Introdução do Código Civil estabelece que, "para qualificar e reger as obrigações, aplicar-se-á a lei do país em se constituírem". O elemento de conexão seria assim a *lex loci contractus,* ou seja, o local da contratação da obrigação.

Mas, em matéria trabalhista, há consenso que o elemento de conexão a ser observado é o local da prestação de serviços, prevalecendo o princípio da territorialidade das leis trabalhistas. Isto porque tal princípio esta estabelecido pelo artigo 198 do Código de Bustamante, o qual determina que "também é territorial a legislação sobre acidentes de trabalho e proteção social do trabalhador". O Código de Bustamante (convenção de Direito Internacional Privado adotada pela Sexta Conferência Internacional Americana realizada em Havana, em fevereiro de 1928) foi ratificado e promulgado no Brasil pelo Decreto n. 18.871, de 13 de agosto de 1929, e, como lei especial que é, não pode ser revogado por uma lei geral, como o art. 9º da Lei de Introdução ao Código Civil.

No mesmo sentido, a Convenção de Roma, de 19 de junho de 1980 — embora enalteça a autonomia da vontade como elemento de conexão principal —, determina que, na ausência de escolha entre as partes, o contrato de trabalho regula-se "[...] pela lei do país na qual o trabalhador, em execução do seu contrato, desenvolva habitualmente seu trabalho em determinado país".

Magano (1987, p. 917) esclarece que "a regra básica é, portanto, a da *lex loci laboris*, cuja justificativa repousa na ideia de que trabalhadores de um mesmo território não devam estar sujeitos a regimes jurídicos diferentes". E arremata com as lúcidas e consistentes considerações de Rodiére[1]:

---

(1) RODIÉRE, Pierre. Conflits de lois em droit du travail: étude comparative. *Droit Social*, n. 2, p. 125, fev. 1986.

Constituiria anormalidade social que, devido à aplicação da lei estrangeira, o assalariado "internacional" tivesse direitos inferiores; as disparidades de regimes entre trabalhadores que se acotovelam constituem fermento de turbulência social; imaginar que uma empresa estrangeira pudesse implantar, no território de um Estado, estabelecimento onde os trabalhadores para ali destacados fossem remunerados, gozassem de vantagens sociais inferiores às da mão de obra local, equivaleria a gerar, ao mesmo tempo, ameaça para o emprego local e vantagem concorrência anormal relativamente às empresas locais (RODIÉRE, 1986, p. 125, *apud* MAGANO, 1987, p. 917).

A natureza territorial das normas de direito do trabalho tem fundamento, em especial, no caráter de ordem publica das leis deste ramo do Direito. E, portanto, a *lex loci executionis* é o elemento de conexão mais forte para solucionar os conflitos de leis no espaço em matéria trabalhista.

O princípio da territorialidade, no Brasil, restou consagrado pela Súmula n. 207 do Tribunal Superior do Trabalho, a qual estabelece que "a relação jurídica trabalhista é regida pelas leis vigentes no país da prestação de serviços e não por aquelas do local da contratação". Ao determinar o local da prestação de serviços como principal elemento de conexão para a solução dos conflitos espaciais, esta Súmula procurou atender a situação dos contratados no exterior para trabalhar no País.

Se, como afirma Mallet (1988, p. 47), "o fenômeno da globalização não adquiriu, ao menos até o momento e em face do direito do trabalho brasileiro, dimensão suficiente para levar a quebra do princípio da territorialidade da lei trabalhista", a verdade é que tanto a doutrina como a jurisprudência apontam exceções na diretriz firmada pelo Enunciado n. 207 do Tribunal Superior do Trabalho.

Estas exceções, que analisaremos nos itens subsequentes, referem-se à aplicação da Lei n. 7.064/1982 e aos serviços prestados de modo esporádico no exterior.

2. A Lei n. 7.064/1982 e a aplicação da legislação mais favorável

A primeira exceção apontada pela doutrina à aplicação do princípio da territorialidade tem origem nas disposições da Lei n. 7.064, de 6 de dezembro de 1982.

Essa Lei é fruto da intensificação dos fluxos de imigração de brasileiros, especialmente para o Iraque, como trabalhadores em empresas prestadoras de serviços de engenharia, inclusive consultoria, projetos e obras, montagens, gerenciamento e congêneres. Posteriormente, com as alterações introduzidas pela Lei n. 11.962, de 3 de julho de 2009, a Lei n. 7.064/1982 passou a ser destinada a todos os trabalhadores aliciados no Brasil para a prestação de serviços no exterior.

Tal legislação considera duas situações distintas de trabalhadores: uma, a de trabalhadores transferidos para o exterior por empregador brasileiro (Capítulo II — Da Transferência); outra, a de empregados contratados no Brasil por empresa estrangeira para prestação de serviços no exterior (Capítulo III — Da Contratação por Empresa Estrangeira).

A primeira situação está disposta no art. 2º da referida Lei:

Art. 2º Para os efeitos desta Lei, considera-se transferido: I — o empregado removido para o exterior, cujo contrato estava sendo executado no território brasileiro; II — o empregado cedido à empresa sediada no estrangeiro, para trabalhar no exterior, desde que mantido o vínculo trabalhista com empregado brasileiro; III — o empregado contratado por empresa sediada no Brasil para trabalhar a seu serviço no exterior.

Pois é exatamente na situação de transferência de empregados para o exterior que a mesma norma estabelece, no seu art. 3º a adoção do princípio da extraterritorialidade da lei brasileira, ao determinar sua aplicação quando mais favorável que a legislação territorial.

Art. 3º A empresa responsável pelo contrato de trabalho do empregado transferido assegurar-lhe-á, independentemente da observância da legislação local da execução dos serviços: I — os efeitos previstos nesta Lei; II — a aplicação da legislação brasileira de proteção ao trabalho, naquilo que não for incompatível com o disposto nesta Lei, quando mais favorável que a legislação territorial, no conjunto das normas e em relação a cada matéria.

Ou seja, determina como elemento de conexão a aplicação da *lex loci executionis* (princípio da territorialidade), mas, concomitantemente, determina a aplicação da legislação brasileira de proteção ao trabalho "quando mais favorável que a legislação territorial no conjunto de normas e em relação a cada matéria".

Isso significa que, nas hipóteses de transferência de empregado para o exterior, a legislação não permite que eles sejam submetidos a condições de trabalho piores que as previstas na legislação pátria. Neste caso, haveria a incidência concomitante de dois elementos de conexão: o da territorialidade e o da lei comum das partes contratantes — o que lhe for mais favorável.

A segunda situação prevista na Lei n. 7.064/1982 é a de empregados brasileiros contratados por empresa estrangeira para trabalhar em território estrangeiro. Nesta hipótese, não é possível falar em lei comum das partes, e, deste modo, o elemento de conexão dominante volta a ser o da territorialidade, que determina a aplicação da lei do local da execução do contrato.

Ao analisar o aparente conflito entre a aplicação do princípio da territorialidade e o da lei mais favorável, Magano (1987, p. 919) elucida:

> Depreende-se do exposto que, em se tratando de mão de obra importada, domina com exclusividade, a *lex loci executionis*, porque o Estado não tem, então, de cuidar senão da eficácia da sua própria legislação. Quando é o caso, porém, de trabalhadores aliciados no Brasil para trabalharem

no exterior, o Estado se sente na obrigação de não os deixar desamparados, ante a possibilidade de ficarem sujeitos a legislação de nível inferior à sua. Daí a aplicação concomitante de dois elementos conexos: o da *lex loci laboris* e o da lei comum das partes contratantes (RODIÉRE. *Op. cit.*, p. 126). Excepcionalmente, quando se trata de empresa estrangeira, que alicia mão de obra no Brasil para trabalho no exterior, não se pode então falar de lei comum das partes, e volta-se a fazer aplicação exclusiva da *lex loci laboris*.

E conclui:

Não há, portanto, equivocidades no Direito brasileiro. Nem se pode dizer que, com o advento da Lei n. 7.064/1982, houvesse ficado, entre nós, superada a aplicabilidade da *lex loci executionis*. No quadro do nosso Direito, o que se dá é ou a atuação isolada do referido elemento de conexão ou a sua aplicação concomitante com lei comum das partes contratantes, conforme a variação dos fatos.

O Tribunal Superior do Trabalho já manifestou igual entendimento:

TRABALHO NO EXTERIOR — EMPREGADO CONTRATADO NO BRASIL — CONFLITO DE LEIS NO ESPAÇO — O contrato de trabalho de empregado admitido no Brasil por empresa nacional, que é transferido para o exterior, é regido pela legislação brasileira, quando mais favorável que a vigente no território estrangeiro, na forma do art. 3º, inciso II, da Lei n. 7.064/1982. Ausência de confronto com o Enunciado n. 207 do TST (TST, RR 449.529/1998.0, 3ª T., Rela. Maria Cristina Irigoyen Peduzzi, DJU I 12.9.2003).

3. Prestação de serviços em caráter não habitual no exterior

Finalmente, a segunda exceção ao princípio da territorialidade diz respeito à prestação de serviços em caráter esporádico no exterior.

A Convenção de Roma de 1980 estabelece que o contrato de trabalho regula-se pela lei do país no qual o trabalhador habitualmente trabalha ou, se o trabalhador não prestar habitualmente seu trabalho no mesmo país, pela lei do país no qual esteja situado o estabelecimento que contratou o trabalhador.

No caso de trabalho não habitual no mesmo país, segundo diretriz estabelecida pela Convenção de Roma, deverá prevalecer à aplicação da lei da sede da empresa (estabelecimento que o contratou), a não ser que "resulte do conjunto das circunstâncias que o contrato de trabalho apresenta uma conexão mais estreita com um outro país, sendo em tal caso aplicável a lei desse outro país" (Convenção de Roma, art. 6º, item 1, *b*).

Neste mesmo sentido, o II Congresso Internacional do Trabalho, realizado em Genebra em 1957, deixou assente "a submissão do contrato de trabalho à lei da sede da empresa na hipótese de prestação de serviços ocasionais ou temporários em outro país, ou interinamente nos dois territórios" (SÜSSEKIND, 1960, p. 46-47).

Alerta-se que as normas relativas a saúde e segurança do trabalhador, por serem de ordem pública, nos termos do art. 17 da Lei de Introdução ao Código Civil, deverão sempre observar a legislação do local da execução do contrato.

4. Conclusão quanto ao elemento de conexão a ser aplicado

Nos conflitos de leis no espaço que envolvam empregados contratados no exterior para trabalhar no Brasil, a regra a ser aplicada é a lei do local da prestação de serviços (*lex loci executionis*), em obediência ao princípio da territorialidade insculpido no art. 198 do Código de Bustamante, com jurisprudência sedimentada pela Súmula n. 207 do TST.

No que se refere aos empregados transferidos para trabalhar em outros países, inicialmente surge a questão de se determinar a duração da transferência. Se a transferência for de curta duração — ou seja, tiver caráter provisório, mantendo o contrato de trabalho forte vínculo com o estabelecimento de origem —, então há de se fazer a aplicação da lei do local da contratação.

Se a transferência dos empregados para outros países for feita em caráter habitual, então o elemento de conexão passa ser a lei de execução do contrato ou a da legislação brasileira de proteção ao trabalho, "quando mais favorável que a legislação territorial no conjunto de normas e em relação a cada matéria". Nesta hipótese, a Lei n. 7.064/1982 determina a incidência concomitante de dois elementos de conexão: o da territorialidade e da lei comum das partes contratantes, o que for mais favorável ao empregado.

Por derradeiro, tratando-se de contratação feita no Brasil, por empresa estrangeira, para prestação de serviços no exterior, o elemento de conexão dominante é a *lex loci executionis*, ou seja, a lei do local da prestação de serviços. É fácil entender que nesta hipótese dificilmente uma empresa que não tem sede no Brasil se submeteria às regras de um país no qual não reside e com o qual não possui qualquer vínculo.

Claro está, portanto, que, no Direito brasileiro, o que existe é o princípio da territorialidade ou a sua aplicação concomitante com a lei comum das partes contratantes, quando mais favoráveis.

5. Os depósitos para o Fundo de Garantia do Tempo de Serviço (depósitos fundiários)

Tendo em vista tudo quanto ficou exposto, pode-se concluir que serão devidos depósitos fundiários toda vez que a análise dos elementos de conexão levar à aplicação da legislação brasileira nas relações internacionais do trabalho.

No seu art. 5º, a Constituição Federal de 1988 consagrou, como princípio constitucional, a igualdade de direitos entre brasileiros e estrangeiros. E, ao tratar dos direitos trabalhistas, a norma constitucional estendeu a todos, indistintamente, o direito a percepção do Fundo de Garantia do Tempo de Serviço (art. 7º, inciso III).

Deste modo, é induvidoso que o empregado estrangeiro, a partir da entrada em vigor da Constituição Federal de 1988, passou a ter direito aos depósitos previstos na Lei n. 8.036/1990, a qual obriga os empregadores ao depósito, em conta vinculada ao empregado, de importância correspondente a 8% sobre a remuneração paga ou devida ao trabalhador no mês anterior, a título de depósitos fundiários.

Para efeito de composição da remuneração do empregado, o art. 457 da Consolidação das Leis do Trabalho determina que integrem a remuneração do empregado, para todos os efeitos legais, "além do salário devido e pago diretamente pelo empregador, como contraprestação dos serviços, as gorjetas que receber". Assim, estabeleceu-se a distinção entre salário e remuneração, pois, enquanto aquele é o valor diretamente pago ao empregado, esta compreende, além do pagamento direto, tudo o que recebeu de terceiros em virtude do contrato de trabalho.

Aqui releva notar que a base de incidência da contribuição fundiária é a remuneração — e, portanto, não só o que é diretamente pago ao empregado, mas todos os valores recebidos como contraprestação pelos serviços prestados.

Na hipótese de o empregado ser brasileiro transferido para o exterior, aplica-se a Lei n. 7.064/1982, a qual garante expressamente, no parágrafo único do seu art. 3º, o depósito do FGTS sobre os valores pagos em função do contrato.

Tal posição, aliás, restou pacificada pela Orientação Jurisprudencial n. 232 do SBDI-I do TST, que dispõe: "OJ — SDI-1 N. 232. FGTS. INCIDÊNCIA. EMPREGADO TRANSFERIDO PARA O EXTERIOR. REMUNERAÇÃO. O FGTS incide sobre todas as parcelas de natureza salarial pagas ao empregado em virtude de serviços no exterior".

Quando a prestação de serviços é efetuada no Brasil, embora não haja legislação específica, o contrato de trabalho está sujeito às normas nacionais (princípio da territorialidade) e, deste modo, nos termos do art. 15 da Lei n. 8.036/1990, serão devidos os depósitos fundiários sobre a remuneração paga ao trabalhador.

Ainda que a aplicação dos elementos de conexão resolva de forma objetiva o problema do conflito das leis no espaço, o processo de globalização fez com que novas dificuldades se apresentassem. É sobre o que trataremos no item seguinte.

6. A repartição do salário (split salary)

Como já dito, não há legislação específica para a situação do empregado estrangeiro contratado para trabalhar no Brasil. Neste caso, é necessário definir sobre qual valor deva incidir a apuração do recolhimento do FGTS, considerando-se a hipótese de o empregado não receber a sua remuneração integralmente no país, como ocorre da prática do pagamento *split salary*.

O trabalhador estrangeiro é obrigado a obter autorização prévia para o trabalho no Brasil, devendo a empresa contratante requerer nesse sentido perante a Coordenação Geral de Imigração do Ministério do Trabalho e Emprego, instruindo tal requerimento com a documentação respectiva, que inclui o contrato de trabalho que será utilizado.

Neste sentido, o parágrafo único do art. 3º da Resolução Administrativa n. 74/2007 do Conselho Nacional de Imigração permite que o trabalhador estrangeiro, empregado de outra empresa do mesmo grupo econômico, receba o *split salary*, estabelecendo apenas que a remuneração total não seja inferior à última remuneração que tenha recebido no exterior:

> Art. 3º Poderá ser concedida autorização de trabalho estrangeiro quando a remuneração a lhe ser paga não for inferior à maior remuneração paga pela empresa, na mesma função/atividade a ser desenvolvida pelo estrangeiro chamado no Brasil.
>
> Parágrafo único. Poderá ser concedida autorização de trabalho ao estrangeiro, empregado de empresa integrante do mesmo grupo econômico, quando a remuneração a lhe ser paga no Brasil e no exterior não for inferior à última remuneração que tenha recebido no exterior.

Não obstante a prática da repartição do salário seja admitida no ordenamento jurídico brasileiro, há alguma controvérsia acerca da obrigatoriedade da apuração de direitos trabalhistas sobre os valores pagos no exterior, mais especificamente para fins de contribuição ao FGTS.

Apesar de a fonte pagadora ser empresa estrangeira, tendo em vista que o pagamento da remuneração feita deve-se a prestação de serviços ocorrida no Brasil, já que não pode haver contrato de trabalho sem prestação de serviços, torna-se frágil o argumento sustentado por parte da doutrina de que não há norma proibitiva à coexistência de dois contratos de trabalho em países distintos, mesmo que a remuneração do contrato estrangeiro se dê enquanto suspenso — não se olvidando que, mesmo quando suspenso o contrato, ainda poderão existir obrigações pela empregadora.

Nesta linha de argumentação, a remuneração paga no exterior vincula-se ao contrato de trabalho suspenso, o qual, possuindo pacto de pagamento de remuneração em conformidade com as regras da lei estrangeira, seria plenamente válido e eficaz.

Tal argumento é frágil, na medida em que não há contrato de trabalho sem que haja prestação de serviços. Ainda que o salário esteja sendo pago uma parte em cada país, ambas as parcelas na realidade visam remunerar o mesmo serviço. Nestas condições, não é possível falar em dois contratos de trabalho distintos.

A circunstância de existir ou não um contrato com a empresa estrangeira não prejudica este entendimento, não só em vista da aplicação da regra da *lex loci executionis*, mas também pela Súmula n. 129 do Tribunal Superior do Trabalho, que entende facultativa a existência de mais de um contrato de trabalho, quando a prestação se dá a mais de uma empresa do mesmo grupo econômico:

> Súmula n. 129. CONTRATO DE TRABALHO. GRUPO ECONÔMICO. A prestação de serviços a mais de uma empresa e do grupo econômico, durante a mesma jornada de trabalho, não caracteriza a coexistência de mais de um contrato de trabalho, salvo ajuste em contrário.

Como disse Jorge Cavalcanti Boucinhas Filho em artigo publicado na Revista Magister de Direito Trabalhista e Previdenciário:

> A circunstância de o empregado, enviado para gerir projetos e negócios em outros países, trabalhar tanto em favor do estabelecimento do qual fora transferido como para aquele aonde fora enviado tampouco gera, por si só, dualidade de contratos de trabalho. Haverá apenas um contrato de trabalho do qual se beneficiarão dois estabelecimentos sediados em países distintos.

Deste modo, não se pode falar em suspensão do contrato de trabalho quando há transferência, pois haveria continuidade do contrato de trabalho, considerando-se, inclusive que o empregador é o grupo de empresas (§ 2º do art. 2º da CLT). Neste sentido, a jurisprudência e a doutrina são uníssonas quanto à existência de relação jurídica única que teve origem no mesmo contrato de trabalho, muito embora este possa ter seu desenvolvimento em mais de um país:

> CONTRATO DE TRABALHO — PRESTAÇÃO DE SERVIÇOS NO ESTRANGEIRO E NO BRASIL. — O contrato de trabalho é uno, ainda que iniciado no estrangeiro, se a prestação de serviços teve prosseguimento no Brasil. Recurso de Revista desprovido (TST, RR 7670/1990, 3ª T., Rel. Ministro Manoel Mendes de Freitas, j. 14.2.1996, DJU 29.3.1996, p. 9.755).

Finalmente, também não é possível falar em suspensão do contrato de trabalho, porque de fato não há paralisação dos serviços prestados, mas prestação de serviços em outro território para o mesmo empregador, que é empresa do mesmo grupo econômico.

Assim, há de se concluir ser insustentável o argumento da não incidência das contribuições fundiárias sobre o pagamento feito no exterior, sob o argumento da existência de dois contratos distintos de trabalho. O contrato de trabalho do expatriado é o mesmo, que passa a ser executado longe do país de origem. Mas é o mesmo contrato de trabalho, pois decorrente da mesma prestação de serviços.

7. Fracionamento do contrato de trabalho (dépeçage)

Existe ainda a possibilidade de se argumentar que o contrato de trabalho poderia ser fracionado, ou seja, uma parte do contrato de trabalho ser submetido à legislação de um país e a outra parte a outra legislação de um país diferente.

Peres (2004, p. 140) sustenta que "os contratos internacionais, inclusive os de trabalho, podem ser em tese fracionados para efeito de determinação da lei de regência. Pode uma determinada parte do contrato submeter-se à legislação de um país e outra a lei de um segundo Estado".

Trata-se da análise da figura francesa denominada *dépeçage*, que se encontra regulamentada por duas normas internacionais não ratificadas pelo Brasil, a Convenção de Roma de 1980 e a Convenção do México de 1994.

O art. 3.1. da Convenção de Roma determina:

> O contrato de trabalho rege-se pela lei escolhida pelas partes. Esta escolha deve ser expressa ou resultar de modo inequívoco das disposições do contrato ou das circunstâncias da causa. Mediante esta escolha, as partes podem designar a lei aplicável à totalidade ou apenas uma parte do contrato.

Esta Convenção, como o sistema norte-americano, enaltece a autonomia da vontade, ressalvando somente as normas imperativas vigentes no local da execução do contrato. Embora não tenha sido ratificada pelo Brasil, há quem sustente o caráter universal da Convenção de Roma, que, em seu próprio texto, estende a aplicação das suas normas a todos os países, signatários ou não.

A Convenção do México não trata especificamente dos contratos de trabalho, mas dos contratos de um modo geral. O Brasil foi um dos signatários desta Convenção, mas ainda não a ratificou.

De todo modo, o art. 2º da Convenção do México determina que "o direito designado será aplicável mesmo que se trate de um direito de um Estado não parte". E o art. 7º define que o contrato entre as partes

> rege-se pelo Direito escolhido pelas partes. O acordo das partes sobre esta escolha deve ser expresso, ou, em caso de inexistência de acordo expresso, depreender-se de forma evidente da conduta das partes e das cláusulas contratuais, consideradas em seu conjunto. Essa escolha poderá referir-se à totalidade ou a uma parte do mesmo. A eleição de determinado foro pelas partes, não determina necessariamente a escolha do direito aplicável.

Não obstante todo o disposto, que demonstra a possibilidade de defender a autonomia da vontade para decidir conflito de leis no espaço em matéria de contratos, a realidade é que, no Brasil, em matéria de contrato de trabalho, é difícil admitir a autonomia da vontade e, consequentemente, a aplicação do instituto da *dépeçage*. Ainda que se admitisse sua aplicação, é forçoso concluir que não poderia ser aplicado a normas de ordem pública que regem a matéria trabalhista.

Ademais, se a jurisprudência já se pacificou no sentido de ser devida a contribuição fundiária sobre as parcelas remuneratórias pagas por trabalho efetuado no exterior, muito mais fácil será defender a tese de que haverá incidência de contribuições fundiárias sobre a parcela paga no exterior sobre o trabalho prestado no Brasil.

É este, aliás, o entendimento adotado na nota técnica 2 CGIg/GM/TEM da Coordenação Geral de Imigração do MTE quanto ao recolhimento da contribuição fundiária incidente sobre a parcela paga no exterior por empresa do mesmo grupo econômico para expatriados que prestam serviço no Brasil.

Assim, a legislação brasileira permite a repartição do salário dos empregados, com parte dele pago no Brasil e parte no exterior. Mas não é possível o fracionamento do contrato de trabalho para fins de escolha da legislação no tocante ao encargo do FGTS. No tocante a incidência de encargos sociais, e dentre estes o FGTS, tal obrigação será sempre regida pela norma do país em que ocorrer a prestação de serviços. E, neste sentido, de acordo com a legislação brasileira, os depósitos fundiários incidirão sobre a soma do valor pago no Brasil e no exterior.

Bibliografia

BOUCINHAS FILHO, Jorge Cavalvanti. *Revista Magister de Direito Trabalhista e Previdenciário* n. 33, nov./dez. 2009.

HUSEK, Carlos Roberto. *Curso básico de direito internacional público e privado do trabalho.* São Paulo: LTr, 2009.

MAGANO, Octavio Bueno. Conflito das leis trabalhistas no espaço. *Revista LTr*, n. 51-8/917, 1987.

MALLET, Estêvão. *Temas do direito do trabalho.* São Paulo: LTr, 1988.

PAIVA, Ana Lúcia Pinke Ribeiro de. *Contrato internacional de trabalho:* transferência de empregados. São Paulo: Saraiva, 2010.

PERES, Antonio Galvão. *Contrato internacional de trabalho.* São Paulo: LTr, 2004.

RUSSOMANO, Gilda Maciel Corrêa Meyer. *Direito internacional privado do trabalho:* conflitos espaciais de leis trabalhistas. 2. ed. Rio de Janeiro: Forense, 1979.

STRENGER, Irineu. *Direito internacional privado.* 4. ed. aum. e atual. São Paulo: LTr, 2000.

SÜSSEKIND, Arnaldo. *Comentários à consolidação das leis do trabalho e à legislação complementar.* Rio de Janeiro: Freitas Bastos, 1960.

►► O Aviso Prévio no Direito Espanhol

Maria Hemília Fonseca[*]

O instituto do aviso prévio (ou pré-aviso) é utilizado no direito do trabalho espanhol para a denúncia do contrato de trabalho nos seguintes casos:

(i) nos contratos **por prazo determinado com duração superior a 1 (um) ano** — art. 49, 1, letra "c", do Estatuto dos Trabalhadores — ET;

(ii) no pedido de **demissão do trabalhador** ou "baixa voluntária" — art. 49.1, "d", do Estatuto dos Trabalhadores — ET;

(iv) nos **pactos de dedicação plena** (ou exclusiva) do trabalhador — art. 21.3, do Estatuto dos Trabalhadores;

(v) na **extinção do contrato por causas objetivas** – art. 53.1, "c", do Estatuto dos Trabalhadores.

Analisaremos a seguir, ainda que rapidamente, cada uma dessas ocasiões em que o Aviso Prévio tem cabimento no Direito Espanhol.

1. Os contratos por prazo determinado com duração superior a 1 (um) ano — art. 49 do ET

O art. 49, 1, letra "c", do ET prevê que "se o contrato de trabalho de duração determinada é superior a 1 (um) ano, a parte do contrato que formule a denúncia está obrigada a notificar a outra a terminação do mesmo com uma antecedência de quinze dias"[1].

(*) Professora-Pesquisadora da Faculdade de Direito da USP-Ribeirão Preto. Doutora em Direito e Mestre em Direito das Relações Sócias, sub-área Direito do Trabalho, pela PUC-SP. Realizou Doutorado Sanduíche na Universidade de Salamanca-ES, com financiamento do CNPq.

(1) É interessante ler a letra "c" do art. 49.1: "El contrato de trabajo se extinguirá: [...] c) Por expiración del tiempo convenido o realización de la obra o servicio objeto del contrato. A la finalización del contrato, excepto en los casos del contrato de interinidad y de los contratos formativos, el trabajador tendrá derecho a recibir una indemnización de cuantía equivalente a la parte proporcional de la cantidad que

Já os contratos de duração determinada que tenham sido pactuados com uma duração inferior à legalmente estabelecida, como, por exemplo, o contrato de prova (seis meses para os técnicos e dois meses para os demais trabalhadores – art. 14 do ET) serão considerados prorrogados automaticamente até o referido prazo quando não haja denúncia ou prorrogação expressa, e o trabalhador continue prestando serviços.

Expirada a duração máxima ou realizada a obra ou serviço objeto do contrato, se não houver denúncia e a prestação do trabalho continue, o contrato será considerado prorrogado tacitamente por tempo indefinido, salvo prova em contrário que acredite a natureza temporária da prestação.

2. O pedido de demissão do trabalhador — art. 49.1, "d" do ET

O art. 49.1, "d" do ET prevê que o contrato de trabalho se extinguirá "por demissão do trabalhador, devendo mediar o pré-aviso que assinalem os convênios coletivos ou o costume do lugar"[(2)].

A demissão pode ser definida como a faculdade do trabalhador de resolver livre e voluntariamente o contrato de trabalho, baseada na liberdade de trabalho sem a necessidade de alegar uma causa para tal. Contudo, isto não impede que a lei imponha certos requisitos para salvaguardar os interesses da outra parte contratante.

Assim, o art. 49.1, "d" exige que a demissão se efetue mediante pré-aviso previsto nos convênios coletivos ou o costume do lugar. Antonio Martín Valverde destaca que neste caso "cabe também atender ao disposto em pacto individual que regulamente tal matéria".

Para algumas relações especiais de trabalho se estabelecem outros prazos de pré-aviso:

- pessoal de alta direção (RD n. 1.382/1985, art. 10) — 3 (três) meses;
- empregados do lar ou domésticos (RD n. 1.424/1985, art. 9º) — 7 (sete) dias;

---

resultaría de abonar doce días de salario por cada año de servicio, o la establecida, en su caso, en la normativa específica que sea de aplicación. Los contratos de duración determinada que tengan establecido plazo máximo de duración, incluidos los contratos en prácticas y para la formación, concertados por una duración inferior a la máxima legalmente establecida, se entenderán prorrogados automáticamente hasta dicho plazo cuando no medie denuncia o prórroga expresa y el trabajador continúe prestando servicios. Expirada dicha duración máxima o realizada la obra o servicio objeto del contrato, si no hubiera denuncia y se continuara en la prestación laboral, el contrato se considerará prorrogado tácitamente por tiempo indefinido, salvo prueba en contrario que acredite la naturaleza temporal de la prestación. Si el contrato de trabajo de duración determinada es superior a un año, la parte del contrato que formule la denuncia está obligada a notificar a la otra la terminación del mismo con una antelación mínima de quince días".
(2) É interessante ler a letra "d" do art. 49.1: "El contrato de trabajo se extinguirá: [...] d) Por dimisión del trabajador, debiendo mediar el preaviso que señalen los convenios colectivos o la costumbre del lugar".

- agentes e operadores mercantis dependentes (RD n. 1.438/1985, art. 10.2) — 3 (três) meses.

A demissão sem prévio-aviso pode ocorrer, inclusive, de forma tácita, mas a sua falta pode gerar direito à indenização por danos e prejuízo em favor da parte afetada (o empregador), se de fato ocorreram.

Esta indenização não tem sua causa na ruptura do contrato senão no caráter surpresa da extinção do mesmo. A exigência e a quantia desta indenização, quando não houver norma legal ou pactuada individual ou coletivamente, atenderão às regras dos 1.101 e seguintes do CC espanhol[3].

3. Os pactos de dedicação plena do trabalhador — art. 21.3 do ET

Em princípio, o contrato de trabalho não impõe ao trabalhador nenhuma obrigação de exclusividade. A liberdade de trabalho ampara a possibilidade de que ele preste serviços a vários empregadores com contratos simultâneos, logicamente, desde que não haja um choque entre as atividades.

Mas, no direito espanhol, o referido art. 21 do ET prevê determinados casos em que o trabalhador, ainda que temporariamente, pactue a restrição de sua liberdade de trabalho. Dentre estes casos específicos estão os pactos de não concorrência, permanência e dedicação plena (ou exclusiva) à empresa[4].

---

(3) Artículo 1101. Quedan sujetos a la indemnización de los daños y perjuicios causados los que en el cumplimiento de sus obligaciones incurrieren en dolo, negligencia o morosidad, y los que de cualquier modo contravinieren al tenor de aquéllas. Artículo 1102. La responsabilidad procedente del dolo es exigible en todas las obligaciones. La renuncia de la acción para hacerla efectiva es nula. Artículo 1103. La responsabilidad que proceda de negligencia es igualmente exigible en el cumplimiento de toda clase de obligaciones; pero podrá moderarse por los Tribunales según los casos. Artículo 1104. La culpa o negligencia del deudor consiste en la omisión de aquella diligencia que exija la naturaleza de la bligación y corresponda a las circunstancias de las personas, del tiempo y del lugar. Cuando la obligación no exprese la diligencia que ha de prestarse en su cumplimiento, se exigirá la que correspondería a un buen padre de familia. Artículo 1105. Fuera de los casos expresamente mencionados en la ley, y de los en que así lo declare la obligación, nadie responderá de aquellos sucesos que no hubieran podido preverse, o que, previstos, fueran inevitables. Artículo 1106. La indemnización de daños y perjuicios comprende, no sólo el valor de la pérdida que hayan sufrido, sino también el de la ganancia que haya dejado de obtener el acreedor, salvas las disposiciones contenidas en los artículos siguientes. Artículo 1107. Los daños y perjuicios de que responde el deudor de buena fe son los previstos o que se hayan podido prever al tiempo de constituirse la obligación y que sean consecuencia necesaria de su falta de cumplimiento. En caso de dolo responderá el deudor de todos los que conocidamente se deriven de la falta de cumplimiento de la obligación. Artículo 1108. Si la obligación consistiere en el pago de una cantidad de dinero, y el deudor incurriere en mora, la indemnización de daños y perjuicios, no habiendo pacto en contrario, consistirá en el pago de los intereses convenidos, y a falta de convenio, en el interés legal.[...]".
(4) Artículo 21. Pacto de no concurrencia y de permanencia en la empresa. [...] 3. En el supuesto de compensación económica por la plena dedicación, el trabajador podrá rescindir el acuerdo y recuperar su libertad de trabajo en otro empleo, comunicándolo por escrito al empresario con un preaviso de treinta días, perdiéndose en este caso la compensación económica u otros derechos vinculados a la plena dedicación.

A figura que nos interessa analisar neste momento é a dedicação plena do trabalhador à empresa, pois ela prevê a possibilidade do trabalhador denunciar o referido pacto através de um pré-aviso.

O pacto de dedicação plena nasce e se justifica ante a conveniência do empresário de que o trabalhador não preste serviços a outros empresários. Neste pacto, o trabalhador se compromete a trabalhar exclusivamente para o empregador, recebendo por este compromisso uma compensação econômica expressa nos moldes acordados por ambos.

Mas o mesmo art. 21.3 do ET prevê a possibilidade de que o trabalhador "rescinda o acordo e recupere a sua liberdade de trabalho em outro emprego". Este deverá comunicar ao empresário "por escrito e com um pré-aviso de 30 dias, tendo como efeito lógico a perda da compensação econômica e outros direitos vinculados à plena dedicação".

4. A extinção do contrato por causas objetivas – art. 53.1, "c" do ET

A legislação espanhola prevê no art. 52 do ET algumas hipóteses objetivas, que justificam a extinção do contrato de trabalho:

a) inaptidão do trabalhador;

b) falta de adaptação ou modificações técnicas;

c) causas econômicas, técnicas, organizativas ou de produção;

d) faltas (de assistência) ao trabalho ainda que justificadas.

Nestas hipóteses, um acontecimento altera o equilíbrio do contrato, acarretando um prejuízo para o interesse empresarial. Por essa razão, o art. 53.1 do ET determina que a extinção por causas objetivas exija a observância dos seguintes requisitos:

• comunicação escrita ao trabalhador, constando a causa (letra *a*);

• juntamente com a comunicação, o pagamento de indenização de 20 (vinte) dias por ano de serviço, tendo como um máximo doze mensalidades (letra *b*); e a

• concessão de um aviso prévio de 30 dias, computado a partir da entrega da comunicação ao trabalhador até a extinção do contrato de trabalho (letra *c*).

O aviso prévio (ou pré-aviso) dado ao trabalhador visa facilitar a busca de um novo emprego, e, por esta razão, durante este período ele tem direito a uma licença de 6 (seis) horas semanais remuneradas.

Nos casos do art. 52, "c", ou seja, por causas econômicas, técnicas, organizativas ou de produção, o empregador deverá encaminhar cópia deste pré-aviso à representação legal dos trabalhadores.

Essas são, portanto, as hipóteses de Aviso Prévio (ou pré-aviso) no Direito Espanhol.

Referências

ESPAÑA. *Estatuto de los trabajadores*. Disponível em: <http://www.mtin.es/es/sec_leyes/trabajo/estatuto06/index.htm> Acesso em: 25.2.2011.

LÓPEZ, Manuel Carlos Palomeque; ROSA, Manuel Alvarez de la. *Derecho del trabajo*. 12. ed. Madrid: Ramón Areces, 2004.

MELGAR, Alfredo Montoya. *Derecho del trabajo*. 25. ed. Madrid: Tecnos, 2004.

VALVERDE, Antonio Martín; GUTIÉRREZ, Fermín Rodríguez-Sañudo; MURCIA, Joaquín García. *Derecho del trabajo*. 15. ed. Madrid: Tecnos, 2006.

>> A Ampliação da Competência da Justiça do Trabalho e a Prescrição nas Ações de Reparação de Danos por Acidente de Trabalho

Michel Olivier Giraudeau(*)

1. A ampliação da competência

A ampliação da competência material, trazida com a Emenda Constitucional n. 45, de 8 de dezembro de 2004, atendeu a uma aptidão natural da Justiça do Trabalho. Era intuitivo que se atribuísse a esta Justiça Especializada a solução de conflitos também existentes em outras relações de trabalho pessoal, mesmo que elas não configurassem a chamada "relação de emprego", com os requisitos específicos que a lei prevê aos contratos desta natureza. A realidade mostrava que os litígios que se orginassem na relação contratual de trabalho individual, considerada de uma forma abrangente, também seriam mais bem dirimidos se destinados aos cuidados dos profissionais do Direito já voltados às particularidades da "relação de trabalho", quando envolvessem o meio de subsistência do prestador desse trabalho.

Assim, a Justiça do Trabalho, antes centrada na relação específica de emprego, abriu-se para solução de conflitos também nascidos na prestação do trabalhador pessoalmente contratado sob outras modalidades. E abrindo-se para a solução desses outros conflitos judiciais não disciplinados pela CLT, a Justiça do Trabalho passou a se debruçar, mais amplamente, sobre princípios e disposições próprios do Código Civil, que fundamentam muitas das pretensões da relação de trabalho *lato sensu*.

O alargamento dessa competência continha, no meio termo, a particularidade de que o juiz trabalhista também passava a contemplar outras questões existentes na própria relação específica de emprego, mas que antes se destinavam à Justiça

---

(*) Graduado pela Faculdade de Direito da Universidade Presbiteriana Mackenzie, Especializado em Direito do Trabalho e Mestre em Direito do Trabalho pela Pontifícia Universidade Católica de São Paulo. E-mail: michel@ggadv.com.br.

Comum, quando as pretensões do empregado decorriam das disposições próprias do Código Civil, a despeito de terem nascido durante a própria relação contratual. Assim se deu com os pedidos de reparação de danos, fundados nos princípios de responsabilidade civil, tão próprios àquele ramo do Direito, segundo o entendimento dominante.

O entendimento sobre esse alcance da competência trabalhista — na apreciação dos pedidos fundados em responsabilidade civil, mas derivados da relação de emprego — não se definiu tão pacificamente: mesmo durante a vigência da referida Emenda n. 45/2004, a questão foi dirimida apenas com a decisão proferida sobre o Conflito de Competência, n. 7.204-1, que envolvia o Tribunal Superior do Trabalho e o Tribunal do Estado de Minas Gerais. Julgada a questão pelo Supremo Tribunal Federal, pacificou-se a interpretação do art. 109, inciso I, da Constituição, atribuindo-se a competência da Justiça do Trabalho para as ações de reparação de danos decorrentes das condições de trabalho, e fixando-se, como marco temporal desta atribuição de competência, o início da vigência daquela Emenda Constitucional.

Não se ignora que, antes mesmo da alteração do texto constitucional, no art. 114, trazido com a Emenda, também já se debatia sobre a pertinência de se atribuir competência material à Justiça Comum (e não a Trabalhista), para julgamento dos pedidos dessa natureza. Já sustentavam os defensores da competência trabalhista que o litígio teria origem naquela relação contratual específica (de emprego), o que deveria determinar a competência da Justiça Especializada, ainda que o pedido de reparação de danos não se sustentasse em normas do Direito do Trabalho, e sim do Direito Civil.

Também devemos pontuar a posição dos que já entendiam que a origem dos danos decorrentes do infortúnio trabalhista, por envolver questões mais específicas do descumprimento de obrigações inerentes daquele contrato (de trabalho) — pertinentes às medidas de prevenção do acidente ou doença — já deveriam se destinar à Justiça Especializada. Dando um passo adiante, uma parte da doutrina sustentava que a ação de reparação de danos por descumprimento dessas obrigações do empregador, assentava-se, na realidade, em responsabilidade contratual, e não nos princípios gerais de responsabilidade civil por descumprimento de preceito de lei; isso porque o contrato de trabalho seria formado por cláusulas obrigatórias, já determinadas na legislação, e que a ele seriam naturalmente integradas[1].

A dimensão deste artigo não permite o aprofundamento desta questão, mas é fato que o entendimento prevalente, ainda hoje, é no sentido de que a reparação de danos fundada em acidente de trabalho, em seu sentido abrangente (aí contida a doença do trabalho), exige a constatação dos elementos inerentes à responsabilidade civil: dano indenizável; fato lesivo; nexo de causalidade e, de modo geral, a culpa do agente. O próprio Código Civil hoje excetua as hipóteses de responsabili-

---

(1) Nesse sentido CAIRO JUNIOR, José. *O acidente do trabalho e a responsabilidade civil do empregador.* 2. ed. São Paulo: LTr, 2005, citando Jose de Aguiar Dias.

dade objetiva, ou "sem culpa", o que se aplica, segundo a doutrina, à reparação de danos nascida no contrato de trabalho, quando a atividade do empregador é considerada como "de risco".

Mantinha-se relativamente pacífico, portanto, o princípio de que os pedidos de reparação de danos, mesmo que derivados de fatos ocorridos na vigência de um contrato de trabalho, destinavam-se à Justiça Comum, e ali recebiam o tratamento que se dispensa aos pedidos de imputação de responsabilidade civil, com os princípios de Direito que lhe são inerentes.

Apresentados — antes da Emenda Constitucional n. 45/2004 — à Justiça Comum, esses litígios ali eram solucionados segundo os princípios de Responsabilidade Civil, dispostos no Código Civil.

Com a alteração da competência, a jurisprudência e a doutrina trabalhistas reacendem o debate em torno de questões que já se consideravam superadas, dentre elas a prescrição da pretensão reparatória do empregado lesado pelo acidente ou doença do trabalho.

1. A prescrição aplicável na esfera da justiça comum

Na aplicação do Direito Material, sobre esses pedidos de reparação de danos, muito antes da alteração de competência da Justiça do Trabalho, a jurisprudência já se posicionava, naturalmente, quanto às regras de prescrição aplicáveis ao caso.

Ainda distante dos debates trazidos no ambiente trabalhista, o Justiça Comum mantinha o entendimento relativamente pacífico quanto à sua competência material no julgamento desses litígios, especialmente quando decorrentes do infortúnio laboral. Por consequência, os julgados observavam as regras do próprio Código Civil, pertinentes ao prazo prescricional e o início de sua contagem.

O Código Civil de 1916 previa, em seu art. 177, que os pedidos dessa natureza sujeitavam-se ao prazo prescricional mais abrangente — de 20 anos — e a jurisprudência se firmou no sentido de que a contagem do referido prazo teria início a partir da ciência inequívoca da lesão, por parte do ofendido, solucionando a questão do marco inicial, sempre que o pedido decorresse de doença do trabalho, e mesmo da hipótese de acidente, quando as sequelas não se apresentassem de imediato.

O critério se definiu com a intenção de identificar o momento em que o ofendido pudesse, efetivamente, identificar as consequências do infortúnio, com a possibilidade de manifestar, em juízo, a sua pretensão pela reparação.

O entendimento cristalizou-se, na jurisprudência, pela Súmula n. 230 do STF: "A prescrição da ação de acidente do trabalho conta-se do exame pericial que comprovar a enfermidade ou verificar a natureza da incapacidade".

No mesmo sentido, a Súmula n. 278 do STJ: "O termo inicial do prazo prescricional, na ação de indenização, é a data em que o segurado teve ciência inequívoca da incapacidade laboral".

Firmou-se, assim, a convicção de que, quanto à lesão decorrente do desenvolvimento de um acidente típico, ou doença relacionada ao trabalho, nascia o direito de ação do ofendido desde o momento em que ele mesmo a constatasse, de modo inequívoco, ciente das consequências que efetivamente decorriam do ato lesivo.

Nascida a pretensão do ofendido, iniciava-se, simultaneamente, o prazo prescricional, entendimento alinhado com o chamado princípio de *actio nata*. Da ideia adotada do Código Civil Alemão[2], "a prescrição começa com o nascimento da pretensão", conceito defendido por Pontes de Miranda, que se amoldou ao nosso próprio Código Civil, no art. 189[3].

O aspecto, como se vê, já tinha especial relevância, mesmo antes da ampliação da competência da Justiça do Trabalho, aos pedidos dessa natureza, já que o julgador deveria posicionar-se sobre uma situação muito própria da relação continuada de emprego: a pretensão do empregado, quanto à reparação de danos, também poderia se apresentar antes mesmo do rompimento do contrato, ou seja, em plena vigência da relação de trabalho, não obstante a existência do litígio, na prática, pudesse vir a comprometê-la.

Por outro lado, a orientação sobre o início do prazo prescricional também admitia que o ofendido pudesse constatar a lesão em momento muito posterior à rescisão contratual, a exemplo do desenvolvimento de doenças do trabalho, quando desencadeiam seus efeitos no futuro. Essa circunstância se verifica, na prática, já que as doenças ocupacionais têm progressiva e lenta evolução, e também os acidentes podem revelar o prejuízo moral e material muito depois de sua ocorrência.

Para essas hipóteses, a aplicação do critério prescricional do Direito Civil assegurava, portanto, no âmbito da Justiça Comum, o início do prazo prescricional a partir da ciência da lesão, por parte do ofendido, restando irrelevante se o contrato de trabalho havia ou não se rescindido.

Por outro lado, a contagem do referido prazo prescricional efetivava-se também em plena vigência do contrato de trabalho. Em atendimento à regra do art. 177 do Código Civil então aplicável, o oferecimento da demanda judicial sujeitava-se ao prazo prescricional da pretensão do autor, que se consumaria ao final de 20 anos, contados desde a ciência da lesão, objeto de pedido de reparação.

Exemplificando: se a vítima constatasse, por laudo pericial médico, o desenvolvimento de uma doença relacionada ao trabalho, a constatação desse fato dava início ao prazo prescricional, para deduzir em juízo o eventual pedido de reparação, mesmo que o contrato de trabalho ainda não se houvesse rompido. Assim, se a constatação da lesão ocorresse em 10 de janeiro de 1978, a vítima poderia pleitear judicialmente a indenização, até 10 de janeiro de 1998. Após essa data, se invocada

---

(2) Nesse sentido ROBINSON, Carlos Alberto. Danos morais e materiais decorrentes de acidentes de trabalho — alteração da prescrição em prejuízo da vítima. *LTr* 73-05, p. 521.

(3) "Art. 189. Violado o direito, nasce para o titulas a pretensão, a qual se extingue, pela prescrição, nos prazos a que aludem os arts. 205 e 206."

a consumação do prazo prescricional, a ação estaria destinada à decretação de sua improcedência, com o acolhimento da prejudicial de mérito.

Note-se, no exemplo acima, que o pedido teria sido distribuído em plena vigência da Constituição Federal de 1988, que já dispunha, no art. 7º, inciso XXIX, sobre regras de prescrição pertinentes aos títulos do contrato de trabalho. Prevalecia, no âmbito da Justiça Comum, o entendimento de que a disposição do art. 7º, inciso XXIX, da CF estava restrita aos créditos intrínsecos do contrato de emprego, dentre os quais não se incluía o de reparação de prejuízos causados por acidente ou doença do trabalho, este fundado nas disposições do Código Civil, e atrelado à sua respectiva regra de prescrição.

O atual Código Civil, de 2002, vigente desde 10 de janeiro de 2003, impôs significativas alterações sobre o prazo prescricional, reduzindo o anterior prazo de prescrição vintenária, e passando a dispor, especificamente, sobre o prazo de prescrição aplicável aos pedidos de "reparação civil" (art. 206, § 3º, V).

Partindo-se do entendimento até então pacificado, no sentido de que essas ações indenizatórias teriam natureza patrimonial, prevaleceu a atribuição do novo prazo prescricional, de três anos, conforme essa disposição Código Civil de 2002.

A aplicação do novo prazo prescricional, desde a vigência no novo Diploma exigia, contudo, que fosse observada a regra de transição, para que se contemplassem os pedidos de reparação de danos que, embora se apresentassem em juízo na vigência do Código atual, estivessem fundados em lesões ainda constatadas na vigência do Diploma anterior. O art. 2.028 do Código Civil de 2002 determinou a regra de transição segundo a qual permaneceriam os prazos disciplinados no Código Civil anterior se, na data de vigência da nova lei, estivesse consumado o período superior à metade do tempo estabelecido pela lei revogada.

Supondo-se que o empregado houvesse constatado a lesão decorrente de uma doença do trabalho, desde 1º de janeiro de 1993, a lei lhe assegurava, na época, o prazo prescricional de 20 anos, para demandar em juízo, buscando a eventual reparação até 1º de janeiro de 2013. Surpreendido com a alteração do prazo prescricional, desde a vigência no novo Código, em 10 de janeiro de 2003, o empregado verificava se naquela data já se havia consumado mais da metade do que o prazo anterior. No exemplo referido, em 10 de janeiro, o prazo prescricional já teria transcorrido pelo período de 10 anos e 9 dias; superior à metade do prazo previsto originalmente, garantia-se a continuidade do critério anterior, e o empregado teria assegurado o direito deduzir sua pretensão em juízo até 1º de janeiro de 2013, data em que se consumaria o prazo de prescrição.

Diferentemente, se a lesão houvesse sido constatada em 11 de janeiro de 1993, o empregado, que antes mantinha a expectativa de prazo prescricional até 11 de janeiro de 2013, passava a sujeitar à regra de transição no novo Código, e, desde o início da vigência deste Diploma (10 de janeiro de 2003), ciente da alteração legal, teria o prazo prescricional de três anos, que se esgotaria em 10 de janeiro de 2006.

A jurisprudência, ainda no âmbito da Justiça Comum manifestava-se, desde o novo Código Civil quanto à aplicabilidade do art. 177, que passou a instituir prazo específico para ações de reparação de danos, antes sujeitas ao genérico prazo de 20 anos, do artigo do Código anterior:

RESPONSABILIDADE CIVIL — ACIDENTE DO TRABALHO — INDENIZAÇÃO — DIREITO COMUM — PRESCRIÇÃO — PRAZO — VINTE ANOS — REDUÇÃO PARA TRÊS ANOS (ART. 206, § 3º, V, DO CÓDIGO CIVIL DE 2002) — DECURSO DE MAIS DA METADE DO TEMPO ESTABELECIDO NA LEI REVOGADA — INOCORRÊNCIA — REGÊNCIA PELO CÓDIGO CIVIL DE 2002 — TERMO INICIAL — FLUÊNCIA A PARTIR DA DATA DA VIGÊNCIA DO NOVO CÓDIGO — RECONHECIMENTO. Certa a redução do prazo, de vinte para três anos (novo Código Civil, art. 206, § 3º, V, e art. 2.028), e decorrido menos da metade dos vinte anos estabelecidos no Código Civil de 1916, a prescrição da pretensão à reparação civil, em que se compreende a resultante de acidente ou doença do trabalho fundada no direito comum, rege-se pelo Código Civil de 2002, mas o termo inicial do lapso, que não retroage, coincide com a vigência do novo Código (art. 2.044). (2º TACivSP, AI 833.687-00/1, 12ª Câm., Rel. Juiz Romeu Ricupero — j. 4.3.2004)

No aspecto que nos interessa, prevalecia, portanto, o entendimento de que os pedidos de reparação fundados no infortúnio trabalhista observavam os seguintes critérios: i) o início do prazo prescricional dava-se a partir da ciência da existência da doença, e suas consequências, conforme Súmulas ns. 230 do STF e 278, do STJ; ii) iniciado o prazo, o ofendido deveria observá-lo, para propor ação judicial, se assim o quisesse, mesmo que o próprio contrato de trabalho ainda se encontrasse em vigência; iii) com a alteração do Código Civil vigente desde 2003, os pedidos dessa natureza passaram a sujeitar-se à nova regra de prazo prescricional (de três anos), observado o critério de transição, para os fatos ocorridos na vigência do Código anterior, conforme art. 2.028 no novo Diploma.

Deu-se, contudo, que a Emenda Constitucional n. 45, em dezembro de 2004, determinou a ampliação da competência da Justiça do Trabalho, pacificando-se o entendimento de que os pedidos de reparação de danos seriam apreciados, desde então, pela Justiça Laboral.

A alteração fez renascer, na seara trabalhista, algumas divergências que se acreditavam superadas, havia muito tempo, na esfera da Justiça Comum.

2. Critérios da justiça do trabalho quanto à prescrição

Submetido o pedido de reparação de danos ao juiz trabalhista, em meio a diversos outros pedidos fundados em obrigações intrínsecas do contrato de trabalho, passou-se, desde logo, a questionar a pertinência de se oferecer tratamentos distintos ao prazo prescricional das pretensões do autor.

Se o pedido encontrasse origem em títulos do próprio contrato de trabalho (verbas rescisórias, horas extras, diferenças salariais, etc.) a ele se dispensaria, seguramente, o tratamento do art. 7º, inciso XXIX, da Constituição Federal, quanto ao prazo prescricional. Ao lado disso, entretanto, e por força da ampliação da competência da Justiça do Trabalho, o autor da ação também poderia pleitear reparação de danos decorrentes de um infortúnio durante o contrato, que lhe impusesse uma lesão, pedido cuja natureza justificava, anteriormente, o seu endereçamento à Justiça Comum, que lhe dispensava as regras do Código Civil.

A situação tem, desde então, dado origem às mais diversas interpretações, no tratamento do prazo prescricional dessas pretensões, agora apreciadas na Justiça Trabalhista.

De início, apresenta-se o entendimento, ratificado pelo Tribunal Superior do Trabalho, de que a ação tem origem no contrato de trabalho, a exemplo dos demais pedidos disciplinados pelo art. 7º, inciso XXIX, da Constituição. Com esse conceito, revendo o tratamento que a Justiça Comum até então atribuía aos pedidos de reparação de danos, a jurisprudência trabalhista revolve intensamente o argumento de que aplicação do prazo prescricional do art. 7º, XXIX da CF também se destina aos pedidos de reparação de danos. O autor da ação teria, desta forma, dois anos para postular em juízo, contados a partir da rescisão contratual, independentemente de quando houvesse sido constatada a lesão.

Nesse sentido revela o trecho do acórdão abaixo:

"Recurso de revista do reclamante. Ação de indenização por dano moral e material provenientes de acidente de trabalho. Ajuizamento na justiça comum anteriormente ao julgamento do CC n. 7.204/MG pelo STF. Regra de transição. Direito adquirido ao prazo de prescrição civil em detrimento do prazo prescricional trabalhista. I — Tendo em conta a singularidade de a indenização por danos material e moral, oriundos de infortúnios do trabalho, ter sido equiparado aos direitos trabalhistas, a teor da norma do art. 7º, inciso XXVIII, da Constituição, não se revela juridicamente consistente a tese de que a prescrição do direito de ação devesse observar o prazo prescricional do Direito Civil. II — É que se o acidente de trabalho e a moléstia profissional são infortúnios intimamente relacionados ao contrato de trabalho, e por isso só os empregados é que têm direito aos benefícios acidentários, impõe-se a conclusão de a indenização prevista no art. 7º, inciso XXVIII, da Constituição, se caracterizar como direito genuinamente trabalhista, atraindo por conta disso a prescrição do art. 7º, inciso XXIX, da Constituição. (...) (Proc. RR n. 93/2006-102-03-00 — Publicação DJ 2.5.2008 — 4ª Turma/TST — Rel. Min. Barros Levennhagen).

Decorre dessa interpretação que o empregado poderia sofrer o dano durante a vigência do contrato, reservando-se o direito de postular a respectiva reparação muitos anos depois, desde que observado o biênio prescricional após a rescisão.

Questiona-se, nesse caso, se a observância do prazo bienal, desde a rescisão, deveria igualmente alinhar-se ao prazo prescricional de cinco anos, contados retroativamente desde a distribuição do pedido em Juízo, para alcançar a data da constatação da lesão.

Ainda, segundo o mesmo entendimento, admitindo-se que o empregado somente constatasse a doença do trabalho depois de rescindido o contrato, a dedução da pretensão em juízo não mais obedeceria ao prazo prescricional de três anos, a partir da ciência inequívoca da lesão, e sim ao biênio, este contado desde a rescisão contratual. Nessa hipótese, a aplicação do art. 7º, XXIX, da Constituição Federal, estaria a impor prazo prescricional menor, em prejuízo do ofendido, em comparação com aquele que lhe assegurava o art. 206 do Código Civil.

O entendimento, embora reflita posição atual do TST, é controvertido, porque impõe uma aplicação de prazo prescricional e critério de contagem que não se coadunam com aqueles até então pacificados pela doutrina e jurisprudência, durante todo o período em que já coexistiam a disposição do Código Civil (art. 177 do Código de 1916 e, posteriormente, o art. 206, § 3º, inciso V, do Código de 2002) e a Constituição Federal, com a prescrição trabalhista, do art. 7º, inciso XXIX.

Naturalmente que a aplicação desse critério não poderia ser atribuída a uma verdadeira alteração da disposição legal sobre a matéria. Isso porque, como se sabe, a Emenda Constitucional n. 45 nada dispôs sobre regras de prescrição, limitando-se, no aspecto que nos interessa, a determinar a alteração da redação do art. 114 da Constituição, na ampliação da competência material da Justiça Laboral. A alteração da regra de competência no Poder Judiciário tem implicações de ordem processual, mas não se traduz em alteração do direito material, a exemplo das disposições pertinentes à prescrição, que têm essa natureza.

Assim, sabendo que a emenda constitucional referida não impôs qualquer mudança sobre as disposições legais referentes à prescrição, apenas uma circunstância admite o entendimento segundo o qual o pedido de reparação de danos por responsabilidade civil se sujeita à prescrição trabalhista, se decorrente do contrato de emprego: a corrente jurisprudencial que defende a aplicação da regra do art. 7º, inciso XXIX, da Constituição, estaria fundada na convicção de que esse critério já se impunha desde o início da vigência daquele texto constitucional (5 de outubro de 1988) a todos os pedidos dessa natureza, muito antes, portanto, da ampliação da competência da Justiça do Trabalho, ocorrida em dezembro de 2004. Vale dizer: revisando o entendimento da Justiça Comum, a Justiça Trabalhista entenderia que as disposições do Código Civil, relativamente ao prazo prescricional, nunca foram aplicáveis aos pedidos de reparação de danos morais e materiais ocorridos no contrato de trabalho.

> "O legislador da Carta Política estabeleceu no art. 7º, inciso XXIX, um único prazo prescricional para todos os títulos decorrentes da relação de trabalho, o que inclui a indenização por dano material e moral, mesmo que seu pedido esteja fundamentado no Direito Civil." (Proc. 01631-2002-012-02-00-5 — 8ª T. — Rel. Antonio José Teixeira de Carvalho — DOE 18.10.2005)

> "A prescrição relativa ao dano moral é a prevista no inciso XXIX do art. 7º da Constituição, pois envolve a relação entre empregado e empregador. O inciso XXIX do art. 7º da Constituição não faz distinção se a matéria é prevista no Código Civil ou na CLT, mas apenas se é um crédito (leia-se: direito) resultante da relação de trabalho, como de fato é." TRT/SP-RO — Ac. 20050643589 — Proc. 01319-2003-446-02-00-2 — 2ª T — Rel. Sergio Pinto Martins — DOE 27.9.2005.

A prevalecer essa corrente do Tribunal Superior do Trabalho, a alteração de entendimento é, no mínimo, surpreendente, diante do consenso doutrinário e jurisprudencial que se acomodou durante todo o período transcorrido desde o início da vigência da Constituição atual, em outubro de 1988, em que o seu art. 7º, inciso XXIX, deixou de receber aplicação sobre os pedidos desta natureza, dando espaço às disposições do Código Civil. Também teríamos constatado que, por força da aplicação de um critério diverso de prazo e contagem da prescrição, a Justiça Comum vinha, desde então, admitindo o acolhimento de um sem número de pretensões que já estariam prescritas, além daquelas às quais se decretou a prescrição, mas não se enquadravam no critério do art. 7º, XXIX, da Constituição, que tinha como marco inicial a rescisão do contrato de trabalho.

A nova interpretação também surpreenderia, por outro lado, o empregado que, seguro do entendimento pacífico anterior, houvesse deixado transcorrer o prazo bienal do art. 7º, XXIX, da CF, acreditando estar assegurado, ao menos, pelo art. 206 do atual Código Civil, para a propositura da ação em até três anos da ciência da lesão. A própria jurisprudência também faz essa consideração:

"... aplicar a regra do art. 7º, XXIX, da Constituição Federal ao caso em apreço, seria exigir do autor tivesse poderes premonitórios que o permitissem antever, já em dezembro de 1996, a alteração na legislação constitucional que viria ocorrer somente em dezembro de 2004, com a citada Emenda Constitucional n. 45, transferindo à Justiça do Trabalho a competência para julgamento da ação ora em exame. Impossível, portanto, admitir tal retroatividade da lei, ainda que inserida na Constituição, de sorte a ferir o ato jurídico perfeito e acabado traduzido na tempestiva interposição da ação dentro do prazo segundo a lei vigente à época." (TRT 4ª Região, Proc. RO 00357.2004.403.04.00.0, pub. 9.11.2005, Rel. Ione Salin Gonçalves)

A repentina modificação de entendimento poderia, nessa medida, representar a própria insegurança jurídica. Por esse motivo, o entendimento vem sendo acompanhado da proposta de uma solução, voltada a preservar o critério de prescrição que antes prevalecia pacífico na jurisprudência, enquanto a competência material se mantinha na Justiça Comum. Nesse sentido transcrevemos o trecho de um acórdão já mencionado:

"(...) Não obstante tais considerações, é preciso alertar para a peculiaridade de a ação ora ajuizada o ter sido anteriormente perante a Justiça Comum, época em que a jurisprudência do Supremo Tribunal Federal era uníssona de a competência material ser da Justiça dos Estados e do Distrito Federal e não da Justiça do Trabalho. (...) Embora a prescrição seja instituto de direito material e a competência, de direito processual, é inegável a interligação sistêmica de ambos. Por conta disso e a da injunção do princípio da segurança jurídica, impõe-se priorizar a prescrição do Direito Civil em detrimento da prescrição do Direito do Trabalho, nesse período de transição da Jurisprudência da Suprema Corte."

Outro entendimento que vem se avolumando com a jurisprudência trabalhista é no sentido de que a prescrição civil haveria de ser mantida; entretanto, por força da alteração do novo código, vigente desde 10 de janeiro de 2003, e em vista da natureza do pedido de reparação de danos decorrentes do acidente ou doença do trabalho — porque expressa violação à pessoa do trabalhador, relacionando-se com direito humano fundamental, de índole constitucional —, o novo prazo prescricional, não se enquadrando, propriamente, na hipótese de reparação de danos patrimoniais, haveria de observar o critério residual do art. 205 do Código Civil, que prevê, aos casos não disciplinados por disposição específica, o prazo de dez anos, e não de três.

O entendimento é refletido no Enunciado n. 45 da 1ª Jornada de Direito Material e Processual da Justiça do Trabalho, promovida no Tribunal Superior do Trabalho, em 23.11.2007:

> "A prescrição da indenização por danos materiais ou morais resultantes de acidente do trabalho é de 10 anos, nos termos do art. 205, ou de 20 anos, observado o art. 2.028 do Código Civil de 2002."

Embora o próprio Enunciado não se apresente como jurisprudência sedimentada, reflete uma tendência de entendimento, manifestada com intensidade, no encontro.

Ainda sobre a interpretação que se atribui às disposições atuais do Código Civil, quanto aos prazos prescricionais, uma pequena parte da doutrina e jurisprudência defende que o pedido de reparação de danos, quando fundado na ocorrência de acidente ou doença do trabalho, e por derivar de violação dos direitos da personalidade — preservação da saúde, proteção à vida de defesa da integridade física e mental do cidadão — traduzem-se em valor irrenunciável e indisponível. Com esse fundamento, e diferentemente do que até então se sustentava (especialmente no âmbito da Justiça Comum), a pretensão à reparação de danos materiais e morais, daí decorrente, seria simplesmente imprescritível.

Conclusão

O debate atual quanto ao critério de aplicação do prazo prescricional do pedido de reparação de danos por acidente ou doença laboral tem a virtude de revelar um esforço de renovação da doutrina e da jurisprudência. É coerente que o deslocamento da competência tenha dado causa a opiniões divergentes, desde quando essas questões, que antes se concentravam na órbita na Justiça Comum, passaram a receber uma apreciação mais detida dos profissionais do Direito do Trabalho.

Devemos ter presente, de toda forma, que o instituto da prescrição está voltado para a segurança jurídica, e se desenvolveu com a finalidade de assegurar, ao pretenso réu, os efeitos da persistente inércia do suposto titular de um direito, durante um razoável período de tempo. A vinculação entre as regras de prescrição e o próprio direito material que se postula, nos parece, assim, uma noção absolutamente necessária, na medida em que o prazo prescricional instituído considera, naturalmente, a expressão do direito que pode ser postulado naquele lapso temporal, assim como a possibilidade de as partes revolverem as provas pertinentes aos fatos controvertidos.

Com esse critério, e enquanto prevalece a noção de que o pedido de reparação de danos, mesmo que originado no infortúnio do trabalho, vincula-se aos princípios específicos da responsabilidade civil, a aplicação dos prazos prescricionais determinados pelo próprio Código Civil, salvo melhor juízo, apresenta-se mais coerente.

Assim, a determinação do prazo prescricional do art. 7º, inciso XXIX, da Constituição Federal dependeria, na nossa análise, de um amadurecimento do conceito que atribui ao direito de reparação de danos a natureza de título trabalhista, equiparando-o aos demais créditos resultantes do próprio contrato, e não à responsabilidade civil do empregador.

Deve-se, ainda, observar que a diferença de se atribuir, à pretensão indenizatória, o caráter de crédito trabalhista sugere que se classifique o descumprimento do empregador como violação de obrigação contratual, e não dos preceitos gerais de lei. Essa conclusão mereceria, a nosso ver, uma reflexão mais detida[4].

Assim, prevalecendo o entendimento majoritário, que vincula o pedido de reparação de danos à responsabilidade civil por culpa aquiliana (desvinculada das próprias cláusulas do contrato), parece-nos controvertida a aplicação do prazo prescricional do art. 7º, XXIX, da Constituição, porque dissocia a prescrição do direito material que lhe é correspondente.

Quanto à aparente incoerência de se aplicar, na Justiça do Trabalho, prazos prescricionais específicos, diversos daquele previsto no art. 7º, inciso XXIX, da Constituição, relembramos que há previsão do art. 8º, parágrafo único, da CLT, para admitir a incidência de norma do Direito Civil, ou leis esparsas, subsidiariamente. Exemplo disso é a aplicação do prazo prescricional trintenário, quanto aos depósitos de FGTS, previsto no art. 23, § 5º, da Lei n. 8.036/1990.

Por outro lado, parece-nos que a pretensão à reparação de danos morais ou materiais tem, realmente, natureza patrimonial, o que afastaria a intenção de considerá-la imprescritível. É verdade que os direitos fundamentais repercutem nas garantias da vida, integridade física, psíquica e diversos valores da personalidade. Alexandre Agra Belmonte relembra, contudo, que esses são direitos originalmente exercitáveis contra o Estado, e que "nas relações privadas esses direitos são apreciados com enfoque totalmente distinto, especificamente quanto às normas de proteção e de composição das lesões decorrentes". E conclui: "enfim, se os direitos fundamentais à vida, à saúde e à integridade física são imprescritíveis, não o são as pretensões decorrentes das ofensas cometidas"[5].

---

(4) Umas das consequências desse conceito seria a presunção do ato culposo do suposto ofensor, atribuindo-se, a este último, o ônus probatório contra essa presunção, conforme o tratamento que a doutrina convencionou dispensar às reparações de danos por descumprimento de obrigação contratual.

(5) Curso de responsabilidade trabalhista — danos morais e patrimoniais nas relações de trabalho. São Paulo: LTr. Apud ROBINSON, Carlos Alberto. Danos morais e materiais decorrentes de acidentes de trabalho — alteração do prazo prescricional em prejuízo da vítima. LTr 73-05/517.

Também há registros de que Clovis Beviláqua criticava a redação do art. 116 do Código Civil de 1916, quando instituía que "o juiz não pode conhecer da prescrição de direitos patrimoniais, se não foi invocada pelas partes"; a crítica se apresentava para afirmar que a prescrição é sempre de direitos patrimoniais[6].

Sob esse aspecto, enquanto se reconhece a natureza patrimonial dessa pretensão, e sua vinculação com os princípios de responsabilidade civil, parece-nos coerente o entendimento que a vincula à previsão específica do Código Civil vigente, nas hipóteses de "reparação civil", com o prazo prescricional de três anos (art. 206, § 3º, V), o que afastaria também a hipótese de aplicação do art. 205, no prazo mais abrangente, de dez anos.

Por fim, sabendo-se que a Emenda Constitucional n. 45 sequer se refere às regras de prescrição, não há razão suficiente para se atribuir a esta alteração do texto constitucional o marco divisório da prescrição sobre o pedido de reparação de danos fundado no infortúnio trabalhista.

Qualquer que seja o entendimento que prevaleça na esfera da Justiça do Trabalho, a eventual modificação quanto ao prazo prescricional aplicável às pretensões dessa natureza reclama, em curto prazo, um consenso doutrinário e jurisprudencial quanto à própria natureza desse crédito, e sem menosprezo das opiniões já sedimentadas sobre o assunto, quando prevalecia a competência no âmbito da Justiça Comum.

De outra forma, insegurança jurídica desse conflito de entendimentos pode se revelar um indesejado efeito colateral, que não se imaginava na simples mudança de regra de competência no Poder Judiciário.

---

(6) ADAMOVICH, Eduardo Henrique R. Von. A prescrição bienal e seu conhecimento de ofício pelo juiz do direito do trabalho. *Revista LTr*, v. 73-09, p. 1058.

>> Responsabilidade Trabalhista do Antigo Sócio

Otavio Pinto e Silva[(*)]

Introdução

O estudo científico acerca da responsabilidade pelo pagamento dos créditos trabalhistas é de grande interesse para o Direito do Trabalho, na medida em que a legislação trabalhista atribui ao empregador a obrigação de assumir os riscos da atividade econômica: o trabalhador não pode ser responsabilizado pela má gestão da empresa.

Assim, a questão da legitimação passiva na execução precisa ser examinada com cautela, em especial para se buscar aferir a responsabilidade trabalhista do antigo sócio (ou sócio retirante), visando o justo equilíbrio entre a efetividade do direito material e a garantia de segurança nas relações jurídicas.

É certo que nem sempre o comando judicial proferido em uma reclamação trabalhista é espontaneamente cumprido, de forma que a resistência do devedor exige a intervenção do Estado-juiz para realizar o mandamento que ele mesmo proferiu e garantir o restabelecimento do direito. A grande dificuldade da Justiça do Trabalho, assim, reside em como fazer para transferir ao credor o direito que lhe é assegurado, mas da forma menos gravosa ao devedor.

Por outro lado, a sucessividade do contrato de trabalho frequentemente faz surgir o problema da definição da responsabilidade dos sócios atuais e antigos pelas dívidas trabalhistas assumidas pela sociedade, tendo em vista as eventuais alterações na estrutura da empresa e a insuficiência de patrimônio desta para arcar com o pagamento dos títulos definidos em processos judiciais.

Ora, a dívida trabalhista é da empresa que contratou o empregado; mas se essa não tem dinheiro para honrar sua responsabilidade, a teoria da desconsideração

---

(*) Professor Doutor do Departamento de Direito do Trabalho e Seguridade Social da Faculdade de Direito da USP. Mestre e Doutor pela Faculdade de Direito da USP. Advogado. Coordenador do Setor Trabalhista de São Paulo da Siqueira Castro Advogados. E-mail: otavio@siqueiracastro.com.br.

da personalidade jurídica permite que se vá buscar o patrimônio dos sócios e, em alguns casos, até dos antigos sócios. A definição dos limites para o exercício da atividade jurisdicional é o que se pretende obter no presente estudo.

1. A empresa no direito do trabalho

Para o Direito do Trabalho, a ideia de empresa envolve toda atividade produtiva organizada, de forma que adquire relevância a despersonalização da figura do empregador. A responsabilidade pelo pagamento dos créditos do empregado recai sobre todo o patrimônio envolvido na atividade, tendo em vista o conceito de empregador enunciado no art. 2º da CLT, a saber: "considera-se empregador a empresa, individual ou coletiva, que, assumindo os riscos da atividade econômica, admite, assalaria e dirige a prestação pessoal de serviço".

A doutrina debate o poliformismo do conceito de empresa, de modo que a definição acerca da sua natureza jurídica pode comportar diferentes explicações teóricas:

a) Teoria subjetiva: a empresa como sujeito de direito. A empresa é identificada com o estabelecimento, que é um sujeito de comércio, tem nome, possui crédito, dirige os negócios;

b) Teoria objetiva: a empresa como objeto de direito. A empresa e o estabelecimento são objeto de direito do empresário, seja este pessoa natural ou jurídica;

c) Teoria funcional: a empresa é a atividade desenvolvida profissionalmente e organizada para a produção e troca de bens e serviços. Empresário é o sujeito, empresa é a atividade empresarial, estabelecimento é o meio destinado a consecução dos objetivos;

d) Teoria institucional: a empresa é uma instituição durável, contínua, que se caracteriza pela ideia de uma obra a realizar dentro de um determinado grupo social; pela organização do poder para realização dessa ideia e pela comunhão de esforços entre os membros do grupo em torno da ideia e de sua realização.

Registre-se, a essa altura, que o Código Civil de 2002 vai além da concepção subjetiva e utiliza-se também da teoria funcional, por exemplo, quando no art. 966 define a figura do empresário como aquele que exerce profissionalmente atividade econômica organizada para a produção ou circulação de bens ou de serviços.

Vale dizer, em nosso direito não há definição de empresa, mas apenas a de empresário (em posição semelhante à adotada pelo *Codice Civile* italiano), de modo que "qualquer tentativa de captação em fórmulas jurídicas do conceito de empresa enfrenta sérias dificuldades" (SALOMÃO FILHO, 2008, p. 14).

Partindo da noção fundamental de que o empregador é a empresa, o citado art. 2º da CLT dispõe ainda que cabe ao empregador assumir os riscos da atividade econômica. Sendo assim, o empregado trabalha por conta alheia e não assume os riscos do negócio. Em caso de prejuízo, cabe ao empregador pagar a remuneração do empregado pelos serviços prestados, não sendo possível repartir o risco.

Pode-se afirmar, desse modo, que o Direito do trabalho revestiu a empresa de uma "quase personalidade jurídica", distinta tanto da pessoa jurídica quanto da pessoa natural: cogita-se da existência, no processo do trabalho, de um princípio que pode ser chamado de "despersonalização do empregador", de modo que a empresa se compõe de uma universalidade integral de pessoas, bens materiais e imateriais que compõem o empreendimento e asseguram a satisfação do julgado (GIGLIO, 2007, p. 86).

Empresa é o empregador, pessoa natural ou jurídica, o que denota o relativismo da separação do patrimônio da sociedade e dos sócios, pois são os bens do devedor que garantem efetivamente as obrigações por si contratadas; no caso da empresa, sua universalidade de bens, pouco importando até a mudança na sua titularidade (CATHARINO, 1981, p. 108).

2. Responsabilidade pelo pagamento do crédito trabalhista

Como regra, assim, a responsabilidade pela satisfação dos créditos trabalhistas do empregado incumbe à empresa, de tal modo que é o patrimônio da sociedade que deve responder pelo pagamento. Mas a questão da responsabilidade do sócio (ou ainda do sócio retirante) surge naqueles casos em que todas as tentativas de se localizar bens da empresa se frustram: nessas situações, a Justiça do Trabalho não hesita em desconsiderar a personalidade jurídica do empregador a fim de buscar os bens dos sócios.

Pesquisa realizada pela PUC/RS no âmbito do projeto "Pensando o Direito", do Ministério da Justiça[1], demonstrou que a jurisprudência trabalhista é pacífica no sentido de aplicar a desconsideração da personalidade jurídica pela simples comprovação da inexistência de bens da sociedade que possam suprir o crédito apurado em favor do trabalhador.

Os julgados analisados na referida pesquisa apontam que as decisões da Justiça do Trabalho de desconsideração de personalidade jurídica se fundam na mera inexistência de bens da empresa somada à falta de condições financeiras para cumprir as obrigações decorrentes do contrato de trabalho.

Criou-se assim um entendimento no sentido de que tais circunstâncias são suficientes para a caracterização da má administração ou da dissolução irregular e justificam, por si só, a aplicação do art. 50 do Código Civil.

---

(1) *Desconsideração da personalidade jurídica*. Série Pensando o Direito, n. 29/2010. Brasília: Ministério da Justiça, 2010.

No campo processual, invoca-se o art. 592, inciso II, do CPC, quando este estabelece que os bens do sócio, nos termos da lei, ficam sujeitos à execução, combinado com o art. 596 do CPC, segundo o qual os bens particulares dos sócios não respondem pelas dívidas da sociedade senão nos casos previstos em lei. Desse modo, se o sócio é demandado pelo pagamento da dívida, tem direito a exigir que sejam primeiro excutidos os bens da sociedade, mas deve então nomear bens localizados na mesma comarca, livres e desembargados, quantos bastem para pagar o débito.

Os dispositivos mencionados fundamentam o que se denomina de responsabilidade legal subsidiária, em que o sócio responde pessoalmente pelo débito trabalhista da empresa, na condição de executado.

Observe-se que com o cancelamento da Súmula n. 205 do TST firmou-se a orientação de que sequer se faz necessário que o nome do sócio conste do título executivo para que possa vir a responder pela execução, uma vez que a responsabilidade legal subsidiária é complementada pelo art. 4º, inciso V, § 3º, da Lei n. 6.830/1980.

Com efeito, esses dispositivos preveem que o responsável, nos termos da lei, por dívidas, tributárias ou não, de pessoas físicas ou pessoas jurídicas de direito privado poderão nomear bens livres e desembaraçados do devedor, tantos quantos bastem para pagar a dívida; porém, os respectivos bens ficarão sujeitos à execução se os do devedor forem insuficientes à satisfação da dívida. Trata-se de regras cuja aplicação ao processo do trabalho se dá nos termos do art. 899 da CLT, quando estabelece que aos trâmites e incidentes do processo da execução são aplicáveis os preceitos que regem o processo dos executivos fiscais para a cobrança judicial da dívida ativa da Fazenda Pública Federal.

Sendo assim, a doutrina e a jurisprudência admitem a responsabilização do sócio, quando frustrada a execução em face da sociedade, sob o argumento de que o valor devido decorre do trabalho prestado pelo empregado e que serviu para incrementar o patrimônio do sócio (MANUS, 2005, p. 95)

Veja-se por exemplo notícia a respeito de julgamento realizado pela 6ª Turma do TST, em que o ministro Mauricio Godinho Delgado, relator do recurso, ressaltou que na Justiça do Trabalho os bens particulares do sócio devem responder pelas dívidas trabalhistas, com base no art. 592, II, do CPC e na teoria da desconsideração da personalidade jurídica, derivada do art. 2º da CLT e do "princípio justrabalhista especial da despersonalização da figura jurídica do empregador". O Ministro acrescentou ainda que a ordem jurídica admite em certos casos — de que a falência é um exemplo — a responsabilidade do sócio pelas dívidas societárias, em conformidade ainda com o art. 28 da Lei n. 8.078/1990 (Código de Defesa do Consumidor)[2].

Percebe-se, assim, que a desconsideração da personalidade jurídica no processo do trabalho se dá de forma ampla, predominando o entendimento de que a utilização

---

(2) RR n. 2400-18.2003.5.01.0005. Disponível em: <www.tst.jus.br> Acesso em: 13.9.2010.

do instituto "independe de fraude, abuso de poder ou ato ilícito dos sócios; basta o inadimplemento do crédito trabalhista e que a sociedade empregadora não tenha patrimônio para suportar a execução" (BACARAT, 2008, p. 583).

3. Responsabilidade do antigo sócio

Colocadas essas premissas, cumpre analisar a questão da responsabilidade do sócio retirante, à luz da regra contida no art. 1.003, parágrafo único, do Código Civil, ao prever que "até dois anos depois de averbada a modificação do contrato, responde o cedente solidariamente com o cessionário, perante a sociedade e terceiros, pelas obrigações que tinha como sócio".

Esse dispositivo deve ser interpretado em conjunto com o art. 1.032 do Código Civil, quando prevê que a retirada, exclusão ou morte do sócio não o exime, ou a seus herdeiros, da responsabilidade pelas obrigações sociais anteriores, até dois anos depois de averbada a resolução da sociedade.

Sendo assim, é a data da averbação da resolução da sociedade que define o termo inicial do biênio em que permanece a responsabilidade do sócio perante as obrigações sociais; a dúvida que resta é a de definir as consequências jurídicas para o sócio retirante em relação às ações judiciais que venham a surgir nesse período.

Três correntes distintas podem ser identificadas perante a Justiça do Trabalho, sendo que a primeira delas simplesmente nega a aplicabilidade dos dispositivos previstos no Código Civil, sob a alegação de que se o antigo sócio se beneficiou do trabalho prestado pelo trabalhador deve continuar sujeito à possível constrição de seus bens, pelo tempo que for necessário.

Argumenta-se que se o descumprimento das obrigações trabalhistas se deu no período em que o sócio ainda estava na empresa, seria medida de justiça manter a responsabilidade dele pelo pagamento dos créditos apurados na reclamação trabalhista, sem qualquer limitação temporal. Trata-se de uma posição extremada e que não atende à necessidade de o Direito atribuir a indispensável segurança jurídica aos negócios; a inexistência de limitação somente se justifica na hipótese de os sócios não terem tomado o cuidado de averbar a alienação nos registros, uma vez que a formalização é requisito indispensável para a publicidade do ato e a ciência a terceiros.

A segunda corrente admite a aplicação das referidas normas, estabelecendo que permanece a responsabilidade do sócio retirante se a reclamação trabalhista for ajuizada no prazo de até dois anos contados a partir da averbação da resolução da sociedade, ainda que a penhora seja efetivada muitos anos depois. Ou seja, a responsabilidade permanece se a distribuição da ação ocorrer no prazo de até dois anos contados da regular retirada (considerando que a distribuição interrompe a prescrição, conserva direitos e coloca o devedor em mora); mas se a ação é ajuizada após o referido prazo não mais se poderia obter a responsabilização do sócio retirante (GARCIA, 2010, p. 327).

Essa solução parece interessante por garantir o direito do credor, ao mesmo tempo em que se atribui ao sócio retirante a obrigação de não se descuidar das atividades empresariais pelo período de dois anos, a fim de zelar pelo acompanhamento da distribuição de eventuais ações judiciais: sabendo de sua existência, teria como buscar preservar seus direitos.

Observe-se, no entanto, que "essa forma de contagem tem o mérito de conservar o direito do credor trabalhista, mas coloca o sócio retirante numa desconfortável posição de insegurança eterna. Na realidade, ele não se desliga nunca da empresa, muito embora já não a comande e já não tenha mais direito de opinar sobre alocação de recursos e sobre prioridades da empresa" (SILVA, 2008, p. 30).

Já a terceira corrente defende que o evento que delimita a responsabilidade do sócio retirante não é a distribuição da reclamação trabalhista, mas sim a prática do ato de constrição: desse modo, vencido o prazo de dois anos a partir da retirada do sócio, este não pode mais ter o seu patrimônio atingido pela execução forçada, mesmo que a ação tenha sido ajuizada antes do término do prazo, e ainda que se refira a período do contrato de trabalho em que o sócio estava na empresa.

Conclusão

Evitar a fórmula do "ganha, mas não leva" é o grande desafio que se coloca diante da Justiça do Trabalho quando se discute a responsabilidade trabalhista do empregador. A desconsideração da personalidade jurídica da empresa, para responsabilização dos sócios, é uma medida já corriqueira no dia a dia trabalhista, e que visa justamente evitar o enorme desprestígio para a atividade jurisdicional que seria reconhecer o direito do trabalhador na sentença, mas não lhe garantir o pagamento do seu crédito.

Se tanto a empresa quanto os seus sócios atuais não dispõem de patrimônio para quitar a execução trabalhista, o passo seguinte é a responsabilização do antigo sócio.

Nessa situação, a terceira corrente doutrinária acima exposta é a que me parece a mais adequada: o evento que delimita a responsabilidade do sócio retirante não pode ser a simples distribuição da reclamação trabalhista, mas sim a prática do ato de constrição.

Vale dizer, após vencido o prazo de dois anos a partir da retirada do sócio, este não pode mais ter o seu patrimônio atingido pela execução forçada.

Essa conclusão se impõe mesmo que a ação tenha sido ajuizada antes do término do prazo e ainda que se refira a período do contrato de trabalho em que o sócio estava na empresa, por ser a solução que traz a maior segurança jurídica.

Pode-se argumentar que ela traz para o credor o ônus de não permitir que a demora na tramitação do processo impeça o futuro ressarcimento de seu direito, o que seria injusto (uma vez que ele não tem como controlar o atraso do Poder Judiciário na prática dos atos processuais e na entrega da prestação jurisdicional).

Mas não se deve esquecer que o direito processual assegura mecanismos para proteger o credor, seja por meio da antecipação de tutela, cabível no processo de conhecimento ou no de execução (MALLET, 1999, p. 40), seja por meio de medidas cautelares, como o arresto, tudo de modo a atender simultaneamente a "todos esses anseios de segurança, eficácia do artigo 1003 e garantia da utilidade do processo" (SILVA, 2008, p. 31).

Referências bibiliográficas

BACARAT, Eduardo Milléo. A desconsideração da personalidade jurídica da sociedade limitada no processo do trabalho — interpretação à luz do princípio da dignidade da pessoa humana. *Revista LTr*, São Paulo: LTr, 72-05/576, 2008.

CATHARINO, José Martins. *Compêndio de direito do trabalho*. 2. ed. São Paulo: Saraiva, 1981.

GARCIA, Gustavo Filipe Barbosa. *Curso de direito do trabalho*. Rio de Janeiro: Forense, 2010.

GIGLIO, Wagner D. *Direito processual do trabalho*. São Paulo: Saraiva, 2007.

MANUS, Pedro Paulo Teixeira. *Execução de sentença no processo do trabalho*. São Paulo: Atlas, 2005.

MALLET, Estêvão. *Antecipação da tutela no processo do trabalho*. 2. ed. São Paulo: LTr, 1999.

SALOMÃO FILHO, Calixto. A *fattispecie* empresário no código civil de 2002. *Revista do Advogado*, São Paulo: AASP, n. 96, 2008.

SILVA, Homero Batista Mateus da. *Responsabilidade patrimonial no processo do trabalho*. Rio de Janeiro: Elsevier, 2008.

>> Inexistência de Antecedentes Criminais como Condição à Contratação de Emprego

Raphael Jacob Brolio[*]

1. Delimitação do tema

Para efeito de delimitar o tema, questões relativas à prática delituosa pelo empregado, ocorrida enquanto em vigor o contrato de emprego, bem como condenação criminal passada em julgado (art. 482, *d*, da CLT[(1)]), como motivo de resolução contratual, não serão objetos de análise deste estudo.

2. Introdução

O art. 444, inserido dentro do Título IV, da CLT, que cuida "do contrato individual de trabalho", preconiza que "as relações contratuais de trabalho podem ser objeto de livre estipulação das partes interessadas em tudo quanto não contravenha às disposições do trabalho, aos contratos coletivos que lhe sejam aplicáveis e às decisões das autoridades competentes".

O Código Civil, por seu turno, em seu art. 122, reza que: "são lícitas, em geral, todas as condições não contrárias à lei, à ordem pública ou aos bons costumes; entre as condições defesas se incluem as que privarem de todo efeito negócio jurídico, ou o sujeitarem ao puro arbítrio de uma das partes".

Adota-se, pois, os dois artigos de lei precitados, como ponto de partida, a fim de se perquirir, até que ponto pode o empregador exigir do empregado, documento

---

(*) Mestrando em Direitos e Coletivos pela PUC-SP. Especialista em Direito do Trabalho pela PUC-SP. Membro do Tribunal de Ética e Disciplina IV de São Paulo desde 2001. Professor de Direito do Trabalho do Centro de Extensão Universitária (IICS). Advogado.
(1) Art. 482, letra "d", da CLT: Constituem justa causa para rescisão do contrato de trabalho pelo empregador: "condenação criminal do empregado, passada em julgado, caso não tenha havido suspensão da execução da pena".

que ateste a inexistência de antecedentes criminais, como pressuposto indispensável à contratação de emprego.

3. Disciplina legal

Dando um giro, encontramos alguns artigos espalhados pelo nosso ordenamento jurídico, os quais servem como pontos de reflexão do presente estudo. Ou seja, em quais atividades notou o legislador a necessidade de perscrutar a vida do prestador de serviços, no que tange a práticas delituosas pretéritas.

O art. 176 da Lei de Falências (Lei n. 11.101, de 9 de fevereiro de 2005), assevera que caracteriza "exercício ilegal da atividade", "exercer atividade para a qual foi inabilitado ou incapacitado por decisão judicial, nos termos desta Lei: Pena — reclusão, de 1 (um) a 4 (quatro) anos e multa". Praticado o ato pelo inabilitado ou incapacitado, nos termos da lei em apreço, incorrerá o agente no tipo prescrito.

No âmbito do Código Civil, dentro do Livro de Direito de Empresa, na parte que trata sobre a administração das empresas, preconiza o § 1º, do art. 1.011: "não podem ser administradores, além das pessoas impedidas por lei especial, os condenados a pena que vede, ainda que temporariamente, o acesso a cargos públicos; ou por crime falimentar, de prevaricação, peita ou suborno, concussão, peculato; ou contra a economia popular, contra o sistema financeiro nacional, contra as normas de defesa da concorrência, contra as relações de consumo, a fé pública ou a propriedade, enquanto perdurarem os efeitos da condenação". Aqui, aqueles que incorrerem nos crimes descritos, ficam tolhidos, portanto, do exercício da administração de empresas.

Em outra seara, agora na Resolução n. 75, de 12 de maio de 2009, do Conselho Nacional de Justiça, que dispõe sobre os concursos públicos para ingresso na carreira da magistratura em todos os ramos do Poder Judiciário nacional, o art. 58, exige para inscrição definitiva, entre outros requisitos: certidão dos distribuidores criminais das Justiças Federal, Estadual ou do Distrito Federal e Militar dos lugares em que haja residido nos últimos 5 (cinco) anos; folha de antecedentes da Polícia Federal e da Polícia Civil Estadual ou do Distrito Federal, onde haja residido nos últimos 5 (cinco) anos.

Há uma investigação social na vida do candidato à magistratura, que somente tomará posse, à medida que estiver quite com as exigências impostas no parágrafo precedente.

No que toca ao representante comercial autônomo — numa verdadeira relação de trabalho em sentido *lato* —, a Lei n. 4.886, de 9 de dezembro de 1965, que regula as atividades dos representantes comerciais autônomos, exige do candidato a registro como representante comercial a "folha corrida de antecedentes expedida pelos cartórios criminais das comarcas em que o registrado houver sido domiciliado nos últimos dez (10) anos". É o que consta ao art. 3º, letra *"d"*, da indigitada lei.

Transposta a questão para a relação de emprego, conquanto a CLT não discipline especificamente o assunto (inexistência de antecedentes criminais como pressuposto imprescindível à contratação de emprego), existem algumas leis esparsas que abordam o assunto.

A Lei n. 5.859, de 11 de dezembro de 1972, a qual dispõe sobre a profissão de empregado doméstico, revela que, para admissão ao emprego deverá o empregado doméstico apresentar "atestado de boa conduta". Regulamentando a questão, o Decreto n. 71.885, de 9 de março de 1973, noticia que o atestado de boa conduta, poderá ser "emitido por autoridade policial, ou por pessoa idônea, a juízo do empregador" (art. 4º, inciso II).

Um pouco mais a frente, agora na década de 1980, veio à baila a Lei n. 7.102, de 20 de junho de 1983, que dispõe sobre segurança para estabelecimentos financeiros, entre outros aspectos. Para o exercício da profissão de vigilante, o empregado não poderá ter "antecedentes criminais registrados". É o que assinala o inciso VI, do art. 16, da lei em referência.

Uma pausa: é bom que se esclareça a diferença entre vigia e vigilante. O vigilante, entre outros requisitos exigidos pelo art. 16 da Lei n. 7.102, de 20 de junho de 1983, deverá ter idade mínima de 21 anos, instrução correspondente à quarta serie do 1º grau, ter sido aprovado em curso de formação, ter sido aprovado em exame de saúde física, mental e psicotécnica, estar quite com as obrigações eleitorais e militares, além de não ter antecedentes criminais registrados, como já noticiado no parágrafo precedente. O vigia, por seu turno, não está submetido a tais exigências. Como exemplo destes, temos os vigias de rua, contratados, por exemplo, por uma associação de moradores, enquanto os vigilantes podem ser vistos no desempenho da segurança de instituições financeiras.

Por fim, no dia 29 de julho de 2009, foi editada a Lei n. 12.009, que regulamenta o exercício das atividades dos profissionais em transporte de passageiros, "mototaxista", em entrega de mercadorias e em serviço comunitário de rua, e "motoboy", com o uso de motocicleta. O parágrafo único, do art. 2º, assinala que será exigido do profissional do serviço comunitário de rua "certidões negativas de varas criminais".

São esses, pois, alguns pontos de destaque em nossa legislação.

4. Riscos da atividade econômica versus direitos de personalidade

Ao empregador cabem os "riscos da atividade econômica". É o que está consagrado no *caput*, do art. 2º da CLT. A alteridade, ventilada no artigo em apreço, revela que não cabe ao empregado compartilhar os riscos oferecidos pelo empreendimento, sob pena de desvirtuamento do contrato de emprego. Diz-se na doutrina ter o salário caráter forfetário; grosso modo, pouca importa a sorte do empreeendimento, o salário é devido ao trabalhador.

Por conta disso, em pesar sobre os ombros do empregador os riscos de sua atividade econômica, e para que possa escolher a "melhor" opção de mão de obra, indaga-se se é legítima a condição exigida pelo patrão, em solicitar "folha corrida" de antecedentes criminais.

Exigir atestado de antecedentes criminais pode parecer algo simples e natural. Um direito do empregador. Contudo, à medida que entram em cena direitos de personalidade do empregado, os quais reclamam proteção, a questão pode se tornar um tanto quanto complexa.

Os direitos de personalidade gozam de proteção constitucional. Consta do art. 5º, inciso X, da CF/1988: "são invioláveis a intimidade, a vida privada, a honra e a imagem das pessoas, assegurado o direito à indenização pelo dano material ou moral decorrente de sua violação".

Tais direitos se espraiam pela legislação infraconstitucional. Nesse sentido é o art. 11 do Código Civil: "Com exceção dos casos previstos em lei, os direitos da personalidade são intransmissíveis e irrenunciáveis, não podendo o seu exercício sofrer limitação voluntária".

O fato de ter sofrido uma condenação criminal, nem sempre implica dizer que o candidato não tenha capacidade e condições de assumir determinado emprego. Isto é, até que ponto pode o empregador invadir a esfera íntima do aspirante à vaga. É nesse momento que começa toda a celeuma.

5. Controvérsia doutrinária e jurisprudencial

Doutrina e jurisprudência vacilam a respeito do tema. Para uma primeira linha interpretativa, entre o direito de propriedade do empregador, com supedâneo no art. 5º, inciso XXII, da CF/1988, e o direito de personalidade do empregado, previsto no inciso X, do mesmo artigo, a interpretação sistemática é que dará melhor solução, por meio da ponderação de bens.

Nessa quadra de raciocínio, deve se levar em conta a utilidade, adequação e necessidade da medida patronal. Parece que nesse sentido, foi a decisão TST-RR n. 98909/2004-014-09-00.5, tendo como Relator o Ministro João Batista Brito Pereira — recentemente publicado DJe 8.10.2010 — p. 895[2].

---

(2) "AÇÃO CIVIL PÚBLICA. OBRIGAÇÃO DE NÃO FAZER — EMPRESA DE BANCO DE DADOS — OBTENÇÃO DE INFORMAÇÕES PESSOAIS DOS CANDIDATOS A EMPREGO — DANO MORAL COLETIVO NÃO CONFIGURADO – 1. A controvérsia, diz respeito a exigência de informações pessoais dos candidatos a emprego. O Tribunal Regional reformou em parte a sentença, a fim de excluir da condenação a determinação para que a reclamada se abstenha de exigir de empregados e candidatos a empregos em seus quadros certidões ou atestados de antecedentes criminais; E excluir da condenação o pagamento de indenização por danos morais coletivos. 2. Assinalou o Tribunal que não se pode negar o direito da ré de obter informações acerca dos antecedentes criminais de candidatos a emprego. A empresa não pode ser surpreendida por um ato ilícito de seu empregado, quando podia ter se precavido neste sentido. Esclareceu, ainda, que a

Por entender que os "empregados têm acesso ao interior das residências de clientes em razão de sua atividade estar ligada à instalação de linhas telefônicas", é razoável que o empregador — empresa que atua no ramo de telecomunicações — possa exigir atestado de antecedentes criminais. Vale dizer, existe um fator que justifica a conduta do tomador de serviços.

Nessa senda, são balizadoras as palavras da Professora Cristina Paranhos Olmos, quando assim assevera: "O fato de as empresas não contratarem pessoas com "ficha policial", como são comumente chamadas, é prática discriminatória que não pode ser admitida, a menos que o discrímen justifique a conduta"[(3)]. Deve haver uma razão fundada, portanto.

De outra banda, diametralmente oposta é a outra linha argumentativa. Para estes, somente será permitido exigir atestado se a própria lei assim permitir. Afora as hipóteses legais, não se tolera tal prática.

Sob o título *Antecedentes criminais ainda são empecilho discriminatório para se conseguir emprego*[(4)], a magistrada Marúcia da Costa Belov, juíza do TRT (Tribunal Regional do Trabalho) da 5ª Região (BA), após percorrer de forma brilhante diversos aspectos conclui que "a pesquisa de antecedentes criminais do candidato a emprego tem caráter discriminatório e se constitui em verdadeira violência aos direitos fundamentais do aspirante à vaga oferecida, se configurando em prática discriminatória, ressalvando-se as hipóteses em que tal pesquisa é permitida pela lei".

Desse modo, conclui-se que não há um consenso. Para uns é possível exigir o atestado de antecedentes criminais, desde que exista um motivo plausível apresentado pelo o empregador. Por outro lado, para outros, tal medida só é possível quando conste de lei. Seja qual linha for adotada, fato é que, ao empregado discriminado, nosso ordenamento jurídico contempla uma série de medidas que repelem a conduta patronal desregrada.

6. Discriminação

Superadas as correntes acerca do tema, a conduta descomedida do empregador pode ensejar um ato discriminatório. A discriminação pode ocorrer por etnia,

---

reclamada tem interesse no acesso às informações criminais, porquanto seus empregados têm acesso ao interior das residências de clientes em razão de sua atividade estar ligada à instalação de linhas telefônicas. Parece, pois, razoável que a ré tenha restrição quanto à eventual contratação de um candidato à vaga de instalador que tenha em seus antecedentes criminais registro de condenação por furto (art. 155 do CP). A meu juízo, o Tribunal conferiu interpretação razoável às normas legais pertinentes, o que atrai o óbice da Súmula n. 221, II, desta Corte. Por essa razão tenho por inútil a arguição de violação às disposições legais e constitucionais mencionadas. Recurso de Revista de que não se conhece." (TST-RR n. 98909/2004-014-09-00.5 — Rel. Min. João Batista Brito Pereira — DJe 8.10.2010 — p. 895)

(3) OLMOS, Cristina Paranhos. *Discriminação na relação de emprego e proteção contra a dispensa discriminatória*. 1. ed. São Paulo: LTr, 2008. p. 106.

(4) Disponível em: <http://ww1.anamatra.org.br/> Acesso em: 21.2.2011.

idade, estado civil, orientação sexual, entre outras formas. Dentro desse rol, também deve ser incluída a discriminação do trabalhador que foi réu em processo criminal.

É assim, pois ao lado de segurança, vida, propriedade e liberdade, a isonomia enfeixa como um dos grandes pilares em nossa Constituição Federal. É um direito fundamental, cristalizado no *caput*, do art. 5º da Lei Maior.

A violação ao preceito da isonomia pode abrir as portas para a discriminação, que consiste, basicamente, em tratar diferentemente os iguais. Concorrendo vários candidatos a uma vaga, a exigência sem motivo de antecedentes criminais, pode tolher o acesso daqueles que por uma razão qualquer tiveram uma pendência criminal, ainda que isso não importe para o processo de seleção.

Nesse compasso, a Convenção n. 111, da Organização Internacional do Trabalho (OIT), ratificada por nosso país e com vigência nacional em 26 de novembro de 1966, assinala em seu art. 1º, letra "b", que o termo discriminação compreende "toda e qualquer distinção, exclusão ou preferência que tenha por efeito destruir ou alterar a igualdade de oportunidades ou de tratamento em matéria de emprego ou profissão, que poderá ser especificada pelo Estado Membro interessado depois de consultadas as organizações representativas de patrões e trabalhadores, quando estas existam, e outros organismos adequados".

Mas, ainda no artigo precitado consta que: "as distinções, exclusões ou preferências fundadas em qualificações exigidas para determinado emprego não são consideradas como discriminação".

Por conseguinte, esta última disposição, acaba por socorrer os adeptos da teoria de que é possível exigir o atestado de antecedentes criminais, ainda que não conste de lei, mas desde que haja razão fundada (adequação, necessidade e utilidade da conduta patronal).

Em continuidade, a Lei n. 9.029, de 13 de abril de 1995, contém mecanismos de combate à prática discriminatória para efeitos admissionais, sendo que o trabalhador que se sentir lesado poderá lançar mão da medida e pedir a correspondente reparação. Pode haver, assim, uma lesão pré-contratual; o negócio jurídico nem se formou, mas já há elementos suficientes para se colocar em xeque a conduta do empregador.

Conclusão

Deve-se ponderar que existem crimes de menor potencial ofensivo, em que a pessoa é condenada em pena pecuniária ou até mesmo pena restritiva de direito. Desse modo, tolerar a prática aberta, escancarada de exigência de antecedentes criminais, viola direitos difusos, pode representar uma severa restrição de acesso ao mercado de trabalho, gerando a discriminação sob a modalidade horizontal.

Não se questiona o temor do empregador, o que não se tolera, contudo, é a generalizada discriminação, sem que exista qualquer fator que a justifique.

Não se pode olvidar que, o poder diretivo requer exercício equilibrado, sob pena de grave subversão à "busca do pleno emprego", que é um dos princípios gerais de atividade econômica, consoante art. 170, inciso VIII, da Lei Maior.

Além do mais, à luz do art. 3º, inciso IV, da CF/1988, constitui como objetivo da República Federativa do Brasil, a promoção do bem de todos, sem preconceitos de origem, raça, sexo, cor, idade e quaisquer outras formas de discriminação, comando a que se submete toda a sociedade, incluindo aí, o empregador.

▶▶ Necessidade de Depósito Recursal nos Agravos de Instrumento — art. 899, § 7º, da CLT

Rodrigo Silva Almeida[*]

Introdução

Inicialmente houve dúvida se seria necessário o depósito recursal nos agravos de instrumento. Disciplinava a Lei n. 8.177, de 1991, em seu art. 40, § 2º, que o depósito seria exigível nos embargos, na execução e em qualquer recurso subsequente do devedor. Paralelamente, a Instrução Normativa n. 3 do Tribunal Superior do Trabalho (TST) entendia que não havia depósito recursal no agravo de instrumento.

Na verdade, porém, não era necessário o depósito recursal no agravo de instrumento em virtude da falta de amparo legal específica nesse sentido e por inexistir fixação do *quantum* a ser depositado.

Em 29 de junho de 2010, foi publicada no Diário Oficial da União a Lei n. 12.275, a qual alterou a Consolidação das Leis do Trabalho (CLT), trazendo a obrigatoriedade de se efetuar depósito recursal nos agravos de instrumento (art. 899, § 7º).

Observado o art. 1º, do Decreto-Lei n. 4.657, de 4 de setembro de 1942, entrou a nova lei em vigor em 13 de agosto de 2010.

"Art. 899.

(...)

§ 7º No ato de interposição do agravo de instrumento, o depósito recursal corresponderá a 50% (cinquenta por cento) do valor do depósito do recurso ao qual se pretende destrancar."

---

[*] Graduado em Direito pela Universidade Presbiteriana Mackenzie (2008). Especialista em Direito Processual Civil pela Universidade Presbiteriana Mackenzie (2010). Sócio da sociedade de advogados Braga Advogados. *E-mail:* rodrigo@bragaadvogados.com.br.

1. Objetivo

O escopo da alteração legislativa é a celeridade processual, impondo barreiras ao abusivo uso do agravo de instrumento, manejado frequentemente pelas empresas para protelar os processos.

A duração não razoável dos processos se traduz no retardamento do pagamento de direitos de natureza alimentar e no significativo aumento do volume de trabalho no Tribunal Superior do Trabalho (TST) e nos Tribunais Regionais do Trabalho do país, prejudicando o julgamento de outros processos.

Levantamentos feitos pelo TST demonstraram que a grande maioria dos agravos de instrumento possui natureza procrastinatória. Como exemplo disso, em 2009, dos 142.650 (cento e quarenta e dois mil, seiscentos e cinquenta) agravos de instrumento interpostos naquela Corte, apenas 5% (cinco por cento) foram acolhidos.

2. Polêmica: ofensa à ampla defesa

A inovação trazida pela Lei n. 12.275, de 2010, não foi aprovada por muitos advogados. Os argumentos são os mais variados.

Crescente preocupação é a possibilidade de elitizar-se o acesso à justiça. Empresas de pequeno e médio porte poderão ter acesso aos tribunais negado e, consequentemente, limitação ao acesso à justiça.

Questiona-se também se dificultar o acesso ao recurso seria a melhor alternativa para se alcançar a justiça célere. Para muitos, mais rápido e justo que acelerar a solução dos processos, seria reduzir o número de pleitos desnecessários e que não necessitam passar pelo Poder Judiciário.

Assim, melhor que restringir o acesso à justiça, seria buscar formas alternativas de solução dos litígios, evitando que eles se tornem processos judiciais. Afinal, o elevado número de recursos se justifica pela própria possibilidade de falha humana.

3. Hipóteses de recolhimento do depósito recursal em agravo de instrumento e seus limites

Antes de se analisar as hipóteses de recolhimento e seus limites, oportuno relembrar os fundamentos de existência do depósito recursal:

a) Garantia (mesmo que parcial) do juízo de execução;

b) Respeito aos princípios constitucionais da ampla defesa e do contraditório, através da viabilização do direito recursal, na medida em que o recorrente não precisa depositar o valor total da condenação para recorrer;

c) Intuito de dar ao processo maior celeridade, inibindo o uso de recursos pelas partes;

A partir de 13 de agosto de 2010, a *empresa* que teve denegado o seguimento de seu recurso ordinário ou de revista, se quiser destrancá-lo, deve efetuar depósito recursal no ato de interposição do agravo de instrumento, nos moldes do art. 899, § 7º, Consolidado.

O depósito deve ser feito tão somente pelo empregador. Em nenhuma hipótese o empregado faz depósito recursal, mesmo nos casos em que seja sucumbente e seja condenado a pagar valores ao empregador.

Não há depósito recursal no agravo de instrumento para destrancar recurso ordinário em dissídio coletivo, uma vez que o dissídio coletivo possui natureza declaratória e constitutiva e não condenatória. O mesmo ocorre se em sede de embargos infringentes em dissídio coletivo o ministro negar-lhe seguimento.

Igualmente, não se exige depósito recursal no agravo de instrumento para processar agravo de petição, porquanto a penhora garante a execução.

Desnecessário também depósito recursal no caso de denegação de seguimento a recurso extraordinário. Nesse caso, prevalecerá o quanto disposto nos arts. 544 e 545 do Código de Processo Civil (CPC).

No que concerne aos limites do valor a ser recolhido, deve ser observada a regra de que, atingido o valor da condenação, não se exige outro depósito recursal (Súmula n. 128 do Tribunal Superior do Trabalho).

Ora, o valor da condenação arbitrado pelo juízo representa o próprio crédito trabalhista, de sorte que não seria razoável exigir que o réu efetuasse depósito recursal além do crédito pertencente ao autor.

Assim, deve-se observar que os valores instituídos periodicamente pelo Tribunal Superior do Trabalho, não indicam os valores integrais que o recorrente deve depositar, mas, sim, o teto que deverá ser recolhido para o conhecimento do recurso.

Por fim, para o efetivo recolhimento dos 50% (cinquenta por cento) sobre o valor do depósito do recurso que se pretende destrancar, pela obscuridade da redação do novo dispositivo legal, aconselha-se utilizar como base de cálculo o valor do depósito recursal na ocasião da interposição do agravo de instrumento. Pode haver alteração do valor do depósito do recurso não conhecido no interregno entre sua interposição e a apresentação da medida recursal para destrancá-lo.

Conclusão

Os entendimentos doutrinários acerca do advento do § 7º, do art. 899 da Consolidação das Leis do Trabalho estão longe de convergirem.

Enquanto alguns apoiam a inovação, em prol da duração razoável do processo e de uma justiça mais célere, outros a repudiam veementemente, alegando ofensa aos princípios constitucionais da ampla defesa e do contraditório.

Certeza, pelo menos por enquanto, é a necessidade de as empresas efetuarem depósito recursal caso queiram destrancar recurso ordinário ou de revista aos quais se tenham negado conhecimento.

Caso os depósitos dos recursos anteriores já tenham atingido o valor da condenação, não se exige outro depósito recursal.

Por cautela, o depósito recursal tratado no art. 899, § 7º, Consolidado, deverá ser recolhido tomando-se por base o valor do depósito do recurso obstado na época em que for interposto o agravo de instrumento.

Bibliografia

ALMEIDA, Amador Paes de. *Curso prático de processo do trabalho*. 21. ed. rev. São Paulo: Saraiva, 2011.

LEMOS, Alessandro Medeiros de. *FISCOSoft On Line:* informações fiscais e legais. 2010. Disponível em <http://www.fiscosoft.com.br/a/52xr/os-limites-ao-deposito-recursal-do-agravo-de-instrumento-ocultados-pela-lei-n-1227522010-alessandro-medeiros-de-lemos> Acesso em: 31.1.2011.

MARTINS, Sergio Pinto. *Carta forense*. Disponível em: <http://www.cartaforense.com.br/Materia.aspx?id=6559> Acesso em: 7.2.2011.

▶▶ Dissídios Coletivos — Aspectos Objetivos

Rogerio da Costa Strutz[*]

Considerações iniciais

Neste texto procuramos abordar de uma forma bastante simplista, objetiva e didática questões que envolvem as relações coletivas de trabalho, seus reflexos e efeitos práticos no dia a dia da relação capital x trabalho e dos profissionais que atuam nesse seguimento.

Não se pretende aqui discutir doutrina, direito comparado, etc., mas tão somente aspectos objetivos com que nos deparamos no nosso trabalho cotidiano, sejamos advogados ou negociadores representantes das categorias profissionais e patronais.

De uma forma geral, todo ordenamento jurídico brasileiro e a doutrina mais abalizada prestigiam a conciliação como a melhor forma de solução dos conflitos sejam eles de que natureza for, especialmente no Direito do Trabalho.

Com a falta de tradição brasileira na utilização da arbitragem, as negociações coletivas entre categorias profissionais e patronais se mostram a forma mais eficiente e profícua de solução dos conflitos coletivos de trabalho.

Não se pode deixar de registrar que esse processo negocial foi se aperfeiçoando a partir do final dos anos 1970 e início dos anos 1980 do século passado, marcados por movimentos paredistas sem precedentes na relação capital x trabalho, com destaque para as greves deflagradas principalmente na região do ABC e, em um segundo momento, na região do Vale do Paraíba, no Estado de São Paulo.

A falta de diálogo e radicalismo das partes envolvidas causaram sérios prejuízos a trabalhadores, empresas e ao próprio país.

---

[*] Bacharel em Ciências Econômicas e Advogado. Especialista em Direito Coletivo do Trabalho. Coordenador do Comitê de Direito Sindical da Comissão de Direito do Trabalho da OAB/SP. Articulista em publicações especializadas. Advogado Sócio de Mesquitabarros Advogados. *E-mail:* rstrutz@mesquitabarros.com.br.

Com o decorrer dos anos e principalmente com o amadurecimento das relações capital X trabalho, sindicalistas e representantes das categorias patronais, gradualmente, passaram a encarar a nova realidade de uma forma muito mais profissional, sempre em busca de composições que atendessem, de um lado, aos interesses dos trabalhadores e, de outro, aos dos setores empresariais.

Esses entendimentos entre as categorias profissionais e econômicas são prestigiados formalmente pela Constituição Federal, em especial no art. 7º, XXVI, "reconhecimento das convenções e acordos coletivos de trabalho".

1. Convenções e acordos coletivos de trabalho

O sucesso dos entendimentos entre categorias patronais e profissionais são formalizados em Convenções ou Acordos Coletivos, também denominados de forma genérica de instrumentos normativos.

É completamente equivocada a denominação de "Dissídio" por muitos utilizada para se referir ao mês da data-base da categoria.

Sob um enfoque prático, os acordos coletivos são os instrumentos celebrados entre Sindicato Profissional e uma ou mais Empresas, abrangendo um universo de trabalhadores relativamente restrito e que ficam exclusivamente sujeitos aos seus efeitos.

Por seu turno, as Convenções Coletivas são os instrumentos celebrados entre Sindicato(s) Profissional(is) e todo um segmento econômico, citando-se como exemplo Sindicatos de Metalúrgicos e Sindicato das Montadoras de Veículos Automotores.

Como se vê, a abrangência das convenções coletivas é muito mais ampla e gera efeitos em um universo muito maior de trabalhadores e Empresas.

A grosso modo, esses instrumentos normativos contemplam cláusulas ditas sociais (ex. complementação de auxílio previdenciário, garantia de emprego pré-aposentadoria, ausências justificadas, etc.), como aquelas ditas econômicas, destacando-se dentre estas o reajuste salarial, piso salarial, etc.

A Consolidação das Leis de Trabalho, em especial em seu art. 613, estabelece os requisitos formais para a celebração de convenções e acordos coletivos, destacando-se a designação dos Sindicatos convenentes ou dos Sindicatos e empresas acordantes, categoria de trabalhadores abrangidos, condições (cláusulas) aplicáveis aos contratos de trabalho durante a sua vigência, direitos e deveres de empregados e empregadores, e penalidades para o descumprimento das cláusulas estabelecidas.

Outro requisito de suma relevância diz respeito à vigência das convenções ou acordos coletivos, que é taxativamente limitada ao período máximo de 2 anos (art. 614, § 3º, da CLT).

Há algum tempo que, por questões de praticidade e do próprio amadurecimento da relação capital x trabalho, nas datas-bases, as partes têm estabelecido vigência de dois anos para as cláusulas sociais e um ano para as cláusulas econômicas, ou seja somente a aplicação de reajustes é negociada anualmente, enquanto todas as demais condições normativas o são a cada dois anos.

Relevante consignar, por último, que as convenções e acordos coletivos, ápice do entendimento das partes convenentes ou acordantes, devem ser registrados eletocicamente no órgão local do Ministério do Trabalho e Emprego (sistema mediador) no prazo de 8 dias da sua formalização e entram em vigor após 3 dias contados da data de entrega nesse órgão (art. 614, caput e § 1º).

Esse registro tem caráter meramente "cartorial" e objetiva principalmente dar publicidade ao instrumento normativo, na medida em que não cabe ao órgão do Ministério do Trabalho e Emprego qualquer interferência nas condições ajustadas.

2. Dissídios coletivos de trabalho

Malgradas as negociações entre as partes, inevitável se torna a intervenção do poder judiciário.

Inicialmente, há que se consignar que os dissídios coletivos de trabalho podem ser de natureza jurídica (I), de natureza econômica (II) e de greve (III).

O Dissídio Coletivo de Natureza Jurídica tem a finalidade de interpretar de modo geral e abstrato disposições normativas aplicáveis às categorias profissionais e econômicas envolvidas, constantes de cláusulas obscuras, contraditórias ou nulas existentes numa sentença normativa, numa convenção ou num acordo coletivo de trabalho.

Por seu turno, o Dissídio Coletivo de Natureza Econômica, normalmente instaurado por ocasião da data-base da categoria, tem por objetivo precípuo o estabelecimento das condições econômicas e sociais que serão aplicadas no seu período de vigência, normalmente um ano, na medida em que o estabelecimento de duração maior (até dois anos) somente poderá decorrer de negociação das partes, jamais por imposição da Justiça do Trabalho.

A análise dos dissídios coletivos de natureza econômica não pode escapar das disposições da Constituição Federal (art. 114, §§ 1º e 2º), no sentido de que "frustrada a negociação coletiva, as partes poderão eleger árbitros" e "recusando-se qualquer das partes à negociação coletiva ou à arbitragem, é facultado às mesmas, de comum acordo, ajuizar dissídio coletivo de natureza econômica, podendo a Justiça do Trabalho decidir o conflito, respeitadas as condições mínimas legais de proteção ao trabalho, bem como as convencionadas anteriormente".

Como já aduzido anteriormente, não é tradição brasileira a submissão das questões trabalhistas à arbitragem. Consequência natural é a formulação de representação para instauração do dissídio coletivo.

Entretanto, o texto constitucional exige o "comum acordo" das partes para a instauração do processo. Essa exigência, respeitados os entendimentos em contrário, não nos parece requisito lógico, e isso por uma razão muito simples: dificilmente as partes que não conseguiram levar as negociações coletivas a bom termo, se comporiam para atender essa exigência constitucional para obter uma solução judicial.

Na verdade, essa questão não tem sido considerada em grande parte dos Tribunais Regionais, que fundamentam entender que o comum acordo estabelecido na Constituição Federal não é uma obrigação, mas sim mera faculdade, podendo ou não ser cumprida pelas partes.

Entretanto, esse não é o entendimento do Tribunal Superior do Trabalho que, ao contrário dos Regionais, considera o comum acordo como requisito indispensável para o processamento do feito, extinguindo invariavelmente, sem julgamento do mérito, os processos em que não esteja caracterizada essa concordância mútua, por entender que ausente pressuposto processual.

Por seu turno, parece inócua a disposição constitucional "respeitadas as condições mínimas legais de proteção ao trabalho".

É evidente que a decisão regional (sentença normativa) não poderá desrespeitar os direitos mínimos previstos em lei.

Outro aspecto do texto constitucional que merece destaque diz respeito ao fato de que deverão ser levadas em conta as condições convencionadas anteriormente.

Mais uma vez, respeitados entendimentos em contrário, a regra legal e o prazo de vigência estabelecido nos instrumentos normativos (limitados ao máximo de 2 anos), deixam clara a natureza temporária das concessões. É da essência dos instrumentos normativos a temporariedade.

A lógica jurídica também recusa a prorrogação do instrumento normativo cujo prazo se expirou. O instrumento normativo foi concebido na lei para ser por prazo determinado dada a mutabilidade das condições sociais e econômicas. Essa transitoriedade resulta da interpretação dos arts. 613, II, e seu § 3º, 868, parágrafo único, da Consolidação das Leis do Trabalho e da Súmula n. 277 do Tribunal Superior do Trabalho.

De tudo resulta que a interpretação jurídica lógica e de bom senso não poderia ser no sentido de que as condições anteriores devem integrar os contratos de trabalho e só devem ser alteradas se a outra parte, no caso os sindicatos profissionais, concordarem com isso.

Terminado o prazo de vigência do instrumento normativo anterior, as novas condições haveriam de ser objeto de novas negociações, para a conformação de nova convenção ou acordo e, em sendo impossível, obter solução judicial.

Finalmente, o Dissídio Coletivo de Greve é o que apresenta o maior número de particularidades.

Não se pode discorrer sobre greves fora do contexto político do país nos momentos em que foram deflagradas, conduzidas, administradas e resolvidas, seja por decisão judicial ou autocomposição.

Embora o primeiro movimento organizado de paralisação (gráficos cariocas) que se tem notícias data de 1858, a questão nunca mereceu atenção mais cuidadosa do legislador até a Constituição Federal de 1988.

Durante esse lapso de tempo, a legislação brasileira tratou a questão de forma secundária e bastante diversa. Ora tipificou a greve como ilícito penal, ora restringiu a punição apenas aos atos de constrangimento e violência. Em outros momentos impôs requisitos que inviabilizavam, na prática, qualquer movimento paredista, chegando a tratá-la como questão de segurança nacional.

Efetivamente, não se pode ignorar a realidade decorrente do crescimento dos movimentos sindicais nos finais dos anos 1970 e início dos anos 1980, principalmente na região do ABC paulista, com a criação das centrais sindicais e até mesmo, porque não dizer, do próprio Partido dos Trabalhadores.

Em decorrência desse quadro, o direito à greve foi assim disciplinado na Constituição Federal de 1988 (art. 9º):

"É assegurado o direito de greve, competindo aos trabalhadores decidir sobre a oportunidade de exercê-lo e sobre os interesses que devam por meio dele defender.

§ 1º A lei definirá os serviços ou atividades essências e disporá sobre o atendimento das necessidades inadiáveis da comunidade.

§ 2º Os abusos cometidos sujeitam os responsáveis às penas da lei."

A greve é definida na legislação como a suspensão coletiva, temporária e pacífica, total ou parcial, de prestação pessoal de serviços a empregador.

O direito a greve foi regulamentado efetivamente na Lei n. 7.783/1989, que também estabeleceu os requisitos que devem ser observados para deflagração de movimentos paredistas, estabelecendo alguns pouco mais rígidos para o que ela própria definiu como serviços ou atividades essenciais, quais sejam:

— tratamento e abastecimento de água; produção e distribuição de energia elétrica, gás e combustíveis;

— assistência médica e hospitalar;

— distribuição e comercialização de medicamentos e alimentos;

— funerários;

— transportes coletivos;

— captação e tratamento de esgoto e lixo;

— telecomunicações;

— guarda, uso e controle de substâncias radioativas, equipamentos e materiais nucleares;

— processamento de dados ligados a serviços essenciais;

— controle de tráfego aéreo;

— compensação bancária.

Esses requisitos, na verdade, constituem-se em meras formalidades burocráticas que não criam grandes óbices a deflagração de movimentos paredistas. Exige-se a convocação de assembleias, a definição das reivindicações, o suposto esgotamento da fase de negociações, a comunicação ao empregador com antecedência de 48 horas e, se serviço ou atividade essencial, também aos usuários, com antecedência de 72 horas.

Estabelece, também, que empregados e empregadores deverão manter equipes para assegurar o funcionamento dos serviços cuja paralisação implique em prejuízo irreparável pela deterioração irreversível do bem ou do equipamento (exemplo um forno de siderurgia) ou daqueles essenciais à imediata retomada das atividades normais das atividades da empresa quando cessar o movimento paredista.

A Lei de Greve impõe também que nas atividades consideradas essenciais, os empregadores e empregados garantam durante o movimento paredista a prestação dos serviços indispensáveis ao atendimento das necessidades inadiáveis da sociedade.

Na prática, é quase impossível obter essa autocomposição, o que implica na propositura de Medida Cautelar Inominada, perante o Tribunal Regional do Trabalho para que seja estabelecido o contingente necessário ao atendimento dessas necessidades inadiáveis.

Normalmente, são deferidas liminares impondo pesadas multas caso descumprida a ordem judicial.

A Lei n. 7.783/1989 estabelece, ainda, que constitui-se abuso do direito de greve, quando o movimento paredista é deflagrado na vigência de convenção coletiva, acordo coletivo ou sentença normativa, a menos que a paralisação tenha por objeto o cumprimento de cláusula estabelecida em instrumento normativo ou que seja motivada por superveniência de fato novo ou acontecimento superveniente que modifique substancialmente a relação de trabalho.

Outra particularidade do Dissídio Coletivo de Greve diz respeito ao fato de que a representação para instauração do processo poderá ser formulada pelas partes e também pelo Ministério Público do Trabalho.

Durante o movimento paredista, não se pode violar ou constranger os direitos e garantias fundamentais de outrem. As manifestações e atos de persuasão utilizados pelos grevistas não poderão impedir o acesso ao trabalho nem causar ameaça ou dano à propriedade ou pessoa.

A transgressão a essas disposições legais enseja a propositura de Interdito Proibitório.

O interdito proibitório significa a ordenança expedida pelo magistrado para a prática de certo ato ou proteção de um direito individual. Serve à defesa de relações jurídicas que se apresentam com interesse patrimonial ou pecuniário. O interdito proibitório é medida para proibir que outro possa cometer atos prejudiciais à coisa ou à propriedade. Tende a garantir a posse quando está ameaçada de violência ou esta é iminente, próxima ou atual. No interdito proibitório se receia ou se tem como certo a violência (v. PINTO FERREIRA. *Enciclopédia Saraiva*, e vocabulário jurídico de Plácido e Silva, em ambos verbete "interdito proibitório)".

O manejo da ação de interdito proibitório em situações como esta, em que atos de grevistas e eventuais pessoas outras estranhas à empresa resultam no total impedimento de acesso e saída de empregados, clientes, fornecedores, visitantes, etc., das dependências da empresa, é o remédio processual para garantir a posse mansa e pacífica.

O atendimento do disposto na lei, assim como a garantia do direito de ir e vir dos empregados, dirigentes, clientes, fornecedores e demais interessados, é dever do Judiciário como um todo. À Justiça, uma vez provocada, compete a defesa do patrimônio alheio eventualmente ameaçado por incitamentos espúrios e anarquistas.

Assim, verificado o dano ao patrimônio da empresa em face do impedimento de qualquer acesso às suas dependências, justifica-se o uso do interdito proibitório, cuja liminar, prudentemente concedida, terá o condão de evitar consequências desastrosas para a empresa, empregados, fornecedores, clientes, em suma, a uma coletividade diretamente atingida.

Ademais, não se exige que se aguarde ser totalmente violentada na posse para, só então, ingressar com a possessória de reintegração, quando os prejuízos experimentados já são atuais, iminentes e até mesmo palpáveis.

Existindo o justo receio de que trata o art. 932 do CPC, o interdito proibitório, com deferimento da medida liminar para imediato desbloqueio do acesso às dependências da empresa, bem como que os grevistas se abstenham de praticar qualquer ato que obstrua os acessos da empresa, se constitui no remédio jurídico para assegurar o livre trânsito de pessoas e veículos.

Nesse contexto, com inúmeras variáveis, os Tribunais Regionais decidirão sobre a abusividade ou não do movimento paredista, deferindo ou não eventuais reivindicações formuladas pelos grevistas.

2. Recurso ordinário — ação de cumprimento — pedido de efeito suspensivo

Das decisões proferidas em dissídios coletivos, independentemente da sua natureza, cabem Recursos Ordinários para o Tribunal Superior do Trabalho, constituindo-se o preparo apenas no pagamento das custas arbitradas (não há depósito recursal).

Ocorre, contudo, que o apelo tem efeito meramente devolutivo, nos exatos termos do art. 899 da Consolidação das Leis do Trabalho.

Na prática, isso significa dizer que as sentenças normativas prolatada pelos Tribunais podem ser objeto de Ação de Cumprimento imediatamente após a publicação do respectivo acórdão.

Esse entendimento é corroborado pela Súmula n. 246 do TST, que dispõe ser dispensável o trânsito em julgado da sentença normativa para a propositura da ação de cumprimento.

Registre-se, por oportuno, que se o acórdão não for publicado em 20 dias contados da data do julgamento, a ação de cumprimento pode ser proposta com base apenas na certidão de julgamento, nos exatos termos do art. 7º, § 6º, da Lei n. 7.701/1988.

Para evitar o cumprimento desde logo de uma condição estabelecida em sentença normativa, o art. 14 da Lei 10.192/2001, dispôs sobre a possibilidade de formulação de pedido de efeito suspensivo.

Nos termos dessa disposição, o pedido deverá ser formulado ao Ministro Presidente do Tribunal Superior do Trabalho, a quem foi atribuída competência exclusiva para conferi-lo na medida e extensão que entender cabível, até o julgamento do Recurso Ordinário interposto.

Normalmente o deferimento do efeito suspensivo fica restrito a concessões regionais que extrapolam os limites da razoabilidade ou afrontam precedentes já consagrados na mais alta Corte da Justiça do Trabalho.

3. Categorias diferenciadas

Para concluir esta sucinta explanação, importante se faz algumas considerações a respeito de Dissídios Coletivos, normalmente de natureza econômica, envolvendo categorias diferenciadas ou de profissionais liberais a elas equiparados.

Categoria diferenciada ou de profissionais liberais a ela equiparados, segundo o art. 511, § 3º, da Consolidação das Leis do Trabalho, "é a que se forma dos empregados que exerçam profissões ou funções diferenciadas por força de estatuto profissional especial ou em consequência de condições de vida singulares", em outras palavras, como ensinou o saudoso Dr. Valentin Carrion (*Comentários à consolidação das leis do trabalho*. 35. ed. São Paulo: Saraiva, 2010. p. 479), "categoria profissional diferenciada é a que tem regulamentação específica de trabalho diferente da dos demais empregados da mesma empresa, o que lhe faculta convenções ou acordos coletivos próprios (ai inclui-se também as sentenças normativas — não consta do ensinamento original), diferentes dos que possam corresponder à atividade preponderante do empregador, que é a regra geral.

São exemplos de categorias diferenciadas, a dos motoristas, desenhistas técnicos, enfermeiros, telefonistas em geral, propagandistas, vendedores, secretárias, publicitários, técnicos de segurança do trabalho, etc. e de profissionais liberais a ela equiparados, engenheiros, advogados, etc.

Em razão dessas categorias estarem diluídas em uma infinidade de empresas dos mais diversos segmentos econômicos, é praticamente inviável o estabelecimento de negociações coletivas com vistas à formatação de convenções ou acordos coletivos nas suas respectivas data-base.

Diante desse quadro, somente resta às entidades sindicais profissionais correspondentes, após cumpridas as formalidades legais e estatutárias exigidas, formularem representação para a instauração de dissídios coletivos, a fim de que o poder judiciário estabeleça as condições sociais e econômicas aplicáveis a esses trabalhadores.

Também em razão da pulverização desses profissionais, com raríssimas exceções, esses dissídios coletivos são instaurados contra os Sindicatos Patronais que representam os diversos segmentos econômicos, com o objetivo de que as sentenças normativas prolatadas gerem efeitos sobre todas as empresas por eles representadas.

Relevante registrar que as empresas somente serão atingidas pelos efeitos das Convenções e Acordos Coletivos ou sentenças normativas caso elas próprias ou seu Sindicato Patronal as subscrevam ou integrem o polo passivo dos dissídios coletivos, nos exatos termos da Súmula n. 374 do Tribunal Superior do Trabalho.

▶▶ A Sucessão de Empregadores e a Responsabilidade Trabalhista Decorrentes da Compra do Ponto Comercial

Suely Ester Gitelman(*)

Introdução

O Código Civil de 2002 alterou profundamente o tratamento da sucessão das dívidas ao alienante no trespasse, ou seja, na sucessão de empresas, pois, antes de sua vigência, prevalecia o entendimento de que o adquirente do estabelecimento empresarial não respondia pelo respectivo passivo, uma vez que as dívidas não são elementos do estabelecimento.

Ocorre que o Código Civil abarcou entendimento que já se utilizava nas esferas trabalhista e tributária, nos termos dos arts. 133 do Código Tributário Nacional e 10 e 448 da Consolidação das Leis do Trabalho.

No caso de sucessão trabalhista, o adquirente da empresa passa a responder pelos contratos de trabalho que se encerraram ou que se mantiveram sob a nova direção empresarial, cabendo, inclusive ao empregado, escolher contra quem demandar: o antigo ou o novo proprietário, no caso de pendências decorrentes de seu contrato de trabalho.

O que nos chama a atenção com o presente artigo, de forma bastante suscinta, é que o empresário que compra o ponto comercial, com as instalações, máquinas, e equipamentos do antigo proprietário, mesmo não mantendo os empregados do alienante também pode vir a ter responsabilidade trabalhista por aqueles trabalhadores.

(*) Advogada trabalhista militante. Professora Assistente Doutora da PUC/SP ministrando aulas de Direito do Trabalho e Direito Processual do Trabalho para a graduação da Faculdade de Direito e da Faculdade de Administração. Mestre e Doutora em Direito das Relações Sociais pela PUC/SP. E-mail: suelyg.fwb@ terra.com.br

A Jurisprudência trabalhista vem apontando tal entendimento, cabendo ao novo proprietário, ação regressiva contra seu antecessor, ao ser responsabilizado pelo passivo trabalhista dos antigos empregados.

Assim, é de suma importância que o adquirente do ponto comercial tome as medidas de precaução e apure durante a negociação sobre a situação dos empregados de seu alienante, evitando futuros dissabores onde o que parecia ser um bom negócio acabou virando uma grande dor de cabeça.

1. Estabelecimento empresarial

Antes de adentrarmos à esfera trabalhista, de que cuida o nosso tema, passemos a conceituar alguns dos elementos que farão parte da presente exposição, com base nos ensinamentos de direito comercial e de direito civil.

Segundo o conceito de Fábio Ulhoa Coelho, estabelecimento comercial é a reunião dos bens necessários ao desenvolvimento da atividade econômica. O mesmo é composto tanto por bens corpóreos como mercadorias, instalações, equipamentos, veículos, como por bens incorpóreos que são as marcas, patentes, direitos, ponto, etc.[1].

Outrossim, estabelecimento comercial não se confunde com empresa. Ele é o conjunto de bens reunidos e organizados pelo empresário para o desenvolvimento de sua atividade empresarial[2]. Já empresa é a atividade empresarial desenvolvida seja no estabelecimento, seja fora dele[3].

O estabelecimento empresarial por possuir valor econômico e tutela específica pode ser objeto de negócios jurídicos.

Chama-se trespasse o contrato de compra e venda do estabelecimento empresarial, com a transferência de sua titularidade.

Aquele que adquire um estabelecimento empresarial fica responsável pelos débitos anteriores à aquisição, segundo Maria Gabriela Gonçalves, se regularmente contabilizados. O devedor primitivo (alienante) permanece solidariamente obrigado com aquele pelo prazo de um ano, a contar da publicação da transferência do estabelecimento, quanto aos créditos vencidos, e da data de seu vencimento, quanto aos vincendos (CC, art. 1.146)[4].

Entretanto, tal limitação temporária quanto à responsabilidade do alienante não se observa quanto a dívidas trabalhistas, sendo que o crédito trabalhista, por

---
(1) *Manual de direito comercial*, p. 55.
(2) SARDINHA, Juliana Amaral. *O trespasse do estabelecimento empresarial da sociedade em recuperação judicial*, p. 16.
(3) GONÇALVES, Maria Gabriela Venturoti Perrotta Rios. *Direito comercial: direito de empresas e sociedades empresárias*, p. 36.
(4) *Op. cit.*, p. 38.

se tratar de dívida de natureza alimentar, deve ser satisfeito da forma mais célere possível, não se submetendo aos meandros legais e processuais para sua satisfação.

Outro dado de suma importância é que não há necessariamente que seja mantida a atividade empresarial do adquirente para que seja responsabilizado pelos antigos contratos de trabalho, a partir do momento em que adquire o ponto comercial, conforme segue.

1.1. Ponto comercial

Dentre os elementos do estabelecimento empresarial, figura o chamado "ponto", que compreende o local específico em que ele se encontra, que dependendo do ramo de atividade e de sua localização, traz um acréscimo substantivo ao seu valor[5].

O ponto comercial é um dos elementos incorpóreos do fundo de comércio e costuma ser dos mais valorizados dentre os demais elementos, mesmo os corpóreos, só se equiparando ao *know how*.

Segundo Maria Gabriela Gonçalves, ele é juridicamente protegido porque também é dotado de valor econômico. Por ser o ponto físico em que o empresário desenvolve a empresa, pode ou não ser economicamente importante, tendo maior ou menor vulto. Independentemente dessa relevância, terá sempre proteção da Lei[6].

Feitas tais considerações, passemos agora à análise da compra do ponto comercial, suas instalações, máquinas, equipamentos, estoque, mesmo não havendo continuidade dos contratos de trabalho do alienante e as consequências no mundo jurídico trabalhista.

2. A sucessão de empregadores e a responsabilidade trabalhista decorrentes da compra do ponto comercial

O conceito de sucessão, em sua acepção mais ampla, abrange todos os casos em que se verifica uma modificação do direito quanto ao respectivo sujeito[7].

Segundo Délio Maranhão, para que exista a sucessão de empregadores, dois são os requisitos indispensáveis: a) que um estabelecimento, como unidade econômico-jurídica, passe de um para outro titular; b) que a prestação de serviço pelos empregadores não sofra solução de continuidade.

---

(5) COELHO, Fábio Ulhoa. *Op. cit.*, p. 61.
(6) *Op. cit.*, p. 42.
(7) ESPÍNOLA, Eduardo. *Dos fatos jurídicos in manual do código civil*. 1929. v. III, parte primeira, p. 21 apud MARANHÃO, Délio. *Instituições de direito do trabalho*, p. 307.

E o mesmo Autor observa que: "não há que se falar em sucessão de empresas, mas de empregadores".[8]

O mesmo entendimento segue Sergio Pinto Martins para quem a venda de um estabelecimento não implicaria sucessão de empresas, mas de empregadores. Só se poderia falar em sucessão de empregadores na hipótese de a empresa ter vários estabelecimentos e transferir um deles para terceiros, sem que houvesse solução de continuidade na prestação de serviços.[9]

Considerando que a sucessão trabalhista encontra-se disciplinada nos arts. 10 e 448 da CLT e, sendo regulada por normas imperativas, torna-se irrelevante para o Direito do Trabalho a existência de cláusulas contratuais firmadas no âmbito dos empregadores envolvidos, como por exemplo, que o alienante responderá por todos os débitos trabalhistas, até a data da transferência, sem responsabilização do adquirente. À luz da CLT, tais débitos transferem-se, sim, imperativamente ao adquirente. Os efeitos dessas cláusulas restringem-se às relações civis e comerciais entre as empresas.

No caso de alteração da empresa, é pacífico que a sucessora assume as obrigações da empresa sucedida, podendo haver penhora de seus bens se já houver processo instaurado.

Mas, o que ocorre quando o alienante adquire o ponto comercial, suas instalações, tais como balcões, vitrines, seu estoque e continua a explorar o ramo comercial, sob nova direção e até sob nova denominação? Supondo que o antigo proprietário deixou de honrar compromissos trabalhistas, podem seus empregados cobrar do adquirente, mesmo sem continuidade de seu contrato de trabalho?

Segundo a Jurisprudência, sim, pois os contratos de trabalho têm cunho de natureza alimentar e como tal, devem ser preservados em detrimento de um negócio mercantil.

No caso da compra do ponto comercial, entende-se que a estrutura da empresa foi mantida, não importando a pessoa do empregador, razão pela qual decisões judiciais determinam o pagamento de dívidas trabalhistas pelo adquirente, reintegração ao emprego de empregados acobertados pela estabilidade provisória no emprego, enfim, o comprador terá responsabilidade trabalhista, devendo, posteriormente, acionar regressivamente o alienante.

Segundo Délio Maranhão:

> "Como explicar, então, os efeitos da sucessão no Direito do Trabalho? O novo empregador responde pelos contratos de trabalho concluídos pelo antigo, a quem sucede, porque lhe adquiriu o *estabelecimento*, cujo conceito, como verificamos, é *unitário*. É uma consequência da transfe-

---

(8) *Instituições de direito do trabalho*, p. 312.
(9) *Direito do trabalho*, p. 209.

rência do estabelecimento como *organização produtiva*. Na frase expressiva de *Ferrara*, é *como se o posto de mando de um veículo fosse ocupado por outro*. A transferência do estabelecimento, como um *bem* que resulta do conjunto de vínculos existentes entre os diferentes fatores de produção, supõe a de todos os elementos organizados. Um desses elementos é o trabalho"[10].

Segundo Edson Braz da Silva, o patrimônio envolvido na atividade da empresa fica afetado pelo trabalho de seus empregados como se as obrigações da mesma para com seus empregados fossem do seu patrimônio, que se transferem juntamente com os bens a que estão unidas. Esses bens, corpóreos ou incorpóreos, responderão para com os direitos dos empregados independentemente de quem seja o seu titular[11].

Quem detiver o patrimônio da empresa, sub-roga-se nos deveres do sucedido para com seus empregados. O sucessor fica responsável pelos créditos trabalhistas dos ex-empregados ainda não satisfeitos.

Havendo sucessão de empregadores, o empregado pode escolher entre acionar judicialmente o antigo ou o novo proprietário, o que julgar mais conveniente, tendo a sucessora direito regressivo contra a sucedida.

O fato gerador da sucessão é a transferência do negócio. Segundo Vólia Bomfim Cassar, não basta a transferência, é necessário ainda, que o empresário sucessor continue a explorar a MESMA atividade-fim que o sucedido. Se comprou o negócio para fechá-lo não houve sucessão, nem se mudou sua atividade-fim, sendo desnecessária a continuidade da prestação de serviços do empregado para garantir a responsabilidade do adquirente[12].

Assim, não haveria sucessão nos caso de um espaço físico próprio para certa atividade posteriormente ocupado, com a mesma específica atividade, por um terceiro que nada contratou com o seu ocupante anterior, como por exemplo: bar, posto de gasolina, cinema, etc., no caso de despejo.

Isto porque a jurisprudência trabalhista vem entendendo que a sucessão trabalhista é uma sucessão de empregadora, se processando de maneira diferente da sucessão comercial, que impõe limite de tempo para responsabilização do novo proprietário.

Tal entendimento tem como base o fato de que os contratos de trabalho têm elementos de ordem pública imperativa, não podendo ser afastada pela vontade dos particulares, a adesão aos mesmos é obrigatória por parte dos negociantes.

---

(10) *Op. cit.*, p. 309.
(11) *Direito do trabalho resumido*, v. 1.
(12) *Direito do trabalho*, p. 382.

Desta forma, provada a compra do ponto comercial, clientela, móveis, máquinas, equipamentos e, eventualmente, empregados, corre o risco o adquirente de ser responsabilizado pelos débitos trabalhistas deixados por seu antecessor, ainda que não tenham continuidade os contratos de trabalho. O que interessa é a empresa e não a pessoa do sócio, sendo que os arts. 10 e 448 da CLT já dispõem que a mudança na propriedade ou na estrutura jurídica da empresa não afetará os contratos de trabalho existentes, nem prejudicará os direitos adquiridos pelos empregados.

Tal situação é atual e deve ser analisada no ato da negociação comercial, não podendo ser relegada a segundo plano e nem esquecida, sob pena de consequências indigestas para o empresário comprador.

Mesmo que o empregado não tivesse prestado serviços diretamente ao sucessor, a este cabe a responsabilidade, pois ao adquirir o negócio assumiu os riscos do empreendimento, a teor do art. 2º da CLT e o mesmo deveria investigar junto aos órgãos cabíveis as pendências judiciais e administrativas então existentes, optando por concretizar ou não a aquisição do referido ponto comercial.

Frise-se que a terminologia do direito comercial para sucessão não é abarcada pelo direito do trabalho, pois o mesmo visa à satisfação dos direitos contratuais do empregado, cuja natureza é eminentemente alimentar, segundo rezam os arts. 7º e 114 da Constituição Federal.

Em suma, na lição de Francisco Antonio de Oliveira:

"O art. 2º da CLT, está intimamente ligado aos arts. 10 e 448, do mesmo diploma legal, sendo certo que a matéria constante no art. 10 está contida no art. 448; no art. 10 fala-se em mudança na propriedade ou na estrutura jurídica da empresa.

A preocupação do legislador, pois, foi a de proteger o empregado, vinculando o crédito trabalhista ao patrimônio existente.

(...)

A verdade é que a sucessão de empregadores se prende, no direito do trabalho à transferência do estabelecimento"[13].

Provada a assunção do fundo de comércio, ou seja, compra do ponto comercial e de estoque, bem como o aproveitamento da clientela está configurada a sucessão de empregadores na esfera trabalhista, vigorando o princípio norteador da primazia da realidade, cuidando a Justiça do Trabalho para que o negócio empresarial não relegue os direitos dos empregados que tiverem créditos a receber.

---

(13) *A execução na justiça do trabalho*, p. 129.

3. Jurisprudência

"RECURSO ORDINÁRIO. SUCESSÃO DE EMPRESAS. A existência da sucessão, segundo a melhor doutrina, não exige formalidade especial, mas tem que ser provada levando-se em consideração os elementos que integram a atividade empresarial: ramo de negócio, ponto, clientela, móveis, máquinas, organização e, eventualmente, empregados. A sucessão no Direito do Trabalho é sucessão de empregadora e se processa de maneira diferente da sucessão comercial. Ela é silente em relação aos contratos de trabalho e de adesão obrigatória por parte dos negociantes, pois a relação de emprego contém elementos de ordem pública inafastáveis pela vontade do particular. Por isso os arts. 10 e 448 da CLT dispõem que a mudança na propriedade ou estrutura jurídica da empresa não afetará os contratos de trabalho existentes, nem prejudicará os direitos adquiridos pelos empregados." (TRT/SP — RO 01749-2008-341-02-00-9, 12ª T., Relator Desemb. Marcelo Freire Gonçalves, AC. 20101188530, Data do Julg.: 18.11.2010, Data da Publ.: 26.11.2010, extraído do *site* do TRT da 2ª Região).

"SUCESSÃO DE EMPRESAS. Demonstrada a continuidade na atividade empresarial, com aquisição pela empresa sucessora do ponto comercial, direitos inerentes ao fundo de comércio, instalações, móveis, utensílios e estoque, resta caracterizada a sucessão trabalhista..." (TRT 4ª R., RO n. 96.30700-1, Juiz Relator Hugo Eduardo Giudice Paz).

"SUCESSÃO TRABALHISTA. CONTRATO DE EMPREGO EXTINTO ANTERIORMENTE À TRANSFERÊNCIA DA EMPRESA SUCEDIDA. RESPONSABILIDADE DO SUCESSOR. 1. À luz dos arts. 10 e 448 da CLT, a continuidade da prestação de serviços pelo empregado ao sucessor não constitui requisito imprescindível à caracterização da sucessão, haja vista que a responsabilidade legal é ditada em função da empresa, em face do princípio da despersonalização do empregador. Robustece tal convicção o art. 2º da CLT, que reputa empregadora a empresa.

2. Mesmo para os contratos já rescindidos pelo antigo empregador, inexistentes no momento do *trespasse*, fica privativamente responsável o sucessor. (...) O novo titular subentra ou sub-roga-se em todos os direitos e obrigações do seu antecessor (Evaristo Moraes Filho). Portanto, o sucessor responde, por imposição de lei, inclusive pelos débitos vencidos antes da transferência da unidade produtiva ou comercial. 3. Embargos de que não se conhece. TST-E-RR-512839/98 — Rel. Designado: Min. João Oreste Dalazen. *DJU* 25.5.2002." (CASSAR, Vólia Bonfim. *Direito do trabalho*. 3. ed. São Paulo: Impetus, p. 383).

"ILEGITIMIDADE PASSIVA *AD CAUSAM* — SUCESSÃO DE EMPRESAS — RESPONSABILIDADE PELOS ENCARGOS TRABALHISTAS — EMPREGADO DEMITIDO ANTERIORMENTE À SUCESSÃO. Operada a sucessão, não mais existe a empresa sucedida, já que ocorre a transferência dos bens patrimoniais da sucedida para o patrimônio da sucessora, cabendo a esta a responsabilidade pelos débitos trabalhistas imputados à empresa sucedida, ainda que o direito pleiteado aluda a um período anterior à sucessão de empregadores. Recurso de Revista provido." (TST, RR n. 363382/1997, 3ª T. DJ 2.3.2001, p. 545, Recorrente: Paes Mendonça S/A, Recorrido: Manoel Leiro Vilan Duran Filho, Rel.: Ministro Carlos Alberto Reis de Paula" (extraído do *site* do TST).

Bibliografia

CASSAR, Vólia Bomfim. *Direito do trabalho*. 3. ed. Niterói: Impetus, 2009.

COELHO, Fábio Ulhoa. *Manual de direito comercial:* direito de empresa. 20. ed. rev. e atual. São Paulo: Saraiva, 2008.

GONÇALVES, Maria Gabriela Venturoti Perrota Rios e outro. *Direito comercial:* direito de empresa e sociedades empresárias. São Paulo: Saraiva, 2005 (Coleção sinopses jurídicas; v. 21).

MARTINS, Sergio Pinto. *Direito do trabalho*. 26. ed. São Paulo: Atlas, 2010.

OLIVEIRA, Francisco Antonio de. *A execução trabalhista na justiça do trabalho*: doutrina, jurisprudência, enunciados e súmulas em sintonia com a nova constituição. 3. ed. rev. e ampl. São Paulo: Revista dos Tribunais, 1995.

SARDINHA, Juliana Amaral. *O trespasse do estabelecimento empresarial da sociedade em recuperação judicial*. Dissertação de mestrado apresentada perante a Faculdade de Direito de Milton Campos, Nova Lima, 2006, disponível em: <www.mcampos.br>.

SILVA, Edson Braz. *Direito do trabalho resumido*. Disponível em: <www.scribd.com>.

SÜSSEKIND, Arnaldo *et al*. *Instituições de direito do trabalho*. 19. ed. atual. Por Arnaldo Süssekind e João de Lima Teixeira Filho. São Paulo: LTr, 2000.

Sites consultados:
www.tst.gov.br
www.trtsp.jus.br

➤➤ A Despersonificação da Personalidade Jurídica e a Correlata Responsabilidade dos Herdeiros no Processo Sucessório

Sylvio José do Amaral Gomes[*]

> *"Personalidade é a aptidão, reconhecida pela ordem jurídica a alguém, para exercer direitos e contrair obrigações."*
> Clóvis Beviláqua

A desconsideração da personalidade jurídica visa alastrar a responsabilidade, em determinados casos, além da baliza natural erigida entre a sociedade e a pessoa física de seus sócios, ou da própria composição societária formada por pessoas jurídicas. Atentemos primeiramente para o fato que a desconsideração da personalidade jurídica decorre sempre de um ato ou fato concreto em que o Juiz, objetivando a devida prestação jurisdicional, desconsidera os efeitos legais da abrangência ou personificação autônoma da sociedade, visando assim, alcançar diretamente a responsabilidade dos sócios, com o intuito único de coibir a fraude ou desacerbado abuso de direito cometido contra terceiros através da figura da própria pessoa jurídica.

Apesar de grandemente difundida, tanto Magistrados, quanto Advogados ou mesmo membros do Ministério Público vem usualmente chamando o ato da *descon-*

---

[*] Graduação em Direito — Faculdades Metropolitanas Unidas 1990. Especialização em Direito do Trabalho pela FADUSP. Especialização em Auditoria Empresarial Trabalhista pela IOB — Tomson Institute. Sócio titular da banca Sylvio Gomes — Advocacia — fundada em 1959. Diretor do Departamento Jurídico da FIESP — Federação das Indústrias do Estado de São Paulo. Membro do Núcleo de Estudos de Relações Trabalhistas da Federação das Indústrias do Estado de São Paulo — FIESP. Membro da Asociación Iberoamericana de Derecho del Trabajo y de la Segurid Social. Membro do Instituto Iberoamericano de Derecho Desportivo do Trabalho. Membro do Comitê de Direito Empresarial do Trabalho — Comissão de Direito do Trabalho da Ordem dos Advogados do Brasil — Secção São Paulo. E-mail: advocacia@sylviogomes.com.br.

sideração da personalidade jurídica de *despersonificação*, utilizando ambas as nomenclaturas como se sinônimos fossem, quando jamais o foram, sendo elas inclusive norteadas por normas legais completamente distintas.

A *desconsideração* tem fulcro no art. 51 do Novo Diploma Civil e a *despersonificação* ou *despersonalização* é norteada pelo art. 50 do mesmo diploma legal.

Antes de adentrar ao mérito do presente artigo esta celeuma é singelamente esclarecida, justificando propriamente seu o título.

Conforme citado, as expressões *despersonificação* e a *desconsideração* da personalidade jurídica são veementemente utilizadas como sinônimo, entretanto, entre ambas as figuras paira grande e jurídica diferença.

Desconsiderar significa tornar nulo ou sem efeito, aniquilar ou invalidar a os atos praticados pela personalidade da pessoa jurídica, o que por certo não acontece quando da *despersonalização* ou *despersonificação* (sinônimos). Quando se objetiva o cumprimento da prestação jurisdicional, atente-se que não se visa anular a pessoa jurídica, pois se isso ocorrer, impedido ficará o credor de buscar dela eventuais créditos, muito pelo contrário, o instituto da *despersonalização* visa, sobretudo sua mantença, preservação e proteção em período de transitória *desconsideração*, em virtude da busca direta através da pessoa dos sócios que através dela se resguardam.

Por derradeiro, enquanto a *desconsideração* (art. 51 do CC) visa à destruição da personalidade jurídica, que adviria com a extinção da sociedade, a *despersonalização* ou *despersonificação* (art. 50 do CC) objetiva de maneira singela a suspensão dos efeitos da separação patrimonial norteada pelo art. 596 do Diploma Processual Civil, mantendo sua existência para os demais atos continentes da sociedade, declarando apenas a ineficácia da personalidade jurídica em determinado caso concreto e não em toda sua extensão.

Reza o art. 50 do Código Civil:

"Em caso de abuso da personalidade jurídica, caracterizada pelo desvio de finalidade, ou pela confusão patrimonial, pode o juiz decidir, a requerimento da parte, ou do Ministério Público quando lhe couber intervir no processo, que os efeitos de certas e determinadas relações de obrigações sejam estendidos aos particulares dos administradores ou sócios da pessoa jurídica."

Tecendo um breve relato sobre os instrumentos jurídicos que nortearam a matéria no Brasil temos primeiramente o Código Comercial de 1850, onde sua a abordagem legal deixava as escâncaras a consideração da personalidade jurídica ao tecer, nos termos dos arts. 311; 315 e 317 exigências no sentido que pelo menos um de seus componentes fosse comerciante.

Andando um pouco na história, nos deparamos com o Código Civil de 1916, diploma esse que norteou, de forma geral, as relações de Direito Privado até o ano de 2002, não dispunha especificadamente sobre o tema, afora os termos de seu art. 18 que cristalizou o surgimento da personalidade jurídica, expurgando, assim, qualquer entendimento contrário ou controvertido até então existente e através de seu art. 20 formou divisor de águas ao distinguir as pessoas jurídicas de seus sócios.

Em 2002 com a repaginação o Novo Código Civil solidificou-se a matéria através dos arts. 45, 50 e 985.

O citado art. 50 direciona claramente a *despersonalização* da personalidade jurídica e não *desconsideração*, visto que esta se encontra incrustada, como já aduzido, no art. 51 do mesmo instrumento.

Outra inovação do Código Civil de 2002 foi a restrição feita ao magistrado de maneira a legitimar despersonalização da personalidade da pessoa jurídica, de modo a alcançar o patrimônio pessoal de seus sócios, apenas quando se configurarem casos de confusão patrimonial ou de desvio de finalidade. A confusão patrimonial dá-se quando da impossibilidade de se distinguir, de forma suficientemente clara, o patrimônios dos sócios e os da sociedade, caracterizado na maioria dos casos pelo pagamento, por parte da sociedade, de dívidas pessoais dos sócios, ou o recebimento, por parte deste de créditos da sociedade e vice-versa. Já o desvio de finalidade, tem seu termo caracterizado não pela união de esforços ou de patrimônio em prol do cumprimento do objeto social da organização, mas sim criado com o intuito de ocultar a identidade dos sócios de maneira a permitir prática de atos ilegítimos vedados por lei ou pelo próprio contrato.

Tanto a despersonificação, quanto a despesonalização da personalidade jurídica tem sua maior aplicabilidade no Direito do Trabalho, seguida do Tributário, Comercial e Falimentar.

Nesse diapasão como norteadores da referida matéria temos ainda:

a) Art. 134, VII, do Código Tributário Nacional — Responsabilidade solidária dos sócios.

b) Art. 135, III, CTN — Responsabilidade dos diretores, gerentes ou representantes de pessoas jurídicas de Direito Privado.

c) Art. 158 da Lei n. 6.404/1976 e o parágrafo único de seu art. 26 — Responsabilidade do administrador das Sociedades Anônimas.

d) Art. 43, III, da Lei n. 4.591/1964 — Responsabilidade subsidiária que incide sobre os bens pessoais do incorporador.

e) Art. 42 da Lei n. 4.595/1964 — Responsabilidade solidária dos diretores e gerentes das instituições financeiras pelas obrigações assumidas durante sua gestão.

f) Arts. 36 e 40 da Lei n. 6.024/1974 — Responsabilidade dos administradores em geral das instituições financeiras, na hipótese de intervenção e liquidação extrajudicial.

Afora as esparsas leis, insere-se, ainda neste rol, com grande valia, o Código de Defesa do Consumidor, visto que somente em 1990 com o advento do referido instrumento, foi que a despersonalização e a desconsideração da personalidade jurídica passaram, de forma notadamente formal, a ser adotada no Direito Positivo brasileiro, textualizando, no *caput* e § 5º de seu art. 28 que a mesma deve-se dar pelo abuso de direito; excesso de poder, infração a lei, fato ou ato ilícito, violação dos estatutos ou contrato social ou pela falência, insolvência e encerramento de atividades provocadas por má-fé.

O citado artigo dispõe amplamente, que na vasta maioria dos casos, a legítima admissibilidade quanto ao afastamento da autonomia, distinção ou separação patrimonial existente entre a pessoa jurídica e seus sócios, visa imputar a estes obrigações assumidas pela sociedade, corroborado, ainda, pelo fator da hipossuficiência do consumidor, objetivando, assim um maior equilíbrio na relação consumerista.

A Lei n. 8.884/1994, mais conhecida como Lei Antitruste, que dispõe sobre infração da ordem econômica, por meio de seu art. 18 também se notou de relevante importância, visto que muito corroborou para a rápida prestação jurisdicional, sendo também de grande valida para a moralidade e acautelamento nas relações econômicas e estruturas de livre mercado.

Em 1998, com a promulgação da Lei n. 9.605/1998, que dispôs sobre as sanções administrativas e penais oriundas de atos e atividades lesivas ao meio ambiente, foi mais uma vez, incrustando no art. 4º do citado instrumento a teoria da desconsideração e da despersonificação.

E, como fechamento da despesonificação da personalidade jurídica no Brasil temos como baliza mestra o comando incrustado no art. 2º, § 2º, da Consolidação das Leis do Trabalho que, segundo parte da doutrina, autoriza a busca patrimonial dos sócios no âmbito do Direito do Trabalho.

1. A despersonalização da figura do empregador pessoa jurídica

Antes de adentrar na despersonalização da figura do empregador pessoa jurídica no âmbito trabalhista, necessário se faz elastecer que os princípios que regem o magistrado para a rápida e eficaz prestação jurisdicional repousam em processo executório e sucessório, peculiarmente regido por leis próprias.

Nesse diapasão temos que o processo sucessório trabalhista, com fulcro nos arts. 10 e 448 do Diploma Consolidado, admite a alternância e a substituição de um empregador pessoa jurídica, por outro também pessoa jurídica, ou física dependendo de sua formalidade, sem que tal fato altere o bojo da relação de emprego, mantendo-se incólume os direitos deveres e obrigações presentes, pretéritas e futuras cristalizados entre empregados, empregadores, sucedido e sucessor, o qual por meio da legitimada sucessão herdá-los-á integralmente do sucedido.

No processo sucessório trabalhista, a responsabilidade do empregador que transmitiu a sucessão é relativa, ficando em terceiro plano, visto que primeiramente responderá na direta relação do contrato de trabalho mantido entre empregado e empregador o patrimônio da própria sociedade. Na hipótese concreta de processo judicial a execução dar-se-á primeiramente em relação a própria empregadora pessoa jurídica, respondendo posteriormente, em obediência aos critérios da despersonalização, o sócio legalmente ativo perante o contrato social e somente na insolvência deste, responderá o sócio retirante sucedido, respeitando para a admissibilidade da execução solidária, os critérios contratuais pactuados na sucessão entre sucessor e sucedido.

De outra banda, existem correntes que pregam a não responsabilidade do empregador sucedido, tendo em vista a assunção integral de toda responsabilidade; direitos, deveres e obrigações trabalhistas por parte do empregador sucessor, entendimento este que não pactuo, mormente quando tal sucessão tem cunho obscuro ou fraudulento, ou mesmo quando compromete ela as garantias empresariais necessárias a mantença dos contratos de trabalho.

No processo do trabalho raramente aplica-se o princípio da desconsideração da personalidade jurídica (ar. 51 do CCB), utilizando-se para tanto, o instituto da despersonalização (art. 50 do CCB), devendo, neste último, a pessoa jurídica ser suplantada somente em caso fortuito, incidental ou ocasional, visando sazonalmente atingir o patrimônio de seus sócios para o cumprimento de uma obrigação originariamente não honrada.

O referido instituto não altera, ou visa alterar a figura da pessoa jurídica do empregador, mantendo-se incólume tanto o princípio da relação de emprego como também demais compromissos mantidos pela pessoa jurídica momentaneamente despersonalizada.

A despersonalização no processo do trabalho, apesar de grande valia e interesse prático, não objetivou unanimidade quanto sua legítima aplicabilidade, seja ela no esteio jurisprudencial, seja ela em sede doutrinária, e mesmo apesar de todas as contrariedades de vertentes vem sendo, mesmo sobrepondo a legalidade, largamente utilizada visando objetivar a proteção do obreiro hipossuficiente e a célere prestação jurisdicional no processo trabalhista.

Denota-se que o dissentimento seja jurisprudencial, seja doutrinário no tocante a despersonificação no processo do trabalho repousa sua aplicabilidade tão somente em fontes subsidiárias ao direito processual e material, tendo em vista não existir específica legislação no tocante a matéria, tendo como doutrina única a frágil dissertação do § 2º do art. 2º da Lei Consolidada, que no meu posicionamento representa esteio para a ilegitimidade quanto a aplicabilidade da despersonalização ou despersonificação no processo trabalhista.

O entendimento que o processo do trabalho não possui legitimidade para utilizar-se do instituto da despersonalização da personalidade jurídica repousa primeiramente, na inexistência de legislação específica norteadora da referida matéria. Admitindo-se unicamente a utilização de outras fontes subsidiárias do direito, necessário se faz seus fidedignos e integrais cumprimentos, o que por certo restringiria a admissibilidade da despersonalização somente nas hipóteses de abuso ou fraude, nos termos preconizados pela legislação subsidiária aplicável (art. 50 CCB), o que por certo, salvo raras exceções, não ocorre no processo do trabalho.

Outro ponto a ser combatido que inviabiliza o referido instituto no processo laboral, repousa na despersonalização de pessoas jurídica partícipes de grupo econômico, visto que, conforme preconizado pelo § 2º do art. 2º da CLT (o mesmo utilizado pelo magistrado trabalhista para abarcar a despersonalização), a mera existência de grupo econômico, por seus próprios fundamentos, além de não justificar, inviabiliza tal procedimento, tendo em vista que, para fins de relação de emprego paira sobre as empresas componentes do grupo econômico a apregoada responsabilidade solidaria.

Por derradeiro, afora os casos de abuso de personalidade jurídica, caracterizada pelo desvio de finalidade ou confusão patrimonial, norteados pela aplicação subsidiária do art. 50 do Novo Diploma Civil, os bens particulares dos sócios não são passíveis de serem atingidos no processo do trabalho, tendo em vista os termos do art. 596 do Código de Processo Civil que preconiza a estampada distinção entre sócio e sociedade.

2. A responsabilidade do espólio, herdeiros e sucessores por pagamento de dívidas trabalhistas

Nos moldes da Lei Civil e Processual Civil, o inventário é a ação especial utilizada para a arrecadação de todos os bens, direitos e obrigações do decujus, possibilitando, assim, a demonstração da situação econômica, a formação do balanço, a apuração de resultados e consequente partilha.

Nesse diapasão, somente legitima-se a herança a ser devidamente partilhada entre os herdeiros depois de satisfeitos todos os credores do falecido, tudo de conformidade com a luz do art. 1.997 do Novo Código Civil, não cabendo, assim, a responsabilização dos herdeiros por valor que exorbitar a sua parte na herança, de modo que os credores do falecido serão tão somente satisfeitos na exata medida proporcional da herança.

O credor que se interessar em receber seu crédito deverá proceder, mediante simples petição, acompanhada da necessária documentação, a habilitação no processo de inventário antes de sua fase de liquidação. Procedida a habilitação e acolhida como legitima, o valor devido ao mesmo será descontado do passivo da herança para a apuração do real valor da legítima. Poderá o credor, ainda, utilizar-se de outros meios legais para a cobrança da divida, dentre elas a opção pela livre penhora dos bens do devedor morto nos termos do entendimento da Segunda Seção do Superior Tribunal de Justiça (STJ).

Se o credor de divida vencida e exigível, devidamente habilitado no processo de inventário, solicitar o pagamento de seu crédito antes mesmo de consumada a partilha, somente poderá legitimá-la mediante a necessária concordância e consentimento unânime de todos os herdeiros, inclusive do representante fiscal e dos curadores, se houver. Na negativa, ou falta de consenso dos herdeiros, somente restará ao credor, para tal cobrança antecipada, a via ordinária.

Na hipótese do valor total do montante habilitado ultrapassar o valor da herança, caberá ao inventariante requer a declaração de insolvência do espólio, oportunidade em que antecipadamente vencerão todas as dívidas e a arrecadação dos bens passíveis de penhora, possibilitando assim, iniciar a execução por concurso universal de credores.

A execução por dívida líquida e certa e não paga contra pessoa jurídica com cota partícipe em espólio, deverá obedecer aos critérios naturais da execução trabalhista, ou seja, responderá como parte legítima na execução a sociedade devedora com um todo e não o a figura jurídica do espólio, o que por certo ilegitima a penhora em bens distintos da sociedade devedora.

De outra banda, e não longe do tema, enquanto não partilhado os bens constantes do inventário, não caberá, nesse particular, a responsabilização de quaisquer dos herdeiros por meio do instituto da despersonificação ou despersonalização da personalidade jurídica. A responsabilidade do herdeiro passará a fazer parte do universo da pessoa jurídica devedora, tão somente, após a divisão das quotas societárias inventariadas e a consequente partilha patrimonial.

Ocorrendo a legitima desconsideração ou despersonalização da pessoa jurídica participe do espólio após a divisão patrimonial (partilha), o herdeiro aquinhoado com as quotas societárias que foram objeto do inventário, responderá por meio de patrimônio próprio por divida existente na sociedade herdada. Entretanto, não podemos nos olvidar do cristalizado no art. 1.997 do Novo Pergaminho Civil que, em sábia hora, veio limitar e proporcionalizar a responsabilidade do herdeiro no tocante a parte que lhe coube na herança. Melhor elucidando, a execução em face do herdeiro limitar-se-á ao valor da quota do capital social recebido como herança e utilizado com base para o pagamento do imposto de transmissão de bens e que foi, por derradeiro, objeto da partilha.

Conclusão

Não obstante a distinção entre as pessoas jurídicas e os membros que as constituem, a teoria da despersonificação da personalidade jurídica foi criada unicamente com o intuito de proteção ao credor e evitar que os sócios, protegidos por suas empresas cometam ilicitudes contra terceiros sem risco ao seu próprio patrimônio.

Assim, em obediência aos estritos termos da lei, que repousa seu lema em coibir a fraude ou desacerbado abuso de direito cometido contra terceiros por meio da figura da própria pessoa jurídica, deverá a referida teoria ser admitida no Processo do Trabalho, *com demasiada cautela e restrição*, permitindo, assim, em algumas hipóteses, que o patrimônio dos titulares das empresas responda pelas obrigações sociais somente nos casos de abusos, fraudes ou irregularidades ao próprio estatuto social.

Muito embora a Lei Obreira não enfoque expressa e diretamente a matéria, a teoria da despersonificação da personalidade jurídica vem sendo amplamente utilizada no processo do trabalho, aplicando-se de maneira subsidiária nos moldes arts. 8º e 769 da Consolidação das Leis do Trabalho, o disposto no § 5º, do art. 28, do Código de Defesa do Consumidor, sob ultrapassada ótica que tanto empregados quanto consumidores encontram-se no mesmo patamar de desvantagem na relação jurídica em que participaram, que corroborado com a necessidade da célere prestação jurisdicional, recebem eles maior proteção por parte do direito e protecionismo do Estado.

Na Justiça do Trabalho, o patrimônio da sociedade e de seus sócios tem respondido pela execução sem a devida observância legal, distinção ou ordem preferência pelas obrigações sociais. Assim, ainda que tardia, faz-se mister pautar os limites da aplicação da teoria da despersonificação da personalidade jurídica no âmbito trabalhista, permitindo a todos os envolvidos na relação jurídica, a primazia dos direitos e garantias individuais, a inviolavelmente estabelecidos pelo disposto no art. 5º da Constituição Federal de 1988.

Bibliografia

ALBERTON, Genaceia da Silva. *A desconsideração da personalidade jurídica no código de defesa do consumidor*. Rio de Janeiro: Ajuris, 1992.

AMARO, Luciano. *Desconsideração da pessoa jurídica no código de defesa do consumidor*. São Paulo: Ajuris, 1993.

BATALHA, Wilson de Souza Campos. *Tratado elementar de direito processual do trabalho*. Rio de Janeiro: José Konfino, 1960.

BOMFIM, Calheiros. *Dicionário de decisões trabalhistas*. 25. ed. Rio de Janeiro: Edições Trabalhistas, 1995.

_____. *Código civil comentado*. São Paulo: Saraiva, 2003. v. I: Parte geral.

_____. *Código civil*. 53. ed. São Paulo: Saraiva, 2002.

_____. *Código penal*. 25. ed. São Paulo: Saraiva, 1987.

DINAMARCO, Cândido Rangel. *Execução civil*. São Paulo: Malheiros, 1987.

JUSTEN FILHO, Marçal. *Desconsideração da personalidade societária no direito brasileiro*. São Paulo: Revista dos Tribunais, 1987.

LENZI, Carlos Alberto Silveira. *Código de defesa do consumidor comentado*. São Paulo: Consulex, 1991.

NÁUFEL, José. *Novo dicionário jurídico brasileiro*. 2. ed. Rio de Janeiro: José Konfino, 1959. v. 3.

NEGRÃO, Teotônio. *Código civil*. 22. ed. São Paulo: Saraiva, 2003.

REQUIÃO, Rubens. *Curso de direito comercial*. 18. ed. São Paulo: Saraiva, 2000. v. 1.

▶▶ Execução Trabalhista: Breves Comentários sobre o Sistema Processual Brasileiro e a Busca pela Efetividade

Taissa Luizari Fontoura da Silva de Almeida[*]
Andreia Cristiane Barbosa Bruno[**]

Considerações iniciais

Considerando o fato de que o processo judicial no âmbito da Justiça do Trabalho brasileira carece urgentemente de efetividade e, ainda, considerando a deficiente fase processual de cumprimento da sentença condenatória, ou seja, a fase executória, destinada a assegurar a eficácia prática do provimento jurisdicional, a proposta deste breve ensaio consiste em, sem deixar de lado os principais legados relacionados com o sistema processual trabalhista brasileiro, verificar a possibilidade de existirem meios compatíveis, mais atuais e mais satisfatórios de tornar tal prestação jurisdicional mais efetiva e célere, utilizando, como objeto de busca, o moderno, dinâmico e eficaz sistema processual inglês, que integra a família dos sistemas jurídicos de *Common Law*.

1. O sistema inglês

O sistema jurídico inglês de *Common Law* [1] é um sistema de origem anglo-saxã em que, atualmente, predomina a regra do precedente judicial (*rule of*

(*) Advogada. Doutoranda em Direito do Trabalho e da Seguridade Social pela Universidade de São Paulo (USP). Mestre e Especialista em Direito e Processo do Trabalho pela Pontifícia Universidade Católica de São Paulo (PUC/SP). Especialista em Direito do Trabalho pela Universidade Cândido Mendes (UCAM). Especialista em Direito Público pela Escola Paulista de Direito (EPD). *E-mail:* taissafontoura@hotmail.com.
(**) Advogada. Especialista em Direito e Processo do Trabalho pela Universidade para o Desenvolvimento do Estado e da Região do Pantanal (Anhaguera-Uniderp). *E-mail:* andreiabruno@adv.oabsp.org.br.
(1) Os dois principais sistemas jurídicos do mundo ocidental são o *Commom Law* e o *Civil Law*. O sistema jurídico de *Civil Law* deriva do antigo direito romano e a ordem jurídica é composta fundamentalmente pela lei escrita (*statutory law*).

precedent). Tal sistema é centrado no juiz e, via de regra, os precedentes judiciais (*precedents*) são vinculantes (*binding*).

Hodiernamente, é um sistema considerado como substancialmente jurisprudencial[2], tendo como base o sistema de precedentes e como fundamento a razão. Todavia, a legislação escrita, promulgada pelo Parlamento, é, nos dias atuais, uma importante fonte do direito inglês que vem ganhando cada vez mais espaço nos tribunais, podendo, inclusive, revogar jurisprudência. A interpretação judicial das leis escritas também pode gerar precedentes vinculantes.

Ao contrário do que muitos erroneamente imaginam, o sistema inglês não é mais um sistema consuetudinário, com base nos costumes, embora estes guardem sua enorme importância histórica, já que constituem o berço do direito inglês no período anglo-saxônico. Na atualidade, o costume é uma fonte de importância muito limitada.

Dentro dessas premissas, é perfeitamente factível buscar, no direito inglês, institutos jurídicos compatíveis com o sistema jurídico brasileiro, qual seja, o sistema de *Civil Law*, embora sejam dois sistemas distintos.

Apenas para ilustrar o acima citado, deve ser mencionado que a Corte Europeia de Justiça (ECJ), que foi em teoria estabelecida com base nos princípios do *Civil Law*, está, na prática, reconhecendo cada vez mais os benefícios de estabelecer um corpo de jurisprudências (*case law*).

Os tribunais brasileiros, guardadas as devidas proporções, também reconhecem tais benefícios, o que se traduz, por exemplo, na grande quantidade de verbetes de jurisprudência (súmulas, orientações jurisprudenciais, precedentes normativos etc.) já adotados e a contínua publicação de novos verbetes, principalmente no âmbito da Justiça do Trabalho. Por óbvio, não podemos deixar de mencionar o instituto da súmula vinculante, que possui semelhanças com a teoria do precedente vinculante (*stare decisis*).

O período moderno do direito inglês é acentuado pelo prestígio crescente de sua legislação, a qual sofreu uma verdadeira revolução encadeada principalmente pelas reformas processuais. Hoje, a legislação inglesa tem enorme importância comercial e serve de paradigma para os demais países do Reino Unido, para os demais países integrantes da União Europeia, para os Estados Unidos e para muitos outros, oferecendo, inclusive, contribuições para a resolução de litígios transnacionais.

2. O cenário brasileiro

Atualmente, um dos temas de grande destaque na esfera do direito processual do trabalho é, indubitavelmente, a efetividade dos provimentos judiciais condenatórios.

---

(2) Importante mencionar a existência de duas correntes, quais sejam: a que não difere a jurisprudência do precedente e a que entende poder ser uma só decisão considerada precedente, mas não pode ser chamada de jurisprudência.

A Constituição Federal de 1988, em seu art. 5º, inciso XXXV, dispõe que "a lei não excluirá da apreciação do Poder Judiciário lesão ou ameaça de lesão a direito", restando evidente a existência de um direito fundamental à tutela jurisdicional efetiva.

Assim, o direito de acesso à ordem jurídica justa, erigido à dignidade de garantia constitucional, é decorrente da própria existência dos direitos, em contrapartida da proibição da autotutela, e não se traduz apenas na possibilidade de se obter uma decisão judicial, mas significa o direito de obter o bem da vida pretendido mediante o cumprimento efetivo da tutela jurisdicional.

Nesse contexto, o direito fundamental à tutela jurisdicional efetiva incide também sobre o legislador, que tem o dever de criar meios processuais adequados à tutela dos direitos.

Como se sabe, o sistema processual de execução implantado pela CLT foi elaborado de acordo com o princípio da celeridade e de sua técnica da concentração de atos e, por isso, é incompleto e carecedor de normas próprias, dependendo de empréstimo, pelo uso supletivo, de normas estranhas aos seus fins específicos. As regras de execução trabalhista são precárias e ineficientes. Além disso, tornou-se obsoleto e incoerente, posto que não evoluiu satisfatoriamente em comparação à fase de conhecimento e em comparação com o direito processual civil.

Com efeito, a CLT, que não é considerada um código, mas uma compilação da legislação trabalhista, tornou-se uma verdadeira colcha de retalhos, necessitando de urgente e profunda reformulação legislativa, com consequente alteração de conceitos e estruturas para atuar nos dissídios do trabalho, visando adaptar o texto às nuances da modernidade. Na verdade, o Brasil necessita de um Código de Processo do Trabalho, moderno e ousado, lógico, cientificamente coerente, sistemático e elaborado com rigor técnico, esmero terminológico e com leis de efetividade prática, em prol da evolução do direito processual do trabalho brasileiro.

É por isso que, como forma de contribuir com algumas ideias inovadoras para o aperfeiçoamento da execução trabalhista, o presente artigo se propõe a utilizar como paradigma o direito processual inglês dos novos tempos e sua prática, já que o muitíssimo atualizado e dinâmico sistema de *Common Law* na Inglaterra, bem como a legislação processual inglesa, se adaptaram para oferecer um atraente e eficaz sistema de resolução de conflitos, elaborando novas regras e mudando a cultura litigiosa dos tribunais ingleses.

3. A experiência inglesa

De início, é importante explicitar que o Poder Judiciário na Inglaterra é, de fato, independente, ou seja, atua sozinho, sem a interferência do Poder Executivo, inclusive controlando o seu próprio funcionamento.

Há previsão legal (seção 3 da Reforma Constitucional de 2005) que impõe aos Ministros do Governo o dever de respeitar a independência do Judiciário e especificamente os impede de tentar influenciar as decisões judiciais. As referidas características do Judiciário inglês contribuem sobremaneira para a eficiência de seu funcionamento e para a autoridade de suas decisões.

O Direito Processual Civil inglês foi recentemente reformulado e reestruturado para oferecer aos jurisdicionados um sistema de solução de litígios justo, célere, efetivo e moderno, pronto para atender aos anseios de toda a coletividade.

Uma das novidades trazidas pela reforma foi a impossibilidade de se recorrer automaticamente de uma decisão de primeira instância, a menos que haja uma permissão da primeira instância judicial ou da instância recursal competente. Quaisquer recursos requerem permissão.

Outra novidade é que os juízes ganharam ainda mais poderes e passaram a ter o controle judicial efetivo na condução do processo, sendo clara a responsabilidade judicial pelo gerenciamento dos processos e pela administração geral da justiça civil, a qual engloba também a justiça trabalhista.

O mencionado ramo do direito inglês é regido pelas novas Regras do Processo Civil, as CPRs (do inglês *Civil Procedural Rules*), de 1998, as quais foram reformadas e passaram de um sistema antagonista para um modo de litigar mais cooperativo. O novo espírito de cooperação, cujo objetivo é melhorar o contato pré-processual entre as partes a fim de facilitar a troca de informações e melhorar a investigação da ação na fase inicial do processo, resultou, na prática, menos ações processadas pela justiça.

As novas regras processuais tem como princípios primordiais: (1) a proporcionalidade, que controla a distribuição de ações dentro da estrutura do Judiciário e determina a intensidade com que cada processo será estruturado e preparado, sendo certo que o juiz tem amplos poderes de administração processual; (2) a necessidade de foco, que preceitua que as partes e o tribunal, especialmente por meio da gestão de processo, devem se concentrar no âmbito do conflito, em vez de questões periféricas (3) e a agilidade, a fim de evitar a demora, que tem como principais ferramentas a tabela de prazos processuais e o cumprimento de horários e datas determinados pelos tribunais[3].

Conforme mencionado por Neil Andrews[4], professor da Universidade de Cambridge, "houve uma redução significativa dos processos litigiosos perante os Ordinary Courts, principalmente a High Court". E continua asseverando que o atual tempo de espera para audiências é bastante curto ou quase nulo. A demora não é mais um problema para os tribunais ingleses.

Quanto ao tema efetividade processual no que diz respeito à execução de sentença no direito inglês, o descumprimento a uma regra processual ou a uma

---

(3) Cumpre salientar que processo célere (ágil, rápido) não é sinônimo de processo efetivo. Todavia, a celeridade é um dos aspectos da efetividade processual.
(4) *O moderno processo civil*. Orientação e revisão da tradução por Teresa Arruda Alvim Wambier, p. 29.

determinação judicial é visto, primariamente, como uma afronta ao Judiciário e, apenas de forma secundária, uma afronta à parte contrária.

A Rainha, além de ser um importante símbolo de união nacional, é também a personificação do Estado (*Head of State*), é a chefe do Executivo, faz parte do Legislativo e, ainda, é a chefe do Judiciário e, assim sendo, descumprir uma decisão judicial significa desrespeitar a Coroa, apesar de o papel da monarquia no Judiciário ser puramente formal.

A coerção do Estado sobre o indivíduo para cumprimento de uma regra ou de uma ordem judicial é enorme, havendo inclusive criminalização de certas condutas com previsão de pena privativa de liberdade. O sistema processual inglês é bem aparelhado de sanções. Trata-se de técnica executória que se justifica na necessidade de pressionar o cumprimento da obrigação e, com isso, tornar o provimento jurisdicional efetivo.

Com efeito, em caso de desobediência a uma regra processual ou a uma determinação ou decisão judicial, os tribunais ingleses podem ameaçar, corrigir e até punir, inclusive com prisão e multa. Nesses casos, apenas três dos vários exemplos de sanções processuais são: determinação de pagamento de "custas adversas" (custas com função de indenização); suspensões no processo (a suspensão significa uma ordem que proíbe atividades no curso do processo e esta suspensão permanece até que o Tribunal revogue a decisão); e rejeição parcial ou total da acusação ou da defesa do infrator.

Na verdade, a condenação em custas adversas é entendida como uma penalidade pelo mau comportamento da parte no processo, ou seja, a parte que descumpriu uma ordem judicial pagará os custos de processo e, via de regra, estas custas, por possuírem função indenizatória e pedagógica, são calculadas de forma mais generosa em benefício da parte credora, e não de acordo com um padrão de proporcionalidade.

Já o desacato a uma ordem judicial, como, por exemplo, uma ordem de indisponibilidade de bens, a chamada *freezing injunction*, que tem como função preservar os bens contra a dissipação antes da execução definitiva contra o devedor, pode implicar *contempt of court*. A expressão, que significa literalmente "desprezo à corte", traduz a desobediência às ordens judiciais em geral — desacato ao tribunal — o que pode ocasionar várias consequências, que vão de multas e sequestro de bens até a prisão daquele que desconsiderou essa ordem. O desacato civil é classificado como delito quase criminal e prevê pena de prisão por até dois anos.

Essa espécie de ordem judicial de indisponibilidade de bens pode ser proferida antes mesmo do início dos trâmites do procedimento principal e é, a princípio, proferida sem prévia comunicação ao réu, pois se trata de surpresa processual e costuma determinar que uma parcela dos bens do réu fique indisponível até o fim do processo.

A *injunction* de indisponibilidade é, com frequência, suplementada por um mandado de quebra de sigilo (*disclosure*) que obriga a parte a revelar detalhes sobre seus bens em território inglês ou até mesmo em outros países, estejam estes bens em seu nome ou não, e sejam eles de propriedade única ou conjunta.

Outra espécie de ordem judicial é a *unless order* (a menos que), ou seja, uma ordem emitida pelo tribunal instruindo uma parte a cumprir determinadas orientações, em determinado prazo, sob pena de sanção preestabelecida, que será imediatamente aplicada em caso de descumprimento. A *unless order* é automaticamente aplicada, não havendo a necessidade de que a outra parte pleiteie a incidência da sanção.

Todos esses artifícios coercitivos, que exercem pressão sobre o indivíduo, surgem para assegurar a efetivação da decisão judicial, pois é imprescindível que mencionada decisão tenha repercussão não só na realidade jurídica, mas também na realidade fática. A ordem emanada do Estado-juiz tem que ser cumprida e, para tanto, o ordenamento jurídico deve dispor de meios executivos capazes de proporcionar o resultado almejado.

4. O avanço brasileiro

O Brasil tenta encontrar possíveis saídas para aperfeiçoar seu sistema jurídico e, principalmente, para conferir maior efetividade à execução trabalhista, posto que a efetividade do processo integra o chamado terceiro momento metodológico do Direito Processual.

Dada a sua relevância, o assunto foi o tema da Jornada Nacional sobre Execução na Justiça do Trabalho, realizada entre 24 e 26 de novembro de 2010, em Cuiabá (MT), o que demonstra um Poder Judiciário empenhado em ampliar as perspectivas e atuando com um olhar mais amplo e mais maduro sobre o processo.

Dentre outras ideias que foram debatidas e propostas pela ANAMATRA nesse evento, estão a possibilidade de criação do Fundo de Garantia da Execução Trabalhista, a realização de hasta pública eletrônica, a possibilidade de execução de 30% do salário, da aposentadoria ou da pensão diante do caráter alimentar da verba trabalhista.

Um exemplo recente de alternativa para a concretização dos direitos estabelecidos nas sentenças proferidas no âmbito da Justiça do Trabalho é o instituto do protesto em cartório de créditos trabalhistas. O Tribunal Regional do Trabalho da 2ª Região foi o primeiro a implementar a prática e a está utilizando em larga escala, principalmente em processos mais antigos, cuja execução não foi finalizada por não se encontrar bens dos devedores passíveis de penhora[5].

Em razão do avanço das tecnologias de informática, o protesto, caso seja cabível, será imediato, posto que os juízes podem requerê-lo *on line*, e a negativação, por sua vez, valerá para todo o território nacional.

---

(5) *Clipping* Eletrônico — AASP — notícias do dia 24 de janeiro de 2001. Disponível em: <www.aasp.org.br>.

Outros TRTs também adotaram a prática do protesto em cartório, dentre eles os Tribunais Regionais de Campinas, Piauí, Mato Grosso, Ceará e Paraíba, sendo certo que o Tribunal do Trabalho de Campinas foi ainda mais longe e firmou convênio com a Serasa Experian para negativar os devedores de créditos judiciais trabalhistas.

Ainda, é interessante mencionar que os Poderes Executivo, Legislativo e Judiciário já começaram a debater sobre a terceira edição do Pacto Republicano, o acordo entre os três poderes que visa a aprovação célere de projetos para modernizar a justiça brasileira.

Outra medida que foi implementada e já refletiu excelentes resultados, não só como instrumento educativo, mas sobretudo como elemento de pressão sobre o devedor, é o chamado Projeto Leiloar, desenvolvido no âmbito do TRT da 5ª Região. O projeto tem como alvo a realização de hastas públicas unificadas e vem sendo aperfeiçoado desde 2007, buscando viabilizar uma maior celeridade nas execuções trabalhistas, bem como o pagamento das dívidas oriundas dos processos judiciais.

O TRT da 21ª Região, por sua vez, implementou a Secretaria de Execução Integrada — SEI, com o desiderato de racionalizar a fase de execução e, com isso, passou a receber todos os feitos das Varas do Trabalho que já contavam com sentenças transitadas em julgado. Ainda, começou a funcionar junto a SEI uma Central de Mandados, racionalizando a distribuição e cumprimento de mandados judiciais entre os oficiais de justiça anteriormente lotados nas diversas unidades judiciárias da Capital.

Não podem ser esquecidos os convênios firmados entre o Poder Judiciário e outros órgãos, como o Banco Central — Bacenjud, Departamento de Trânsito, Junta Comercial, Receita Federal, Tribunal Eleitoral, entre outros, que permitem o acesso, muitas vezes em tempo real, à informações necessárias ao bom andamento do processo, bem como permitem ao magistrado atuar efetivamente diante da omissão do executado em apresentar bens a penhora no momento apropriado.

Por fim, vale a pena destacar os benefícios da Lei n. 12.275/2010, que alterou dispositivo da CLT para exigir o depósito recursal em Agravo de Instrumento na Justiça do Trabalho, como pressuposto de sua admissibilidade, a fim de impedir o uso abusivo deste recurso.

Conclusão

De acordo com o contexto ora exposto, ficou claro que o direito fundamental à tutela jurisdicional efetiva incide sobre o legislador, que tem o dever de criar meios processuais adequados à tutela dos direitos. Alterar o atual quadro de caos da execução trabalhista demanda ampla reforma na legislação.

Ainda, o direito fundamental em tela incide também sobre o juiz, condicionado a interpretar as normas processuais e dirigir o processo com base nesse princípio, inclusive suprindo as omissões legislativas e colmatando lacunas, quando necessário, para melhor tutelar as diversas situações de direito material e, também, sobre os advogados, que devem abrir suas mentes e adaptar suas expectativas judiciais de modo a não lutarem pelos interesses de seus clientes de forma implacável e agressiva.

Esse direito fundamental incide também sobre as partes, que devem agir sempre de acordo com a boa-fé e se esforçarem na cooperação mútua. As manobras e os artifícios utilizados pelo devedor devem ser cada vez mais repelidos e punidos, para que não seja protelada ou impedida a satisfação do direito do credor.

O escopo do processo deve ser a resolução rápida, justa e efetiva do conflito, e não uma oportunidade para as partes e os operadores do direito exibirem suas habilidades jurídicas. Os operadores do mundo do direito devem manter suas mentes abertas para várias possibilidades, dentre as quais, a de que existem caminhos melhores para realizar coisas semelhantes e a de que, de tempos em tempos, maneiras interessantes e criativas de fazer novas coisas surgirão.

Para tanto, podemos usar como paradigma o Direito Processual Inglês, sua atual legislação e seus principais métodos e modelos, com a finalidade precípua de importar recursos inovadores que possam servir de base para a sugestão de modificações no âmbito da realidade do direito processual trabalhista brasileiro, em prol da sua evolução, a fim de não deixar que siga para o futuro a impressão de inefetividade e morosidade do direito processual do trabalho, sendo certo que a execução trabalhista, em sua estruturação atual, não é salutar na prática, além de ser inócua, burocrática e ineficaz.

Na incansável busca pela efetividade processual é preciso lembrar que ela não é absoluta e contrapõe-se ao princípio da segurança jurídica, o qual está diretamente relacionado à noção de Estado Democrático de Direito, de modo a proteger o cidadão contra o arbítrio estatal. A problemática reside, portanto, em dimensionar a tensão entre efetividade e segurança jurídica, sem que sejam violadas as garantias constitucionais.

Bibliografia

ANDREWS, Neil. *O moderno processo civil:* formas judiciais e alternativas de resolução de conflitos na Inglaterra. São Paulo: Revista dos Tribunais, 2010.

_____. *English civil procedure*. Oxford: Oxford University, 2003.

BLACK, Henry Campbell. *Black´s law dictionary*. St. Paul: West Group, 1990.

CHAVES, Luciano Athayde. *O processo de execução trabalhista e o desafio da efetividade processual:* a experiência da secretaria de execução integrada de Nata e outras reflexões. Disponível em: <www.anamatra.org.br/.../reforma_processual_ensaio_luciano_athayde_2001.pdf>.

DAVID, Rene. *O direito inglês*. São Paulo: Martins Fontes, 2006.

_____. *Os grandes sistemas do direito contemporâneo*. São Paulo: Martins Fontes, 2002.

ELLIOT, C.; QUINN, F. *English legal system*. Oxford: Oxford University, 2006.

FAVA, Marcos Neves. Execução trabalhista e efetividade. *Revista do Advogado*, ano xxx, n. 110, dez. 2010.

KIDNER, Richard. *Blackstone´s statutes on employment law*. Oxford: Oxford University, 2010.

MANUS, Pedro Paulo Teixeira. *Execução de sentença no processo do trabalho*. São Paulo: Atlas, 2005.

MCMULLEN, Jeremy; TUCK, Rebecca; CRIDDLE, Betsan. *Employment tribunal procedure*: a user´s guide to tribunals and appeals. Legal Action, 2004.

NASCIMENTO, Amauri Mascaro. *Curso de direito processual do trabalho*. São Paulo: Saraiva, 2010.

RADBRUSH, Gustav. *O espírito do direito inglês e a jurisprudência*. Rio de Janeiro: Lumen Juris, 2010.

SANTOS, Igor Raatz dos. *Efetividade e processo de execução*: principais aspectos da Lei n. 11.382/2006. Disponível em: <http://www.tex.pro.br/wwwroot/00/070615efetividade_igor.pdf>.

SCHIAVI, Mauro. *Os princípios da execução trabalhista e a aplicação art. 475-J do CPC*: em busca da efetividade perdida. Disponível em: <http://www.lacier.com.br/artigos.htm>.

SILVA, Homero Batista Mateus da. *Curso de direito do trabalho aplicado* — execução trabalhista. São Paulo: Elsevier, 2010. v. 10.

SLAPPER, Gary; KELLY, David. *O sistema jurídico inglês*. Rio de Janeiro: Forense, 2010.

TOULUBRE, Marina Bevilacqua de La. *Dicionário jurídico bilíngue* — inglês/português/inglês. São Paulo: Saraiva, 2010.

▶▶ BREVES CONSIDERAÇÕES ACERCA DA MINIRREFORMA RECURSAL ADVINDA DA NOVA LEI DO AGRAVO DE INSTRUMENTO

Viviane Lícia Ribeiro[(*)]

1. O agravo de instrumento na Justiça do Trabalho

Conforme previsão do art. 897, *b*, da CLT, o agravo de instrumento na Justiça do Trabalho possui finalidade específica diversa à do Processo Civil, sendo cabível nas hipóteses de despachos denegatórios da interposição de recursos.

Embora haja certa divergência quanto à classificação acerca da natureza jurídica da decisão que denega seguimento ao recurso ser realmente despacho como mencionado ou decisão interlocutória, sendo que parte da doutrina refuta o entendimento exarado na Consolidação das Leis do Trabalho de ter natureza de despacho a decisão denegatória por entender que decisões de tal natureza são irrecorríveis, conforme dispõe o artigo 504 do Código de Processo Civil. Por outro lado, a doutrina questiona o fato de ser a decisão denegatória do seguimento do recurso uma decisão interlocutória, tendo em vista que tal decisão é proferida após a prolação da sentença, ou seja, após a apreciação judicial acerca do mérito da ação, não havendo que se falar em decisão interlocutória.

Diferentemente do Processo do Trabalho, utiliza-se o agravo de instrumento na Justiça Comum, conforme previsto no art. 522 do Código de Processo Civil, para atacar qualquer decisão interlocutória. Entenda-se por decisão interlocutória, toda a decisão do juiz que resolve questão incidente, sem resolver o mérito ou extinguir o processo (art. 162, § 2º, do Código de Processo Civil).

Todavia, por ser incabível na Justiça do Trabalho a interposição de recurso imediato das decisões interlocutórias não há a mesma aplicação deste em ambas

---

(*) Advogada, especialista em Direito Civil e Processo Civil e em Direito e Processo do Trabalho pela Universidade Católica Dom Bosco.

as esferas. Trata-se do princípio da irrecorribilidade das decisões interlocutórias na esfera trabalhista, conforme se depreende da leitura dos arts. 799, §§ 2º e 893, § 1º, da Consolidação das Leis do Trabalho e Súmula n. 214 do Tribunal Superior do Trabalho.

No Processo Civil, o que justifica o recurso é a sua interposição diretamente no tribunal no intuito de impedir que as impugnações das decisões interlocutórias possam paralisar o andamento processual já na seara laboral o princípio tem sentido mais enfático, na medida em que a apreciação das impugnações contra as decisões interlocutórias somente será admitida em recursos interpostos contra sentença (ou acórdão) terminativa ou definitiva.

Portanto, ao contrário do agravo no Direito Processual Civil cuja finalidade específica é atacar decisões interlocutórias, no Processo do Trabalho o objetivo é destrancar o recurso cujo seguimento foi denegado no juízo *a quo*, seguindo ao tribunal *ad quem* para julgamento.

2. Alterações introduzidas pela Lei n. 12.275/2010

O advento da Lei n. 12.275/2010 modificou a situação do agravo de instrumento na Justiça do Trabalho determinando, como condição de conhecimento do agravo, o pagamento de valor equivalente a 50% do valor do depósito do recurso que se pretende destrancar.

Até a edição da referida lei, a interposição do agravo de instrumento na Justiça do Trabalho durante a fase de conhecimento não sujeitava o recorrente ao pressuposto processual objetivo do preparo a que estava dispensado, sujeitando-se apenas ao pagamento das custas no processo de execução.

Com a edição da referida lei à interposição do agravo, diferentemente do Processo Civil em que a exigência do preparo é apenas quanto ao pagamento das custas para fins recursais, passou a abranger não só o pagamento das custas, mas igualmente o depósito prévio pecuniário.

Fundamenta-se tal exigência no fato do direito de recorrer ser um desdobramento e prolongamento do direito de ação, sujeito à observância das condições e requisitos legais, aplicando-se aqui, ainda que analogicamente a teoria eclética do direito de ação. Portanto, uma vez que o legislador criou nova condição para a interposição do recurso de agravo de instrumento esse deve ser preenchido para que se possa recorrer.

A Lei n. 12.275/2010 alterou a redação do inciso I do § 5º art. 897 e acresceu o § 7º ao art. 899 ambos da CLT, determinando o depósito de cinquenta por cento do valor do depósito do recurso que se pretende destrancar, conforme se verifica pela leitura do quadro comparativo abaixo:

Inciso I do § 5º do art. 897 da CLT	Inciso I do § 5º do art. 897 da CLT
§ 5º ... I — obrigatoriamente, com cópias da decisão agravada, da certidão da respectiva intimação, das procurações outorgadas aos advogados do agravante e agravado, da petição inicial, da contestação, da decisão originária, da comprovação do depósito recursal e do recolhimento das custas.	§ 5º ... I — obrigatoriamente, com cópias da decisão agravada, da certidão da respectiva intimação, das procurações outorgadas aos advogados do agravante e agravado, da petição inicial, da contestação, da decisão originária, do depósito recursal referente ao recurso que se pretende destrancar, da comprovação do recolhimento das custas e do depósito recursal a que se refere o § 7º do art. 899 desta Consolidação. Art. 899. ... § 7º No ato da interposição do agravo de instrumento, o depósito recursal corresponderá a 50% (cinquenta por cento) do valor do depósito do recurso ao qual se pretende destrancar.

No que atine ao depósito recursal, segundo vaticina o art. 899 da CLT, extrai-se a conclusão de que possui caráter de garantia, ainda que parcialmente, do juízo da execução.

Advirta-se, pois que o depósito recursal somente é devido se a sentença condenatória impuser obrigação de caráter pecuniário, portanto, somente o empregador condenado em obrigação de pagar poderá ser responsável por efetuar o depósito recursal previsto na Lei n. 12.275/2010.

A *contrario sensu*, tratando-se de sentença meramente declaratória ou constitutiva, bem como a condenatória, desde que não seja a obrigação de dar ou pagar quantia certa, não há que se falar em depósito recursal. Nesse sentido dispõe a Súmula n. 161 do TST, não havendo aplicação da determinação constante da Lei n. 12.275/2010.

Vale ressaltar, outrossim, que o depósito recursal instituído será apenas exigido do empregador ou tomador do serviço, ainda que o trabalhador reste vencido na demanda ajuizada não estará obrigado ao recolhimento do depósito recursal a que alude o art. 899 da CLT e consequentemente ao previsto pela Lei n. 12.275/2010.

Como se vê, a referida lei criou uma condição de admissibilidade para o agravo de instrumento até então inexistente.

3. Fundamentos que levaram a edição da referida Lei n. 12.275/2010

Reside a gênese da Lei n. 12.275/2010 no PL n. 5.468/2009, o qual menciona na exposição de motivos haver uso abusivo do agravo de instrumento com intuito meramente procrastinatório do feito.

Verifica-se o intuito do legislador de impor ao recorrente o ônus do depósito recursal a cada recurso interposto, visando não só à garantia do juízo, mas também evitar a interposição de recursos protelatórios, incluindo doravante o agravo de instrumento, em razão de na atualidade verificar-se o uso desmesurado deste já que insurge, na maioria absoluta das vezes, contra óbice processual expressamente previsto em lei, com base em argumentação totalmente infundada, que só contribui para a perpetuação da lide e do assoberbamento do Poder Judiciário.

Portanto, pode-se concluir que o motivo do legislador para a edição da referida lei é impedir o uso abusivo desse recurso frequentemente interposto com intuito meramente protelatório, gerando efeitos perversos como o adiamento do pagamento de direitos trabalhistas e a sobrecarga dos Tribunais Regionais do Trabalho, em especial o TST, fato que prejudica o julgamento de outros recursos.

Dados da assessoria parlamentar do TST dão conta que mais de 75% dos recursos que tramitam no E. TST são agravos de instrumento. Tomando como base o ano de 2008, indicadores considerados por este Egrégio Tribunal apontam que 95% dos agravos de instrumento interpostos não continham condições mínimas de processamento e julgamento, sendo, de pronto, desprovidos.

Diante desse quadro, o Judiciário Trabalhista, antes intitulado célere, justamente em razão da maleabilidade dos requisitos para a interposição de recursos em sua estrutura, hoje passa ser considerado lento, ineficaz pela burocracia e pela morosidade.

Após a reforma Processual Civil, surgiram inúmeras críticas de articulistas e doutrinadores de renome, entendendo que o Processo do Trabalho precisa sofrer algumas alterações para se tornar mais célere e efetivo.

Ocorre, contudo, várias indagações, que não pretendemos solucionar no presente ensaio, apenas fomentar a análise crítica acerca das questões que envolvem a edição da referida Lei n. 12.275/2010, a saber: até que ponto a busca pela celeridade pode interferir em princípios constitucionais dos litigantes? Seria referida lei inconstitucional? Existiriam outros mecanismos mais producentes para uma maior efetividade e celeridade desta justiça especializada que não a imposição do depósito prévio recursal? Não haveria normas específicas já previstas com o objetivo de coibir recursos protelatórios? Se o juízo já estiver garantido apenas com o depósito do recurso principal, ainda assim haveria necessidade de depósito no caso de interposição de agravo de instrumento? E se o valor da condenação for inferior ao valor do depósito do recurso principal, ainda assim o valor do depósito deve ser no importe de 50% do recurso a ser destrancado? Haveria necessidade de depósito nos casos de agravo regimental quando tal recurso é utilizado para destrancar outro recurso? E nos casos de denegação de Mandado de Segurança ou *Habeas Corpus?* Poderia se falar em afronta ao princípio da ampla defesa? Por analogia poderia ser aplicado o § 3º do art. 790 da CLT concedendo às micro e pequenas empresas o benefício da Justiça gratuita? Ainda não há resposta uníssona para essas e outras questões que são ventiladas com a edição da nova lei, ensejando posicionamentos díspares acerca do tema.

Todavia, tentaremos passar algumas considerações sobre essas questões relevantes, com o intuito somente de demonstrar os posicionamentos divergentes acerca das questões oriundas da edição da nova lei.

O projeto de lei que originou a modificação em tela teve iniciativa do Presidente do Tribunal Superior do Trabalho Milton de Moura França e a exposição de motivos é justamente no sentido de afastar a utilização inadequada do recurso de Agravo de Instrumento, além da sobrecarga dos tribunais, em especial do TST, desvirtuando atenção dos julgamentos efetivamente necessários e afrontando a celeridade tão buscada na seara trabalhista, já que em voga crédito de natureza alimentar.

Ainda quando tramitava como projeto de lei, a possibilidade de se estabelecer depósito recursal para interposição de agravo de instrumento já atraía acusações de inconstitucionalidade, por ofensa ao princípio da inafastabilidade da jurisdição ou acesso à justiça (art. 5º, inciso XXXV da CF), ampla defesa (art. 5º, inciso LV, da CF) e lesão aos jurisdicionados que, segundo interpretações mais radicais, enfrentariam mais uma dificuldade para a realização da plena defesa de seus direitos em juízo.

Os que a veem como inconstitucional apesar de ressaltarem o intuito do legislador de coibir o abuso da parte no exercício do direito de recorrer de modo a comprometer a celeridade processual e a razoável duração do processo (art. 5º, LXXVIII, da CF), não desconsideram que no processo do trabalho o depósito recursal tem natureza jurídica de garantia do juízo e não de taxa recursal.

Dessa forma, o depósito recursal pressupõe decisão condenatória de obrigação de pagamento em pecúnia, com valor líquido ou arbitrado, portanto resta claro que não haverá que se falar em depósito recursal quando a decisão atacada for de mera natureza declaratória, constitutiva, mandamental ou executiva *lato sensu*, justamente por isso é que a Súmula n. 161 do TST estabelece que "se não há condenação a pagamento em pecúnia, descabe o depósito de que tratam os §§ 1º e 2º do art. 899 da CLT".

Mencionada lei, conflitaria, pois, inclusive com preceito processual trabalhista no que diz respeito a ultrapassar até mesmo a ideia originária contida na boa doutrina trabalhista, que resulta em ser o depósito recursal pressuposto objetivo de natureza híbrida, além de pressuposto recursal, constitui garantia da futura execução. Por esse motivo, pressupõe uma decisão condenatória, de modo a ser exigido apenas, como ocorria antes do advento da nova lei, tão somente nos recursos ordinário, de revista, de embargos e extraordinário.

Assim, a Lei n. 12.275/2010 estaria por ferir o amplo acesso ao Judiciário, não sendo razoável a exigência de depósito recursal para que a parte consiga obter o propósito de fazer subir um recurso que não foi admitido na origem. Haveria verdadeira descaracterização do instituto do depósito recursal, já que sua finalidade é de garantir a execução e não de obstaculizar o acesso ao Judiciário.

Portanto, a obrigatoriedade de no ato de interposição do agravo de instrumento existir a necessidade do depósito de quantia equivalente a 50% do valor do depósito do recurso a que se pretende destrancar não pode ser entendido simplesmente como possuidor de natureza de taxa de recurso, uma vez que sua natureza é de garantia do juízo (arts. 899 da CLT e 40 da Lei n. 8.177/1991, com redação da Lei n. 8.542/1992).

A contrario sensu, há quem entenda que o ônus de realizar o depósito atribuído ao recorrente objetiva não apenas a garantia do juízo, mas também a evitar a interposição de recursos protelatórios, portanto, não se justificaria a manutenção do agravo de instrumento como exceção à exigência do depósito recursal, especialmente pelo fato das estatísticas mostrarem que esse recurso vem sendo cada vez mais utilizado com finalidade procrastinatória do feito.

Nessa vertente de raciocínio, conquanto o acesso ao Judiciário seja um direito fundamental, este não pode ser exercido de forma absoluta e ilimitadamente, mas sim em conformidade com os requisitos previstos na lei. Quanto ao exercício do direito de recorrer, por ser um desdobramento do direito de ação ele também se sujeitaria à observância das condições e requisitos legais.

Ademais, mantendo essa linha de raciocínio, o segundo grau de jurisdição não é um direito fundamental assegurado de forma expressa pela Constituição Federal, sendo que por vezes a própria Constituição rechaça a sua incidência (como nos casos de competência originária dos tribunais), não se vislumbrando qualquer inconstitucionalidade em leis ordinárias que restrinjam ou dificultem o acesso ao segundo grau de jurisdição.

Portanto, há dois enfoques pelos quais a necessidade da efetivação do depósito pode ser analisada, ao se entender constitucional a norma que determina o depósito da importância de 50% do valor do recurso que se pretende destrancar, o fundamento está no fato de que a criação de regras e procedimentos no âmbito recursal que permaneçam dentro dos critérios de razoabilidade e proporcionalidade, não afrontando direitos e garantias fundamentais, é perfeitamente aceitável, posto que referido sistema deve ser ordenado e organizado de forma a primar pela celeridade e efetividade, alçados à categoria de direitos fundamentais pela EC n. 45/2004.

É preciso ter em mente que o depósito recursal a que se refere o art. 899, § 7º, só será devido pelo empregador quando for condenado em pecúnia e até o limite do valor da condenação, portanto o acesso à justiça ficaria preservado e mais ainda fica garantido, uma vez que a justiça morosa deixa de ser justiça. Garantindo o que preleciona o art. 5º, LXXVIII, da CF, a Lei n. 12.275/2010 não fere o acesso ao Judiciário, sendo instrumento de celeridade e efetividade e de Justiça.

Outra questão a ser desvendada é se haveria necessidade da edição da referida lei a fim de coibir abusos na interposição de recursos na Justiça do Trabalho? Não haveria normas a serem utilizadas para que se atingisse tal desiderato?

Há entendimento no sentido de que a necessidade de efetivação do depósito, inclusive quando se tratar de interposição de agravo de instrumento, não advém da edição da Lei n. 12.275/2010, mas decorreria do próprio art. 899 da CLT, o qual condiciona a interposição de qualquer recurso ao depósito do valor da condenação até o limite legal e pelo fato de ser o agravo de instrumento um recurso, estando enumerado no rol do art. 893 da CLT sob a denominação do gênero "agravo", restando claro que para a sua interposição também haveria necessidade de depósito.

Não obstante (a) esse entendimento, o TST por meio da IN n. 3 que interpreta o art. 8º da Lei n. 8.542, de 23.12.1992 que trata do depósito para recurso nas ações na justiça do Trabalho isentava a parte de efetuar o recolhimento quando da interposição de agravo de instrumento, portanto, na seara trabalhista, este recurso quedava sem previsão de depósito para sua interposição.

Tendo em vista as substanciais mudanças inseridas pela Lei n. 12.275/2010 passou-se a exigir o efetivo depósito após o advento da mencionada lei.

Destarte, para que se impeça o uso abusivo de um recurso, a lei conta com mecanismos eficientes haja vista o disposto no art. 17, inciso VII, do CPC, devendo ser o recurso abusivo ou protelatório apenado *a posteriori*. Afinal não há como saber, de antemão, que um recurso tem motivação meramente abusiva ou protelatória.

Não há que se impedir o uso abusivo do recurso criando um embaraço pecuniário antecipado, pois com isso se retiraria a possibilidade daquele que, embora tenha um fundamento justo para agravar, não disponha de recursos financeiros para tanto, o que vem a ferir princípios constitucionais básicos a todo e qualquer litigante, como o da ampla defesa e do contraditório.

Outro enfoque relevante em questão pelo qual deve ser analisada a questão concerne na hipótese de que a reclamada, ao recorrer, já tenha efetuado o depósito recursal devido. Suponha-se que haja um erro manifesto no não recebimento do recurso, por exemplo, na não observância pelo juiz de que o último dia do prazo para o oferecimento do recurso tenha sido feriado e a reclamada tenha interposto o recurso no dia imediatamente posterior, tempestivamente. Com isso, deixa de receber o recurso por intempestivo. O recurso para corrigir esse equívoco é o agravo de instrumento, para seu processamento a parte ainda teria que despender mais dinheiro para que o erro pudesse ser reparado.

Imaginemos uma hipótese em que a reclamada já tenha depositado, caso se trate de Recurso Ordinário, a importância de R$ 5.889,50 (cinco mil oitocentos e oitenta e nove reais e cinquenta centavos) e, para agravar, seria admissível ela ter de efetuar o depósito de R$ 2.944,75 (dois mil novecentos e quarenta e quatro reais e setenta e cinco centavos) para consertar um erro ao qual não deu causa?

Outra questão seria o fato de que se referido depósito assume ainda papel de desestimular a interposição do agravo de instrumento protelatório, ou seja, nos casos em que o recurso anteriormente aviado não preencha os requisitos intrínsecos ou extrínsecos de admissibilidade, poderia ser aplicado outro dispositivo subsidiariamente, por expressa autorização do art. 769 da CLT, o art. 557, § 2º, do CPC, o qual prevê que "quando manifestamente inadmissível ou infundado o agravo, o tribunal condenará o agravante a pagar ao agravado multa entre um e dez por cento do valor corrigido da causa, ficando a interposição de qualquer outro recurso condicionado ao depósito do respectivo valor".

Mais uma questão relevante advinda da edição da Lei n. 12.275/2010 é a necessidade de efetivação de novo depósito, ainda que com a efetivação do depósito do recurso que se pretenda destrancar o juízo esteja garantido. A lei foi explícita e genérica exigindo, no inciso I do § 5º do art. 897, o comprovante do depósito em relação ao recurso que se pretende destrancar e no § 7º estabeleceu o percentual de 50%.

Não determinou, em nenhum instante, a limitação do número de depósitos, tendo de se concluir que, em razão do efeito persuasivo do depósito ele deve ser feito a cada novo recurso de agravo interposto, o que, a meu ver, acarretaria incompatibilidade com a natureza jurídica do depósito recursal, descaracterizando-o, deixando de ser garantia da execução para cuja finalidade foi criada, passando a ter natureza de taxa de recurso.

E qual deveria ser o procedimento quanto à necessidade de se efetuar o depósito recursal de cinquenta por cento do valor do recurso a que se pretende destrancar, embora a execução já esteja garantida pela penhora?

Após a edição da Lei n. 12.275/2010 o Tribunal Superior do Trabalho atualizou a Instrução Normativa n. 3, por meio da Resolução n. 168, a qual alterou os itens I e II, *a, b, c, d, e, f, g, h*, III, VI e VIII da Instrução Normativa n. 3, reiterando a natureza jurídica do depósito como de garantia de execução e não de taxa recursal, o qual pressupõe decisão condenatória ou executória de obrigação de pagamento em pecúnia, com valor líquido ou arbitrado.

Referida resolução, em seu item II alínea *b*, determina que "b, depositado o valor total da condenação, nenhum depósito será exigido nos recursos das decisões anteriores, salvo se o valor da condenação vier a ser ampliado".

E prossegue na alínea *c* "se o valor constante do primeiro depósito efetuado no limite legal, é inferior ao da condenação, será devida a complementação de depósito em recurso posterior, observado o valor nominal remanescente da condenação e/ou os limites legais para cada novo recurso".

Adota-se, assim, para a interposição do agravo de instrumento, a mesma restrição do depósito para os demais recursos, restringindo-se drasticamente o âmbito do depósito em agravo de instrumento, embora a referida lei tenha surgido, exatamente para onerar a recorribilidade pelo uso excessivo do agravo de instrumento, principalmente no TST.

Portanto, denota-se pela análise da referida resolução que, para se recorrer ao segundo grau, a parte deposita o valor da condenação ou o limite legal. Caso o juiz de primeiro grau negue seguimento ao recurso ordinário e a parte recorrente agrave de instrumento poderá fazê-lo sem depositar mais nada porque, depositado o valor total da condenação, nenhum depósito será exigido nos recursos das decisões posteriores, salvo se o valor da condenação vier a ser ampliado.

Portanto, podemos concluir pela interpretação da instrução normativa que se houver denegação de provimento por parte do TRT, a parte pode recorrer ao TST sem qualquer depósito, pois em agravo de instrumento não se aumenta ou diminui o valor da condenação.

Agora, se o TRT, julgando o AI, destravar o RO julgando-o (art. 897, § 5º, da CLT) a parte poderá recorrer de revista para o TST e como já há depósito, nada terá que depositar novamente, a não ser que tenha havido aumento da condenação, todavia, nesse caso, só haverá complementação.

Portanto, a parte que objetiva recorrer do primeiro para o segundo grau terá que depositar o valor atual da condenação, no importe de R$ 5.889,50, caso a condenação não ultrapasse esse valor, caso, porém, a condenação seja inferior ao previsto para o recurso ordinário e haja aumento com a decisão do TRT, haverá necessidade de complemento, se o aumento for superior ao limite previsto para o recurso, o depósito se limitará ao valor acima apontado.

Por outro lado, se o RR for denegado, a parte poderá interpor o agravo de instrumento e para isso depositará apenas uma diferença até o limite legal, caso tenha havido acréscimo na condenação. Se a condenação for maior que o limite (R$ 11.779,02), este valor deverá ser, necessariamente, depositado para interpor RR. Se a condenação for menor e o valor dela for inferior e já estiver depositado, não precisará depositar nada.

Já na execução, entendo que o depósito em agravo de instrumento está praticamente neutralizado, ficando tudo como está porque só haveria necessidade de depósito caso houvesse aumento da condenação. Concluindo, quando, então será exigido o depósito para a interposição de agravo de instrumento? A resposta, a meu ver, seguindo a Resolução n. 168 do TST seria a seguinte: das varas para os TRTs, somente para complementar o valor da condenação. Se for maior do que R$ 5.889,50, dos TRTs para o TST, será a mesma coisa, salvo se houver aumento do valor da condenação no julgamento do regional. Então, haverá o complemento até o valor de R$ 11.779,02.

Portanto, pode-se indagar se após a Resolução n. 168 do TST ainda haveria aplicabilidade para a Lei n. 12.275/2010? Haveriam sido neutralizados os efeitos da referida norma? Há quem, contrariando o exarado na Resolução n. 168 do TST, entenda que, mesmo que os dois depósitos (o do recurso interposto e o do AI, para dar-lhe prosseguimento) ultrapassem o valor da condenação, tal fato não obstará que o depósito do agravo de instrumento seja feito.

Outra indagação que pode surgir ocorre nas hipóteses em que o juízo está garantido e apenas haja majoração deste valor, para aqueles que entendem ser necessário o depósito de 50% e não apenas da complementação segundo determinado pela Resolução n. 168 do TST, como esta se daria? Seria 50% sobre o valor total do recurso a que se pretende destrancar ou seria 50% apenas da diferença entre o valor depositado e a majoração? Tal indagação ainda não possui resposta, aguardando o decurso do tempo e a consequente análise dos casos concretos.

Lembremos ainda que o depósito recursal em pauta por estar expressamente vinculado ao recurso principal, tanto por tratar-se de recurso com a especificidade do agravo de instrumento na Justiça do Trabalho que serve apenas para destrancar o principal quanto a vincular o valor do depósito ao recurso principal, não obriga os recorrentes que já têm livre processamento dos recursos sem a necessidade do depósito. Estes podem ser exemplificados no litigante que obteve a assistência judiciária gratuita (art. 5º, LXXIV, CF/1988 e Lei n. 5.594/1970), nos entes de Direito Público Externo, nas pessoas de direito público contemplada no Dec.-lei n. 779/1969, na massa falida e na herança jacente (IN-TST n. 3/1993 e Súmula n. 86 do TST).

Passaremos a abordar agora a necessidade de depósito quando da utilização de agravo regimental, o qual possui a finalidade precípua de destrancar outro recurso, havendo entendimento no sentido de que deveria ser efetuado o depósito equivalente ao determinado para a interposição do agravo de instrumento.

Do mesmo modo há dúvidas acerca da necessidade de depósito para a interposição de agravo de instrumento nos casos de indeferimento de mandado de segurança ou de *habeas corpus*. Discute-se se haveria necessidade da efetivação do depósito, restando claro que não haveria necessidade de efetivação de depósito quando da interposição destes, mas sim, quando da interposição de AI em razão do recurso negado, sendo nesses casos o depósito uma condição para o conhecimento do recurso.

Como argumento, tem-se que o Mandado de Segurança e o *Habeas Corpus* não seriam diretamente ações trabalhistas e, portanto, a exigência do depósito seria descabida. Todavia, há quem entenda que o argumento não procede. Indiretamente, ambos os institutos guardam relação com a reclamação. Se, por exemplo, no mandado de segurança, pleiteia-se a nulidade de um ato de autoridade ou de juiz no processo que prejudique seu andamento ou fira direito do trabalhador, a conexidade se torna clara e visível, por isso que está insculpido no art. 114, inciso IV da CF que compete à justiça do Trabalho processar e julgar, *verbis*:

> "IV — Os mandados de segurança, *habeas corpus* e *habeas data*, quando o ato questionado envolver matéria sujeita à sua jurisdição. Se a matéria é trabalhista há competência necessária da Justiça do Trabalho."

Portanto, até que os tribunais venham a manifestar-se acerca do cabimento ou não do referido depósito em sede de agravo de instrumento, deixamos registrada a polêmica acerca do tema.

Mais um ponto relevante é a existência de ofensa ao princípio da ampla defesa. É sabido que princípios são preceitos que atendem à norma ou influenciam a sua criação. Como se colhe dos ensinamentos de Plácido e Silva, esses princípios são os elementos vitais do próprio direito.

A maior parte dos mais importantes princípios fundamentais se encontra impresso nas constituições ou leis, sem que tenham menos valor uma vez que representam máximas universais, garantidoras de um patamar civilizatório mínimo e que devem ser assegurados em toda sociedade civilizada, independentemente de estarem ostensivos ou não.

O direito à ampla defesa, previsto no inciso LV do art. 5º da Constituição Federal de 1988, é direito constitucional que assegura às partes no processo e aos interessados o direito de serem ouvidos, de apresentarem suas razões e provas e de rechaçarem as alegações da parte contrária. Ressalte-se que os princípios do contraditório e o devido processo legal a ele se associam, numa tríade garantidora da dialética processual e da igualdade das partes perante o Poder Judiciário.

Portanto, respeitadas as opiniões em sentido contrário, entende-se como constitucional referida lei porque, pacificado pela doutrina e pelos tribunais que o depósito recursal não constitui "taxa para recorrer", mas garantia do juízo recursal. O depósito sempre teve essa função e não seria diferente com o agravo de instrumento. Tanto é que, para qualquer recurso, depositado o valor total da condenação, nenhum depósito mais é exigido, caso se recorra das decisões posteriores.

Esses pontos foram enfrentados já na justificativa do projeto da referida lei. Até porque não é de hoje a alegação de que a exigência de depósito recursal é obstáculo ao exercício do princípio constitucional da ampla defesa, tendo seu ápice com o advento da Constituição Federal de 1988, numa interpretação que o depósito recursal prévio era obstáculo ao pleno exercício da ampla defesa, com os recursos e meios a ela inerentes. Entretanto, a alegação foi logo rechaçada por juristas de renome que interpretaram o direito ao duplo grau de jurisdição como não absoluto, concluindo que a própria constituição em vigor prevê casos de instância única.

Assim, o depósito recursal foi interpretado como elemento efetivador do princípio da igualdade, eis que com a imposição deste obstáculo ao empregador, nivela-o ao empregado, sabidamente economicamente mais frágil, estar-se-ia prestigiando o direito à igualdade na festejada interpretação aristotélica de que os "desiguais devem ser tratados desigualmente".

Ainda sob esse enfoque de que os desiguais devam ser tratados desigualmente, podemos indagar se as microempresas e empresas de pequeno porte poderiam ficar isentas de referido depósito caso se encontrem sem condições para efetuá-lo.

Não há razão para temer que a lei prejudique as pequenas empresas em geral, pois como salienta o Presidente do TST, a lei atingirá apenas as grandes, as quais possuem condições para efetuar o depósito recursal e postergar o deslinde do feito.

A lei não distingue entre reclamante e reclamado, pois está focada em quem recorre e ambos podem fazê-lo. Mas nada impede a jurisprudência, por analogia com o § 3º do art. 790 da CLT, de desenvolver a hipótese de conceder às micros e às pequenas empresas o benefício da justiça gratuita, principalmente quando o AI pretenda destrancar RO, garantindo-se assim o duplo grau de jurisdição.

Hoje, nem se faz necessário tal esforço jurisprudencial, pois o art. 3º da Lei n. 1.060/1950, com a redação nova dada pela Lei Complentar n. 132/2009, (...) dispõe que a assistência judiciária prevê a dispensa:

> "VII — *dos depósitos previstos em lei para interposição de recurso*, ajuizamento de ação e demais atos processuais inerentes ao exercício da ampla defesa e do contraditório."

Todavia, há quem entenda que referida isenção não se estenderia às pessoas jurídicas, mas apenas às pessoas físicas, presumindo-se que toda empresa em funcionamento encontra-se apta a enfrentar os compromissos que a lei exige para seu funcionamento.

Conclusões

É claro que, da letra da lei até a sua plena efetivação, percorre-se um longo caminho, nem sempre suave e definido. No entanto, cremos que ainda é muito prematuro determinar se tais alterações serão positivas ou não, sabe-se, porém, que desde já não há como avaliarmos negativas as mudanças no instituto.

Uma análise perfunctória nos leva a crer que a mudança veio muito mais para devolver um pouco de celeridade a um ramo do judiciário que sofre com a crise da efetividade do processo e tem abalada sua credibilidade junto à opinião pública, que lhe percebe lenta diante do quilate do bem jurídico que tem como objeto que são verbas de caráter alimentar.

Existem aqueles que questionam os efeitos das novas exigências, alegando prejuízos e óbice ao acesso à Justiça. Respeitando os que entendem em sentido contrário, entendo que a medida só vem a beneficiar o acesso à Justiça, pois de que vale um processo de conhecimento com trâmite célere se a partir da decisão se obsta à prestação jurisdicional mediante tantos recursos quantos forem possíveis, para que o momento do pagamento da efetivação da decisão se atrase ao máximo.

Não se pode confundir o acesso ao judiciário com o demandismo. O Estado deve sempre estar apto a servir aos que dele precisam, porém não pode tornar-se um instrumento de protelação de conflitos, cuja demora já se transformou em bem econômico para determinados empregadores.

Dessa forma a sanção imposta com a Lei n. 12.275/2010 a quem recorre, é uma boa medida, sinal de um novo caminho que foi balizado e seu percurso até o fim é a solução da Justiça do Trabalho no Brasil para que se dê efetividade às decisões judiciais e à celeridade no cumprimento destas.

▶▶ IMUNIDADE JURISDICIONAL NA JUSTIÇA DO TRABALHO

Werner Keller[*]

1. Conceito

A imunidade de jurisdição é compreendida como um dos princípios norteadores do Direito Internacional, "o qual reconhece que o Estado pode sofrer restrições nos seus direitos de soberania, isto é, uma prerrogativa que certos indivíduos estrangeiros desfrutam no território do Estado em decorrência dos cargos e funções que exercem"[1].

Segundo Luiz Pinho Pedreira da Silva "a ideia da imunidade de jurisdição é atribuída a Bártolo de Saxoferrato, em 1753, na obra de sua autoria *Tractatus Repreaesiliarum* e expressa na regra *par in parem non habet judicium* ou *par in parem non habet imperium*, que proíbe o exercício da jurisdição sobre Estado estrangeiro, com fundamento nos princípios de soberania, independência recíproca, igualdade jurídica e dignidade dos Estados"[2].

(*) Bacharel em Direito pela Pontifícia Universidade Católica de São Paulo — PUC/SP, Mestre em Direito, Área de Direito das Relações Sociais, área de concentração Direito do Trabalho, da Pontifícia Universidade Católica de São Paulo; Especialista em Direito e Processo do Trabalho pela Universidade Presbiteriana Mackenzie e em Direito do Consumidor, Ambiental e Processos Coletivos pela Escola Superior de Advocacia da OAB/SP. Professor Assistente da COGEAE — PUC/SP, na área do Direito e Processo do Trabalho. Professor convidado da Especialização (*lato sensu*) em Direito e Processo do Trabalho da Universidade Toledo de Araçatuba — SP. Professor convidado da Especialização (*lato sensu*) em Direito e Processo do Trabalho do Curso Êxito de São José dos Campos, Campinas e Santos — SP. Conselheiro da Associação dos Advogados Trabalhistas do Estado de São Paulo. Membro da Comissão de Direito Empresarial do Trabalho da OAB/SP e subcoordenador do Comitê de Direito Material do Trabalho da OAB/SP. Sócio responsável pela área trabalhista do Barros, Fonseca, Infantini e Keller Sociedade de Advogados.
(1) ARAUJO, Luiz Ivani de Amorim. A imunidade de jurisdição trabalhista e o art. 114 da Constituição. *Revista de Direito do Trabalho*, São Paulo: Revista dos Tribunais, p. 37, 1994.
(2) SILVA, Luiz de Pinho Pedreira. O caráter restritivo da imunidade de execução do estado estrangeiro. *Revista Trabalho & Doutrina Processo Jurisprudência*, São Paulo: Saraiva, p. 10, 1996.

Há, também, o entendimento de que o princípio da imunidade de jurisdição seja antecessor à existência do conceito de soberania, conforme vaticina Rangel Garcia Barbosa, "historicamente o princípio da imunidade dos Estados estrangeiros desenvolveu-se antes da ideia do reconhecimento da soberania do Estado. No século XV, o Pontificado e algumas cidades italianas, como Florença e Veneza, há possuíam representações diplomáticas e consulares que detinham algumas imunidades e privilégios"[3].

Desse modo, a imunidade jurisdição é uma das restrições de enorme relevância ao poder jurisdicional de um Estado, princípio que passou a integrar direito internacional, por meio de tratados internacionais, regras costumeiras, legislação doméstica e jurisprudência dos países.

2. Os aspectos absoluto ou restritivo da imunidade de jurisdição

Com o término da segunda guerra mundial, em 1945, a imunidade de jurisdição adotou uma nova concepção, a restritiva, já que anteriormente prevalecia o modo absoluto com respaldo na regra *par in parem*.

Esse abandono da concepção absoluta da imunidade se deve ao fato do acréscimo das atividades comerciais exercidas pelos Estados, após a segunda guerra mundial, inclusive com o exponencial aumento do número de empresas públicas, tornando o Estado um sujeito privado nas relações civis e comerciais.

Não obstante, o Estado, nas relações jurídicas travadas com os particulares, não deveria ter maiores vantagens do que estes, ou seja, traria insegurança jurídica, sem falar violação à boa-fé contratual, alegar que se recusaria a cumprir um determinado contrato privado, sob a alegação de soberania do Estado.

Segundo Pinho Pedreira "a partir dos anos 1970, passou-se a adotar uma concepção restritiva de imunidade de jurisdição dos Estados estrangeiros repousava no princípio da soberania, nenhuma razão haveria para subtraí-los à jurisdição do Estado do foro quando o ato a ser julgado não fosse praticado no exercício dela, isto é, do *jus imperii*, e sim no desempenho de uma atividade privada, ou, em outras palavras, do *jus gestiones*"[4].

Dessa maneira, para que se possa distinguir um ato de império e um ato de gestão, a doutrina estabelece atos de império como sendo "atos denominados tradicionalmente de poder público, tais como os acordos de direito internacional público entre Estados soberanos, os atos administrativos e legislativos internos, os

---

(3) BARBOSA, Rangel Garcia. As imunidades relativas aos estados estrangeiros no direito internacional e a posição da Justiça brasileira sobre o tema. In: LAGE, Émerson José Alves; LOPES, Mônica Sette. *O direito do trabalho e o direito internacional:* questões relevantes. São Paulo, LTr, 2005, p. 299. Apud PERES, Antonio Galvão. *Contrato internacional do trabalho.* Rio de Janeiro: Campus Jurídico, 2009. p. 79.
(4) *Apud* SILVA, Luiz de Pinho Pedreira da. *Op. cit.*, p. 12.

atos de aplicação da política ou de defesa nacional de um Estado estrangeiro, as sentenças arbitrais interestatais"[5].

Celso D. Albuquerque Mello considera os atos de império (*jus imperii*) da seguinte maneira: "a) atos legislativos; b) atos concernentes a atividade diplomática (Convenção de Viena sobre Relações Consulares de 1963); c) os relativos às forças armadas; d) aos da administração interna dos Estados; e) empréstimos públicos contraídos no estrangeiro"[6].

Para Margarita Isabel Ramos Quintana são atos de gestão praticados pelos Estados estrangeiros, ou seja, quando o Estado alienígena pratica relações jurídicas como sujeito privado, "questões atinentes à propriedade, exploração de navios, contratos mercantis, contratos de trabalho, etc."[7].

É sabido que a superação do caráter absoluto da imunidade para a consagração do caráter restritivo, também, foi chancelado pela jurisprudência, por leis internas e por tratados internacionais.

Ocorre, todavia, que diante da dificuldade de diferenciar atos de gestão de atos de império, "os textos legais abandonaram a classificação abstrata, passando a apresentar o rol de matérias que escapam à imunidade. Os contratos de trabalho foram incluídos entre as exceções, como, por exemplo no art. 2º, d, da *Ley n. 24.448* argentina, no § 1.605 di *Foreign State Immunity Act* dos EUA, no art. 4º do *State Immunity Act* do Reino Unido, no art. 12 do *Foreign State Immunity Act* australiano de 1985 e no art. 5º da Convenção Europeia sobre a Imunidade dos Estados de 1972"[8].

Ademais adotaram o caráter restritivo da imunidade, por meio de leis, Singapura em 1979, Paquistão em 1981, África do Sul em 1981 e Canadá em 1982, muito embora haja países que mantiveram a doutrina da imunidade de jurisdição absoluta, como países, ainda, socialistas do leste europeu e a própria China[9].

3. A imunidade de jurisdição no estado brasileiro

O nosso país tardou a abandonar a tese da imunidade de jurisdição absoluta[10]. Contudo, essa situação se modificou com o julgamento da apelação cível (n. 9.696-3)

---

(5) *Apud* SILVA, Luiz de Pinho Pedreira da. *Op. cit.*, p. 12 e 13.
(6) *Idem*.
(7) *Idem*.
(8) PERES, Antonio Galvão. *Op. cit.*, p. 82.
(9) *Apud* SILVA, Luiz de Pinho Pedreira da. *Op. cit.*, p. 13.
(10) A bem da verdade, a tese já era defendida pelos juízes de primeiro grau e tribunais inferiores, mas suas decisões não escapavam ao conservadorismo das cortes superiores, como o Supremo Tribunal Federal e o Tribunal Superior do Trabalho. Eis um exemplo: "Imunidade de jurisdição. Em se tratando de relação jurídica de direito privado, em que o Consulado exerce ato negocial despido da condição de representante

pelo Supremo Tribunal Federal, cujo voto vencedor, do Ministro Francisco Rezek, o qual fez referência à doutrina e à legislação estrangeira para apontar a necessidade da justiça brasileira, distinguir, como em outros países, atos de império e atos de gestão.

Assim, o Ministro Francisco Rezek proferiu em seu voto que "(...) o quadro interno não mudou. O que mudou foi o quadro internacional. O que ruiu foi o nosso único suporte para a firmação da imunidade numa causa trabalhista contra Estado estrangeiro, em razão da insubsistência da regra costumeira que se dizia sólida — quando ela o era — e que assegurava a imunidade em termos absolutos (...)".

Com efeito, os demais Ministros ratificaram o fundamento do voto do Ministro Francisco Rezek e a partir dessa decisão, modificou-se o entendimento jurisprudencial da mais alta corte do Brasil, a qual passou a entender não mais existir imunidade de jurisdição absoluta para Estado estrangeiro em ações trabalhistas.

José Carlos de Magalhães fez comentários arduamente contrários à referida decisão do Supremo Tribunal Federal ao asseverar "vê-se, desse raciocínio, que prevaleceu no plenário da Casa, que a jurisprudência brasileira mudava não porque o Brasil, como autoridade de direito internacional que é, resolvera deixar de conceder a imunidade absoluta, por razões relevantes, assim consideradas pelo país — como é o caso das reclamações trabalhistas, em que o reclamante sofria denegação de justiça, até mesmo pela impossibilidade de apresentar sua pretensão perante o país estrangeiro — mas porque outros países o fizeram antes!"[11].

Desse modo, o que se consta da decisão do Supremo Tribunal Federal, foi "o reconhecimento de limites à imunidade de jurisdição, revela, mais uma vez, a readequação das fronteiras da soberania à realidade das relações internacionais. Sua restrição denota a necessidade de proteger os interesses de particulares que se contraponham aos de Estados na órbita privada"[12].

Vale consignar, por oportuno, que os bens correspondentes à representação diplomática ou consular, mesmo como a relativização da imunidade de jurisdição atos de império do Estado Estrangeiro permanecem privados de constrição judicial.

---

de nação estrangeira, não se tratando de ato de império, não se beneficia da imunidade de jurisdição. É competente a Justiça do Trabalho para as ações em que cidadão brasileiro pretende o reconhecimento de direitos advindos da relação de emprego". (TRT 4ª Reg., 1ª T., Proc. TRT-5.303/82, julgado em 21.9.1983, Rel. Juiz Plácido Lopes da Fonte. In: TEIXEIRA FILHO, João de Lima. *Repositório de jurisprudência trabalhista (1983)*. Rio de Janeiro: Freitas Bastos, 1983. p. 217, ementa 1077) Apud PERES, Antonio Galvão. *Contrato internacional do trabalho*. Rio de Janeiro: Campus Jurídico, 2009. p. 83.
(11) PERES, Antonio Galvão. *Op. cit.*, p. 83.
(12) *Ibidem*, p. 85.

4. Imunidade de execução

Ultrapassada a questão da imunidade absoluta, se faz necessário analisar, consequentemente, se os bens do Estado estrangeiro são passíveis de constrição judicial após decisão contrária ao Estado estrangeiro, surge então à denominada imunidade de execução.

Sem embargo, a imunidade de execução somente será discutida, obviamente, se a imunidade de jurisdição for reconhecida como relativa e não absoluta, visto que se for absoluta não há possibilidade de discussão de execução forçada de decisão contra Estado estrangeiro.

Jaime Vegas Torres leciona que "falar de imunidade de execução supões que se aceita que um Estado pode ser condenado pelos Tribunais de outro; se não se pudesse produzir uma sentença que condenasse um Estado estrangeiro, seria ocioso perguntar sobre forçada da mesma. Nas palavras de R. Venneman, 'falar de imunidade do Estado estrangeiro se acha limitada"[13].

Por uma questão didática, embora estejam entrelaçadas a imunidade de jurisdição e de execução, ambas são distintas. Nesse sentido Ahmed Maihou vaticina que "a imunidade de jurisdição visa subtrair um Estado à competência de um tribunal de outro Estado, enquanto a imunidade de execução visa subtraí-lo às medidas de penhora e a outras medidas de constrição"[14].

5. A natureza absoluta ou restritiva da imunidade de execução do estado estrangeiro

Outro desafia a ser estudado, reside no fato se da imunidade de execução, assim como a imunidade de jurisdição, ser relativa, ou seja, possibilitando a penhora de determinados bens do Estado estrangeiro quando praticados atos de gestão.

Segundo Charles Leben houve "um número crescente de Estados abandonou a doutrina, clássica do século 19 e numa grande parte do século 20, da imunidade absoluta de execução, para adotar uma concepção mais restritiva. Ainda nota que a posição de quantos consideravam a imunidade de jurisdição relativa e a imunidade de execução absoluta sofreu uma profunda mudança nos anos 1980 quanto ao caráter absoluto da imunidade de execução"[15].

Destarte, "o fenômeno social que determinou essa transformação jurídica foi à participação intensa do Estado na vida econômica, o que o levou a se tornar

---

(13) La inmunidad de ejecuión. Especial referencia al derecho español. *Revista Española de Derecho del Trabajo*, Madri, n. 35, jul./set. 1988, p. 379. *Apud* SILVA, Luiz de Pinho Pedreira da. *Op. cit.*, p. 15.
(14) *L'immunité d´execution de l'état étranger*. Cahiers du Cedin, Paris: Montechrétien, 1990. p. 161. *Apud* SILVA, Luiz de Pinho Pedreira da. *Op. cit.*, p. 16.
(15) Les fondements..., in L´immnité, cit., p. 8 e 10. *Apud* SILVA, Luiz de Pinho Pedreira da. *Op. cit.*, p. 16.

sujeito de relações jurídicas de natureza privada, principalmente industriais e comerciais, representando a imunidade de execução para as empresas e pessoas, que contratavam com países estrangeiros, um fator de insegurança jurídica. Sentiu-se então necessidade de distinguir entre as atividades comerciais e industriais do Estado, realizadas no desempenho da suas atribuições *jure gestiones*, e aquelas outras, de caráter político-jurídico, típicas do exercício do seu poder soberano (*jus imperii*). Em relação a estas últimas, a imunidade de execução do Estado estrangeiro permaneceu absoluta, enquanto foi relativizada quanto às primeiras"[16].

É certo que a primeira interpretação restritiva da imunidade de execução ocorreu na Bélgica, Holanda e Suíça. A jurisprudência francesa, a partir de 1969, começou a emanar, também, o entendimento restritivo à imunidade de execução, assim como, desde 1976, a norte-americana, inglesa, canadense, australiana, sul-africana, paquistanesa e a de Singapura. O Tribunal Constitucional germano-federal, em abril de 1983, acolheu a imunidade de execução restritiva, quando o bem não é destinado ao exercício da soberania de um Estado, entendimento esse seguido pelo Poder Judiciário austríaco[17].

No Brasil a jurisprudência, atualmente, dominante entende seja aplicada à imunidade de execução restritiva[18].

---

(16) *Apud* SILVA, Luiz de Pinho Pedreira da. *Op. cit.*, p. 17.
(17) Les fondements..., in l´immnité, cit., de Charles Lebe, e La inmunidad de ejecución... In: *Revista Española de Derecho del Trabajo*, cit., de Jaime Vegas Torres. *Apud* SILVA, Luiz de Pinho Pedreira da. *Op. cit.*, p. 18.
(18) Vejam-se os seguintes acórdãos do Tribunal Superior do Trabalho e do Tribunal Regional do Trabalho da 2ª Região:
"RECURSO ORDINÁRIO EM AGRAVO REGIMENTAL. I. PRELIMINAR DE NULIDADE DO ACÓRDÃO RECORRIDO POR NEGATIVA DE PRESTAÇÃO JURISDICIONAL. Não há que se cogitar de nulidade, por negativa de prestação jurisdicional, quando a decisão atacada manifesta tese expressa sobre os aspectos manejados pela parte, ainda que de forma contrária aos seus interesses. II. ESTADO ESTRANGEIRO. REINO DA ESPANHA. IMUNIDADE RELATIVA DE JURISDIÇÃO E EXECUÇÃO. IMPOSSIBILIDADE DE RECAIR PENHORA SOBRE BENS AFETOS À REPRESENTAÇÃO DIPLOMÁTICA. CONCESSÃO PARCIAL DA SEGURANÇA. Nos termos da jurisprudência do Excelso STF e desta Corte, é relativa a imunidade de jurisdição e execução do Estado estrangeiro, não sendo passíveis de constrição judicial, contudo, os bens afetados à representação diplomática. Assim, deve ser parcialmente concedida a segurança, a fim de se determinar que não recaia penhora sobre bens atrelados, estritamente, à representação diplomática ou consular do impetrante. Precedentes. Recurso ordinário em agravo regimental em mandado de segurança conhecido e parcialmente provido." (Processo: ROAG — 70300-46.2008.5.05.0000 Data de Julgamento: 16.3.2010, Relator Ministro: Alberto Luiz Bresciani de Fontan Pereira, Subseção II Especializada em Dissídios Individuais, Data de Publicação: DEJT 30.3.2010)
"IMUNIDADE DE JURISDIÇÃO: A JUSTIÇA DO TRABALHO É COMPETENTE PARA JULGAR PROCESSOS ENTRE AUTOR E CONSULADOS, ORIGINÁRIOS DE RELAÇÕES EMPREGATÍCIAS FIRMADAS NESTE TERRITÓRIO, ENTRETANTO, POR FORÇA DAS CONVENÇÕES DE HAVANA E VIENA, NÃO PODE A AUTORIDADE BRASILEIRA EXECUTAR BENS DE PROPRIEDADE DE OUTRO ESTADO, REPRESENTADO PELOS CONSULADOS." (5ª Turma, processo n. 01801-2006-003-02-00-4, acórdão n. 20090122369, Data de Publicação 6.3.2009)
"Imunidade de Jurisdição e de Execução. Ente de Direito Público Externo. Consulado. O ente de direito público externo que pratica atos de gestão não se beneficia de imunidade, quer de jurisdição quer de execução. Se há competência para o Judiciário Trabalhista julgar a hipótese, por inexorável decorrência, também há para executar o próprio julgado. Inteligência do art. 114, da Constituição da República Federativa do Brasil." (11ª Turma, processo n. 01769-2006-072-02-00-1, acórdão n. 20090949360, data de publicação 12.1.2010)

6. Dos bens imunes pela imunidade de execução

Estão protegidas pela imunidade absoluta de execução "as propriedades de organizações internacionais, como por exemplo Tratados internacionais firmados entre o Brasil e a Organização das Nações Unidas (ONU)[19], de um banco central ou autoridade monetária estrangeiras ou destinadas a finalidade diplomática ou consultar nos termos da Convenção de Viena sobre Relações Consulares de 1963[20]. Todos esses bens são considerados afetados a fins públicos (*jus imperii*) e não à atividade *jure gestionis* do Estado estrangeiro, e por isso mesmo não estando sujeitos a providências decorrentes de execução forçada"[21].

Dessa feita, tanto os Estados Unidos da América, como o Canadá detêm, nesse sentido, legislações paradigmas[22].

7. Das exceções à imunidade de execução

Celso de Albuquerque Mello sintetiza com clareza as exceções, senão vejamos. "Não têm imunidade: atividades comerciais, atividades trabalhistas, bens com fins comerciais, etc."[23].

Outra exceção é a hipótese de renúncia do Estado alienígena a imunidade de execução, a qual deve ser expressa.

---

(19) "IMUNIDADE DE JURISDIÇÃO. ORGANISMO INTERNACIONAL. ONU/PNUD. Os Organismos Internacionais detêm imunidades e privilégios disciplinados por acordos e tratados internacionais específicos que foram ratificados pelo Brasil (Decretos ns. 27.784/1950 — Convenção sobre Privilégios e Imunidades das Nações Unidas —, 52.288/1963 — Convenção sobre Privilégios e Imunidades das Agências Especializadas das Nações Unidas e 59.308/1966 — Acordo Básico de Assistência Técnica com as Nações Unidas e suas Agências Especializadas), de sorte que a imunidade de jurisdição quanto a esses Organismos Internacionais é absoluta." (TST-RR-90000-49.2004.5.10.0019, Ac. SDI-1, DEJT 4.12.2009)
(20) "I. REMESSA *EX OFFICIO* E RECURSOS ORDINÁRIOS EM MANDADO DE SEGURANÇA. ESTADO ESTRANGEIRO. CONSULADO GERAL DO JAPÃO. IMUNIDADERELATIVA DE JURISDIÇÃO E EXECUÇÃO. IMPOSSIBILIDADE DE RECAIR PENHORA SOBRE BENS AFETOS À REPRESENTAÇÃO DIPLOMÁTICA. CONCESSÃO DA SEGURANÇA. Nos termos da jurisprudência do Excelso STF e desta Corte, é relativa a Imunidade de jurisdição e execução do Estado estrangeiro, não sendo passíveis de constrição judicial, contudo, os bens afetados à representação diplomática. Assim, correto o posicionamento do Regional, no acórdão recorrido, quanto a concessão da segurança, para garantir ao impetrante o prosseguimento da execução, privando de constrição tão somente os bens atrelados, estritamente, à representação diplomática ou consular do litisconsorte passivo. Precedentes. Remessa *ex officio* e recursos ordinários em mandado de segurança conhecidos e desprovidos. (...)." (TST, Processo: RO — 1170000-59.2008.5.02.0000 Data de Julgamento: 28.9.2010, Relator Ministro: Alberto Luiz Bresciani de Fontan Pereira, Subseção II Especializada em Dissídios Individuais, Data de Publicação: DEJT 8.10.2010)
(21) SILVA, Luiz de Pinho Pedreira da. *Op. cit.*, p. 19.
(22) ALBUQUERQUE, Mello Celso de. Direito constitucional, cit., p. 335. TORRES, Jaime Vegas. La inmunidad de ejecución... In: *Revista Española del Derecho del Trabajo*, p. 387. *Apud* SILVA, Luiz de Pinho Pedreira da. *Op. cit.*, p. 19.
(23) Direito constitucional, cit., p. 334. *Apud* SILVA, Luiz de Pinho Pedreira da. *Op. cit.*, p. 18.

Conclusão

Denotou-se do transcorrer desse ensaio que a imunidade absoluta tanto de jurisdição, como de execução, inicialmente, adotavam o princípio *non parem habet judicium*.

Todavia, tal concepção foi alterada, por boa parte dos países ocidentais, após a segunda guerra mundial e especialmente a partir da década de 1970, tendo em vista esses países se virem na necessidade de intensificar as suas relações comerciais e, portanto, não se admitia que o "Estado comerciante" tivesse "maiores vantagens perante os tribunais do que os comerciantes particulares"[24]. Assim, restou ultrapassado o conceito de imunidade absoluta para reconhecer um novo, a denominada imunidade relativa (princípio *nom parem*).

Essa nova noção, a imunidade relativa tanto de jurisdição como de execução, tardou para ser consagrada no Brasil, a qual somente passou a viger, após o posicionamento do Supremo Tribunal Federal, fundamentado no brilhante voto do então Ministro Francisco Rezek, no paradigmático recurso (n. 9.696-3), afastando a imunidade absoluta de jurisdição no tocante às ações trabalhistas.

Por derradeiro, eventual constrição de bens do Estado estrangeiro pode deflagrar um desgaste nas relações internacionais entre os países envolvidos, contudo essa situação se vier a ocorre envolvendo o Estado brasileiro, certo é que tal constrição não poderá ser invalidada ou anulada, exceto se os bens se enquadrarem nas hipóteses das imunidades apontadas nos itens VI *supra*, haja vista o Brasil, também, adotar, como vimos acima, a imunidade restritiva de execução do Estado estrangeiro nos atos estatais *jure gestionis*, como nas relações trabalhistas.

Bibliografia

ARAUJO, Luis Ivani de Amorim. A imunidade de jurisdição trabalhista e o art. 114 da Constituição. *Revista de Direito do Trabalho*, São Paulo, n. 86, p. 37-45, jun. 1994.

FONSECA, Vicente José Malheiros da. A imunidade de jurisdição e as ações trabalhistas. *Revista do Tribunal Superior do Trabalho*, Brasília, v. 69, n. 1, p. 106-17, jan./jun. 2003.

FRANCO FILHO, Georgenor de Sousa. O princípio da dupla imunidade e a execução do julgado contrário a ente de direito internacional público. *Trabalho e Doutrina: Processo Jurisprudência*, São Paulo, n. 8, p. 3-11, mar. 1996.

MAGANO, Octavio Bueno. Imunidade de Jurisdição. *Trabalho e Doutrina: Processo Jurisprudência*, São Paulo, n. 8, p. 20-22, mar. 1996.

PERES, Antonio Galvão. *Contrato internacional de trabalho*. Campus Jurídico, fev. 2009.

---

(24) *Apud* SILVA, Luiz Pinho Pedreira da. *Op. cit.*, p. 12.

SILVA, Luiz de Pinho Pedreira da. O caráter restritivo da imunidade de execução do estado estrangeiro. *Trabalho e Doutrina: Processo Jurisprudência,* São Paulo, n. 8, p. 11-19, mar. 1996.

_____. O caráter restritivo da imunidade de execução do estado estrangeiro. *Revista da Academia Nacional de Direito do Trabalho,* São Paulo, v. 3, n. 3, p. 113-21, 1995.

SOARES, Guido Fernando Silva. As imunidades de jurisdição na justiça trabalhista brasileira. *Revista da Faculdade de Direito da Universidade de São Paulo,* São Paulo, v. 88, p. 519-52, jan./dez. 1993.

SOARES, Evanna. A imunidade de jurisdição nos dissídios trabalhistas envolvendo entes de direito público. *LTr Revista Legislação do Trabalho,* São Paulo, v. 55, n. 12, p. 1.419-1422, dez. 1991.

RUSSOMANO JUNIOR, Victor. Imunidade de jurisdição trabalhista e revelia no processo de conhecimento. *LTr Suplemento Trabalhista,* São Paulo, v. 23, n. 135, p. 601-602, 1987.

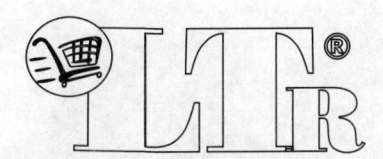

LOJA VIRTUAL
www.ltr.com.br

BIBLIOTECA DIGITAL
www.ltrdigital.com.br

E-BOOKS
www.ltr.com.br